人物で読み解く
世界史365人

佐藤 優［監修］

新星出版社

監修者の言葉

本書は**世界史において重要な人物にスポットを当てることにより、人類の歴史の全体像を浮き彫りにすることを企図している。**取り上げる人物はどれも歴史上重要な役割を担った者たちである。

日本人だから日本の歴史を学ぶのはわかるが、どうして自分とは縁のない遠い外国の歴史を学ぶのか。このような疑問を学生時代に抱いたことのある人間も多いだろう。

しかし、世界史を学ぶことには大きな意義がある。なぜならば、世界史の学習を通して我々は自分が現在生きている世界の現状を実証的かつ客観的に見ることが可能になるからだ。すなわち、現代という時代と過去の時代、あるいは同時代における異なる地域同士を比較することによってその差異を明らかにすることで、私たちが今現在自明のことだと思っていた常識が歴史的・地理的に見れば必ずしもそうではなかったことを理解できるのである。そして、そのことが自分たちの「当たり前」を見直す契機になり、自分たちと異なる文化を持つ人たちへの偏見を捨てさせ、他者に寛容な態度で接することにつながるのだ。

今私たちは瞬時に国境を超えて人やお金、モノ、情報が行き交うグローバル時代の真っ只中にあるが、そこにおいて重要なのは異文化への理解である。そして、異文化の理解には他国の歴史と文化を知る必要がある。

例えば、外国人とビジネスを行う場合、真の意味で相手とコミュニケーションを成立させ商談をうまく進めるためには、相手のバックボーンにある歴史や文化を理解しなければならない。その国や民族の歴史を知ればその国の人間のDNAに刻み込まれた人間的特性を理解することが容易になるからだ。

また、教養という観点からも世界史を学ぶことは重要だ。近年、リベラルアーツという学問が注目されているが、それはもともとはギリシャ・ローマ時代の「自由7科」（文法・修辞・弁証・算術・幾何・天文・音楽）に起源を持つ。現代では教育機関に限定せず現代人が社会で生きていくために必要不可欠な一般教養を指すことが多い。

では、なぜリベラルアーツが必要なのか。それは幅広い教養を持つことは多様なものの見方を可能にしてくれるからだ。そして、その中でも**教養の核になるのは「古典」と「世界史」の知識**なのだ。

古典とは先人たちの叡智が詰まった書である。だから、私たちが生きるこの時代において、古典的教養ほど心強い味方はいない。なぜなら、私たちの生きるこの時代は過去とつながっており、今この時代を読み解くには先人たちの言葉は大きなヒントになるからだ。

一方、世界史に関しては先程述べたように、それを学ぶことで今の時代を相対化し、世界の現状を多角的に解釈することに役立つ。

例えば、**現在の中東情勢を正確に理解するためにはイスラム社会の宗教や文化がどのように形成されていったかを理解する必要があるし、米中の対立を理解するには両国の歴史に目を向けなければならない**。これは突き詰めれば、その国の国民性を理解するにはその国の歴史や文化への深い知識が必要不可欠であることを意味する。そして、そうしたことの積み重ねがグローバル時代に生きる私たちの必須の武器になるのだ。

本書は世界史の中でエポックになった、あるいは人類史に何らかの影響を及ぼした人物を365人、ピックアップして紹介している（1日1人のペースで読んでいけば、1年間で365人全員を網羅することができる）。ジャンルも政治から軍事、経済・経営、哲学、宗教、芸術など多岐にわたっているので、本書を読み終えたら必然的に人類史の総体が浮かび上がってくるだろう。そして、それは必ずやあなたの思考様式や価値基準に影響を及ぼし、結果的にビジネスシーンや日常生活などのさまざまな場面でのあなたの行動に幅広い選択肢を示してくれるだろう（もちろん、純粋に自分の教養を高めることに喜びを見出してもいい）。

本書を読むことであなたの異文化に対する知見がより深まり、寛容かつしなやかな思考と感性で、あなたとは異なる世界で異なる価値観を持って生活をしている人たちを理解する一助になることを願ってやまない。

※本書を上梓するにあたっては株式会社ファミリーマガジンの佐藤裕二氏に大変お世話になりました。どうもありがとうございます。

佐藤優

目次 CONTENTS

第2章 中世・近世ヨーロッパ

第3章 近代の幕開けと進展

第5章 中東と南・東南アジア

第6章 東アジア

第1章

古代オリエント・地中海世界

001 政治

クフ王（紀元前2589年？～紀元前2566年？）生没年は明確ではない。

有名な大ピラミッド建造を行ったエジプト王

ギザ砂漠にある三大ピラミッドの一つが**クフ王**の墓である。この巨大なピラミッドは紀元前5世紀のギリシャの歴史家**ヘロドトス**が『歴史』の中でも語っていた。だが、このピラミッドを作らせたクフ王についてはエジプト第4王朝の王であったことはわかっているが、多くのことが現在も不明のままである。

クフ王の父は前王の**スネフェル**で、母は**ヘテプレス一世**だったといわれている。多数の子供がいたが、息子の**シェドエフラー**が王位を継いでいる。**クフ王**の治世は23年から63年と言われているが正確な年数は不明である。

有名な**クフ王**のピラミッドについての説明に移ろう。このピラミッドは146.6m（風化などにより現在の高さは138.8m）で、底辺の長さは約230m。**クフ王**がピラミッド建設をこの場所に選んだ理由は、この場所の地下は岩盤となっており地盤が安定していて、さらにピラミッドの材料である石灰岩が近くで採掘できたためであると考えられている。ギザ砂漠のこの場所にはほかにも二つのピラミッドがあり、**カフラー王**と**メンフラ王**のピラミッドであると考えられており、いずれもエジプト第4王朝に建築されたものである。また、**カフラー王**のピラミッドのそばにはスフィンクスが建っている。

クフ王のピラミッドに関しては、どのようにしてこのような巨大な建造物が砂漠の真ん中に建造できたのかは謎であるため、紀元前2世紀のビザンチウムの数学者・旅行家の**フィロン**によって**世界七大不思議の一つ**とされている。残りの六つは、バビロンの空中庭園、エフェソスのアルテミス神殿、オリンピアのゼウス像、ハリカルナッソスのマウソロス霊廟、ロドス島の巨像、アレクサンドリアの大灯台である。この中で、現在まで存在しているものは**クフ王**のピラミッドだけである。

クフ王についての歴史的資料が少ないために彼の正確な歴史的な評価を行うことは困難ではあるが、このピラミッドの建築だけでも、彼が絶大な権力を持っていたことや、歴史に自らの名前を残そうという野心があったことが理解できるのではないだろうか。だがそれだけではなく、これほど大きな建築物を古代において建築したエジプトの建築技術の高さも注記すべきであると思われる。

もっと深く知りたい人のための推薦図書

- **『ギザの大ピラミッド：5000年の謎を解く』**ジャン＝ピエール・コルテジアーニ／創元社
- **『大ピラミッドの秘密』**ボブ・ブライヤー、ジャン＝ピエール・ウーダン／SBクリエイティブ
- **『エジプトの考古学（世界の考古学4）』**近藤二郎／同成社

002 政治

ハンムラビ王（紀元前1810年？〜？）諸説あり。

ハンムラビ法典を定めたバビロニアの王

古代都市国家バビロニアの勢力を拡大し、バビロニア帝国の初代の王となった**ハンムラビ王**。彼は現存する2番目に古い法典であるハンムラビ法典（現存する世界最古のものはウル・ナンム法典）を制定したことで有名である。

都市国家バビロニア（バビロン第1王朝）の王**シン・ムバリト**の息子として生まれ、紀元前1792年に**ハンムラビ**は王位に就く。紀元前1764年、ラルサを併合。紀元前1759年にはマリを破壊。紀元前1757年頃にはシュメール、アッカド地域全体を勢力圏内に置いた。帝国建設後はハンムラビ法典を制定し、古代都市バビロンの灌漑工事を行うなど、都市文明の繁栄に努めた。死去した年ははっきりとわかってはいないが、紀元前1728年から紀元前1686年の間であるといわれている。

一大帝国を築いた**ハンムラビ王**だが、彼の名前を歴史にとどめているものは、やはりハンムラビ法典であろう。この法典はウル・ナンム法典の影響のもとで作られたと考えられているが、法典に定められた条文で最も有名なものは**「目には目を、歯には歯を」**であろう。この規定は近代法における同害報復（タリオ）法と呼ばれるもので、罪刑法定主義（犯罪と見なされた行為を処罰するためには法令において、犯罪行為の内容およびそれに対して科される刑罰をあらかじめ明確に規定しておかなければならないという原則）の起源とされている。

しかし、「目には目を、歯には歯を」という規定は、「子がその父を打ったときは、その手を切られる」や「奴隷が自由民の頬を殴れば耳を切り取られる」といった条項があるように、あくまでも平等な身分の者の間の規定である点を注意しなければならない。

また、この法典には「強者が弱者を虐げないように、正義が孤児と寡婦とに授けられるように」といった文も見出すことができ、平等主義という点だけではなく、**弱者救済**といった精神が見られる。こうした点からハンムラビ法典は古代における優れた法律として評価されている。

ハンムラビ王は一大帝国を築いただけでなく、その統治においても、ハンムラビ法典を制定し、国家と国民生活の安定に努めた。その精神を明確に示しているハンムラビ法典は、現代においても法秩序を考える上での基盤となっている。

もっと深く知りたい人のための推薦図書

- **『ハンムラビ「法典」』**中田一郎翻訳／リトン
- **『バビロニア：われらの文明の始まり』**ジャン・ボッテロ／創元社
- **『ハンムラビ王―法典の制定者』**中田一郎／山川出版社

003 政治

ラメス(ラメセス)２世（紀元前1303年？～紀元前1213年？）諸説あり。

古代エジプト王国の英雄的なファラオ

ラメス２世は古代エジプト第19王朝のファラオ（王）であり、インド・ヨーロッパ系の民族、ヒッタイトとの抗争を繰り返すが、紀元前1269年に平和条約を結ぶ。**これが世界史上初めての国家間の平和条約**であるといわれている。また、後半生においてはアブ・シンベル神殿など巨大建造物の建築を多数行った。

ラメス２世は**セティ１世**の子として生まれ、父との共同統治を経て24歳のときにファラオになったといわれている。紀元前1286年頃、2万の軍隊を率いて、カデッシュの戦いでヒッタイト王**ムワタリ２世**と対決し、激戦の末、勝利した。しかしながら、ヒッタイトをパレスチナから駆逐するまでには至らず、**ラメス２世**はヒッタイトと平和条約を結び、ヒッタイトの王女を王妃に迎えた。また、紀元前1290年に首都をテーベからペル・ラムセスに移し、テーベ、ルクソール、カルナックの神殿を整備し、王国各地に記念碑的な建造物を建てた。ラメス２世の統治は66年に及び、90歳で死去したといわれている。遺体は王家の谷（KV7）に埋葬された。

ラメス２世は当時のエジプト人からすれば極めて長寿であり、体軀も大きかった。そして、カデッシュの戦いでの活躍が示すように、エジプト王国史上、第18王朝の**トトメス３世**とともに稀に見る英雄であったといわれている。それだけではなく自己顕示欲が強く、自らを神格化するために多数の巨大建造物を建築させた。

長命であった**ラメス２世**は８人の正妃と、一説によると111人の息子と69人の娘がいたと言われている。娘の中には父の**ラメス２世**と結婚した者もいたといわれている。当時のエジプト人の平均寿命が35歳から40歳であったという説が有力であるので、あまりにも長命であるために息子や娘たちのほうが早く他界してしまい、後継者を選ぶのに苦労したともいわれている。

いずれにせよ、**ラメス２世**は古代エジプト王国の歴史に名を刻む王であったことは確かであり、彼の英雄的な戦いによってエジプト王国はヒッタイトに敗れることはなかった。また、彼の後半生の巨大建造物の建設は王国民に大きな負担を強いるものであったが、こうした遺跡は歴史的な史料としては非常に貴重なものとなっている。

もっと深く知りたい人のための推薦図書

- **『ラメセス２世：神になった太陽王の物語』**ベルナデット・ムニュー／創元社
- **『神になった帝王―ラムセスⅡ世の謎』**P・ファンデンベルク／アリアドネ企画
- **『エジプト王国三千年―興亡とその精神』**吉成薫／講談社

004 政治

キュロス2世 (紀元前600年？〜紀元前530年？) 没年紀元前529年とする説もある。

古代オリエントに大帝国を築き上げた王

アケメネス朝ペルシアの初代皇帝である**キュロス2世**。彼はアケメネス朝を開いたことだけではなく、古代エジプトを除く古代オリエント（現在の中東地域）における大帝国を築いたことでも歴史の一ページにその名が記されている。

キュロス2世はペルシア王国の国王**カンビュセス1世**の子供である。だが、この国はメディア王国に従属する小国であった。紀元前552年に**キュロス2世**はメディアに反旗を翻し、紀元前550年にメディアを倒し、統一王朝としてのアケメネス朝を開く。紀元前547年リディア王国を征服。翌年に新首都パサルガダエを建設する。紀元前540年にはエラムを、紀元前539年には新バビロニアを倒し、紀元前537年に**キュロス2世**の勅令によってバビロン捕囚で強制的に連れてこられていたユダヤ人を解放した。その後も、バクトリア、ソグディアナ、サカなどを征服し、古代オリエントに大帝国を築き上げた。しかし、**ヘロドトス**の『歴史』によれば、マッサゲダイ人との戦いで戦死したといわれている。**キュロス2世**の墓といわれる遺跡が現在もパサルガダエに残っている。

このように見ていけば、**キュロス2世**の人生は遠征の連続であるように思えるが、実際にはさまざまな善政も行っている。前述したユダヤ人の解放だけでなく、宗教に対して寛大な態度であった点などが評価されている。こうした**キュロス2世**の善政はキュロスの円筒印章に、多くの民族を解放し、圧政を廃し、寛容な統治を推し進めた様子が描かれており、それを**人類初の人権宣言**と見なす学者もいる。また、帝国全土を20の州に分け、各州にサトラップ（総監または太守）を置き、民族も習慣も異なる帝国民をその州に適した方法で分割統治した。

こうした**キュロス2世**の統治は古代ギリシャの哲学者・軍人である**クセノフォン**が『キュロスの教育』の中で非常に高く評価している。先程述べたバビロン捕囚からのユダヤ人の解放によってユダヤ人からの評価も高い。さらに、多くのイランの人々は今でも**キュロス2世**をイラン建国の父として尊敬している。しかしながら、彼が数々の戦争によって多くの自国民や敵の兵士の命を奪ったことも事実であり、清濁二面から正しく彼の治世を見つめていく必要があるということも注記しておかなければならないだろう。

もっと深く知りたい人のための推薦図書

- **『キュロスの教育』**クセノポン／京都大学学術出版会
- **『ペルシア帝国（世界の歴史 9）』**足利惇氏／講談社
- **『ペルシア帝国と小アジア：ヘレニズム以前の社会と文化』**阿部拓児／京都大学学術出版会

005 政治

ダレイオス１世（紀元前558年？～紀元前486年）

ペルシア帝国の安定と繁栄を築いた王

ダレイオス１世はアケメネス朝ペルシアの第３代王であり、帝国の各地で起きた反乱を鎮圧し、西はエジプトから東はインダス川流域に至る広大な領土を統治し、彼の功績はベヒストゥン碑石に刻まれている。また､2度ギリシャ遠征を行った。

ダレイオス１世はアケメネス朝傍系でパルティアのサトラップ（総監）の**ヒュスタスペス**の息子で、初代の国王**キュロス２世**の娘と結婚した。彼は第２代王**カンビュセス２世**の弟**バルディヤ**と偽って王位を簒奪したマゴス祭司の**ガウマータ**を殺し、紀元前522年に王位に即いた。だが、エラム、バビロニア、メディア、ケルマー、マルギアナなどで反乱が次々に起きた。そのすべてを鎮圧し、統治基盤を安定化させた。**ダレイオス１世**は、さらに、小アジア、インドなどにも遠征をする。その後、紀元前499年ギリシャに遠征し、ペルシア戦争を開始する。彼は総計２度の遠征を行うが、成功することなく紀元前486年に病没した。

ダレイオス１世の治世は以下のようなものとして知られている。サトラップ（属州の行政長官）は**キュロス２世**の時代から存在していたが、**ダレイオス１世**はこれをしっかりと制度化した。さらに、**巡察官である「王の目」とその補佐官「王の耳」を置き、各地を徹底管理させた**。また駅伝制を設け、首都スサ、サルデスなど全国の要地を結ぶ国道である「王の道」を建設し、沿道には111の宿駅が置かれた。壮大な王宮のあった新首都ペルセポリスの建設も注記すべき事柄である。このほかにも、彼は軍制、税制、幣制を革新的に改めた。特に、ダレイコス金貨とシグロス銀貨の鋳造は有名で、どちらの貨幣も極めて純度が高く、アケメネス朝の末期まで使用された。こうした統治は中央集権化の強化につながり、安定した国家体制構築のために有効に機能した。**ダレイオス１世**のこうした功績はベヒストゥン碑石や**ヘロドトス**の『歴史』に書かれている。

古代オリエント世界で強大な帝国を安定的に統治するために**ダレイオス１世**はさまざまな制度を制定し、それが非常にうまく作動したと述べることができる。つまりは、統治能力に優れた王であったのだ。しかしながら、強力な王権は専制的であり、それゆえ、ペルシア戦争がオリエントの専制主義対ギリシャの民主主義の戦いと称せられていることも歴史的に重要な問題である点を我々は忘れてはならないであろう。

もっと深く知りたい人のための推薦図書

- **『歴史（上中下巻）』**ヘロドトス／岩波書店
- **『ペルシア帝国』**ピエール・ブリアン／創元社
- **『ペルシア帝国（世界の歴史 9）』**足利惇氏／講談社

006 政治

クレイステネス（紀元前510年？〜？）

アテネの民主制の最盛期を準備した政治家

紀元前6世紀のアテネの政治家である**クレイステネス**。彼は執政官（アルコン）として僭主政治を打破し、数々の民主的改革を実行し、アテネの民主主義の基盤を作り上げた人物である。

クレイステネスは名門の出身であったが、アテネの僭主**ペイシストラトス**と対立し、国外に亡命した。**ペイシストラトス**の死後帰国し、アルコンとなるが、**ペイシストラトス**の息子の**ヒッピアス**が権力を握り、再び亡命する。スパルタ王**クレオメネス1世**の力を借り、**ヒッピアス**を追放。帰国後**イサゴラス**を中心とした寡頭政治派を一掃し、アルコンとなる。さまざまな民主化案を提出し、アテネの民主化の土台を築き上げるが、アテネで死去したといわれている。

古代ギリシャ世界において、僭主の出現は専制政治を招き、多くの問題を起こすものであった。この弊害をなくするために、**ソロン**が最初の改革を行い、それを受け継ぎ発展させたのが**クレイステネス**であった。彼の存在無くしては、アテネの民主制は発展することはなく、また、**ペリクレス**時代の到来もなかったであろう。それゆえ、**クレイステネス**はアテネという都市国家の歴史の中で欠くべからざる政治家であったといえるのである。そしてまた、彼の改革は後の世の民主主義的制度の一つのモデルとなったことも重要である。

クレイステネスのアテネの民主化のための大きな政策は三つあった。

一つ目は、従来のアテネの血縁的な四部族制を地縁的な十部族制に改めたこと。

二つ目は、各部族50人、任期1年の評議員からなる五百人評議会を設けたこと。

三つ目は僭主の出現を防止するため、陶片追放（オストラキスモス）の制度を創設し、僭主となる恐れのある人物を得票数6000に達すれば、10年間追放可能としたこと。

こうした改革は**ソロン**から始まるアテネの民主化を加速させ、ペルシア戦争で強大なペルシア帝国軍を打ち破る基盤を作り、その後のアテネの民主制の最盛期であるペリクレス時代を準備するものとなった。この意味で、**クレイステネス**の民主化改革はアテネの歴史的展開にとって画期的なものであったと述べることができる。また、この政治改革については**アリストテレス**が『アテナイ人の国制』の中で詳しく述べ、その歴史的な意義と、重要性について高く評価している。

もっと深く知りたい人のための推薦図書

- **『アテナイ人の国制』**アリストテレス／岩波書店
- **『スパルタとアテネ』**太田秀通／岩波書店

007 政治

ペリクレス（紀元前495年？〜紀元前429年？）

都市国家アテネの最盛期を築いた政治家

ペリクレスは古代ギリシャの都市国家（ポリス）アテネの政治家であり、ストラテゴス（将軍職）を長く務め、諸改革を行いアテネの民主制を確立し、アテネ最盛期を築き上げたといわれている。それゆえ、この時代はペリクレス時代と呼ばれている。

ペリクレスはアテネの政治家・将軍である**クサンティッポス**の息子として生まれた。紀元前462年に**ペリクレス**は貴族勢力の牙城であったアレオパゴス会議の実権を握り、全アテネ市民による民主制を促進し、その後、紀元前444年から紀元前430年までストラテゴスとなり、アテネの全盛期を実現する。だが、ペルシア戦争勝利後アテネがほかのポリスに対して専制的になることで、アテネと他のポリスとの間で対立ができ、ついに紀元前431年にスパルタを中心とするペロポネソス同盟国とアテネを中心とするデロス同盟国との間でペロポネソス戦争が起きる。この戦争で、**ペリクレス**が籠城作戦遂行中に伝染病が流行し、彼自身もそれにかかり死去する。

ペリクレスは**アルコン就任資格を農民や職人にまで拡大し**、下級の役人への日当の支給、貧民への観劇料の支給、役人の抽選制の徹底などを行い、アテネの民主化に大きく貢献したことによって高く評価されている。また、彼は紀元前451年に、両親とその子供とともにアテネ市民であることをアテネ市民権の条件とするペリクレス市民権法を設定した。

政策とは別に**ペリクレス**は演説の名手でもあった。「アテネでは政治に関心を持たない者は市民としての意味を有しない者とされる」や「アテネの住民は富を追求する。しかしそれは可能性を保持するためであり、愚かしい虚栄に酔いしれるためではない」といった有名な演説はアテネの市民の心を捉えた。この側面から見ても**ペリクレス**は優れた政治家であったといえる。

アテネの全盛期を実現した**ペリクレス**の政治手腕を称賛する歴史家は多いが、彼はこうした民主的な政治をアテネ以外のポリスの市民に拡大しようとはしなかった。そういった意味では彼の行った民主的政治は不十分なものであったといえるであろう。だがいずれにせよ、**ペリクレス**が古代社会における一つの理想的な民主的国家を作り上げたことは事実であるといえるであろう。

もっと深く知りたい人のための推薦図書

- **『ペリクレスの世紀』**ジャン＝ジャック・マッフル／白水社
- **『都市国家アテネ：ペリクレスと繁栄の時代』**ピエール・ブリュレ／創元社
- **『民主主義の源流―古代アテネの実験』**橋場弦／講談社

008 政治

マリウス(古代ローマ) (紀元前157年〜紀元前86年)

徴兵制から職業軍人制へ改革を行う

ガイウス・マリウス（息子と区別するために一般的には**大マリウス**と呼ばれる）は共和制ローマの軍人、政治家である。彼はキンブリ・テウトニ戦争などの対外戦争での勝利とローマの軍制改革を行ったことによって知られている。

マリウスはイタリア中西部のラティウム地方の都市アルピヌム（現在のアルピーノ）で、同名の父の子供として生まれる。彼は頑健な肉体を持ち、軍隊生活を好み、ギリシャ文化的教養を馬鹿にしていたといわれている。彼は小スキピオの庇護のもとで頭角を現し、紀元前105年にはユグルタ戦争に勝利する。紀元前104年に**マリウス**は執政官となり、ゲルマン系であったと考えられているキンブリ族とテウトニ族との間で繰り広げられたキンブリ・テウトニ戦争を行い、勝利する。この間、市民徴兵制から**職業軍人制への軍制改革を行った**。その後、民衆派のリーダーとして閥族派の**スラ**と対立する。紀元前86年に執政官として閥族派の大粛清を行うが、この年に病死した。

マリウスは総計7回執政官となり後期共和制ローマの政治、軍事を支えたが、彼の最大の功績は、軍制改革にあるといわれている。それまでの徴兵制に代え、無産市民からの志願兵を集め、職業的な軍人を育成した新たな軍を組織した。この職業軍人の活躍によってユグルタ戦争に勝利し、その後もこの制度は維持された。この改革は**マリウス**の兵制改革と呼ばれ、職業軍人制、傭兵制を導入したことによって、ローマの軍事基盤を有力者が私兵に置く体制に転換させた。すなわち、このことによってローマ共和制を支えた有産市民が重装歩兵として戦争に当たるという原則は終焉を迎える。それゆえこの改革は軍事的な側面だけではなく、社会、政治的な側面においても一大転換をもたらすものであった。

マリウスの軍制改革によってローマの政体は大きく変わり、内乱の一世紀が始まる。そういった意味で、彼は外敵による危機からローマを救った英雄であるとともに、ローマ内に混乱と対立をもたらしたリーダーであったということもできる。このローマの混乱を終わらせたのは**マリウス**の甥である**カエサル**である。それゆえ、**マリウス**は共和制から帝政への転換を準備した政治家と述べることもできるであろう。

もっと深く知りたい人のための推薦図書

- **『古代ローマ名将列伝』**エイドリアン・ゴールズワーシー／白水社
- **『ローマの共和政』**J・ブライケン／山川出版社
- **『共和制ローマの軍隊 200BC-104BC―地中海の覇者』**ニック・セカンダ／新紀元社

009 政治

クレオパトラ（紀元前69年～紀元前30年）

世界史に刻まれた絶世の美女の悲劇

世界史的に見て、**クレオパトラ**（正確にはクレオパトラ7世）は次の二つの点で歴史に名前を残した。

第一の点は彼女がエジプト古代王朝最後の女王であったという点であり、第二の点は彼女がフランスの哲学者**パスカル**の**「クレオパトラの鼻がもう少し小さかったら、歴史は変わっていただろう」**という名言にあるように、絶世の美女だった点である。

第一の**クレオパトラ**が古代エジプト最後の王朝プトレマイオス朝の最後の女王である点は重要なことである。この王朝の末期は王族間の権力闘争が絶えず、肉親同士の熾烈な戦いが何度も起きた。それだけではなく、兄弟姉妹婚もたびたび行われた。**クレオパトラ**も実の弟2人（**プトレマイオス13世**と**プトレマイオス14世**）と結婚している。だが、**クレオパトラ**が父の**プトレマイオス12世**の死後に結婚した**プトレマイオス13世**は**カエサル**との戦いで戦死し、その後**プトレマイオス14世**と結婚するも彼女は**カエサル**の愛人であり続けた。

カエサルが暗殺されると、彼の部下であった**アントニウス**と恋に落ちるも、**アントニウス**が紀元前31年のアクティウムの海戦で**オクタヴィアヌス**に敗れ、自殺。その後、**クレオパトラ**も自らの命を絶った。このように**クレオパトラ**は動乱の時代に生き、様々な人々の悲しい死の物語に包まれているのである。

絶世の美女であったという点は、**カエサル**と**アントニウス**というローマの勇猛な将軍との恋の逸話によっても伝説化されている。しかしながら、彼女の恋に対する情熱は彼女が政治的な荒波に揉まれながらも、一途な思いを貫き通す姿をはっきりと示しているように思われる。それは彼女の最期が確かに物語っている。**クレオパトラ**は**オクタヴィアヌス**に捕らえられ、服従することを強いられるが、拒絶し、贈り物として持ち込まれたイチジクに潜まされていたコブラに体を咬ませて自殺するのだ。そして、彼女の遺言どおり、遺体は**アントニウス**とともに葬られる。彼女は美しいだけではなく、悲劇の女王でもあったのである。

もっと深く知りたい人のための推薦図書

- **『クレオパトラ』**クリスティアン＝ジョルジュ・シュエンツェル／白水社

010 政治

カリグラ（12年〜41年）

ローマ帝国の巨大な力を体現した暴君

ローマ帝国第3代皇帝**カリグラ**（彼の本名は**ガリウス・ユリウス・カエサル・ゲルマニクス**で、**カリグラ**は愛称である）。彼は「狂気の皇帝」としてローマ史の中にその名をとどめている。

カリグラはローマ帝国の軍人**ゲルマニクス**と**大アグリッピナ**の子供としてイタリア中部のアンツィオで生まれる。彼は次代皇帝の**クラディウス**の甥にあたり、妹にはこれも悪名高い皇帝**ネロ**の母である**小アグリッピナ**がいる。7歳のときに父が死に幼少年期はさまざまな親戚筋に育てられる。33年に財務官となり、35年に**ティベリウス・ゲメッルス**との共同皇帝として帝位後継者に指名される。37年に**ティベリウス帝**が死去した後はその遺言に反し、**カリグラ**のみが皇帝となる。

初期の彼の治世は高く評価されている。兵士に恩賞を与え、**ティベリウス帝**時代の反逆罪に関する書類を破棄し、追放者の帰国を許し、帝国の税制によって生活逼迫者を保護し、剣闘士の試合を復活させた。しかし、37年に大病にかかり生死の境を彷徨って以降、**カリグラ**は狂気の皇帝に変貌する。義父の**マルクス・シラヌス**や従弟の**ティベリウス・ゲメッルス**を自殺に追い込み、その後、多くの元老院議員を含む幾多の人々が身に覚えのない罪で処刑された。クラウディア水道、新アニオ水道の建設、ポンペイウス劇場といった大建造物を多数造り、また外征を何度も行い国家財政を悪化させた。さらに、自らを神格化する多数の式典を催した。こうした暴政は強い反発を呼び、41年、親衛隊長官によって宮廷内で妻、娘とともに暗殺された。

カリグラに関する同時代人の書いた歴史的資料としては**フィロン**や**セネカ**のものが現存しているが、どちらも、**カリグラ**の異常さを強調している。セックスに明け暮れ、気分次第で人々を処刑し、極度のナルシストであり、乱費癖がある。こうした負の側面ばかりが目に付く記述がされている。

確かに、**カリグラ**はローマ史に残る暴君であった。こうした暴君であるために**カリグラ**は暗殺された。しかし、この皇帝の時代、ローマ帝国の力は強大であり、皇帝の力が絶大であったことも事実である。この帝国の皇帝であったからこそ暴君として彼の名前が残ったという点も重要であるのだ。

もっと深く知りたい人のための推薦図書

- **『ローマ皇帝伝（下巻）』**スエトニウス／岩波書店
- **『年代記（下巻）』**タキトゥス／岩波書店
- **『ローマ帝国愚帝列伝』**新保良明／講談社

011 政治

ネロ（37年〜68年）

殺戮と芸術を好んだローマ帝国の暴君

ローマ帝国第5代皇帝**ネロ**。彼は母**小アグリッピナ**、妻**オクタウィア**、義理の弟**ブリタンニクス**、恩師**セネカ**など多くのローマ市民を死に追いやり、また、キリスト教徒を大弾圧した暴君として知られている。

ネロの父は**ドミティウス**、母は**小アグリッピナ**である。**ネロ**は伯父で第4代皇帝**クラディウス**の娘婿であった。54年に**クラディウス**が死ぬと、16歳だった**ネロ**が帝位を継ぎローマ皇帝となる。皇帝になった当初は、哲学者で家庭教師だった**セネカ**や近衛長官**ブルッス**の教えをよく聞き、名君と呼ばれていた。だが、徐々に暴君としての本性を現し、55年には義理の弟**ブリタンニクス**を、59年には母の**小アグリッピナ**を、62年には妻だった**オクタウィア**に自殺を強要し、65年には**セネカ**を自殺させた。そのほかにも多くの元老院議員を処刑し、64年のローマ大火がキリスト教徒によって行われたとし、多数のキリスト教徒を虐殺した。初代ローマ教皇**ペトロ**も**ネロ**の命によって磔にされたと伝えられている。しかし、68年に**ネロ**の悪政に対して元老院が反発し、反乱を起こし、**ネロ**は自殺し、その生涯を閉じた。

ネロは暴君のイメージが強いが、**ローマ市民に対する善政も行っている**。例えば、ローマ大火後に燃えにくいローマン・コンクリートによる都市建築を行った。増加した国家支出を補うために貨幣改鋳を行い、財政の健全化に努めた。外交的にもパルティアなどと和平協定を結び、国際平和に貢献した。芸術全般を愛好し、芸術活動を保護した。**ネロ**がこうした善政を行ったことは歴史的な事実である。

しかしながら、**ネロ**が処刑、自殺に追い込んだローマ市民の数、虐殺したキリスト教徒の数は膨大な数に上った。さらに、気に入った者は男女の別なく強奪し、確固たる理由もなく、あるいは、でっち上げられた理由によって、多くの人々を罪人にし、それを処刑の理由とした。

ネロはローマ皇帝の中でも稀に見る暴君として歴史に名をとどめている。確かに、彼は傲慢で、欲深く、他者を信じず、多くの人々を死に追いやった暴君であった。だが、彼が行った政策によってローマの安定がもたらされたことも否まれない事実であることを我々は忘れてはならない。

もっと深く知りたい人のための推薦図書

- **『年代記（上下巻）』**タキトゥス／岩波書店
- **『ネロ―皇帝にして神、芸術家にして道化師』**フィリップ・ファンデンベルク／河出書房新社
- **『ネロ―暴君誕生の条件』**秀村欣二／中央公論新社

012 政治

マルクス・アウレリウス・アントニヌス（121年〜180年）

ローマの平和を成した五賢帝時代最後の皇帝

第16代ローマ皇帝**マルクス・アウレリウス・アントニヌス**は五賢帝の一人であるだけでなく、ストア哲学に長け、『自省録』を書き、哲人君主として尊敬を集めた。

マルクス・アウレリウス・アントニヌスはローマ帝国の貴族の子供として生まれる。3歳のときに父が死に、祖父に引き取られ育てられる。その後、**ハドリアヌス帝**に寵愛され、136年に首都長官に任命された。この頃からストア哲学者と交流した。138年に**ハドリアヌス帝**の死後、伯父の**アントニヌス・ピウス**が皇帝となり、**マルクス・アウレリウス**は副帝となる。156年頃から**アントニヌス・ピウス**は衰弱し、**マルクス・アウレリウス**と後に共同皇帝となる**ルキウス**が皇帝の代行をしばしば行った。161年、**アントニヌス帝**が死去し、**マルクス・アウレリウス**と**ルキウス**が共同皇帝となる。169年、**ルキウス**が食中毒で死亡し、**マルクス・アウレリウス**が唯一の皇帝となる。177年、第二次マルコマンニ戦争開始（182年まで続く）。だが、180年、戦地ウィンドボナ（現在のウィーン）で死去した。

マルクス・アウレリウスはローマ帝国の平和と安定が維持され続けた五賢帝時代の最後の皇帝といわれている。彼はストア哲学を尊び、『自省録』を書いた哲人皇帝であった点も歴史家の間では評価が高い。だが、**元老院制から専制君主制への一大政治システム変換を行った**のも彼であった。また、ゲルマン人と戦うために別な部族のゲルマン人の傭兵を必要とし、そうしたゲルマン人が急速にローマ化されていったのも彼の時代であった。こうした歴史的大転換期に彼は皇帝としてローマ帝国を統治していたのである。『自省録』の中には「皇帝化させられてしまわぬように、その色に染め切らぬように心せよ」という言葉があるが、**マルクス・アウレリウス**は禁欲主義的で非常に真面目な性格の皇帝であった。歴史は彼の前に彼の静謐な特質とはかけ離れた動乱の時代を用意した。それでも、彼はよくそれに対処した。しかしながら、彼の死後、その混乱はなおさら激しくなるのである。なお、**マルクス・アウレリウス**が傾倒したストア学派はヘレニズム哲学の一学派で、紀元前3世紀初めにキティオンの**ゼノン**によって始められた。自然や宇宙はロゴスという理性的な力によって定められた有機的な存在であり、人間も魂の中にロゴスを有しており、それゆえロゴスに従うことが人間の正しい生き方だと説いた。

もっと深く知りたい人のための推薦図書

- **『自省録』**マルクス・アウレーリウス／岩波書店
- **『ローマ帝国衰亡史（1）』**エドワード・ギボン／筑摩書房
- **『ローマ五賢帝：「輝ける世紀」の虚像と実像』**南川高志／講談社

013 政治

カラカラ（188年〜217年）

東方のローマの属州で大殺戮を行った暴君

カラカラこと**ルキウス・セプティミウス・バッシアヌス**（**カラカラ**というのはあだ名である）はローマ帝国セウェルス朝の第2代皇帝である。**カリグラ、ネロ**と並ぶローマ帝国史の中の暴君の一人として歴史に名をとどめている。

カラカラは元老院議員で後に皇帝となる**セプティミウス・セウェルス**の長男として生まれる。母はフェニキア人の巫女であった。父がローマ帝国の内乱を制して皇帝になり、209年に弟**ゲダ**とともに次期共同皇帝の使命を受ける。211年に父がカレドニア遠征中に死去し、弟と帝国の主導権を争ったが、弟を暗殺し、皇帝となるだけでなく、**自己の権力強化のために多くの市民を粛清**した。211年アントニヌス勅令を発布し、全属州民にローマ市民権を与えた。213年高地ゲルマニアに遠征し、アレマンニ族と講和をし、国境線の安定をもたらす。だが、213年以降**カラカラ**は東方の属州の住民に対して殺戮と略奪を繰り返した。しかしながら、216年には歴史的建造物であるカラカラ浴場の建築も行った。その年、遠征途中で近衛兵の一人に暗殺された。暗殺理由は個人的な恨みということになっている。

カラカラが暴君と呼ばれたのは前述したように、特に東方の属州住民に対する大量虐殺行為のためであるが、その中でも歴史にその残虐さがはっきりと記されているものは、アレクサンドリアでの住民虐殺である。その理由は定かではないが、一説によれば、**カラカラ**の弟暗殺を揶揄する詩がこの都市で流行したためといわれる。いずれにせよ、皇帝の演説を聞きに集まった無辜《むこ》の市民をローマ軍兵士が惨殺しただけでなく、多くの市民から略奪も行った。殺害された市民の人数は少なくとも1万5000人、多く見積もれば10万人であるといわれている。

このように**カラカラ**は力と恐怖による政治を行った暴君として歴史に名を残しているが、こうした非道さだけでなく、貨幣改鋳によるインフレーションの進行、軍備増強による財政圧迫によってもローマ帝国の基盤を揺るがした。それゆえ、大浴場の建設などローマ市民が評価する政策があったのにもかかわらず、多くの歴史家は彼の政治に対してプラスの評価をする者はほとんど存在しないのである。

もっと深く知りたい人のための推薦図書

- **『ローマ帝国衰亡史（1）』**エドワード・ギボン／筑摩書房
- **『ローマ帝国愚帝列伝』**新保良明／講談社
- **『ローマ人の物語（12）迷走する帝国』**塩野七生／新潮社

014 政治

ディオクレティアヌス（244年〜313年？）

軍人皇帝時代を終わらせたローマ帝国皇帝

ローマ帝国皇帝**ディオクレティアヌス**は「三世紀の危機」と呼ばれた軍人皇帝時代の混乱を終わらせ、帝国に安定期をもたらした。また、テトラルキア（四分割統治）を導入したことでも知られている。

ディオクレティアヌスこと**ディオクレス**はダルマティア属州のサロナ（現在はクロアチア領）で244年に誕生する。父は解放奴隷であった。**ディオクレス**は一兵卒から始まって、プラエフェクトゥス・プラエトリオ（親衛隊指揮官）にまで昇進した。そして、**ヌメリアヌス**の死後、軍隊に推されて、284年にローマ皇帝となる。

286年に**マクシミアヌス**に皇帝権を分与し、自らは帝国の東方を、**マクシミアヌス**は西方を統治するようにした。292年、東方、西方それぞれに副帝を置き、帝国を四分割統治するテトラルキアを導入する。303年、キリスト教徒に対する大弾圧を行う。305年、皇帝を譲位し、引退。アドリア海に近いアスパーラトス（現在はクロアチア領スプリト）でキャベツ作りをしながら余生を送った。だが、313年、68歳のときそこで死去した（311年に66歳で死去したという説もある）。重い病気を患い、自殺した可能性が高い。

ディオクレスにはプラス面の評価とマイナス面の評価がある。前者としては軍人皇帝時代に終止符を打ち、ローマ帝国内に安定をもたらした皇帝として高く評価されている。広大な帝国領を維持するためにテトラルキアを導入し、国内の乱れに対して迅速に対応可能なシステムを作り上げた点も彼の統治におけるプラス面である。また、権力にしがみ続けることなく、退位し、隠遁したことも評価されている。

だが、キリスト教にとって、**ディオクレス**は悪魔のような皇帝であった。彼の弾圧は悪名高き**ネロ**の弾圧以上のものであり、ローマ帝国史上最大の虐殺が行われたといわれている。キリスト教徒にとってはまさに憎むべき皇帝だったのである。

ディオクレスは**奴隷階級の出身でありながら、皇帝まで昇りつめた**ローマ帝国史上稀有な皇帝であっただけでなく、彼の政策も画期的なものであった。彼が皇帝であった期間、ローマ帝国は領土を失うことなく、安定を維持していった。それゆえ、**ディオクレス**はキリスト教の弾圧者と優れた統治者の二つの顔を持つ皇帝であったと述べ得ることができるのである。

もっと深く知りたい人のための推薦図書

- **『ディオクレティアヌスと四帝統治』**ベルナール・レミ／白水社
- **『ローマ帝国衰亡史（2）』**エドワード・ギボン／筑摩書房
- **『ディオクレティアヌス時代のローマ帝国─ラテン碑文に見る帝国統治の継続と変容』**大清水裕／山川出版社

015 政治

コンスタンティヌス１世（274年？～337年？）

キリスト教が世界宗教になるきっかけを作った皇帝

コンスタンティヌス１世はローマ帝国の分裂状態に終止符を打ち、敵国を再統合した。また、新都コンスタンティノープルを建設し、さらには313年にキリスト教をローマ皇帝で初めて公認した。

コンスタンティヌス１世は274年頃、ナイッスス（現在のセルビア領ニシェ）で軍人**コンスタンティウス・クロルス**の子供として生まれた。**コンスタンティウス**は後にローマ帝国の西側の皇帝となるが、306年に死去し、息子の彼が**コンスタンティヌス１世**となる。だが、皇帝を名乗る者は複数存在しており、争いはその後20年近く続く。313年にミラノ勅令を発布し、324年にローマ帝国を再統一する。325年キリスト教会の分裂に介入し、ニカイア公会議を開催し、アリウス派を排斥する。330年新都コンスタンティノープルを完成する。337年頃、現在はトルコ領となっているニコメディアで病死した。65歳前後であったと推測されている。

コンスタンティヌス１世の歴史的業績は大きく分けて三つある。一つ目はテトラルキアといわれる四皇帝によるローマ帝国の分割統治に**コンスタンティヌス１世**が終止符を打ったこと。帝国を再統一し統治した功績は極めて大きなものである。

二つ目については、**ネロ**による弾圧をはじめとして、ローマ帝国は約300年にわたってキリスト教徒を抑圧し続けたが、**コンスタンティヌス１世**はその政策を大きく転換して、キリスト教を容認した。これ以降、キリスト教の勢力は大きく拡大することとなる。

三つ目としては、現在のイスタンブールであるコンスタンティノープルが建設されたことである。この都市は第二のローマといわれ、東西貿易の拠点として、また、難攻不落の要塞都市として、西ローマ帝国滅亡後も、東ローマ帝国の首都として、1000年以上繁栄することとなる。

コンスタンティヌス１世はローマ帝国の再建を目指し、積極的な政策を行った皇帝であり、彼の**斬新な政策はローマ帝国の強大さを復活させた**。

佐藤優の言葉

313年のミラノ勅令でコンスタンティヌス１世がキリスト教を公認したことの世界史的意味はとても大きい。これによってキリスト教が体制側の宗教になった。

もっと深く知りたい人のための推薦図書

- **『コンスタンティヌスの生涯』**エウセビオス／京都大学学術出版会
- **『コンスタンティヌス大帝の時代―衰微する古典世界からキリスト教中世へ』**ヤーコプ・ブルクハルト／筑摩書房

016 政治

ユスティニアヌス（483年～565年）

東ローマ帝国の最盛期を築き上げた皇帝

東ローマ帝国ユスティニアヌス朝第2代皇帝**ユスティニアヌス**。彼は東ローマ帝国の歴史の中で最盛期を実現し、帝国の版図を押し広げたことで、歴史にその名を刻んでいる。

後に**ユスティニアヌス帝**となる**ペトルス・サッバティウス**は483年にタウレシウム（現在のマケドニア領スコピエ近郊）で農民の子供として生まれるが、**ユスティヌス**の養子となり、コンスタンティノープルに住み、研鑽を積む。518年、**ユスティヌス**が東ローマ帝国皇帝**ユスティヌス1世**となる。521年、**ユスティニアヌス**は執政官となる。

527年に**ユスティヌス1世**の死によって、帝位を継ぐ。529年にアカデメイアを閉鎖する。532年、ニカの反乱を鎮圧する。534年にユスティニアヌス法典を編纂させ、また同年、ヴァンダル王国を滅ぼす。537年にハギア＝ソフィア聖堂をコンスタンティノープルに再建。541年あるいは542年にペストが大流行し、東ローマ帝国の人口はほぼ半減したといわれる。554年イタリア半島ほぼすべてを平定。555年に東ゴート王国を滅ぼす。565年にコンスタンティノープルで死去した。

ユスティニアヌスは名君として名高い。東ローマ帝国の領土を拡大し、分裂前のローマ帝国の領土であった多くの土地を奪い、ユスティニアヌス法典を編纂させ、ハギア＝ソフィア聖堂などの大規模な建築も行ったからである。また、ニカの反乱やペストの流行という国難にもよく耐え、82歳の死の時まで皇帝の職務を遂行し続けた。しかしながら、数々の戦争や、大規模建築によって国家財政は逼迫したものとなり、**ユスティニアヌス**の死後、東ローマ帝国は徐々に衰退していったことも事実である。それゆえ、彼の治世を批判する歴史家も少なからず存在している。

だが、**ユスティニアヌス**は強大になった**ゲルマン人の国家を二つも滅ぼし、イタリア半島の混乱を鎮め、イベリア半島南端まで勢力を伸ばした**。このことは間違いなく彼の力によるものであった。さらに、文化的にもローマ法の体系化を推し進め、宗教的にも正教会の力を高めた。それゆえ、後世の人々は彼を**ユスティニアヌス大帝**と呼び、彼の功績を称えたのである。

もっと深く知りたい人のための推薦図書

- **『皇帝ユスティニアヌス』**ピエール・マラヴァル／白水社
- **『ローマ帝国衰亡史（6）』**エドワード・ギボン／筑摩書房
- **『生き残った帝国ビザンティン』**井上浩一／講談社

017 政治 軍事

アレクサンダー大王（紀元前356年～紀元前323年）

世界帝国の野望を最初に夢見た大王

古代ギリシャの英雄**アレクサンダー大王（アレクサンドロス3世）**は、アルゲアス朝マケドニア王国の統治者であり、世界帝国への野望を抱き、邁進した王であった。ギリシャ全土統一後のエジプト征服だけではなく、ペルシア帝国を打倒し、現在のインドのガンジス川流域にまで遠征した偉業によって世界史の中に金字塔を打ち立てている。それだけでなく、**アレクサンダー大王**は師である大哲学者**アリストテレス**の教えに従い哲人政治（少人数の哲人により行われる政治形態）を行った。そのことも歴史的重要事項である。さらには**彼の遠征によって東洋と西洋の文明が融合したヘレニズム文明が花開いた**ことも歴史上の特記事項である。

父のマケドニアの王**フィリッポス2世**がギリシャ全土をほぼ統一した後、**アレクサンダー大王**は東方遠征に赴き、エジプトを占領、さらに**ダレイオス3世**が統治していたペルシア帝国に攻め入り、紀元前333のイッソスの戦い、紀元前331ガウガメラの戦いでペルシア軍を撃破した。そして、アケメネス朝ペルシアを滅ぼし、ギリシャ、エジプト、インダス川流域に至る大帝国を築いた。**アレクサンダー大王**は勇敢な武将であっただけでなく、軍事的戦術にも極めて優れた司令官であった。大王の戦術は中央にファランクスを置き、側面を騎兵、弓兵、軽装歩兵によって防御するものであった。ファランクスは古代ギリシャの伝統的な陣形で後にローマ帝国軍も用いたものであり、重装歩兵によって構成され、兵たちは非常に長い槍と盾を持ち、密集し、正面の敵に進撃するものである。この陣形は前面の敵に対しては強力な破壊力を持ったが、側面が弱かった。それを騎兵などによって防御した結果、マケドニア軍は次々と敵軍を打ち破り、**アレクサンダー大王**は世界帝国建設に向けて邁進したのである。

アリストテレスが家庭教師を務めていた**アレクサンダー大王**は軍人としての才能があっただけではなく、統治者としても優れていた。征服民族に対し、支配者として単に命令し、従わせるだけではなく、積極的に融和政策を行った。マケドニアの兵士とペルシア人との結婚の奨励（大王自らもペルシア帝国皇帝**ダレイオス3世**の娘**スタイラ**と結婚している）はその現れである。また、指導者としての人格を表す逸話も存在している。水のまったくないゲドロシア砂漠を進み、ペルシアに進軍していたときに、ある兵士が王のために一杯の水を見つけ、王に差し出した。だが、大王は「自分は皆とともに喉の渇きに苦しむほうを選ぶ」と言い、その水を捨てた。この逸話は**アレクサンダー大王**の高潔さと、自らへの厳しさ、リーダーとしての自覚の強さを明確に示すものである。

また、大王は文化的にもギリシャ文化とオリエント文化との融合を重視した。その結果、ヘレニズム文化という東洋的な側面と西洋的な側面とが調和された文化のベースが構築されたのである。この文化は世界史上最初のコスモポリタニズムと呼び得るものであるが、その典型的な成果はガンダーラ美術として今も残されている。ガンダーラ美術の仏像はギリシャ的な顔立ちをし、ギリシャ的な衣装を纏ったものが多い。それは東西世界の融合が目に見える文化的な形を帯びたものであった。

また、**アレクサンダー大王**の偉大さを示すエピソードも数多く残されている。特に有名なものは「ゴルディアスの結び目」のエピソードであろう。ペルシア帝国のゴルディオンという都市を征服したとき、大王はその都市の中心にあるゼウス神殿にあった「ゴルディアスの結び目」で結ばれた戦車が祀《まつ》ってある前に進んでいった。そこには「この結び目を解いた者がアジアの支配者になる」という伝説があった。それは複雑な結び目であり解くことは不可能に思われていた。だが、大王は剣を抜き、結び目を一刀のもとに断ち切り、「運命は伝説によってもたらされるのではなく、自らの剣によって切り開くものだ」と言った。そして、彼は確かにアジアの支配者となったのである。

アレクサンダー大王は世界史の中で**初めて世界征服を実現しようという野望を抱いた**大王である。それゆえ、彼の武力的な側面が強調される場合が多いが、統治者としても哲人政治を目指し、古代においてはそれまでに存在していなかったコスモポリタニズムの世界を実現させた王であった点も忘れてはならない重要事項である。彼の軍事、政治、文化的な世界規模での活躍は、その後の世界の歴史に多大な影響を与え、世界の様相を大きく変えるものだった。それゆえ、**アレクサンダー**は大王と称せられることに十分に値する王であったとはっきりと断言できる、歴史に残る偉大な英雄だったのである。

佐藤優の言葉

アレクサンダー大王の家庭教師をアリストテレスが務めていた。大帝国を維持するためには思想（哲学）が必要だ。アリストテレスの教えが、アレクサンダー大王の国家経営に影響を与えた。

もっと深く知りたい人のための推薦図書

- **『新訳 アレクサンドロス大王伝』**プルタルコス／河出書房新社
- **『アレクサンダー大王：未完の世界帝国』**ピエール・ブリアン／創元社
- **『ヒストリエ』**岩明均／講談社

018 政治 軍事

ガイウス・ユリウス・カエサル（紀元前100年～紀元前44年）

暗殺によって最期を迎えたローマの英雄

共和制ローマの勢力を拡大し、三頭政治の中心人物の一人となった、英雄的な軍人にして偉大な政治家である**カエサル**。彼は権力を完全に我が手に握ろうとした瞬間に暗殺され、ローマ皇帝になるという野望を達成できなかった。それゆえ、彼は偉人でありながらも悲劇的な側面を持っており、その悲しい最期によっても歴史に名前をとどめている。

カエサル家は名門貴族の家系であり、父は共和制ローマにおいて法務官、アシア属州の長官を務めた人物であった。

青年期の**カエサル**にとって大きな影響を与えた出来事がある。閥族派の**ルキウス・コルネリウス・スッラ**と民衆派の**ガイウス・マリウス**との対立によって権力バランスが保たれていたローマの政治状況が、後者の死によって、**スッラ**が権力を握ったことにより、後者の派閥に属していた**カエサル**が紀元前81年に小アジアのアカエヤに亡命しなければならなくなったのだ。だが、**スッラ**の死によって、**カエサル**はローマに戻ることができ、着実に実力をつけていった彼は紀元前60年に**ポンペイウス**、**クラッスス**とともに3者による私的な政治同盟、いわゆる第1回三頭政治を行い、ローマの軍事・政治を指導していくようになる。

その後、**カエサル**はガリア遠征を行い、ガリアをローマの属州とした。だが、紀元前53年にパルティアに遠征していた**クラッスス**が戦死したため三頭政治が崩壊し、ローマはカエサル派とポンペイウス派とが戦う内戦状態となる。しかし紀元前48年のファルサルスの戦いで**カエサル**が勝利し、**ポンペイウス**はエジプトに逃げるも、エジプト国王**プトレマイオス13世**によって暗殺される。**カエサル**はエジプトに遠征するが、その時、エジプトでは**クレオパトラ**と**プトレマイオス13世**とが覇権を争っていた。**カエサル**は**クレオパトラ**の後ろ盾となり、彼女が王国を統治できるようにしただけでなく、絶世の美女といわれる彼女と熱い恋に落ちていった。

紀元前46年に**カエサル**は反対派勢力を一掃し、ローマに帰還し、**クレオパトラ**をローマに呼び寄せる。元老院の力を弱め、自らが終身独裁官となり、帝政ローマの基礎固めを行った。しかし、共和派の人々は**カエサル**のこのような動きを警戒し、紀元前44年に元老院会議が開かれるポンペイウス劇場に隣接する廊下で、**カエサル**を暗殺した。23カ所の刺し傷があったといわれている。このとき、「**ブルトゥス**、お前もか」という有名な言葉を語ったとされる。

カエサルの生涯を語る場合に第一に語られる問題は軍人としての**カエサル**の力量である。ガリア、エジプト、ヒスパニアなどに遠征し、他民族を次々に征服した彼はローマの強大化を推進したが、軍事的に優秀な才能がなければ、そうしたことはできなかったであろう。それゆえ、**カエサル**のローマ史の中に刻まれた第一の意義は軍人としての功績である。

元老院議員を中心とする共和派から見れば、彼は共和制の憎むべき破壊者であった。だが、**カエサル**の生きた時代はローマにおいて共和制の政治的腐敗が浸透していった時代であり、政治的な大変革が期待されていたことも確かなことである。それゆえ、**カエサル**は**旧体制を壊し新たな強い指導者としてローマを導こうとするリーダー**であったと述べることも可能である。そういった意味でいうならば、**カエサル**はローマの政体の偉大な変革者であった。

カエサル個人を見れば、最も知られた彼の恋愛的逸話は**クレオパトラ**との恋の物語である。それはローマの最高権力者とエジプトの女王との恋であるが、2人が知り合ったとき、**カエサル**には妻がおり、**クレオパトラ**には夫がいた。さらに**クレオパトラ**が20歳で、**カエサル**は50歳を過ぎていたのだ。その後、2人には子供ができ、こうした2人の関係に対してローマの人々は大きな反感を抱いていた。それゆえ、**カエサル**暗殺の理由が政治的なものだけではなく、こうした倫理的な問題も絡んでいたと考えられるのである。

また、**カエサル**はさまざまな名言を残したことでも有名である。先程挙げた彼が暗殺時に語ったといわれている言葉だけでなく、ルビコン川を渡ることで、元老院側との内戦が開始された、その瞬間に述べたという「賽は投げられた」という言葉。さらには、紀元前47 年のゼラの戦いでローマに送った「来た、見た、勝った」という簡潔な勝利宣言。こういった言葉は歴史的な名言として今も多くの人々が知っている言葉である。**カエサル**がその行動によってその名を歴史に刻んだ偉大な英雄であることは否定できない事実であるが、彼の名言によっても歴史にその名を刻んだ偉人なのである。ローマ帝国の礎を築きながら、ローマ人の手にかかって殺された、歴史の皮肉な巡り合わせの中で散っていった男。その男の名は**カエサル**。その名前はローマ人の記憶だけでなく、世界の人々の記憶の中に残り続ける男の名前であるのだ。

もっと深く知りたい人のための推薦図書

- 『**ガリア戦記**』カエサル／岩波書店
- 『**内乱記**』カエサル／講談社
- 『**カエサル（上下巻）**』エイドリアン・ゴールズワーシー／白水社
- 『**カエサル―貴族仲間に嫌われた「英雄」**』毛利晶／山川出版社
- 『**三月十五日　カエサルの最期**』ソーントン・ワイルダー／みすず書房

019 政治 軍事

オクタウィアヌス（紀元前63年〜14年）

カエサルの養子にしてローマ帝国初代皇帝

後にローマ帝国初代皇帝**アウグスティヌス**となる**オクタウィアヌス**。彼は養父**カエサル**の後を継ぎ、安定し、強力な国家を築き上げげたことで歴史にその名をとどめている。

オクタウィアヌスは紀元前63年にローマで生まれる。父は騎士階級（エクィテス）であったが、**カエサル**は彼の大叔父に当たる。紀元前44年に**カエサル**が暗殺される。紀元前43年、**オクタウィアヌス**は元老院議員となり、行政権を持つインペラトルともなる。その年、ボローニャで**オクタウィアヌス**、**アントニウス**、**レピドゥス**による第2回三頭政治が成立。紀元前31年のアクティウムの海戦で**アントニウス**と**クレオパトラ**の連合軍に勝利し、翌年エジプトのプトレマイオス朝を滅ぼす。紀元前27年にアウグストゥスの称号を得て、皇帝となる。ここからローマ帝国が開始される。その後、皇帝権力と帝国の強化に努める。だが、14年に胃腸の病のためイタリア中南部のノーラで死去。75歳であった。

オクタウィアヌスに関する歴史的意義として最も重要なことは、**政治体制としての共和制ローマを終わらせ、ローマ帝国を築いた**ことにある。**カエサル**亡き後、彼はローマ内外の混乱を終息させ、初代皇帝としてローマ帝国の発展に寄与したのである。

皇帝となった彼は内政として、中央集権化を目指し、また、皇帝の権限を拡張していった。経済的には通貨改革を行い、1アウレウス金貨＝25デナリウス銀貨＝100セステルティウス銅貨という貨幣基準を設けた。行政的にはローマを帝国の中心地とし、ローマを14の行政区に分け、犯罪や出火対策を充実させた。世界初の年金制度も導入した。

外交的には帝国の領土を拡大し、帝国の範囲を西はイベリア半島、東はシリア、南はエジプト、北はライン川からドナウ川に至る広大なものとした。また、ローマ史上初となる常備軍を編成し、国境の警備を強化した。

オクタウィアヌスは最初のローマ帝国皇帝であるだけではなく、ローマ帝国に安定と繁栄をもたらした。彼は後世の人々が「ローマの平和（パクス・ロマーナ）」と呼ぶ、ローマの全盛期の礎を築いた。この功績は世界史上極めて重要なものとなっている。アウグストゥスとは「尊厳者」の意味であるが、彼はまさにローマ帝国の「尊厳者」であった。

もっと深く知りたい人のための推薦図書

- **『アウグストゥスの世紀』**ピエール・グリマル／白水社
- **『アウグストゥス：ローマ帝国のはじまり』**アントニー・エヴァリット／白水社
- **『ローマ皇帝伝（上巻）』**スエトニウス／岩波書店

020 軍事

ハンニバル（紀元前247年〜紀元前183 or 紀元前182年）

ローマを追い詰めたカルタゴの英雄

カルタゴの名将、ポエニ戦争の英雄、そして、**ローマを滅亡の一歩手前まで追い詰めたハンニバル・バルカ**、通称**ハンニバル**。彼は古代における大戦略家であり、彼の戦術は後世にまで長く語り継がれている。彼の名を歴史の中で輝かせているものはポエニ戦争での活躍であり、まずはこの戦争について話す必要がある。

ポエニ戦争は3度行われた。そのうち**ハンニバル**の活躍は紀元前219年から紀元前201年まで続いた第二次ポエニ戦争においてめざましい。

第二次ポエニ戦争の主戦場となったのはローマの中心部である現在のイタリア本土であった。ローマ軍は**ハンニバル**のアルプスを越えての進軍という予想外の戦術に驚き、紀元前218年のティキヌスの戦いで敗北。その後も、ハンニバル軍は次々にローマ軍を打ち破っていった。しかしながら、形勢不利となったローマ軍は持久戦に持ち込み、徐々に勢力を回復し、ついに、紀元前202年のザマの戦いでカルタゴ軍を破った。

その後**ハンニバル**はカルタゴに帰国し、カルタゴ再建のために努力した。しかし、政敵の陰謀でセレウコス朝シリアに亡命するが、この国がローマに敗れ、**ハンニバル**は逃亡途中で自殺した。

ハンニバルの戦術は一般的な予想を超えるものが多い。

巨象を先頭にしたアルプス越えもそうだが、紀元前216年のカンナエの戦いでの包囲殲滅戦術は後世まで広く伝えられている。当時世界最強といわれたローマの重装歩兵によるファランクスを正面の歩兵、側面と後方を騎兵によって包囲することで完全に壊滅させたのだ。

この戦いで包囲された6万のローマ軍の中で逃げることができたのは1万人程度であったといわれている。**ハンニバル**の戦術的天才性を示す重要な戦いであった。

もっと深く知りたい人のための推薦図書

- **『ハンニバル（上下巻）』**トマス・ハリス／新潮社
- **『ハンニバル 地中海世界の覇権をかけて』**長谷川博隆／講談社

021 軍事

スキピオ(大スキピオ)(紀元前263年〜紀元前183年?)

難敵ハンニバルを打ち破ったローマの英雄

共和制ローマの軍人であり、政治家であり、**大スキピオ**とも呼ばれた**プブリウス・コルネリウス・スキピオ**は、ローマを滅亡の危機に陥れたカルタゴの**ハンニバル**を破り、第二次ポエニ戦争を終結させたローマの英雄である。

名門貴族の家に生まれた**スキピオ**は若い頃からその頭角を現していたが、彼の名前を後世に残した偉業は、やはり第二次ポエニ戦争での活躍であろう。カルタゴの名将**ハンニバル**がローマ滅亡の一歩手前まで追い込む中、カルタゴ軍に反攻するために軍を率い、ついに**ザマの戦いでハンニバル軍を打ち破った**のである。

ローマとカルタゴの戦いであるポエニ戦争の第二ラウンドである第二次ポエニ戦争が紀元前219年に始まったとき、**スキピオ**は17歳であった。開戦後、ローマ軍はティキヌス、トレビア、カンナエの戦いで**ハンニバル**率いるカルタゴ軍を相手に次々に敗戦していった。紀元前211年のバエティス川の戦いでは**スキピオ**の父と叔父も戦死し、絶体絶命状態であった。こうしたローマの劣勢を盛り返すために、**スキピオ**が指揮官となる軍団が作られた。

スキピオはカルタゴ軍の補給路を断つために現在のスペインに当たるヒスパニアに遠征し、カルタゴ勢力を打ち破る。さらにカルタゴの本拠のあるアフリカに遠征し、カルタゴ軍に勝利する。そして、ローマの勝利を決定づけたものが、紀元前202年のザマの戦いであった。この戦いはローマの名将である**スキピオ**とカルタゴの名将**ハンニバル**が直接対決をした戦いである。以前の戦いから**ハンニバル**の戦術を学んだ**スキピオ**はカンナエの戦いとは逆に、カルタゴ軍を包囲殲滅し、ローマ軍に勝利をもたらした。この戦い後に両国の休戦条約が成立し、第二次ポエニ戦争は終わるのである。

スキピオは救国の英雄として尊敬を勝ち得て、政治家としての道を歩む。外交問題でもカルタゴとヌミディア紛争の調停役になるなどの活躍をしたが、晩年は賄賂問題で政敵から激しく攻撃を受け、失意の中、生涯を終えた。ローマ最大の救国の英雄であるゆえに、その晩年はあまりにも悲しい旋律が流れる寂しいものであった。

もっと深く知りたい人のための推薦図書

- **『アド・アストラ　—スキピオとハンニバル—』** カガノミハチ／集英社

022 哲学・思想

タレス（紀元前624年？～紀元前546年？）

人間を自然の一部と考えた古代ギリシャの哲学者

プラトンによってギリシャの七賢人の一人として称えられた**タレス**はミレトスの出身のイオニアの哲学者である。彼は「万物の根源は水である」という言葉を述べたことで、哲学史に名を刻んでいる。

タレスはまったく著作を残していないために、彼の正確な哲学的な考えを提示することは困難であるが、3世紀のギリシャの哲学史家**ディオゲネス・ラエルティオス**が断片的に**タレス**に関する記述をしている。

哲学史的視点から見て、「万物の根源は水である」という言葉が真であるか偽であるかという問題は大きな問題ではない。この言葉が万物の根源（アルケー）を探究する原理を表していることが重要なのである。なぜなら、**タレス**以前、物事の原因や起源といったものは神話的あるいは宗教的に説明されていたが、**タレス**のこの発言の中にはそうした側面がまったく存在せず、**物理的に観察可能な物体をもとにあらゆる事象の根源を説明**していこうとする思索態度が表明されているからである。

物事の根源を考えるということは実体が何であるかを考えることであり、より小さく、より単純で、より原初的な事柄から、より大きく、より複雑なものを導き出そうとすることである。こうした思索方法は**タレス**が提唱する以前には行われていなかったものであり、それこそがまさに哲学的思考を形成することが可能な思考方法であったのだ。

この思考方法の中には、後に**デカルト**が提唱した真偽値を徹底的に問うていく演繹《えんえき》法的な思考法の萌芽が認められる。しかし、**タレス**は演繹法的思考を行っただけではなく、天文学的観察などによる学的探究すなわち帰納法的な思考法も行っている点には注目する必要がある。彼は合理主義的でもあり、経験主義的でもある思索を行うことによって、科学的な世界観をギリシャ世界に導入したのである。こうした側面から見ても、確かに、**タレス**は「最初の哲学者」と呼ぶにふさわしい哲学者であったと述べ得る。

また、**タレス**はギザのピラミッドの高さを比率によって導き出したことや、天文学にも通じ日食を予言したという科学者の側面や数学者の側面も持っていたことも強調しておこう。

佐藤優の言葉

近年、ソクラテス以前の哲学が注目されている。その中でもタレスを始祖とするイオニアのミレトス学派が重要だ。人間を自然の一部と考えるタレスの哲学は現代人にもわかりやすい。

もっと深く知りたい人のための推薦図書

- **『ギリシア哲学者列伝（上巻）』**ディオゲネス・ラエルティオス／岩波書店
- **『ソクラテス以前の哲学者』**廣川洋一／講談社
- **『ソクラテス以前の哲学』**ジャン・ブラン／白水社

023 哲学・思想

ソクラテス（紀元前469年〜紀元前399年）

「無知の知」を唱えた西洋哲学の始祖

古代ギリシャの哲人**ソクラテス**。彼は**西洋哲学の基盤を作った**偉人とされているが、著作はなく、**ソクラテス**の言葉は弟子の**プラトン**や**クセノフォン**によって記述されている。2人の著作によれば、**ソクラテス**の哲学的議論は「無知の知」に基づく産婆術によって行われた。

無知の知という言葉は**ソクラテス**が「自分は何も知らないということを知っているが、自分が問答した相手は自分が無知であることすら知らない」という事実を示すものである。知の限界点を知り、そのことによって探究の原点を知ることを意味するものである。それはそれまではっきりと規定されていなかった哲学的論証のカテゴリーを明確化するものであった。

ソクラテスの無知の知は問答による産婆術によって証明されるものである。この方法は自らが真と信じているものが本当にそうであるかを問答しながら明らかにしていくものであり、ある主張に対して反論し、その答えに対しても反論していくことを繰り返すことで、より正しい答えを導いていくものであり、そこには弁証法的な論理展開が見られる。この方法はまた、独断論を排除する基盤ともなったものである。

だが、**ソクラテス**はすべての事柄に反論し、何に対しても不服従であったわけではない。**ソクラテス**の死の原因となるアテネの法廷が下した死刑宣告に対して、彼は「悪法も法である」と述べ、国外に逃亡することをせずに、宣告どおりに毒をあおって死ぬからである。このことは**ソクラテス**が秩序を重んじない哲学者なのではなく、国家が命じる秩序を尊重していた哲学者であることを示している。**ソクラテス**は真理の探究を行ったが、その探究の基盤となる国家というものの重要性は否定しなかったのである。

西洋哲学の学的探究は**ソクラテス**とともに始まった。それゆえ、**ソクラテス**の名は西洋哲学史の始祖としてこれからも残り続けるであろうが、それだけではなく、彼が強く望んだ真理への探究の精神もこれからも絶えず尊重され続けるであろう。

もっと深く知りたい人のための推薦図書

- 『**ソクラテス**』田中美知太郎／岩波書店

024 哲学・思想

プラトン（紀元前427年〜紀元前347年）

「イデアがすべてを構築する」と語った哲人

古代ギリシャの哲学者**プラトン**は**ソクラテス**を主人公とした対話形式による多くの哲学書を残した。**プラトン**はそうした著作の中で自らの哲学を語ったが、彼の中心理論はやはりイデア論であり、この概念は後世の哲学に絶大な影響を与えたものであった。

イデアは現実に存在しているものではなく、現実に存在しているものの真の姿として天上界に存在しているものである。現実界にあるものの理想の姿と言い換えることもできるであろう。例えば、円というものは現実にはさまざまなものが無数に存在しているが、そのそれぞれの円が円であると判断するためには、我々が円というものの真の姿である円のイデアを知っているからであると**プラトン**は主張している。また、古代ギリシャ哲学を考えた場合に、**プラトン**の理想主義と**アリストテレス**の現実主義の差異がしばしば大きく取り上げられることがあるが、**プラトン**は根本原理に注目し、自らの思想を展開したと述べることができるであろう。

だが、**プラトン**は観念的な事象のみを探究した哲学者ではなかった。例えば、『国家』において理想的な国家とはどのようなものであるかという考察が行われている。そして、**ソクラテス**を主人公としたこの対話形式の著作において、理想国家を実現する条件としてイデアに基づいて正しい政治を行う哲人王の必要性を主張している。この哲人王にとって不可欠なものとして正義が語られ、**正義が人間を幸福にするもの**であると語っている。

また、『国家』の中で**プラトン**は、理知が優位である優秀者支配制、気概が優位である名誉支配制、富への欲望が優位である寡頭制、自由への欲望が優位である民主制、最も悪い政治システムである僭主独裁制の五つの国家体制について語っており、哲人王が統治する理想国家が最も正義に適い、最もよい国家であるとも述べている。

このように**プラトン**は単なる観念論的な理想主義者ではなく、よりよきことをイデアという根本原理から説明し、その原理を現実世界にも応用しようとした偉大な哲人であったのである。

もっと深く知りたい人のための推薦図書

- **『国家（上下巻）』**プラトン／岩波書店
- **『プラトン』**斎藤忍随／岩波書店

025 哲学・思想

アリストテレス（紀元前384年〜紀元前322年）

学問の礎を築いた西洋哲学の巨人

アリストテレスは**ソクラテス**と**プラトン**の思想を継承・発展させただけではなく、現代の多くの学問の礎を築いた古代ギリシャの哲人である。彼が研究した学問は形而上学、論理学、倫理学、政治学、物理学、天文学、気象学、生物学、詩学など万学に及んでいるが、これらすべての学問は知への愛の学問であるフィロソフィアすなわち哲学によって統合されるものであると**アリストテレス**は考えた。

アリストテレスの著作は全著作の約3分の1しか現存していない。現存している彼の思想によれば、学問体系は理論（テオリア）、実践（プラクシス）、創作（ポイエーシス）に三分される。さらに、理論の学問を自然学と形而上学に、実践の学問を政治学と倫理学に、創作の学問を詩学に区分される。

ここで**アリストテレス**の学問上の功績を詳細に検討することはできないが、論理学における問題と形而上学における概念の問題については触れる必要があるだろう。

アリストテレスの論理学においては、論理を展開する方法は**三段論法と弁証法とレトリック**の三つである。三段論法では真偽値（論理学で命題のとりうる「真」と「偽のこと）が問題となり、「人間は死すべきものである」、「ジョンは人間である」、「ゆえにジョンは死ぬ」といったものである。弁証法は蓋然性に基づきある帰結を導き、「太郎はカレーが食べたい」、「太郎はハンバーグも食べたい」、「それゆえ太郎はハンバーグカレーを注文した」といったものである。レトリックは真偽値の外で機能し、「生きた化石」といった表現のことである。

また、**アリストテレス**は**プラトン**のイデア論を批判し、形相と質料という概念を導入した。木の小屋を作ろうとするとき、完成した小屋そのものではなく小屋の素材となる木が質料であり、想起された小屋の観念が形相である。それゆえ、形相という概念も質料という概念も実体（ウーシア）を表すものではなく、相対的概念である。**アリストテレス**のこうした考え方も哲学の歴史に大きな影響を与えた。

佐藤優の言葉

アリストテレス哲学で重要なのは、質料・形相関係だ。机と板の関係では、机が形相、板が質料になる、板と木の関係では、板が形相、木が質料になる。このように質料・形相関係をたどっていくと形相を持たない第一質料に至る。この第一質料という考え方が中世のキリスト教神学に強い影響を与えた。

もっと深く知りたい人のための推薦図書

- **『形而上学（上下巻）』**アリストテレス／岩波書店
- **『政治学』**アリストテレス／岩波書店
- **『アリストテレス入門』**山口義久／筑摩書房

026 哲学・思想

エピクロス（紀元前342年？〜紀元前271年？）

心の平静さに基づく快楽主義を唱えた哲学者

古代ギリシャの哲学者**エピクロス**。彼はエピクロス主義の始祖である。この主義は快楽主義と訳されているが、我々が一般的に述べている快楽主義とは異なり、精神的な快を求めることを重視した**エピクロス**の教えをもとにしたものである。

エピクロスはサモス島で生まれた。父はアテネからの入植者で教師だったといわれている。**エピクロス**は青年期には**クセノクラテス**や**テオプラストス**の講義を受け、その後デモクラテス派の**ナウシパネス**にも学んだといわれている。紀元前311年にレズボス島に自身の学校を作るが、迫害され、小アジアのラムプサコスで教えを開始し、初期のエピクロス学派が形成された。紀元前307年にはアテネに拠点を移し、万人に開かれた学園を創設する。**エピクロス**は弟子の育成に励むが、紀元前270年に他界した。72歳であったといわれている。

エピクロスの教えは自然哲学の分野ではデモクリトス理論に依拠し、世界は原子と空虚によって成り立っているとし、こうした存在を把握するものが感覚であるとした。また、認識に誤謬が生じるのは感覚のせいではなく、感覚したものを判断する思考の誤りによると主張した。現在の倫理学の分野においては、快を求めることが善であるとしたが、それは快楽を無制限に求めるという意味ではない。**エピクロス**は人間には快を求める欲求があるが、欲求には食事、健康、住居などに対する必要なものと、贅沢な生活、名声、権力など必要でないものがあり、人間は前者を求めるべきだと主張したのである。そして、こうした態度によって心の平静（アタラクシア）が得られると**エピクロス**は考えた。**エピクロス**のこうした思想は、非社会的であると同時代に存在していたストア学派の哲学者から厳しく批判された。

エピクロスの思想には確かに隠遁的である側面がある。「われにパンと水さえあれば、神と幸福を競うことができる」という彼の言葉が示すように、他者との関係性や、社会性は二義的なものにされ、個人の平穏だけが求められるからである。しかしながら、**エピクロス**の思想は一つの確固とした倫理的方向性を示したという意味で重要であるだけでなく、**マルクス**が述べているように**唯物論のパイオニア**の一人としても哲学史にその名が刻まれる哲学者であったのである。

もっと深く知りたい人のための推薦図書

- **『エピクロス―教説と手紙』**エピクロス／岩波書店
- **『エピクロス哲学』**ジャン・ブラン／白水社
- **『エピクロスとストア』**堀田彰／清水書院

027 哲学・思想

ゼノン（紀元前335年〜紀元前263年）

発言より行動を重んじた哲学者

キティオンの**ゼノン**はストア学派の創始者として知られている。ストア学派はヘレニズム哲学の一学派であるが、ここではこの学派の根本的な考え方と**ゼノン**との関係について簡潔に述べることにする。

ゼノンは商人の子供として生まれ、青年期まで商業を生業としていたといわれるが、22歳のときに船が難破し、アテネに漂着した。そこで、**クセノフォン**の『ソクラテスの思い出』と**プラトン**の『ソクラテスの弁明』を読み、哲学に目覚め、キュニコス（犬儒学）派の**クラテス**のもとで哲学を学んだ。その後、彼独自の思想であるストア哲学を確立した。ストア学派の由来は**ゼノン**がアテネのストア・ポイキレ（彩色柱廊）で講義を行ったためであるといわれている。

ストア哲学の中心的な考えは中庸である。平穏で穏やかな生活を送るためには、感情的な快や不快といったものにとらわれてはならないということを重視した思想であると述べ得る。つまり、それは感情的な起伏は破壊衝動を招き、正しい判断を狂わせ、道徳的で、知的な賢者になることがまったく不可能になると説く思想である。そして、**ゼノン**は宇宙論的決定論と人間の自由意志との関係において、自然と一致する意志を維持することが必要であるという原理を主張した。それは老いた自分に対してそれが自然のことであり、自然の法則に従い人生を終わるべきだと考え、自ら息を止めて死んでいったという**ゼノン**の最期として語られるエピソードに端的に現れている。

ゼノンは哲学を生活の方法として実践的なものとして考え、哲学を最もよく表現するものは発言内容よりも行動内容であると考えた。こうした中庸の精神と実践的な哲学原理の重視はギリシャだけではなく、ローマの思想家**セネカ**やローマ皇帝**マルクス・アウレリウス・アントニヌス**などにも思想的に大きな影響を与えた。

ゼノンは哲学というものを観念的な領域のものとすることを拒み、実生活との関係性において到達すべき理念を持った学問として定義づけた。それは**哲学のカテゴリーを広げ、この学問の基盤をより現実的なものにする**ものであった。それゆえ、**ゼノン**の名前は哲学史の上にはっきりと刻まれているのである。

佐藤優の言葉

足の速いアキレオス（アキレス）でも、足の遅い亀が少し先に出発すれば、絶対に亀に追いつくことができないというゼノンのパラドックスを論破することは現在でも難しい。

もっと深く知りたい人のための推薦図書

- **『初期ストア派断片集（1）』**ゼノン／京都大学学術出版会
- **『ギリシア哲学者列伝（上巻）』**ディオゲネス・ラエルティオス／岩波書店
- **『ストア派』**ジャン＝バティスト・グリナ／白水社

028 哲学・思想

ストラボン（紀元前64年？～21年？）

地理学の基盤となる大著を著した哲学者

古代ローマ時代のギリシャの地理学者、歴史学者、哲学者である**ストラボン**。彼は全17巻からなる『地理誌（ゲオグラフィカ）』を書いた著者としてよく知られているが、この本は**ストラボン**の時代の地中海世界、アフリカ南部などを知るための非常に貴重な資料となっている。

ストラボンは小アジア北部にあったポントゥス地方のアマセイア（現在のトルコ北部にある都市）の裕福な家庭に生まれる。小アジアのニュサとローマで、哲学（特に、ストア学派の思想）と地理学を学んだ。**ストラボン**はその生涯に、イタリア半島、小アジア、エジプト、エチオピアなど多くの地域を旅した。その成果は『地理誌』として残されているが、彼はこの本以外にも、『歴史』、『ポンペイウス伝』、『オケアノス論』なども書いたといわれている。これらの著作は『地理誌』とは違い現在においては完全に現存していないか、まったく存在していない。晩年に故郷のアマセイアに帰り、そこで死去したといわれている。

ストラボンの名前を後世に残しているものは何といっても『地理誌』である。この本以上の長さを持ち全47巻に及ぶといわれている『歴史』はほとんどど現存しないために、**ストラボン**の著作としては現在、この本が最も重要なものとなっている。『地理誌』では、地中海沿岸諸国、ドナウ川流域、黒海沿岸、コーカサス、小アジア、インド、ペルシア、メソポタミア、シリア、パレスチナ、紅海沿岸諸国などの歴史・経済・政治的問題、神話、風俗習慣、動植物の生態などが詳細に書かれている。完全に科学的ではない点も存在するが、歴史学、地理学、民族学の資料として貴重なものとなっている。**ストラボン**のこの書は後世の多くの学者が引用し、その優れた地理学的記述によって彼は**「地理学の父」**と呼ばれている。

ストラボンはストア主義的見地から自然と人間の関係性、特に地理と歴史の関係性を重視し、世界各地を旅することによって、この世界の様相を克明に記録した。その彼の探究心と努力が実を結んだ『地理誌』という本は、我々の学的進歩にとって今も重要な基盤となっている。

もっと深く知りたい人のための推薦図書

- **『ギリシア・ローマ世界地誌 全2巻』**ストラボン／龍渓書舎
- **『古代地理学史の研究：ギリシア時代』**織田武雄／柳原書店
- **『地理学の歴史と方法』**野間三郎、松田信、海野一隆／大明堂

029 哲学・思想

プリニウス（23年？～79年）

博物学の普及に貢献したローマの政治家

古代ローマの思想家、博物学者、政治家、軍人である**ガイウス・プリニウス・セクンドゥス**（甥の**プリニウス**と区別するため、通称は**大プリニウス**）。彼は102巻（現存するものは37巻）ある古代の科学知識を集大成した百科全書『博物誌』を書いたことで有名である。

プリニウスはイタリア北部のコムム（現在のコモ）で生まれる。若くしてローマに出て、法律、文学、弁論術などを習う。23歳から軍人となり、騎兵隊に入り長年ゲルマニアに駐留した。

その後、ローマ皇帝**ウエスパシアヌス**の信任を得た**プリニウス**はスペインやアフリカ北部に財務官として赴任し、博物誌的な見地を広めた。また、この期間に『ローマ史』31巻を書き上げたといわれているが、現存はしていない。晩年にはナポリ湾ミセヌム基地の海軍提督に就任し、ベスビオ火山の噴火のときに現地に急行したが、ポンペイ近くで噴煙に巻かれ死亡した。

プリニウスは生涯に多くの本を書いたといわれているが、現存するものは『博物誌』だけである。この本は自然と芸術に関する百科全書的な著作であり、膨大な著作を参照し、そこからピックアップした約2万項目の事項が収録されている。最初の10巻は77年に発表され、残りはおそらく**プリニウス**の甥の**小プリニウス**によって公刊された。『博物誌』では天文学、地理学、人類学、動物学、植物学、医学、鉱物学、美術など多くの分野の問題を取り扱っているが、**プリニウス**が直接見聞したものはなく、すべてが他の本の記述に基づいたものである。論評のほかに信憑性に欠ける伝聞や風説の記述も多いが、古代地中海世界を知る上での情報源としてこの本は極めて貴重な史料となっている。また、『博物誌』は現代の百科事典のモデルになっている点でも歴史的な書物である。

プリニウスは世界の情報を可能な限り多く収集し、それをまとめ上げた。この功績は高く評価されるべきものであり、**『博物誌』がなければ、古代の人々の知識や思考方法などの概要を知ることができなかった**であろう。それゆえ、**プリニウス**は歴史に残る博物学者であり、彼の『博物誌』は歴史の一ページに確実に記録されるべき書物なのである。

もっと深く知りたい人のための推薦図書

- **『プリニウスの博物誌』** プリニウス／雄山閣
- **『プリニウスのローマ―自然と人への賛歌』** 中野里美／雄山閣
- **『私のプリニウス』** 澁澤龍彦／河出書房新社

030 宗教

モーセ（紀元前1200年？～？）

『旧約聖書』に書かれたユダヤ民族の指導者

モーセは古代イスラエルにおける預言者であり、ユダヤ民族の指導者でもある。『旧約聖書』によれば、神の命を受け、古代エジプト王国で奴隷状態にあったユダヤ民族をエジプトから連れ出し、「約束の地」に導いた。

モーセは**ラメス2世**の時代にエジプトで生まれたといわれている。エジプト人を殺害したことでアラビア半島のミディアンに逃げ、そこで羊飼いとして暮らす。ある日、神から抑圧されているユダヤ民族を約束の地に導いていけという啓示を受ける。エジプト王国のファラオは最初、ユダヤの民の出発を許さなかったが、最後にはそれを認めた。だが、ユダヤの人々が出発の後、戦車と騎兵からなるエジプト軍が追いかけてきた。逃げ場のない海に追い込まれたとき、**モーセ**は杖を振り、海を二つに分け、ユダヤの民は海を渡ることができたが、追いかけて来たエジプト軍は再び一つになった海に呑み込まれて全滅した。**モーセ**一行は砂漠を歩む苦しい旅を続けたが、シナイ山まで来る。**モーセ**は一人山に登り神から十戒を受ける。その後も長い期間、旅を続けた。**モーセ**は約束の地であるカナンの地を目前にして死去した。年齢は120歳だったという説もある。

モーセは神の力で数々の奇跡を起こしたといわれており、それは宗教的には大きな問題であるが、歴史的な問題として大きなものではない。そうした奇跡よりも、**モーセ**が神から与えられた**十戒は法治という問題を考える上で重要**である。この十戒は「1.他の神を信じるなかれ。2.偶像を作ることなかれ。3.神の名を濫《みだ》りに唱えることなかれ。4.週の最後の日を安息日とせよ。5.父母を尊べ。6.殺すなかれ。7.姦淫することなかれ。8.盗むなかれ。9.嘘をつくなかれ。10.他の者の物を欲しがるなかれ」というものであるが、ここには律法主義と倫理の結合した法治主義の萌芽が見られる。これは人類史上画期的なものである。

モーセは神格化された存在として現実の彼の功績ははっきりと確定できない側面が多い。だが、彼はユダヤ民族を率いて、約束の地に導き繁栄の基盤を作ったことは間違いがないと思われている。また、彼のその功績により、キリスト教だけでなく、ユダヤ教、イスラム教においても重要な預言者と見なされている点も注記しておこう。

もっと深く知りたい人のための推薦図書

- 『**モーセの生涯**』トーマス・レーメル／創元社
- 『**モーセ**』浅野順一／岩波書店

031 宗教

イエス（紀元前6年？～30年？）

神の子であるとされるキリスト教の創始者

キリスト教における神の子であり、救世主（キリスト）でもある**イエス**。彼はキリスト教徒の最大の信仰対象であり、キリスト教の教祖であるとされる偉人である。

イエスは現在のイスラエルにあるベツレヘムの馬小屋で、紀元前6年から紀元前4年の間に、聖母**マリア**から生まれたといわれている。養父である**ヨセフ**は大工であった（本当の父は神であるとされる）。ユダヤ王国を統治する**ヘロデ王**によるベツレヘムとその周辺一帯にいた2歳以下の男の子全員の虐殺命令が下るが、**イエス**親子はエジプトに逃れる。その後帰国し、**イエス**は養父の仕事をよく助ける働き者の大工となる。30歳頃、洗礼者**ヨハネ**から洗礼を受け、荒野で40日間サタンと戦い、打ち勝ち、布教活動を開始する。その教えの中で、**イエス**はユダヤ教の学者（パリサイ派やサドカイ派など）を激しく非難する。彼は12人の使徒を得て、エルサレムに入城するが使徒の一人であるイスカリオテの**ユダ**に裏切られ、ゴルゴダの丘で十字架に磔にされ死ぬ。しかし、3日後に復活し、40日後に弟子たちの前で昇天したといわれている。

イエスはキリスト教の中心的な信仰対象であるが、彼の布教の様子は『新約聖書』に詳しく記されている。例えば、「敵を愛し、迫害する者のために祈れ」という**イエス**の言葉は、見返りを求めない愛であるアガペーの重要さを示すものである。さらに、「一粒の麦が地に落ち、死ななければ、唯の一粒の麦にしかすぎない。だがもしも、それが死んだならば、豊かに実を結ぶこととなる」という言葉は、キリスト教への殉教によってキリスト教が広がっていくことの意義を端的に表している。このようなイエスの言葉は救いを求める民衆の間に広まり、彼らは**イエス**を救済者（キリスト）と見なすようになるのである。

キリスト教はユダヤ教を基盤として成立した宗教であるが、この二つの宗教には大きな違いが存在している。それは大まかに言えば以下の3点である。

（1）ユダヤ教は民族宗教としての特色が強いが、キリスト教は人類全体を対象としている。（2）ユダヤ教の信仰対象はヤハウェの神のみであるが、キリスト教の信仰対象は神、**イエス・キリスト**、聖霊である（三位一体説）。（3）ユダヤ教は戒律を重んじるが、キリスト教は神の愛を重視する。

イエスの教えを信じるキリスト教徒は、最初、ローマ帝国皇帝などによって弾圧されたが、十二使徒や**パウロ**などの尽力により、**イエス**の死後も拡大し続けた。特に、ローマ帝国の**テオドシウス帝**が392年にキリスト教を国教として以降は信仰の拡大が爆発的に増加し、ヨーロッパ全体へ、さらには世界宗教へと向かう道を歩むようになった。

イエスが始めたキリスト教の教えはヨーロッパ世界において中心的な役割を果たすようになるが、その中心性は宗教的な意味を持つだけではない。ヨーロッパ精神の形成における二大基盤とされるものがある。一つはヘレニズムであり、もう一つはヘブライズムである。前者はギリシャ・ローマ的な伝統であり、後者はキリスト教を媒介としたユダヤ的な伝統である。両者は長いヨーロッパの歴史の中で融合していき、現在存在しているヨーロッパ性の核となったものである。この核がなければ、ヨーロッパの政治、法律、経済、思想、芸術といったあらゆる分野の発展はなかったものである。こうした側面から見ても、**イエス**の始めたキリスト教の大きな意義が理解できると思われる。

ここで宗教家**イエス**ではなく、彼の思想というものについて考えてみる。彼の思想を明確化するために、ハンムラビ法典に書かれた「目には目を、歯には歯を」という考え方と、「汝の右頬を打つ者があれば、左頬も向けよ」という**イエス**の言葉とを比較しよう。前者は罪と罰とが同等になるようにする公平性の原理が働いているが、こうした法的精神は現在も受け継がれている。それに対して、後者は法的な精神ではなく、完全に宗教的精神を表し、**イエス**の愛と罪の許し、さらには、自己犠牲の思想をはっきりと提示している。それは政治的あるいは法的なイデオロギーなのではなく、倫理的あるいは道徳的な思想の基盤として機能するものなのである。

イエスが教えを始めたキリスト教は彼の死後も宗教的に大きく発展していっただけでなく、政治、経済、社会、文化面でもヨーロッパ世界に、さらには、全世界に多大な影響を持つ宗教となる。それは世界宗教になり得る確固とした宗教イデオロギー基盤があったからである。**イエス**が唱えたアガペーの精神は今も多くのキリスト教徒の心の中に響いているだけでなく、世界の平和と調和を目指して、世界中に響き渡っているのである。

佐藤優の言葉

1世紀のパレスチナにイエスという青年がいたことを実証することはできない。また、イエスがいなかったということを実証することもできない。キリスト教徒にとって重要なのはイエスが救い主（キリスト）であることを信じ、告白することだ。

もっと深く知りたい人のための推薦図書

- **『イエスの生涯』**エルネスト・ルナン／人文書院
- **『イエスの生涯』**シュヴァイツェル／岩波書店
- **『キリスト伝』**ジュゼッペ・リッチョッティ／ドン・ボスコ社

032 宗教

パウロ（？〜64年？）

キリスト教の迫害者から伝道者への道を歩んだ聖者

キリスト教の使徒の一人である**パウロ**。『新約聖書』の中には彼の書いた手紙が多数収められている。また、彼は厳格なパリサイ派のユダヤ教徒としてキリスト教徒を迫害したが、神の啓示によってキリスト教者となり、布教に努めた。

パウロは小アジアのタルソスで生まれ、ローマの市民権を持っていた。エルサレムの高名なラビのもとで学び、そしてキリスト教徒を迫害した。だが、34年頃、神の啓示を受け、キリスト教徒となる。かつての迫害者である**パウロ**を使徒たちはなかなか受け入れなかったが、最終的には彼を受け入れ、**パウロ**は伝導生活に入る。小アジアやマケドニアなどにも赴き、積極的に布教活動を行う。だが、**ネロ**が皇帝であったローマ帝国はキリスト教徒を激しく迫害し、**パウロ**はエルサレムで捕らえられ、ローマに送られ殉教したといわれている。

『新約聖書』の中の手紙で**パウロ**が書いたとされているものは「ローマ人への手紙」、「コリント人への手紙」、「ガラテヤ人への手紙」など13あるとされるが、こうした手紙の中で**パウロ**は彼の信仰に対する考えを明確に述べている。**パウロ**は律法によるのではなく、神の恩寵のみが重要であると説いている。さらに、**イエス**の十字架に磔にされた死における贖罪の意義を強調した。こうした**パウロ**の考えは、彼の生前はキリスト教徒になかなか受け入れられなかった。だが、彼の死後、**アウグスティヌス**の解釈を経て、**ルター**など宗教改革者たちの信仰義認論の祖型となるなど、**キリスト教神学に大きな影響を与えることになった**。また、**パウロ**が各地に教会を多数建て、そこを伝導の拠点としたことも知られている。**パウロ**はほかの使徒とは異なり、厳格なユダヤ教徒としてキリスト教徒を迫害する立場であった。また、ローマの市民権を持つ支配階級の人間であった。こうした立場をすべて捨て、キリスト教の伝導に努めた使徒はほかにはいない。こうした意味で、彼は使徒の中では異色な存在である。しかしながら、キリスト教の発展と拡大という点では**パウロ**の存在が欠くことのできないものだったと言うことができる。彼はヘブライ語もギリシャ語も話し、高い教養を持っていた。**パウロ**のような使徒がいなければ、キリスト教が世界宗教として広まることはなかったであろう。

佐藤優の言葉

パウロは生前のイエスと一度も会ったことがない。パウロがいなければキリスト教はユダヤ教の一派に留まっていた。キリスト教が世界宗教になるにあたってパウロが果たした役割が死活的に重要である。

もっと深く知りたい人のための推薦図書

- **『使徒パウロの神学』** J・D・G. ダン／教文館
- **『パウロ—十字架の使徒』** 青野太潮／岩波書店

033 宗教

アウグスティヌス（354年～430年）

神の国への道を理論づけた偉大な神学者

ローマ帝国の国教が**キリスト教になった頃のキリスト教を支える理論を作り上げた神学者**であり、思想家であった**アウグスティヌス**。彼は『告白』や『神の国』の著者として有名である。

アウグスティヌスは北アフリカのタガステで生まれ、幼少期からその才能を認められており、キリスト教徒ではなかったが、回心する。その後、キリスト教の理論化に専念し、430年にこの世を去るが、ここでは彼の重要な思想として、「神の国と地の国の対立問題」および「人間の自由意志の問題」について説明していく。

第一の点について**アウグスティヌス**は神の国と地の国を対立的なものとして捉えている。神の国は神の愛に満ちた純粋な世界であるが、地の国は世俗的で汚れた人間の世界である。地の国の中で神の国への道を示すものが教会であるが、教会も地の国にあるために純粋なものではなく、世俗的な汚れを持ったものである。しかしながら、地の国の人間は教会によってしか神の国に近づくことができないと**アウグスティヌス**は主張している。

第二の点について**アウグスティヌス**は、自由とは人間が歴史を形成するときに用いる能力であるが、人間が原罪を持ったために、自由は悪へと傾斜していったと考える。こうした現在があっても、人間は神の恩寵により神の国に導かれ、自らの自由を取り戻すことが可能であると**アウグスティヌス**は考えたのである。

アウグスティヌスの思想は**トマス・アクィナス**などの神学者だけでなく、後世の多くの哲学者にも大きな影響を与えた。特に**アウグスティヌス**の展開した人間の自由意志に関する思想は、**ショーペンハウアー**や**ニーチェ**といった厭世主義的な哲学者によっても高く評価されている。しかしながら、**アウグスティヌス**にとっては、あくまでも神の恩恵が人間の自由を保障するものであり、神なしには人間の自由は存在しないものであった。

また、『神の国』の中に書かれている「地の国にあるゆえに教会さえも世俗的な汚れに染まりやすい」とする**アウグスティヌス**のこの主張は後の宗教改革において教会批判の有力な根拠となった。

佐藤優の言葉

アウグスティヌスは、悪を善の欠如であると考えた。いわばスイス産の穴あきチーズの穴の部分が悪という発想だ。イエスやパウロに比べて悪に対する警戒心がアウグスティヌスには弱い。

もっと深く知りたい人のための推薦図書

- **『告白（Ⅰ・Ⅱ・Ⅲ）』**アウグスティヌス／中央公論新社

034 科学

ピタゴラス（紀元前570年？〜紀元前495年？）

万物の根源を数による法則性に求めた哲学者

サモスの賢人と呼ばれた**ピタゴラス**は古代ギリシャの哲学者・数学者として知られているが、秘密主義の極めて強いピタゴラス教団の教祖でもあった。**ピタゴラス**の著作は現在、一冊も見つかっておらず、その詳細は明らかではない。また、彼の肖像画も後世の人間の想像によって描かれたものである。

ピタゴラスはイオニア地方のサモス島出身であるが、この島は**エピクロス**の出身地でもある。**ピタゴラス**の父は宝石細工職人であったといわれている。彼は知識欲旺盛で、エジプトで幾何学、フェニキアで算術、カルディアで天文学というようにオリエント地方でさまざまな学問を学んだ。20年余り各地を巡った後、故郷に帰るも、サモスは**ポリュクラテス**の圧政下にあったため、イタリア半島に移住し、イタリア南部のクロトンでピタゴラス教団（宗教的側面だけでなく学問的側面もあったために、ピタゴラス学派とも呼ばれる）を開く。教団は市の有力者の支援もあり繁栄したが、有力者が政戦に敗れ、失脚した後に教団は市民から突き上げを食らい、暴徒化した市民たちによって教団施設は破壊され、**ピタゴラス**も殺されたといわれている。

ピタゴラスの思想は数というものに万物の根源を求めたという大きな特徴を持っている。**宇宙の法則はすべて数によって法則化できる**ものであり、計算可能なものと主張している。この考え方は現在の自然科学の基盤となる考え方として重要である。また、数学において**ピタゴラス**は多くの定理を発見したが、中でも三平方の定理とも呼ばれている**ピタゴラス**の定理は特に有名なものである。すなわち、直角三角形の三つ辺の関係は$a^2+b^2=c^2$となる。この定理は幾何学の基礎となる定理であり、この発見は幾何学の発展に大きく寄与した。

ピタゴラスの教団は秘密主義的組織であったために教団外の人間から、**ピタゴラス**がかなり誤解されていたことは確かであろう。しかしながら、彼の教団は間違いなく、数学的な探究によって万物の真理に到達しようとする学問的な探究を求める教団であった。それゆえ、**ピタゴラス**の作った教団がいかに神秘的であったとしても、彼と教団員が発見した哲学的な考えや数学的定理は人間の進歩に少なからず貢献したことは確かである。

もっと深く知りたい人のための推薦図書

- **『ピュタゴラス伝』**イアンブリコス／国文社
- **『ギリシア哲学者列伝（下）』**ディオゲネス・ラエルティオス／岩波書店
- **『ピタゴラスの定理―4000年の歴史』**E.マオール／岩波書店

035 科学

ヘラクレイトス（紀元前550年？〜紀元前480年？）

万物の変化の側面を強調した自然哲学者

古代ギリシャの哲学者であり、自然科学者であった**ヘラクレイトス**は「万物は流転する（タ・パンタ・レイ）」という有名な言葉を語ったといわれている。この言葉は**ヘラクレイトス**の主著である『自然について』に書かれていたといわれているが、この著書は現存してはいない。

ヘラクレイトスは小アジアの古代都市エフェソスで生まれた。貴族階級であったとされ、エフェソスの政治にも関わっていたとされている。哲学に関しては、ミレトス学派の代表的な思想家**アナクシマンドロス**とピタゴラス学派の**ピタゴラス**に師事し、その後独自の思想体系を構築する。だが、水腫にかかり、自ら治療しようとして失敗して死んだといわれている。

現在、**ヘラクレイトス**の全思想体系を知ることはできないが、彼の最も重要な思想的問題設定は「万物は流転する」という言葉に示されている。それは変化と生成に関するものである。あらゆる物質が変化するということは、物質を静態的な視点から見ずに、動態的視点から見る考え方である。ここにある机は明日も同じようにここに存在すると確かに述べ得るが、それは一般化による普遍化を行った結果述べ得る事柄である。だが、実際には、あらゆる物質は常に変化しており、変化するゆえに物事の生成が起きるのである。

ヘラクレイトスのこうした変化を重視する思想は、後に**ヘーゲル**によって高く評価され、**ヘーゲル**は哲学史の中で**ヘラクレイトス**を弁証法の始祖として位置づけた。また、科学的な思考の根本精神は運動と変化の記述を通して世界を記述することである。そこには運動と変化におけるアルケー（根源）としての法則性を見ようとする科学的姿勢が存在している。それは「万物は一である」や「一から万物が生まれる」という**ヘラクレイトス**の言葉に端的に示されている。それゆえ、**ヘラクレイトス**は哲学的な偉人として評価されるだけでなく、**偉大な科学的思考方法の創始者**としても評価できるのである。

ヘラクレイトスの時代は哲学、自然科学、数学といった学的な区分はまだ存在していなかった。それゆえ、彼は哲学的原理を追求しながら、自然科学的原理も追求し、後のさまざまな学問を発展させるための基盤的な考えを提示したと述べ得るのである。

もっと深く知りたい人のための推薦図書

- **『ヘラクレイトスの言葉』**ヘラクレイトス／弘文堂書房
- **『ソクラテス以前の哲学者』**廣川洋一／講談社
- **『知者たちの言葉―ソクラテス以前』**斎藤忍随／岩波書店

036 科学

アルキメデス（紀元前287年？～紀元前212年）

古代ギリシャにおける科学の巨人

古代ギリシャの天才数学者・科学者であった**アルキメデス**。彼は数々の数学の定理や、科学的法則を発見したが、彼の発見した原理の中で最も有名なものは**アルキメデス**の原理と呼ばれる浮力に関するものである。それは「流体中の物体は流体の重量と同じ大きさで上向きの浮力を受ける」という物体の比重についての原理である。

アルキメデスはこの法則を風呂に入って水が溢れるのを見て発見し、「判ったぞ、判ったぞ」と叫び裸で通りに駆け出したというエピソードが残されているほどである。この逸話の真偽は不明だが、彼の科学者としての姿が明確に理解できる逸話である。

彼が発見した数学の法則は放物線の面積の計算方法、円周率の計算式、球の体積の計算法などといったものがある。

円周率の計算については以下のようなエピソードがある。紀元前212年に第二次ポエニ戦争でローマ軍がシラクサを占領したとき、**アルキメデス**は地面に図形を描き円周率の計算をしていた。ローマ兵が来て名を聞いたが答えず、**アルキメデス**を殺した。彼の最後の言葉は「図を壊すな！」であったといわれている。彼の科学的探究心の強さを物語るものである。

科学的発明や発見としては、前記した**アルキメデス**の原理のほかにも、スクリュー型のポンプ装置であるアルキメディアン・スクリューの発明、現在のクレーンに相当する**アルキメデス**の鉤爪の発明などがある。**アルキメデス**の熱光線といわれる太陽光を鏡で集めた熱線兵器も作ったとされるが、この存在は疑問視されている。いずれにせよ、**アルキメデス**は現在の科学にも大きな影響を与える多数の機械装置を作った。

このように見ていくと、**アルキメデス**は古代世界にあって、群を抜く天才科学者であり、数学者、つまりは、科学の巨人であったことが理解できる。だが、**アルキメデス**の発明や発見は、数々のエピソードが示しているように、常に変わらない彼の絶えざる探究心によるものであったことは間違いない事実であるといえる。

もっと深く知りたい人のための推薦図書

・**『よみがえる天才アルキメデス―無限との闘い』**斎藤憲／岩波書店

037 科学

エラトステネス（紀元前276年？～紀元前194年？）

地球の全周を初めて計算したギリシャ人学者

エラトステネスはヘレニズム時代のギリシャ人の天文学、数学、地理学、文献学者である。**彼は地球の大きさを初めて測定した**ことで有名である。

エラトステネスはリビアのキュネスで生まれた。アテネやアレクサンドリアで教育を受けたといわれている。紀元前255年頃、天球儀を発明。紀元前240年、エレファンティン島からアレクサンドリアまでの夏至の正午の太陽の高度を使い地球の全周を計算したといわれている。紀元前235年頃に古代エジプト王国の**プトレマイオス3世**に招かれ、アレクサンドリア図書館を含む研究機関であるムセイオンの第3代長官となったとされる。紀元前204年あたりまでそこの長官を務めた。その後、視力を失い、紀元前194年頃に食を断ち餓死したといわれている。

エラトステネスは古代における万能人であり、その知識量は多分野に及んでいた。しかし、彼の著作は現存せず、ギリシャ人の天文学者**クレオデス**や同じくギリシャ人の地理学者**ストラボン**などが著作の中で言及していることによってのみ、我々は**エラトステネス**の功績を知ることができる。

記述された彼の功績の中で、最も著名なものは地球の全周の計算であろう。**エラトステネス**は計算の結果、地球の全周を25万スタディオンとして、アッティカスタディオン（1スタディオン＝185m）を用いた場合は、4万6250kmとしている。これは実際の長さとされる4万kmよりも約16％大きい。だが、エジプトスタディオン（1スタディオン＝157.5m）を用いれば、3万9375kmであり、その誤差は約1％にすぎない。

エラトステネスは指定された整数内に含まれるすべての素数を見つけ出すための算法（アルゴリズム）である**エラトステネス**のふるいも発見している。さらには、地球全体を熱帯、温帯、寒帯に区分したともいわれている。また、彼は**アルキメデス**の親しい友人でもあり、さまざまな学術的な意見を交換し合った。

古代ヘレニズム世界において、**エラトステネス**は稀に見る博学の人であり、さまざまな学術的な発見を行った。彼のこうした発見は人類の進歩にとって重要なものであった。また、ムセイオンの長として学術発展・普及の社会的な貢献も行っている。それゆえ、古代世界においての偉大な学者として彼の名前は今も歴史の中に刻まれているのである。

もっと深く知りたい人のための推薦図書

- **『ギリシア・ローマ世界地誌（全2巻）』**ストラボン／龍渓書舎
- **『アレクサンドリア図書館の謎―古代の知の宝庫を読み解く』**ルチャーノ・カンフォラ／工作舎
- **『後期ギリシア科学―アリストテレス以後』**G・E・R・ロイド／法政大学出版局

038 文学・演劇

ホメロス（紀元前750年？〜？）

有名な二大叙事詩を書いた西洋文学の父

古代ギリシャの大詩人**ホメロス**。彼は二大叙事詩『イリアス』と『オデュッセイア』を著したことでその名を歴史に残しているが、この二つの作品は後の西洋文学に多大な影響を与えた作品である。それゆえ、**ホメロス**は「西洋文学の父」と呼ばれている。

ホメロスの生涯のほとんどはわかっていず、その存在さえも疑問視する学者もいる。一説によれば、彼は小アジアのイオニア地方出身者であった。また、盲目であったという説も存在している。だがいずれにせよ、こうした説を確証できる史料は現在発見されていないため、ここでは『イリアス』と『オデュッセイア』を中心として**ホメロス**について記述していく。

『イリアス』はトロイ戦争10年目のある日、英雄アキレウスがギリシャの王アガメムノンに対して怒り、戦線から離脱するところから始まる。その後、アキレウスなきギリシャ軍とヘクトール率いるイリアス軍が激突し、最終的には戦線に復帰したアキレウスとヘクトールが一騎打ちをし、アキレウスが勝利し、ヘクトールが埋葬されるまでが物語られる。

『オデュッセイア』は『イリアス』の続編となる叙事詩であり、イタケーの王オデュッセイアがトロイ戦争勝利の凱旋途中に海神の祟りに遭い、船を押し流され、10年間漂流生活する模様と、その間の王国で起きたさまざまな物語が語られている。10年後に帰還したオデュッセイアが貞淑な妻ペネローペと再会し、長大な作品は終わっている。

この二つの叙事詩は**ホメロス**の時代に口承されたものが後の世に文字化されたという説が有力である。この二つの物語はもちろん韻文で書かれており、その音的な効果は重要である。また、物語展開は変化に富み、そこに描かれた悲劇性や**複雑な物語構造は後の文学世界の物語構築に大きな影響**を与えている。

ホメロスに関しては上述したように謎が多く、彼の明確な実像を捉えることは不可能であるが、『オデュッセイア』と『イリアス』の作者が彼であったことが正しいとするならば、彼こそは西洋文学の源流であり、彼からヨーロッパの文学の歴史が始まったと断言できるほどの大詩人であった。**ホメロス**、西洋文学の偉大なる始祖。彼の名前は今も燦然と輝いている。

もっと深く知りたい人のための推薦図書

- **『イリアス（上下巻）』**ホメロス／岩波書店
- **『オデュッセイア（上下巻）』**ホメロス／岩波書店
- **『ホメロス：史上最高の文学者』**アレクサンドル・ファルヌー／創元社

039 文学・演劇

ウェルギリウス（紀元前70年〜紀元前19年）

三大叙事詩を書いたローマ期の最大の詩人

ローマ時代最大の詩人といわれている**ウェルギリウス**。彼は『牧歌』、『農耕詩』、『アエネイス』という三大叙事詩を書き、後世のヨーロッパ文学に多大な影響を及ぼした。

ウェルギリウスはローマの属州ガリア・キサルピナのアンデスで貧しい家の子供として生まれたといわれている。しかし、幼いときから教育を受け、クレモーナとミラノで弁論術、医学、天文学などを学ぶ。その後、ローマに行き、哲学を学び、ネオテリキ（現代派）と呼ばれる詩人グループに加わり、詩作を行うようになる。そして、彼は**オクタヴィアヌス**の知遇を得て、詩作に励んだ。しかし、紀元前19年にブリンディジで日射病のために没した。その時、**ウェルギリウス**は50歳であったといわれている。

ウェルギリウスは詩作によって**ローマ時代最大の詩人**と称せられているが、彼の文学上の功績は三つの代表的な叙事詩を古代修辞学における三つの典型的な文体によって書き上げたことにあるとされている。すなわち、単純体で書かれた『牧歌』、中庸体で書かれた『農耕詩』、崇高体で書かれた『アエネイアス』である。単純体はのどかで軽妙な文体で、中庸体は素直で簡素な文体であり、崇高体は高貴で荘重な文体である。そして、そのそれぞれの文体によって描写される中心人物は最初の文体においては牧人、二番目の文体においては農夫、最後の文体においては将軍というように文体と対応関係になっている。こうした**ウェルギリウス**による修辞学上の規範の確立は後の西欧文学に大きな影響を与えた。

ウェルギリウスの詩は古代ギリシャの**ホメロス**の詩の伝統を受け継ぎながらも、**ルクレティウス**的哲学観も反映したものである。こうした彼の作品は後世の詩人、特に、**ダンテ**に大きな影響を与えた（**ダンテ**は**ウェルギリウス**を古代文学における最大の詩人と見なし、代表作『神曲』の中に**ウェルギリウス**を登場させている）。

ローマ期の最大の詩人と評せられる**ウェルギリウス**。彼の確立した文体的モデルは文学史の中で非常に重要なものとなった。

佐藤優の言葉

ウェルギリウスは、中世でとても尊敬されていた。イエス・キリスト以前の詩人であるにもかかわらず、教会でも肯定的に受け止められた。ダンテが『神曲』で地獄と煉獄の道案内役をウェルギリウスにしたことでも、この詩人が中世で高い地位を占めていたことがわかる。

もっと深く知りたい人のための推薦図書

- **『アエネーイス』** ウェルギリウス／新評論
- **『ウェルギリウス研究：ローマ詩人の創造』** 小川正廣／京都大学学術出版会
- **『ラテン文学を読む—ウェルギリウスとホラーティウス』** 逸身喜一郎／岩波書店

040 文学・演劇

プルタルコス（46年？～120年？）

『英雄伝』で偉人たちの歴史を語った哲学者

帝政ローマの五賢帝時代に活躍したギリシャの哲学者・著述家である**プルタルコス**は『英雄伝』(『対比列伝』とも訳されている）や『モラリア』の著者として知られている。そのほかに多数の著作を残したが（著書の数は227であるといわれている)、そのほとんどが現存していない。

プルタルコスはアッティカ西北にあるボイオティアにあるカイロネイアの名門の家に生まれたといわれている。アテネで数学と自然哲学を学び、執政長官としてローマに赴き、**トラヤヌス帝**に謁見した。だが、生涯の多くはカイロネイアに開いた学校で講義をして過ごしたといわれており、彼の著作の多くは50歳以降のものであるといわれている。

プルタルコスの名を歴史の中にとどめているものは、やはり、『英雄伝』という著作であろう。それゆえ、ここではまずこの著作について簡単に説明する。この書物では、**ソロン**、**ペリクレス**、**アレクサンダー大王**、**デモステネス**、**大カトー**、**カエサル**、**キケロ**、**アントニウス**などギリシャ、ローマの政治家、軍人の伝記が書かれている。『対比列伝』とも訳される理由は、この本の中で**プルタルコス**が性格や行動などが類似したギリシャ、ローマの偉人たちを2人一組のセットで記述（例えば、**アレクサンダー大王**と**カエサル**のように）しているからである。この著作は文学的な価値だけではなく、歴史的意味での価値も高く、史料としても活用されている。また、この本に書かれた史実に基づき**シェークスピア**が『ジュリアス・シーザー』、『アントニーとクレオパトラ』、『コリオレナス』を執筆した。

プルタルコスのもう一つの重要著作である『モラリア』は政治や哲学や宗教に関するエッセー（随想録）であり、エッセーの嚆矢《こうし》とされ、フランスの**モンテーニュ**や**ラブレー**に大きな影響を与えたといわれている。

プルタルコスは歴史学にとって重要な著作を残しただけではなく、その**文体やテキスト構成の方法は後の文学や哲学の著述方法に大きな影響を与えた**。その意味で彼は偉大な著述家であったといえるが、それだけではなく、さまざまな国に行き、多くの人々に会い、見聞を広げたことや、教育に力を入れたことが彼の著作のエッセンスになったことも忘れてはならない事柄である。

もっと深く知りたい人のための推薦図書

- **『プルタルコス英雄伝（上中下巻）』**プルタルコス／筑摩書房
- **『モラリア（全14巻）』**プルタルコス／京都大学学術出版会
- **『『英雄伝』の挑戦　新たなプルタルコス像に迫る』**小池登・佐藤昇・木原志乃編／京都大学学術出版会

041 文学・演劇

ヘロドトス

（紀元前485年？～紀元前425年？）諸説があり、生没年は実際には不明である。

学問としての歴史学の基盤を作った歴史家

ヘロドトスは古代ギリシャの歴史家で、「最初の歴史学者」や「歴史の父」などと呼ばれているように、彼は**神話や伝承ではない学問としての歴史研究のパイオニア**として、後の歴史学研究に大きな影響を与えたことで有名である。

ヘロドトスの生没年ともにはっきりとした情報は存在しない。ただ、没年が紀元前430年以降であることは確かである。彼は小アジアのカリア地方のハルカリナッソス出身で、名門の出身であったといわれている。僭主**リュグダミス**の治世時代にサモスに亡命し、その後アテネ、トゥリオイなどに住み、クリミア、ウクライナ南部、フェニキア、エジプト、バビロニアなど多くの場所を旅行した。こうした旅行に基づき、現存する完本としての世界最古の歴史書である『歴史』を著述した。そして、アテネまたはトゥリオイで死去したと推測される。

ヘロドトスの名を歴史にとどめている最大の理由は『歴史』という彼の著書であるが、この書物ではペルシア戦争についての同時代史が語られている。また、この本では歴史というものを「イストリア」という語で初めて表しているが、この語は英語のhistoryやフランス語のhistoireの語源となったものである。

こうした**ヘロドトス**の歴史学に対する貢献は後世の人間に高く評価された。例えば、ローマ時代の政治家で、哲学者でもあった**キケロ**は『法律について』の中で、**ヘロドトス**を初めて「歴史の父」と呼び、敬意を表している。しかしながら、**ヘロドトス**の書物は完全に神話的世界と断絶したものではなく、実証性の乏しいものも、あまりにも常識外れの記述も多数書かれているという問題点がある。その点では**ヘロドトス**の少し後の**トゥキディデス**の中立的で、客観的で、実証的な著述のほうを高く評価する歴史学者は多い。

しかしながら、**ヘロドトス**の『歴史』という大著がなければ、歴史という大きな問題を記述していくという学的態度が発展していったかどうかは疑問である。こうした側面から見ても、**ヘロドトス**が歴史学に与えた影響は多大なものであったと述べることができる。それゆれ、彼はやはり「歴史の父」と呼ばれるのにふさわしい人間だったのである。

もっと深く知りたい人のための推薦図書

- **『歴史（上中下巻）』**ヘロドトス／岩波書店
- **『古代ギリシアの歴史家たち』**J・B・ベリー／修文館出版
- **『ヘロドトスとトゥキュディデス』**桜井万里子／山川出版社

042 その他

トゥキディデス（紀元前 460年？～紀元前 400年？）

『戦史』を書いた古代歴史学における巨匠

古代ギリシャの歴史家**トゥキディデス**。彼はペロポネソス戦争に将軍として従軍しただけでなく、後世に残る歴史書『戦史』を書いた。彼は**ヘロドトス**とともに古代ギリシャの二大歴史家として尊敬されている。

トゥキディデスは紀元前460年頃にアテネの有力貴族の子供として生まれたといわれている（歴史家**オロロス**の子供とする説もある）。青年期はペリクレス派に属し、自然哲学者**アナクサゴラス**のもとで学んだといわれている。紀元前 431年にアテネとスパルタとの間でペロポネソス戦争が起きる。紀元前 424年、アテネの将軍となるが、作戦に失敗し、国外追放処分となる。その後20年間亡命生活を送る。紀元前 404年、ペロポネソス戦争がアテネの敗北に終わった後、帰国を許され、著述活動に専念する。だが、紀元前400年頃にアテネで死去したといわれている。

トゥキディデスはアテネの軍人であったが、トラキア地方のアンフィポリス救援作戦を指揮し、失敗する。その責任を負って、国外追放になったことがきっかけで、ヨーロッパ史にとって極めて重大な歴史書である『戦史』を執筆することとなる。この本はペロポネソス戦争について書かれたもので、8巻からなっているが、記述は紀元前 411年までで、未完のまま終わっている。**トゥキディデス**は真実を伝えることを重視し、記述対象を厳密に政治と軍事分野に限定し、綿密に検討された史料に基づいて、事件を分析し、事実をできる限り正確かつ公平に叙述した。それだけではなく、アテネの視点に偏ることなく、平等な視点からの記述は荘重な文体で書かれている。それゆえ、『戦史』を古代の歴史書の最高傑作と評している歴史家も多い。

トゥキディデスの『戦史』は、しばしば、「歴史の父」と呼ばれた**ヘロドトス**の『歴史』と比較される。後者の著述が物語的エピソードを重視し、正確さに欠ける点や客観性に欠けることが多々あるのに対して、**トゥキディデス**の叙述は**客観的で史料に基づき厳密に書かれている**点で、前者よりも高く評価される場合が多い。

トゥキディデスは古代歴史学の巨人であり、西洋の実質的な歴史研究は彼から始まったと言っても過言ではない。彼の『戦史』は、その優れた歴史的研究によって今も輝き続ける歴史書なのである。

もっと深く知りたい人のための推薦図書

- **『戦史』**トゥキュディデス／中央公論新社
- **『トゥーキューディデース』**コーンフォード／みすず書房
- **『ツキュディデスの場合―歴史記述と歴史認識』**田中美知太郎／筑摩書房

第2章

中世・近世ヨーロッパ

043 政治

クローヴィス（465年〜511年）

カトリックに改宗して、キリスト教的世界を築いた国王

375年のゲルマン民族の大移動後、ゲルマン民族の一派であるフランク人は5世紀に北ガリア（現フランス北西部・ベルギー）へと勢力を拡大していた。このフランク人の**クローヴィス**は、481年にフランク人の二つの支族を統一。フランク王国を築き、初代国王としてメロヴィング朝を創始した（**クローヴィス1世**）。

西ローマ帝国滅亡（476年）後もガリアに残っていたローマ人を、486年のソワソンの戦いで破った**クローヴィス**は、北ガリアをも統一し、ローマ支配を終わらせた。しかし彼が世界を変えたと言えるのは、この功績もさることながら以下の英断にある。

496年、**クローヴィス**は、アタナシウス派のキリスト教（カトリック）に改宗し、洗礼を受ける。アタナシウス派は三位一体説（父である神と、子である**イエス**、聖霊の三つの位格が、本質的に一体であるという説）を主張する、ローマ教会が認める正統派のキリスト教である。**クローヴィス**がカトリックに改宗したことで、ヨーロッパに真の意味でのキリスト教的世界が現出することになったのである。

それまでゲルマン民族諸王にはキリスト教に改宗していた者がいたが、すべてアリウス派という異端であり、その意味でこの改宗は画期的であった。また、当時のガリア領域の人々にはカトリック信者が大多数であったため、**クローヴィス**の改宗はローマ系市民の大きな支持を得るものとなった。

実際、西のローマ教会は、東のコンスタンティノープル教会と教会の首座権を巡り対立していた。ローマ教会は、**クローヴィス**の軍事力を必要とした。一方、**クローヴィス**も、西ゴート族を攻め支配を広げるために、前述したローマ系市民の支持とともに、他のゲルマン民族を強い力で牽制・統制し、正統派のアタナシウス派を広めることが重要と考えた。

この両者の合意は、**ヨーロッパで長きにわたるローマ・カトリック教会の支配を生む**ことになる。16世紀の宗教改革によるプロテスタントの誕生まで、その極めて強い影響力はヨーロッパの広範囲に及んだ。もちろん現在でもローマ・カトリックは影響力を持つ。

もっと深く知りたい人のための推薦図書

- **『クローヴィス』**ルネ・ミュソ＝グラール／白水社
- **『メロヴィング王朝史話（上）』**オーギュスタン・ティエリ／岩波書店

044 政治

レオン3世(ビザンツ帝国)(685年〜741年)

聖像禁止令を出して、東西教会の対立を生んだ東ローマ皇帝

レオン3世のもともとの名前は**コノン**という。青年期に**ユスティニアヌス2世**の植民政策でトラキアへ移住したが、初期の経歴は不明な点が多い。経歴が明らかになるのは**アナスタシオス2世**によってテマ・アナトリコンの長官になって以降である。

東ローマ帝国（ビサンティン帝国）は7世紀以降、ウマイヤ朝のイスラム勢力によってたびたび領土を脅かされた。一方、帝国内では717年に**テオドシウス3世**が退位して、東ローマ帝国イサウリア朝の初代皇帝として**レオン3世**が即位した。即位直後、首都コンスタンティノープルがウマイヤ朝に包囲された。このとき、**レオン3世**自らが指揮し、ブルガリア軍などの援軍も受けてウマイヤ朝を撃退した。こうして皇帝として上々のスタートを切った**レオン3世**は、テマ・シチリアにおける反乱などをも治め、その治世を安定させ、東ローマ帝国も繁栄した。

レオン3世は、内政では『ローマ法大全』の要約・改訂版を発行した。同時に、726年に歴史に名高い聖像禁止令（偶像崇拝禁止令）を出し、聖像破壊運動（イコノクラスム）を開始した。聖像（偶像）とは、キリスト教信仰のために作られた**イエス**や**マリア**、その他聖人の像で、それまでは彫像や「イコン」という絵画の形で残され、大衆が信仰の対象としていた。しかし、最初から聖像を認めないイスラム勢力の影響（彼らからの嘲笑）もあり、聖像崇拝論争を経て、**レオン3世**はこの禁止令に踏み切った。これにより、聖像崇拝を禁じない西のローマ・カトリック（ローマ教皇）と対立し、キリスト教会の分裂が始まったといわれる。

この東西での分裂は、11世紀頃に決定的になり、ギリシャ正教の本格的なスタートへとつながる。なお、ギリシャ正教会は、自らをローマ・カトリックから分かれたものではなく、1世紀から始まる正統な教会と位置づけている。

聖像禁止の表向きの理由は、キリスト教の原点に戻ろうというものだが、前述したとおりイスラム勢力の影響が大きく、実際領土の民衆の信仰のあり方に定着していたためともいわれる。またさらなる裏の理由として、この**厳しい禁止令を出し、抵抗する教会の領土などを取り上げることで、皇帝の財力と権威を強めようとした**からともいわれる。

ただし東ローマ帝国では、この後、ずっと聖像崇拝が禁止されたわけではなく、教会などの抵抗もあり、前述したイコンなどの形でキリスト教文化が残った。「イコン」とは、そのまま「聖像」の意味だが、現実には聖人や天使などを描いたものである。

もっと深く知りたい人のための推薦図書

- **『生き残った帝国ビザンティン』**井上浩一／講談社

045 政治

カール大帝（742年～814年）

現代西ヨーロッパ世界の基礎を作り上げた皇帝

現在のヨーロッパ諸国の領土が定まるまでには、さまざまなターニングポイントがあった。例えば三十年戦争後の1648年のウェストファリア（ヴェストファーレン）条約は、しばしば歴史上の重要な契機として挙げられる。世界最初の近代的国際条約といわれるこの条約によって、ヨーロッパの領土が定められ、主権国家が誕生した。

では、それ以前はどのような世界だったのだろうか。

もともと西ヨーロッパは紀元後、西ローマ帝国に支配されていた。しかし、ゲルマン民族の侵攻などのために、この帝国は476年に滅亡。この領地を埋めるように武力によって勢力を広げたのが、もともとゲルマン民族の一つであった、**クローヴィス**によって481年に成立したフランク王国である。

フランク王国は北ガリア（現フランス北西部・ベルギー）に建国され、最初の王朝としてメロヴィング朝を成立させた。**クローヴィス**のページで触れているように、**クローヴィス**は496年カトリックに改宗。ローマ・カトリック教会と結びついて、さらに勢力を増した。

メロヴィング朝は、宮宰**カール・マルテル**がイスラム勢力などを撃退し751年まで続く。同年、**マルテル**の子である**ピピン**（**小ピピン**）が王位に即き、カロリング朝が誕生する。**ピピン**は、ローマ教会との関係をさらに深いものにし、756年にゲルマン民族に支配されたランゴバルド王国（現在の北イタリア）から、都市ラヴェンナを奪回。これをローマ教皇に献上する。世に言う「**ピピン**の寄進」である。

ヨーロッパでは当時、東の地域を東ローマ帝国が支配していたのに対し、西の地域をフランク王国が、ローマ教会と結びつきながら支配を徐々に強めていた。逆にいえば、西ローマ帝国滅亡後、軍事・経済的な基盤を持たなかったローマ教会が、ランゴバルド族などの侵略に怯えながら、力のあるフランク王国を頼ったともいえる。

そんな時代に現れたのが**カール大帝**である。カールはドイツ語読み。フランス語読みでは**シャルルマーニュ**という。この両方の読み方があるように、彼は現在のドイツとフランスを中心とする地域を支配し、両国の歴史上極めて重要な人物となっている。ここでは「カール」に統一して記述する。

ピピンの子であった**カール**は、768年に王に即位。これとともにフランク王国の領土拡大が始まる。前述のランゴバルド王国を征服した彼は、南は現在の北イタリア、東は東ローマ帝国やスラブ諸族との境界、西はピレネー、北は現在の北フランス、北ドイツ、いずれにしても西ヨーロッパの多くの地域が収まる広大な地域を支配した。

このように西ローマ帝国滅亡後、最初に西ヨーロッパを支配した国王として、彼の名は歴史に刻まれる。しかし、彼の業績と、歴史的重要性はこのことだけではなかった。

800年、ローマ教皇**レオ3世**が、**カール**に「皇帝」の称号を与える。つまり、西ローマ帝国の系譜ともなる皇帝の誕生である。

このことで彼は「**カール大帝**」となり、同時にキリスト教の守護者の地位をも獲得した。こうしてローマ・カトリック教会と国王との結びつきは、いっそう強まった（このことで、彼を神聖ローマ帝国の初代皇帝とする見方も一部にあるが、**オットー1世**がそれであるという見方が多数である）。

この背景には、前述したようなキリスト教の深刻な東西分裂の状況がある。726年の東ローマ（ビザンティン）帝国の聖像禁止令以降、東西キリスト教会の対立は強まっている。東ローマ教会が、東ローマ帝国のもとで確固たる権威を維持していたのに対抗するために、西ローマ教会も、政治・軍事・経済的な後ろ楯を必要とした。**カール**を皇帝に任命したのは、そうした東からの独立のためとされる。

この時代の東西ローマ教会の争いは、今日でも重要な視点である。ちなみに「東」や「西」というのは、後の時代の歴史家がつけた便宜的名称であり、当時はともに「ローマ教会」を名乗っていた。このため、西ローマが**カール**を皇帝に任じたことにも、東ローマの了解を取り付ける必要があった。東ローマ帝国は当初彼を認めなかったが、812年にようやく認めた。

こうして、**現在の西ヨーロッパの地域の多くは、カール大帝によるフランク王国に支配され、西ヨーロッパ世界が築かれた**。これは古代ローマ、ゲルマン民族、カトリックの三者の一体化された世界であり、同時にこの地域の正統な宗教としてのローマ・カトリックが定着し、東ローマ帝国のギリシャ正教と対立できるものが生まれたといえる。

またここに皇帝と教皇という、世俗権力と教権の二つの権力が並立し存在した。

カール大帝没後、フランク王国は843年のヴェルダン条約、870年のメルセン条約によって、三つに分裂する。東フランク（現ドイツ）、西フランク（現フランス）、中部フランク（イタリア）である。これらの基本は**カール大帝**時代に生まれており、この意味でも彼は、現在の西ヨーロッパの基礎を作ったといえる。

もっと深く知りたい人のための推薦図書

- **『カール大帝―ヨーロッパの父』** 佐藤彰一／山川出版社
- **『王国・教会・帝国』** 五十嵐修／知泉書館

046 政治

オットー1世 (912年～973年)

教皇との権力闘争に勝った、初代神聖ローマ皇帝

カール大帝によって全盛期を迎えたフランク王国だが、彼のページでも触れたように、彼の死後、王国は分裂する。843年のヴェルダン条約と、870年のメルセン条約によって、東フランク、西フランク、中部フランクに3分割された。これらは現在のドイツ、フランス、イタリアの基礎となった。

東フランク王国の**オットー1世**は、936年国王に即位した。彼は、東フランク王国の領土を守り、さらに広げるために戦った。東南に位置するマジャール人（現在のハンガリー人）との戦いで勝利し、北東に位置するスラブ勢力も制圧。領土を広げるとともに、この地域のカトリック信仰を広げた。また、南はローマ教皇の命を受け、現在の北イタリアに遠征をした。

このように東フランク王国の領土を拡張した**オットー1世**は、攻撃されたローマ教皇を救うなどした後、962年ローマ教皇によって皇帝の地位を授けられた。世界史ではこれをもって、神聖ローマ帝国の初代皇帝（**オットー大帝**）の誕生と、神聖ローマ帝国の設立と見なすことが一般的である。

神聖ローマ帝国とは、**オットー1世**自身はイタリアの国王にもなったが、主に現在のドイツに栄えた帝国である。この帝国は1806年のナポレオン戦争まで続いた。

オットー1世は、教皇から皇帝の地位をもらったにもかかわらず、皇帝に従わない者は教皇になれないとして、その権利を主張した。当時の教皇**ヨハネス12世**は当然のごとく怒り、**オットー1世**と対立したが、協力者がなくそのまま廃位となった。

その後、**約100年間、皇帝が教皇を支配する時代が続いた**。皇帝が教皇よりも優位となった時代である。こうした皇帝（帝国）による、教会人事などを支配した政策を「帝国教会政策」という。11世紀までこの時代は続く。

11世紀に入って、この関係は逆転し、教皇の権力が増す。1077年の雪の中、カノッサ城門にて皇帝が教皇に許しを請うた「カノッサの屈辱」は有名である。

それ以後、13世紀頃まで教皇の強い時代が続いた。

もっと深く知りたい人のための推薦図書

- **『神聖ローマ帝国』**池谷文夫／刀水書房
- **『物語ドイツの歴史』**阿部謹也／中央公論社

047 政治

リチャード1世（1157年〜1199年）

第3回十字軍で活躍した、「ライオンハート」

イギリス（イングランド）の王家の歴史は、1066年のノルマンコンクエストまで遡る。ノルマンディー公の**ギヨーム**が大ブリテン島に攻め込み、王となったのだ（**ウィリアム1世**）。このノルマン朝は、フランスの貴族であるアンジュー伯**アンリ**が1154年に**ヘンリー2世**として、プランタジネット朝を開くまで続いた。**リチャード1世**は、**ヘンリー2世**の息子であり、プランタジネット朝の第2代国王である。彼は獅子心王（Richard the Lionheart）と呼ばれるほど、よく言えば勇猛果敢、悪く言えば戦争好きの国王であった。

彼が脚光を浴びたのは、1189年の第3回十字軍である。1096年に第1回が始まった十字軍は、イスラム勢力と戦い、キリスト教の聖地でもあるエルサレムを奪回しようとするもので、西ヨーロッパの多くの国が参加した。第3回十字軍でも、アイユーブ朝の創始者**サラディン**が征服したエルサレムを取り戻そうと、教皇**グレゴリウス8世**が呼びかけた。この戦いに、フランス王や神聖ローマ皇帝も参加した。

しかしこれらの国の連携はうまく取れず、苦しい戦いとなった。**リチャード1世**の奮闘もあり、エルサレム王国の首都だったアッコンを落とすなどの戦果を挙げた。だが、エルサレムを奪回することはできなかった。1192年に休戦条約が締結され、キリスト教者のエルサレム巡礼などが認められた。なお、**サラディン**側から見ると、むしろ**サラディン**がイスラム世界を救った英雄と評価されている。

リチャード1世に話を戻そう。十字軍の後、彼は嵐にあって漂流。その後、この戦いで関係に亀裂が生じた神聖ローマ帝国側の捕虜になり、莫大な身代金を払って解放される。さらに帰国後、イングランド領のノルマンディー（現在の北フランス）を守るために出兵。フランス軍との戦闘のなか戦死する。波乱な生涯であった。

リチャード1世の死後、弟の**ジョン**が王となるも彼の治世は悪政とされ、1215年、国王の権限を制限したマグナカルタ（大憲章）が出される。さらにその後イギリスはフランスとの百年戦争（1337〜1453年）を展開する。この戦争の敗戦後、今度はランカスター家（赤ばら）とヨーク家（白ばら）による、ばら戦争が起きる。ランカスター家は、ヨーク家の**リチャード3世**を滅ぼし、1485年**ヘンリー7世**によってテューダー王朝が生まれることになる。

もっと深く知りたい人のための推薦図書

- **『リチャード獅子心王』**レジーヌ・ペルヌー／白水社
- **『世界の歴史3　中世ヨーロッパ』**堀米庸三／中央公論社

048 政治

フィリップ4世（1268年〜1314年）

教皇を幽閉し、絶対王政の基礎を作った国王

中世の西ヨーロッパにおいて、ローマ教皇の存在は絶大だった。だが、西ヨーロッパを治める国々のなかには、教皇に反旗を翻す者もいて、時に彼らは教皇より優位に立った。前述の**オットー1世**もその代表である。**オットー1世**の10世紀から11世紀前半まで神聖ローマ帝国の権力は、教皇をも上回った。

しかし、国王にも、こうした教皇の権力に反発した者がいた。フランス・カペー朝の王**フィリップ4世**はその代表である。フランスはもともと西フランク王国のもと、王政が生まれた。カロリング家の支配である。その後、**ユーグ・カペー**によるカペー朝が987年に誕生した。「フランス王国」がここに始まるとされる。

実際カペー王朝は中世の時代、長くフランスの地を支配した。一方で、13世紀後半の**フィリップ4世**の時代、すでにローマ教皇の権威は落ち始めていた。教皇の命によって行われた数回の十字軍がほとんど戦果を残せず、各国を疲弊させたことが原因の一つである。

そんななか、**フィリップ4世**は聖職者に課税をした（イギリスとの戦争の費用の徴収が理由。百年戦争が近づいていた）。これに反発したローマ教皇**ボニファティウス8世**に対し、**フィリップ4世**は1303年、ローマ近郊のアナーニで彼を捕らえ、退位を迫った。これに憤った**ボニファティウス**は、怒りのあまりショック死（憤死）した。アナーニ事件である。

1309年、**フィリップ4世**は、ローマ教皇**クレメンス5世**を擁立。ローマにあった教皇庁を南仏のアヴィニヨンに移した。これを「教皇のバビロン捕囚」という。これは**教皇の権威の失墜を決定づける**とともに、王権を高める端緒となった。実際、後の絶対王政を生む。なお、この教皇のバビロン捕囚は1377年に終わるが、その後、ローマとアヴィニヨンに2人の教皇が誕生する。1417年まで続いた教会の大分裂（大シスマ）である。

一方、この時代、キリスト教巡礼者保護などのために騎士修道会が作られていたが、**フィリップ4世**はこの中でも代表的なテンプル騎士団を弾圧。異端の嫌疑をかけ、1312年に解散させる。彼の死後間もなく、カペー朝は滅び、ヴァロワ朝が生まれる。

もっと深く知りたい人のための推薦図書

- **『テンプル騎士団』**佐藤賢一／集英社
- **『パリとアヴィニョン』**樺山紘一／人文書院

049 政治

コジモ・デ・メディチ（1389年〜1464年）

ルネサンスを庇護し、発展させた実業家・政治家

14〜15世紀頃フィレンツェで本格的に始まったルネサンスは、多くの芸術家を輩出した。しかし画家はただ好きなように描いていれば評価されたわけではない。彼らを庇護する実業家が必要であった。フィレンツェに13世紀頃から財をなした名家としてメディチ家があった。14世紀末以降、銀行業も営むようになった同家は、ローマ教皇や各国に融資。金融業で極めて多くの財をなした。やがて彼らは、共和政のなかで大きな権利を握る。そんな時代の代表者が、**コジモ・デ・メディチ**である。

父**ジョバンニ**の跡を継ぎフィレンツェ市の実質的最高権力者となった**コジモ**は、その莫大な財力と高い政治手腕でフィレンツェをさらに発展させる。彼は、得た財産をもとに芸術家や学者を保護した。このように芸術家に金を費やす一方、自らの生活は質素だったという。このこともあって、フィレンツェでは**コジモ**を「祖国の父」ともする。

彼は古代ギリシャを復興させようとして「プラトン・アカデミー」をも設立。彼と共に**本格的ルネサンスが始まり、新しい世界が花開いたと言っても過言ではない**。

彼が庇護した芸術家は、彫刻家の**ドナテルロ**、**ギベルティ**、画家の**フラ・アンジェリコ**など。いずれも初期ルネサンスの優れた芸術家である。

コジモの孫**ロレンツィオ・デ・メディチ**（1449年〜1492年）もまた、初期ルネサンスから盛期ルネサンスの始まりの時代の芸術家や人文学者のパトロンであった。彼のもとから**ミケランジェロ**などの偉大な芸術家が誕生。芸術が爛熟し、メディチ家の権力も高まった。

しかし、**ロレンツィオ**の時代、すでに銀行は大赤字だったという。こうした理由もあり、ほどなくメディチ家の権威は落ち、**ロレンツィオ**の晩年には、台頭したドミニコ会修道士の**ジロラモ・サヴォナローラ**（1452年〜1498年）に替わられ、メディチ家は追放される。「神の導き」を口にする**サヴォナローラ**の神権政治の始まりである。しかし贅沢を禁じ、芸術作品などを焼却するという政治は長くは続かない。1498年に彼はフィレンツェ市民により絞首刑、後に火刑となる。その後、メディチ家は復活したが、往年の勢力を見せることはなく、ルネサンスも終息に向かった。

もっと深く知りたい人のための推薦図書

・**『神からの借財人　コジモ・デ・メディチ』**西藤洋／法政大学出版局

050 政治

エンリケ航海王子（1394年〜1460年）

15世紀の大航海時代の幕を開いた、ポルトガルの王子

エンリケ航海王子が生きた15世紀は、大航海時代である。西ヨーロッパでは13世紀のマルコ・ポーロ以降、東洋への意識が強まるとともに、イスラムに対するレコンキスタ（国土回復運動）が発展。いっそうキリスト教国を広げようとする意識も高まった。加えて遠洋航海術が進歩したことも大きい。羅針盤を備えた大型船が造られ、大西洋やインド洋まで渡航できるようになった。さらに、香辛料を求める市民のニーズもあったとされる。

これらの意味で、この時代にアフリカ南岸を経てインド洋に至った**ヴァスコ・ダ・ガマ**らの航海者が現れたのも必然である。しかし、**エンリケ航海王子**は、同じポルトガル人のこの**ダ・ガマ**や、イタリアの**コロンブス**よりも前に、**航海事業に先鞭をつけた開拓者**であった。

王子といっても66歳まで生きており、現存する肖像画を見る限りプリンスの名は似つかわしくない。それでも彼はポルトガルの王子として、アフリカへの航海に挑んだ。ただし、その主たる目的は金を探すことにあったといわれる。

1415年、現在のモロッコにあるセウタを攻略。イスラム勢力を駆逐した。だが、それ以上はイスラムの抵抗があり進むことができなかった。**エンリケ航海王子**の探検はアフリカ西海岸へと変わる。

彼の探検は、アフリカ最西端のヴェルデ岬を越え、アフリカ航路を見出す。同時にアフリカ大陸の南端を回ってインド洋に出るルートの可能性をも導いた。

彼は、前述したようにアフリカから金を探し獲得したが、それとともに、黒人奴隷をも獲得した。忌まわしい「奴隷狩り」もなされた。この意味で彼の評価は難しい。

ポルトガルの大航海時代は、彼の後に本格的になる。1488年の**バルトロメウ・ディアス**（1450年〜1500年）のアフリカ喜望峰到達。**ヴァスコ・ダ・ガマ**による1498年のインド航路の発見などである。また、**コロンブス**が、1492年に新大陸（アメリカ）を発見している。この流れは、15世紀以降の地中海国家の凋落と、ポルトガルやスペインの大西洋岸国家の興隆へとつながる。

なお、**エンリケ航海王子**は、実は船酔いがひどく、自身ではほとんど航海をしていないとされる。

もっと深く知りたい人のための推薦図書

- **『エンリケ航海王子』** 金七紀男／刀水書房

051 政治

ヘンリー8世（1491年〜1547年）

イギリス国教会を独立させ、絶対王政を強化した王

ばら戦争の後の1485年、**ヘンリー7世**がテューダー王朝を興す。その後、2代目の国王となったのが**ヘンリー8世**である。在位が1509〜1547年。この間、ドイツでは**ルター**による宗教改革（1517年）が起きている。これに対し、**ヘンリー8世**はカトリックの信者として、**ルター**に反論の論文を発表し、教皇から「信仰の擁護者」の称号を受けた。

彼の時代、世継ぎをもうけることは極めて重要だった。健康な男子を生むことが妃の義務だったのだ。最初の妻**キャサリン**に子ができないことを理由に、**ヘンリー8世**は離婚を望む。実際、彼は侍女である**アン・ブーリン**と恋仲となり、妊娠させていた。しかし、教義から離婚を一切認めないカトリックとの対立は強まる。

結局、最後まで離婚を認めないカトリックに対して、ならば自分の言いなりになる教会を作るしかないと考えた彼は、**イギリス国教会をローマ教会から独立させる**。もはや教皇に従わないし上納金も払わない。これに反対した大法官**トマス・モア**（『ユートピア』を書いた人文学者）を処刑した。こうした流れをイギリスの宗教改革ともいう。この多くは王の独断でなく、おおむね議会を通したものであり、そのことを評価する意見もある。

一方で彼はスコットランドやウェールズを統治し、イギリスという一つの主権国家を形成させた。加えてアイルランドも独立させながら、自らを王とした。こうした流れにおいて、イギリス絶対王政が確立され、同国がヨーロッパの強国になる端緒ともなった。

ヘンリー8世のよい跡継ぎを残そうという欲望は極めて強く、前述の**アン・ブーリン**が生んだのが女児（後の**エリザベス1世**。**エリザベス1世**参照）とわかり、その後も生まれないとわかると、彼女に姦通罪の罪を着せてロンドン塔で処刑している。

結局、彼は生涯で6人の王妃を迎えた。当時、まだ女性の国王が認められなかったため、とにかく男児を渇望した。にもかかわらず男児はすべて早産で死に、残ったのが女児ばかりと恵まれなかった。とはいえ6人も王妃を替え、うち2人も処刑したことからは、現代の常識からはかけ離れた異常な執着と好色さ、また残忍さが見られる。

もっと深く知りたい人のための推薦図書

- **『ヘンリ8世の迷宮』**指昭博／昭和堂
- **『支配者上（上巻）』**C・J・サンソム／集英社

052 政治

カール5世(カルロス1世)（1500年～1558年）

宗教改革時、神聖ローマ帝国とスペインに君臨した皇帝（国王）

13世紀以降、ヨーロッパでその権威を高めた王朝にハプスブルク家がある。同家は、やがて神聖ローマ帝国（現在のドイツ）内で権力を強め、多くの皇帝を生む。

同家から出た神聖ローマ皇帝**マクシミリアン1世**（1459年～1519年）の長子である**フェリペ1世**は、スペイン王国の女王**ファナ**（後に精神を病んだため狂女とされる）と結婚する。この子供が**カール5世**（**カルロス1世**）である。彼は、スペイン王**カルロス1世**として1516年に即位した後に、神聖ローマ帝国の皇帝**カール5世**としても1519年に即位した。こうして**西ヨーロッパは、フランスを囲むように東と西をハプスブルク家が支配**。やがて**カール5世**は、イタリアを巡ってフランスと戦う（イタリア戦争）。

今から500年ほど前のこの時代は、ドイツの**ルター**による宗教改革が始まり（1517年）、ヨーロッパの変革が進んだ時代でもある。これに対し、**カール5世**は1521年にヴォルムス帝国議会を開き、**ルター**を召喚。**ルター**に自説の撤回を命じた。しかし、**ルター**は自説を曲げなかった。怒った**カール5世**は、**ルター**を追放するとともに、彼を支持する諸侯を弾圧した。このことが宗教戦争を呼び起こす。1546年にドイツ農民戦争などが起きるが、彼は新教派を抑えられなかった。最終的にアウグスブルクの宗教和議（1555年）によって、カトリックとともにルター派が認められる。

一方、**カール5世**の時代は大航海時代でもあった。スペイン王でもあった彼のもとから、多くの開拓者が生まれた。**マゼラン**が西回りでアジアに向かうルートを開拓。**マゼラン**は太平洋を横断しフィリピンまで到達した。続いて**コルテス**がメキシコにあったアステカ帝国を征服。さらに**ピサロ**がペルーにあったインカ帝国を征服。こうして彼らはアメリカ大陸の支配者となり、**カール5世**の治世にその領土は極めて広大なものとなった。

カール5世は晩年、スペインやオランダの土地を息子の**フェリペ2世**（**フェリペ2世**参照）に譲る一方、神聖ローマ帝国の土地は弟**フェルディナンド**に譲った。これによりハプスブルク家が分裂する。同時にスペイン・ハプスブルク家の黄金期（太陽の沈まぬ帝国）が幕を開けることとなる。

もっと深く知りたい人のための推薦図書

- **『名画で読み解くハプスブルク家12の物語』**中野京子／光文社
- **『カール5世とハプスブルク帝国』**ジョセフ・ペレ／創元社
- **『図説　ハプスブルク帝国』**加藤雅彦／河出書房新社

053 政治

カトリーヌ・ド・メディシス（1519年～1589年）

カトリックとプロテスタントの戦争を招いた、イタリア出身の王妃

「**メディシス**」という名前は、「メディチ」のフランス名。この名のとおり彼女はイタリアのメディチ家出身で、フランス・ヴァロワ朝の国王**アンリ２世**と結婚した王妃である。

しかし**アンリ２世**は1559年、馬上槍試合の事故で右目を貫かれ死ぬ。事故後10日間も苦しんだという悲惨な最期である。この時代を生きた**ノストラダムス**は、この事故をも予言したとされる。「老いた獅子が若い獅子に凌駕される」である。

アンリ２世の死後、**カトリーヌ**は長男の**フランソワ２世**を即位させるが翌年死去。続いて次男の**シャルル９世**を即位させ、彼女はその摂政として政治の実権を握る。

彼女の生きた時代は宗教戦争の時代である。1517年の**ルター**による宗教改革によって生まれたプロテスタント（新教）は急速に力をつけ、これに対するカトリック（旧教）との対立が深まっていた。**カトリーヌ**は、1562年、新教徒のユグノー（カルヴァン派）を抑えるために彼らの信仰の自由を認める勅令を発布した。これに反発した旧教徒の**ギーズ公**が同年、新教徒を虐殺。ここに**新旧キリスト教徒によるユグノー戦争が始まった**。彼女はこうして世界に名を刻む。

ユグノー戦争は40年近く続き、この間、**カトリーヌ**は旧教の側に立った。彼女は1572年パリの新教徒を大量虐殺する（サンバルテルミの虐殺）。こうしてユグノー戦争は終息することなく、イギリスやスペインをも巻き込み、大きな戦いになっていく。

カトリーヌはこの混迷を解決できないままに死去。**シャルル９世**の跡を継いで国王になっていた、**カトリーヌ**の四男・**アンリ３世**も暗殺され、1589年ヴァロワ朝は断絶する。

アンリ３世の暗殺後、ナバラ国王の**アンリ**が即位（**アンリ４世**）。ブルボン王朝が始まる。これがフランス絶対王政のはじまりである。

アンリ４世はもともと新教の信者であったが、旧教を維持する宣言書に署名して、王となった。ユグノー戦争はこの**アンリ４世**により、1598年ナントの勅令が出され、カトリックとユグノー双方が妥協し終結する。ナントの勅令は初めて個人の宗教の自由を認めた王令だった。

もっと深く知りたい人のための推薦図書

- 『**ヴァロワ朝**』佐藤賢一／講談社
- 『**王妃カトリーヌ・ド・メディチ**』桐生操／ベネッセコーポレーション

054 政治

フェリペ2世（1527年～1598年）

「太陽の沈まぬ帝国」を築いた、スペイン絶対王政の国王

16世紀初頭、ハプスブルク家の**カール5世**はスペイン国王の座（**カルロス1世**）に即くとともに、神聖ローマ皇帝の座にも即いた（**カール5**世参照）。時は、航海技術が劇的に進歩し、**コロンブス**らによって新航路が発見された大航海時代である。地理的に地中海から大西洋を臨む**スペインは、アメリカ大陸からフィリピンまで進出し、広い支配下に置いた**。同時にヨーロッパでもスペインはネーデルラント（現在のベルギー・オランダ）を支配し、「太陽の沈まぬ帝国」といわれる時代が幕を開けようとしていた。

フェリペ2世は、父である**カール5世**のこの財産を継承し、さらに発展させた国王である。彼は1580年、ポルトガル王家が断絶したことにつけ込み、ポルトガルの国王を主張。ポルトガルを併合し、イベリア半島全土を支配する。ポルトガルは1549年に**フランシスコ・ザビエル**（スペイン人）を日本に派遣するなど、スペインと同様に大航海時代で利益を受けた国であったが、スペインには呆気なく呑み込まれた。

ちなみにこの時代に、日本からは九州の大名が少年4人を天正遣欧少年使節としてローマに派遣している。彼らは1584年にスペインを訪れ、**フェリペ2世**に会い、**フェリペ2世**は彼らを上機嫌で歓待したとされる。

フェリペ2世は、敬虔なカトリック信者であるとともに、国王による絶対王政を築いた人物だった。彼のもとでカトリック（旧教）政策が強化された。このことはプロテスタント（新教）に近いイギリス正教会のイギリスとの対立を強めることになる（当時のイギリスは、後述するように**メアリ1世**下にカトリックに傾いたが、結局**ヘンリー8世**から続くイギリス国教会に戻った）。

フェリペ2世の治世は、宗教戦争の時代であった。ユグノー戦争が起き（**カトリーヌ・ド・メディシス**参照）、新教徒に対するサンバルテルミの虐殺も起きた（1572年）。笑わない国王といわれた彼がこの虐殺の報を聞いて、初めて笑ったという説もある。

フェリペ2世のスペインを支えたのが、「無敵艦隊」といわれた海軍である。彼らの兵力は大航海時代、ヨーロッパにその名を轟かせた。しかし、その栄華も長くは続かなかった。**フェリペ2世**は、戦争の絶えなかった16世紀の時代にあって、ヨーロッパ諸国との微妙なパワーバランスに苦慮した。彼にとって一番厄介な存在だったのがイギリスである。イギリス国教会を持ち、カトリックから離れたこの新興国をどう扱うかが**フェリペ2世**にとっての悩みのタネだった。

1554年にイングランドの女王**メアリ1世**と、**フェリペ2世**は結婚した。政略結婚だっ

たが、彼と同じカトリック信者でブラッディメアリ（血まみれのメアリ）といわれた彼女とは政治的スタンスは離れていなかった。ただ、男女関係はそれだけでうまくいくものではない。男児を出産できなかったことや性格面の不一致、そして何より外見への不満もあった。**メアリ１世**とは事実上の別居状態になり、やがて彼女は病死した。

フェリペ２世はこの**メアリ１世**の早い死後、イギリスの女王を継いでいた**エリザベス１世**に求婚する。絶対王政を代表する両国国王間の交渉である。しかし彼は拒絶される。**エリザベス１世**は終生独身を通した（恋人はいたとされる。**エリザベス１世**参照）。

エリザベス１世はしたたかであった。カトリックではない彼女は、カトリックのスペインから、プロテスタントのオランダが独立を求めた1568年のオランダ独立戦争に対して、オランダを支援。さらにスペイン船に対する海賊行為も奨励。このようにしてイギリスとの同盟も考えていた**フェリペ２世**をあざ笑うようにスペインを挑発する。

これに怒った**フェリペ２世**は、1588年に130隻の船（無敵艦隊）を派遣。イギリスとの海戦が始まった。世に言う「アルマダの海戦」である。当時の無敵艦隊スペインに対し、海賊などによる小回りの利いた船でイギリスは応酬。ついにスペインは敗退する。

フェリペ２世の在位は43年間。この間に、黄金時代を迎えたスペインであるが、その終わりも早かった。父**カルロス１世**の時代からあった借金に加え、上述のアルマダの海戦での敗戦による制海権の喪失。オスマン帝国との敗戦。さらには宮廷費と、新大陸から流入した多量の銀によるインフレーションでの経済の混乱。こうして彼の晩年、急速にスペインは没落することとなる。

フェリペ２世の死後、フランスとの戦争にも敗れたスペイン・ハプスブルク家。近親婚によるとされる病弱な王の輩出もあり、弱体化は進む。1701年のスペイン継承戦争を経て、その王位をブルボン家に譲り、滅んだ（スペイン・ブルボン家は現在も続く）。

しかしながら芸術の世界で、17世紀スペイン・ハプスブルク家は意地を見せた。スペイン・バロックの繁栄である。16世紀**フェリペ２世**の時代にすでにその地位を築いていた**エル・グレコ**は、後期マニエリスムの画家として、多くの代表作を残した（日本では大原美術館が彼の代表作を所蔵する）。17世紀に入ると、バロックの巨匠**ベラスケス**が台頭する。宮廷画家となった彼は、**フェリペ２世**の孫である**フェリペ４世**のもと、『ラス・メニナス（女官たち）』を代表とする数々の優れた作品を残す。**フェリペ２世**末期以降、衰退したスペイン・ハプスブルク王家だが、芸術の世界では決してそうではなかった。

もっと深く知りたい人のための推薦図書

- **『スペインフェリペ二世の生涯』**西川和子／彩流社

055 政治

イヴァン4世（1530年～1584年）

16歳で皇帝になり、後に専制政治を行った「イワン雷帝」

16世紀には魅力ある国王がひしめく。ここでの「魅力ある」とは、必ずしも善政を施したということではない。時に悪政を行い、残忍な一面を持つなど、決して尊敬はできないものの、そのキャラクターにおいて際立つ存在を指す。ロシアの**イヴァン4世**はその代表的人物である。

彼の解説の前にロシアの歴史を遡ってみる。ロシアは862年、ノルマン人が南下したことで、ノブゴロド国が成立する。これがロシア国家の起源とされる（リューリク朝）。この後、882年にさらに南下した彼らはキエフ（現ウクライナ）にキエフ公国を建立。これによってノルマン人のスラブへの同化が進むとともに、ギリシャ正教に接近。東ローマ帝国とも近い関係を築くことになる。しかし1240～1480年、「タタールのくびき」といわれる、モンゴルによる支配がなされる。この支配下から1480年、独立したのがモスクワ大公国であった。これを行ったのが**イヴァン3世**である。彼は地方集権からモスクワへの権力集中を果たし、ロシア国家の基礎を作った。

そのような時代に生まれ、帝位に即いたのが**イヴァン4世**である。**イヴァン3世**の孫に当たる彼はこのモスクワ大公国の情勢のなか、1547年16歳のときにツァーリ（皇帝）を称した。彼はロシアの絶対王政であるツァーリズム（ロシア皇帝による専制政治システム）の基礎を築いた。

イヴァン4世は、権力を握っていた邪魔な国内の大貴族を抑えたり、農民の移動を取り締まって農奴制を強化したり、いっそうの**中央集権的国家を推進した**。そのことから彼は「**イヴァン雷帝（イワン雷帝）**」と呼ばれ、恐れられた。

実際彼のもと、領土は拡張した。当時、ロシア東部を押さえていた、モンゴル人のカザン・ハン国を1552年に攻略するなど、さまざまな近隣諸国を併合。領土の回復・拡張のための戦争を繰り返した。

一方で彼は恐怖政治を敢行し続けた。親衛隊を新設し、自らに反対する貴族や諸侯を捕らえては処刑し、領地を没収した。その姿は異常で、ある種の人格破綻者に見えたともいわれている。実際、彼はさまざまな策略を巡らせ、政敵を殺したが、時に自分の身内にまでそれは及んだ。

1581年に、疑心暗鬼から、愛する皇太子**イヴァン**を鉄の杖で打ち殺した。これは**イリヤ・レーピン**による『1581年11月16日のイワン雷帝とその息子イワン』という有名な絵画にもなった出来事である。**イヴァン4世**はそのことを大いに悔やんだ。しかし、その後も、自らに反対する者や反対しそうな者を徹底的に処刑した。その残虐さは、雷帝の名にふさわしくもある。

この時代、前述したようにヨーロッパには個性的な国王が存在した。イギリスの**エリザベス1世**、スペインの**フェリペ2世**などである。**イヴァン4世**を含めた彼らは絶対王政下、その権力を思うがままに発揮した。しかしながら、**イヴァン4世**は彼らと比べても暗さが強く残る国王である。

イヴァン4世は**エリザベス1世**に求婚したとされる。**フェリペ2世**にも求婚された女王は、それらを断った。彼女自身の女性としての魅力はともかく、当時のイギリスが国力として、いかにキャスティングヴォートを握る存在だったかということがわかる。しかし彼女はイギリスの発展を選んだ（**エリザベス1世**参照）。

イヴァン4世については、さまざまな書物でその姿が描かれているが、最も芸術的に優れているものは映画の『イワン雷帝』ともいえる。20世紀の映画の巨人**エイゼンシュテイン**（**エイゼンシュテイン**参照）の代表作の一つにもなっている本作では、表現主義的ともいえる陰影のついたメイクによって**イヴァン**の恐ろしさがいっそう引き立っている。

1部・2部からなる本作の1部では、**イヴァン4世**を好意的に描いたともいえる**エイゼンシュテイン**だが、2部では、たやすく政敵を粛清する独裁的政治家の姿を描き、それは当時のソ連の**スターリン**像（**スターリン**参照）とも重なり合った。実際、**スターリン**は**エイゼンシュテイン**の3部目の制作をやめさせている。

16世紀は現代よりも人の命は軽かったのだろう。それは日本も同じで戦国時代、多くの武将が家臣や平民、時には肉親をもたやすく殺した。そんな時代だからこそ登場した**イヴァン4世**かもしれないが、20世紀の**ヒトラー**や**スターリン**、**ポルポト**らの姿から、時代のせいだけでは済まされない、批判すべき普遍的な権力者の非情さや残虐性が見出せる。

イヴァン4世の死後、1598年リューリク朝が断絶。その後の断絶期間を経て1613年に**ミハイル・ロマノフ**によってロマノフ王朝が興る。1917年のロシア革命によって倒れるまで続いた王朝の誕生である。

もっと深く知りたい人のための推薦図書

- **『イヴァン雷帝』**Ｒ・Ｇ・スクルィンニコフ／成文社
- **『名画で読み解くロマノフ家 12 の物語』**中野京子／光文社

056 政治

エリザベス１世（1533年～1603年）

イギリス絶対王政の絶頂期を築いた処女王

1485年のばら戦争後に、**ヘンリー7世**によってイギリスに成立したのがテューダー王朝であり、このテューダー王朝を発展させ、絶対王政を進めたのが２代目の**ヘンリー8世**であった（**ヘンリー8世**参照）。

ヘンリー8世没後、**エドワード6世**らを経て、**メアリ１世**が国王の座に即いた（在位1553～1558年）。**メアリ１世**は、プロテスタント系の聖職者300人を焚刑に処すなどの、新教への弾圧を行った。**メアリ１世**はこうした残虐な行為から、「ブラッディメアリ（血まみれのメアリ）」の名前を残した。

一方、**ヘンリー8世**が侍女**アン・ブーリン**に生ませた子が**エリザベス１世**である。**エリザベス１世**が生まれたのが1533年。日本では翌年に**織田信長**が生まれている。この２人が同じ時代の人物であることを心に刻んでおきたい。

エリザベス１世は20歳の頃、**メアリ１世**によって、反乱の疑いでロンドン塔に幽閉された。残虐な**メアリ１世**だったが、**エリザベス**の命までは奪わなかった。おかげで無事生き残った**エリザベス**は、1558年に**メアリ１世**の病死とともに女王の座に即いた。

彼女は即位するなり、それまでのカトリックからイギリス独自の国教会へと舵を切る。また、統一法と首長法（国王至上法）を制定。国王を最高の統治者とした。また国教会をプロテスタント方式の祈禱法に統一。同時に国王が国教会の最高権力者であることを改めて示した。これらをもって、**ヘンリー8世**からのイギリス宗教改革の完成と捉えられている。

これに対し、ローマ教皇は反発。イギリスとローマ教皇は決定的に対立する。残ったカトリック勢力は、**メアリ・ステュアート**（1542年～1587年）をイングランドの女王に立てようとした。スコットランド女王（スコットランドの**メアリ**）だった彼女は、**エリザベス１世**に王位継承権を主張したが敗れ、スペインと手を組み暗殺を企てたとして**エリザベス１世**に処刑される。彼女が殺されたのは、彼女が**エリザベス１世**に対して「あんたなんてしょせん（侍女の）**アン・ブーリン**の子」と言ったから、という説もあるのだが、これは虚構とされる。

エリザベス１世がカトリックと断絶したのは、自分が**ヘンリー8世**の正統継承者であることを誇示したいためもあった。カトリックに従うと、その教義から彼女は王権が認められなくなってしまうからである。

エリザベス１世は、こうしてカトリックを一掃し、プロテスタントに近い国教会を強化し、ローマ・カトリック教会と完全に分裂して権力の地盤を固めた。**エリザベス１世**

が「世界を変えた」のは、このように国教会を堅固なものにしたこと、そして外交上の勝利である。これらによってイギリスは中央集権化を進め、絶対王政としての最盛期を迎え、**「大英帝国」の基礎が築かれた**。なおこの時期、まだ正式にはスコットランドを併合しておらず、正しくは「イングランド」であるが、便宜的に「イギリス」と表記する。いずれにせよ当時のイギリスは人口も少なくヨーロッパの二流国でしかなかった。それだけに、この「外交上の勝利」は大きかった。

「外交」とは、スペインとの戦争である。カトリックの国スペインと、カトリックを一掃し国教会の国となったイギリスとの関係がいいはずはない。当時のスペインはネーデルラント（現在のベルギー・オランダ）をも支配していたが、オランダの独立戦争（1568〜1648年）の支援にイギリスが動く。

こうした背景のなか「無敵艦隊」と呼ばれた海軍を持つスペインは、イギリスを攻撃。激しい戦闘だったが、火のついた船を送り込むという**ドレーク**率いる海賊らの戦術に加え、運も味方しイギリス軍が勝利する。これによってイギリスは海洋帝国への道が開かれ、逆に「太陽の沈まぬ帝国」であったスペインは没落へと向かう（**フェリペ2世**参照）。そして大航海時代の16世紀、イギリスも**エリザベス1世**の治世のもと、新大陸への進出を決めた。1600年には東インド会社を設立。こうして新大陸の富が流入するなか、経済的には**グレシャム**を起用し重商主義を推し進めた。また、寵臣**ウォルター・ローリー**が北米への入植を行い、**ローリー**は**エリザベス1世**にちなんで、その植民地をヴァージニアと名づけた。

また、この時代（16世紀後半）、**シェークスピア**や詩人**エドマンド・スペンサー**ら、文学・演劇の文化が興隆する（**シェークスピア**参照）。これらをイギリス・ルネサンスともいう。

エリザベス1世は69歳で死ぬまで、結婚しなかったことでも知られる。若いうちに結婚するのがふつうだった時代、しかも政略結婚が日常茶飯事であった王家にあって、彼女はヨーロッパ諸国からの求婚をうまくはぐらかせながら（スペインの**フェリペ2世**、ロシアの**イヴァン4世**からの求婚があった）外交を乗り切り、生涯独身で通した。「処女王（ヴァージン・クイーン）」ともいわれた彼女は、議会で「私はイギリスと結婚した」と発言している。しかし実際には恋人はいたとされる。**エリザベス1世**は1603年に死去。独身だった彼女の世継ぎは当然なく、その死とともにテューダー王朝は滅び、スコットランド王**ジェームズ**（**ジェームズ1世**）が後を継ぎ、ステュアート王朝が始まる。

もっと深く知りたい人のための推薦図書

- **『名画で読み解くイギリス王家12の物語』**中野京子／光文社
- **『エリザベス一世』**青木道彦／講談社

057 政治

クロムウェル（1599年～1658年）

清教徒革命を起こし、国王を処刑した独裁的護国卿

1603年、**エリザベス1世**が死去。「処女王」の彼女には跡継ぎがなくテューダー王朝が滅亡。スコットランド起源のステュアート王朝が、イングランドをも兼ねる形で支配する（同君連合）。このときの国王が**ジェームズ1世**であり、王権神授説を掲げた彼は、「コモンロー」（国王でも法に従うべき）という考え方の議会と対立したまま、1625年に没する。死後、この王座を継いだ**チャールズ1世**は、父**ジェームズ1世**の思想を取り入れ専制政治を進めた。

この時代、スコットランドやアイルランドで反乱が起きるなど失政が相次いだ。それでも王の絶対的権力を誇示する**チャールズ1世**は、議会と強く対立する。だが、この時代、権力を増してきた議会の前で、国王の権威は揺らぎ国民の不満も高まっていた。

しかし時代を読む力のなかった**チャールズ1世**は、無謀なほどの強気な攻めで議会に対峙する。1628年、イギリス議会は、議会の同意なしでは課税ができないなどとした「権利の請願」を**チャールズ1世**に提出。いったんは承認した彼だが、すぐに破棄し議会を解散した。これらを機会に、議会や国民の反発は一気に高まる。

このとき議会を指導したのが**オリヴァ・クロムウェル**である。ジェントリ（平民だが裕福な地主）に生まれた彼は、宗教的には敬虔なピューリタン（清教徒）であった。**クロムウェル**は「鉄騎隊」を組織。この軍が、国王軍と戦い撃破。こうして1649年、**クロムウェル**は国王**チャールズ1世**を捕らえ、処刑する。清教徒革命（ピューリタン革命）の成立である。これによってイギリスは**王政から共和制へと移行する**（イングランド共和国の樹立）。

クロムウェルはこの後、護国卿となり共和制を推進する。だが、国民の平等を要求する水平派らを弾圧し、王党派やカトリックも厳しく取り締まる。このような軍事独裁的政治を行ったため、国民の支持が得られなかった。やがて1658年**クロムウェル**は病死する。その後、少しして共和政が倒れ、1660年**チャールズ2世**が即位、王政復古がなされた。

佐藤優の言葉

クロムウェルには、自分は神によって選ばれた者であるという意識がとても強い。これはプロテスタントの改革派（カルヴァン派）の特徴だ。絶対に正しいという信念をもっているがゆえにクロムウェルは非寛容になった。極端な正義感は恐い。

もっと深く知りたい人のための推薦図書

- **『クロムウェル─「神の摂理」を生きる』**小泉徹／山川出版社
- **『クロムウェルとピューリタン革命』**今井宏／清水書院

058 政治

ルイ14世（1638年～1715年）

絶対王政の極致。ブルボン王朝最盛期に栄えた「太陽王」

1589年、**アンリ4世**によって始まったブルボン王朝では、絶対王政が進んでいた。彼の後継者が**ルイ13世**。彼のもとでは『三銃士』でおなじみの宰相**リュシュー（リシュリュー）**が活躍した。この時期、フランスは三十年戦争（1618～1648年）に巻き込まれたが、カトリック国にもかかわらず、ハプスブルクに対抗するため神聖ローマ帝国の側に立った。

41歳で死んだ**ルイ13世**の後、即位したのが、**ルイ14世**（在位1643～1715年）だった。5歳で即位した彼に何かできるはずもなく、宰相**マザラン**が実質的に治めたが、貴族の反乱であるフロンドの乱などが起きた。**マザラン**は優秀な宰相で、これらを鎮圧しながら、前述の三十年戦争後の1648年ウェストファリア（ヴェストファーレン）条約で、領土を拡大させるとともに、国の王権を高めた。1661年、この**マザラン**が死ぬと、**ルイ14世**は「朕は国家なり」と言って、宰相や貴族を不要とした、国王自らによる内政・外交を始めた。国王の親政であり、「太陽王」の誕生である。ここに**王権神授説に基づく、絶対王政が絶頂期に達する**。

この時代、財務総監の座に就いた**コルベール**は、国家財政再建のために重商主義を進めた。輸入関税を高め、国内の産業保護などをした。宗教的には、1598年のナントの勅令を廃止し、ユグノー（新教徒）を追放。しかしカトリックを重んじたこの政策は誤りとされ、経済的影響が徐々に強まってくる。一方、フランスは領土拡張のため侵略戦争を繰り返した。オランダやイギリス、スペインなどとも争ったが、軍費と兵力をつぎ込んだほどの見返り（新領土）はなく、のちの財政破綻を招くことになる。

なお、文化面ではパリ近郊に、絢爛豪華なベルサイユ宮殿を建設（1661年）。大宮殿に国王以下、多くの貴族を集め、国王が支配する形態を作り上げた。その一方で、この建築費は国民の税負担となり、1789年のフランス革命に至る、国民の反発の端緒となった。

このようにフランス絶対王政の時代である17世紀の中、栄華を誇った**ルイ14世**の治世だが、そのツケは徐々に広がっていた。なお、**ルイ14世**は、髪はかつらで背も小さく（160cmほど）、ヒールの高い靴を常用していた。肖像画にはそうした虚構の彼が描かれている。

もっと深く知りたい人のための推薦図書

- **『ルイ14世―作られる太陽王』**ピーター・バーク／名古屋大学出版会
- **『真実のルイ14世』**イヴ＝マリー・ベルセ／昭和堂

059 政治

マリア・テレジア（1717年～1780年）

オーストリアの近代化を進め、プロイセンに立ち向った「女帝」

18世紀、すでに神聖ローマ帝国の権威は形骸化していた。ハプスブルク家が現在のオーストリアの地を支配し、神聖ローマ皇帝位を保持していた。この一方、プロイセン（プロシア）が神聖ローマ帝国東部に王国を構え、富国強兵を進めながら、さらなる領土拡張を狙っていた。そんな時代の代表的人物が2人いる。1人はプロイセンの**フリードリヒ2世**。もう1人はハプスブルク家の**マリア・テレジア**。この2人は、同時代を生きたライバルだった。

1558年の**カール5世**の没後に、スペインとオーストリアに分裂したハプスブルク家だが、1700年、**フェリペ2世**の死とともに、スペイン・ハプスブルク家は断絶する。こうして残ったのは、オーストリアのハプスブルク家だった。

オーストリア・ハプスブルク家は、1648年のウェストファリア（ヴェストファーレン）条約によって、いったん弱体化するが、17世紀後半オスマン帝国を破り、ハンガリーを奪還する。前述した1701年、君主を失ったスペイン・ハプスブルク家に対して王位継承権を主張して、当時のオーストリア・ハプスブルク国王**カール6世**がスペイン継承戦争を起こすが敗退。スペイン所有を断念しつつも、オーストリアを中心とした広大な領土と国力を維持したまま、やがて彼の長女である**マリア・テレジア**の治世が始まる（在位1740～1780年）。

こうして**カール6世**の死後の1740年、**マリア・テレジア**は23歳でオーストリア王位に即いた。そして、これに不満を持つ、プロイセンとの間にオーストリア継承戦争が勃発する。このときのプロイセン国王が**フリードリヒ2世**である（**フリードリヒ2世**参照）。

この戦いでプロイセン軍がオーストリア領内の工業地帯シュレジェン（現ポーランド）を奪う。しかし1748年のアーヘンの和約によって、**マリア・テレジア**のオーストリアほかボヘミア（現チェコ）、ハンガリーの相続が認められる。

マリア・テレジアはオーストリア継承戦争の後、同国の**近代化を進める**。

中央集権化を進めるとともに徴兵制を採用し、富国強兵を目指した。その一方、病院を設置したり、義務教育を実施したりした。またウィーン市内にシェーンブルン宮殿を改築。「マリア・テレジア・イエロー」という黄色の宮殿は、外見はバロック、内面はロココ様式を施した。

このように安定した治世を生んだという意味で彼女は、ハプスブルクの歴史を変えた人物である。オーストリアでは現在でも彼女を「国母」として評価する声がある。

しかし**マリア・テレジア**にとって**フリードリヒ2世**は、変わらず目障りな存在であった。プロイセンに対抗し、シュレジェンを回復しようという意味もあって、彼女は200年来の宿敵フランス（当時の王は**ルイ15世**）と手を組む。**これを外交革命とも呼ぶ。**ハプスブルク家は基本的に政略結婚でヨーロッパの地位を築いてきた。ここでも**マリア・テレジア**は末娘**マリー・アントワネット**を**フランスのルイ16世**の妃とした。これによってフランスを味方に引き入れた。

こうして1756年、七年戦争が起きた。プロイセンとオーストリアとのこの戦争は、プロイセンがイギリスと手を結ぶ一方、オーストリアはフランス、ロシアと手を結んだ。しかし当時ロシアの女帝**エリザヴェータ**が急死し、**フリードリヒ2世**を崇拝していた**ピョートル3世**が皇帝になったために、ロシアは単独講和する。

1763年に終結したこの戦争では、プロイセンとイギリスが勝利し、プロイセンのヨーロッパでの権力が強まり、ドイツ統一へ向かうことになる。一方でイギリスもいっそう繁栄の一途をたどる。イギリスはこの時代、北米大陸やインドなどの植民地政策が中心であり、それをさらに推し進めた。しかし七年戦争で敗れたフランスは財政悪化が進んだ。このことは後述するフランス革命の原因ともなる。

話を**マリア・テレジア**に戻そう。彼女の夫は**フランツ1世**であった。彼は妻とともにオーストリアと神聖ローマ帝国の共同統治者であったが、実権は**マリア・テレジア**にあった（**フランツ1世**は政治に興味がなかったとされる）。夫婦仲はよく、**マリア・テレジア**は、**フランツ1世**の死後、ずっと喪服で過ごしたとされる。

一方で彼女は1736年の結婚後、20年間で16人の子供を生んだ。出産休暇はあったかもしれないが、育児休暇はほとんどなかっただろう。恐るべきバイタリティである。ちなみに「女帝」と呼ばれることもあるが、神聖ローマ帝国の皇帝になったことはないので厳密には誤りである。

彼女の子で、その跡を継いだ**ヨーゼフ2世**は、神聖ローマ帝国の皇帝（在位1765～1790年）として、上からのさまざまな改革を遂行した。宗教寛容令や、農奴制の廃止などが代表である。こうした彼のスタンスから、彼を「啓蒙専制君主」という。

もっと深く知りたい人のための推薦図書

- **『マリア・テレジア：ハプスブルク唯一の「女帝」』**江村洋／河出書房新社
- **『マリー・アントワネットとマリア・テレジア秘密の往復書簡』**パウル・クリストフ編／岩波書店

060 政治

エカチェリーナ2世（1729年～1796年）

ロシア帝国を強国へと導いた「大帝」

ロシアに、**ミハイル・ロマノフ**によってロマノフ王朝が築かれたのが1613年。この後、しばらくツァーリズム（皇帝による専制政治体制）のもと、安定した治世が続く。この間、1670年には農民によるステンカ・ラージンの反乱も起きたが、それを鎮圧し、農奴制はいっそう強化される。

1700年には**ピョートル1世**のもと、大北方戦争が起きる。スウェーデンの覇権を巡って、スウェーデンと反スウェーデン同盟（北方同盟）諸国が争ったこの戦争で、ロシアは勝利し、1721年にニスタット条約を結んだ。これによって、ロシアはバルト海をも制圧し、名実ともに「ロシア帝国」が築き上げられた。

エカチェリーナはドイツの小貴族の娘である（ロシア人ではない）。縁があって**ピョートル1世**の孫である**ピョートル3世**に嫁いだ。1762年、その**ピョートル3世**が皇帝に即位。彼女から見れば玉の輿である。しかし時代も、夫も予想とは違っていた。

当時ヨーロッパはオーストリアとフランス、ロシアが組んで、プロイセンとイギリスと戦っていた（七年戦争）。だが、**ピョートル3世**は、プロイセン王**フリードリヒ2世**に心酔しており、即位するなり七年戦争から離脱。プロイセンが強くなる一方、ロシアの発展は遅れた。みすみす浮上のチャンスをつぶしたのだ。

この無能とまでいわれた**ピョートル3世**と、妻**エカチェリーナ**の仲はよくなかった。**ピョートル3世**とは対照的に、聡明だった彼女はロシア語やロシア文化を学び、ロシアに溶け込もうとした。

1762年、公式の場で**ピョートル3世**からバカ呼ばわりされた**エカチェリーナ**は、近衛部隊や反ピョートル派貴族と組んでクーデターを起こし、**ピョートル3世**に退位を迫った。臆病な**ピョートル3世**はそれを受け入れ、**エカチェリーナ**は自ら**エカチェリーナ2世**としてロシア皇帝に即位した。

エカチェリーナ2世のもと、ロシアは急激に発展することになる。実際、ドイツ人の女帝でありながら、現在でも「エカチェリーナ大帝」と呼ばれるほどの存在になったのだ。ロシアで大帝と呼ばれるのは**ピョートル1世**と彼女ぐらいである。

向学心の高い彼女は、ロシア語だけでなく、政治や思想なども勉強した。フランス人思想家の**ヴォルテール**や**ディドロ**と交流を持ち、彼らに思想面で大きな影響を受けた。このため**エカチェリーナ2世**は啓蒙専制君主の代表的人物とされる。17世紀は啓蒙専制君主の時代であり、その代表的人物は、みな「2世」と名のつく国王や皇帝だった。

しかし啓蒙専制君主として彼女が行った内政に関しては、決して進歩的ではなく、むしろ反動的といったほうがよい。1773年に農奴制廃止を主張する**プガチョフ**の大農民反乱が起きると、これを鎮圧。この後、彼女の反動化がいっそう強まったとされ、農奴制を強化した。さらには急進的改革者を弾圧したり、貴族の優遇などの政策を行ったりした。

一方、外交では**ピョートル1世**からのロシア帝国拡大の路線を踏襲した。これは同国にとっては南下政策だった。1768年、オスマン・トルコとの、ロシア・トルコ戦争が開戦。1774年、キュチュク・カイナルジャ条約でクリム・ハン国の保有権を獲得。1783年にはクリム・ハン国を併合。この結果、クリミア半島を入手した。この軍事的意義はロシアにとって大きい。ロシアは不凍港を求めていた。クリミア半島を支配することで、黒海に不凍港ができ、これがさらなる南下政策の足がかりとなったのだ。

さらに西に目を向けると、強国となったプロイセンと戦うことをやめ友好関係を築いた。このしわ寄せを受けたのがポーランドである。ロシアはプロイセンとともにポーランドの分割を行う。この結果、ポーランドは3分割され、その一つをロシアが支配した。なおポーランドは歴史上表舞台に出ることのないヨーロッパの小国である。事実、この時代、彼らは**エカチェリーナ2世**と、**フリードリヒ2世**との間のパワーバランスのもと振り回される。ポーランドはその約150年後、ナチスドイツに支配され、その後はソ連に事実上支配される。国家を蹂躙されたポーランド国民は、現在でもロシアへの反感が強く残る（冷戦時代、共闘したにもかかわらず、ポーランドの対ロシア感情は厳しい）。

話を**エカチェリーナ2世**に戻そう。いずれにしても優れた才能を持つこの女帝は、**ロシア帝国の領土を広げ、世界の強国への仲間入りを果たした**。まさに世界を変えたのである。現在、サンクトペテルブルクには壮麗な**エカチェリーナ**宮殿がある。さらに同地には世界屈指の美術館のエルミタージュ美術館もあり、多くの観光客を集めている。

彼女にまつわる挿話は多い。この時期の日本人漂流者に**大黒屋光太夫**がいた。彼を日本に送還するために、彼女は1792年に**ラクスマン**を北海道に派遣した。

さらに彼女は、夫が愛人を作る一方で、自らも多くの愛人を作り、その数は10人を超えたともいう。

佐藤優の言葉

エカチェリーナ2世は民族的にはドイツ人だ。ロシア語も結婚してから学んだ。ドイツ系である彼女が、ロシアの民心を掌握できたのは、ロシアが国民国家とは異なる帝国だったからだ。指導者の民族的帰属はロシア人にとって本質的問題ではない。ソ連時代にジョージア人（グルジア人）のスターリンが独裁者になれたのも、ロシア帝国の伝統がソ連にも継承されていたからだ。

もっと深く知りたい人のための推薦図書

- **『エカチェリーナ2世とその時代』**田中良英／東洋書店
- **『エカチェリーナ大帝（上巻）』**ロバート・K・マッシー／白水社

061 政治

フリードリヒ2世（プロイセン王）（1712年〜1786年）

富国強兵を進め、ドイツ帝国への道筋をつけた啓蒙専制君主

ドイツでは長きにわたって神聖ローマ帝国が支配していた。しかし時代が進むにつれ、その体制は崩れていく。同帝国内の南東部はハプスブルク家が領土を広げた。1701年にはプロイセン（プロシア）王国が成立し、北東部からその領土を広げる。この流れはさらに続き、オーストリア皇帝がその地位を継いでいた神聖ローマ帝国は1806年に滅亡。結局プロイセンがドイツ統一の母体となる。

そんなプロイセン王国では1740年に**フリードリヒ2世**が即位する（ちなみに神聖ローマ帝国の皇帝にも**フリードリヒ2世**がいるが別人である）。**フリードリヒ2世**は、**ヴォルテール**などの文学・思想や音楽に傾倒した。即位後は重商主義政策や富国強兵政策を打ち出した。彼の治世でプロイセンはヨーロッパ最強国へと階段を上り始めた。

彼自身、**「君主は国家第一の下僕なり」という言葉を残し、官僚制の整備や産業育成などに尽力**する。彼のもとで産業は広く進歩した。

彼は、17世紀に上（君主）からの近代化を図った「啓蒙専制君主」の代表的人物である。その功績を称えて、**フリードリヒ大帝**ともいわれる。実際、文化にも強く、前述のフランス人**ヴォルテール**らとも長く親交を温め、またベルリン郊外にロココ美術によるサン・スーシ宮殿を建て、文人や芸術家を招き学問を奨励した。宗教では信仰の自由を認めた。一方、前述のとおり軍事力を活かし、ハプスブルク家（この頃オーストリアを中心に中部ヨーロッパに勢力を持っていた）に対抗し、1740年のオーストリア継承戦争に参戦。**マリア・テレジア**の継承に因縁をつけたあげく、シュレジェン（現ポーランド）を割譲させた。

さらに1756年の七年戦争にも勝利し、その領土を確実に広げた。こうしてプロイセンは大いに発展し、最終的に1871年の普仏戦争にも勝利。プロイセン王国からドイツ帝国（第2帝国）へと名を変える。

もっと深く知りたい人のための推薦図書

- **『50のドラマで知るドイツの歴史』**マンフレッド・マイ／ミネルヴァ書房
- **『フリードリヒ大王—啓蒙君主のペンと剣』**飯塚信雄／中央公論新社

062 政治 軍事

オドアケル（434年～493年）

西ローマ帝国を滅ぼした、中世初期の傭兵隊長

ローマ帝国は、395年に東西に分裂する。

しかしこの西ローマ帝国は、長くは続かなかった。西ヨーロッパには、ゲルマン民族などの強大な勢力の侵攻があったのだ。西ローマ帝国は逃げ続けるが、ゲルマンの武力は強く、進出してくる勢力の前に帝国はなすすべもなかった。しかもゲルマンには、さまざまな勢力があった。どれか一つを攻略すれば無事、帝国の時代がよみがえるというものではなかった。実際、451年頃北方にあったフン族の**アッティラ王**（ハンガリー周辺に興った部族の長）は東ローマ帝国に侵入し、ローマ人の多くに恐怖を与えた。こうした混乱のなか、西ローマ帝国でゲルマン人の**傭兵隊長であったオドアケルは西ローマ皇帝を追放**した。このため476年に西ローマ帝国は滅びる。

オドアケルは東ローマ帝国から、西ローマ総督の称号を得る。しかし一傭兵が、その後たやすく安定した世界を治められるはずがない。時代が不安定だった上に、バックアップとなっていた東ローマ皇帝自身が、**オドアケル**のような人物に目もくれるはずがなかったのだ。

5世紀、東ゴート王国を支配した軍人に**テオドリック**がいた。彼は、ゲルマン民族の一つのゴート族の人物で、東ローマ帝国のもとで育った。**オドアケル**は**テオドリック**に何度もその領土を脅かされた。

493年、**テオドリック**は交渉で**オドアケル**を屈服させ、さらに酒の席で暗殺した。こうして**テオドリック**が5世紀末の王者となる。**テオドリック**は497年にイタリア王の称号を認められ、東ゴート王国の王ともなる。

ここまで述べれば**オドアケル**まで倒した**テオドリック**がいかにすごい武将かと思うかもしれない。しかし**テオドリック**は、ローマの前には無力であり、**オドアケル**暗殺後はすぐに東ローマ帝国に従い、キリスト教（ローマ教皇とは異なるアリウス派）も受け入れた。

いずれにせよ、ゲルマン民族は結果的に西ローマ帝国を滅ぼしたものの、東ローマ帝国の前には歯が立たなかった。その意味で、この時期の最初の重要人物が**オドアケル**であり、次の重要人物が彼を破った**テオドリック**だったと言える。

もっと深く知りたい人のための推薦図書

- **『東ゴート興亡史―東西ローマのはざまにて』** 松谷健二／中央公論新社

063 軍事

ピサロ（1478年〜1541年）

インカ帝国を滅ぼした、卑劣なコンキスタドール

15世紀は大航海時代である。イタリア生まれの**コロンブス**はスペイン女王の支援で、1492年西回りで、新大陸を発見する。また1498年にポルトガル人の**ヴァスコ・ダ・ガマ**は南アフリカ喜望峰を回るコースでインド西岸カリカット（現コーリコード）に到着した。この結果、インド航路が開かれ、胡椒などの商品はポルトガル経済を潤わせた。

16世紀に入ると、ポルトガル人の**マゼラン**が、スペイン王**カルロス1世**のもと、南アメリカ大陸を南下、マゼラン海峡を通過し太平洋を北西に横断。フィリピンに到着する（1521年）。

こうした新航路に、コンキスタドール（征服者）は喜んで乗り込んでいった。彼らは利己的であった。新大陸から財宝、香辛料などを手に入れる。あるいは先住民族に自らのカトリックの信仰を強要し、その国を支配する。こうした国益のため彼らは新大陸に向かった。

最初に中南米に向かったのはスペイン人である。地方貴族出身の**フランシスコ・ピサロ**は、インカにエル・ドラド（黄金郷）があると聞き、現在のペルーに向かった。確かにアンデス山中にはインカ帝国が繁栄していた。インカ帝国は高度な国家機構を持ち、整備された道路網など、高い文明を持つ国であった。

ピサロは当時のインカ皇帝**アタワルパ**に、カトリックへの改宗を迫った。これを拒んだ**アタワルパ**を捕縛、幽閉し、帝国に莫大な身代金を要求した。身代金を支払った帝国だが、**ピサロ**は約束を反故にして皇帝を処刑。首都クスコを制圧し、**インカ帝国を滅ぼした**（1533年）。すべてスペイン軍の筋書きどおりだった。

ピサロ軍は数千人を虐殺し、インディオを奴隷化。さらに女性たちを強姦し、妾にしたり、食糧をインディオから搾り取ったあげくに彼らを殺したりなど、極悪の限りを尽くした。こうして南米にスペインの植民地が生まれることになる。

ピサロはこの地に1535年、新首都リマを築いた。**ピサロ**は、いったん**カルロス1世**（**カール5世**）から侯爵位を授かる。だが1536年、**アタワルパ**を無実の罪で殺した罪で、**カルロス1世**から死刑を宣告される。その後も**ピサロ**は、同じスペインの征服者**アルマグロ**と対立。**アルマグロ**を処刑した。しかし、1541年その息子によって暗殺される。

もっと深く知りたい人のための推薦図書

- **『インカ帝国遠征記』** フランシスコ・デ・ヘレス、ペドロ・サンチョ／中央公論新社
- **『コルテスとピサロ』** 安村直己／山川出版社

064 軍事

コルテス（1485年～1547年）

アステカ王国を滅ぼした、残虐なコンキスタドール

15世紀の大航海時代を受けて、16世紀の新大陸征服の第一人者になったのは、スペインである。これには**コロンブス**や、**マゼラン**らがスペイン王室の協力のもと、新航路を発見したからである。

時代は16世紀初頭。カトリックの王国スペイン・**カルロス1世**は、自らの宗教（カトリシズム）を布教することを名目に、大軍の兵を新大陸に送り出した。コンキスタドール（征服者）である。

この代表者が、下級貴族出身の**コルテス**である。彼は1506年、キューバ遠征に出発。キューバを征服・統治する。1519年、**コルテス**は当時の総督**ディエゴ・ベラスケス**（17世紀のスペイン画家とは別人）の命令を無視し、兵を率いて進軍。メキシコ湾沿いを進み、ユカタン半島に入った。

現在のメキシコに当たるこの土地には、当時アステカ文明があった。コルテス軍は、首都テノチティトランに進軍。すると、アステカ王**モクテスマ2世**やインディオたちは、コルテスを白い神ケツアルコアトルの化身と認識し、崇めた。こうして**コルテス**は、しばらくは問題を起こさずに滞在した。しかし、キューバ追討軍を討つために、わずかの兵を残し、いったん引き返った。やがてキューバ追討軍を破り、テノチティトランに戻ったところ、スペイン兵がアステカ軍を虐殺したことに気づく。しかもこれにアステカ人が激怒、反乱が起きていた。これを収めようとしたアステカの**モクテスマ2世**も、アステカ人に殺され、スペイン人も約1000人殺されたとされる。

いったんテノチティトランから脱出した**コルテス**らは、1521年に態勢を整え5万人以上の兵力で総攻撃を行う。包囲されたテノチティトランは陥落。**アステカ王国はここに滅亡した**。大量虐殺されたあげく、残ったインディオたちは奴隷とされ、さらに女性の多くも強姦され、財宝も強奪された。

コルテスは征服した土地を所有し、1523年には**カルロス1世**（**カール5世**）から総督に任命された。その後、（現アメリカの）カリフォルニアを探検。1540年には**カルロス1世**についてアルジェリア遠征も行っている。彼の行為を現代の物差しで測るのは難しいが、新大陸植民地の多くがこのような支配者の暴力から成立したことを忘れるべきではないだろう。

もっと深く知りたい人のための推薦図書

- **『コルテス征略誌』**モーリス・コリス／講談社
- **『コルテス報告書簡』**エルナン・コルテス／法政大学出版局

065 哲学・思想

マキャベリ（1469年〜1527年）

政治に合理主義を導入した政治思想家

イタリアの政治思想家として有名な**ニッコロ・マキャベリ**。彼はフィレンツェ共和国の外交官、軍事理論家でもあるが、彼の書いた『君主論』はルネサンス期の政治思想書の白眉であるといわれている。

マキャベリはフィレンツェで生まれる。父は貴族で法律家であった。彼が幼少年期の頃のフィレンツェは、メディチ家の独裁が強い時代であったが、1494年にメディチ家が追放され、激動の時代に入る。1498年に**マキャベリ**は**ピエロ・ソンデリーニ**政権下で第二書記局長となる。1499年に始まるピサ攻略の実質的な作戦立案と指導を行うが、傭兵に頼ったため失敗する。

その後**マキャベリ**は、国民軍創設を目指す。1513年にメディチ家要人暗殺未遂事件であるボスコリ事件関与の疑いで逮捕されるが、恩赦で釈放。釈放後は隠遁生活に入り、『君主論』を書き始め、1516年にフィレンツェの僭主**ロレンツォ・デ・メディチ**に『君主論』を献上する。1520年には『フィレンツェ史』の執筆を始める。1527年にメディチ家が再度フィレンツェ追放となるとともに**マキャベリ**も政権から追われ、失意の中、腹膜炎のためフィレンツェで死去した。58歳であった。

マキャベリに関して語るためには、まずは『君主論』について述べる必要がある。この本は26章からなり、歴史上存在したさまざまな君主を比較考察し、君主のあるべき像を提示している。**マキャベリ**は国家を共和国と君主国に大別し、君主国の政治に関する論述を行っている。なぜなら、当時の分裂国家イタリアを統一するためには強力な君主が必要であると**マキャベリ**は考えたからである。彼はライオンの力とキツネの狡《ずる》さを備える独裁的統治力を持った君主だけがイタリア統一を可能にすると考え、政治目的のためには道徳を無視し、権謀術数を弄することも必要であることを強調した。こうした**彼の考えは近代政治学の基盤となった**といわれている。

『君主論』で展開された考えは**マキャベリ**主義と呼ばれ、後世の思想家や政治学者などに大きな影響を与えた。スイスの思想家ルソーはこの本は人民に君主というものの本質を教えるものであるとし、この著作を高く評価した。また、**モンテスキュー**や**ヘーゲル**も**マキャベリ**の考えを支持している。思想家だけでなく政治家においても、例えば、フランス王国の**リシュリュー枢機卿**は**マキャベリ**理論を実践し、国益という現実的側面から政治を行った。

だが、**マキャベリ**は政治理論のみを書いたわけではなく、『戦術論』などの軍事理論書も書いている。彼は戦術関係の著作の中で、傭兵に頼るのではなく常備軍制による国民軍の必要性を説いている。また、組織化された軍隊を作り上げるために段階的にレベルアップした軍事訓練が必要である点も説いていた。さらに、指揮官も家柄や身分に依拠したものではなく軍事的能力によって選ばれなければならない点を強調している。こうした**マキャベリ**の軍事理論は近代の軍事理論の基となっていった。

マキャベリの軍事理論は優れたものであり、後世の理論に大きな影響を与えたが、実際の軍事的指揮官としての**マキャベリ**は、軍事作戦を何度も失敗し、優れた指揮官ではなかった。そのよい例は、ピサの攻略作戦である。フィレンツェの政治・経済上の生命線としてピサを位置づけた**マキャベリ**はピサ攻略を至上命令と考え、軍隊を派遣するが、完全な失敗に終わった。この失敗の経験から、彼は国民軍としての常備軍制の必要を唱えるようになるという教訓も得たが、現実には彼の戦術は成功せず、ピサを陥落させることはできなかったのである。

偉大な思想家、戦術家としての側面がクローズ・アップされる場合が多い**マキャベリ**だが、実際の**マキャベリ**の人生は失敗と挫折の連続であったということも忘れてはならない。彼は強大なメディチの権力とフィレンツェの政治力に期待しながら、戦術家としても、政治家としても何度も失脚している。こうしたマキャベリの人生が、よりよき支配や、よりよき軍事態勢を深く考察させたという側面があったことは注記しておく必要性があるであろう。

『君主論』をはじめとする**マキャベリ**の本は**政治や経済や軍事といったものを宗教や道徳といったものから切り離し**、リアリズム的な側面から為すべきことを詳細に検討していったものであると評されることが多い。だが、彼のこうした現実主義はイタリアの統一や理想的な統治といった理想主義的な切望を根幹として展開されたものである。そこには理想主義に根差すリアリズム的な特質が見られると述べ得るのである。

ニッコロ・マキャベリ、イタリアが誇る偉大なる政治思想家。彼の著作は政治の分野に近代的な合理主義と現実主義を導入し、ヨーロッパ世界を新たな方向に導いていった。それゆえ、彼の名前は政治思想史の中に深く刻まれているのである。

もっと深く知りたい人のための推薦図書

- **『君主論』**マキアヴェリ／中央公論新社
- **『フィレンツェ史（上下巻）』**
  ニッコロ・マキァヴェッリ／筑摩書房
- **『マキァヴェッリの生涯』**ロベルト・リドルフィ／岩波書店
- **『マキァヴェッリの生涯─その微笑の謎』**
  マウリツィオ・ヴィローリ／白水社
- **『マキアヴェリ、イタリアを憂う』**沢井繁男／講談社

佐藤優の言葉

マキャベリは中堅の外交官だった。自らの野心を仕事で実現することができず「今に見ていろ。俺の力を認めさせてやる」という強力な上昇志向を持っていた。それが『君主論』というユニークな著作を書く動機になった。

066 哲学・思想

モンテーニュ（1533年〜1592年）

後世に残る多くの箴言を残したモラリスト

ミシェル・ド・モンテーニュは『エセー』の著者として知られている、16世紀フランスのモラリスト（人間の行動や存在様式を厳密に観察し、記述していこうとする思想家）である。この箴言集の中では、「私は何を知っているのか」という有名な言葉が述べられている。

モンテーニュはもともと法官であったが、**シャルル9世**、**シャルル3世**の侍従も務め、フランス国内のカトリックとプロテスタントの宗教戦争の和解にも尽力している。だが、**モンテーニュ**の名を歴史の中にとどめているものはやはり『エセー』という著作である。先程挙げた「私は何を知っているのか」という言葉や「無知を治そうと思うなら、無知を告白しなければならない」という言葉に代表されるように、この著作全体に流れる思想は、自分自身の思考の不確かさを示す懐疑論的思想である。**モンテーニュ**はこの本の中で、我々は自分の立てた推論を信用することができないことを強調している。なぜなら、**人間は本当の意味で自らの思考をコントロールできない**からであると述べているからである。それゆえ、彼は人間が動物よりも優れていると確かに判断できる理由は存在していないと主張した。

こうした懐疑論はニヒリズム的な側面から捉えるべきものではなく、真理を確実に摑むための思考方法として後に**デカルト**が唱えた方法的懐疑へとつながるものとして評価すべきものである。この思想的連続性は近代思想へと発展していく歴史的流れの中で、**モンテーニュ**の考えが大きな役割を担ったことを示している。

しかしながら、**モンテーニュ**の思想や論述の仕方は体系的なものではない点も注記しておく必要がある。自らの経験や古典文献を数多く引用しながら、簡潔で、アフィリズム的な書き方は近代合理主義哲学の論述方法とはかなり異なるものである。

モンテーニュは宗教戦争の狂乱の時代の中で後世に残る偉大な書を記し、寛容の精神を持ちつつ、物事をしっかりと捉えることを重視した。また、安易に正義を振りかざす者を信じてはならないことの重要性を注記したことも事実である。こうした**モンテーニュ**のモラリスト的姿勢は現在においても見習うべき多くの側面があることを強調すべきであろう。

もっと深く知りたい人のための推薦図書

- **『エセー』**モンテーニュ／岩波書店
- **『モンテーニュとエセー』**ロベール・オーロット／白水社
- **『モンテーニュ』**大久保康明／清水書院

067 哲学・思想

フランシス・ベーコン（1561年〜1626年）

実験と観察：帰納法の父

イギリスの哲学者**フランシス・ベーコン**が『ノヴム・オルガヌム』の中で書いている「知識は力である」という箴言は有名である。イギリス経験論の中核的な考えを示したものであり、帰納法的探究方法の確立を高々に宣言するものとして、思想史に刻まれる言葉であったからである。それゆえ**ベーコン**はイギリス経験論の創始者として思想史の中で重要な席を占めている。

この言葉は、人間が帰納法によって自然界にあるさまざまな対象を探究し、そうした対象の根本的な成り立ちや仕組みを明確に理解できるようになることで人間が自然界を制覇できるという意味を表している。自然の力を畏怖する時代から人間が自然を制覇するようになる近代という、新たな時代精神の大きな転換点がそこには表現されているのだ。また、帰納法の特徴は実験と観察によって真理を導き出すという点にある。この探究方法は現実にある事象を科学的に多角的な視点から検証していき、その事象の根源的な原因に最終的に行き着こうとするものである。それゆえ、この方法においては多くの実験の積み重ねが大きな意味を持つ。

さらに、**人間の能力の進歩は、数多くのイドラ（偏見）をなくすことによって実現される**と**ベーコン**は考えた。彼はこのイドラというものを「種族のイドラは人間の感覚の錯覚によって起きる偏見」、「洞窟のイドラは個々の人間が持つ性癖、習慣などに起因する偏見」、「市場のイドラは他者とのコミュニケーションがうまくいかないことによって起きる偏見」、「劇場のイドラは権威や伝統を無批判に認容することによって生まれる偏見」と四分し、イドラを克服するために知識は絶対的に必要なものであると強く主張した。

こうした**ベーコン**の科学的姿勢はイギリス経験論の基盤を構築するものであり、彼の思考方法をモデルとして多くの偉大な学者たちが学問世界を大きく発展させていった。それゆえ、**ベーコン**はイギリス経験論の祖と呼ばれているのである。

もっと深く知りたい人のための推薦図書

- **『随筆集』**ベーコン／中央公論新社
- **『ノヴム・オルガヌム 新機関』**ベーコン／岩波文庫

068 哲学・思想

デカルト（1596年〜1650年）

近代ヨーロッパの思想基盤を構築した哲学者

ルネ・デカルトはフランスを代表する哲学者であるとともに、「我思う故に我あり」という言葉を述べたことで知られているが、この言葉は近代的自我の確立を宣言する思想史上、極めて重要な意味を持ったものである。

デカルトはフランス中西部にあるラ・エーで生まれる。父はブルターニュ高等法院評定官であった。病弱な母は**デカルト**が生後13カ月のときに他界し、その後は祖母に育てられる。10歳のときにイエズス会が開いたラ・フレーシュ学院に入学。優秀な成績で卒業し、ポワティエ大学で法学と医学を学び、1614年に法学士の学位を得て卒業。オランダに赴き、1618年にオランダ総督の**マウリッツ**の軍隊に加わる。1623年から1625年にかけてヴェネチア、ローマを旅し、その後しばらくパリに留まるが、1628年にオランダに移住し、『世界論』を書く。だが、**ガリレオ**の宗教裁判を知り、自身が疑われることを考え公刊を断念。1637年に『方法序説』を、1641年に『省察』を、1644年には『哲学原理』を、1649年には『情念論』を刊行する。1649年、スウェーデン女王**クリスティーナ**の招きでスウェーデンに赴くと、翌年、風邪を拗らせ肺炎となり、死去する。

フランスにおける近代の幕開けは1637年であるといわれている。この年はデカルトが初めてラテン語ではなくフランス語のみを使って学術書である『方法序説』（この書の正確なタイトルは『理性を正しく導き、諸学問の真理を探究するための方法の序説（屈折光学・気象学・幾何学)』であるが、『方法序説』と略される）を書き上げた年である。『方法序説』は近代的秩序とは何か、近代的自我とは何かということが示された、哲学史において欠くことができない重要な書であるが、この近代的自我を端的に示す言葉が「我思う故に我あり」である。

『方法序説』は「良識とは万人に最もよく分け与えられたものである」という言葉から始まるが、この良識が体系化されたものが理性であり、理性的であることが最重要視される思想が合理主義である。西洋合理主義によると、理性とは万物の秩序の法則であるとともに、万物をよりよい方向へと導くための法則でもある。だがその根本原理は何か。**デカルト**はこの難問を解明しようとした。この解明作業のために用いられた思考方法、それが方法的懐疑である。方法的懐疑は少しでも疑わしいと考えられるものは残らず排除していき、最後に残るものは何かを見つけ出そうとする探究方法である。デカルトはこの方法によって疑わしきものはすべて排除し、最後に残ったものは今この探究を遂行している「考える我」であるということを発見した。すなわち、「考える我」という存在は方法的懐疑によっても疑うことができない理性の根本原理であり、あらゆる思考的探究の原点となるものなのである。

このようにして「考える我」という理性の根本原理は、真なるものを追求していくための原点となったが、それは主体的な自由を有する自我であり、よりよい進歩の方向に我々人間を導く科学的研究の中核となるものでもあった。それゆえ、自由で自主性を持った自我の発見は、我々各人に関係する中心の発見に留まるものではなく、社会や国家といった共同体においてもその基本をなす存在の発見でもあった。こうして、**デカルト**の発見とともに近代という光の時代が到来するのである。

方法的懐疑は演繹法の一種である。演繹法は実験結果をもとに実証的に物事を判断する思考方法である帰納法とは異なり、ひたすら思考を通して真偽の確定を行っていく探究方法である。それゆえ、この方法においては「我」という最も単純な実体（根本原理）から推理を始めていくが、我以外の対象はすべて方法的懐疑によって検証されていく。演繹法は「明証」、「分析」、「総合」、「吟味」という四つの基本法則から成り立っている。明証は真であるものしか受け入れないことであり、分析は考察対象を可能な限り小さくすることであり、総合は最も単純なものから始めるということであり、吟味は証明をしっかりと確認することである。また、デカルトは演繹法が最もよく実現された学問を基礎学と呼び、それが数学であると主張した。

デカルトは17世紀のヨーロッパ思想の中心に位置する思想家であるが、彼の思想には合理主義という強い基盤があった。だが、合理主義はヨーロッパの思想史における根本理念であるだけではない。**合理的精神は科学的、政治的、社会的、経済的な活動においても欠くことのできない中核的基盤**でもあった。それは理性を中心として、自由な活動を条件づけるものである。それゆえ、こうした精神はフランスの啓蒙主義思想に受け継がれていき、フランス革命のイデオロギー的な支えとなったのである。

デカルトは近代を明確な形で提示した思想家であり、「我思う故に我あり」、この言葉が西洋の近代を開いたのである。フランス政府は**デカルト**の功績を称えてパリ第5大学の別名を「ルネ・デカルト大学」としている。

もっと深く知りたい人のための推薦図書

- **『方法序説』**デカルト／岩波書店
- **『省察』**ルネ・デカルト／筑摩書房
- **『デカルト・ポリティコ』**アントニオ・ネグリ／青土社
- **『デカルト』**野田又夫／岩波書店
- **『デカルト入門』**小林道夫／筑摩書房

069 哲学・思想

グロティウス（1583年〜1645年）

オランダが生んだ偉大なる「国際法の父」

フーゴー・グロティウスはオランダの法学者で、政治家である。彼は自然法に基づく、国際法の基盤を作ったことで歴史に名を残した。また、この功績によって彼は**「国際法の父」**と呼ばれている。

グロティウスは1583年、デルフトで市長の子として生まれた。神童として11歳でライデン大学に入学し、14歳で卒業。16歳で弁護士になり、その後、法務官や行政官といった公職に就いた。1609年に『海洋自由論』を書く。1619年にアルミニウス派とホマルス派の神学論争に巻き込まれ終身刑となり、レーヴェシュタイン城に幽閉されるが、1621年に脱出し、パリに逃れ、**ルイ13世**の庇護を受け、著述活動に専念する。1625年には主著の一つである『戦争と平和の法』を刊行する。1634年に駐仏スウェーデン大使となるも1645年に大使職を解かれ、スウェーデンに向かう途中に船が難破。ドイツのロストックに漂着するが、衰弱のため死亡した。

グロティウスの歴史的功績は法律の分野にある。彼は『海洋自由論』や『戦争や平和の法』において、自然法思想を国際法学に取り入れ、人間のみならず国家も自然権を持つと主張し、海洋や河川の自由航行権、貿易の自由の権利の必要性を強調した。こうした考えは**近代国際法の基盤となり、国際法を体系化する基となった**。

グロティウスがこうした主張を行ったのには、当時の大国スペインが海洋も支配しようとすることに対して、オランダやイギリスなどの新興国が、海洋は自然法によって万人の使用に自由に開かれていることを強調していたという時代背景があった。それゆえ、**グロティウス**の考えが必ずしも中立的な立場から語られたものではないことも事実である。しかしながら、**グロティウス**の著作によって、強国の利害のみに立脚した国際法ではなく、中立的で万人に平等な国際法というものの基本的理念が作られたのは確かなことである。

近代的なものの確立は、思想や政治、経済や芸術といった分野だけでなく、法の分野でも推し進められた。この分野でも、特に、国際法の分野で**グロティウス**が非常に大きな貢献をしたことは明らかである。

もっと深く知りたい人のための推薦図書

- **『戦争と平和の法（全3巻）』**フーゴー・グローチウス／酒井書店
- **『戦争と平和の権利―政治思想と国際秩序：グロティウスからカントまで』**リチャード・タック／風行社

佐藤優の言葉

グロティウスが『海洋自由論』を書いたのは、当時の帝国主義大国だったスペインとポルトガルが海を自国の領域として支配しようとしていることに対する反発からだった。グロティウスは、新興帝国であるオランダの国益の増進を考えていた。

070 哲学・思想

パスカル（1623年～1662年）

人間存在の偉大さを語った万能型の哲学者

ブレーズ・パスカルは断章集『パンセ』の作者として有名なフランスの哲学者であるが、同時に彼は科学者でもあり、数学者でもあった。『パンセ』の中で最も知られたアフォリズム（箴言）は**「人間は考える葦である」**であろう。この箴言は**パスカル**の思想を端的に示すものであるので、ここではこの言葉を中心に**パスカル**について述べていく。

行政官の子供として生まれ、幼い頃から学問に興味を持ち、優れた研究を行った**パスカル**。上記した断章の最初の部分で、彼は「人間は一本の葦にすぎない。自然の中で最も弱いものである。だが、それは考える葦である」と述べている。一本の葦は川の流れに対して何も抵抗できずに、ただ漂っている脆弱で無力な存在である。この葦、それが人間であるならば、人間とは何と小さく微細なものであろうか。だが、こうした人間の負の一面を提示した後で、**パスカル**は人間には考えるという素晴らしい能力があることを強調し、「それゆえ、我々の尊厳のすべては考えることの中にある」と語っている。それは自然界において人間のみが有する特権である。

だが、考えることができるというのは、まず考える主体が存在していることが前提となる。そしてその主体は物理的に独立しているだけではなく、精神的にも自由に思索できる自立した存在でなければならない。それゆえ、思考することは主体性を持ち、自由に考えを広げられる存在者が行う行為のことである。

パスカルはこうした比喩的箴言を通して、近代社会の中心となる主体的に思考する近代的自我を持つ人間の重要性を強く表現した。すなわち、弱い存在である人間が思考を有するゆえにこの世界を変革する力を宿し、時代を切り開いていくことが可能であることを明確に示したのである。それゆえ**パスカル**は**近代市民社会の思想的基盤を築いたパイオニア**の一人として捉えることができるのである。

また、**パスカル**は数学者としても「円に内接する六角形の対辺の延長線の交点は一直線上にある」という**パスカル**の定理を発見し、物理学者としても「密閉容器内の流体はその容器の形に関係なく、ある一点に受けた単位面積当たりの圧力をそのままの力で容器内の他のすべての部分に伝える」という**パスカル**の原理を発見し、人類の進歩に大きく貢献した。

もっと深く知りたい人のための推薦図書

- **『パンセ』**パスカル／中央公論新社
- **『パスカルの哲学』**ジャン・ブラン／白水社
- **『パスカル』**野田又夫／岩波書店

071 哲学・思想

スピノザ（1632年〜1677年）

西洋哲学史の中で一際輝く「近代哲学の巨星」

17世紀のオランダの哲学者である**バールーフ・デ・スピノザ**。彼の主要著作『エチカ―幾何学的秩序によって証明された』（以後『エチカ』）には彼の思想のエキスが詰まっているだけではなく、そこに書かれた考えは今も多くの哲学者に大きな影響を与えている。それゆえ、ここではまずこの本を中心として**スピノザ**の哲学について言及していく。

スピノザは裕福なユダヤ人商人の子供として、アムステルダムで誕生する。ユダヤ教の宗教指導者であるラビになるための勉強はしたが、家業を継ぐために高等教育は受けなかった。だが、ユダヤ教に批判的な立場をとり、ユダヤ教を破門され、ユダヤ社会から追放される。1664年、オランダの共和主義者**ヨハン・デ・ウィット**と知り合う。1670年、匿名で『神学・政治論』を発表する。しかし、1674年にこの本は禁書となる。1675年、主著、『エチカ』の発表を断念する（この本は彼の死後友人によって刊行される）。1677年にハーグ近くのスヘーフェニンヘンで肺の病で死去する。44歳であった。

スピノザは『エチカ』の中で事物の根本原因を究明しており、その根本原因を自己原因と名づけている。そして、自己原因は実体、神、自然と等しいと述べ、神は無限の属性を備えており、自然は神が備える無限の属性の様態の一種であると主張している。すなわち、神こそが万物の内在的な原因であり、そこから神の自由という事柄を導き出すことができると**スピノザ**は考えたのだ。「自由と言われるものは、自らの本性の必然性によってのみ存在し、それ自身の本性によってのみ行為しようとするものである」と彼は書いているが、今述べた点からこの言葉を解釈すれば以下のようになる。神や自然は自己原因として存在しているからこそ自由であり、自己原因を有する存在は無限性を内包するというように理解することが可能なのである。

しかし、人間という存在はどうであろうか。人間は有限な時間の中に存在し、自己を存続させる力であるコナトゥスの原理に支配されていると**スピノザ**は語っている。コナトゥスとは、努力、衝動、傾向、性向、約束といった意味を持つが、**スピノザ**は「事象が生来持っている、存在し、自らを高め続けようとする傾向」に対してこの語を用いた。**スピノザ**は、「あらゆるものの定義はそのものが存在することを断言しており、否定することはない」と考えた。この自己破壊への抵抗を**スピノザ**は、「人間が存在し続けようとするコナトゥス」として定式化した。このように、コナトゥスはこの力を表すために**スピノザ**が最もよく用いた概念語であった。**スピノザ**は、また、物体についてもコナトゥスという言葉を用い、物は外的な力の活動なしには破壊されることはなく、運動と静止も乱されない限りは無期限に存在し続けるコナトゥスを有していると主張した。

人間と自己原因との関係性という問題に戻ろう。人間の感情は「欲望」、「喜び」、「悲しみ」の3種類から構成されており、例えば外部の原因によって引き起こされる喜びが愛であり、外部の原因によって引き起こされる悲しみが苦悩であると**スピノザ**は考える。そして、こうした**感情を制御することができないことが人間の屈従の原因であり、人間は理性に従うことによって初めてこの屈従から解放され自由になることができる**と論述した。つまり、**スピノザ**は本来的に不自由である人間が自由を獲得するためには、理性に基づき神を認識する直観知を獲得することが必要であるとし、直観知を獲得して自由になることに道徳的な意義があると述べたのである。

しかし**スピノザ**の神の概念はキリスト教的な神でも、ユダヤ教的な神でもなく、神即自然である点は重要な問題である。つまりは、汎神論的な神であり、非人格的なものである。それゆえ、当時のヨーロッパの有神論者たちは**スピノザ**を無神論者として批判した。当時は汎神論的な神というものに対する理解がまったく及ばなかったからである。「万物を永遠の相の下に見る」という**スピノザ**の言葉は、あらゆる事象に対する彼の基本的な存在理解であるが、**スピノザ**は**デカルト**的な心身二元論ではなく、精神よりも身体を重視した点も特質に値する考えである。

スピノザの思想は**デカルト**、**ライプニッツ**と並び称せられる17世紀の**近代合理主義思想の代表的な理論**として、哲学史に燦然と輝く業績を残した。彼の思想は、**カント**、**フィヒテ**、**ヘーゲル**といったドイツ観念論者、**マルクス**、**ドゥルーズ**など後の時代の多くの哲学者に大きな影響を与え、現在でもその功績は高く評価されている。特に、コナトゥス理論を中心とした動的な存在論は静態的で、二元論的な存在論を超える思想的な大きな力を表すものとして今も注目され続けている。

バールーフ・デ・スピノザ。自由の概念を広げ、存在にダイナミズムを導入した17世紀の大思想家。彼は西洋哲学史の中で、無数の煌めく星の中にあって、今も一際明るく光っている巨星として存在し続けているのである。

もっと深く知りたい人のための推薦図書

- **『エチカ―倫理学（上下巻）』**スピノザ／岩波書店
- **『神学・政治論（上下巻）』**スピノザ／光文社
- **『スピノザ』**G・ドゥルーズ／平凡社
- **『スピノザ　よく生きるための哲学』**
  フレデリック・ルノワール／ポプラ社
- **『スピノザの生涯と精神』**リュカス、コレルス／学樹書院

佐藤優の言葉

スピノザの汎神論的世界観は、1980年代にポスト・モダン思想が流行する過程で再評価され、今日に至っている。現代はスピノザ主義の影響下にあるといってもいい。

072 哲学・思想

モンテスキュー（1689年〜1755年）

社会政治体制の「三権分立」を叫んだ啓蒙主義者

フランスの啓蒙思想家**シャルル・ド・モンテスキュー**（本名は**シャルル＝ルイ・ド・スコンダ**）。彼の名は三権分立を強く主張したことによって政治史、思想史の中に、深く刻まれている。

モンテスキューは1689年にボルドーの近くに領地を持つ法服貴族**スコンダ男爵**の長男として誕生する。ジェイイ学園で学んだ後、ボルドー大学で学び、法学士となる。1713年に父が死去し、男爵領を受け継ぐ。1714年、ボルドー高等法院参事となった後、1721年、匿名で風刺小説『ペルシア人への手紙』を刊行する。1726年、ボルドー高等法院の職を辞し、学究生活に入ると、1728年にアカデミー・フランセーズ会員となる。その後は1734年に『ローマ人盛衰原因論』、1748年に『法の精神』、1750年に『法の精神の擁護』を刊行。だが1755年、66歳のときにパリで死去する。

モンテスキューは啓蒙主義を発展させたが、中でも彼の主著『法の精神』はアメリカ合衆国憲法やフランス革命に多大な影響を与えた。特に、行政、立法、司法の三つの権力が集中することなく、それぞれが独立していなければならないという三権分立制度をこの本の中で強く主張したことは有名である。だが、この書物の中では三権分立のほかにも、立憲主義、奴隷制廃止、市民的自由の強調なども主張されている。つまり**近代民主主義体制の基盤となる原理全体が体系的に論述されている**のである。それゆえ、この本の法的、政治的、思想的な意義は極めて大きく、近代政治体制がここで書かれた原理をモデルとして確立されたと述べ得るほどに、根本的なものなのである。

だが、**モンテスキュー**は政治、法、思想といった側面の仕事を行っただけではなく、文学作品も何作も書いている。彼の小説は政治体制の不備や社会矛盾を鋭い眼差しで見つめたもので、前近代的な支配システムに対して巧みなエスプリのきいた文体で批判していく作品であった。こうした文学作品にも啓蒙主義的な進歩主義の精神が反映されているのである。

フランス啓蒙主義の一つの大きな中心である彼の思想は西欧近代の礎となり、民主主義という新たなシステムを構築するための堅固な核となった。

もっと深く知りたい人のための推薦図書

- **『法の精神（上中下巻）』**モンテスキュー／岩波書店
- **『モンテスキュー：その生涯と思想』**
  ジャン・スタロバンスキー／法政大学出版局

佐藤優の言葉

モンテスキューは、権力分立（司法、立法、行政の三権分立）を強調したというのが教科書での紹介だが、彼は権力分立よりも、教会やギルド（職能組合）のような中間団体に国家と対抗する力があると考えていた。

073 哲学・思想

ディドロ（1713年～1784年）

『百科全書』の編集者である啓蒙主義作家

フランスの啓蒙思想家**ドゥニ・ディドロ**。彼は哲学者でも、作家でも、美術評論家でもあったが、彼の最もよく知られた歴史的功績は**ダランベール**とともに行った『百科全書』の編集作業である。

ディドロはフランス北東部のラングルで生まれる。父は裕福な刃物師であった。1728年からはパリで勉強し、ソルボンヌ大学では神学を学ぶ。1735年に同大学を卒業するも定職に就かず、数学と英語の家庭教師をして生活を支える。1745年、**ダランベール**とともに『百科全書』の編集を開始する。この頃から本格的な著作活動を始める。

ディドロの主な著作は、『哲学断想』（1746年）、『盲人書簡』（1749年）、『ラモーの甥』（1761～1764年）、『ダランベールの夢』（1769年）である。1751年にはプロシア科学アカデミー外国会員となり、1773年には親交の深かった**エカチェリーナ2世**の治めるロシアを訪問している。1784年、彼は肺動脈血栓症によってパリで死去した。

前述のとおり、**ディドロ**の最も大きな功績は『百科全書』の編集である。この本の刊行は、科学的批判精神の教化、旧体制の弊害の告発、キリスト教の問題点への批判、民主主義と経済活動の重要性の強調といった特質を持つ**啓蒙主義思想にとっての偉大な一歩**となった。**ディドロ**と**ダランベール**以外のこの本の執筆者は、**ヴォルテール**、**モンテスキュー**、**ルソー**、**エルヴェシウス**、**コンディヤック**、**ドルバック**、**ケネー**、**チュルゴー**など100名を超えるそうそうたるメンバーであり、彼らの書いたものは同時代の啓蒙君主だけでなく、のちの時代の人々に大きな影響を与えた。

ディドロの文学上の功績も注記しておく必要性がある。彼の文学作品には啓蒙主義の精神が強く反映しているからである。代表作の『ラモーの甥』は、作品の中で誠実な意識と堕落した意識の対立が見られると、**ヘーゲル**が『精神現象学』の中で激賞している。**ヘーゲル**は理性的なものの中の運動的展開を見て、自らの弁証法のモデルとしたという意見もあるほどである。

ディドロは『百科全書』を世に出すことによって**理性的な思考の重要性を説き、自由と平等の精神の尊さを強く主張した**。その考えは彼の文学作品にも明確に表されている。

もっと深く知りたい人のための推薦図書

- **『百科全書―序論および代表項目』**ディドロ編／岩波書店
- **『ラモーの甥』**ディドロ／岩波書店
- **『人間好き―ディドロについての対話』**ハンス・マグヌス・エクツェンスベルガー／晶文社

074 宗教

グレゴリウス7世(カノッサの屈辱)（1020年?～1085年）

神聖ローマ帝国皇帝を跪かせた教皇

第157代ローマ教皇**グレゴリウス7世**、彼は神聖ローマ皇帝**ハインリヒ4世**を跪かせたカノッサの屈辱の要因を作った法皇として、よく知られている。また、彼は教皇の権力を強化し、教皇領も拡大したことでも有名である。

後に**グレゴリウス7世**となる**イルデブランド**は、1020年頃にトスカーナ地方の貧しい家の子供として生まれたといわれている。ローマに出てサンタ・マリア修道院で教育を受けた**イルデブランド**は、**レオ9世**のもとで教皇庁の政務を担当。**レオ9世**亡き後も数代の教皇に仕えると、1073年に**アレクサンデル2世**の死去を受けて教皇に選出され、**グレゴリウス7世**となる。ローマ・カトリック教会の聖職者に対する叙任権に関して、**グレゴリウス7世**は**ハインリヒ4世**と争い、1077年に皇帝を破門。それに対して皇帝が許しを請うというカノッサの屈辱といわれる事件が起きる。だが、**グレゴリウス7世**は1082年に皇帝側の反撃に遭い、ローマに幽閉される。そこを脱出し、シチリア島に逃れるが、失意の中、1085年に同島にあるサレルノで死去した。

グレゴリウス7世はグレゴリウス改革と呼ばれる改革を断行した。聖職売買（シモニア）と聖職者妻帯(ニコライスム)に対して、厳しく非難をし、売買で得た聖職は無効にし、妻帯している聖職者を解任し、追放した。聖職者に対する叙任権問題に対しても、それまで神聖ローマ帝国皇帝や国王、領主といった**世俗の権力者が持っていたものを、ローマ教皇が任命するものとした**。この問題に関係して上記したカノッサの屈辱事件が起きることとなる。

グレゴリウス7世の改革によってローマ教皇の力は増していった。だが、ローマ教皇と神聖ローマ帝国皇帝などの各国の王侯との対立関係においてローマ教皇の力が完全に勝るようになるには、もうしばらく後のこととなる。

個人としての**グレゴリウス7世**は冷静で、厳格な性格であり、聖職売買や聖職者妻帯が横行し、堕落していたカトリック世界を厳正に正していった。しかしながら、その峻厳さが皇帝や王侯との深い対立を生み、人生の終わりが悲劇的なものとなったのも事実である。

もっと深く知りたい人のための推薦図書

- **『カノッサへの道―歴史とロマン』**井上雅夫／関西学院大学出版会
- **『中世教皇史』**ジェフリー・バラクロウ／八坂書房
- **『ローマ教皇史』**鈴木宣明／筑摩書房

075 宗教

イノケンティウス3世（1160年？～1216年）

教皇の権力の全盛期に君臨したローマ法皇

第176代ローマ教皇**イノケンティウス3世**。彼が教皇であった時代は、「教皇は太陽、皇帝は月」という彼の言葉が示すように法皇権が全盛期であった。

後の**イノケンティウス3世**となる**ロタリオ・ディ・コンティ**は1160年頃にイタリア中部のカヴィニャーノで名門貴族の家に生まれた。パリ大学で神学を、ボローニャ大学で法学を学んだ後、彼は1190年に枢機卿になった。1198年、37歳でローマ教皇となる。1202年、第4回十字軍遠征を提唱。1209年、イングランド王**ジョン**を破門。同年、南仏にアルビジョワ十字軍を派遣する。1210年、神聖ローマ帝国皇帝**オットー4世**を破門する。1215年、第4回ラテラン公会議を開催。1216年、教皇領だったペルージャで発熱によって死去。55歳であったといわれている。

イノケンティウス3世は、神聖ローマ帝国の皇帝選出に干渉し、**オットー4世**を退位させただけでなく、王妃離婚問題でフランス国王**フィリップ4世**も、カンタベリー司教問題でイギリス国王**ジョン**も破門している。このように当時のヨーロッパの強国の王であっても**イノケンティウス3世**の威光に従わざるを得なかったのである。彼はまた第4回十字軍遠征やアルビジョワ十字軍の派遣を行っているが、それは宗教的な問題というよりもローマ・カトリックの権力強化のために行ったものであると述べ得る。

こうして見ていけば、**イノケンティウス3世**は宗教者としての側面よりも現実的な問題に深く関わろうとする政治家としての側面がかなり強い法皇であったと述べることができる。この側面は上記した「教皇は太陽、皇帝は月」という第4回ラテラン公会議での発言に端的に表れている。**宗教的な側面よりも政治的側面を重視するローマ・カトリック内の動きは、その後、カトリックの宗教的な堕落を生み出し、プロテスタントによる宗教改革を起こす引き金となっていく。**

皇帝よりも教皇が上位者であるという認識は、神の世界よりも現生の事象を尊び、聖書の教えに反するものである。こうした考えをローマ法皇が持っていたということはキリスト教を宗教的に強化することにはつながらず、かえって混乱させることになる。そうした混乱の時代を見ずに**イノケンティウス3世**はこの世界から去っていったのである。

もっと深く知りたい人のための推薦図書

- **『中世教皇史』**ジェフリー・バラクロウ／八坂書房
- **『ローマ教皇庁の歴史―：古代からルネサンスまで』**ベルンハルト・シンメルペニッヒ／刀水書房
- **『ローマ教皇史』**鈴木宣明／筑摩書房

076 宗教

トマス・アクィナス（1225年？〜1274年）

キリスト教に論証的証明を導入した神学者

中世ヨーロッパのキリスト教神学の中核的な理論を構築したイタリア人、**トマス・アクィナス**。彼は当時の神学理論をリードする気鋭の思想家であった。彼はナポリ大学、ケルン大学、パリ大学といった当時のヨーロッパの名門大学で学び、自らの中核理論を作り上げていった。

彼の主著『神学大全』はスコラ哲学の代表的な著書となっているが、この本の中で**トマス・アクィナス**は**キリスト教神学にアリストテレスの論理学的な思考方法を導入し、キリスト教の真理を証明しようとした**。例えば、「**イエス**は貧しきものに生まれたが、それは**イエス**にふさわしいものであったか」というような問題設定が最初になされる。それに対して、「神は正しいことをされる。ならば、**イエス**が貧しい生き方をしたことも、貧しい生き方が正しい生き方であったからである」のような対論が行われる。最後に論証のまとめとして、「**イエス**の目的は神の言葉を広めることであった。そのためには貧しい暮らしのほうがよかったのだ」といった結論が述べられるのである。

こうした聖書に書かれたことが真であると証明する方法は、**アリストテレス**の三段論法や弁証法を応用したものであり、この方法を用いることで、証明はより明確に、理解しやすいものとなったと述べ得ると共に聖書が信仰の原点であることが強調された。

トマス・アクィナスが用いたこの論証はスコラ哲学の根幹的思考方法となり、中世の神学発展に大きく寄与するものとなった。特に、スコラ哲学では弁証法が重んじられ、テーゼに対して反証がなされることで、その二つの事項をまとめ上げるジン・テーゼを導くことで、より論証が堅固なものとなることに意味があると考えられたのである（**ヘーゲル**参照）。

また、**トマス・アクィナス**の思想は神学や哲学にだけ影響を及ぼしたものではなく、神による世界の秩序の法則である永久法の提唱が、理性による法秩序という自然法の概念を生み出していった。このことは特筆に値することである。

もっと深く知りたい人のための推薦図書

- 『トマス・アクィナス『**神学大全**』』稲垣良典／講談社
- 『トマス・アクィナス **肯定の哲学**』山本芳久／慶應義塾大学出版会

077 宗教

マルティン・ルター（1483年〜1546年）

宗教改革を主張し、プロテスタントを成立させた

マルティン・ルターが生きていた15世紀後半から16世紀前半のヨーロッパにおいてキリスト教、つまりはローマ・カトリックの影響力はいまだに絶大なものであった。だが16世紀に入ると、現在のドイツの教会権力は堕落し、本来は信仰によってのみ真のキリスト教者となるはずであるにもかかわらず、カトリック教会は免罪符を販売し、それを買うことで罪が免除されると主張し、免罪符の大規模な販売を展開した。**ルター**は教会のこうした動きに対して、激しく反対した。だが、教会側は**ルター**の主張を認めず、破門する。そして、**ルター**は**プロテスタントを成立させた**。こうした**ルター**の宗教改革は宗教史上極めて重要な出来事であった。

プロテスタントの中心思想は何か。それは聖書中心主義と信仰義認説である。前者は信仰の中心は聖書の中にこそあるもので、人間の罪の許しは贖宥状（いわゆる免罪符）によってなどでは実現することはできず、聖書を深く読むことによってしか実現しないという考え方である。後者は、人間を正しきものにするのは信仰によって得られる神の恩恵のみであるとするものである。こうした考えはキリスト教本来の教えを取り戻そうとする**ルター**の強い意志を感じさせる。

世界史的に見て、**ルター**の宗教改革は1524年に起きたドイツ農民戦争の引き金となったと述べることができる。聖書に書かれていないことに信仰はないという**ルター**の考えは、彼のかつての同志であった**トマス・ミュンツァー**を指導者とする農民たちの大規模な反乱のイデオロギー的な支えとなった。領主や教会は聖書に書かれた教えに背き、農民たちを苦しめていたからである。**ルター**はこの戦争を起こした**ミュンツァー**や農民たちを強く批判したが、彼らの思想基盤に**ルター**の宗教改革の精神があったことは確かである。

また、**ルター**はヴァルトブルク城にかくまわれていたときに、エラスムスの訳したラテン語・ギリシャ語聖書のドイツ語訳を行ったことでも知られている。このドイツ語聖書は言語学史的に見て、ドイツ語の発展に大きな影響を与えるものであった。

佐藤優の言葉

ルターには反ユダヤ主義的傾向があった。ヒトラーは、ルターを尊敬していた。チェコのプロテスタント神学者ヨゼフ・ルクル・フロマートカは、ルターの極端な主観主義にナチズムの起源があると指摘した。

もっと深く知りたい人のための推薦図書

- **『キリスト者の自由』**マルティン・ルター／教文館
- **『二つの宗教改革：ルターとカルヴァン』**H・A・オーバーマン／教文館
- **『ルター自伝』**マルティン・ルター／新教出版社

078 宗教

フス（1370年？～1415年）誕生年1369年とする説もあり。

キリスト教社会を解体した宗教改革者

ヤン・フスはチェコ出身の宗教思想家であり、宗教改革の必要性を唱え、プロテスタント運動の先駆者となった人物である。彼は、世俗化したカトリック権力に対して、果敢に立ち向かい、キリスト教の真の姿を回復しようと努めた。

フスはチェコ西部のボヘミア地方のフシネツで、貧しい農民の子として生まれるが、プラハ大学で学び、1396年には学術修士号を得ている。1402年には同大学の学長となり、プラハのベツレヘム礼拝堂の説教師ともなっている。しかし、この時代、オックスフォード大学教授の**ジョン・ウィクリフ**の哲学書がプラハにもたらされ、**フス**は**ウィクリフ**の思想に強く共感する。そして、教会改革の必要性を自覚する。特に、免罪符の販売への批判は重要である。しかし、こうした改革の動きに対して1414年コンスタンツ公会議が開かれ、**フス**を異端者と見なした。そして、翌年、彼は火刑に処せられた。**フス**の死後も彼の教えは広く人々に支持され、1419年フス派と十字軍によるフス戦争が起き、フス派が十字軍を撃退したという歴史的経過をたどる。

フスの宗教思想は簡単に言えば、聖書中心主義である。**聖書に書かれているものを信じ、聖書に書かれていないものはたとえローマ・カトリックの権力者が主張したものであろうとも批判し、従わない**というものだった。特に、十字軍などの費用を捻出するために考えられた贖宥状の販売を、**フス**は強く批判した。

フスは火刑に処せられる直前に、「間違った証言者に告発されたような教えなどを私が説いていないことは、神が知っておられる。私が書き、教え、広めた神の言葉の真実とともに、私は喜んで死んでいこう」と述べたといわれているが、この言葉が表すように**フス**は信念の人であり、その信念は権力の圧迫がいかに強くとも、偽りの力には決して従わずに、正しいキリスト教の教えに従うというものであった。

こうした**フス**の教えに共感する人々はボヘミアだけでなく、現在のポーランド、ハンガリー、クロアチア、オーストリアにも広がっていた。

もっと深く知りたい人のための推薦図書

- **『宗教改革著作集　1.宗教改革の先駆者たち』** フスほか／教文館
- **『プラハの異端者たち―中世チェコのフス派にみる宗教改革』** 薩摩秀登／現代書館

佐藤優の言葉

チェコの神学者は、15世紀のフスによる第一次宗教改革とルター、ツヴィングリ、カルヴァンによる16世紀の第二次宗教改革を総合しないと宗教改革の本質は理解できないと考える。キリスト教社会の解体という点でフスの宗教改革は重要な意味を持つが、日本では過小評価されている。佐藤優『ヤン・フスの宗教改革』（平凡社新書）に是非目を通してほしい。

079 宗教

フランシスコ・ザビエル（1506年〜1552年）

日本にキリスト教を初めて伝導した宣教師

　スペインの宣教師である**フランシスコ・ザビエル**はイエズス会創立メンバーの一人であるが、**日本に初めてキリスト教を伝えた**ことでも有名である。彼はカトリック教会の聖人にもなっている。

　ザビエルはかつてイベリア半島にあったナバラ王国の首都パンプローナの近くの城で生まれた。父は貴族で、この国の宰相であった。しかし、この小国はスペインに併合される。**ザビエル**は1525年にパリ大学に入学する。ここで、**イグナチオ・デ・ロヨラ**と知り合い、1534年に**ザビエル**、**ロヨラ**をはじめとする7人がパリのモンマルトルの聖堂に集まり、「モンマルトルの誓い」を行い、イエズス会が作られた。

　1537年、**ザビエル**は司祭となる。彼はほかの3名のイエズス会員ととも共に1541年にゴアに向けて出発し、1542年にゴアに到着し、インドでの布教を開始する。1545年にはマラッカ、1546年にはモルッカ諸島と彼は布教活動を続けた。そして、1549年に日本に上陸した。その後、2年余り、日本で布教活動を行い、1551年にゴアに戻り、中国での布教を目指し、中国に入るが、広東省上川島で熱病にかかり死亡した。46歳であった。

　ザビエルはキリスト教をアジア諸国へ積極的に伝導したことによってその名を歴史に残しているが、アジア各国の文化や教育の向上にも大きく貢献している。インドではマラバール語やタミール語の祈禱書と教理書を編集し、各地に学校も作っている。さらに**ザビエル**は日本に最初にキリスト教をもたらしただけでなく、時計、眼鏡、オルゴール、望遠鏡、ワインといった西洋の品々を初めてもたらした人物であるともいわれている。**ザビエル**の来日に関してはキリスト教という宗教的な側面が強調されるが、こうした今まで日本ではまったく知られていなかった西洋のさまざまな用具や飲食物を日本へもたらしたことは歴史的に重要な事柄である。

　ザビエルはイエズス会というその後カトリックの中で大きな勢力を持つようになる一派を作ったという功績があるだけではなく、その布教活動は広範囲に及んでいる。彼のそうした活動がなければ、アジア諸国にキリスト教が広まることはなかったかもしれない。

もっと深く知りたい人のための推薦図書

- **『ザビエル全書簡（全4巻）』**フランシスコ・ザビエル／平凡社
- **『ザビエルの見た日本』**ピーター・ミルワード／講談社
- **『ザビエル』**尾原悟／清水書院

080 宗教

ジャン・カルヴァン（1509年～1564年）

キリスト教を改革し、二重予定説を説いた神学者

フランスの神学者**ジャン・カルヴァン**はキリスト教の改革に尽力した。彼の考えはプロテスタントの一派である改革派教会に大きな影響を与え、フランス、オランダ、スコットランドに広まっていった。

ジャン・カルヴァンはフランス北部のノワイヨンで誕生した。彼の父は法律家であり、**カルヴァン**は14歳でパリに行き、哲学と神学を学ぶ。その後、オルレアン大学とブルージュ大学で法学を学ぶ。だが、1533年頃、回心する。1536年、主著『キリスト教綱要』を発表。当時の専制的なカトリックを批判する宗教改革に加わったとしてフランス政府から追われ、ジュネーヴに逃れた。1541年から約30年にわたってジュネーヴで神権政治を行い、教会の改革を強力に指導した。その後、彼は1564年にジュネーヴで死去した。54歳であった。

カルヴァンの思想は徹底した聖書中心主義に基づいているが、彼の提唱した考え方で最もよく知られているものは「二重予定説」である。この説は、人間はあらかじめ救済される人間と、破滅する人間とが定められているというものである。そして、彼はこの二つのうちどちらになるかを定めるものは神のみであると考えた。それゆえ、**人間が神に対し絶対服従する信仰を示すためには、現世で与えられた天職を真剣に務めていく**ことしかできないと主張した。この**カルヴァン**の予定説は資本主義の発展と大きく関係するものであると**マックス・ウェーバー**は考え、それを著したものが、『プロテスタンティズムの倫理と資本主義精神』である。こうしたカルヴァン的考えをするカルヴァン主義プロテスタント信者は、現世での金銭獲得を行う職業的努力をカトリック信者とは違い、否定することはなく、そうした努力を積極的に行うことしかできないと考えた。それこそが資本主義の発展のベースとなり、資本主義にとってカルヴァン主義は極めて核心的な思想であると**ウェーバー**は主張したのである。

佐藤優の言葉

カルヴァンは、神は人が生まれる前に、選ばれて救われる人と選ばれずに滅びる人を予定していると考えた。これを二重予定説と呼ぶ。二重予定説に関しては、「それならば何もしなくてもいいという考えになるじゃないか」という批判があるが、それは間違いだ。「何もしなくてもいい」という発想を持つこと自体が、その人が選ばれていないことの証拠となるからだ。選ばれた人は、そのことを神に感謝し、自分の能力を他者のために使うのが当然とカルヴァンは考えた。

もっと深く知りたい人のための推薦図書

- **『キリスト教綱要（全3巻）』**ジャン・カルヴァン／新教出版社
- **『ジャン・カルヴァンの生涯―西洋文化はいかにして作られたか（上下巻）』**アリスター・E・マクグラス／キリスト新聞社

081 宗教

マテオ・リッチ（1552年～1610年）

東西文化交流に尽力したイエズス会宣教師

マテオ・リッチはイタリア人のイエズス会宣教師であり、**フランシスコ・ザビエル**が果たせなかった中国でのキリスト教の宣教活動を行ったことで知られている。また、中国に多くの西洋の技術をもたらし、西洋世界に中国文化を紹介したことでも知られている。

マテオ・リッチはイタリア中部マチェラータで薬剤師の息子として生まれた。その後、1571年にカトリック教会修道会員養成機関であるノビシャドに入る。1572年にコレジオ・ロマーノ（ローマ大神学校）に入学する。1578年にインドのゴアに派遣される。

1587年にマカオに赴き、翌年から布教を始める。1594年に中国も含む最初の世界地図である『万国輿図』を描き、1596年、キリスト教の教えを説いた『天主実義』を書く。1601年に北京で明の皇帝である**万暦帝**に謁見し、北京定住を許される。1602年に世界地図である『坤輿万国全図』を作成。ユークリッド幾何学の中国語訳『幾何原本』を刊行。また、ヨーロッパ諸国に中国文化の紹介も行う。だが、1610年、北京において58歳で死去する。

マテオ・リッチは中国にキリスト教を伝導しただけではなく、西洋のさまざまな学問や文化をもたらした。世界地図はその一つである。また、西洋の地理学や天文学や幾何学に関する数多くの本の翻訳をし、西洋の数学、測量術などを中国に広め、地球儀や時計といったものも中国にもたらした。さらに、彼の信者には**徐光啓**、**李之藻**、**瞿太素**などの当時の明朝の知識階級の人物が多数おり、**マテオ・リッチ**は彼らに大きな影響を与えた。

また、中国の文化を積極的に吸収した**マテオ・リッチ**は西欧世界に中国文化を紹介することも行った。彼は**中国で行われていた科挙試験制度を紹介し、ヨーロッパにおける筆記試験制度導入に大きな影響を与えた**。

もっと深く知りたい人のための推薦図書

- **『天主主義』**マテオ・リッチ／平凡社
- **『利瑪竇（りまとう）』**ジャック・ベジノ／サンパウロ
- **『マテオ・リッチ伝（全3巻）』**平川祐弘／平凡社

082 科学

グーテンベルク（1400年？～1468年）

活版印刷機を発明したドイツの技術者

ヨハネス・グーテンベルクは神聖ローマ帝国の金細工師であり、印刷業者である。彼は活版印刷機を発明したことによって知られている。

グーテンベルクは、1400年頃、現在のドイツにあるマインツで金細工師あるいは貿易商人（正確な情報は存在していない）の子供として生まれる。彼が幼少年期にどのようにして育ったかは不明であるが、**グーテンベルク**の子孫がマインツ大司教の造幣所の親方の地位を世襲しており、金属加工の知識や技術に長けていたことが確実であることから彼も同様であったと見なされている。当時のマインツでは貴族と市民の間での争いが多く、**グーテンベルク**の一家は1411年にマインツを離れる。この移動後に、**グーテンベルク**はチューリンゲンのエアフルト大学に在籍した可能性が高い。

1430年に彼はマインツに戻り、金属加工の腕を磨き、貨幣鋳造職人として活躍した。だが、兄弟間の争いで、1433年頃にストラスブールに移り住む。ここで、ブドウ搾り機を改良した活版印刷機を発明する。1444年頃再びマインツに戻り、1450年頃印刷所を作る。1452年から1456年頃に『42行聖書』を印刷する。1462年、司教間の対立に巻き込まれ、マインツの印刷所を失い、1465年に**アドルフ大司教**の従者として召し抱えられる。だが1468年、マインツで死去する。およそ70歳であったと考えられている。

グーテンベルクが発明した活版印刷機は歴史的に見て、情報の発達を促す大きな発明であった。この発明以前、書物は手で写されたものや木版印刷のものであって、大量生産は不可能であった。そのため、書物などは一部の富裕層の人間しか所有できず、非常に高価なものであった。そのことが知識の富裕層の独占につながっていた。しかし、**グーテンベルク**の印刷機は出版物の大量生産を可能として、**安価な書物の出現を促し、知識の市民への拡散に大きく貢献した**。もしも、**グーテンベルク**の発明がなかったならば、人間の進歩はもっと遅くなっていたであろう。大量生産大量消費という資本主義が可能になるためには、**グーテンベルク**が発明した印刷機のような商品生産機械が絶対的に必要であったのだ。

佐藤優の言葉

ルターの宗教改革が成功したのは、グーテンベルクが発明した活版印刷が普及していたからだ。この印刷術がさらに100年前に普及していたならば、フスの宗教改革もルターと同程度の影響を及ぼしたであろう。

もっと深く知りたい人のための推薦図書

- **『グーテンベルクの時代―印刷術が変えた世界』**ジョン・マン／原書房
- **『グーテンベルク―印刷術を発明、多くの人々に知識の世界を開き、歴史の流れを変えたドイツの技術者』**マイケル・ポラード／偕成社

083 科学

コペルニクス（1473年〜1543年）

「地動説」により科学を大きく変えた天文学者

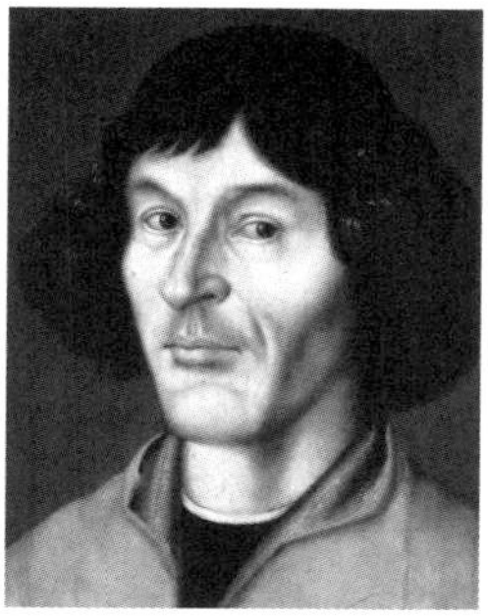

ポーランドの天文学者でカトリックの司祭でもあった**ニコラウス・コペルニクス**。彼は当時の主流であった天動説を否定し、地動説を唱えた。この発見は「コペルニクス的転回」として歴史に刻まれている。

コペルニクスはポーランド中北部にあるトルンで裕福な商人の子供として1473年に生まれた。10歳のときに父が死に、母方の叔父である司祭に育てられる。1491年にクラフト大学に入学。在学中に天文学に興味を覚えるが、1495年、同大学を中退。1496年にイタリアのボローニャ大学で法学を学び、いったん帰国後、1501年に再びイタリアに赴き、パドヴァ大学で医学を学ぶ。最終的に、1503年、フェラーラ大学で法学博士となっている。帰国後はヴァルミアで司祭となるが、天体観測も行った。1510年に初めて地動説を発表。1516年、聖堂参事会財産管理担当官となる。1528年に『貨幣鋳造の方法』において、「悪貨は良貨を駆逐する」という説を主張する。1542年に脳卒中になり、半身不随となる。1543年、『天球の回転について』を出版するが、その出版直前にフラウエンベルクで死去する。

コペルニクスの名前を科学史の中に刻んだものは、やはり、**地動説の提唱**である。彼の説は、太陽の周りを、地球を含めた惑星が回り、地球の周りを月が回っているというものであった。これは現在の科学が証明している太陽系の惑星の運行と一致する。だが、当時は地球を中心にして太陽や月などの星が運行しているという天動説が信じられており、それがキリスト教の教理ともなっていた。この説に異を唱えれば、異端者として罰せられた。

こうした時代にもかかわらず、**コペルニクス**は科学的な天体観測に基づき、真実の探求を行い、それを公にした意味は極めて大きい。ドイツの哲学者**カント**はその学的精神を称えて、**真であると思ったことが大きくチェンジすることを「コペルニクス的転回」と呼んだ**。このほかにも**コペルニクス**はイギリスの経済学者**グレシャム**に先立ち「悪貨は良貨を駆逐する」という主張も行い経済学の発展にも大きく寄与した。

佐藤優の言葉

コペルニクスの地動説によって、ものの見方、考え方の基本的構造（パラダイム）が変化した。「コペルニクス革命」によって中世から近代への世界観の転換がなされた。

もっと深く知りたい人のための推薦図書

- **『天体の回転について』**コペルニクス／岩波書店
- **『コペルニクス―人とその体系』**アーサー・ケストラー／すぐ書房
- **『ニコラウス・コペルニクス―その人と時代』**ヤン・アダムチェフスキ／日本放送出版協会

084 科学

ガリレオ・ガリレイ（1564年～1642年）

地動説を証明したイタリアの大天文学者

イタリアの天文学者・物理者であった**ガリレオ・ガリレイ**を有名にしているのは地動説を主張した**ガリレオ**が異端審問にかけられ、有罪が下され、地動説を放棄し自由の身となったときに述べたという「それでも地球は回る」という言葉であろう。この言葉を**ガリレオ**が確かに語ったという証拠はなく、一つの逸話として残されたものであるが、この言葉は彼の科学的信念の強さを端的に示すものであることは確かである。

天文学者としての**ガリレオ**の名が歴史に刻まれたのは地動説を裏づけた**慣性の法則**の発見によってである。「あらゆる物体は外から力を加えられない限り、止まっている物体は静止状態を続け、運動している物体は等速運動を続ける」というものである。この法則は後に**ニュートン**によって完全化されることとなったが、この法則の発見は地動説の大きな根拠となった。

また、天体望遠鏡による観測という方法を一般化したのも**ガリレオ**であり、この方法によって木星の衛星であるガリレオ衛星を発見している。さらに、金星の満ち欠けや太陽の黒点の詳しい観測も行っている。

物理学者としては、同じ長さの振り子は小さく揺れているときも大きく揺れているときも往復時間は同じであるという振り子の等時性を発見した。また、自由落下する物体の速度は物体の質量に関係せず、物体が落下するときに落ちる距離は落下時間の二乗に比例するという**落下の法則**も発見した。こうした発見は現代の科学の基礎となっている。

このように**ガリレオ**は科学的な精神によって、さまざまな法則を考案し、それを実証していったが、当時はキリスト教の権威がいまだに強力であり、地動説を証明しながらも、教会権力の圧力によって自らの地動説を翻さざるを得なかったのである。

いずれにせよ、**ガリレオ**は近代科学の基盤的な発見と実証研究によって、後世にまでその名を残す偉大な科学者であった。**ガリレオ**の科学的精神は科学のその後の発展に大きく寄与し、科学の新たな道を切り開いていったことは紛れもない事実である。

もっと深く知りたい人のための推薦図書

- **『世界の名著　ガリレオ』**豊田利幸編／中央公論新社
- **『星界の報告』**ガリレオ・ガリレイ／講談社
- **『物理学読本』**朝永振一郎／みすず書房

085 科学

ケプラー（1571年～1630年）

ケプラーの法則を提唱した偉大な天文学者

ヨハネス・ケプラーはドイツの著名な天文学者であり、**ケプラー**の法則を提唱した人物である。だが、彼は数学者でも、自然哲学者でも、占星術師でもあった。いずれにせよ、**ケプラー**は17世紀の科学革命を代表する偉人の一人であった。

ケプラーは神聖ローマ帝国のヴァイル・デア・シュタットで、居酒屋の経営者の息子として生まれた。神学校で学び、奨学金を受けながら、チュービンゲン大学神学科で学ぶ。この間、家業がかんばしくなくなり、父は傭兵となり、**ケプラー**が17歳のときに死去した。チュービンゲン大学では天文学の講義を聞き、この学問に大いに興味を持つ。大学卒業後は、現在のグラーツ大学で数学と天文学を教え、1596年に『宇宙の神秘』を書き、そこで**ケプラー**は太陽を中心として、水星、金星、地球、火星、木星、土星が、五つの正多面体に順次外接・内接することによって、その距離が保たれると説いた。1599年にチェコの天文学者**ブラーエ**の招きでプラハに移り住み、1601年**ブラーエ**が死去すると彼の正確な観測データは**ケプラー**に受け継がれた。1609年に『新天文学』を書き、そこで**ケプラー**第一法則と第二法則とを発表する。1619年に『宇宙の調和』を書き、そこで**ケプラー**第三法則を発表した。1627年に一種の天文学のデータ表であるルドルフ表を完成させる。だが、1630年にドイツのレーゲンベルクで病死した。

ケプラーの名を科学史の中に記したものは**ケプラー**の法則である。この法則は三つある。第一法則は「惑星は太陽を焦点の一つとする楕円軌道上を動く」、第二法則は「惑星と太陽とを結ぶ線分が単位時間に描く面積は一定である」、第三法則は「惑星の公転周期の二乗は軌道長半径の三乗に比例する」である。これらの法則は地動説を証明し、さらには太陽を周回する惑星の軌道は円でなく楕円であることをはっきりと示し、科学的知識の一大変革をもたらした。

ケプラーは**コペルニクス**の**地動説を証明しただけではなく、コペルニクスも究明できなかった太陽系の惑星の軌道が楕円形であることも正確に示した**。こうした発見は人類の科学的進歩に大きく寄与した。それゆえ、**ケプラー**は科学史上欠くことのできない人物であり、彼の発見は天文学の世界を大きく開くものとなったのである。

もっと深く知りたい人のための推薦図書

- **『宇宙の調和』**ヨハネス・ケプラー／工作舎
- **『ヨハネス・ケプラー』**ジェームズ・R・ヴォールケル／大月書店
- **『ケプラーとガリレイ：書簡が明かす天才たちの素顔』**トーマス・デ・パドヴァ／白水社

086 科学

ボイル（1627年〜1691年）

ボイルの法則を発見した現代化学の先達

ロバート・ボイルは17世紀に活躍したアイルランドの科学者、自然哲学者である。彼はボイルの法則を発見したことで有名であるが、そのほかにも多くの研究を行い、現代の化学の基礎を作った。

ボイルはアイルランドを領地に持つコーク伯爵**リチャード・ボイル**の息子として生まれる。イートン・カレッジで学び、1641年にイタリアに行き、**ガリレオ**に師事した。1644年に帰国後は科学研究に没頭し、後の英国王立協会となるロンドン理学協会の一員となる。1659年に真空ポンプの改良に成功し、翌年には音の伝達における空気の関与を明らかにする。1660年にはボイルの法則を発表し、1661年には主著『懐疑的な化学者』を書き、古代ギリシャの観念的な元素観を批判した。このようにさまざまな科学的な活躍を見せた**ボイル**だが、1691年に死去した。病名はわかっていない。

ボイルの発見したもので最も知られているものはボイルの法則であるが、それは「一定温度のもとでは気体の体積と圧力とは反比例の関係にある」というものである。この法則は温度の変化を考慮していないため、後にフランス人の科学者**ジャック・シャルル**によって補足され、ボイル＝シャルルの法則となった。すなわち、「気体の圧力は体積に反比例し、絶対温度に比例する」というものである。

ボイルはこの法則以外にも上記したようにドイツの科学者**オットー・フォン・ゲーリケ**の発明した真空ポンプを改良したことでも有名である。さらに、**アリストテレス**などの古代ギリシャの賢人たちが唱えていた「化学反応は空気、土、水、火の四つの要素の働きによって起きる」という考えではなく、微細な粒子の運動によって起きるという化学的な主張を行った。

このように**ボイル**は**現代の化学の基盤となる発見や主張を行い**、人類の科学的進歩に大いに貢献した。彼の化学的方法はイギリス経験論の伝統に従った実験を繰り返すことによって証明していくという帰納主義的なものであった。それゆえ、**ボイル**はその発見や主張によってだけでなく、その方法においても近代化学の根本的な精神を実践したと述べ得る。**ロバート・ボイル**、彼の名前は多くの功績とともに科学史の中に確かに刻まれているのである。

もっと深く知りたい人のための推薦図書

- **『懐疑の化学者』**ロバート・ボイル／内田老鶴圃
- **『偉い科學者』**石原純／實業之日本社
- **『ゼロから学ぶ熱力学』**小暮陽三／講談社

087 科学

ニュートン（1642年～1727年）

三大発見により近代科学の礎を築いた科学者

イギリスの数学者、物理学者、天文学者である**アイザック・ニュートン**。彼はさまざまな発見や発明によって近代科学の祖といわれている。数々の業績の中で特に知られているものが万有引力の法則であり、それは彼の名を後世に残す一大発見であった。

ニュートンは農園を営む父のもとに生まれたが、父は彼の誕生の三カ月前に他界していた。3歳のときに母が再婚し、彼は祖母に育てられた。成長した**ニュートン**は農場経営よりも学問に興味を抱き、ケンブリッジ大学に入学する。そして、後に**ニュートン**の三大業績を発見するのである。

それは**「万有引力の発見」、「微分積分法の発見」、「光の分析」**である。第一のものは、リンゴが落下するのを見て発見されたという逸話があるが真偽は定かではない。ただ、「すべての物は互いに引き合う力を持っている」という法則の発見は古典力学を確立するための最も重要な基盤となった。第二のものは増減の割合を示す微分とある範囲の合計を示す積分の法則性を発見したというものである。第三のものはプリズムを使った実験により、白い光は異なる七つの色の光が合成されてできているということの発見である。いずれの発見も近代科学および数学を大きく発展させるものであった。

科学・数学的な貢献だけではなく、**ニュートン**は下院議員にも選ばれており、さらには、王立造幣局監事ともなっている。この職にあるときに、贋金作りが激減した事実も存在している。また、錬金術の研究も行った。このように**ニュートン**は正統な科学の実験のみを行った科学者ではなく、多方面の研究を行っただけでなく、社会的な活動も数多く行った科学者であったのである。

ニュートンは人格的に変わりもので、執念深い性格を持っていたという説がある。それが正しいかどうかを別として多くの論争、裁判闘争を行ったのは事実である。微分積分発見を巡る**ライプニッツ**との裁判、光に関する**フック**の波動説と**ニュートン**の粒子説との論争などは**ニュートン**の自説を曲げない頑固さを示すものである。こうした問題があるにもかかわらず、**ニュートン**の名は世界的に知られている。三大発見をはじめとする科学的な功績は今も変わらず輝いている。**ニュートン**の偉大さは、1705年に自然科学の業績で英国史上初めてナイトの称号が彼に贈られたことからも理解できるであろう。

もっと深く知りたい人のための推薦図書

- **『プリンシピア　自然哲学の数学的原理（全3巻）』**アイザック・ニュートン／講談社
- **『光学』**アイザック・ニュートン／岩波書店
- **『アイザック・ニュートン―すべてを変えた科学者』**フィリップ・スティール／BL出版

088 科学

ライプニッツ（1646年〜1716年）

微積分法を発見し、モナド論を提唱した学者

ゴットフリート・ライプニッツはドイツの哲学者、数学者である。彼が唱えたモナド論は思想界に大きな影響を与えた。彼は近代合理主義理論を代表する哲学者として著名であるが、微積分法を発見した数学者としても知られている。

ライプニッツは1646年に哲学教授の息子として、ライプツィヒで生まれた。父は彼が6歳のときに他界しているが、1661年にライプツィヒ大学に入学し、数学、哲学、法学を学ぶ。1667年にアルトドルフ大学法学博士になる。1675年に微積分法を発見。1714年に『モナド論』を刊行した。だが、1716年に痛風が原因でハノーバーにおいて死去した。70歳であった。

ライプニッツの名前を高めたものは哲学的にはモナド論の提唱であり、数学的には微積分法の発見である。

モナド論については次のように説明できる。モナドはそれ以上分割できない、広がりも形も持たない単純な実体である。それは普遍的に存在するものであり、そこで起きるすべての変化は内的原理に依拠している。このことを**ライプニッツ**は「モナドには窓がない」と表現している。また、モナド相互間には因果関係がなく、その関係は神によってあらかじめ設定された予定調和によって起きる。こうした**ライプニッツ**の考えは、あらゆる事象の生成を力の働きの側面から捉えるもので、力動説と呼ばれた。

また、**ライプニッツ**が**ニュートン**とは別に微積分法を発見したことは数学史に残る業績である。また、**微分や積分の表記法の多くはライプニッツが提唱**したものである。

ライプニッツは哲学的にも、数学的にもそれぞれの学問の歴史に残る偉大な理論を作り出し、人類の歴史の進歩に多大な貢献した。それゆえ、彼は近代科学の確立にとって欠くことができない学者であったと述べることができる。彼の研究成果は我々の学問を前進させ、近代的合理精神の要の一つとなるほどに大きなものだったのである。

佐藤優の言葉

ライプニッツの「モナドロジー（単子論）」を政治に適用すると、複数のブロックが切磋琢磨するというモデルになる。EU（欧州連合）、ユーラシア共同体（ロシアのプーチン大統領が提唱している）、大東亜共栄圏は、いずれもモナドロジーに基づく理念だ。

もっと深く知りたい人のための推薦図書

- **『モナドロジー・形而上学叙説』**ライプニッツ／中央公論新社
- **『ライプニッツの普遍計画―バロックの天才の生涯』**E・J・エイトン／工作舎
- **『ライプニッツ』**酒井潔／清水書院

089 科学

ラヴォアジェ（1743年～1794年）

ギロチン台に消えていった近代化学の父

フランスの化学者**アントワーヌ・ラヴォアジェ**。彼は質量保存の法則を発見したことや、酸素、水素、窒素を命名したことによって化学史の中にその名を残している。また、数々の業績によって「近代化学の父」とも呼ばれている。

ラヴォアジェは18世紀のパリの裕福な弁護士の息子として生まれる。1761年にパリ大学に進み、法学を学び、1763年に卒業。1764年に弁護士試験に合格し、高等法院法学士となる。だが、パリ大学在学中から自然科学に興味を抱き、この学問の講義を複数受講していた。1776年のフランスアカデミーの懸賞論文「都市の街路に最良な夜間照明法」というテーマ論文に応募し、一等を取る。1768年に徴税請負人となる。

1769年、水をガラス容器に入れて101日間も密閉状態で沸騰させた後に正確に重さを量る実験（ペリカンの実験）を行い、「水は土になり得る」という当時信じられていた通説が間違いであることを証明する。1774年に**「化学反応の前後で、物質の総質量は変化しない」という質量保存の法則を発見**する。1779年に、酸素の命名を行う。

1787年、共著で、新しい化学用語が書かれた『化学命名法』を出版する。1789年に『化学原論』を発刊し、**現在我々が元素と呼んでいるものを初めて提唱**した。この年、フランス革命が起こる。1793年に、革命政府の徴税請負人全員逮捕の方針により逮捕される。1794年、革命裁判は死刑を求刑し、断頭台に送られ処刑される。裁判長は「共和国に化学者は必要ない」と言ったという逸話が残されている。

ラヴォアジェは数々の化学的発見を行い、その後の化学の進歩に大きく貢献した。特に、質量保存の法則は化学の基本原理であり、燃焼における酸素の役割の発見も重要なものであった。しかし、彼は職業的な化学者ではなく、公的には徴税請負人であった。このことが彼の死の原因となった。偉大な化学者の命を救おうと裁判では彼の化学者としての功績が弁護側から強調されたが、そうした功績は無視され、彼は処刑された。だが、彼の化学史上に残した業績は今も偉大なものとして人々に語られ続けているのである。

もっと深く知りたい人のための推薦図書

- **『物理と化学』**ラボアジェ／内田老鶴圃
- **『ラボアジエ　1743-1794』**エドアール・グリモー／内田老鶴圃
- **『ラヴォアジエ』**中川鶴太郎／清水書院

090 文学・演劇

ダンテ（1265年〜1321年）

『神曲』を産んだ世界文学の巨匠

ルネサンス最大の詩人と称され、歴史に刻まれる叙事詩『神曲』を書いた**ダンテ**はイタリアのフィレンツェで生まれた。彼は『神曲』のほかにも、『新生』、『饗宴』、『俗語論』といった作品を書き、イタリア文学史だけではなく、世界文学史の中で燦然と輝く作家となっている。

彼の書いた作品の最高傑作、『神曲』は地獄編、煉獄編、天国編の三つの部分からなっており、それぞれの部分は33歌、34歌、34歌という韻文による100の歌から構成された物語である。その内容は深い森の中に迷い込んだ**ダンテ**が彼の尊敬する古代ローマの詩人**ウェルギリウス**と会い、彼とともに地獄と煉獄とを旅し、さまざまな罪を犯した人間たちがどうなるかを目撃する。そして、天国では**ウェルギリウス**と別れ、永遠の処女ベアトリーチェに導かれ天上界へと昇り、最後に神を見るというものである。

『神曲』は当時常識であったラテン語によって書かれたものではなく、トスカーナ方言で書かれた作品であり、この**作品の文体がイタリア語の基本となった**といわれるほど、イタリア語史に残した意義は大きいものである。また、**ボッカチオ**、**ゲーテ**、**バルザック**、**エリオット**、**ジョイス**など世界の多くの作家たちがこの作品に多大な影響を受けている。

また、文学の世界だけでなく、絵画においても**ミケランジェロ**のシスティナ礼拝堂の『最後の審判』は『神曲』から着想を得て描かれたものであるといわれている。**ボッティチェリ**や**ダリ**などもこの作品を絶賛し、その挿絵を描いている。彫刻においても、**ロダン**が『神曲』をもとにして『地獄の門』を制作している。さらには音楽でも、**チャイコフスキー**や**リスト**がこの韻文作品に関連する作品を作曲している。

このように、『神曲』はルネサンスの文芸復古の扉を開いた作品としての意味を持つだけではなく、後世のさまざまな芸術に絶大な影響を及ぼした。それゆえ、この作品の作者である**ダンテ**は世界文学の中で最も重要な作家の一人として評価され、現在もなおその名を轟かせているのである。

佐藤優の言葉

ダンテの『神曲』には、中世と近代のハイブリッド性がある。地獄や煉獄という世界像は中世的だが、表現は近代的だ。日本の古典でこのようなハイブリッド性を持つのは『太平記』（作者不詳）だ。

もっと深く知りたい人のための推薦図書

- **『神曲【完全版】』**ダンテ／河出書房新社
- **『ダンテ『神曲』講義』**平川祐弘／勉誠出版

091 文学・演劇

ボッカチオ（1313年～1375年）

ルネサンス期を代表するイタリアの作家

ジョバンニ・ボッカチオはルネサンスを代表するイタリアの詩人、作家である。多数の文学作品を書いたが、特に『デカメロン』は有名である。

ボッカチオは1313年にフィレンツェの商人の子供として生まれる。非嫡出子であり、出生地はフィレンツェといわれているが、パリという説もある。1325年、ナポリで商人見習いとなるが、そこで文学に目覚め、『女神ディアーナの狩り』などの初期作品を書く。その後、フィレンツェに戻り、1348年から1351年に『デカメロン』を書く。1375年、イタリア中部のチェルタルドで鬱血性心不全によって死去した。

ボッカチオはイタリア・ルネサンスの有名な人文主義者と見なされているが、彼の名前を世界文学史の中で輝かせているものは、やはり、『デカメロン』である。この物語はペストの流行によってフィレンツェ郊外の屋敷に籠った10人の男女が、退屈しのぎに、1人が1日1話、10日間話をした物語をまとめた枠物語（**チョーサー**参照）である。そこで語られたものは悲劇的なもの、喜劇的なもの、卑猥なもの、高貴なものなどさまざまなテーマのものであり、登場人物も王侯貴族から庶民に至るまでさまざまである。物語の場所もヨーロッパのみではなく、中近東からアフリカにまで及ぶ。

そして、語られる物語の中には、**人間性の真理を赤裸々に示すリアリズム的な側面に、ユーモア、エロティシズムが織り込まれている**。こうしたテーマの豊饒性と、巧妙で、テンポのいい語り口によって、この物語は発表当時に高い評価を受けただけでなく、その後も高い評価を受け続けている。

『デカメロン』は**チョーサー**の『カンタベリー物語』や、**マルグリット・ド・ナヴァル**の『エプタメロン』に大きな影響を与えているように、イタリアのみならず、ヨーロッパの多くの作家に影響を及ぼした。その後も、**バルザック**が『人間喜劇』において、『デカメロン』的な枠物語をベースにより大きな連続物語を構築するなど、世界文学に影響を与え続けた。**ボッカチオ**、人文主義にしてルネサンスの大輪。彼の小説の血は今も世界の文学の中に強く流れ続けているのである。

もっと深く知りたい人のための推薦図書

- **『デカメロン（全6巻）』**ボッカチオ／岩波書店
- **『評伝ボッカッチョ—中世と近代の葛藤』**アンリ・オヴェット／新評論
- **『ペトラルカ＝ボッカッチョ往復書簡』**近藤恒一編訳／岩波書店

092 文学・演劇

チョーサー（1343年？～1400年）誕生年1340年説もある。

英詩の父、英語を書き言葉としても用いる

ジェフリー・チョーサーはイングランド王国の詩人であり、中英語（1066年のノルマン・コンクエスト以後15世紀後半頃までの英語の名称）を使った初めての文学作品を書いた人物として有名である。この功績によって**チョーサー**は「英詩の父」と呼ばれている。

チョーサーはロンドンの裕福なワイン商の息子として生まれた。上流階級との関係を築き、税関幹部職員、治安判事などさまざまな官吏の職に就き、ケント州議会議員にもなっている。また、百年戦争に従軍し、フランス軍に捕らえられ、捕虜となるが、**エドワード3世**が身代金を払い釈放されている。その後、**チョーサー**はイタリアの人文学者**ペトラルカ**と親交を結び、彼の影響を受けソネット形式の詩を英文学に導入する。1400年10月25日に死去したとされるが、それを証明するものは墓石だけである。

チョーサーの名前を歴史の一ページにとどめているものはやはり文学的功績である。特に、未完の大著『カンタベリー物語』であろう。この物語は導入部の物語を外枠として、その内部に短い物語を嵌め込んでいく入れ子構造の物語形式である枠物語だが、そこに書かれたリアルな人間像やユーモア、さらには**チョーサー**の鋭い人間観察は卓越したものがある。それゆえ、この作品が中英語を代表する文学作品であると評価する英文学者は多い。このほかにも、**チョーサー**は『公爵夫人の書』、『鳥の議会』、『フィロストラート（恋の虜）』、『善女物語』など数多くの作品を書いている。

チョーサーの作品は同時代の典型的な文学作品とは異なり、中世文学の頂点であると同時にルネサンス、近代文学の源流ともなったものであると見なすことができる。表現形式、文体、思想その他の点で、中世的伝統に従いながらも絶えずそれから脱皮し、変貌し続けていく世界をリアリスティックに描写している。

英詩の父という評価についても一言述べておくべきであろう。この時代、イングランドの宮廷ではフランス語が話されており、文学作品もラテン語かフランス語で書かれていたが、**チョーサー**は中英語で著作を行った。こうした著述行為は**英語が書き言葉として成熟するために非常に重要な出来事**となり、それゆえ、**チョーサー**は英詩の父（この時代の物語は散文ではなく、韻文で書かれていた）と呼ばれているのである。

もっと深く知りたい人のための推薦図書

- **『完訳カンタベリー物語（上中下巻）』**チョーサー／岩波書店
- **『チョーサーの英語―発音と形態』**アーサー・O・サンヴェッド／松柏社
- **『チョーサーの詩学―中世ヨーロッパの〈伝統〉とその〈創造〉』**河崎征俊／開文社出版

093 文学・演劇

エラスムス（1469年？～1536年）

宗教改革に影響を与えた人文主義の巨匠

オランダの哲学者、神学者である**デジデリウス・エラスムス**。彼は『痴愚神礼讃』の著者として知られているが、**トマス・モア**や**マルティン・ルター**といった当時活躍していた知識人と数多く交流し、宗教改革にも関係した。

エラスムスは高名な司祭の子としてロッテルダムで生まれた。幼少の頃から司祭になるための教育を受け、1487年にはステインの聖アウグスチノ修道会に入り、ラテン語の古典を読み漁った。1492年に司祭叙階を受けると、1499年にはイングランドに渡り、**ジョン・コレット**、**トマス・モア**、**ヘンリー8世**らと交流した。1506年にはイタリアに渡り、1511年に『痴愚神礼讃』を出版している。1535年に**トマス・モア**の処刑に強いショックを受け、1536年にスイスのバーゼルで死去した。

エラスムスの主著『痴愚神礼讃』は風刺小説であるが、この小説の中で**エラスムス**は当時の支配階級であった王侯貴族だけでなく、法皇を含むカトリックの聖職者を痛烈に皮肉っている。彼は軽妙で、ウィットのきいた文体を用いながらも、王侯貴族、聖職者、神学者、哲学者、文法学者たちを徹底的に批判している。そのため、この本はカトリック教会から禁書にされた。

エラスムスの宗教批判はカトリックにとどまらなかった。最初、彼は**ルター**の宗教改革を支持していたが、プロテスタント運動が過激化する中で、**エラスムス**は**ルター**を批判するようになり、2人は論争するようになる。このように、**エラスムス**はカトリックに対しても、プロテスタントに対しても批判すべき点は批判していったため、どちらの宗派からも敵対者と見なされた。

だが、人文主義者**エラスムス**の**中庸の精神と高い道徳性**は今も高く評価されている。宗教的側面から見ても、彼の聖書中心主義は**ルター**をはじめとするプロテスタントの宗教改革派の人々に大きな影響を与えた。それゆえ、**エラスムス**はその批判精神とともに、真摯な信仰によっても歴史にその名を刻んだ偉人であったと述べることができる。

もっと深く知りたい人のための推薦図書

- **『痴愚神礼讃』**エラスムス／中央公論新社
- **『エラスムス』**J・マッコニカ／教文館
- **『中世の知識人―アラベールからエラスムスへ』**ジャック・ルゴフ／岩波書店

094 文学・演劇

トマス・モア（1478年〜1535年）

理想国家を描き出し、法を尊んだ思想家

イギリスの思想家・法律家である**トマス・モア**。彼が1516年に書いた『ユートピア』に登場する国家は現実には存在しないが、16世紀当時の理想的国家について語られた著作であり、彼の名を歴史の上にとどめた重要な本である。ここではこの本に書かれた事柄を中心に**モア**の考えを示していく。

ロンドンの法律家の子供として生まれた**モア**は自らも法律家の道を選び、法律家となる。1529年に大法官となったが、国王の離婚問題**でヘンリー8世**と対立し、1535年反逆罪で処刑された。

モアが『ユートピア』の中で語った理想国家の優れた点は、医療費の無料化などの福祉政策の充実、安楽死の容認、信教の自由、弁護士の不在と法律の単純化、ギャンブルや狩猟や占星術の禁止などであった。こうした考えには**自由と平等の精神を重視する近代精神の萌芽**が見られる。

この本には「戦争は畜類がするにふさわしい仕事だ。しかもどんな畜類も人間ほど戦争をするものはない」という言葉があるが、**モア**が戦争を強く否定していたことが理解できるものである。**モア**が生きた時代は君主を頂点とする強力な国家体制が築かれようとしていた時代であり、さらには科学の発達などにより戦争での殺戮の悲惨さも増していった時代であった。そうした社会的な負の側面を否定し、よりよい国家を作り、国民全体が幸福になるような社会の実現を**モア**が求めていたのは疑いのない事実である。

『ユートピア』の中で示されている理想郷的国家には共産主義的な自由で平等な精神が実現された制度が多々見出されるが、奴隷の必要性を認めている点や女性の社会的権利の制限など現在から見れば旧時代的な側面も書かれている点も強調しておく必要があるだろう。それゆえ、**モア**のユートピア国家論は現在の視点から見れば十分なものだとは言えないものも多数含んでいるのである。

しかしながら、理想国家のあり方を確固とした姿で提示した**モア**のこの本は人類の進歩という点から見て歴史に刻まれるべき著作であった。さらに、法の重要さを国王に対してもはっきりと主張し、斬首刑にされた**モア**の姿勢は高潔で、偉大なものであったことは確かである。

もっと深く知りたい人のための推薦図書

- **『ユートピア』**トマス・モア／岩波書店
- **『トマス・モアの生涯』**R・W・チェンバーズ／大和書房
- **『トマス・モア』**ジョン・ガイ／晃洋書房

095 文学・演劇

ラブレー（1494年？～1553年）最近は誕生年1483年説が有力視されている。

フランス・ルネサンス期を代表する文豪

フランソワ・ラブレーはフランスの16世紀の人文主義者であり、作家、医師でもある。フランス・ルネサンス期の最高傑作といわれる笑いと風刺が織り込まれた文学作品『ガルガンチュワとパンタグリュエル』の作者として知られている。

ラブレーはフランス中西部のシノン近くのスイリーという小さな村で生まれた。父は法服貴族であり、弁護士だった。**ラブレー**はベネディクト会の修道院で初等教育を受け、1511年頃フランチェスコ修道会に入る。その後各地の大学を遍歴し、1530年頃に医師となる。1532年、『パンタグリュエル』を発刊。イタリアに赴き帰国後、『ガルガンチュワ』を発表。1543年、パリ大学から禁書処分を受ける。1546年に『第三之書』を発表し、1552年に『第四之書』を発表。1553年頃に死去する。パリのサン・ポール教会に埋葬されたといわれているが墓地は存在していない。

ラブレーを有名にしているものは何と言っても彼の文学作品である。主著『ガルガンチュワとパンタグリュエル』は五巻本であるが（『第五之書』は**ラブレー**以外の人間が書いたとする説もある）、カトリック教会からの激しい批判にもかかわらず、どれもが当時の読者に熱烈に支持された。この作品は民衆的な笑いと強烈な風刺を特徴としているが、ロシアの文芸評論家の**バフチン**はこの作品の中にポリフォニー（多声性：小説の中に含まれる多くの意識や声が一つに溶け合うことなく、それぞれ確固たる価値を持ち、各自の独自性を保っている状態）の原型を見て、非常に高く評価している。それはユーモアと自由な精神で彩られたフランス・ルネサンス期を代表する画期的な書物であったのだ。

ラブレーはユマニスト（人文主義者）として、カトリック教会を中心とした当時の旧弊的思想を鋭い眼差しで批判し、人類が新たな進歩の時代へ向けて歩み出すべきであることを強調した。それは中世の足枷を外し、近代へと向かおうとする時代精神の一つの注目すべき発露であったとも述べ得るものである。

フランソワ・ラブレー、医師にして文学者。民衆の友にしてカトリック教会の敵。自由を求めつつ卑俗さも称賛する精神。**ラブレー**はまさにユマニスムの時代性を反映した真の文豪であったのである。

もっと深く知りたい人のための推薦図書

- **『ガルガンチュワとパンタグリュエル物語（全5巻）』**ラブレー／岩波書店
- **『フランソワ・ラブレーの作品と中世・ルネッサンスの民衆文化』**ミハイル・バフチン／せりか書房
- **『ラブレー　笑いと叡智のルネサンス』**マイケル・A・スクリーチ／白水社

096 文学・演劇

シェークスピア（1564年～1616年）

エリザベス1世の治世に花開いた、史上最高の劇作家

シェークスピアは世界に名高いイギリスの詩人・劇作家である。生まれたのは1564年。「ヒトゴロシ」の年である。彼は、同時代のイタリアの画家**カラヴァッジョ**（1571年～1610年）と異なり、さすがに人殺しはしなかったが、その劇作の多くで人を殺している。なお、同年にイタリアでは**ガリレオ・ガリレイ**が生まれている。また没年に、日本では**徳川家康**が、スペインでは近代文学の嚆矢**セルバンテス**が死んでいる。「いろいろ（1616）死んだ」のだ。いずれにしても彼らが同時代人であることを把握してもらいたい。

このように**シェークスピア**が生まれたのは、テューダー王朝の**エリザベス1世**の時代である。**エリザベス1世**のページで記したとおり、この16世紀の時代、イギリスは政治的にも経済的にも飛躍的な発展を遂げる。**エリザベス1世**は絶対王政を強化し、スペイン無敵艦隊を破り制海権を握り、新大陸へも進出した。このようなイギリスの黄金時代を文化の面で彩ったのが**シェークスピア**である。

シェークスピアは、イギリスのバーミンガム近郊ストラトフォード＝アポン＝エイヴォンで生まれた。彼はロンドンで成功した後も、この故郷とのつながりを大切にした。18歳で彼は**アン・ハサウェイ**と結婚する。しかし彼女は良妻とはいえず、その意味でさまざまな苦労をしたとされる。実際、8歳年上の彼女とは、いわゆる「できちゃった結婚」で籍を入れたとされる。妻に対してはかなり不満があったらしく彼は遺言で、娘に財産の大半を残した一方で、妻には「2番目に上等のベッド」のみを残したという。

シェークスピアは1592年頃にロンドンに進出し、劇作家の道を歩んだ。この後、1612年に引退するまでのわずか10年ほどの間に世界的に名高い名作を次々に輩出した。

初期の作品には『ヘンリー6世』『じゃじゃ馬ならし』『リチャード3世』などがある。これらは史劇や喜劇である。さらに1595年頃には世界的に有名な恋愛悲劇『ロミオとジュリエット』を発表。一方で、『ヴェニスの商人』『お気に召すまま』『十二夜』『夏の夜の夢』といった軽やかな喜劇も発表。『ヴェニスの商人』には拝金主義への風刺なども見られる。

この後、彼の創造世界は、さらに深みを増し、重厚な悲劇に移行していく。後半に当たる17世紀初頭には四大悲劇を発表する。『ハムレット』『マクベス』『オセロ』『リア王』である。晩年にはロマンス劇の『テンペスト』『冬物語』なども生み出す。

現代でも、**シェークスピア**の作品は、古典として高い評価を受けている。複雑で多様

な登場人物を精彩豊かに描き、さらに悲劇の中では鬱屈した登場人物の内面までも描き出した。近代文学は16世紀に始まったとされるが、彼もその先駆けとして評価される。

特に彼の偉大さを伝え、世界を変えたともいえるのは、劇中に放たれる台詞である。彼の作品の名台詞は、現代でもさまざまな媒体で引用される。こうした**シェークスピア**の名言を、多くの英文学者が初期近代英語の到達点として言語学的研究をしている。そもそもこの時代は人文主義が広まり、活版印刷が普及した時代である。こうした背景のもと英訳聖書も刊行され、英語文化が広まった。これらは日本語訳としても現代に息づいている。ここでその代表的台詞を記す。

「生か死か、それが問題だ」「弱きものよ、お前の名は女」「簡潔こそ英知の精髄である」「金の貸し借りをしてはならない。金を貸せば友も金も失くす」『ハムレット』、「輝くもの必ずしも金ならず」『ヴェニスの商人』、「貧乏でも満足している人間は金持ち、それも非常に金持ちである。逆に大金を持っていても、いつ貧乏になるか恐れている人は冬枯れのようなものである」『オセロ』、「この俺の手は、果てしれぬ大草原を真っ赤に染めて、緑を赤一色に変えるだろう」「人生は歩く影にすぎない」「今目の前にある恐怖でさえ、想像する恐怖よりは恐ろしくない」『マクベス』、「馬だ、馬をくれ。代わりに国をやるぞ」『リチャード３世』、「運命は星が決めるのではない、我々の思いが決めるのだ」『ジュリアスシーザー』など。

なお、彼の代表作の一つでもある『リチャード３世』の**リチャード３世**は、ばら戦争時のイギリス国王である。シェークスピア劇では残忍な国王として描かれているが、実際はそうでもなかったとされる。彼の没後テューダー王朝が開かれた。

シェークスピアの作品は現代でも演劇として世界中で上演されている。特にイギリスの俳優にして映画監督の**ローレンス・オリヴィエ**はその第一人者である。映画化も多くなされており、この**オリヴィエ**の『ハムレット』は評判が高い。

このほか映画で代表的なのは、**オーソン・ウェルズ**の『オセロ』である。『マクベス』は、**黒澤明**が日本を舞台に翻案した『蜘蛛巣城』が世界的に有名である。『リア王』もたくさん映画化されているが、『ゴダールのリア王』は意欲作といえる。

もっと深く知りたい人のための推薦図書

- **『名画で見るシェイクスピアの世界』**平松洋／KADOKAWA／中経出版
- **『シェイクスピア悲劇と女性達』**水崎野里子／土曜美術社出版販売

097 文学・演劇

セルバンテス（1547年〜1616年）

『ドン・キホーテ』を書いた近代文学の巨匠

ミゲル・デ・セルバンテスはスペインの作家であり、世界文学の名作『ドン・キホーテ』の作者として有名である。この小説は世界中の数多くの作家に大きな影響を与えた。

セルバンテスは1547年にマドリッドの近くにあるアラカラデェナレスで貧しい外科医の子として生まれた。ほとんど教育を受けることができず、スペイン各地を流浪するが、マドリッドで人文学者の**ロペス・デ・オヨス**に師事した。

1570年に軍隊に入り、翌年にレパント海戦に従軍し、左腕の自由を失う。1575年に海賊に捕らえられ、アルジェリアで奴隷生活を送るが、1580年に解放されるなど波乱の多い前半生を送っている。1585年、処女小説『ラ・ガラテア』を出版。その後、無敵艦隊の食糧徴発係や徴税官にもなっている。1605年、『ドン・キホーテ』が刊行され、大評判となる。1615年に『ドン・キホーテ後編』を刊行。69歳のとき、糖尿病に起因する疾病によりマドリッドで死去。その翌年1617年に『ペルシーレスとシヒスムンダの苦難』が刊行された。

セルバンテスの歴史的功績といえば、『ドン・キホーテ』を世に出したことである。この小説は前編と後編があるが、ここではこの小説について述べることとする。長編小説『ドン・キホーテ』は近代化が進む世界で中世世界の中に留まり続けた騎士ドン・キホーテと従者サンチョの喜劇的な旅の物語である。風車を巨人と思い馬に乗りそれに向かい突撃をしたり、田舎娘を貴婦人に見立てて騎士の誓いを立てたり、常軌を逸した行いをしながら2人は旅を続けるが、その様子がコミカルに描写されていく。しかし、後編の最後で衰弱したドン・キホーテは正気に戻り、自らの愚かな行いにつき合わせたサンチョに許しを請う。サンチョは、また一緒に旅をしましょうと答える。だが、ドン・キホーテは事切れる。

この小説は単なる喜劇ではなく、空想小説、冒険小説、恋愛小説など後の文学の発展の中で分化していった多くのジャンルの要素が豊富にちりばめられているという特徴を持っている。また、小説全体はコミカルな様相を呈しているが、小説の最後は悲劇的である。こうした多元的な要素が絡み合った物語的豊饒性ゆえに、この小説は世界文学の中で輝いているのである。『ドン・キホーテ』の作者**セルバンテス**。彼は世界文学に真の金字塔を打ち立てたのである。

もっと深く知りたい人のための推薦図書

- **『ドン・キホーテ（全6巻）』**セルバンテス／岩波書店
- **『セルバンテス』**ジャン・カナヴァジオ／法政大学出版局
- **『セルバンテスの思想』**アメリコ・カストロ／法政大学出版局

098 文学・演劇

モリエール（1622年〜1673年）

貴族社会を風刺した、フランス三大劇作家の一人

ヨーロッパの近代文学は、**セルバンテス**『ドン・キホーテ』に始まるとされている。16世紀末から17世紀初頭である。ここで主人公の心理・葛藤・成長が初めて描かれたという。

ところがフランスでは、16世紀にルネサンスの影響を受けた**ラブレー**の作品が支持されたものの、17世紀は古典主義に回帰する。時は絶対王政。王や貴族が力を持つ時代にあって、秩序や均衡、調和、典雅、気品を主調とする作品群が支持された。

しかし一方で、古典劇作家の登場人物には、活力ある庶民の姿も描かれ、時に貴族社会も風刺される。このことからも、古典主義を単純に復活させたとはいえず、まして後退させたともいえない。

この時代、フランスには三大古典劇作家がいた。その代表的人物が**モリエール**である。**モリエール**の代表作は『タルチュフ』『人間嫌い』が挙げられる。『タルチュフ』は、偽善によって成り上がるペテン師を描いた作品で、悪徳宗教家らをも風刺した。時の**ルイ14世**とキリスト教信者はこれに不快感を持ち、公開禁止にした（数年後、禁止は解かれた）。

また、『人間嫌い』は、偽善的な上流社交人を鋭く描く一方、偽善を憎むうつ病タイプの主人公（貴族）が社会に挫折し、人間嫌いになっていくさまを描いている。なお「ミザントロープ（人間嫌い）」という言葉は、現代語にもなっている。このほか代表作に『守銭奴』『病は気から』『ドン・ジュアン』など。

実際、こうした貴族を主人公にした喜劇は、貴族を風刺すると共に、市民（ブルジョワジー）の台頭を予言していた。

17世紀のフランス三大古典劇作家には、ほかに**コルネイユ**（1606年〜1684年）、**ラシーヌ**（1639年〜1699年）がいる。**コルネイユ**は、スペインの青年騎士を主人公にした『ル・シッド』を残す。**ラシーヌ**は『アンドロマック』や『フェードル』という、古代ギリシャを舞台にした作品も残す。**ラシーヌ**は前述の2人とは異なる、格調高い古典劇を目指し、そこで残された台詞は、最も美しいフランス語とも評価されている。

18世紀になると、思想的に古典主義は批判される。民主主義的な啓蒙思想と、本能や情念が解放された自由な文学が生まれ、近代文学が本格的に栄えることになる。

もっと深く知りたい人のための推薦図書

- **『わが名はモリエール』**鈴木康司／大修館書店
- **『「人間嫌い」の言い分』**長山靖生／光文社

099 文学・演劇

スウィフト（1667年～1745年）

人間社会の矛盾を見出し、風刺したイギリス文学の巨人

ジョナサン・スウィフトは1667年、アイルランドの首都ダブリンで生まれた、イギリス系アイルランド人（当時アイルランドはイギリスの一部）。彼はイギリスとアイルランドのはざまで悩み、晩年はアイルランドの独立と自由のためにペンで戦った。

17世紀のイギリスの文学界は、同国の政治と同じように激しく揺れた。16世紀、**シェークスピア**によって大いなる繁栄を見せたイギリス文学も彼の死後、目立った人材は生まれなかった。17世紀初頭、神への深い崇敬を持った文学が現れる。ピューリタン文学の傑作といわれる**ミルトン**の『失楽園』、さらに**バニヤン**の『天路歴程』である。ともに宗教色の強い作品であるが、これらの作品のなかにも、主体性を持つ強い人間の姿が見られる。この意味でイギリス文学は着実に進化し続けていたといえよう。これを受けて、18世紀に、より人間的な作品が生まれる。**デフォー**の『ロビンソン・クルーソー』である（1719年）。

17世紀～18世紀のイギリスは、王の権威が揺れた時代であった。2度の革命のなか、議会が権力を強めた。それでも最終的には王の権力が復活した。そんな時代である。こうした権力がころころ変わる時代のなか、文学者は人の移ろいやすさと権力の愚かさを知った。それは『ロビンソン・クルーソー』を経て発表された作品において結実する。**スウィフト**の『ガリバー旅行記』である。

この航海記では、ガリバーがさまざまな国を訪れる。訪れた国では、常識の異なる世界が広がる。ここに当時の社会に対する強い風刺がある。この意味から本書は近代文学の傑作とされるとともに、政治学の入門書とさえいわれる。

なお、『ガリバー旅行記』第3編には「空飛ぶ島ラピュータ」が現れる。**宮崎駿**はこれをもとに『天空の城ラピュタ』を制作した。

スウィフトはもともと聖職者だったが「人を憎しみ合わせる宗教はあっても、互いに愛し合わせる宗教はない」という逆説を述べている。こうしたイロニカル（逆説・反語的）な台詞からも**スウィフト**の鋭い洞察力が見られる。

もっと深く知りたい人のための推薦図書

- **『ジョナサン・スウィフトの生涯』**塩谷清人／彩流社

100 音楽

グイード・ダレッツォ（991年〜1050年）

楽譜記譜法を生み出した、音楽の発明家

中世のイタリア半島の歴史をまとめると以下のとおりとなる。476年の西ローマ帝国の滅亡後（**オドアケル**参照）、6世紀には東ローマ帝国の**テオドリック**が東ゴート王国を建国。さらに東ローマ帝国皇帝**ユスティニアヌス1世**（大帝）が東ゴート王国に侵攻し撃破。イタリア半島を東ローマ帝国の土地とした。

その後、ゲルマン人のランゴバルド王国がイタリア半島を支配したが、教皇領だけは支配できなかった。774年、フランク王国の**カール大帝**が、ローマ教皇の求めで北イタリアに侵攻、ランゴバルド王国を滅ぼす（**カール大帝**参照）。さらにその後、843年、870年の条約でフランク王国は3分割。イタリアの原形が生まれた。

962年**オットー1世**の神聖ローマ帝国皇帝就任後、しばらくローマ教皇と神聖ローマ皇帝の対立が続く。その一方で、北イタリアのフィレンツェやミラノなどは神聖ローマ帝国内で、独立した都市として発展するようになる。ヴェネチアはすでに独立した都市国家だった。

前置きが長くなったが、**グイード・ダレッツォ**が生きたのはそんな時代である。彼は10世紀末に、フィレンツェ近くのアレッツォで生まれ育った。

ダレッツォは中世イタリアの音楽教師である。もともと修道士で修道院に所属していた。そのとき聖歌隊がグレゴリオ聖歌を暗記するのが大変だったことを受けて、彼は暗記法を考案。それは四本の線の上に、四角い音符を描くという、現代につながる楽譜記譜法の原形だった。さらに彼は、**ドレミファソラシの階名も発明**した。我々が小学校で習うこの階名はイタリア語によるものであり、他の多くの国では違うものになる。

いずれにせよ、このことで劇的に音楽世界は発展することになる。当時は中世音楽が主流だったが、やがて15世紀頃にはルネサンス音楽が生まれる。さらにバロック、古典派、ロマン派、そして国民楽派を経て近代・現代音楽へ向かうこととなる。

もっと深く知りたい人のための推薦図書

- **『音楽史を変えた五つの発明』**ハワード・グッドール／白水社

101 音楽

バッハ（1685年～1750年）

17世紀バロックの時代を生きた、近代音楽の父

ヨハン・セバスチャン・バッハは、音楽一家として有名な家に生まれた。彼は、バロック音楽を完成させるとともに、古典派の創始者として西洋音楽の基礎を構築した**「音楽の父」**として知られることになる。なお、現代では「ドイツの三大B」として、**ベートーヴェン**、**ブラームス**らとともに彼の名が挙げられている。

バッハの作風は、バロックらしい豪華にして華麗な音楽だが、一方でプロテスタンティズムに基づいた厳格な教会音楽という一面も持つ。同時に対位法（複数の旋律で独立性を保ちながら重ねる技法）を用いた深く強い音楽を残している。代表作は、合奏曲では『G線上のアリア』で知られる『管弦楽組曲』、声楽曲（カンタータ）の『マタイ受難曲』など。

上述のとおりバロックの巨匠にして(古典派の創始者として)、広く音楽の基礎を築き、音楽世界を変えた彼だが、20世紀後半以降さらなる新しい評価もされている。『ゲーデル、エッシャー、バッハ』という**ホフスタッター**による科学書がある（1979年)。ここでは不完全性定理を発見した数学者**ゲーデル**と、だまし絵を描いた画家**エッシャー**と、対位法などを実現した**バッハ**を同時に論じている。**エッシャー**の作品には、建物の中を流れる水が上から下に流れているのにいつのまにか上に戻って無限にその流れが終わらない絵がある。**バッハ**のカノン（同じ旋律を、複数の声部が異なる時点から開始され演奏されるポリフォニーの一様式）も1回ごとに高い音調に転調し、ハ短調から上がり始め、またハ短調に上がっている。こうした理論上成立しないにもかかわらず、全体としては成立もする彼らの作品には、ポストモダン的思想の萌芽が見られる。実際彼らの作品には「自己言及性」や「脱構築」もあり、人工知能の限界を示唆するものとして現在でも支持されている。

このほか**ストローブ＝ユイレ**の映画に『アンナ・マグダレーナ・バッハの日記』（1968年）がある。物語性をほとんど削り落とし、**バッハ**の音楽とその妻のモノローグが静謐な映像のなか流れる同作は評価が高い。同作でも明らかなとおり、**バッハ**は晩年失明し病死した。

もっと深く知りたい人のための推薦図書

- **『バッハ＝魂のエヴァンゲリスト』**磯山雅／講談社
- **『伝記　世界の作曲家（2）バッハ』**シャーロット・グレイ／偕成社

102 音楽

ハイドン（1732年～1809年）

ウィーン古典派のもう1人の代表的人物にして、交響曲の父

ヨーロッパの音楽史は、文学史や美術史と重なるところが多い。しかし音楽とは微妙に異なる時代もある。似ているためいっしょに覚えてもいいが、違うところは押さえなければならない。

ヨーロッパの音楽史の中世以降を挙げれば、ルネサンス（15～16世紀）、バロック（17世紀～18世紀半ば）、古典派（18世紀半ば～19世紀）、ロココ（18世紀半ば）、ロマン派（19世紀）、国民学派（19世紀）、近代音楽（20世紀）、現代音楽（20世紀～）へと続く。

ここに挙げた古典派は、文学では17世紀フランスで**モリエール**らによって広まった。その流れを経て、音楽では18世紀に盛んになる。古典派の第一人者は**モーツァルト**である（**モーツァルト**参照）。

オーストリアのザルツブルクに生まれ、ウィーンで活躍した天才**モーツァルト**。彼より少し早くオーストリア北東部に生まれ、その才能を発揮したのが**フランツ・ヨーゼフ・ハイドン**である。彼もまた古典派を代表する作曲家であった。実際、彼らはウィーンで活躍し、この2人のほかに**ベートーヴェン**（**ベートーヴェン**参照）も含めて「ウィーン古典派」とも呼ばれる（**ハイドン**と**モーツァルト**は交流があったとされる）。

ハイドン自身は、幼少期は聖歌隊の一員だったが、やがて作曲家に転向。その後、その音楽が認められ、さまざまな作品を発表。母国オーストリア（当時は神聖ローマ帝国）で、その名を高める。その後、イギリス訪問によってさらに名声を高めたが、晩年に帰国。その頃時代は19世紀に入っていた。彼は1809年、**ナポレオン**によって占領されたウィーンで没する。

古典派音楽は理性を重んじる18世紀啓蒙時代を背景に、楽曲の均整感と合理的な展開が重視された作風である。この時代にソナタ形式が発展した。さらに楽種として、交響曲、協奏曲、ピアノソナタ、弦楽四重奏曲などが作られている。

ハイドンはこうした時代の背景のなか、交響曲だけで104曲も残し、「交響曲の父」ともされる。これらの楽曲は現在でも名曲として名高い。

またハイドン作曲の弦楽四重奏第77番の第2楽章に歌詞をつけた『神よ、皇帝フランツを守り給え』は、現在のドイツ国歌にも用いられている。

もっと深く知りたい人のための推薦図書

- **『ハイドンの音符たち』**池辺晋一郎／音楽之友社

103 音楽

モーツァルト（1756年〜1791年）

優美で華麗なロココの星である天才作曲家

西洋古典派音楽を代表するオーストリアの音楽家**ヴォルフガング・アマデウス・モーツァルト**。彼は交響曲、協奏曲、ピアノソナタなど生涯に600曲以上（断片的なものも含めれば900曲以上といわれている）を作曲し、西洋音楽史にその名を輝かせている。

モーツァルトは1756年にザルツブルクで生まれる。父親も音楽家であった。彼は幼児期から音楽の英才教育を受け、5歳のときに最初の作曲を行ったといわれている。幼少期は父とともに**ザルツブルク大司教**に仕えた。1769年から1771年までイタリア旅行をし、ボローニャで**ジョバンニ・バッティスタ・マルティーニ神父**に対位法やポリフォニーの技法を学んだ。1770年にはローマ教皇から黄金拍車勲章を授与される。1777年に活動拠点をザルツブルクからマンハイムに移す。1786年に『フィガロの結婚』を、1787年に『ドン・ジョバンニ』を作曲。1788年に『ジュピター交響曲』、1791年に『魔笛』を作曲した。

モーツァルトの作品の特徴は一般的にはロココ様式的色彩が強いものであるといわれている。特に前期の作品は装飾音の多い軽快で優美な旋律の曲が多く、彼の音楽の聴衆は明るく華やかなメロディーに引きこまれていく。例えば、『フィガロの結婚』の第二幕の中の『恋とはどんなものかしら』などは、今書いた特徴がよく表れている。後期になると、**モーツァルト**は軽快さよりも深さや重みを求めるように、より宗教的な色彩が強くなっている。こうした特徴は最後の作品『レクイエム』の第一楽章のドラマチックな構成に端的に表れている。

作品の優美さに反して、**モーツァルト**の人物像は下品で卑猥であったといわれている。知的なことは好まず、精神的にもかなり稚拙であったという証言が多い。スカトロジー的な表現を好み、その点でも幼児性が示されているとされている。

しかしながら、彼の音楽は**ロッシーニ**、**ショパン**、**チャイコフスキー**、**ドビュッシー**などに大きな影響を与えたが、音楽の世界だけでなく、文学においては**スタンダール**、**プーシキン**、**ヘッセ**などに影響を与え、美術においては**ドラクロワ**、**ルノワール**、**クレー**などに影響を与えた。天才**モーツァルト**はまさに甘美な芸術世界の基盤を作った大作曲家だったのである。

もっと深く知りたい人のための推薦図書

- **『モーツァルトの手紙—その生涯のロマン（上下巻）』**ウォルフガング・モーツァルト／岩波書店
- **『モーツァルトの人生：天才の自筆楽譜と手紙』**ジル・カンタグレル／西村書店
- **『モーツァルト』**吉田秀和／講談社

104 音楽

ベートーヴェン（1770年〜1827年）

西洋クラシック音楽における真の巨匠

ルートヴィヒ・ヴァン・ベートーヴェンは**ハイドン**、**モーツァルト**と並ぶウィーン古典派を代表するドイツの作曲家である。西洋音楽の巨匠として世界中に今もなお彼の名は響いている。

ベートーヴェンは1770年に宮廷歌手の子供として、神聖ローマ帝国（現ドイツ）のボンで生まれた。幼少年期は父から音楽のスパルタ教育を受けた。1787年、母が死に、アルコール中毒になった父の代わりに家計を支えるためにいくつもの仕事を掛け持った。1792年、**ハイドン**の弟子となり、ウィーンに住み始める。だが、難聴が徐々に悪化していった。

1798年に『ピアノソナタ第8番悲愴』を、1801年頃に『ピアノソナタ第14番月光』を書く。その後、自殺を決意するも断念して、いっそう作曲に打ち込む。1803年から1804年にかけて『交響曲第3番英雄』を、1807年から1808年にかけて『交響曲第5番運命』を作曲するが、1810年の40歳頃に聴力が完全に失われてしまう。その後、1823年に『荘重ミサ曲ニ長調』を、1824年に『交響曲第9番ニ短調第九』を完成する。

ベートーヴェンは音楽における巨匠であり、彼はさまざまなジャンルの多数の曲を作曲したが、それらを初期、中期、後期の三期に分けることが可能である。作曲を始めてから1801年頃までの初期は明るく活動的な作品が多いが、古典主義形式に忠実な作品を作曲している。1802年頃から1817年頃までの中期の作風は情熱的で変化に富み、ロマン主義的な特徴を持っている。1818年以降の後期では、ポリフォニックで重厚な音楽性が追求されている。

こうした**ベートーヴェン**の作品はロマン派音楽に大きな影響を与えただけでなく（**ベートーヴェン**を初期ロマン派の作曲家とする研究者も存在するが）、**ブラームス**、**ドヴォジャーク**、**シェーンベルク**、**ショスタコーヴィッチ**など**多くの作曲家に影響を与え、今もその影響力はまったく弱まってはいない**。

ベートーヴェンは天才的な音楽家だっただけでなく、彼の音楽に対するパッションはあまりにも強烈であった。聴力を失ってもなお作曲を続け、偉大なる作品を多数生み出した**ベートーヴェン**。彼はまさに音楽の世界における真の巨匠であり、彼の数々の作品は音楽史の中で、燦然と輝き続けているのである。

もっと深く知りたい人のための推薦図書

- 『**ベートーヴェンの日記**』メイナード・ソロモン編／岩波書店
- 『**ベートーヴェンの生涯**』ロマン・ロラン／岩波書店
- 『**ベートーヴェン**』吉田秀和／河出書房新社

105 美術・建築

ヤン・ファン・エイク（1395年～1441年）

本格的油彩画を誕生・完成させた、15世紀フランドルの画家

油彩画を最初に描いたのが15世紀の**ヤン・ファン・エイク**とされていたことがある。しかし現代ではこれは誤りで、10世紀末には油絵具が発明されていたというのが通説である。だが、そのような誤解を受けるのも当然なほど、**ヤン・ファン・エイク**の油彩画は優れていた。彼を生んだ背景から述べよう。

15世紀のネーデルラント（現在のベルギーとオランダ）では、フランドル地方で毛織物工業が発展し、すでに市民階級が台頭し、豊かな社会を築いていた。やがて17世紀バロックの時代になって、いっそう経済が繁栄し、市民の画家への肖像画依頼が盛んになる。だが、その時代を待たなくともすでに、15世紀フランドル画家を代表する**ファン・エイク兄弟**が、市民などの要求から肖像画や宗教画を描き、その名を知らしめていた。

ファン・エイク兄弟は、兄が**フーベルト・ファン・エイク**。そして、より代表的画家なのが弟の**ヤン・ファン・エイク**。彼らはしばしば合作し、代表作も2人で描いた、ベルギー・ヘントの聖バーフ教会にある『ヘントの祭壇画』がある。

同作は富裕な商人の依頼で描かれ、宗教画にもかかわらず、父なる神も聖母マリアも聖ヨハネも豪華な宝石で飾られている。ここからも時代背景が明らかである。

さらに同作は、まばゆい色彩に包まれ、**本格的油彩画の誕生**とも完成ともいえる。絵具の発色は優れ、精緻な質感描写がなされている。薄い透明な絵具を何層も塗り重ねた透明技法により、透明感のある画面がもたらされている。これらを通して中世絵画に見られない高い写実性が生み出されている。加えて同作では、風景が空気遠近法（色とコントラストを使った遠近法）によって捉えられている。これは**ダ・ヴィンチ**よりも約80年も先んじている。

ヤンは『ニコラ・ロランの受胎』などでも空気遠近法を用い、奥行きのある空間表現をした。また代表作の『アルノルフィーニ夫妻像』でも画面の中に、油絵ならではの微妙な陰影をともなった、凸面鏡の中のゆがんだ空間を描いている。このような絵画をもって、彼は（広義の）北方ルネサンスの巨匠として評価される（盛期ゴシックに含まれることもある）。

もっと深く知りたい人のための推薦図書

- **『ヤン・ファン・エイク　光と空気の絵画』**小林典子／大阪大学出版会
- **『西洋絵画の巨匠12　ファン・エイク』**元木幸一／小学館

106 美術・建築

ボッティチェリ（1444年～1510年）

神話をテーマに世紀の傑作を残した、ルネサンス初期代表画家

ヨーロッパの美術は、おおむね古代ギリシャ美術・ローマ美術に始まる。中世に入ると初期キリスト教美術や、ビザンティン美術（東ローマ帝国内）が栄える。さらに西ヨーロッパでは初期中世美術、ロマネスクを経てゴシックに至る。時代はゴシックまでの14世紀頃までを中世と見なし、15世紀頃に始まる初期ルネサンスとともに美術の近代が始まる。

ルネサンスとは、ギリシャ・ローマ時代に生まれた芸術の復活・再生の意味である。つまり中世のゴシックまでの芸術を否定し、古典に戻ろうという運動である。この運動によって、美術の様式はいくつもの点で大きく変わった。

一つは作品のモチーフである。中世絵画がキリスト教の宗教画ばかりであったのに対し、ギリシャ神話などがモチーフになり、ルネサンス以降は肖像画なども広く描かれるようになる。さらに、遠近法を用いることで高い写実性をもって描かれるようになった。これにより、神の荘厳さと、神という手の届かない2次元的世界を描くことが目的だった中世から解放され、より現実的な3次元の人間世界が描かれるようになった。これは人間性の回復でもあった。

サンドロ・ボッティチェリは、このルネサンスの初期を代表する画家である。彼は、新プラトン主義の影響とともに、イタリア・フィレンツェのメディチ家の庇護を受けて活躍する。メディチ家のもと、当時のフィレンツェは富で潤った。この影響を受け、彼の前半生の作風は極めて優雅で華やかである。

彼の代表作は『春（プリマヴェーラ）』と『ヴィーナス誕生』。ともに、ギリシャ神話をモチーフに描いた作品であり、この意味でもルネサンスを代表する。『春』では、ヴィーナスらとともに、無数の草花（花だけで190種類ともいわれる）が精緻に描かれ、高い写実性とともに、高い装飾性も特筆される。また『ヴィーナス誕生』は、キャンバスに描かれた最初期の大作としても意義が指摘されている。

なお、**ボッティチェリ**は1501年頃には制作をやめ、やがて貧困のもとに生涯を終える。

もっと深く知りたい人のための推薦図書

- **『ボッティチェリ』**ブルーノ・サンティ／東京書籍
- **『ボッティチェッリの裏庭』**梶村啓二／筑摩書房

107 美術・建築

レオナルド・ダ・ヴィンチ（1452年～1519年）

ルネサンスが生んだ万能型の天才芸術家

イタリアのルネサンス期を代表し、ルネサンスの三大巨匠の一人とされている天才**レオナルド・ダ・ヴィンチ**は『モナリザ』や『最後の晩餐』といった絵画作品を描いた画家として有名であるが、彼の才能は絵画だけではなかった。

その功績は数学、音楽、建築学、土木工学、解剖学、物理学、流体力学、地理学、地質学などさまざまな分野に及んでいる。まさにルネサンス期最大の天才であったといえる。ここでは最初に画家としての**ダ・ヴィンチ**、次に発明家・研究者としての**ダ・ヴィンチ**を、さらにルネサンスにおける彼の位置について、最後に後世の人々の彼に対する評価について述べていく。

画家として彼は美術史上の傑作を何点も描いたが、**ダ・ヴィンチ**の作品は彼の豊富な学識に基づき、オブジェの配置構成の独創性、人物の表情やポーズの緻密な計算による感情表現、色調の繊細な描写など当時の絵画界では群を抜く才能と技術を示すものであった。それゆえ、彼が「神の手を持つ男」と称されたのも当然のことであった。

ダ・ヴィンチの代表作である『モナリザ』を例に取ってみよう。1503年から1506年にかけて制作されたと考えられているこの作品は、美術史上最高傑作といわれるものであるが、構図的な正確さ、だまし絵的な技法、謎の微笑みなど多くの点でこの絵の鑑賞者の興味を引き続ける絵画となっている。この作品を描いた**ダ・ヴィンチ**はまさに天才というにふさわしい人物であったのだ。

発明家・研究者としてまず彼が解剖学的研究に熱心であったことは有名であり、詳細な解剖図を多数描き残しており、解剖学に関する手稿も残されている。

彼は単に人間の身体器官を描いただけではなく、それぞれの器官の機能的側面の緻密な観察も行っている。また、加齢による身体の変化や生理学的観点から見た感情表出も記録している。彼が発明あるいは考案した装置としては、自動糸巻機、針金の強度検査機、水圧ポンプといった実用的なものだけではなく、迫撃砲、戦車、ヘリコプターといった兵器などもあり、彼の発明品や考案した機械は近代科学の発展に大きく寄与している。

だが、天才**ダ・ヴィンチ**は孤高の画家や研究者ではなく、彼の社会的関係図は多岐にわたっていた点も強調しておく必要がある。

画家では師である**ヴェロッキオ**や兄弟子に当たる**ボッティチェリ**、政治関係者では、当時のフィレンツェを支配していた**ロレンツォ・メディチ**、ミラノ公**ルドヴィーゴ・スフォルツァ**、ヴァレンティーノ公**チェーザレ・ボルジア**、フランス国王**フランソワ1世**、哲学者の**フィチーノ**や**ピコ・デラ・ミランデラ**、数学者の**ルカ・パチョーニ**など名だたる名士と知遇を得、交友している。**ダ・ヴィンチ**は芸術部門だけでなく、政治、軍事、学問といった部門で、ルネサンス期の中心に位置する人物であったのである。

こうした**ダ・ヴィンチ**を後世の人々がどう評価しているかという点についても書いておかなければならない。彼が生前からその才能を高く評価されていたことは、彼の晩年にフランス国王**フランソワ1世**が**ダ・ヴィンチ**を手厚くもてなし、彼の創作活動を惜しみなく援助したことからも理解できる。だが、その名声はルネサンス期にとどまらず、現在に至るまで衰えることはない。特に彼の描いた『モナリザ』は**ダ・ヴィンチ**の代名詞とも呼び得る存在として、世界中のあらゆる人々に知られる絵画作品となっている。そして、偉大な作品ゆえに、**マルセル・デュシャン**や**サルバドール・ダリ**といったダダイストやシュールレアリストは『モナリザ』のカリカチュアを描き、**アンディ・ウォーホル**は『モナリザ』が30枚プリントされたシルクスクリーン作品を発表した。そして、そうした作品さえもが大きな話題となったのである。

このように見ていけば、**ダ・ヴィンチ**は歴史上稀に見る万能型の大天才であったが、彼の名声を今も輝かせ続けているものは、やはり画家としての才能であったと述べることができるであろう。

もっと深く知りたい人のための推薦図書

- **『よみがえる最後の晩餐』**片桐頼継／日本放送出版協会
- **『レオナルド・ダ・ヴィンチ　生涯と芸術のすべて』**池上英洋／筑摩書房
- **『レオナルド・ダ・ヴィンチ（上下巻）』**ウォルター・アイザックソン／文藝春秋

108 美術・建築

ミケランジェロ（1475年～1564年）

理想的人体表現を追求しながら、世紀の大作を制作

盛期イタリア・ルネサンスの三大巨人は、**ダ・ヴィンチ**、**ラファエロ**、そして**ミケランジェロ・ブオナローティ**である。この3人の中で、一番年下の**ラファエロ**がほかの2人に敬意を抱いていたのに対し、**ミケランジェロ**は2人（特に**ダ・ヴィンチ**）にライバル心を持っていた。実際、万能の天才**ダ・ヴィンチ**が人間を含めた森羅万象に興味を持ち、しばしばその作品で風景を巧みに描き出したのに対し、**ミケランジェロ**は彫刻、絵画、建築、詩などで傑作を残しつつも、あくまで人間の理想的肉体美を追い求めたという対照的な一面も持つ。

ミケランジェロは、トスカーナ州のカプレーゼに生まれる。その後フィレンツェに出て、芸術家として出発をする。しかし1494年、後援者の**ロレンツォ・メディチ**が死亡するとともに、修道士**サヴォナローラ**が登場したことで、極端な神権政治のもと自由な芸術活動ができなくなる（**コジモ・デ・メディチ**参照）。

ミケランジェロは、ローマの枢機卿に認められ、ローマに移る。1496年、彫刻『バッカス』を発表。しかし同作は裸体像だったため、枢機卿は受け取りを拒否した。この後、彫刻『ピエタ』を発表。同作は、人間らしい美しい聖母像として高い評価を受けている。その後、**ミケランジェロ**は、**サヴォナローラ**が処刑されるとともに、フィレンツェに帰還する。

1504年、彫刻『ダヴィデ』発表。同年、フィレンツェの政庁舎の壁画として『カッシーナの戦い』の制作を始める。対面には**ダ・ヴィンチ**の『アンギアーリの戦い』が飾られる予定だったが、どちらも途中でフィレンツェを去ったため、未完成に終わる。

1508年にはローマ教皇**ユリウス2世**の命で、ヴァチカン・システィナ礼拝堂の天井画を描き始め、1512年に完成する。フレスコ（画法の一種）で描かれたこの世紀の大作は聖書の『創世記』に基づく九つの場面からなる作品である。『楽園追放』や、父なる神とアダムとの指が触れ合う『アダムの創造』が有名である。

この後、彫刻や建築の設計などを行い、1534年になると、ローマ教皇**クレメンス7世**の依頼により、システィナ礼拝堂の祭壇画として『最後の審判』も描いた。この大作は1541年に完成している。1546年には、ヴァチカンのサン・ピエトロ大聖堂の改築の設計を依頼される。彼はその後も創作意欲が落ちることなく、晩年まで絵画や建築などの制作・設計を行い、当時としては極めて長命の88歳にして没している。

ミケランジェロは気難しく偏屈な性格だったとされ、ほとんど弟子がいなかった。当時は多くの弟子を持ち、工房で制作するケースも多かったが、**ミケランジェロ**はほぼ一

人で作品に臨んだ。また、同性愛者ともいわれ、**ダ・ヴィンチ**同様、生涯結婚することはなかった。

一方、**ミケランジェロ**は、画家よりも彫刻家であることを本業と自認していた。このことからも彼が、いかに人間の身体像に興味を持っていたかがわかる。ここで、彼の代表作を改めて解説する。

彫刻『ダヴィデ』は、調和の取れた力強い人間像を、人体に関する正確な知識に基づき、『旧約聖書』の題材から彫刻作品として作り上げたものである（ただし、身体の各部位は均衡の取れたものではない）。

同作でも明らかなように、彼の作品の多くには、人間の隆々としてたくましい筋肉を強調して表現したものが多い。これは、ヘレニズム彫刻（紀元前4〜紀元前1世紀）にも見られたものである。しかしその後の、神を絶対視した中世の絵画などにはまるで見られなくなったもので、この意味でも**ミケランジェロ**は人体の理想的な美の世界を具現化した芸術家といえる。彼の前に、彫刻の世界では、すでに初期ルネサンスとして**ドナテッロ**（1386年〜1466年）のような人物も出ていた。彼の『ダヴィデ』も美しい肉体美で、ルネサンス彫刻らしい作品である。ただ、同じダヴィデ像として比較してみると、**ミケランジェロ**のほうが、より力強く、**ミケランジェロ**が筋肉美を追求していることがわかる。

絵画でもこの傾向は強い。フレスコ画『最後の審判』では、中央上部に**イエス**が手を挙げ、死者に裁きを下している。**イエス**の周りに聖母**マリア**や聖人たちが描かれているのに対し、下部には地獄に落ちる死者の姿が描かれる。描かれる人物は400人以上とされるなか（その多くが裸体）、**イエス**や聖人たちは、格闘家のように厚い胸板を持つ筋肉隆々の男として描かれている。

ミケランジェロの代表作には、このほか『聖家族』のような絵画もある。聖母**マリア**をモチーフにした作品だが、力強くひねった人体像は、マニエリスムという次世代の芸術への影響を与え、彼自身、後期の作風がマニエリスムに分類されることもある。マニエリスムは、**ミケランジェロ**の様式を模倣しただけの創造性の欠如したものと長い間批判されてきたが、20世紀以降評価されている（**エル・グレコ**参照）。

もっと深く知りたい人のための推薦図書

- **『図説ミケランジェロ』**青木昭／河出書房新社
- **『ミケランジェロの生涯』**ロマン・ロラン／岩波書店

109 美術・建築

デューラー（1471年〜1528年）

優れた自画像を残し、北方ルネサンスを生んだドイツ絵画の父

ルネサンスはイタリアで生まれ、**ダ・ヴィンチ**ら美の巨人を生んだ。そのほぼ同時代、イタリア（アルプス）より北の国々でも新しい芸術傾向が生まれた。これを北方ルネサンスという（広義の北方ルネサンスは、15世紀前半の**ヤン・ファン・エイク**も含むが、狭義では15世紀末以降となる）。

この北方ルネサンスの代表画家である、ドイツの**アルブレヒト・デューラー**は、15世紀末から16世紀初頭にかけ、2度のイタリア旅行を通じて、イタリア・ルネサンスに触れた。これによって、イタリアで生まれたルネサンスが、ドイツに本格的に伝わることになる。

デューラーは、ルネサンスの絵画理論（理想的人体表現と空間表現）と、優れた写実性をドイツ絵画に導入した。また、彼は油彩画のみならず、木版画や銅版画、水彩画などで多様な作品を残した。

銅版画の『メランコリアⅠ』では、翼のある人物がコンパスを持ち、もの思いにふけっている。この作品はさまざまな解釈がなされるが、**デューラー**の人文主義的思想に基づいたものとされ、その精緻な技巧は卓越している。水彩画の代表作は『野うさぎ』である。克明に自然を観察した本作は高い写実性を生んでいる。

油彩画では、自画像を多く描いた。なかでも『1500年の自画像』は、黒い背景に**イエス・キリスト**に似せた自分の顔が描かれている。正面からほぼ左右対称に描かれた本作は、一度見たら忘れられない迫力を持ち、西洋絵画史上、自画像の最高傑作ともいわれる。これは彼の信仰心とともに、自身を**イエス**になぞらえながら理想的人間像を表現しようとしたものである。

なお、この北方ルネサンス期のドイツには、同時代人に**クラーナハ**や**ホルバイン**のほか、彫刻家である**リーメンシュナイダー**もいる。

この時代、**ルター**の宗教改革（1517年）があり、プロテスタントは宗教美術を否定した。このため**ホルバイン**などは宗教画から肖像画に描くジャンルを変えたという、揺れ動いた時代でもある。ただ**デューラー**自身は、晩年も神聖ローマ皇帝の肖像画や、聖人の画などを描き、その生涯を終えた。

もっと深く知りたい人のための推薦図書

- **『デューラーの芸術』**越宏一／岩波書店
- **『ドイツ・ルネサンスの挑戦』**田辺幹之助ほか／東京美術

110 美術・建築

ラファエロ（1483年〜1520年）

ルネサンス様式を完成させた、究極的調和美

今から500年前はルネサンスの盛期であった。15世紀後半の**ボッティチェリ**までを初期ルネサンスとし、15世紀末から16世紀前半まで活躍した**ダ・ヴィンチ**以降を盛期ルネサンスと呼ぶ。盛期ルネサンスの三大巨人は**ダ・ヴィンチ**と**ミケランジェロ**と**ラファエロ**である。**ラファエロ**はこの年上の2人から多くを学び、それを乗り越えようとした。

ダ・ヴィンチが科学的に正しい比例を持った人体表現と、背景にある自然にまで関心を持って描いたのに対し、**ミケランジェロ**は理想的な人体表現を中心に創作を行った。**ラファエロ**は彼らの影響を受けながら、彼ら以上の世界を描こうとした。つまり優美で繊細な人物像であり、それが背景などとも高いレベルで調和した美の世界である。彼の作品をもってルネサンス様式の完成と評価されることも多い。

これは後述する彼の代表作『アテナイの学堂』からも明らかである。また『小椅子の聖母』や『ひわの聖母』などには、**ダ・ヴィンチ**の『モナリザ』などとは異なり、親近感を持てる可愛らしい聖母**マリア**とその幼子**イエス**の姿が見られ、温かい愛が感じられる。

ラファエロは、早くに両親と死別したとはいえ、良家に生まれ、両親の遺産も多く預かった。美男子だったため、37歳で死ぬまで幸福な女性経験をしたとされる。

これに対し、同じく若い頃美男子であった**ダ・ヴィンチ**は同性愛者であった。彼が描く女性の多くには、手の届かないような神秘的な美が溢れる。一方で、**ミケランジェロ**もまた同性愛者であった。彼の描く女性には、筋肉質なある意味男性的な美がある。ただその一方で、**ミケランジェロ**は母を早く亡くしたためか、時に『ピエタ』のような柔らかで母性的な美を追究した作品も見られる。

この2人に比べれば、ある意味、幸福な生涯を送ったともいえる**ラファエロ**の作品からは、現代人でも比較的たやすく感情移入できる優しい調和の美が見出せる。

ラファエロは建築作品を含め、多くの代表作を残したが、特に重要なのはローマ・ヴァチカン宮殿に残した『アテナイの学堂』（1509〜1510年）である。古代ギリシャの哲学者を描いたこの絵画の中では、自らを含めたルネサンス三大巨人がモデルに描かれている。ここでも人物と背景は緻密に結びついた調和的美を奏でている。

もっと深く知りたい人のための推薦図書

- **『ラファエロの世界』**池上英洋／新人物往来社
- **『誰も知らないラファエッロ』**石鍋真澄、堀江敏幸／新潮社

111 美術・建築

ブリューゲル（1530年〜1569年）

寓意に満ちた風俗・風景画を描いた、16世紀フランドルの奇想画家

ネーデルラント（現在のベルギー・オランダ）では15世紀前半、初期フランドル画家**ヤン・ファン・エイク**が、イタリア・ルネサンスに大きな影響を与えた。しかし16世紀になると、ネーデルラントの画家たちは、一転してイタリア盛期ルネサンスを手本とした。そんな時代、ネーデルラントには美術界に名を残す2人の異才が登場した。1人は**ヒエロニムス・ボッス**（1450年〜1516年）、もう1人が**ピーテル・ブリューゲル**である。

ボッスは、『快楽の園』や『聖アントニウスの誘惑』などの代表作を残す。特に、三連祭壇画（左に天国、真ん中に現世、右に地獄）からなる『快楽の園』には、無数の奇妙な生物・怪物たちが描かれ、幻想的で奇怪なイメージに溢れる。これらは、彼の死から十数年後に生まれた**ブリューゲル**に強い影響を与えた。

ブリューゲルの代表作『死の勝利』では、ボッスの描いた地獄と似たイメージで、骸骨や奇怪な生物たちがはびこり、斬首されそうな人の姿など、終末の世界が描かれている。これには人間にとって死が必然であることを認識すべきという教訓が込められている。また聖書をもとに描いた『バベルの塔』も代表作である。ここでの教訓は、増長した人間は罰されるというものである。

このように**ブリューゲル**の絵画には教訓やことわざ、風刺、寓意を含んでいるものが多い。彼には『農民の婚宴』など、農民の生活を描いた作品もある。そこで彼は、ただ温かく農民の姿を描くのではなく、粗野な農民に人間の愚かさを重ね合わせて、これを教訓にして描いた。

また彼は風景画においても優れた技術を見せ、『雪中の狩人』は田園風景画の最高傑作とされる。簡潔ながら力強い構図は、この風景画に限らず、彼の画風に見られる特長である。

このように**ブリューゲル**は**ボッス**の影響を受けながら、幻想的な作品に限らず、風俗画や風景画など広いジャンルで、時に教訓や寓意を込めて優れた作品を残した。まさに奇才である。

もっと深く知りたい人のための推薦図書

- **『ブリューゲルの世界』**森洋子／新潮社
- **『ブリューゲルへの招待』**朝日新聞出版

112 美術・建築

エル・グレコ（1541年〜1614年）

マニエリスムを代表する、ギリシャ生まれの巨匠

15世紀イタリアに興ったルネサンスは、16世紀前半頃から、その様式に変化が起こる。17世紀前半まで続くこの時代の芸術傾向をマニエリスムという（この時代の後にバロックが生まれる）。

もともとマニエリスムは、イタリア語の「マニエラ（様式）」に基づき、現在の「マンネリ」の語源にもなった言葉である。これは創造性を失った模倣芸術という意味で、かつては批判的に用いられた。特に16世紀の盛期ルネサンス以降に生まれた画家たちが、**ミケランジェロ**の創り出した「型」を反復するだけの模倣に終わったという批判である。しかし20世紀に入って、こうしたマニエリスム芸術の再評価がなされた。

マニエリスムは、広義では**ミケランジェロ**後半の作風も含めていうもので、イタリアでは**ポントルモ**や**パルミジャニーノ**らが代表画家である。これらの作品には、首や腕が異常に長いなどの不自然な長身化や、身体を極度にひねったポーズなどが見られる。極端な遠近法なども含めて、反自然主義的な画風といえる。リアリズムが古代から鑑賞者たちに評価されてきた一方、こうした反リアリズムもその非現実性で鑑賞者たちを驚かせその心を摑んだ。**エル・グレコ**も、非写実的な引き伸ばされた身体など独特の画風で絵画史に名を残した。

ギリシャのクレタ島で生まれた**エル・グレコ**（「ギリシャ人」の意：本名**ドメニコス・テオトコプーロス**）は、ヴェネチアでの修業を経てスペインに渡り、同国で代表的作品を創作し、生涯を終える。

彼の最大の代表作は『オルガス伯の埋葬』である。世界三大絵画ともされる同作（**ベラスケス**参照）では、下半分に埋葬されるオルガス伯たちがいる現世が、上半分に**イエス**や聖母**マリア**や聖人たちの天界が描かれ、ダイナミックな空間が構成されている。ここに描かれる人物も長い腕などを持ち、背景を持たない非現実的空間とともに、マニエリスムの特性を見せる。一方で、同作には大胆な筆致と、多くの色彩の見事な調和が見られる。**グレコ**はその精密な陰影とともに、しばしば青色の背景などの鮮やかな色彩表現でも特筆される画家である。

もっと深く知りたい人のための推薦図書

- **『エル・グレコのまどろみ』**ジャン・ルイ・シェフェール／現代思潮新社
- **『もっと知りたいエル・グレコ』**大高保二郎、松原典子／東京美術

113 美術・建築

カラヴァッジョ（1571年〜1610年）

劇的な光と闇を描き、バロックの扉を開いた「悪童」

15世紀前半に生まれたイタリア・ルネサンスは、16世紀のマニエリスムを経て、16世紀末頃からバロックの時代に入る。この時代の先駆けとなったのが、**ミケランジェロ・メリージ・ダ・カラヴァッジョ**である。

ミラノで生まれた彼は、喧嘩がもとでローマに移り住んだ。ローマで画家として成功を収めた彼だったが、裏社会とも関係を持った。やがて1606年、トラブルから人を殺してしまう。殺人犯として指名手配を受けた彼は、ローマの司法権の及ばないナポリに逃亡する。その後、マルタへ移った彼はここでも喧嘩騒ぎを起こし、投獄される。しかし脱獄した彼はシチリア島などを経て、恩赦を受けローマに戻ることになったが、その途中で病死したとされる。

バロックには、いくつか特徴があるが、光の効果を追求したところが特筆されている。**カラヴァッジョ**の画風は、この光という意味で、新しい絵画の時代の扉を開いたといえる。

彼の作品には光と影の強烈な明暗対比が見られる。これは17世紀のバロック画家**レンブラント**にもつながる（**レンブラント**参照）。もともとルネサンス期にキアロスクーロ（明暗法）が盛んになったが、**カラヴァッジョ**は、より明暗をはっきりとさせ、そうした画面のなかに、高い写実性で人物を描いた。

代表作の『聖マタイの召し出し』では、一条の光が闇の中を貫いている。このなかで**イエス**に指をさされる**マタイ**らの姿が劇的に描かれる。ここには聖人たちが、ふつうの人間による風俗画のように極めて写実的に描かれる一方、スポットライトを浴びた舞台の1シーンのようにも映し出される。この高い写実性と演劇性からは、**マタイ**ら人物たちの内面の葛藤までが読み解ける。それまでの宗教画の多くが、聖者たちを神々しく描いたのに対して、**カラヴァッジョ**は現実的な庶民の姿を借りて聖人を描いた。これは聖の俗化ではなく、現世における神の顕現を表現しようとしたものとされ、より身近なものとして神が捉えられる。**カラヴァッジョ**は宗教画のみならず風俗画・肖像画・神話画なども描いた。ほかに代表作は、『バッカス』『果物籠を持つ少年』『聖パウロの改心』『ロレートの聖母』などであった。

カラヴァッジョは素行が悪く、その人生も波乱万丈であった。

もっと深く知りたい人のための推薦図書

- **『カラヴァッジョの秘密』**コスタンティーノ・ドラッツィオ／河出書房新社
- **『西洋美術史』**高階秀爾監修／美術出版社

114 美術・建築

ルーベンス（1577年〜1640年）

17世紀バロックを代表する、フランドルの「画家の王」

美術の世界は、15世紀前半頃に生まれたルネサンスから、マニエリスムを経て、16世紀末頃からバロックに至る。17世紀に全盛となったバロックは、ネーデルラント（現在のベルギー・オランダ）で栄え、偉大な画家を生み出した。その一人が、**ペーテル・パウル・ルーベンス**である。

バロックの語源は、ポルトガル語の「ゆがんだ真珠」とされ、それまでの美術様式を逸脱する意味が込められている。バロックの特徴として、劇的で大胆な画風がある。この劇的効果の追求は、バロックの先駆者の**カラヴァッジョ**にも見られる。彼より6歳年下のフランドル（現ベルギー）の画家**ルーベンス**は、彼の影響を受けつつ、彼とは異なるバロックの歴史を築いた。

ルーベンスの数多い代表作のなかでも、アントウェルペン大聖堂祭壇画の『キリスト昇架』と『キリスト降架』は名高い。児童文学作品『フランダースの犬』で、ネロ少年が最期に見た絵画がこの『キリスト降架』である。この十字架にかけられる**キリスト**と、十字架から降ろされる**キリスト**の2作品はともに、ダイナミックな斜めの構図で描かれている。ルネサンスまでの構図が三角形を基本としたのに対し、時に斜めに貫く構図もまたバロックの特徴の一つである。

また、この巨大な2作では、**ミケランジェロ**の影響を受けた筋肉質の**キリスト**が描かれ、その激しい感情表現とともに、豊かな色彩や明暗のある劇的構図が、見る者を圧倒する。こうした祭壇画は、17世紀フランドルでのカトリック復興の機運もあって多く描かれた。

ルーベンスは全般的に大作も多く、壮麗で活力に満ち溢れている。また豊かで輝かしい色彩と柔らかい筆致も特徴であり、絵画史からはずせない巨人である。彼の作はジャンルも神話画、宗教画、風景画、肖像画など幅広く、残した作品の全体数も多い。人気画家であった彼は注文を処理するため工房を組織し、工房による作品も多く残した。

また、宮廷画家としても活躍した上に、外交官としても活躍し、**「王の画家にして画家の王」**とも呼ばれた。

もっと深く知りたい人のための推薦図書

- **『ペーテル・パウル・ルーベンス』**中村俊春／三元社
- **『ルーベンスが見たヨーロッパ』**岩渕潤子／筑摩書房

115 美術・建築

ベラスケス（1599年～1660年）

スペイン絵画の黄金時代を築いた、バロックの宮廷画家

16世紀、スペインはハプスブルク家のもと「太陽の沈まぬ帝国」を築いた。

しかし、1588年のアルマダの海戦で「無敵艦隊」がイギリスに敗れ、その国力は低下した。こうして迎えた17世紀だが、スペインはこの時代に**ディエゴ・ベラスケス**という巨匠を生み、スペイン絵画の黄金時代が幕を開ける。

ベラスケスは、国王**フェリペ4世**に認められ、宮廷画家としてその画家の生涯を送る。彼が宮廷内で描いた代表作の『ラス・メニナス（女官たち）』は、絵画史に残る傑作である。事実『ラス・メニナス』は、世界三大絵画の一つともされる。

なお、この「世界三大絵画」は同作以外に**エル・グレコ**の『オルガス伯の埋葬』、**レンブラント**の『夜警』、**ダ・ヴィンチ**の『モナリザ』の計4作が、組み合わせを変えながら挙げられる。

『ラス・メニナス』というこの大作は、スペインの王女**マルガリータ**を中心にした集団肖像画である。ここには、大きな画布を前にした**ベラスケス**自身と、鏡と侍女（女官）たちが描かれており、彼らはみなひとつのほう（前方）に向けて視線を送っている。それは鑑賞者である我々であるとともに、本来鑑賞者の側に立っているはずの人間、つまり**フェリペ4世**国王夫妻に送られたものである。それは画面中央左奥にかかっている鏡に国王夫妻が映っていることからも明らかである。

さらに画家までが鑑賞者のほうを向いて、絵を描いている。この複雑な構造によって、モデル＝国王≒我々鑑賞者という解釈もでき、この画の前に立った鑑賞者が画中空間に取り込まれる。本作で画家が誰を描いていたかについては、国王夫妻ではなく画家の目の前にいる王女ともいえ、多様な解釈が可能な作品となっている。

こうした構造だけでなく、バロックならではの明暗のコントラストがつけられた、高い写実性も特筆される。

もっと深く知りたい人のための推薦図書

- **『ベラスケス　宮廷のなかの革命者』**大高保二郎／岩波書店
- **『ベラスケスとプラド美術館の名画』**中央公論新社

116 美術・建築

レンブラント（1606年〜1669年）

17世紀オランダ・バロックの巨匠にして、光の魔術師

17世紀バロックを代表する画家は3人挙げられるだろう。スペインの**ベラスケス**と、南ネーデルラントの**ルーベンス**、そして北ネーデルラントの**レンブラント・ファン・レイン**である。

ネーデルラントの南北の違いは大きい。北部（オランダ）がスペインから独立する一方、南部（ベルギー）はスペイン領のままであった。スペインと同じカトリックの南部では宗教画も描かれ、**ルーベンス**も優れた宗教画を残した。これに対し北部オランダでは、宗教美術を否定するプロテスタントが強く、経済発展のなか裕福な市民がわかりやすい絵画を求めた。これによって肖像画のほか、風景画、風俗画、静物画の発展をもたらす。特にそれまで低い扱いを受けてきた風景画と静物画が数多く描かれるのは、17世紀バロックの特徴である。一方、**レンブラント**は、こうした時代のなか、**集団肖像画で優れた作品を残す**。『夜警』である。

大作『夜警』は、世界三大絵画の一つともいわれる（**ベラスケス**参照）。市民自警団によって依頼された本作であるが、記念写真のように人々が整列するのではなく、一見秩序なく描かれている。一方で市民たちは生き生きと臨場感溢れて描かれている。また、強い明暗対比が行われ、スポットライトを浴びたような劇的空間が生み出されている。本作に限らず、**レンブラント**の作品には、光と影による劇的効果がもたらされ、バロック絵画の特徴を示している。だが、『夜警』は平等に人物を描かなかったため、注文主には極めて不評だった。

彼の代表作はほかに『テュルプ博士の解剖学講義』がある。これも集団肖像画といえるが、ここでも記念写真的な描き方はされず、解剖実習を行う医師と遺体を中心に、それを見る学生たちを劇的に描き出している。解剖される筋肉や腱は正しい医学的知識に基づいて描かれ、この意味でも同作の意義は高い。

レンブラントは個人の肖像画や、自画像も多く残した。衣服などの細かい装飾を高い技術で描く一方、赤褐色などを基調にした色彩のもと、微妙な人間の表情がこれも闇の中に光を受けて浮かび上がる。また、彼はオランダ画家では珍しく宗教画も描き『ペテロの否認』では、聖書をテーマに人間の内面も描き出した。

もっと深く知りたい人のための推薦図書

- **『レンブラント　光と影のリアリティ』**熊澤弘／角川書店

117 美術・建築

ヨハネス・フェルメール（1632年〜1675年）

17世紀オランダの日常風俗を描いた、静謐な光の画家

フェルメールが画業を始めたのは17世紀中頃。オランダの最も繁栄した時代である。プロテスタント国であったオランダでは、カトリックならではの宗教画は敬遠され、豊かな市民の依頼などによる風俗画が好まれた。**フェルメール**もこうした時代の中、庶民の日常をモチーフにした風俗画を主に描いた（初期には宗教画なども描いた）。

フェルメール自身は、生前から評価された画家であり、当時高価であったラピスラズリ（瑠璃色の石）を原料としたウルトラマリン（青）の色を使って、代表作の**『真珠の耳飾りの少女』**などを描いたことでも知られる。この青を「フェルメールブルー」と呼ぶ。このほか代表作は『牛乳を注ぐ女』『レースを編む女』など。

フェルメールの風俗画の多くには、1人または少数の人物（主に女性）が描かれている。そこでは牛乳を注いだり、手紙を書いたり読んだりという些細な日常的行為が繰り広げられている。このようなある意味、地味なモチーフを用いつつも、白い点を並べてハイライトとなす手法を駆使した画面には、穏やかな光が部屋の中を満たし、日常生活を超越した緻密にして静謐な美が描き出されている。

かつて風俗画は宗教画より劣ったものと見られていたが、オランダにおけるバロックによって近代絵画の新しい可能性が見出される。17世紀オランダ絵画は、**フェルメール**より年上のバロックの巨人**レンブラント**をはじめとする多くの画家を輩出。彼らは風俗画以外にも風景画、静物画、肖像画、歴史画などのジャンルの作品を生み出した。

14〜16世紀のルネサンスは、それまでの明確な遠近法を持たない中世宗教画から画家を解放したものの、依然宗教画をモチーフにすることが少なくなかった。**フェルメール**らにおいて、風俗画として、より高いレベルで日常が描かれることになった。
しかし、ほぼオランダのデルフトを出なかった彼は寡作でもあり、現存する作品数は35作前後とされるが、真贋の不明な作品も多い。

もっと深く知りたい人のための推薦図書

- **『フェルメールへの招待』**／朝日新聞出版
- **『フェルメール全点踏破の旅』**／朽木ゆり子・集英社

118 その他

マルコ・ポーロ（1254年～1324年）

『東方見聞録』を記し、新時代の幕を開けた冒険家

イタリアの冒険家**マルコ・ポーロ**は『東方見聞録』（このタイトルは和名で、一般的には『世界の記述』である）の作者として知られている。彼は海外との貿易で財を成したヴェネチアの商人の子として生まれたといわれている。父の家業を継ぎ商人となった**マルコ・ポーロ**は1271年に弟とともにシルク・ロードを通って東方に向かう大旅行を開始した。そして、元の都の大都（現在の北京）まで到着し、元の皇帝**フビライ・ハン**に謁見する。**フビライ・ハン**は**マルコ・ポーロ**を手厚くもてなし、彼は17年間元に留まった後、1295年にヴェネチアに戻った。しかし、ヴェネチアとジェノヴァとの戦争が始まり、**マルコ・ポーロ**はジェノヴァ軍に捕らえられ、数カ月間捕囚生活を送る。そこで口述筆記されたものが『東方見聞録』である。

マルコ・ポーロの旅行は当時のヨーロッパにほとんど知られていなかったアジア諸国の貴重な情報をもたらした。それはアジア諸国の政治形態、風俗や文化、都市の描写、貨幣、言語など多岐にわたっている。また、**中国の陶磁器、方位磁石、そして、スパゲッティの原型となった麺の作り方もマルコ・ポーロがもたらした**といわれている。さらに、『東方見聞録』には黄金の国ジパングとしてヨーロッパで初めての日本の記述が見られる。彼の情報は不正確な点も多かったが、ヨーロッパの人々の知識欲を掻き立て、異国に対する強いあこがれの思いを生み出させた。

マルコ・ポーロのこの本は、新世界を目指す大航海時代に向かう西欧の冒険家の情熱に火をつける効果ももたらした。ヨーロッパ内部での通商や政治関係だけでなく、遠い未知の国との交易や外交関係を結ぶため、また、軍事的な情報収集を目的で多くの冒険家たちが、**マルコ・ポーロ**のような大きな旅を行った。だが、**マルコ・ポーロ**とは違い海路による冒険を行った。その理由は方位磁石から羅針盤が作られ、それによって海の航海がより安全になったからである。このように**マルコ・ポーロ**は冒険家としてだけでなく、新時代を築くための大きな礎を残したのである。

佐藤優の言葉

『東方見聞録』でマルコ・ポーロは、ジパング島（日本）の異教徒（非キリスト教徒）には人肉を食べる習慣があると書いている。この偏見が、今日も欧米人の日本人観に悪影響を及ぼしている。

もっと深く知りたい人のための推薦図書

- **『完訳東方見聞録』**愛宕松男／平凡社
- **『マルコ・ポーロと世界の発見』**ジョン・ラーナー／法政大学出版局

119 その他

ジャンヌ・ダルク（1412年？～1431年）

フランスの危機を救ったオルレアンの乙女

オルレアンの少女**ジャンヌ・ダルク**はフランスを救った英雄としてフランス国民から今も深く尊敬されている。彼女の人生は短くわずか19年余りであったが、その一生は激しく、儚く、悲しいものであった。

フランス王位継承権を巡って開始された百年戦争の後期、**ジャンヌ**は農民の娘であったが、12歳のとき、イングランド軍を撃退し、王太子**シャルル**をランスへと連れていきフランス王位に即かせよという神の声を聞く。この当時フランスの領土の半分はイングランド王国軍に占領され、オルレアンも包囲されていた。そこに登場したのが神からの言葉を聞いた**ジャンヌ・ダルク**であり、彼女はフランス軍を勝利に導き、イングランド軍を撃退した。その後、彼女はフランス軍の象徴的存在となり、次々に勝利を重ねていった。王太子**シャルル**も戴冠し、**シャルル7世**となり劣勢であったフランス軍は完全にこの戦争での主導権を握るのである。

だが、**ジャンヌ・ダルク**は1430年、イングランド軍と同盟するブルゴーニュ公軍との戦いでコンピエーニュに向かう途中、敵軍に捕らえられた。彼女はイングランド側に引き渡され、ルーアンで異端審問裁判が行われる。その裁判はイングランド側の思惑だけが反映されたものであり、異端者として死刑宣告を受け、火刑に処せられる。その後、フランス軍はイングランド軍を徐々に追い込み、1453年のカスティヨンの戦いでフランス軍が勝利し、ついにイングランド軍を完全に国外に追いやるのである。

ジャンヌ・ダルクはフランスを救った英雄であるが、彼女の最期はあまりにも悲劇的なものである。何の罪もない彼女が悪魔の声を聞き、行動したものとして、有罪にされ、火刑にされたからである。しかしながら、彼女が終生フランスを愛し、神を信じ続けたことは否まれない事実である。それゆえ、彼女は今も**フランスを救った乙女として人々の記憶に残っている**のである。

もっと深く知りたい人のための推薦図書

- **『ジャンヌ・ダルク』**レジーヌ・ペルヌー、マソ＝ヴェロニック・クラン／東京書籍

120 その他

マゼラン（1480年〜1521年）

西回りで世界一周を果たした航海者のリーダー

15世紀に広がった大航海時代は、ヨーロッパ諸国が植民地や財宝などの獲得のために遠い海原に向かっていった。15世紀末の航路開拓を改めてさらうと以下のとおりとなる。

1488年、**バルトロメウ・ディアス**が東回りでアフリカ最南端の岬である喜望峰を発見する。1492年、**コロンブス**が西回りで中米サンサルバドルに到達。1498年に**ヴァスコ・ダ・ガマ**が東回りでインドの西岸カリカットに到達。インド航路が開かれた。

このように、航路を開拓することで着実にヨーロッパはその支配できる領域を広げていた。特に**コロンブス**が西回りのコースでアメリカ大陸を発見したのは大きかった。世界は西に広大な大地があり、その地域を支配することで、国家が発展することを知ったのである。

フェルディナンド・マゼランはポルトガルの貴族。しかしポルトガル国王と対立していたために、スペイン王家に近づいた。当時のスペイン国王は**カルロス1世**（**カール5世**）。**マゼラン**は、彼を説得し、西回りの大航海を行うことを承認してもらった。なお、この時代すでにポルトガルは香辛料貿易で栄える大国であった。

1519年、**マゼラン**はスペイン・セビリアを出港。大西洋を横断するとともに、**マゼラン**は南下の道を選ぶ。南アメリカ大陸東岸をそのまま南下し、ついに太平洋へとつながる最南端の海峡を発見した。これは現在でも**マゼラン**海峡と呼ばれている。

マゼランはそのまま太平洋を北西に横断。1521年に現在のフィリピンに到達した。当時、この地域にはイスラム系の先住民がいた。これに対して、**マゼラン**はキリスト教（カトリック）の名のもとに戦った。結局、部族の攻撃にあって**マゼラン**はこの地で死んだ。しかし、フィリピンという名は、スペインの皇太子**フェリペ**（後の**フェリペ2世**）にちなんで名づけられたとともに、現在でも同国はキリスト教信者の多い国になっている。

マゼランの没後も、残った一行は西を進んだ。こうして1522年、彼らの一行はスペインに帰国。**地球が丸いことを証明した。**

もっと深く知りたい人のための推薦図書

- **『マゼラン最初の世界一周航海』**ピガフェッタ／岩波書店
- **『大航海時代』**森村宗冬／新紀元社

121 その他

コロンブス（1451年～1506年）

「意欲に」燃えて西に進み、アメリカ大陸を発見した開拓者

大航海時代は15世紀に始まり、広義でこの時代は17世紀まで続いた。

こうした時代が訪れた要因は何だろう。一つには、アジアの情報が入ってきたことによる、人々の好奇心の向上である。13世紀のモンゴルの侵略、さらに1271年から始まる**マルコ・ポーロ**による『東方見聞録』によって、ヨーロッパ人は、世界の外に広大な大陸があることに気づいたのだ。二つ目には宗教的理由である。イスラムに対するレコンキスタ（国土回復運動）が広がった。こうしてキリスト教を新大陸に広めようという意識が強くなった。16世紀中頃からは、1517年のルターの宗教改革を受けて、威信が低下し始めたカトリックがその救いを新大陸に求めたこともある。その代表であるイエズス会の**フランシスコ・ザビエル**は、1549年に日本にキリスト教を伝えた（彼はカトリックの聖人として扱われている）。三つ目に遠洋航海術の進歩が挙げられる。羅針盤が発明され、このほか、緯度航法も進み、船のスピードも上がった。

4つ目は、ヨーロッパの食生活が変化し、肉食が中心になったこと。このため、香辛料が必要になり、それを得るため、新大陸の開発が必要になった。さらに5つ目として、13世紀末に成立したイスラム帝国の存在もあった。1299年に小アジアに生まれたオスマン・トルコである。この帝国は14世紀になって栄えたが、1402年アンカラ（現トルコ）の戦いでティムールに敗退。一時的に弱体化したことで、近隣国の東ローマ帝国は盛り返す。しかしそれもほんの束の間。オスマン帝国の前に東ローマ帝国は滅亡する（1453年）。「都市ゴミ（1453）となった東ローマ」である。**コロンブス**はその2年前に生まれている。

こうして全盛期を迎え始めたオスマン帝国は、16世紀には西アジアから東ヨーロッパ、北アフリカという広大な土地を支配した。この勢力に負けないために、自らの富と宗教の布教のためにヨーロッパの大航海時代が進んだ。

こうした時代の中、さまざまな開拓者が世界の海を渡った。15世紀初頭にはポルトガルの**エンリケ航海王子**がアフリカ西岸から南部まで進出した（**エンリケ航海王子**参照）。東回りでは1488年、**バルトロメウ・ディアス**がアフリカ最南端の岬である喜望峰を発見する。これを受けて、1498年に**ヴァスコ・ダ・ガマ**がこの地を回って、インドの西岸に到達。インド航路が開かれた。（**ピサロ**参照）。

コロンブスが西回りで新大陸の発見を目指したのは、そんな15世紀後半だった。イタリアのジェノヴァで生まれた**コロンブス**は、天文学者**トスカネリ**の影響を受け、地球

球体説を信じていた（当時は多数派になっていた）。**コロンブス**は、大西洋を西に進むことで、黄金の国ジパング（日本）に到達し、インドにも東回りより早く到達すると考えていた。

コロンブスは最初にポルトガル王朝に支援をしてもらうように頼んだ。しかし東回りのインド航路を発見していた当時のポルトガルは**コロンブス**の提案に乗らなかった。

結局、彼の提案に乗ったのはスペインだった。当時は**イザベル女王**（在位1479〜1504年）が支配していた。彼女は乗り気だったが、夫が不満を持っていた。しかし時代は動く。1492年グラナダが陥落し、レコンキスタ（複数のキリスト教国によるイベリア半島の再征服）が完了。イスラム勢力がイベリア半島から一掃された。そこで生まれた勢いと余裕で、女王は**コロンブス**の航海を認める。「意欲に（1492）燃えたコロンブス」だった。

コロンブスは帆船サンタマリア号を旗艦に、インドを目指して出港した。大西洋には島が少なく、時に荒波が襲う大洋が続いていた。**コロンブス**を始め、地球が球体であることを信じる乗組員がほとんどだったが、そんな彼らでも長く続く航海に不安を持ち始めたという。いつまでも見つからない大地。**コロンブス**にも焦りの色が目立ち、出発から69日目。**コロンブス**は覚悟する。「あと3日待って陸地がなかったら帰ろう」。その3日後、サンサルバドル（聖なる救済者）島を見つけ出す。**コロンブス**はここがインドだと死ぬまで思っていた。地球がもっと小さいと思っていたのである。現在西インド諸島バハマに当たる、このアメリカ合衆国の東のかけらのような地で**コロンブス**は先住民族と出会う。**コロンブス**は彼らをインディオと呼び、未開な彼らを**コロンブス**は蔑み「よい奴隷になる」と言った。

やがて現在のキューバまで進んだ**コロンブス**だが、スペインからの命令を受けて帰国する。その後、**コロンブス**はなおも金銀や香辛料を求めて新大陸に進出するが、先住民のインディアンを虐殺するだけで、何も手に入れたものはなかった。ここにも彼の西洋人としての傲慢さが顔を覗かせる。同時に彼の開いた航路は、後の歴史に大きな影響を与える。植民地の開発と、帝国主義時代の到来である。

もっと深く知りたい人のための推薦図書

- 『**コロンブス航海誌**』クリストーバル・コロン／岩波書店
- 『**コロンブス**』ミシェル・ルケーヌ／創元社

Column 1

東西同時代人クロニクル

意外にもあの人とこの人が実は同時代人であったという事実は多い。それをクロニクル（年代記）的に記そう。

まず紀元前から。紀元前558年頃に生まれた**ダレイオス1世**は、紀元前551年に生まれた**孔子**と同時代人。この時代、アケメネス・ペルシャの帝国が築かれ、中国は戦国時代だった。さらに紀元前549年頃に**ヴァルダマーナ**も生まれている。なお**釈迦**（**ブッダ**）の誕生は紀元前5世紀頃とされているが、紀元前563年に生まれ、**ヴァルダマーナ**と同時代人という説もある。そうなると**孔子**と**釈迦**も同時代人になるが、諸説あるため定かではない。中国では**孟子**が紀元前372年に生まれているが、ギリシャでは、**アレクサンダー大王**の家庭教師で有名な**アリストテレス**が紀元前384年に生まれている。東西の知の大系がほぼ同時代なのは注目だ。さらに紀元前247年**ハンニバル**、紀元前235年**大スキピオ**が誕生。紀元前232年に**項羽**が生まれている。第二次ポエニ戦争のカルタゴ将軍、それを破ったローマ将軍。2人が、**項羽**と**劉邦**（紀元前256年生まれ）という武将2人とほぼ同時代なのも面白い。**劉邦**は紀元前247年生まれという説もあり、そうなると**ハンニバル**と同じ年になる。四面楚歌の楚漢戦争（紀元前206～紀元前202年）と第二次ポエニ戦争（紀元前219～紀元前201年）も同時代である。

紀元後では、東ローマ帝国の**レオン3世**が685年に誕生。これは唐の**玄宗皇帝**と完全な同い年。なお701年に**李白**が、712年に**杜甫**が生まれ、719年には**楊貴妃**も誕生する。中国の黄金時代である。一方、1130年に**朱熹**が生まれると、1138年に**サラディン**が誕生。1394年ポルトガルに**エンリケ航海王子**が誕生し、1395年にフランドルで画家の**ヤン・ファン・エイク**が生まれ、アジアでは朝鮮に1397年に**世宗**が誕生する。1400年頃には**グーテンベルク**が生まれる。彼らがまだ若い頃、1412年頃にフランスで誕生した**ジャンヌ・ダルク**はわずか19歳で1431年に火刑によって死ぬ。この後、日本で応仁の乱（1467年～1478年）が起きている頃、**デューラー**（1471年）や**ミケランジェロ**（1475年）が生まれ、**ダ・ヴィンチ**はすでに才能を開花させていた。**エリザベス1世**が生まれたのが1533年。日本の**織田信長**より1歳上だった。

ニュートンが1642年に生まれ、**ライプニッツ**が1646年に生まれ、一方で中国では1654年に**康熙帝**が生まれる。**アダム・スミス**が1723年、**カント**が1724年。前者が古典派経済学の代表である一方で、後者がドイツ観念論を完成させた人物。対照的だが、まったくの同時代人である。**モーツァルト**が生まれたのが1756年。幼いとき、1歳上の**マリー・アントワネット**に「お嫁さんにしてあげる」と言ったという。そんな彼らとほぼ同時期に**葛飾北斎**が誕生（1760年）。こうして時代は19世紀に向かう。19世紀以降は、日本も鎖国を解き、世界が一体化するため、これ以上同時代人を紹介するのも意味を持たなくなる。

第3章

近代の幕開けと進展

122 政治

ジョージ・ワシントン（1732年〜1799年）

アメリカ建国の父にしてアメリカ初代大統領

アメリカ合衆国初代大統領**ジョージ・ワシントン**。彼はアメリカ独立戦争の総司令官であり、独立戦争を勝利に導いたアメリカ建国の父であった。彼は**エイブラハム・リンカーン**、**フランクリン・ルーズベルト**とともに歴史に残る偉大なアメリカ三大大統領として高く評価されている。

ワシントンはヴァージニア州でイギリス系移民4世として生まれた。父は黒人奴隷によるプランテーション農業を営んでいたが、彼は正式な教育は受けなかった。はじめ測量技術士となるが、兄の死に伴い農園を継ぐ。その後、ヴァージニア市民軍に入隊し、フランス軍と戦う。アメリカ独立の機運が高まる中、1774年に第1回大陸会議議員に選出される。しかし、**ワシントン**は当初独立には慎重な姿勢をとっていた。彼が独立支持派になったのは**トマス・ペイン**が書いた『コモン・センス』による大きな影響があったといわれている。

1775年、ついにアメリカ独立戦争が開始される。この戦争が始まる前、イギリス本国は砂糖法、印紙法などの法律によって植民地アメリカから多くの税金を取ろうとしたが、大規模な反対運動のため撤回に追い込まれていた。茶法により、安いお茶がアメリカに大量に流れ込むことになり、1773年にアメリカ植民地人が東インド会社のお茶の積み荷を大量に海中に捨てたボストン茶会事件が起きる。その後も植民地に対する本国の締め付け政策は緩和されず、1775年にレキシントン・コンコードの戦いで独立戦争が開始される。その後すぐに大陸軍が編成され、その総司令官として**ワシントン**が任命された。

1776年はアメリカ独立宣言が発表されたが、ロングアイランドの戦い、ブランディワインの戦いなどで**ワシントン**軍は敗北した。しかし1777年のサラトガの戦いの大陸軍の勝利の後、フランス軍、スペイン軍、オランダ軍がアメリカ側を軍事的にも支援するようになり、戦局はアメリカ独立に有利に展開するようになった。そして、1781年のヨークタウンの戦いで**ワシントン**率いる大陸軍と**ロシャンボー将軍**率いるフランス軍に**コーンウォリス将軍**率いるイギリス軍が降伏し、アメリカの独立が事実上決定した。その後、1783年のパリ条約でイギリスもアメリカの独立を承認した。こうした独立戦争の一連の動きの中で、**ワシントン**は極めて重要な働きをしたのである。

1789年、**ワシントン**はアメリカ合衆国憲法下で初代大統領に就任した。**ワシントン**への選挙人投票率は100%であったが、この得票率は**ワシントン**以外に歴史上存在していない。彼は国内政策としては、**ハミルトン**を代表とする強力な中央政府の必要性を説く連邦派と、**ジェファーソン**を代表とする州の力を尊重する反連邦派との対立を調停し、両者の均等をはかることに努めた。外交的にはヨーロッパ内での諸国の対立に巻き込まれることなく中立の立場をとった。この政策は後の**モンロー**政策の基盤となった。さらに、大統領三選を望まれたが固辞し、このことによりアメリカ大統領の任期は二期までという制度が作られた。

しかしながら、**ワシントン**には黒人奴隷肯定とインディアンの虐殺という負の側面が存在している点も注記する必要がある。彼は多くの黒人奴隷を抱える農場主であり、死の時には317名の黒人奴隷がいたといわれており、奴隷制に対する反対意見も述べたこともなかった。インディアンの虐殺に関しても、**ワシントン**はインディアンを「猛獣」と呼び徹底的に弾圧した。民族浄化政策を唱え、彼が多くのインディアンの虐殺を命じたのは歴史的事実である。特に、独立戦争中のイロコイ族に対する焦土作戦は悪名高い。40以上の集落を破壊し尽くし、インディアンを虐殺した。

ワシントンはアメリカ合衆国初代大統領であるゆえに神格化された側面が強い。桜の木の逸話も事実である証拠はまったくなく、神格化の一要素と見なすべきものである。実際の**ワシントン**は軍人としても極めて優れてはいず、政治家としても調停者であり、積極的な政策はほとんどない。さらには奴隷肯定論者でインディアン虐殺者である。それにもかかわらず、彼がアメリカの歴史に名をとどめているのは**彼なしにアメリカの独立はなかった**という大きな事実があるからである。

もっと深く知りたい人のための推薦図書

- **『アメリカ大統領戦記 1775-1783：独立戦争とジョージ・ワシントン』**兵頭二十八／草思社
- **『アメリカ革命』**斎藤眞、五十嵐武士訳／研究者出版
- **『ジョージ・ワシントン伝記事典』**西川秀和／大学教育出版

123 政治

ルイ16世（1754年～1793年）

断頭台の上で果てたブルボン朝最後の王

太陽王**ルイ14世**の血を引き、**マリア・テレジア**を義理の母に持ち、**マリー・アントワネット**を王妃とした**ルイ16世**。彼はフランス革命によってギロチン台の露と消えたフランスのブルボン朝最後の王として歴史に名をとどめている。

後に**ルイ16世**となる**ルイ・オーギュスト**は**ルイ15世**の長男**ルイ・フェルディナン**王太子とポーランド王**アウグスト3世**の娘だった母**マリー＝ジョゼフ・ド・サクス**の三男として生まれた。兄の死と父の死に伴い、1765年に王太子となる。1770年、**ルイ・オーギュスト**は15歳のとき、14歳の**マリー・アントワネット**と結婚。1774年、祖父である**ルイ15世**の死によって**ルイ16世**として王位に即く。しかし、1789年7月14日にフランス革命が起きる。ベルサイユ宮殿からパリに連行された。1791年に家族とともにパリを脱出しようとヴァレンヌ事件が起こし、以後テュイルリー宮殿に軟禁状態となる。1792年に革命戦争が開始され、**ルイ16世**らはタンプル塔に幽閉される。1793年国民公会は**ルイ16世**を処刑することを決定し、彼はコンコルド広場でギロチン台に上がり、処刑された。彼は処刑を見つめる群衆に向かって、「人民よ、私は無実のうちに死ぬ」と叫んだといわれている。

ルイ16世は無能な王であったという評価があるが、実際には国家安定のためのさまざまな努力を行った。ルイ14世、**ルイ15世**の積極政策のために国家財政は火の車状態であったが、**テュルゴー**や**ネッケル**といった有能な経済学者を登用し、財政健全化に努めた。また、アメリカ独立戦争を支持し、アメリカのために大きな援助を行った。1780年には拷問の廃止を行い、1783年には三部会を招集した。このような努力があったが、財政面をはじめとする実行しようとした改革はほとんどうまくいかなかった。

ルイ16世はフランス革命の打倒すべきアンシャン・レジーム（旧体制）の象徴として歴史にその名を残したが、実際には暴君というよりも、気の優しい王であった。だが、革命戦争の中、**ロベスピエール**は国民公会で「祖国が生き延びなければならないために、ルイは死なねばならない」と述べた。**ルイ16世**の歴史という物語における悲劇は、この言葉が明確に表しているのではないだろうか。

もっと深く知りたい人のための推薦図書

- **『ルイ16世』**ベルナール・ヴァンサン／祥伝社
- **『ルイ十六世（上下巻）』**ジャン＝クリスチャン・プティフィス／中央公論新社
- **『ルイ十六世幽囚記』**クレリー／福武書店

124 政治

マリー・アントワネット（1755年〜1793年）

革命の嵐の中に消え去った美しき王妃

1789年7月14日に起きたフランス革命時のフランス国王**ルイ16世**の王妃であった**マリー・アントワネット**は、その美貌と、コンコルド広場に設置された断頭台（ギロチン）の露と消えていった悲劇的人生によって、歴史に名を残している。

マリー・アントワネットはフランス王国と並ぶ当時のヨーロッパの大国、神聖ローマ帝国の皇帝**フランツ1世**とその皇后で帝国の共同統治者の**マリア・テレジア**の娘として**マリア・アントーニア・ヨーゼファ・ヨハンナ・フォン・ハプスブルク＝ロートリンゲン**として生まれた。フランスとの外交関係改善のため王太子**ルイ**（後の**ルイ16世**）と政略結婚した1770年、彼女はわずか14歳であった。**ルイ16世**との結婚生活は冷え込んだものであったが1778年に長女**マリー＝テレーズ・シャルロット**が生まれる。

しかし革命の嵐の前触れはフランスを包んでいった。1789年、ついにその嵐が吹き荒れた。**マリー・アントワネット**は**浪費家であり、民衆を軽視していただけでなく、外国出身であったことによっても革命を起こした民衆の敵と見なされた**。ベルサイユ宮殿にパンを求めて押し寄せた民衆に向かい「パンがなければお菓子を食べればよいのに」と言ったという逸話も架空のものとされるが、こうした逸話ができるほど、彼女は民衆から憎まれていた。

革命軍が勝利する中、1791年に**ルイ16世**国王一家は国外に逃亡しようとするが、失敗する。これがヴァレンヌ事件である。この事件によって王と王妃に対する反感は強まっていった。1792年に革命戦争が始まると**マリー・アントワネット**は**ルイ16世**らとともにタンプル塔に幽閉された。そして、革命裁判によってギロチン刑が宣告された。

1793年、コンコルド広場にある刑場にはたくさんの民衆が集まっていた。ギロチンの前に押し出された**マリー・アントワネット**は死刑執行人（ムッシュ・ド・パリ）の足を踏んでしまい、「すみません、ムッシュ。わざとではありませんよ」と言った。それが彼女の最期の言葉だった。悲劇の王妃はこの言葉のように故意にではなく、運命のいたずらで死を迎えたのかもしれない。

もっと深く知りたい人のための推薦図書

- **『王妃マリー・アントワネット』**エヴリーヌ・ルヴェ／創元社
- **『マリー・アントワネット：フランス革命と対決した王妃』**安達正勝／中央公論新社
- **『マリー・アントワネットの最期の日々（上下巻）』**エマニュエル・ド・ヴァレスキエル／原書房

125 政治

リンカーン（1809年〜1865年）

奴隷を解放し、「人民の人民による人民のための」政治を求めた

アメリカ合衆国は、1775年にイギリスと独立戦争を起こす。1776年に独立宣言を発表、1783年に独立が認められ、19世紀に入り発展を続ける。

一方、ヨーロッパでは、**ナポレオン**没落後ウィーン体制が築かれた。これに対し、1823年アメリカの**モンロー大統領**が、**モンロー**宣言を発表。ヨーロッパとの相互不干渉を伝えた。これによりアメリカ大陸の開発は進み、その歩みは西へ向かい、先住民インディアンの土地などを奪い、19世紀中ごろには太平洋にまで支配が及んだ。

また1830年代、アメリカ西部出身者の**ジャクソン大統領**のもと、民主党が生まれた。この時代、アメリカの民主主義が大きく広まった時代とされるが、黒人やインディアン、また女性には権利が与えられないままであった。一方で**ジャクソン**に反対する者たちが、イギリスの政党に見立てて、ホイッグ党を設立。これは後に共和党となり、1840年には共和党と民主党の二大政党時代が訪れる。

エイブラハム・リンカーンが政界に登場するのはそんな時代である。**リンカーン**は、ケンタッキー州で生まれ、1834年にホイッグ党員としてイリノイ州議会の議員に当選。弁護士資格も取得。1846年には連邦下院議員に当選する。1846年、アメリカはアメリカ・メキシコ戦争を行い勝利するが、これに対して彼は戦争反対の演説をして、一部の愛国主義者から非難を受けた。彼は正義感の強い弁護士でもあり、貧しい者にも厚い弁護を行ったという。

やがて1850年代に入ると、奴隷制度の是非について北部と南部で対立するようになる。当時のアメリカ南部は農業地帯が多く、特に綿花を大農園で栽培していた。黒人奴隷は、こうした大農園での貴重な生産の担い手になるとともに、生産コストを下げる要因になった。このように低価格で商品が生産できるため、南部の白人は自由貿易と奴隷制の存続・発展を求めた。

これに対し、北部は商工業が発展し、白人労働者が中心になっていた。こうした世界に、安価な労働力で済む奴隷が流入するのは死活問題であった。実際、白人労働者の生産コストが高い分だけ、北部地域の商品価格は高かったとされる。それでも商品を売るために保護貿易を北部の経営者は主張した。結果として北部は奴隷制に反対し、南部は奴隷制に賛成したことになるが、このようにその理由は自らの利益に基づくところが大きく、特に北部は必ずしも人道的な観点からだけで奴隷制度に反対したものともいえない。

リンカーンは当初、奴隷制度の漸進的廃止論者（即時廃止ではない）であったが、1850年代の奴隷反対運動に触発され、共和党に入党し、やがて奴隷制反対を強く主張。大統領選挙に当選し、第16代大統領に就任する。しかしこれに反発した南部11州は北部からの分離を主張し、「アメリカ連合国」を発足した。これによって南北の対立は決定的になり、1861年南北戦争が始まる。

はじめのうち、戦争は南軍が優勢であった。これに対し、北軍の最高司令官である**リンカーン**は、**土地を開墾したら所有してよいという「ホームステッド法」を1862年に発表。これによって西部農民の支持を取りつける**。さらに同年、「奴隷解放宣言」をし、国際世論をも味方につける。

やがて1863年7月には、ゲティスバーグの戦いによって北軍の**グラント将軍**が、南軍の**リー将軍**を破り、情勢を一気に逆転させる。同年11月に**リンカーン**はこの地で演説をする。「人民の人民による人民のための政治」である。こうして民主主義の原則が述べられる。彼はまさに世界を変えた。

南北戦争は1865年、南軍の降伏により北軍の勝利で終結する。当時300万人といわれた黒人奴隷の解放は進んだ。しかしこの解放も順調に進んだわけではなく、黒人への差別はその後も、そして現在にまで残っている。

リンカーンは、1865年の南北戦争終結直後に、狂信的な南軍支持者によって暗殺された。それでも彼は、奴隷制度を廃止し、国家を再統一し、民主主義を守った「偉大な」大統領として評価されている。

なお、これだけ素晴らしい実績の大統領**リンカーン**であるが、先住民族のインディアンに対しては、差別的だったとされる。祖父がインディアンに殺されたからともいわれるが、**リンカーン**のインディアン政策は、黒人に対する政策とは真逆ともいえる。支配を強めた白人に暴動を起こしたインディアンに対して武力鎮圧をするとともに、首謀者数十人を処刑にした。

歴史を後から考えるのは難しい。現代では非常識で非人道的なことでも、その時代では常識的であることもある。歴史認識は絶えず変わっている。大事なことは、信憑性のある情報を少しでも多く受け取った上で、一つの信念に偏りすぎず判断することだろう。100％完璧な政治家はいないのだ。

もっと深く知りたい人のための推薦図書

- **『エイブ・リンカーン』**吉野源三郎／童話屋
- **『デール・カーネギーの知られざるリンカーン』**デール・カーネギー／パンローリング

126 政治

ロベスピエール（1758年〜1794年）

革命の推進と恐怖政治、二つの顔を持った男

マクシミリアン・ロベスピエール。彼はフランス革命を推進した政治家であり、革命後のフランスを指導した。しかし、彼の政治は極端な民衆弾圧（恐怖政治）の方向に走り、ついにはテルミドールの反動で国民公会によってギロチン台に送られた。

ロベスピエールはフランス北部のアラスで弁護士の子供として生まれた。1780年にルイ＝ル＝グラン校を優秀な成績で卒業し、翌年からアラスで弁護士を始める。1789年に三部会が召集されると議員として当選する。その後、演説の名手としてジャコバン派の議員となり、頭角を現す。1791年に共和国憲法が制定されると一時政治家を辞め、ジャーナリストとなる。

1792年にフランスは革命戦争に突入。ジロンド党の指導部の方針に不満を持つジャコバン派のリーダーとして1793年、国民公会からジロンド派を一掃し、独裁政治を実施する。恐怖政治によって、**エベール**や**ダントン**など多くの革命貢献者も処刑した。その極端な政策は反発を招き、1794年のテルミドールの反動によって捕らえられ、コンコルド広場でギロチン刑に処せられた。

ロベスピエールは革命後の一時期、フランス革命戦争と内政の混乱とを収拾し、理想的な共和国実現のために努力した。彼は**ルソー**の思想を尊重し、**ルソー**が描いたような民主主義国家を目指した。しかしながら、**「徳のない恐怖は罪であり、恐怖のない徳は無力である」**という**ロベスピエール**が語った言葉が端的に示すように、彼の政治は民主主義実現のためにはあらゆることを行うという極端なものであった。それゆえ、彼に敵対する者は次々にギロチン台に送られていった。こうした極端さによって民衆は彼から離れていき、ついに彼は国民公会の名の下に処刑されるのである。

ロベスピエールがいなくては、現在のフランス共和国はなかったであろう。その意味で彼はフランス史の中に明確に記されるべき重要な政治家であった。だが、民主主義体制に対するその過激な理想主義はあまりにも激しく、国民の支持を得ることができないものであった。革命の理想の追求と恐怖政治、その二つの側面を持つ指導者が**ロベスピエール**であった。彼の36年の人生は、フランス共和国の激動の時代とともに歩み、そして、終わったのである。

もっと深く知りたい人のための推薦図書

- **『ロベスピエール』**ピーター・マクフィー／白水社
- **『シャルロット・ロベスピエールの回想録をひもとく』**マリ・くにこ／文芸社
- **『ロベスピエール：世論を支配した革命家』**松浦義弘／山川出版社

127 政治

ヴィクトリア女王（1819年〜1901年）

大英帝国の黄金時代に、64年間君臨した女王

イギリス王室を見ると、意外なほどに長期王朝がない。1066年のノルマン朝以降を見ても、1154年のプランタジネット朝、ばら戦争によってランカスター家とヨーク家が交互に短期間の王座に座った後、1485年にテューダー王朝が開かれる。**エリザベス1世**で繁栄したこの王朝も断絶して、1603年にステュアート朝に移る。このステュアート朝の治世では清教徒革命や名誉革命があったが、王政は復古する。しかしこの王政も1714年に断絶する。このようにイギリス王家の興亡は目まぐるしい。

1714年、ドイツのハノーヴァー選帝侯**ジョージ**が、イギリス王**ジョージ1世**となって即位する。ここからがハノーヴァー朝である。英語をほとんど喋らなかったという彼のもとで、責任内閣制が成立し、政党政治が定着した。その後、19世紀に入ると**ヴィクトリア女王**が生まれる（王位1837〜1901年）。**ヴィクトリア女王**は世界各地を植民地化・半植民地化して繁栄を極めた大英帝国を象徴する女王として知られる。

彼女の治世では、すでに18世紀からの産業革命が進み、同じく18世紀に生まれたとされる**資本主義経済も発展。貧富の格差が強まったものの、高い技術力もあり、生産力は群を抜き、当時「世界の工場」とまでいわれた**。政治的には**ディズレーリ**の保守党と**グラッドストン**自由党の二大政党が成立した。

一方、植民地経営も堅調で、1877年にはイギリス領インド帝国が成立し、**ヴィクトリア女王**はインド皇帝をも兼ねた。

このほか、1851年第1回万国博覧会をロンドンで開催。世界初の地下鉄も走らせた。

さらに彼女の時代、文化も爛熟した。文学では**ディケンズ**、**ジョージ・エリオット**、**オスカー・ワイルド**、**テニスン**、**ブラウン**。忘れてはいけないのは**コナン・ドイル**の『シャーロック・ホームズ』。聖書に次ぐベストセラーともいわれる。また、絵画では初期には**ターナー**、後期には**ラファエル**前派や、**ウィリアム・モリス**といったデザイナーが生まれた。

なお、**ヴィクトリア女王**は「純白のウェディングドレス」を世界中に広めた人物としても知られる。当時、ウェディングドレスに白を選ぶのは非常に珍しいことであったが、**ヴィクトリア女王**が結婚式で白いドレスを着用したことが契機となり、純白のドレスが花嫁の代名詞として世に広まったのである。

もっと深く知りたい人のための推薦図書

- **『ヴィクトリア女王』**君塚直隆／中央公論新社
- **『図説ヴィクトリア女王の生涯』**村上リコ／河出書房新社

128 政治

ビスマルク（1815年～1898年）

プロイセンを統一し、ドイツ帝国を築いた鉄血宰相

現在ヨーロッパの大国として、イギリス、フランス、イタリア、ロシア、ドイツが挙げられる。これらの国の近代国家としての誕生は遅くないが、それでも19世紀半ば以降に近代国家の仲間入りをした国も少なくない。

イギリスとフランスは絶対王政から革命を経るものの、その間、領土をほとんど侵犯されることなく、比較的スムーズに近代的国家に変貌した。とりわけイギリスは産業革命を経て経済的にも急伸し、19世紀には強大な勢力となった。

だが、これに対して、18世紀～19世紀前半、ドイツとイタリアは遅れを取った。これは江戸幕府のもと鎖国・封建制度を敷いていた日本も同じである。これらの国は19世紀半ば、ようやく近代国家として統一・成立する。こうした意味からドイツ、イタリア、日本の三国に共通点を見出す歴史学者は多い。

ドイツの中世以降の歴史は、フランク王国から東フランク王国、そして神聖ローマ帝国を語らなくてはならない。これらは本書では、**カール大帝**や、**オットー1世**のページで詳説した。いずれにせよ、こうした時代を経て、現在のドイツ領内のほとんどが神聖ローマ帝国の領内になる。実際、神聖ローマ帝国の領土は、その時代のほとんどで現在のドイツをしのぐ大きさだった。しかし神聖ローマ帝国は、その名こそ威厳があるものの、絶対的支配を持つものではなかった。この領土内に多くの諸侯が生まれていた。

このなかで、南西部に当たる、現在のオーストリア近辺で勢力を持ったのはハプスブルク家だった。彼らは、**カール5世**を代表として神聖ローマ帝国の帝位を長く務めた。その一方で、北西部に当たる地域では、プロイセン（プロシア）王国がその力を強めていた。

プロイセン国王にして「大王」といわれた**フリードリヒ2世**（1712年～1786年）は、啓蒙専制君主でありながら、戦争にも勝利し領土を広げ続けた。この時代、すでに有名無実としていた神聖ローマ帝国内に対して、プロイセンの支配地は大きくなっていた。この後、さまざまな経緯を踏みつつも、プロイセンの地位は確かなものになっていく。

一方、19世紀初頭に現れたフランスの皇帝**ナポレオン**は、ヨーロッパの多くを支配した。この過程のなか、1806年ついに神聖ローマ帝国は滅亡する。しかし、**ナポレオン**もすぐに失脚し、現在のドイツさらにオーストリアの地には、そのままプロイセンとハプスブルク家が幅をきかせた。

ビスマルクが生まれたのはそんな19世紀初頭である。彼はユンカー（プロイセンの裕福な地主層）に生まれた。すぐにプロイセン議会の議員となり、外交官も歴任した。

この頃、すでにドイツの統一が問題になっていた。大ドイツ主義というオーストリアを中心にした統一案と、小ドイツ主義というオーストリアを含めない考え方である（オーストリアはドイツ語が公用語）。当時、**ビスマルク**は小ドイツ主義を掲げた。

彼は政治家として出世街道をたどり、1862年には、プロイセン王の**ヴィルヘルム1世**から首相に任命された。このとき残した言葉が「ドイツ統一は鉄と血によってのみ解決される」であった。このことから現在でも彼を「鉄血宰相」と呼ぶことが多い。蛇足ながら彼の発言を解説すると、「鉄」は銃や軍艦などの武器、「血」は兵士（の血）である。彼は軍事力でプロイセンを繁栄させ、やがてドイツ帝国を築こうとした。現代でいえば、筋金入りの軍国主義者といったところだろうか。

実際、宰相（首相）になってからの彼は、軍事に明け暮れた。1864年のデンマーク戦争に勝利した後は、1866年に普墺（プロイセン＝オーストリア）戦争も起こし圧勝した。なお、この結果、敗れたオーストリアでは、オーストリア＝ハンガリー二重帝国が生まれ、マジャール人（ハンガリー人）の権力が強まった。ビスマルクについては、1870年の普仏（プロイセン＝フランス）戦争後、1871年には、念願のドイツ帝国を成立させ、自ら初代首相となった（皇帝は**ヴィルヘルム1世**）。こうして世界の列強のなかにドイツは食い込んだ。なお、この時代、軍事的には彼のもとには**モルトケ**という天才的軍人もいて、彼の功績も大きい。

一方、ドイツとフランスという隣り合った強国は、基本的に仲が悪い。現在は例外的な時期ともいえる。**ビスマルク**がずっと気にかけたのはフランスの動静だった。**ナポレオン3世**を挑発した彼は、前述のとおり1870年に普仏戦争を起こした。この戦争に勝利したプロイセンは、フランスから資源豊かなアルザス・ロレーヌと賠償金を奪う。この両国のせめぎ合いは第二次世界大戦まで続くことになる。

一方、**ビスマルク**は外交においても優れていた。1873年ロシア、オーストリアと三帝同盟を結ぶ。これが頓挫するとオーストリア、イタリアと1882年に三国同盟を結ぶ。あくまで彼の敵はフランスだった。

内政では社会主義者鎮圧法などを成立。**労働者への弾圧や言論統制を行う一方、社会政策も推進**した。この矛盾する手法は「飴と鞭」ともいわれた。

1888年、**ヴィルヘルム1世**死後、**フリードリヒ3世**を経て**ヴィルヘルム2世**が即位。彼と**ビスマルク**とは、植民地政策などで対立。**ビスマルク**は辞任した。

もっと深く知りたい人のための推薦図書

- **『ビスマルク　ドイツ帝国を築いた政治外交術』**飯田洋介／中央公論新社
- **『ビスマルク』**エルンスト・エンゲルベルク／海鳴社

129 政治

ルートヴィヒ2世 (1845年～1886年)

謎の死を遂げた、バイエルンの美しき「狂王」

ドイツ南部にはバイエルン王国があった。これは1805年の**ナポレオン**戦争時に、神聖ローマ帝国（同帝国は翌年消滅する）との間で結ばれた条約の中で、王国として認められた。やがてバイエルン王国は、1871年に成立したドイツ帝国（**ビスマルク**参照）に統合されるが、制限付きで統治が認められた。**ルートヴィヒ２世**はこの国の第４代国王である。

ルートヴィヒ２世が即位したのが19歳。長身でいわゆるイケメンのこの国王は神話などを耽読する一方、**ワーグナー**に代表されるロマン派音楽に傾倒した。18世紀から19世紀初頭に流行った古典派では均整の取れた音楽が重んじられたが、19世紀に栄えたロマン派では、感情表現を強く押し出した。**ワーグナー**については、哲学者**ニーチェ**が、ギリシャ悲劇を想起させるディオニュソス的なもので、ドイツ精神を目覚めさせるものとして絶賛した（その反対がアポロン的）。そしてそこには「陶酔」があるとする。

ルートヴィヒ２世は**ワーグナー**に陶酔し、彼をミュンヘンに招いた。彼は一方で**ルイ14世**にも憧れ、バロック建築の傑作ベルサイユ宮殿に倣って、いくつも城や宮殿を造った。なかでも、ノイシュヴァンシュタイン城は豪華にして壮麗で、現在でも観光客が絶えない。しかしこれは要塞というより宮殿であり、城の役目はほとんどない。

このように美に陶酔した国王**ルートヴィヒ２世**だったが、しだいに奇行が目立つようになる。彼は精神を病んでおり、やがて家臣たちによって廃位される。この原因の一つに、1866年の普墺戦争でのプロイセンからの賠償責任に加え、多くの城の建築によって経済状態が不安定になり、彼自身衰弱したためともされる。

廃位直後、**ルートヴィヒ２世**は、監禁場近くの湖で、医師とともに水死体で発見された。事故の扱いを受けたが、自殺か他殺か。真相は誰もわからない。

なお、バイエルンの貴族には**エリザベート**もいる（オーストリア皇帝**フランツ・ヨーゼフ**の妻）。美貌の家系なのだろう。**ルートヴィヒ２世**より少し年上のこの稀代の美女は、**ルートヴィヒ２世**に妹を推薦しながら彼のもとを去っていった。**ルートヴィヒ２世**は一生結婚しなかった。女性に興味がなかったともされる。彼の生涯を描いた映画では、**ルキノ・ヴィスコンティ**の『ルートヴィヒ』が有名である。

もっと深く知りたい人のための推薦図書

- **『ルードヴィヒ２世の生涯』**シュミット村木眞寿美／河出書房新社

130 政治 軍事

シモン・ボリバル（1783年～1830年）

南アメリカ諸国の独立のために戦った英雄

シモン・ボリバルは南アメリカの多くの国の独立のために多大な努力をした革命家、政治家、軍人である。そのため彼は南アメリカの人々から「解放者」とも呼ばれている。また、彼は独立後の南アメリカの複数の国で大統領にもなっている。

シモン・ボリバルはベネズエラの首都カラカスで、名門貴族の家に生まれる。1799年に学問のためにヨーロッパに渡り、1802年に帰国。再びヨーロッパに行き、1804年には**ナポレオン**のもとで働いたが、1807年に帰国。この頃から祖国独立を目指すようになる。1811年、議会は独立を宣言するが、独立派はスペイン軍と衝突する。**シモン・ボリバル**は独立のために徹底抗戦をすることが書かれたカタルヘナ宣言を発表する。1813年に独立を宣言。だが、スペイン軍の反撃に遭う。1819年に**シモン・ボリバル**軍はボヤカの戦いで勝利する。同年、大コロンビア（現在のコロンビア、ベネズエラを合わせた国）の成立が宣言される。その後、彼の軍隊はエクアドルに進軍し、エクアドルを独立させる。さらに、彼は1824年にペルーを独立させ、1825年にボリビアを独立させた（この国の名称は**シモン・ボリバル**の名前から取られたものである）。同年、彼は大コロンビア、ペルー、コロンビアの国家元首となる。しかしながら、1830年に大コロンビアは分裂してしまい、**シモン・ボリバル**は失意の中、コロンビアのサンタ・マルタで腸チフスのために死去した。

「解放者」とも呼ばれたように、**シモン・ボリバル**は南アメリカの独立のために半生を捧げた軍人、政治家であった。**彼の存在なくしては、南アメリカ諸国の独立はなかった**と言っても過言ではない。彼は情熱的で、理想主義者であり、フランスで**モンテスキュー**や**ルソー**の思想に触れており、南アメリカに理想的な共和国を築くために邁進した。「人民に選ばれた指導者よりも指導者を選んだ人民に、私は千倍もの信頼を置いている」という彼の言葉はこのことを如実に表していると述べ得るものである。

シモン・ボリバル……。南アメリカの独立を目指し、スペイン軍との数々の独立のための戦いを勝利に導いた英雄。また、人民が主権者であり、民主主義的によって成り立つ共和国を目指し、努力した政治家。彼の名前は南アメリカの民衆の中に今も深く刻まれ続けている。

もっと深く知りたい人のための推薦図書

- **『シモン・ボリーバル―ラテンアメリカ解放者の人と思想』**ホセ・ルイス・セルセド＝バスタルド／春秋社
- **『シモン・ボーリバル―ラテンアメリカ独立の父』**神代修／行路社
- **『不幸の裏側に潜む幸福をつかめ！シモン・ボリーバルの不屈の人生』**原徹夫／文芸社

131 政治 軍事

ナポレオン・ボナパルト（1769年〜1821年）

新時代を切り開いた解放者にして独裁者

ナポレオン1世こと**ナポレオン・ボナパルト**はフランス革命が生んだ英雄であり、ヨーロッパ全体を支配しようとした独裁者でもあった。彼は世界史の中で、古い秩序を打ち壊し、自由をもたらす解放者としての側面と、抑圧し、民衆を苦しめる支配者の二つの顔を持つ偉人であった。

コルシカ島に生まれた**ナポレオン**の父はもともと判事であったが、新貴族となり、**ナポレオン**と彼の兄とをフランス本国に送り、そこで教育を受けさせた。**ナポレオン**は1779年にブリエンヌ陸軍幼年学校、1784年に陸軍士官学校砲兵科に入学した。彼の運命を大きく変えたもの、それは1789年に起きたフランス革命である。革命後、ヨーロッパ諸国とフランスは戦争状態となるが、そこで**ナポレオン**は活躍するのである。1794年のトゥーロン包囲戦で名をあげ、イタリア遠征、エジプト遠征を行う。パリに戻った**ナポレオン**は**ロベスピエール**失脚後の総裁政府に反旗を翻し、1799年にブリュメールのクーデターを起こし、政府の実権を握った。そして、1804年に皇帝となるのである。

その後もイエナの戦い、アウステルリッツの戦いなど多くの戦いに勝利し、イギリスとロシアを除くヨーロッパ全域にわたる大帝国を築いた。しかし、ロシア遠征失敗、第六次対仏大同盟後の1813年ライプツィヒの戦いで同盟軍に敗北し、**ナポレオン**はエルバ島への流刑に処せられた。しかし、その島を脱出。再び権力を獲得する。だが、1815年、**ウェリントン将軍**などが率いる連合軍にワーテルローの戦いで**ナポレオン**は敗北（「百日天下」といわれる）し、セントヘレナ島に流され、1821年にその島で没した。**ナポレオン**の死は毒殺説、胃がん説など諸説があり、謎に包まれた部分が多く、現在も様々な議論が続いている問題である。

このように**ナポレオン**の生涯を見ていけば、彼の人生の多くは戦争に彩られていることが理解できる。さらに、数々の戦いでフランス軍を勝利に導いたことも理解できる。それは彼が近代戦における軍事的天才であったからである。彼の戦術を見てみよう。「最もよい兵隊は戦う兵隊よりも、むしろ歩く兵隊だ」という言葉に示されているように、**ナポレオン**は機動力を重視したが、兵力を動的に捉えた点はまさに近代的なものであった。さらに、彼は包囲戦を得意としたが、その方法はわざと弱点のように見せかけた場所に相手の攻撃を集中させ、そこを支えつつも、敵の後方に回り敵を包囲し、殲滅するものであった。こうした**ナポレオン**の戦術は当時の一般的な戦術からは遠い、まったく独自なもので、画期的な新戦術だった。こうした戦法は後に**カール・フォン・クラウゼ**

ヴィッツが『戦争論』の中で詳しく分析したように戦術の大革新をもたらしたのである。

ナポレオンは軍人としてだけでなく、政治的にも多くの改革を行った。ナポレオン法典の制定はその一つである。この法典は、**国民の法の前での平等、国家の非宗教性、経済活動の自由、信教の自由などを定め、近代市民社会実現のための法的基盤となった**民法典である。この法典はフランスだけでなく、日本やほかの多くの国の民法の近代化に大きな影響を与えた。また、フランス革命の持つ自由や平等といった精神がナポレオン戦争によってヨーロッパ各国に広まっていったことも、歴史的に見て極めて重要な出来事であった。フランス革命の精神に基づき、**ナポレオンは支配した各国で、領主の支配や農奴制を打破し、憲法と議会を置いた**のであった。それゆえ、ヨーロッパ各国では**ナポレオン**を解放者として見なすという評価が現在もなお行われているのである。**ナポレオン**に対して「世界精神が馬上にある」と形容した**ヘーゲル**の言葉も、偉大な解放者としてのナポレオン像を明確に示したものであると述べ得るだろう。

だがその一方で、ナポレオン戦争によってヨーロッパ全体で失われた人命は200万人以上であったといわれており、その人的な損失の大きさは当時としては膨大な数に上るものであった。また、ナポレオン軍が、反乱を起こしたスペイン民衆を銃殺する光景を描いた**フランシスコ・デ・ゴヤ**の『マドリード、1808年5月3日』は、**ナポレオン**の支配者として反逆する者には容赦がなかった残虐さを示すものである。このようにナポレオンは悲惨な戦争を数多く行った破壊者、占領者、弾圧者としての側面も持っていたことは否めない事実である。しかしながら、**ナポレオン**がいなければ世界史がまったく別な方向に向かったことも歴史的事実なのである。

ナポレオンはその波乱万丈の生涯によってだけでなく、その解放者と支配者という矛盾する二つの側面を融合した性質を持つゆえに、世界史の中にその名を永遠にとどめるであろう。フランスが生んだ偉大なる英雄であるとともに大殺戮者として。

もっと深く知りたい人のための推薦図書

- **『ナポレオン言行録』**オクターヴ・オブリ編／岩波書店
- **『ナポレオンの生涯：ヨーロッパをわが手に』**ティエリー・レンツ／創元社
- **『ナポレオン（上下巻）』**エミール・ルートヴィヒ／講談社
- **『ナポレオン―英雄は何を遺したか』**アリステア・ホーン／中央公論新社
- **『ナポレオン―最後の専制君主、最初の近代政治家』**杉本淑彦／岩波書店

132 政治 科学

ベンジャミン・フランクリン（1706年〜1790年）

アメリカ独立に尽力した万能型の政治家

アメリカ独立のために尽力し、アメリカ独立を実現した外交官である**ベンジャミン・フランクリン**。彼は政治的な側面があるだけではなく、著述家としても、新聞発行人としても、科学者としても歴史にその名を刻んでいる。

フランクリンはボストンのロウソク職人の子供として生まれたが、印刷業で大きな財を成し、1726年植民地時代最も読まれていた『ペンシルベニア・ガゼット』紙を買収。1731年にアメリカ初の公共図書館であるフィラデルフィア組合図書館を建設。そのほか、ペンシルバニア植民地議員、植民地郵便副長官などになり、行政官および政治家としてのキャリアを積む。また、1776年には**トマス・ジェファーソン**とともに**アメリカ独立宣言を起草**し、この宣言に最初に署名した五人の政治家の一人となっている。さらに同年フランスに赴き、フランス王国のアメリカ独立戦争への協力と参戦を得ることに成功した。独立戦争において、このことは戦局を一変させる外交的重大事項であった。独立戦争終結を話し合い1783年に締結されたパリ講和条約のためのアメリカ代表の一員ともなっている。

フランクリンは政治、経済分野での活躍によって「ヤンキーの父」や「代表的なアメリカ人」と形容されているが、**科学者としても人類にさまざまな貢献をしている**。雷の帯電を証明した後に避雷針を発明しただけではなく、ガラス製の楽器グラス・ハーモニカ、熱効率のいいフランクリンストーブ、遠近両用メガネ、ロッキングチェアーなど、我々の生活を豊かにする多くの発明を行っている。

著述家としての**フランクリン**の有名な著作は、「フランクリンの十三徳」と呼ばれる理想実現のための格言が書かれている『自叙伝』であり、この本はアメリカだけでなく、現在でもなお多くの人々に読まれている。こうした彼の功績に感謝し、アメリカの現在の100ドル紙幣の図柄には**フランクリン**の肖像画が用いられている。このことからも、彼がアメリカで今も最も人気のある偉人の一人であることがわかるであろう。

もっと深く知りたい人のための推薦図書

- **『フランクリン自伝』**ベンジャミン・フランクリン／岩波書店
- **『フランクリンと凧』**アイザック・アシモフ／共立出版
- **『ベンジャミン・フランクリン、アメリカ人になる』**ゴードン・S・ウッド／慶應義塾大学出版会

133 軍事

ホレーショ・ネルソン（1758年～1805年）

トラファルガー海戦でイギリスを救った提督

イギリスの海軍提督、**ホレーショ・ネルソン**。彼はイギリス艦隊の総司令官としてトラファルガー海戦でフランスとスペイン連合艦隊に勝利し、**ナポレオン**軍のイギリス進行を阻止したことで歴史にその名をとどめている。

ネルソンはイギリスノーフォーク州バーナム・ソープ村で牧師の子供として誕生した。12歳のときにイギリス海軍に入り、1777年に士官となっている。1784年に副司令官として小アンティル諸島に赴任。1794年、フランス革命戦争の中、カルヴィ攻略戦で右目の視力を失う。1796年、カナリア諸島テネリフェ島攻略戦で右腕を失う。1798年ナイルの海戦でフランス海軍を撃破。1801年のコペンハーゲンの海戦でデンマークおよびノルウェー海軍を撃破。1805年、数的に劣勢であるにもかかわらず、トラファルガー海戦においてフランスとスペイン海軍を撃破し、**ナポレオン**の英本土上陸を阻止した。だが、**ネルソン**はこの海戦で戦死した。

ネルソンはイギリス海軍史上最も偉大な名将であるといわれている。彼の戦術はイギリス海軍に数々の勝利をもたらしたが、特にトラファルガー海戦での戦術は戦史に残るものであるといわれている。この海戦で、**ネルソン**は「イングランドは各員が自らの義務を遂行することを期待する（England expects that every man will do his duty）」という信号旗を掲げ、ネルソン・タッチと呼ばれる戦術によって、敵艦隊の中央部に味方艦隊を集中させ、敵艦隊を分断し、分断した敵艦隊を撃破していった。フランスおよびスペイン海軍は撃沈1隻、拿捕は8隻、戦死者約4000人に対し、イギリス海軍の被害は損失艦0隻、戦死者約400人であった。イギリス海軍の完勝であった。

ネルソンは常に艦の前に立ち、指揮をする勇敢な指揮官であったが、この指揮スタイルによって、右目、右腕を失い、最後には命を失うことになる。しかしながら、この指揮スタイルは部下たちの勇気を奮い起こさせた。**ネルソン**の活躍はイギリスの窮地を救った。トラファルガー海戦での敗北は**ナポレオン**軍の勢いを止め、**フランス軍のイギリス進行を食い止めた**。それは単なる一海戦の勝利を意味せず、世界史の流れの中の大きな転換点をもたらしたものであった。それゆえ、**ネルソン**は偉大なる英雄としてイギリス国民に今も深く尊敬されているのである。

もっと深く知りたい人のための推薦図書

- **『ネルソン提督伝（上下巻）』**ロバート・サウジー／原書房
- **『トラファルガー海戦史』**エドワード・シッペン／博文館
- **『炎の提督―ホレイシオ・ネルソン』**豊田穣／毎日新聞社

134 軍事

ガリバルディ（1807年〜1882年）

イタリア統一のために尽力した偉大なる闘士

ジュゼッペ・ガリバルディはイタリア統一運動に深く係わり、イタリア王国設立のために多大な貢献をした軍人である。彼は**カヴール**、**マッツィーニ**とともに**「イタリア統一の三傑」**と称されている。

ガリバルディはフランス第1帝政下のニースで生まれた。父親は貿易商人であった。1833年にイタリア統一を目指す青年イタリアのメンバーとなる。同時に革命を目指すカルボナリ（炭焼党）にも入る。1834年、反乱に失敗し、フランスに亡命。1836年に南米に向かい、大戦争と呼ばれたウルグアイ内戦に参加、ゲリラ戦の戦術を構築した。1848年にイタリアに帰還。ローマ共和国成立に尽力するが、**ガリバルディ**の率いる軍隊はフランス軍に敗れ、彼はニューヨークに逃げる。

1854年にイタリアに戻るとしばらく農園経営を行う。1859年イタリア統一運動が再び起こり、サヴォイア王家が率いるサルデーニャ・ピエモンテ軍に加わり、オーストリア軍を撃破する。1860年、シチリアで起きた反乱を機に**ガリバルディ**は赤シャツ隊（千人隊）と呼ばれた義勇軍を結成し、シチリアを制圧。さらにナポリへと進軍した。1866年、ヴェニスをオーストリアから奪回。1870年にはローマの教皇領を奪回。また、フランス第3共和政を支持し義勇軍としてプロイセン軍と戦った。その後、サルデーニャのカプレーラ島で余生を送り、1882年に死亡した。75歳であった。

上記のように**ガリバルディ**がイタリア統一において果たした役割は多大なものであった。それは現在でもイタリア国民が彼を国民的英雄と見なしている点からも理解できる。だが、彼は南米のブラジル独立戦争のためにも戦い、また、フランス第3共和政のためにも戦っている。また、晩年は普通選挙制実現のために尽力もしている。このことは**ガリバルディ**が単なる国家主義者ではなく、自主独立したよりよい国家を目指した闘士であったことを的確に表している。

こうした彼の姿勢は自由や平等を求め、他国に支配されない国を築くという彼の強い意志と行動によって明確に示されている。彼は敗北によって何度も国外に逃れながらも多くの戦いを勝ち抜き、祖国の統一のために戦ったまさに英雄であった。彼のイタリアへの思いと、不屈の精神によって現在のイタリアがあると言っても過言ではない。

もっと深く知りたい人のための推薦図書

- **『イタリアか、死か―英雄ガリバルディの生涯』**マックス・ガロ／中央公論新社
- **『イタリアの統一』**ポール・ギショネ／白水社
- **『ガリバルディ―イタリア建国の英雄』**藤澤房俊／中央公論新社

135 経済・経営

アダム・スミス（1723年〜1790年）

見えざる手を論じた、自由放任主義経済の祖

18世紀後半に産業革命が成立したイギリスでは近代化が進み、資本家と都市労働者とともに資本主義社会が誕生していた。そして、この時代に経済学がすでに生まれていた。**アダム・スミス**の『国富論』であり、古典派経済学である。

もともと17世紀の絶対王政のもとでは重商主義が重んじられていた。フランスの**ルイ14世**の治世が代表である。これは絶対王政のもとで、一部の大商人が特権を持ち、保護貿易を通して国富の増大を図る政策である。この重商主義政策を批判した**スミス**は、国家の統制や規制を少なくするべきだと説いた。市場経済は放っておいても、自由競争のもと生産性が高まり、国富が高まるという意見である。

市場経済は、需要と供給によって成立する。需要の側（消費者）は、安い価格で商品を欲しいと思う。安ければたくさん買うが高ければ買わない。逆に供給側（企業など）は、高い価格で売りたいと思う。しかし売れないと価格も生産量も下げざるをえない。この両者が妥協したところに価格と生産数が決定される。これが市場原理である。**スミス**はここに、絶対的な調整機能があり、放っておいても適正な価格が定まり、市場経済はうまく機能すると論じた。この絶対性こそ「（神の）見えざる手」である。

逆にこの市場に政府などが介入すると、かえって経済も社会も混乱するとした。政府は、あくまで警察や消防、国防など最低限のことだけすればよい。この考えは、**「小さな政府」の思想として、現代にも影響を与えている**。国は経済に介入せず、そのための予算を持たず、税金（法人税など）を安くし、社会保障にはお金を使わないという考えである。これは、20世紀後半以降の（主に英米の）新自由主義の根拠ともなった。**スミス**のあとには**フリードマン**や**ハイエク**などの経済学者が出ている。日本も21世紀の小泉内閣以降の政策に「小さな政府」の影響がある。なお資本主義の枠の中で「大きな政府」を追求するのが**ケインズ**主義であり、それを超えてすべて国家の主導とするのが**マルクス**主義である。

スミスの思想は**トリクルダウン（自由にさせれば貧困層にも金はいく）**という考え方につながり、現代で支持する意見もあるが、それが現実的ではないという意見のほうが強い。確かに21世紀の日本を見ても貧富の差は大きくなっているのが現実だ。

もっと深く知りたい人のための推薦図書

・『アダム・スミス』堂目卓生／中央公論新社

136 経済・経営

アルフレッド・マーシャル（1842年〜1924年）

「需要曲線」で市場の均衡を可視化した、新古典派経済学者

アダム・スミス以降、イギリスでは以下のような古典派経済学者が登場する。

マルサス（1766年〜1834年）は『人口論』で名高い。これによると社会はいずれ人口過剰が起き、食糧不足や貧困が起き、社会制度を改良しただけでは解決できないとした。一方**リカード**（1772年〜1823年）は、各国が比較優位に立つ産品を重点的に輸出することで、自由貿易が機能することを論じた。またこれを説明するにあたって労働価値説（人の労働によって商品価値が決まる）を論じ、**マルクス**らに影響を与えた。さらに**ジョン・スチュアート・ミル**（1806年〜1873年）は、古典派経済学者であるが、社会主義にも近づき、政府による再分配によっての社会改革をも論じている。**ミル**は経済学者であるだけでなく、哲学者でもあった。

こうした流れのなか、19世紀半ばにはすでにドイツに**マルクス**が現れ、労働価値説をもとに資本主義経済を分析した（**マルクス**参照）。

一方で19世紀後半にフランス人の**ワルラス**（1834年〜1910年）やイギリス人**ジェヴォンズ**（1835年〜1882年）、オーストリア人の**メンガー**（1840年〜1921年）らによって限界効用論が論じられる。これは快楽の「効用」により価値が決まるというものである。うまいラーメンでも2杯、3杯食べているうちに食欲が落ち、価値は低くなる。これが効用論（限界効用逓減の法則）の基本であり、労働価値説と異なる考え方である。

こうした経済の流れを受けたイギリス人経済学者に**マーシャル**がいる。彼は新古典派経済学の代表者である。彼の主張は、古典派経済学のように市場経済を静的な均衡状態として捉えるのではなく、あくまで動的なものとして把握する。

彼は**ワルラス**ら需要側を重視した考えと、古典派の供給側を重視した考えを統合し、需要供給の理論を分析した。これにより価格の弾力性（価格が変わることで売れ行きが大きく変わるものと、大して変わらないものがある）などの理論を生み出した。価格が縦軸、数量が横軸になる需要曲線は、**マーシャル**が始めた。

さらに市場におけるマネーサプライ（貨幣供給量）を表した「**マーシャル**のk」も有名である。これは**現在でも中央銀行のマネーサプライを論じる場合に用いられる**。

マーシャルは、経済理論も現実から遊離すれば「単なる暇つぶし」にすぎないとし、貧困などの問題に真摯に向き合い、**ケインズ**らに影響を与えた。

もっと深く知りたい人のための推薦図書

- **『世界を変えた経済学の名著』**／日本経済新聞社

137 哲学・思想

ジョン・ロック（1632年～1704年）

イギリス経験論と民主主義思想の父

イギリス経験論の父といわれている**ジョン・ロック**はイギリスの哲学者、政治学者である。彼は『人間悟性論』、『統治二論』などを書き、17世紀ヨーロッパの思想および政治理論に大きな影響を与えただけでなく、後世の民主主義理論や哲学理論にも多大な影響を与えた。

ロックによれば人間はタブラ・ラサ（白紙）の状態で生まれてくるものであって、生得的に観念というものを有してはいない。我々の観念は経験によって獲得されるものである。それゆえ、知識というものは**ロック**にとって二義的なものであったが、経験の重視は多くの実験によって何らかの法則を導き出そうとする**ベーコン**に始まる帰納法的な学的探究方法の延長線上にあるものであった。

徹底した経験重視の考えが現れた書物が**ロック**の主著『人間悟性論』であるが、この本の中で**ロック**は悟性を構成するための観念は感覚現象とそれに対する心理的作用により発生するものであって、それ自体がいかに複雑なものであっても、すべて経験から由来するものであると述べている。**ロック**思想の中にある感覚や知覚の重視という側面は注目すべき事柄である。**デカルト**的合理主義においては、理性的なものを第一義にするために、知的な論証が大きな問題となり、感覚や知覚は懐疑の対象となる。それに対して、**ロック**にとっては経験のベースとなるものが感覚や知覚である以上、それらは疑うべき対象なのではなく、悟性の基盤を形成するための第一義的なものとして捉えられている。

政治理論において**ロック**は、政府は諸国民の「承認」によって設立されるものであるとし、**行政権、立法権、司法権という三権は分離すべき**と主張し、政府はこの三権を守るために存在し、諸国民との契約によってのみ存在できるとした。個々の国民に関しては、各人が自然権を一部放棄することで、政府に社会の秩序を守るための力を与える必要があると説いた。また、政府が反動的になった場合に、国民は抵抗権を有するとも主張した。

もっと深く知りたい人のための推薦図書

- 『**ロック入門講義**』冨田恭彦／筑摩書房
- 『**完訳 統治二論**』ジョン・ロック／岩波書店

138 哲学・思想

ヴォルテール（1694年〜1778年）

フランス啓蒙主義を代表する文学者・思想家

18世紀フランスを代表する啓蒙主義哲学者であり、文学者であった**ヴォルテール**（この名前はペンネームであり、本名は**フランソワ＝マリー・アルエ**である）。彼は啓蒙の時代のオピニオンリーダーとして世論を代表し、フランス革命への道を開いた。

ヴォルテールは1694年にパリで裕福なシャトレの公証人の息子として生まれる。1704年から1711年までパリの名門学校ルイ＝ル＝グラン校で学ぶ。非常に優秀な学生であったが、文学者を目指すようになる。1717年に、摂政であった**オルレアン公**を揶揄する詩を書き、バスティーユ牢獄に投獄される。1718年に韻文悲劇『オイディプス』を書き、それが大評判となる。1726年にイギリスに渡り、1728年に帰国。1732年に悲劇『ザイール』を、1734年に書簡形式の思想書『哲学書館』を、1747年に小説『ザディグ』を刊行。1750年から1753年にプロイセンで**フリードリヒ2世**の侍従を務める。1754年にスイスに行き、1759年に哲学小説『カンディード』を刊行。1763年に哲学書『寛容論』、翌年『哲学辞典』刊行。1778年、28年ぶりにパリに戻るが、そこで疲労と老齢による衰弱のために死去する。83歳であった。

ヴォルテールは啓蒙主義の中心的思想家であるが、彼の啓蒙主義の特徴はどのようなものであったか。彼の思想の中心は人間の合理性を尊び、自由を重視するものであった。この思想に則り、当時の宗教的、政治的な腐敗を彼は徹底的に批判した。そのため彼は当時のフランスの権力者からも、宗教家からも強く敵視され、何度も投獄され、国外追放にもされた。

こうした**ヴォルテール**の啓蒙主義は彼だけのものではなく、**ディドロ**、**ダランベール**、**ルソー**といった当時の思想家たちが共通して抱いていた哲学的な大きな潮流であった。だが、その中でも**ヴォルテール**は中心的なリーダーであったと述べることができる。そして、**彼の考えは後に起きるフランス革命の基盤となる重要な思想であった**のである。

彼の主著『カンディード』の最後は「我々の庭を耕さなければならない（Il faut cultiver notre jardin）」という言葉で終わっているが、それは啓蒙の光をフランスという国全体に、あるいは、人類全体に及ぼそうとする彼の決意の表明であったのではないだろうか。**ヴォルテール**は近代市民革命の道を確かに開いた思想家だったのである。

もっと深く知りたい人のための推薦図書

- **『カンディード』**ヴォルテール／岩波書店
- **『ヴォルテール』**A・J・エイヤー／法政大学出版局
- **『「知」の革命家ヴォルテール』**小林善彦／柘植書房新社

139 哲学・思想

ルソー（1712年～1778年）

フランス革命の礎である精神を語った思想家

18世紀のスイスの思想家**ジャン＝ジャック・ルソー**は代表的な啓蒙主義思想家であるが、「啓蒙主義は人間存在において理性が最も重要なもの」と考える立場である。彼は理性に基づいて人間がよりよく生きていくためにはどうすればよいかという問題を真剣に考え、『社会契約論』、『エミール』などの著作を著したことで有名である。

ルソーは時計職人の子供としてジュネーヴで生まれる。幼少時代は病弱であったが聡明な子供であったといわれている。1722年10歳のときに父が告訴され逃亡の身となり、**ルソー**は孤児同然となり、不自由な寄宿生活を送る。その後ジュネーヴで彫金師の弟子になるが、そこから逃亡し、放浪。**ルソー**に大きな影響を与えた**ヴァラン夫人**と出会う。しかし、**ヴァラン夫人**との愛人生活はうまくいかず、パリに向かい、そこで音楽教師をしながらの貧しい執筆生活を送る。ところが、38歳のときにアカデミーの懸賞論文として書いた「学問芸術論」が入賞し、思想家への道を歩む。追放、亡命、帰国などさまざまな出来事が起きるなか、『社会契約論』、『エミール』など数々の名著を著すが、1778年に尿毒症で死去した。

ルソーの考えは後のフランス革命に大きな影響を与えたが、その彼の考えは以下のようなものであった。国家というレベルから考えれば国民は国家をよりよくしようとする一般意志を持っている。確かに国家の統治者の意志は一般意志ではなく特殊意志であり、それは国民全体の志向性とイコールではない。だが、国民は社会をよりよくするために統治者に選び、統治者は社会をよりよくするように国民に約束する。つまり、そこには社会契約が存在し、統治者は国民の一般意志を尊重しながら国家運営を行わなければならないのである。また、国家の構成員である国民は、**たとえ統治者であったとしても、国民である限り国が定める法のもとで平等である**という点も**ルソー**は強調している。

このように見ていけば、**ルソー**の国家に対する考え方は民主主義体制を重視したものであり、人間が生来の持っている理性を放棄するような奴隷が存在しない社会の実現を目指すための思想であったと述べることができるであろう。それゆえ、彼はフランス革命の礎を築いた人物としてパリのパンテオンに合祀されているのである。

もっと深く知りたい人のための推薦図書

- **『社会契約論』**ルソー／岩波書店
- **『人間不平等起源論』**ルソー／岩波書店
- **『ジャン＝ジャック・ルソー問題』**E・カッシーラー／みすず書房

140 哲学・思想

カント（1724年～1804年）

ドイツ観念論の創始者にして近代哲学の巨星

ドイツ観念論の礎を築き、西洋哲学史に大きな足跡を残した近代哲学の巨星**イマヌエル・カント**。彼は『純粋理性批判』、『実践理性批判』、『判断力批判』という三大批判書を刊行し、認識論の展開に大きな功績を残した。また、道徳・倫理学的問題に関して多くの著作を残し、後世に大きな影響を与えた。

カントは東プロイセンのケーニヒスベルク（現在のロシア領カリーニングラード）で、馬具職人の息子として生まれた。1740年、ケーニヒスベルク大学に入学し、**ライプニッツ**や**ニュートン**の研究を行った。1746年に父の死によって学費が続かなくなり、大学を辞め、家庭教師をして生計を立てた。1755年、ケーニヒスベルク大学で哲学修士号を取得し、同大学で私講師として働き始める。1770年にケーニヒスベルク大学の論理学・形而上学の正教授となる。1781年に『純粋理性批判』を、1788年に『実践理性批判』を、1790年に『判断力批判』を出版し、哲学者としての地位を築いていった。さらに、1786年にはケーニヒスベルク大学総長にも就任している。しかし、老齢に伴う衰えによって1804年死去する。彼の最後の言葉は「それでよい（Es ist gut）」だった。

カントが表した体系はあまりにも壮大なものであり、ここでその全体を簡略化して示すことは不可能である。それゆえここでは彼の認識論的基本姿勢と実践的な道徳論を中心として説明していく。

カントの認識論は以下のようなものであると述べ得る。人間の認識は感性と悟性の二つ形式が先験的（ア・プリオリ）に備わっているが、感性は純粋直観によって時間と空間とを把握するもので、悟性はすべての経験の前提となる四つのグループに分けられるカテゴリーを12の概念によって表し得るものであると主張した。悟性のこのグループは（1）量、（2）質、（3）関係、（4）様態であり、（1）は単一性、多数性、全体性、（2）は実在性、否定性、限界性、（3）は実体性、因果性、相互性、（4）可能性、現実存在、必然性という概念を内包するものである。意識はこの二つの認識形式によって事象を把握するが、それは事象そのもの、つまりは「物そのもの（Ding an sich）」ではなく、「物そのもの」は人間には認識できないと**カント**は考えた。

実践的な道徳という側面を**カント**は以下のように考えた。我々の行為は、それが義務であるという理由から行われるときにこそ純粋に道徳的に正しい。「純粋に」というのは経験によってではなく、ただ理性のみによって正しいことが判断可能であるという意味である。それは人間が人間である以上、誰もが受け入れざるを得ないような究極的道徳原理である。なぜなら、理性こそが人間を人間とする根本的なものであり、あらゆる人間に等しく備わっているものだからである。それゆえ、それが望ましい目的を果たすがゆえに正しいという目的論的な行為を道徳のカテゴリーから**カント**は排除した。すなわち、あらゆる人がどんな状況でも行うべき正しい行為とは「望ましい目的を達成するならば〜を行え」という条件付きで指示されるものではなく、「〜せよ」と無条件に指示されるものでなければならないと**カント**は主張した。それが義務であるゆえに行われなければならないというものが道徳的な行為だと**カント**は考えたのである。

それゆえ、道徳的行為とは行動規則としての格率（主観的にのみ妥当する実践的原則）によってしか示されないものであり、その基本的な格率として**カント**は、「汝の行為の格率を汝の意志によって普遍的自然法則とならしめようとするかのように行為せよ」という定言命令を提示した。この概念は無条件に「〜せよ」と義務を命じる絶対的命令法のことである。定言命令による命令法こそが我々の持つ普遍的な道徳における基本的な原理であると**カント**は主張した。定言命令が絶対性を持つのに対して、仮言命令は「〜ならば〜せよ」という条件付きの命令法であるが、仮言命令は常にそうでなければならないという原理の欠如ゆえに、道徳の根本原理にはなり得ないと**カント**は考えた。例えば、「幸せになりたいならば嘘をつかないようにせよ」という仮言命令は経験論的な格率にしか過ぎず、「幸せ」と「嘘をつかない」との間に必然的な関係性は存在しないのである。このような経験論的側面は道徳には適合しないという点を**カント**は強調した。

カントは人間にとって最も重要な理性というものがいかなるものであるかということを詳細に考察し、近代認識論の基盤を確立した。それだけではなく、実践的道徳という問題に対しても極めて明確なアプローチを行った。だが、**カント**は三大批判書だけでなく、『啓蒙とは何か』、『道徳形而上学原理』、『永遠平和のために』などの著作においても、我々にとって必要なさまざまな認識論的、実践的、道徳的問題を探究している。彼のこうした哲学的探究は近代哲学を完成に導き、ドイツ観念論の理論的基盤となっていった。それゆえ、**カント**は今もなお、哲学史の上に燦然と輝く巨星であり続けているのである。

もっと深く知りたい人のための推薦図書

- **『純粋理性批判（上中下巻）』**カント／岩波書店
- **『永遠平和のために』**イマヌエル・カント／集英社
- **『カント入門講義―『純粋理性批判』読解のために』**H・M・バウムガルトナー／法政大学出版局
- **『カントの哲学―入門と概説』**ジョルジュ・パスカル／ぎょうせい
- **『カント入門』**石川文康／筑摩書房

141 哲学・思想

ベンサム（1748年～1832年）

イギリス功利論の基盤を築いた思想家

イギリス功利主義の代表的な思想家**ジェレミ・ベンサム**。彼の述べた「最大多数の最大幸福」という言葉はイギリス功利主義の基本精神を端的に表したものとしてよく知られている。

ベンサムは1748年にロンドンで弁護士の息子として生まれる。幼いときから神童と呼ばれ、1760年12歳でオックスフォード・カレッジに入学。1763年に文学学士号を、1766年に文学修士号を取得。1769年、弁護士資格を得る。1776年に『政府論断章』を発表。1787年、『高利弁護論』を刊行。1789年、『道徳と立法の原理序説』刊行。1791年、『パノプティコン』を、1830年『憲法典』を刊行。1832年、ロンドンで死去。84歳であった。

ベンサムの歴史的な貢献は、大まかにいって、**イギリス功利主義の基盤を作ったことと民主主義制度の確立に尽力した**という二点が挙げられる。最初の点については、彼の功利主義はイギリス経験論の伝統を継ぎ、**現実的な利益を重んじる「最大多数の最大幸福」**という言葉に代表される思想である。それは社会全体にとってプラスであるものがまずもって優先されるべきであるという考えが示されたものである。また、それは善を快楽（あるいは、幸福）と同一視し、快楽を計量可能とする側面が強調され、量的快楽主義を中心原理とする理論であった。後者の点としては、**ベンサム**は人民主権の立場から、婦人も含めた普通選挙制を主張し、民主主義制度の近代化に大きな影響を与えた。

こうした**ベンサム**の考えは、**ジョン＝スチュワート・ミル**、**トーマス・ホジスキン**、**ヘンリー・シジウィック**といったイギリスの功利主義者たちに影響を与えただけではない。一望監視システムであるパノプティコンはフランスの現代思想を代表する哲学者**ミシェル・フーコー**に影響を与え、**フーコー**はこのシステムに関して深く言及した『監獄の誕生』を書いている。

ベンサムは近代的な功利主義思想に基づき、思想や法制度についての詳細な探究を行った。その研究は後世の政治、法律、思想といった分野に大きな変革と影響を及ぼした。彼の思想は確かに西洋世界の中核としてのイデオロギー並びに社会システムを築くための礎となっている。それゆえ、彼の名前は歴史の中に今も深く刻まれているのである。

もっと深く知りたい人のための推薦図書

- **『世界の名著（49）ベンサム／J. S. ミル』**ベンサム、J・S・ミル／中央公論新社
- **『ベンサム―功利主義入門』**フィリップ・スコフィールド／慶應義塾大学出版会
- **『ベンサム』**永井義雄／研究社

142 哲学・思想

ショーペンハウアー（1788年〜1860年）

肯定的ニヒリズムを重視した哲学者

19世紀前半に活躍したドイツの哲学者**アルトゥル・ショーペンハウアー**。彼は認識論的には**カント**の思想を継承したが、同時代の大哲学者である**ヘーゲル**とはまったく異なる考え方を展開した。**ショーペンハウアー**の思想の中心となるものは主体の意志であった。ここでは彼の思想が端的に示されている主著『意志と表象としての世界』の中で示された考えを中心に**ショーペンハウアー**について検討していく。

ショーペンハウアーは裕福な商人の子供としてダンツィヒ（現在はポーランドのグダニスク）で生まれるが、学問の道を目指し、ゲッティンゲン大学に進む。最初は医学部に入学したが、哲学研究の道を進むようになる。**ショーペンハウアー**は『意志と表象としての世界』の中に示しているように、世界とは「現象の生起を主体が見つめる表象としての世界である」と考えた。そして、その根底で機能しているものは盲目的な生存意志であると主張した。つまり、経験的な事象はすべて非合理的であり、この世界において、ある主体の意志は絶えず他の主体の意志と対立を起こすものである。それゆえ、生きることは同時に苦しむことを意味し、この苦しみから免れるためには意志の諦観や絶滅以外にないと説いた。そこには**ショーペンハウアー**の厭世観（ニヒリズム）が強く反映している。

だが、ニヒリズムは負の視点からのみ語られるものではない。生が絶望に満ちたものであったとしても、我々は真理を探究できる。我々の生が絶望に満ちたものであるからこそ、真理が可能になるからである。こうした考えの中には肯定的なニヒリズムがはっきりと提示されている。**ショーペンハウアー**はニヒリズムの持つこうした積極的側面を強調した。彼は「人生は短く、真理は長い。さあ、真理を語ろう」と述べている。

ショーペンハウアーの生存中、ヨーロッパ思想界においては**ヘーゲル**の哲学体系の影響があまりにも強く、**ショーペンハウアー**の思想は同時代人にまったく考慮されなかった。だが、**ニーチェ**による彼の思想の再発見後に、彼の思想が注目されるようになった。思想史の流れから**ショーペンハウアー**の思想を見た場合、彼が**ヘーゲル**思想のアンチテーゼとして、**理性中心主義的世界観に対して疑問を呈した**意義は極めて大きなものであったと述べ得るのである。

もっと深く知りたい人のための推薦図書

- **『意志と表象としての世界（全3巻）』**ショーペンハウアー／中央公論新社
- **『笑うショーペンハウアー』**ライフ・ヴィーナー／白水社
- **『ショーペンハウアー』**遠山義孝／清水書院

143 哲学・思想

ヘーゲル（1770年〜1831年）

「弁証法」を駆使したドイツ観念論の完成者

ドイツ観念論の完成者といわれる18世紀後半から19世紀前半に活躍した**ゲオルク・ヴィルヘルム・フリードリヒ・ヘーゲル**。彼は自由な主体が理性を基盤として実現していくさまざまな体系についての考察を行った。そして、『精神現象学』、『大論理学』、『エンチクロペディ』、『法哲学』といった大著を書き上げ、近代思想体系をまとめ上げ、思想史の中に金字塔を打ち立てた哲学者として、その名を残している。

ヘーゲルは神聖ローマ帝国（現在のドイツ）のシュツットガルトで、公務員の子供として生まれる。1788年にチュービンゲン大学に入学し、哲学と神学とを学ぶ。この時代に**ヘルダーリン**、**シェリング**と親密な関係を築く。卒業後、ベルンやフランクフルトで家庭教師をしながら、研究活動を行う。1801年にイエナ大学私講師となり、1807年に『精神現象学』を発刊する。1812年から1816年にかけて『大論理学』を発刊。1817年に『エンチクロペディ』を発刊。1816年にハイデルベルク大学で正教授になり、1818年にはベルリン大学に職を移す。1821年に『法哲学』を発刊。1829年にベルリン大学の学長となるが、1831年にコレラによってベルリンで死去した（この死因を疑問視する声も存在する）。61歳であった。

ヘーゲル理論の最大の特徴は弁証法にある。弁証法は正（テーゼ）、反（アンチ・テーゼ）、合（ジン・テーゼ）の三項の関係を図式化するものであるが、この関係は以下のように示すことができる。まずテーゼとアンチ・テーゼとの対立関係が示される。そして、この対立関係がレベルチェンジ、つまりは、「止揚」されることによって総合化され、ジン・テーゼが作り出されるというものである。**ヘーゲル**の初期哲学の主著である『精神現象学』では、この弁証法が意識下の主体内で展開される様態が詳細に検討されている。また、彼の後期哲学理論が提示されている『歴史哲学』（死後に刊行された著書であるが）においては、国家というレベルにおける弁証法的展開が示されている。

マルクスはこの弁証法的図式化を階級対立の歴史的展開の分析に応用して、**マルクス**弁証法を構築し、実際にその理論に基づきロシア革命が起き、世界で初めての社会主義国が作られた。その後次々に社会主義国が誕生していったが、社会主義国家は**ヘーゲル**の国家論の中ではまったく語られていなかった国家であったことも注記しておこう。

ヘーゲルの後期理論の代表的著作である『法哲学』についても一言述べておく必要があるだろう。**ヘーゲル**はこの著書の中で客観的精神は家族、市民社会、国家といった自由な人間の行為により生み出される共同体の実現の中に示されているものであると書いている。今述べた共同体は抽象法、道徳性、人倫の三つの段階に区分でき、この段階の展開を通して個別性と普遍性が統合されていくと**ヘーゲル**は考えた。そして、人倫も家族、市民社会、国家と3段階に区分できると考えた。この考えに基づき、『法哲学』は第1部抽象法、第2部道徳、第3部倫理から構成されている。

家族とは愛情といった小さな共同体内で実現される形式による主体と客体の統一を示すレベルにあるものであり、市民社会は市場における欲望に基づく労働の体系であり、国家は市民社会の欲望の体系を包摂しつつ立法権や執行権などを用いて普遍性を現実化させるために市民の利己性を監視するレベルのものである。このように**ヘーゲル**は『法哲学』の中で主張している。

こうした分析ができるのは、人間社会が成熟した段階にあり、十分に考察可能なものだからである。**ヘーゲル**は『法哲学』の序文で「ミネルバの梟は夕暮れになってはじめて飛翔する」と語っている。つまり、哲学が現実の成熟の後に遅れてやってくるものであるということ、現実が完成されてから、初めて哲学の王国が建設されるということを**ヘーゲル**はこの言葉によって述べようとしているのである。それゆえ、この言葉は哲学の持つ探究対象に対する全体的様相の総合的分析という側面を端的に表していると述べ得るだろう。

ヘーゲル哲学の影響という事柄も重要な問題である。先程、**マルクス**における**ヘーゲル**思想の発展的継承という点について語ったが、**ヘーゲル**に影響を受けた思想家は**マルクス**だけではない。**キェルケゴール**、**ハイデッガー**、**サルトル**、**ラカン**、**レヴィナス**、**リクール**といった哲学者は少なからず**ヘーゲル**の影響を受けている。それだけではなく、**レヴィナス**が『困難な自由』の中で「**ヘーゲル**の語っていることの前では容易に声を高めることができない。思考がひどく慎重になってしまうからだけではなく、言語が欠乏しているように感じられるからである」と言っているように、**ヘーゲル**の体系はあまりにも強大で堅固なものである。この壮大な思想体系を肯定するにせよ、否定するにせよ、**ヘーゲル**を通ることなく、西洋哲学を語ることは不可能なことである。**ヘーゲル**はその思想体系によって現在もなお哲学において大きな影響を及ぼし続けているのである。

もっと深く知りたい人のための推薦図書

- **『精神現象学（上下巻）』** G・W・F・ヘーゲル／平凡社
- **『法の哲学（全2巻）』** ヘーゲル／中央公論新社
- **『ヘーゲル伝』** ジャック・ドント／未来社
- **『ヘーゲル精神現象学の生成と構造（上下巻）』** イポリット／岩波書店
- **『ヘーゲルからハイデガーへ』** カール・レーヴィット／作品社

佐藤優の言葉

ヘーゲルは『法哲学』序説で、「（知恵を象徴する）ミネルヴァ梟《ふくろう》は夕暮れを待って飛び立つ」と指摘した。歴史的出来事の意味を認識できるのは、その出来事が終焉を迎えるときだという意味だ。現実に格闘している人には、その歴史的意味がわからないのである。

144 哲学・思想

ミル（1806年〜1873年）

自由を重視し、幸福の質を重視した思想家

19世紀イギリスの哲学者、政治学者、経済学者である**ジョン・スチュアート・ミル**。彼はイギリス功利主義の基本的な思想を提示したといわれているが、その根本にあるものは自由と倫理性の重視という問題であった。

ミルは、自由とは個人の発展に必要不可欠なものであり、政府や世論によっていつも干渉を受けていれば、人間は自らの心や心の中に持っている判断する力をうまく行使できなくなるものであると考えた。そして、本当に人間らしくあるために、人間一人一人が自由に考え、話せる状態が必要であると主張した。この考え方が明確に示されたものが、『功利主義論』の中に書かれている「満足した愚か者であるよりは、不満足な**ソクラテス**であるほうがよい」という言葉である。

この言葉にあるように、ミルは心理的満足や幸福感という問題に関して、**ベンサム**が「最大多数の最大幸福」というように量的な側面から捉えたのに対して、**ミル**は量的な側面よりも質的な側面の差異を重視したと述べ得る。

ミルは自由の問題の中で**国家権力に対する個人の自由が最も重要なものである**と語っている。そして、国家権力が個人の自由を妨げることが赦される場合は、問題となる個人が他者に実害を与える場合だけで、それ以外の個人的な行為については必ず個人的自由が保障されなければならないと主張している。また、民主主義という政治制度は大衆による多数派の専制をもたらす危険性があると考え、この制度は警戒すべきであるとも述べている。

また、**ミル**は経済学的側面ではリバタリアンであった。すなわち、経済的自由も個人的自由も両者ともに認める立場で、現在の世界における主要潮流である経済的自由のみを重視するネオリベラリズムとは異なる考え方をしている。こうした彼の経済理論は政治的には、他者に危害を加えない行為をするために個人の自由な行為を邪魔する法や強制措置などを政府が取り除いていく必要があるという主張の中に端的に示されている。

思想史的に見れば、**ミル**はイギリス経験論の伝統と、西洋合理主義の伝統との両面を持ち、自由という問題を重視したと言い得るであろう。そして経済的にもその立場を重視した。こうした**ミル**の考えは現在の資本主義や民主主義に大きな影響を明確に与えている。

もっと深く知りたい人のための推薦図書

- **『自由論』**ジョン・スチュアート・ミル／岩波書店
- **『ミル自伝』**ジョン・スチュアート・ミル／みすず書房
- **『J.S. ミルの政治経済学』**前原正美／白桃書房

145 哲学・思想

キェルケゴール（1813年～1855年）

絶望を超えようとした実存主義哲学の先駆者

19世紀前半のデンマークの哲学者**セーレン・キェルケゴール**は実存主義の先駆者であるといわれている。彼の主著である『死に至る病』の中にある**「死に至る病とは絶望のことである」**という言葉はそのことを端的に示している。

コペンハーゲンの裕福な商人の家に生まれた**キェルケゴール**。熱烈なキリスト教徒で厳格だった父のもとで育った彼は、コペンハーゲン大学で神学と哲学を学ぶ。**キェルケゴール**の思想は19世紀世界の暗い様相を鮮明に反映しているが、彼の思想を考える上での一つの核心的なキータームは「死」である。彼はこの世界でいかに可能性や理想を追求しようとも、死によってもたらされる絶望は回避できないと考えた。そして、この絶望は神によってしか救済されないと主張した。また、世界や歴史といった対象を理性の法則によってすべて解明しようとした**ヘーゲル**の哲学を批判し、人間の生には理性の法則には還元できない固有の本質があるという考えを示した。

こうした**キェルケゴール**の思想は「死に至る病とは絶望のことである」という言葉が示すように、孤独に死と向き合う単独者としての主体のあり方を追及しようとしたものである。それゆえ、唯一人で世界と向き合っている主体にとっては**ヘーゲル**弁証法が述べているような「あれもこれも」という思考を行うことは不可能であり、「あれかこれか」という選択的な思考を行うことしかできないのである。つまり、有限な主体が自らに対する否定性に直面したとき、それを抽象的観点に基づき止揚することはできず、否定性や矛盾と向き合い、自らの固有な生の中でそうした問題を真摯に受け止め、対峙し解決していかなければならないと考えたのである。**キェルケゴール**は「絶望とは自己の喪失である」とも述べているが、この自己の喪失は自己だけではなく神との関係をも喪失することとなるゆえに、絶望は罪であるとも語っているのである。

キェルケゴールのこうした人間存在のあり方に対する思想は、**主体性の問題を理性の問題だけには還元できないとする20世紀前半の中心思想である実存主義思想の扉を大きく開いた**。その哲学史的意味は極めて重要なものであり、反**ヘーゲル**的な新たな時代精神を築き上げるものであった。

もっと深く知りたい人のための推薦図書

- **『死に至る病』**キェルケゴール／岩波書店
- **『キルケゴール』**オリヴィエ・コーリー／白水社
- **『キルケゴール』**工藤綏夫／清水書院

佐藤優の言葉

キェルケゴールは、絶望的な状況にあるにもかかわらずそれを気づいていない状況を「非本来的絶望」と規定した。自分の置かれた状況を見るのが恐いので、面白おかしく生きるような態度が非本来的絶望だ。

146 哲学・思想

カール・マルクス（1818年〜1883年）

プロレタリアート（労働者）のための世界構築を目指す

マルクスがどのような人間であったかを語ることは容易なことではない。彼は哲学者でもあり、経済学者でもあり、ジャーナリストでも、さらには革命家でもあったからだ。

19世紀の前半、プロイセン王国、ユダヤ人ブルジョワ家庭に生まれた**マルクス**。彼は最初から哲学者や革命家を目指したわけではなかった。大学では法学を学ぶが、**ヘーゲル**哲学に傾倒する。

だが、**ヘーゲル**哲学によって完成された近代哲学体系は**マルクス**にとって乗り越えるべき大きな壁となる。**ヘーゲル**弁証法は政治や社会の問題にも適応可能な画期的なイデオロギー装置であったが、それは徹頭徹尾観念論の装置であったからだ。**マルクス**は『資本論』の中で、「弁証法は**ヘーゲル**にあっては逆立ちしている。その神秘的な核心を見出すためには、それを転倒させなければならない」と語っている。

マルクスの社会主義思想における最大の貢献は、人間の歴史は階級闘争の歴史であることを示したことにある。『共産党宣言』の中で、**マルクス**は人間の歴史が自由民と奴隷、都市貴族と平民、領主と農奴といった抑圧者と被抑圧者が常に対立している歴史であると主張している。そして、産業構造が大きく変わり、工業化が著しく発展した19世紀、階級対立はブルジョワジー（資本家）とプロレタリアート（労働者）の対立となったと**マルクス**は分析している。

ブルジョワジーは生産手段、所有という経済構造の変動によって、地方にいた農民の土地を奪いプロレタリアート化した。そのために人口は都市に集中していった。そして、大工場を経営するブルジョワジーはプロレタリアートの生産した商品から莫大な利益を得て、プロレタリアートには最低限の賃金しか払わなかった。こうして得た利益は資本主義の拡大再生産の原理のもとで、さらなる利益を求めるように用いられ、プロレタリアートからの搾取はさらなる搾取を生んでいった。そのため資本主義体制下では、ブルジョワジーが資本主義の展開とともにますます富んでいく一方で、プロレタリアートはますます貧しくなるのである。

この資本主義体制の矛盾を打ち破るためにはプロレタリアート全員が一つになり、ブルジョワジーの搾取から自らを守り、最終的にはプロレタリアートが権力を握らなければならないと**マルクス**は考えた。この権力闘争を呼びかけ、世界のプロレタリアートの力を一つにしようとする合言葉、それが『共産党宣言』に書かれた「万国の労働者よ、団結せよ！」である。

マルクス主義は哲学史的視点から見れば、観念よりも物質を優先させる唯物論的な思想であるが、この思想の中心概念の一つに**マルクス**弁証法がある。**マルクス**は**ヘーゲル**の弁証法を基盤として人間の歴史の発展は階級対立による弁証法の歴史であると考えた。**ヘーゲル**弁証法はテーゼ（正としての事象）に対してアンチ・テーゼ（反対する事象）が否定的に関係するとき、その二つの事象の対立はアウフヘーベン（止揚）され、統一されるものジン・テーゼ（統一された事象）になるという考え方である。**マルクス**はそれを歴史展開における実際の動きの中に応用した。**マルクス**によれば時代ごとに対立する二つの階級が存在し、歴史展開の中で使用されていき、前述したように最終的な対立はブルジョワジーとプロレタリアートとの対立となり、プロレタリアートが勝利し、プロレタリアートが国家の中心となり、階級対立のない平等な世界が誕生するのである。

マルクスのこの考えは多くの社会主義者や共産主義者に支持され、世界史的に見ても、ソ連や中国をはじめとする**多くの社会主義国誕生のための大きな指導原理となった**。だが、ソ連の崩壊以降、社会主義体制は世界の中心的な制度ではなくなり、経済システムとしても資本主義以外のシステムが登場し、世界を変えるという様相はまったく見えていない。しかも、**マルクス**が強調した富める者と貧しき者との格差はますます広がっている。それゆえ、**マルクス**が鳴らした警鐘に我々は真摯な姿勢でもう一度耳を傾ける必要があるのではないだろうか。

佐藤優の言葉

マルクスには二つの魂がある。共産主義社会を実現しようとする革命家としての魂と資本主義社会の内在的論理を実証的かつ客観的に明らかにしようとした学者としての魂だ。私は、後者のマルクスの学者としての魂を重視すべきと考える。

もっと深く知りたい人のための推薦図書

- **『資本論』**マルクス／岩波書店
- **『共産党宣言』**マルクス、エンゲルス／岩波書店
- **『マルクス入門講義』**仲正昌樹／作品社

147 哲学・思想

ウィリアム・ジェイムズ（1842年〜1910年）

プラグマティズムの基盤を確立した哲学者

19世紀後半から20世紀初めにアメリカで活躍した**ウィリアム・ジェイムズ**は、哲学者で記号論の創始者である**チャールズ・サンダー・パース**、教育哲学者の**ジョン・デューイ**、心理学者の**ジョージ・ハーバート・ミード**とともにプラグマティズムを代表する哲学者・心理学者として有名である。

ニューヨークに生まれた**ジェイムズ**だが、幼少年期はヨーロッパで過ごし、画家を目指すがあきらめ、ハーバード大学で医学を学ぶ。その後、心理学、哲学研究を行い、プラグマティズムの理論を確立する。だが、1910年に心臓病で死去した。

プラグマティズム（道具主義や実用主義と訳される）はイギリス経験論を発展的に継承した合理主義的な思想である。つまりは**理念的な探究よりも実際的、現実的な結果を重視**し、真理の探究を実践的な方向に導いていこうとする哲学的立場であるが、**ジェイムズ**はプラグマティズムを基盤として思想的考察を展開した。つまり、ある対象を探究する場合、その対象自身の探究を行うことと同様に、その対象と他の対象との間の関係を検討していくことも重要であるという主張を行った。

また、真理は一つだけしかないものなのではなく、実際には複数の正しい答えがあるという多元論的考えも展開した。さらには、真理には信念、世界についての事実、その背景的信念およびこれら信念の将来的結果を含むとも主張した。それゆえ、経験より理性を重んじる大陸合理論の基盤となっている**デカルト**的二項対立思考図式を強く批判し、究明すべき実在性は精神的なものでも肉体的なものでもないという中立一元論を唱えた。

こうした**ジェイムズ**の思想は、より多くの同意が得られるものがよりよきものであるという結論に向かう。この結論を端的に表した言葉が「他人の要望をも同時に満たす自分自身の理想を実現するような何らかの方法を考察せよ」である。そこには**ジョン・スチュアート・ミル**の「満足した愚か者であるよりは、不満足な**ソクラテス**であるほうがよい」という言葉に通じる精神が発見でき、イギリス経験論とアメリカのプラグマティズムの結びつきが確認できる。

このよう見れば、**ジェイムズ**は現代のアメリカの中心思想の基盤を、プラグマティズムを通して確立したといえる。

もっと深く知りたい人のための推薦図書

- **『プラグマティズム』** W・ジェイムズ／岩波書店
- **『ウィリアム・ジェイムズ入門―賢く生きる哲学』** スティーヴン・C・ロウ／日本教文社
- **『プラグマティズム入門』** 伊藤邦武／筑摩書房

148 哲学・思想

ソシュール（1857年〜1913年）

ラングの言語学を確立させた近代言語学の父

スイスの名門貴族の家に生まれた**フェルディナン・ド・ソシュール**は、「近代言語学の父」と形容されているように言語学の発展に大きく寄与をしたスイスの言語学者である。彼がジュネーブ大学で行った講義は弟子たちによって『一般言語学講義』としてまとめられ、20世紀の言語学だけでなく、構造主義全体の発展に大きな影響を与えた。

近代言語学の確立という問題を考えるために、**ソシュール**が言語をどのようなものと考えたのかという点から説明しよう。彼は言語を、言語活動を示す「ランガージュ」、言語体系を示す「ラング」、ラングを用いて個々人が語る言葉である「パロール」という三つのレベルに分け、さらに、言語学の考察対象はラングであると主張した。

ラングは実際に存在している日本語や英語といった各言語内にある固有の言語記号によって構成されている。その記号の内部構造を見た場合、音声言語においては音のレベルと意味のレベルという二つの異なるレベルで構造化されていることが理解できると**ソシュール**は述べている（彼は手話という言語を考慮していないという問題点があるが、ここでは音声言語のみを対象として語ることにする）。この音のレベルが聴覚映像であり、意味のレベルが概念であるが、前者は後にシニフィアンと後者はシニフィエと命名された。

言語はある実体に付けられたラベルのようなものであるという唯名論は古くから存在していたが、そういった主張を**ソシュール**ははっきりと否定した。そして、「言語は形相であって実質ではない」という説を唱えた。つまり、**言語は実体ではなく、記号である**と考えたのである。この記号体系は先程述べたような意味と音の異なる二つのレベルから成り立っており、それが分かち難く結びついているものなのである。それゆえその関係は「コインの裏表の関係」のようなものなのである。

こうして言語記号の基本的な特質を示した**ソシュール**は、さらに自らの理論を厳密化した。その理論は、考察対象であるラングの仕組みを学的に解明しようとするもので、20世紀後半の思想の一大潮流であった構造主義の基盤となった。このような歴史展開によって、**ソシュール**は言語学の父だけではなく、構造主義のパイオニアとも見なされ、歴史にその名をとどめることになったのである。

もっと深く知りたい人のための推薦図書

- **『一般言語学講義』**フェルディナン・ド・ソシュール／岩波書店
- **『ソシュールを読む』**丸山圭三郎／岩波書店
- **『フランス語学概論』**髭郁彦ほか／駿河台出版社

149 哲学・思想

ニーチェ（1844年～1900年）

「神は死んだ」と叫んだ反時代的精神の強烈なる具現者

ドイツの哲学者**ニーチェ**は理性中心的な合理主義を高々と掲げていた19世紀ヨーロッパ精神に対して「神は死んだ」と叫び、堂々と反旗を翻した。この言葉によって、**ニーチェ**が西洋の合理主義精神の終焉を宣言した意味は西洋の思想史上重大なものである。

ヨーロッパでは、近代の幕開けが告げられてもなおもキリスト教の神の存在は絶対的なものであった。その理由は神が信仰の源であるだけではなく、理性中心主義の真理そのものを意味していたからである。この西洋の伝統精神に対して、「否！」という言葉をつきつけなければ、新時代の幕開けは不可能なことであった。こうした時代的背景のもとで**ニーチェ**は強固なキリスト教的価値観と闘い、それを破壊する先駆者として邁進し、『曙光』、『道徳の系譜』、『この人を見よ』といった力作を次々に発表した。そして、それらの著作の中で示された「超人」、「永劫回帰」、「力への意志」といった独自の概念用語は20世紀の時代精神を築く基盤となった。

ニーチェの著作の中で最も有名な作品は『ツァラトゥストラはかく語りき』である。この本は賢者ツァラトゥストラの思索の旅を描いた哲学ロマンである。山奥に入ったツァラトゥストラが悟った真理を人間たちに教えるために山を下りるところからこの物語は始まる。だが、彼が語る真理はキリスト教的世界観を根底から覆すものであった。キリスト教では弱者や虐げられた者に対する慈悲、憐憫を最も価値あるものとし、愛を重視する。だが、ツァラトゥストラはそうした考えが最も卑しく、愚かな考えであると断言する。さらに、より強くより正しい者となるために思想的な変身を行い続ける超人となる必要性を説き、旅を続け、ついに大いなる正午の時を迎え、超人の到来を告げ、新たなる世界に向けて飛翔する。それゆえ、彼は創造者であると同時に破壊者であるとも言い得る存在なのである。

「神は死んだ」というツァラトゥストラの言葉は、キリスト教時代の終わりを宣言するものであるゆえに、当時の西欧社会に激烈な衝撃を与えた。西欧世界の絶対的真理が否定されたからだ。しかし、神の掟に従いさえすれば救われるという考えは、主体性がなく、あまりにも受動的なものである。**ニーチェ**はこのような教えを奴隷の思想と呼び、弱者のための思想を徹底的に排除しなければならないと考えたのだ。逆説的に言えば、新しい時代の到来を宣言するために、神は死ななければならなかったのである。

ところで、神の否定はこの世界に絶対的真理などはないと断定することでもある。つまり、この言葉は20世紀を襲ったニヒリズムの開始を告げるものでもあった。**人間は**

神の支配という鎖から解放されたが、その解放とともに、何の保障もない世界で自らが自らのすべての行為に対して責任を持たなくてはならなくなったのだ。それは極めて苛酷なことである。その苛酷さに耐え、前進するには超人にならなければならない。それが**ニーチェ**の思想だったのである。

ニーチェにとって超人は弱者中心の考えを完全否定し、自らの力を強く、より強くするために突き進む存在である。それはキリスト教における悪の中心であるサタンに匹敵する存在である。では、超人は我々の敵であろうか。その答えはそうであるとも、そうでないともいえるものである。しかし、この世界は理想郷ではなく、残酷な力が支配する世界である。それゆえ、鉄の意志を持ち、弱者の屍を乗り越えて進み続ける超人が必要であると**ニーチェ**は主張したのだ。また、超人の絶えず強者になろうとする切望を「力への意志」と**ニーチェ**は名づけ、超人が引き受ける世界生成の真理を「永劫回帰」と呼んだ。永劫回帰はあらゆる物事は一回性のものの連続によって成り立っているのではなく、何度もまったく同様に繰り返されるという連続性を表すものである。それは何の約束もないが、それでも前へ前へと突き進む超人のみが引き受けることができる世界法則である。このような**ニーチェ**の世界観は近代を超克しようとする20世紀哲学に確実に大きな影響を与えるのである。

佐藤優の言葉

ニーチェは、本気でプロテスタント神学を研究した。その結果、神は存在しないという結論に至った。しかし、ニヒリズムを克服できる強い意志を持った人間は少ない。ニヒリズムの革命として、ナチズムが生まれた。

もっと深く知りたい人のための推薦図書

- **『ツァラトゥストラかく語りき』**ニーチェ／河出書房新社
- **『善悪の彼岸』**ニーチェ／岩波書店
- **『ニーチェ入門』**竹田青嗣／筑摩書房

150 哲学・思想

テオドール・ヘルツル（1860年〜1904年）

イスラエル建国の父と称せられる新聞記者

テオドール・ヘルツルはハンガリーのジャーナリスト、作家であるが、彼はシオニズム運動を提唱したことで有名である。また、イスラエルにおいて紙幣に彼の肖像画が使われたことによっても知られている。

ヘルツルは1860年にブダペストの裕福なユダヤ人の家に生まれ、ウィーンで法学や文学を学ぶ。「新自由新聞」の通信員としてパリ在住時の1894年にドレフェス事件に遭遇するが、それをきっかけに1896年に『ユダヤ人国家』を執筆。シオニズム運動の創始者となる。その後、1897年にバーゼルで第1回シオニズム運動を開催。1902年、小説『古く新しい国』を書く。だが、1904年、オーストリア＝ハンガリー帝国のエートラッハで過労によって肺炎となり、死去する。

ヘルツルのシオニズム思想を理解するためには、彼の生きた時代のユダヤ人の状況とシオニズムとは何かを説明する必要がある。最初の問題は、ユダヤ人であるゆえに無実であるにもかかわらずスパイ容疑をかけられたドレフェス事件をはじめとする多くの反ユダヤ人的な出来事が**ヘルツル**の生きていた時代には多発していた。そのために、彼はシオニズム思想を唱えた。2番目の問題であるシオニズム思想は端的にいうならば、ユダヤ人のためのユダヤ人の国家の建設を目的とする考えである。ヘルツルがなぜこの思想を唱えたかは、上記したように反ユダヤ人的な時代背景があったからである。彼は、こうした**反ユダヤ人の思想が生まれる理由はユダヤ人に国家がないからであると考え、ユダヤ人の国家を作ろうとした**。**ヘルツル**はシオニズム運動のために奔走したが、その夢が実現される前に彼は死去した。だが、彼の唱えた思想は消えることがなく、ユダヤ人に引き継がれた。そして、ついに、さまざまな苦難を乗り越え、1948年にユダヤ人の国家、イスラエル共和国の建国となるのである。

ヘルツルがいなければ、シオニズムという考えが明確化されず、ユダヤ人の国家というものは夢物語にしか過ぎなかったかもしれない。だから、イスラエルの人々は**ヘルツル**を「建国の父」と呼び、今も深く敬意を払っているのである。

佐藤優の言葉

イスラエルは、人口900万人弱（ユダヤ人75%、アラブ人など25%）の中堅国家であるにもかかわらず、国際政治に大きな影響を与えている。イスラエルの建国理念となったのがヘルツルらが提唱したシオニズムだ。アメリカ政治を理解する上でもシオニズムに対する理解が不可欠だ。

もっと深く知りたい人のための推薦図書

- **『ユダヤ人国家』**テオドール・ヘルツル／法政大学出版局
- **『ユダヤ人の起源：歴史はどのように創造されたのか』**
  シュロモー・サンド／筑摩書房

151 科学

カール・フォン・リンネ（1707年〜1778年）

分類学の父と呼ばれたスウェーデンの研究者

スウェーデンの植物学者、生物学者の**カール・フォン・リンネ**。彼は生物の分類体系を構築したことで有名である。また、彼は**動植物を属名と種名で表す命名法**も提唱した。

リンネはスウェーデン南部のステンブルーフルト出身であり、彼の父は聖職者であった。最初は**リンネ**も聖職者を目指していたが、途中から植物学者になろうと思い、ルンド大学、ウプサラ大学で学ぶ。1732年、ラップランドの研究に赴く。1735年に『自然の体系』を発表し、雌雄蕊《ずい》を基準とした植物分類を提唱した。1753年に『植物の種』を出版し、動植物を属名と種名の二つの名称で分類する二命名法を確立する。だが、1778年にウプサラで死去した。

「分類学の父」と称せられるように、**リンネ**の最大の功績は動植物の分類体系を構築したこと、すなわち、動植物の分類表を作り上げたことにある。この分類作業の最初の業績が『自然の体系』であり、この本の中で**リンネ**はさまざまな種のそれぞれの特徴を記述しながら、類似する生物との相違点を明確に記述した。このことによって、近代的分類学が初めて確立されたのである。また、生物の学名を属名と種名の二つのラテン語名で記述するように提唱したのも**リンネ**であり、この記述法は現在も用いられている。さらに、種を、綱、目、属という下位単位で分類していくことで、生物の階層化を厳密に行っていった。**人間ならば哺乳綱サル目ヒト属**というように、**リンネ**は膨大な量の生物の種を細かく分類することで生物間の類似性や差異を体系化していったが、この体系化によって植物学という学問が創設されたのである。また、人類を霊長類に分類し、ホモ・サピエンスと命名したのも**リンネ**である。

こうした**リンネ**の体系化はそれまで並列的に示されていた生物の全体像を、より樹形図的に総合化し、動植物の基本図式として、生物学の発展に大きく貢献するものであっただけでなく、動植物の分類をより簡潔に提示することを可能にするものであった。

リンネは子供のときから植物が好きで、幼いときは「小さな植物学者」と呼ばれていたが、彼はその呼び名を裏切ることなく、本当に植物学者になっただけではなく、この学問の発展に大きく寄与した稀有な学者であったといってよいであろう。

もっと深く知りたい人のための推薦図書

- **『カール・フォン・リンネ』**トミー・イーセスコーグ／東海大学出版会
- **『博物学の欲望―リンネと時代精神』**松永俊男／講談社
- **『自然を名づける―なぜ生物分類では直感と科学が衝突するか』**キャロル・キサク・ヨーン／NTT出版

152 科学

レオンハルト・オイラー（1707年～1783年）

スイスが生んだ近代数学における大天才

レオンハルト・オイラーはスイスの数学者。**ガウス**と並ぶ18世紀最大の数学者と称せられた。**オイラー**の定理、**オイラー**の公式、**オイラー**積分、**オイラー**法など彼の名前が取られた多くの法則を発見した。

オイラーは1707年に牧師の子供としてバーゼルで生まれる。1741年にベルリン・アカデミー数学部長となるが、間もなく片目の視力を失う。1748年に『無限小解析緒論』を、1755年に『微分学原理』を書くが、その後両目の視力を完全に失う。1768年から1770年に『積分学原理』を口述筆記する。1783年に脳出血により死去。76歳であった。

オイラーの数学、物理学における発見は多数ある。すなわち、彼の功績によって近代数学および物理学は飛躍的に進歩したと言っても過言ではないのである。彼の名前のついた法則や発見があまりに多いため、ここでは**オイラー**の多面性定理、**オイラー**の運動方程式、**オイラー**予想という三つの法則について簡単に説明するだけにする。最初のものは球面に位相同型な多面体は頂点、辺、面の数に関して（頂点の数）－（辺の数）＋（面の数）＝2が成り立つというものである。2番目のものは力を与えても変化しない物体である剛体の回転運動を表す式である。3番目のものは$x^4 + y^4 + z^4 = w^4$を満たす自然数の解（x, y, z, w）は存在しないというものである。

こうした**オイラー**研究成果は後世の数学や物理学に大きな影響を与えたが、例えば、現在の**コンピューターが用いているアルゴリズムを最初に発見した**のも**オイラー**であった。このように**オイラー**の功績は偉大なものであったが、彼は失明してからも研究心が衰えることがなく、多くの研究を残した点も忘れてはならない。

オイラーは天才であり、彼の仕事量は常人をはるかに超えるものであったが、彼は常に研究し続けた探究者であった点も注記すべきであろう。**オイラー**の研究成果がなければ、現在の数学や物理学の発展はなかったと言っても過言ではない。彼はまさに数学界の大巨人だったのである。

もっと深く知りたい人のための推薦図書

- **『オイラーの無限解析』**レオンハルト・オイラー／海鳴社
- **『オイラー─その生涯と功績』**E・A・フェルマン／シュプリンガー・フェアラーク東京
- **『オイラーの公式がわかる』**原岡喜重／講談社

153 科学

ジェームズ・ワット（1736年〜1819年）

蒸気機関の改良で産業革命に貢献した発明家

スコットランド出身のイギリスの発明家である**ジェームズ・ワット**。彼は蒸気機関を改良したことによって、この機関を効率的な動力源とする産業革命の発展に大きな貢献をした。

ワットはスコットランド中部の港町グリーノックで生まれた。父の職業は船大工でもあり、貿易商人でもあった。**ワット**はロンドンで計測機の製造技術を学んだ後、スコットランドに戻り、1757年にグラスゴー大学内に工房を設ける。1761年に蒸気機関に関心を持ち、それまでの蒸気装置は効率が悪く多くの熱エネルギーが失われていたため、その改良のための研究を始める。1765年にシリンダーと復水器を分離させる分離凝縮器の開発に取りかかり、1776年にその装置の開発に成功する。また、1775年に**ワット**商会を開き、蒸気機関の商業的生産を開始した。だが、1819年、バーミンガムの自宅で亡くなる。83歳であった。

ワットの歴史的な最大の功績として語られるものは**蒸気機関の改良**である。この改良はイギリスの技術者である**トーマス・ニューコメン**が作った蒸気機関を改良したものである。**ニューコメン**の作製したものはシリンダーが冷却と過熱を繰り返すため、熱効率が非常に悪かった。そのため、**ワット**は凝縮器を分離することで、熱量のロスを低減し、蒸気機関の出力効率の向上と燃費を著しく高めることに成功した。この蒸気機関の技術はイギリスだけではなく、世界中に広がり、産業革命の進展に大きく寄与した。それゆえ、**ワット**は「蒸気機関の父」とも呼ばれている。また、仕事率を表す**ワット**という単位は**ワット**の名前から取られたものである。

ワットは晩年に至るまで、多くの発明や改良を行っている。コピー機や蒸気式絞り機の発明、望遠鏡を使った距離測定法の開発、石油ランプの改良などを行っている。彼の発明精神は一生涯涸《か》れることはなかったのである。

ワットがいなければ、イギリスで産業革命が急速に進展しなかったのは間違いのない事実である。それだけではなく、18世紀に世界中で起きた技術革新の波は**ワット**の開発を契機として開始されたと言っても過言ではないであろう。それゆえ、**ワット**を現在の我々の生活の基盤を支える産業資本主義的技術革新のベースとなる発明の先達と見なすことができるのである。

もっと深く知りたい人のための推薦図書

- **『ジェームズ・ワット』**ディッキンソン／創元社
- **『ワットとスティーヴンソン：産業革命の技術者』**大野誠／山川出版社
- **『産業革命』**T・S・アシュトン／岩波書店

154 科学

ジェンナー（1749年〜1823年）

種痘法を発明し、天然痘撲滅に尽力した医師

イギリスの医学者**エドワード・ジェンナー**は天然痘の予防のために、それ以前に行われていた人痘接種ではなく、より安全性の高い種痘法を考案した。この功績によって彼は「近代免疫学の父」と呼ばれている。

ジェンナーはアメリカのグロスタシャー州バークレーで牧師の子供として生まれる。1770年、外科と解剖学を学ぶためにロンドンへ行き、学業に励む。1773年に故郷に戻り、家庭医療医となる。1778年から18年間**牛痘と天然痘との関係を研究し、種痘法を作り出した**。1798年にこの方法を発表し、それがヨーロッパ全体に広まった。この功績によって1802年にイギリス議会から賞金が贈られる。1803年に天然痘撲滅を目指す**ジェンナー**協会が設立される。だが、**ジェンナー**は1823年、脳溢血で死去した。

ジェンナーの生きていた時代、天然痘が多くの人々を苦しめていた。この病を克服するために積極的に研究努力をした医師が**ジェンナー**である。**ジェンナー**の研究以前、天然痘に対する予防接種としては天然痘にかかった人の膿疱から抽出した液を健康な人に接種する人痘法が、すでに知られていた。だが、この予防法では接種を受けた人の2%余りが死亡するという結果となっていた。そのため、より安全な方法の探究が求められていた。

牛痘にかかった患者は天然痘にかからないという農民の間での噂があったことや、牛痘は天然痘よりもはるかに安全な病気であることに、**ジェンナー**は注目し、研究を開始し、ついに種痘法を完成した。この方法は人痘法よりも安全であり、ヨーロッパだけでなく、世界各地に広がり、1980年にWHOは天然痘撲滅を宣言する。**ジェンナー**の研究がなければ天然痘の撲滅はあり得なかったであろう。

ジェンナーは一介の町医者であったが、人々を苦しめる病気を防ぐためにはどうすればよいかを真剣に考え、安全な新たな予防法を見つけ出し、世界に広めた。それは人類と病気との戦いにおいて輝かしい勝利をもたらした。**ジェンナー**はいかなる難題であっても、克服可能であるものに対しては多くの努力を重ねて、挑戦することで、それを克服できるということを歴史の中ではっきりと証明したのである。

もっと深く知りたい人のための推薦図書

- **『牛痘についてのその後の観察』**エドワード・ジェンナー／近代出版
- **『小児を救った種痘学入門—ジェンナーの贈り物』**加藤四郎／創元社
- **『近代医学の先駆者』**山内一也／岩波書店

155 科学

ガウス（1777年～1855年）

18世紀の自然科学における知の巨人

ドイツの数学者、物理学であった**カール・フリードリヒ・ガウス**。彼は数々の法則を発見し、18世紀最大の数学者とも称せられ、自然科学史にその名を輝かせている。

ガウスはドイツ中部のブラウンシュヴァイクの煉瓦職人のマイスターの子供として生まれる。1792年に特定の整数の中にどのくらいの割合で素数が存在するかを示す素数定理を予想する。1795年に最小二乗法（誤差のある測定値を、その誤差の二乗の和を最小にすることで、最も確からしい関係式を求める方法）を発見する。1796年に平方剰余の相互法則（平方数をある整数で割ったときの余りが平方剰余であるが、ある整数が別の整数の平方剰余であるか否かを判定する法則）を証明する。1799年に「n次方程式は複素数の中にn個の解を持つ」という代数学の基本定理を証明する。1801年に主著『整数論の研究』を書く。1807年にゲッティンゲン天文台長に就任。1809年、『天体運行論』を書く。1827年、微分幾何学を創始する。その後、1855年にゲッティンゲンで死去した。

ガウスの研究は数学、物理学、工学、天文学と多岐にわたり、ガウスの名前のついた法則すべてをここで見ていくことは不可能である。それゆえ、ガウスの法則とガウスの定理だけを見ていこうと思う。

最初の法則は**ガウス**が1835年に発見したもので、「電場で閉曲面（内部が閉じていて、空間の一部を完全に包み込んでいる球のような曲面）を通って外へ出る電束の総数はその曲面内に含まれる全電気量に等しい」という法則である。この法則を使えば、対称性のある電荷分布を作っている電場を簡単に求めることができる。次のガウスの定理は積分定理であり、「ある体積内での湧き出し量と表面から出ていく量は等しい」というものである。この定理を使えば、例えば、ある壁がどのくらいの衝撃力に耐えられるかを計算によって導き出せる。

ガウスは18世紀最大の数学者と称せられ、多くの数学的発見や証明を多数行っただけでなく、ほかの科学分野でも幾多の発見や証明を行った。彼の業績は後の自然科学世界に多大な影響を与えた。まさに彼は18世紀の自然科学の巨人であり、彼の研究なくしては、現在の自然科学の進歩はなかったと述べ得る。

もっと深く知りたい人のための推薦図書

- **『ガウス整数論』**カール・フリードリヒ・ガウス／朝倉書店
- **『ガウスの生涯―科学の王者』**ダニングトン／東京図書
- **『ガウスが切り開いた道』**S・G・ギンディキン／丸善出版

156 科学

マイケル・ファラデー（1791年〜1867年）

イギリスが生んだ近代科学における巨人

マイケル・ファラデーはイギリスの科学者、物理学者である。電気化学の分野でさまざまな歴史的貢献をした。電磁気やベンゼンの発見、**ファラデー**の法則や反磁性の発見など、彼は数多くの科学的発見をし、科学の発展に大きく寄与した。

ファラデーは1791年にオックスフォード州のニューイングトンで鍛冶職人の子供として誕生する。

1822年に王立研究所の化学助手となり、1825年にベンゼンを発見する。1831年、ある回路の近くの磁場が変わるときにその回路に電流が流れる電磁誘導を発見。1833年に電気分解において、電極を析出する物質の量は流れた電流の量に比例するという**ファラデー**の法則を発見する。

1845年に磁場をかけた透明な物質中を磁場と平行な直線偏光が通過するとき、光が進むに従って偏光面が変化する現象である**ファラデー**効果を発見する。1867年、ハンプトン・コートで死去。76歳であった。

ファラデーは学歴がないにもかかわらず、多くの科学的発見をし、近代科学の発展に多大な貢献をした。その発見は初期の化学的なものから、その後の電磁気に関するものまで幅広いものであった。特に、**ファラデー**の電磁場理論は**マックスウェル**によって体系化された古典電磁気学理論の基盤となったことからもわかるように、彼の研究成果は磁気学にとっては重要な礎となったのである。

彼の研究成果とその探究心は後の偉大なる多くの科学者からも尊敬を集めるものであった。例えば、**アインシュタイン**は**ニュートン**と**マックスウェル**の肖像画とともに**ファラデー**の肖像画を自分の部屋の壁に貼っていたほどであった。

マイケル・ファラデーはイギリスが生んだ天才科学者。彼の多くの発見は科学の進歩に並々ならぬ影響を与え、科学の世界の風景をその発見によって一変させた。それゆえ彼は今も科学史の中の偉人として語られ続けているのである。

もっと深く知りたい人のための推薦図書

- **『ロウソクの科学』**ファラデー／岩波書店
- **『電気事始め—マイケル・ファラデーの生涯』**J.ハミルトン／教文館
- **『ファラデー—実験科学の時代』**小山慶太／講談社

157 科学

サミュエル・モールス（1791年～1872年）

モールス符号により電気通信時代を開いた男

サミュエル・モールスはアメリカの発明家で、画家でもあった。彼の歴史に残る功績は**モールス**符号とそのための電信機の発明であろう。この発明によって人類は電気通信という新たな技術時代に突入していったのである。

モールスはマサチューセッツ州チャールズタウン（現在のボストン）で牧師の子供として誕生する。父はアメリカで初めて地理の本を書き、「地理学の父」といわれた有名人であった。**モールス**はイェール大学に進み、宗教哲学や数学を学ぶが、大学時代に電気についての講義も受けている。だが、大学卒業後、**モールス**は画家への道を歩む。1825年にはニューヨーク市からの依頼で、アメリカ独立戦争で功績のあったフランス人の**ラファイエット**の肖像画も描いている。

電信との関係は1825年に始まる。この年の妻の死をきっかけとして、**モールス**は高速長距離通信の研究を開始する。1832年に最初の電信機の図案化を行う。1837年にモールス符号を発明し、ニューヨークで電信機によって実験に成功する。1840年に改良した電信機と符合の特許を取得する。1849年にアメリカ芸術アカデミーのフェローに選ばれる。1858年にスウェーデン王立アカデミー会員になる。その後死亡するまで各国の勲章を多数受賞するが、1872年にニューヨークで死去している。80歳であった。

モールス符号は電信のための文字コードであるが、この**コードを文字に置き換えることによって長距離通信が可能**となるものである。例えば、アルファベットのAは「トン・ツー」で、Bを「ツー・トン・トン・トン」で表し、日本語のカナのイは「トン・ツー」で、ロは「トン・ツー・トン・ツー」で表され、この符号を解読することによって送り手のメッセージが理解できる。

モールス符号を使った通信は世界的に瞬く間に広がっていき、世界の情報通信界は急速に進歩していった。この意味で**モールス**の貢献は大きい。だが、彼は奴隷制擁護者であり、極端な反カトリック主義者であり、反移民論者であった点も注記しておく必要性があるであろう。そうであっても彼の功績は消えないが、発明家の思想が必ずしも良識に適したものではないことを端的に示すケースであるゆえに、このことも重要な問題であるといえる。

もっと深く知りたい人のための推薦図書

- **『モールス・キーと電信の世界─電鍵の歴史・操作・メインテナンス・コレクション』**魚留元章／CQ出版
- **『40歳から成功した男たち』**佐藤光浩／アルファポリス
- **『モールス通信─通信の原点＝CW　その魅力／運用法／歴史』**CQ Ham Radio 編集部／CQ出版

158 科学

ダーウィン（1809年～1882年）

進化論によって生物学を一変させた科学者

イギリスの生物学者、**チャールズ・ダーウィン**は『種の起源』を書き、進化論を提唱したことで科学の歴史に革命を起こした。また、彼が乗り組んだビーグル号の世界一周航海による動植物研究も生物の進化問題に大きな影響を与えたことが知られている。

ダーウィンはイングランドにあるシュールズベリーで裕福な医師の子供として生まれた。彼は幼いときから博物学に興味を持ち、長じてイギリス海軍測量船ビーグル号に乗り、世界一周航海に出発する。1835年にガラパゴス諸島に到着し、ここで後に彼が提唱する進化論のヒントを得たといわれている。1858年に自然淘汰説を発表し、1859年に『種の起源』を刊行。1882年にケント州ダウンにおいて73歳で死去する。

ダーウィンの進化論の大きな特徴は生物の進化にとって自然淘汰が重要であることを主張した点にある。それは、生物が持つ性質は、同種であっても個体間に違いがあり、環境適応能力は常に生物の繁殖力よりも小さい点を強調し、有利な形質を持ったものがより多くの子を残すとした説である（適者生存説）。また、進化は機械的なもので、漸進的なものである点も主張した。さらに、彼は生存競争という視点も重要であると述べた。

ダーウィンの進化論は後世にさまざまな影響を与えたが、大きくいえば、それには優生学的視点での影響と**ダーウィン**主義的影響がある。前者は弱い遺伝子を持つ個体は自然の選択に反するという考え方であり、ナチズムの基本原理ともなった。後者は社会の進歩に対して進化論を適応しようとするもので、**マルクス**や**エンゲルス**も**ダーウィン**の考えを引用して自らの学説を正当化している。

ダーウィンの考えは生物学の領域だけではなく、このように後世の他の学問領域にも多大な影響を与えるものであった。現在においては彼の進化論のすべてが正しいとはされていないが、今もなお生物進化を説明するための有効な理論となっているのは事実である。

もっと深く知りたい人のための推薦図書

- **『種の起源』**チャールズ・ダーウィン／岩波書店
- **『ダーウィン自伝』**チャールズ・ダーウィン／筑摩書房
- **『ダーウィン』**アンナ・スプロウル／偕成社

159 科学

グレゴール・ヨハン・メンデル（1822年〜1884年）

メンデルの法則を発見した遺伝学の祖

グレゴール・ヨハン・メンデルはオーストリアの植物学者であり、**メンデル**の法則を発見したことで有名である。また、この発見によって、彼は「遺伝学の祖」とも呼ばれている。

メンデルはオーストリア帝国（現在のチェコ共和国）のヒンツェで果樹園を営む農家の子供として生まれる。長じてチェコの高等技術学校で自然科学を教える。1856年からエンドウ豆の交配実験を行い、1865年にメンデルの法則を発表。しかし、当初は大きな反響がなかった。その後、1884年にブルノで死去した。61歳であった。

メンデルの名前を科学史に刻んだものはメンデルの法則の発見であるが、この法則は三つの主要法則からなる。それは「分離の法則」、「独立の法則」、「優勢の法則」である。分離の法則は「対立遺伝子を持つ個体では、配偶子形成において、対立遺伝子は1：1に分離する」というものである。独立の法則は、「複数の形質に注目したとき、それぞれの形質は互いに影響しない」というものである。優勢の法則は、「子世代では、親世代の対立形質のうち、どちらか一方の形質だけがすべての個体に表れる」というものである。

この法則の発見により、**生物の基本的遺伝の継承パターンが解明され、遺伝学の扉が開かれた**のである。それゆえ、**メンデル**の法則は科学史における重要な発見であった。しかし、この法則はすぐには評価されず、その大きな意味が評価されたのはメンデルの死後3年を経た1900年のことであった。それゆえ、生前の**メンデル**は偉大なる科学者とは見なされていなかったのである。

メンデルは生物の遺伝形質を全体として捉えずに、個々の単位形質の集まりとして捉えた。また、実験結果の処理に数学的方法を導入した。こうした当時としては斬新な研究方法によって、彼はその後の科学を変える重要な発見をしたのである。**メンデル**の研究の科学史上の貢献は根本的なものであった。それゆえ、彼の名前は科学史の中に深く刻まれているのである。

もっと深く知りたい人のための推薦図書

- **『雑種植物の研究』**メンデル／岩波書店
- **『メンデルと遺伝』**ウィルマ・ジョージ／玉川大学出版部
- **『メンデル』**篠遠喜人／弘文堂

160 科学

パスツール（1822年〜1895年）

ワクチンを開発した細菌学のパイオニア

フランスの細菌学者・科学者である**ルイ・パスツール**はドイツの**コッホ**とともに近代細菌学のパイオニアと称せられている。

微生物が病原体となることの発見、低温殺菌法、ワクチンによる予防接種法、この方法による狂犬病ワクチンの開発など細菌学の分野で多くの功績を残した。

パスツールはもともと化学を専門としていたが、1854年にワインの腐敗に関する研究を行い、同じ原子からできているが配列構造が異なる物質である光学異性体を発見した。この発見後、彼は本格的な細菌学の研究に乗り出す。

彼は中にほこりが入らないように工夫された白鳥の首フラスコを考案し、外から微生物が混入しなければ腐敗は起きないことを証明した。また、アルコール発酵が酵母菌による作用であることも発見した。そして、低温殺菌法、すなわち、ワインなどの液体を60℃程度で数十分間加熱し、バクテリアや黴《かび》といった微生物を熱殺菌する方法を考案した。この方法は現在でも広く使われている殺菌方法である。また、蚕の微粒子病が蚕の卵への原生生物による感染病であることを突き止め、微粒子病防止研究の道を開いた。

だが、彼の発見で最も知られているものは、**弱毒化した微生物を接種することで免疫を得る**ことができるというもので、この発見を応用してワクチンによる予防接種という方法が編み出されたのである。そして、彼は狂犬病のワクチン、ニワトリコレラワクチンを開発している。

このように**パスツール**の功績は数多いことが理解できる。そして彼の発見や証明は現代に至るまで細菌学の基盤となっているのである。それだけではなく、低温殺菌法は食品の安全性を確保するために今でも用いられる方法であり、予防接種ワクチンによって世界の多くの国の多くの人々の命が救われている。

彼の功績は、人類の未来を科学の力によって明るいものとしたという輝かしい意味があるものなのである。それゆえ、パリにある世界的な生物・医学研究所に彼の名前が冠せられていることは驚くにあたらないことである。

もっと深く知りたい人のための推薦図書

- **『ルイ・パスツール―無限に小さい生命の秘境へ』**ルイーズ・E・ロビンズ著　オーウェン・ギンガリッチ編／大月書店

161 科学

ジョゼフ・リスター（1827年～1912年）

手術時の消毒法を確立したイギリスの医師

イギリスの外科医である**ジョゼフ・リスター**はフェノールによる消毒法を発見したことで有名である。彼のこの発見によって外科手術時の感染症が大きく減少した。

リスターは1827年にエセックス州アップトンで生まれる。父はワイン商人であったが、顕微鏡の改良を行っている。1852年、ロンドン大学ユニバーシティ・カレッジ医学部卒業。1860年、グラスゴー大学外科学教授就任。1865年にフェノールによる消毒法を初めて行う。翌年この方法に関する論文を発表する。1868年、エジンバラ大学教授に就任。同年、吸収性の縫合糸であるクロミックカットグッドを開発。1880年、イギリス王立協会からロイヤル・メダルを贈られる。1887年、現在の手術時の無菌操作の原型を完成させる。だが、1912年に肺炎のためケント州のウォルマートで死去。84歳であった。

リスターの医学的功績は大まかにいえば、二つある。一つは外科手術時の消毒法の確立であり、もう一つはクロミックカットグッドの開発である。前者は1865年に**リスター**が手術後にフェノール消毒した包帯を替えることを繰り返すことによって感染を防いだことから始まる。これ以前、衛生面の問題で手術後の感染症発生が多く、そのために死亡する患者も多数いた。それを防ぐ方法を**リスター**は発見し、**手術による感染症のリスクを大幅に減少**させたのである。

後者については、クロミックカットグッドは動物の腸から作られる糸や紐のことであり、主に羊と山羊のものが材料となる。**リスター**は材料となる腸をクロム酸で処理し、耐久性を持たせ、外科手術用の縫合糸として用いた。この縫合糸は1週間ほどで体内に吸収され、その特質によって世界中に広まっていった。また、クロミックカットグッドは医学用のほかに音楽でもバイオリンやハープなどの弦として広く用いられ、現在でもその使用が続いている。

ジョゼフ・リスターは衛生面でまだ完全ではなかった外科手術をフェノールによる消毒法を考案することによって画期的に進歩させた。この医学的貢献は大きい。また、クロミックカットグッドの開発も重要なものであった。彼のこうした医学的な発明は医学の発展に大きく寄与した。それゆえ、彼の名前は医学史の中に深く刻まれているのである。

もっと深く知りたい人のための推薦図書

- **『近代医学のあけぼの―外科医の世紀』**ユンゲン・トールヴァルド／へるす出版
- **『改訳　新版　外科の歴史』**W・J・ビショップ／時空出版
- **『感染症と文明―共生への道』**山本太郎／岩波書店

162 科学

ノーベル（1833年～1896年）

ノーベル賞を創設したダイナマイトの発明者

アルフレッド・ノーベルはスウェーデンの科学者、発明家、実業家であり、ダイナマイトを発明したことで有名である。このこととともに、彼はその開発によって莫大な財産を手にした。その遺産は**ノーベル**賞設立に使われた。

ノーベルはストックホルムの建築家の子供として生まれる。父親が事業に失敗し、サンクトペテルブルクで製造業を始めるが、それに成功し、1842年に妻と息子を呼び寄せる。**ノーベル**はほとんど学校には通わなかったが、家庭教師により化学や語学を習う。その後、フランスやアメリカで化学の勉強を続ける。父が再び破産し、**ノーベル**は父と２人で帰国する。1866年にダイナマイトを完成し、翌年、イギリスとアメリカで特許を取っている。1878年にアゼルバイジャンで**ノーベル**兄弟石油会社を設立。1884年にスウェーデン王立アカデミー会員に選ばれ、同年フランス政府からレジオン・ド・ヌール勲章を授与される。1896年、脳溢血で倒れた後、他界する。

ノーベルが発明したものとしてはダイナマイトがよく知られているが、ダイナマイトよりも安定し、透明でゼリー状のゼリグナイトも発明している。また、ロケットの推進剤として使われる無煙火薬の先駆けであるバリスタイトも発明している。

兄の**リュドビック**が死去したときに「死の商人死す」というタイトルで、兄と間違えて自分の死が報じられたニュース記事を読んだことがきっかけで**ノーベル**賞創設を思い付いたといわれている。**ダイナマイトは平和利用よりも軍事利用され、それによって多くの命が失われたことに対する批判の声をノーベルは重く受け止めていた**のだ。彼は生涯独身であり、家族がいなかったため、すべての遺産の94％を**ノーベル**賞設立基金に充てるという遺言を残した。

ノーベルはダイナマイトの発明によって巨額の財産を得たが、私生活が幸福であったかどうかは判断できない。上述したように生涯独身であり、私生活のほとんどを一人だけで過ごしているからである。**ノーベル**はダイナマイトの発明と**ノーベル**賞創設によって歴史に自らの名前を刻んだが、その人生は孤独なものだったのかもしれない。

もっと深く知りたい人のための推薦図書

- **『アルフレッド・ノーベル伝―ゾフィーへの21通の手紙から』**ケンネ・ファント／新評論
- **『ノーベルと爆薬』**トレバー・I・ウィリアムズ／玉川大学出版会
- **『ノーベル賞―その栄光と真実』**I・ハルギッタイ／森北出版

163 文学・演劇

ミルトン（1608年～1674年）

イギリス文学史に残る『失楽園』の作者

ジョン・ミルトンはイギリスの詩人であり、彼の書いた『失楽園』は、**ダンテ**の『神曲』、**アリオスト**の『狂えるオルランド』とともにルネサンス三大叙事詩といわれている。

ミルトンの父は教養の高い商人であり公証人であったが、その父の子としてロンドンで生まれた。両親ともに敬虔なピューリタン（清教徒）であり、**ミルトン**は両親の影響を強く受けた。聖職者を目指してケンブリッジ大学に進むが、途中で詩人になると決意し、『快活な人』、『沈思の人』、『リシダス』などを書く。1642年に起きたピューリタン革命に参加して、共和制政府のラテン語秘書官を務めながら、政治論文を書く。1652年に過労によって失明。王政復古後は失意の中でも、『失楽園』、『復楽園』、『闘士サムソン』の三大作を口述筆記によって完成させる。1674年にロンドンで死去した。

ミルトンは共和主義者という政治的側面を持つが、彼の名前を歴史に残したものは何といっても文学作品である。特に、**『失楽園』は英文学史上の叙事詩の最高傑作**ともいわれている。この作品は『創世記』をテーマとして、堕天使ルシファー（サタン）の策略によるアダムとイブとの楽園追放の物語を語ったものであるが、その壮大な物語が崇高な韻文で書かれている。人間の原罪と神の恩寵というテーマが語られているこの作品はピューリタン革命の影響が見られ、悪魔ルシファーも闘争によって栄光を勝ち取ろうとする一種の英雄として描かれている側面もある。

イギリス文学史においては**シェークスピア**と**ミルトン**の作品が英語詩の双璧と称されている。だが、**シェークスピア**が劇詩を中心とした詩作活動を展開したのに対して、**ミルトン**は叙事詩を中心とした詩作活動を行ったという大きな違いがある。また、**シェークスピア**は人間中心の作品を書いているが、**ミルトン**は宗教色の強い作品が多いという違いもある。

ミルトンはピューリタン革命の成功を祈り、革命によってイギリスが新たなエルサレムになることを望んだ。しかし歴史はそのようには進まず、イギリスは王政復古の道を歩む。そうした失意の中でも、歴史に残る叙事詩を完成させた**ミルトン**は確かにイギリス文学史上にその名が刻まれる偉大な詩人であった。

もっと深く知りたい人のための推薦図書

- **『失楽園（上下巻）』**ミルトン／岩波書店
- **『ミルトン』**新井明／清水書院
- **『ミルトンと急進思想—英国革命期の正統と異端』**長沢順治／沖積舎

164 文学・演劇

デフォー（1660年〜1731年）

冒険小説『ロビンソン・クルーソー』の作者

イギリスの作家**ダニエル・デフォー**（本名は**ダニエル・フォー**である）は『ロビンソン・クルーソー』の作者として有名であるが、彼はジャーナリストとして政治論文も数多く書いている。

デフォーはロンドンで生まれた。父は蠟燭製造業者であった。著作活動以前、**デフォー**はさまざまな商業を行ったが、浮き沈みの多い生活を送っていた。その後、ジャーナリストに転身。1702年に『非国教徒処理捷径』を書いた後は政治論文や政治関係のパンフレット、風刺詩を多数書いた。1704年には雑誌『レヴュー』を発刊し、初期のジャーナリズム界に大きな影響を与えた。1719年には『ロビンソン・クルーソー』を書き、作家となるが、この作品は発刊当初から高い評価を得た。その後も、『シングルトン船長』（1720年）や『モル・フランダーズ』（1722年）など多くの小説を著したが、1731年にロンドンで死去した。死の原因はわかっていない。

デフォーの前半生は政治ジャーナリストとしての著作活動によってその名が知られていた。体制に迎合しなかったことも多く、1703年には当局に捕らえられさらし台の刑に処せられている。だが、**デフォー**の名前を歴史に残しているものはやはり文学者としての活躍である。特に彼の主著『ロビンソン・クルーソー』は大きな評価を得た。この物語は無人島での一人男の生活を描いた冒険小説としての側面のほかに、プロテスタント的な倫理観とブルジョワ的な自立思想が強く表されていると、**マルクス**や**マックス・ウェーバー**といった後の思想家は考え、この作品の重要性を強調している。

デフォーの小説は『ロビンソン・クルーソー』以外でも、平易な文を駆使し写実的に物語を書いていくという特徴を持っており、**イギリス文学における写実主義の一つの大きなモデル**になったということもできる。

こうして見ていけば、**デフォー**がジャーナリストとして当時の出版界のオピニオンリーダーとしての役割を果たした側面と、文学者として新たな文学スタイルの構築に貢献したという二重の歴史的貢献があったことが理解できる。それゆえ、**デフォー**はイギリス文学だけではなく、世界の文学の歴史においてもその名を残した作家なのである。

もっと深く知りたい人のための推薦図書

- **『ロビンソン・クルーソー（上下巻）』**デフォー／岩波書店
- **『ダニエル・デフォーの世界』**塩谷清人／社会思想社
- **『ダニエル・デフォー研究』**干井洋一／関西大学出版部

165 文学・演劇

ゲーテ（1749年〜1832年）

人間の理性の光を求め続けたドイツの大作家

ドイツ最大の文豪といえば**ヨハン・ヴォルフガング・フォン・ゲーテ**であろう。『若きウェルテルの悩み』、『ファウスト』など、世界的に知名度のある文芸作品を数多く書いた。それだけではなく、政治家としても、自然科学の研究者としても知られている。

フランクフルト・アム・マインに生まれ、18世紀から19世紀にかけて生きた大作家**ゲーテ**。彼の思想を最もよく表している作品は、やはり『ファウスト』であろう。この本は中世の錬金術師ファウスト博士の伝説に基づき、韻文で書かれた戯曲である。この本は**ゲーテ**の思想の中にある以下の二つの問題を端的に表現している戯曲であると考えられる。

最初の問題は魂と肉体の差異という事柄である。つまり、肉体は滅ぶものであるが魂（心）は永遠性を持ち得るという問題である。人間は時間の中で常に変化し続ける存在であり、この世界からいつか消滅しなければならない。だが、心は心と肉体とが離れた瞬間に永遠の天上界に向けて飛翔することが可能なのである。

2番目の問題は救済と関係する。肉体から魂が離れただけでは、魂は永遠に向かって旅立つことはできない。永遠に向かうためには、そこに神といった偉大な力が働かねばならない。この神の力が救済と呼ばれるものである。救済の重要性という問題も**ゲーテ**の思想をはっきりと示しているのだ。

ゲーテは人間の中には善と悪の両面が存在しているが、最終的には神的で尊い善的な面が勝ると考えていた。そして、善なるものが勝利するとき、人間の救済もあり得ると考えた。そこには**人間をよきもの、素晴らしいものとする人間中心主義的な思想**が見られる。それは、「人間は美しい。それゆえに、時間を超え、永遠に近づき得る存在である」という思想であったと述べ得る。

ゲーテは文豪として知られているだけでなく、ワイマール公国の宰相でもあった。それだけではなく、『色彩論』などを書き、多くの自然科学の研究も行った多面的な才能を示した人物であった。**リンネ**の分類学を批判した**ゲーテ**の唱えた形態学は有名である。

もっと深く知りたい人のための推薦図書

- **『ファウスト』**ゲーテ／岩波書店
- **『ゲーテ』**エミール・シュタイガー／人文書院
- **『ゲーテとの対話（上中下巻）』**エッカーマン／岩波書店

佐藤優の言葉

ゲーテの『ファウスト』に出てくる悪魔のメフィストフェレス（メフィスト）は、近代人の悪に対する認識を見事に描いている。古代のサタン、中世のルシファーと比べ、（近代の）メフィストフェレスの力は飛躍的に進化している。

166 文学・演劇

バルザック（1799年〜1850年）

19世紀フランス・リアリズム小説の巨匠

オノレ・ド・バルザックは19世紀のフランス文学の巨匠である。多数の長編小説を書き、晩年には、「ある作品の脇役がある作品の主人公になる」といった手法を用いて、相互に関係づけられた作品群である『人間喜劇』を構想するが、執筆途中で死去した。

バルザックはフランス中部のトゥールで生まれる。父親はこの都市の陸軍糧秣《りょうまつ》部長であった。幼少年期は母親と接することはほとんどなく、孤独な少年時代を送る。1814年に父親の転勤によってパリに移住し、パリ大学で法学を学ぶ。この頃から創作活動を始める。その後、印刷業を始め、倒産、1832年、『あら皮』を発表し、小説家としての地位を確立する。この成功以降、『ゴリオ爺さん』（1835年）、『谷間の百合』（1836年）、『従妹ベット』（1847年）、『従兄ポンス』（1848年）といった数々の作品を発表し、文壇での地位は高まる一方となるが、1850年に全身性浮腫のためパリで死ぬ。51歳であった。

バルザックは19世紀フランス・リアリズム文学の巨匠と呼ばれている。作品数の多さからだけでなく、その現実に即した力強い描写力と、さまざまな人間模様がちりばめられたダイナミックな物語性は今もなお多くの文学者から高く評価されており、世界中に読者を持っている。また、**社会的実相を鋭い眼差しで見つめ、この世界の矛盾に満ちた複雑な物語性を正面から捉えた**彼の作品は19世紀のフランスの歴史的な史料としても高い評価を受けている。

バルザック自身は生活全体が豪胆で、膨大な借金を残して死んだ。人間関係は幅広く、同時代の文豪である**ヴィクトル・ユゴー**、**アレクサンドル・デュマ・ペール**だけでなく、当時の社交界の何千という人々と知り合いであった。ムシュ・ド・パリ（死刑執行人）であった**シャルル＝アンリ・サンソン**とも友人であった。

バルザックは19世紀のフランスの現実を小説の中に克明に描写した。その彼の作品群は当時のフランスの雑多な事象が絡み合い、結び付き、反発し合いながらも、一つの社会を構築している歴史的な動きを実に見事に表現している。それゆえ、彼はまさに19世紀フランスが生んだ偉大な文豪であったと述べることができるのである。

もっと深く知りたい人のための推薦図書

- **『ゴリオ爺さん』**バルザック／新潮社
- **『バルザック伝』**アンリ・トロワイヤ／白水社
- **『バルザック』**高山鉄男／清水書院

167 文学・演劇

アンデルセン（1805年～1875年）

デンマークが誇る世界的な童話作家

ハンス・クリスチャン・アンデルセンはデンマークの誇る世界的な童話作家であり、彼の書いた『人魚姫』、『裸の王様』、『マッチ売りの少女』、『赤い靴』、『みにくいアヒルの子』といった童話は今もなお世界中の子供たちに読まれている。

アンデルセンはデンマーク中部フェン島にあるオーフェンで貧しい靴職人の子供として誕生した。1816年に父が死去し、学校を中退。役者やオペラ歌手を目指すが挫折し、1828年にコペンハーゲン大学に入学し、文献学と文学を学ぶ。翌年、『ホルメン運河からアマール島東端までの徒歩旅行』を自費出版し、評判となり、作家としての道を歩み始める。1835年に代表作『即興詩人』を発表し、作家としての地位を確立した。同じ年、『童話集』を発表、世界的な童話作家として第一歩を踏み出す。その後、多くの童話を書き、名声を得るが、膵臓がんのためにコペンハーゲンで死去した。彼は生涯独身であった。

アンデルセンは世界的な童話作家であるが、彼の作品は彼以前に有名であった**グリム兄弟の童話が民話に基づき創作されたのに対して、ほとんどすべての作品がオリジナルな作品**であった。そして、彼の童話作品は北欧の曇った灰色の空のように重く暗く悲しい。貧しい主人公や不幸な主人公が何とか小さな幸福を摑もうとするが、この世界ではそれを摑むことができずに、別の世界に旅立っていくというストーリーのものが多い。彼の物語の悲劇性は彼の幼少年期の貧しさと世間の冷たさを感じながら生活した実体体験に基づいているといわれている。

こうした悲劇性を持ちながらも、彼の童話作品は世界中の数多くの子供だけでなく、大人にも今もなお読まれ続けている。それは**アンデルセン**が彼の描き出す世界に登場する不幸な主人公たちを優しい眼差しで見つめながら、語っているからではないだろうか。

アンデルセンの人生は決して幸福なものではなかったといえる。しかしながら、彼の作り上げた童話世界の主人公たちは暗く重い空の下にあっても小さな暖かい炎を我々に灯してくれる。それゆえ、彼の童話作品はいつまでもその輝きを失うことなく、世界の多くの人々に読まれ続けているのではないだろうか。

もっと深く知りたい人のための推薦図書

- **『完訳アンデルセン童話集（全7巻）』**アンデルセン／岩波書店
- **『アンデルセン—夢をさがしあてた詩人』**ルーマ・ゴッデン／偕成社
- **『アンデルセンの生涯』**山室静／社会思想社

168 文学・演劇

ドストエフスキー（1821年〜1881年）

世界文学史に残るポリフォニー小説の完成者

19世紀ロシアが生んだ文豪**フョードル・ドストエフスキー**。彼は『罪と罰』、『白痴』、『悪霊』、『カラマーゾフの兄弟』といった傑作長編小説を書き、世界文学史に燦然と輝く巨匠となった。

ドストエフスキーは1821年に、医師の息子として、モスクワで誕生した。1846年、処女作『貧しき人々』を書く。1849年、空想的社会主義サークルであるペトラシェフスキー・グループ参加の罪で死刑宣告を受けるが、処刑直前でシベリア流刑に減刑される（1854年までシベリアで流刑生活を送る）。1866年に『罪と罰』を発表し、1872年に『悪霊』を発刊する。1880年『カラマーゾフの兄弟』を発表するが、サンクトペテルブルクで脳出血のため生涯を閉じた。59歳であった。

ドストエフスキーの名を高めたものはこの項目の最初の部分に挙げた四つの長編小説である。そのそれぞれの小説が当時のロシアの現実を鮮明に浮かび上がらせていながら、その内奥には深い思想的基盤が流れている作品である。さらに、ロシアの文芸批評家**バフチン**の批評によれば、これらの作品は作家が主人公を操り人形のように動かすものではなく、作家と主人公たちが対話的な関係で結びついているものである。それはまさにポリフォニー（多声性）に彩られた作品なのである。

こうしたポリフォニー性を特徴とした**ドストエフスキー**の小説は後の多くの文学者に多大な影響を与えるものであった。**トーマス・マン**、**カフカ**、**カミュ**、**フォークナー**といった世界各国の文豪は少なからず**ドストエフスキー**の影響を受けている。日本でも、**埴谷雄高**、**江戸川乱歩**、**高橋和巳**、**加賀乙彦**といった作家も彼の影響を受けている。文学界だけでなく、**ニーチェ**、**ハイデッガー**、**サルトル**、**グラムシ**といった思想家も彼の作品に強い影響を受けている。

フョードル・ドストエフスキー。彼の作品は今もなお、ロシアだけでなく、世界中に数多くの読者を持ち、読み継がれている。彼は世界文学に金字塔を打ち立てた真の文豪だったのである。

佐藤優の言葉

ドストエフスキーのキリスト教理解は、ロシア正教文化圏ではごく常識的なものだ。しかし、ロシア正教について知識がない西欧の人々にとっては、ドストエフスキーが『罪と罰』『カラマーゾフの兄弟』などで展開したキリスト教観が現代的なものに見えた。

もっと深く知りたい人のための推薦図書

- **『罪と罰（上下巻）』** ドストエフスキー／新潮社
- **『ドストエフスキー伝』** アンリ・トロワイヤ／中央公論社
- **『ドストエフスキー』** 江川卓／岩波書店

169 文学・演劇

トルストイ（1828年〜1910年）

ロシア文学史上最高の文豪といわれる作家

ロシアの文豪**レフ・トルストイ**。

19世紀ロシア文学を代表する作家であり、『戦争と平和』、『アンナ・カレーニナ』、『クロイツェル・ソナタ』といった作品を書いた。彼は今も世界中に多くの読者を持っている。

トルストイはヤースナヤ・ポリャーナで貴族の子供として生まれる。1850年頃から執筆を開始し、1852年に『幼年時代』を発表。1864年から1869年にかけて『戦争と平和』を、1873年から1877年まで『アンナ・カレーニナ』を執筆。

この小説執筆後から私有財産拒否、精神生活重視を中心思想とする**トルストイ**主義を提唱する。1910年、肺炎のため82歳でアスターポボで死去した。

トルストイの小説は大きく分割すれば、前期と後期とに分けられる。『戦争と平和』、『アンナ・カレーニナ』といった小説に代表される前期の作品群は、写実的で社会的な様相が克明に描かれた中で大きなドラマが展開するような作風の作品である。後期の作品は、ヒューマニズム的、宗教的な**トルストイ**主義の色彩が強く、**トルストイの求めた平和主義の理想が語られる**場合が多い。

トルストイの作品はロシア文学者だけではなく、世界中の多くの文学者が称賛している。**ロマン・ロラン**や**トーマス・マン**といったヨーロッパの文豪たちが彼を高く評価しただけではなく、日本においても**武者小路実篤**や**有島武郎**などの白樺派の作家に大きな影響を与えた。

ロシア近代文学の完成という点で、**トルストイ**の作品は非常に重要なものであった。彼の前期のリアリズム作品が世界文学の中で確固とした地位を築いただけでなく、後期の人道主義的な作品も世界の多くの作家が支持した。それゆえ、彼の名前は世界文学史の中で輝き続けているのである。

もっと深く知りたい人のための推薦図書

- **『戦争と平和（全４巻）』**トルストイ／新潮社
- **『トルストイの生涯』**ロマン・ロラン／岩波書店
- **『トルストイ』**八島雅彦／清水書院

170 文学・演劇

ランボー（1854年〜1891年）

フランス象徴主義文学を代表する天才詩人

ボードレールとともにフランスの象徴主義文学を代表する詩人である**アルチュール・ランボー**。彼は15歳で詩を書き始め、20歳で詩作を放棄するが、その**わずかな期間にフランス詩の歴史に残る数々の詩を創作**した。

ランボーは1854年、フランス北部シャルルヴィルで軍人の息子として生まれる。1865年にシャルルヴィル中学校に入学。1870年に**ジョルジュ・イザンバール**と知り合い、師事し、詩作活動を活発化する。同年、パリ・コミューン下の首都に徒歩で向かう。1871年、「見者の手紙」と呼ばれた有名な手紙を**イザンバール**宛に送る。この年、**ランボー**の詩を高く評価する**ヴェルレーヌ**と知り合い、2人の同棲生活が始まる。

1873年、ブリュッセルで**ヴェルレーヌ**が**ランボー**を拳銃で撃つブリュッセル事件が起きる。同年、**ランボー**は詩集『地獄の季節』を発表。1875年頃に詩集『イリュミナシオン』を完成させた（この詩集全体の発刊は**ランボー**の死後、1895年である）。その後、詩作を放棄し、放浪生活を送った。1880年にアデンに渡り、貿易商人となり、その後武器商人となる。1889年に悪性腫瘍にかかり、マルセイユで、37歳で死去する。

ランボーはその人生の前半に書いた詩によって世界文学に名を刻むことになる。彼の作った散文詩は、象徴性が高いが、新鮮で、強く激しい若さのエネルギーに満ちている。そして、**ランボー**の詩的な呼びかけは読み手の心に強く訴えかけるものである。例えば、『地獄の季節』の中にある「別れ」で、**ランボー**は「もう秋！――しかし何故永遠の太陽を惜しむのか。もしもわれわれが神々しい光の発見を決意しているならば――季節の上に死に行く人々からは遠く離れて」という詩句を語っているが、こうした詩句は後世の多くの詩人たちを強く魅了した。

クローデルは**ランボー**の詩には「天使がいる」と述べ、**ブルトン**は**ランボー**は「生き方においても、ほかの面でも、シュールレアリストであった」と述べ、この天才詩人を称賛している。日本においても**小林秀雄**や**中原中也**が彼の詩に惹きつけられ邦訳を行っている。**アルチュール・ランボー**。フランスが生んだ天才詩人。15歳から詩を書き始め、20歳で詩作を放棄し、武器商人になって死んでいった異端者。彼はまさに稲妻のように光り、一瞬で消えていく詩の世界のミューズであった。

もっと深く知りたい人のための推薦図書

- **『地獄の季節』**ランボオ／岩波書店
- **『イリュミナシオン―ランボオ詩集』**アルチュール・ランボオ／角川書店
- **『アルチュール・ランボー』**ピエール・プチフィス／筑摩書房

171 音楽

シューベルト（1797年～1828年）

19世紀ロマン派を代表する、歌曲の王

19世紀オーストリアに生きた作曲家**フランツ・シューベルト**は、この時代の主流であったロマン派の音楽家としてその名を残す。古典派の後に興ったロマン派は、より熱い感情を表現するようになった音楽の潮流である。

19世紀はロマン主義の時代である。文学ではドイツの**ノヴァーリス**『青い花』、**ハイネ**『歌の本』、**ヘルダーリン**、**ホフマン**など。ドイツで主に幻想的（神秘的）な美を追求したのに対し、フランスでは個人的な感情や自由を尊重し、**ユーゴー**の『レ・ミゼラブル』などが書かれた。またイギリスでは**ワーズワース**、**バイロン**など。さらにアメリカやロシアからも傑作が生まれる。一方、美術では、**ドラクロワ**や**ジェリコー**などがある。これらの作品は新古典主義とは異なる、動的な構図と強い色彩が用いられた。

このようなロマン派（ロマン主義）の時代精神を受け継いだ**シューベルト**だが、性格は内気で、自分が天才であることを知らなかったともいわれる。短い生涯のなか、特に歌曲にその功績を大きく残し、**「歌曲の王」ともいわれる**。豊かな抒情性と絶妙な転調法を駆使し、音楽界にロマン派の新しい息吹を吹き込んだ。しかし1827年、尊敬する**ベートーヴェン**が死去。この葬儀に参加した**シューベルト**は、すでに死を予期していたという。翌年31歳で彼は病死する。彼の代表作は歌曲『魔王』、『未完成交響曲（7番）』。このほか、歌曲『鱒』、ピアノ三重奏曲『冬の旅』、歌曲集『白鳥の歌』などが残る。

なおロマン派の音楽家では**ワーグナー**らも代表である。オペラ（歌劇）を多く残した**ワーグナー**の代表作は『トリスタンとイゾルデ』『ニーベルングの指輪』（4部作の2作目には有名な『ワルキューレ』がある）など。

さらにロマン派の代表者には、ポーランドの**ショパン**（1810年～1849年）がいる。抒情的なピアノ曲を多く作曲した彼は「ピアノの詩人」としても知られる。彼は、フランスの作家**ジョルジュ・サンド**（男装の麗人）と恋仲になったことでも知られる。**ショパン**の代表曲は『革命のエチュード』『別れの曲』など。

いずれにせよロマン派は多士済済である。**ショパン**も**シューベルト**同様に夭逝した。

もっと深く知りたい人のための推薦図書

- **『シューベルト』**前田昭雄／新潮社

172 音楽

ヴェルディ（1813年～1901年）

イタリア・ロマン派を代表するオペラ王

ジュゼッペ・ヴェルディはイタリア・ロマン派を代表する音楽の巨匠である。彼はイタリア中北部のパルマ公国で生まれた。この時代、まだイタリアは統一されていない。イタリアはしばしば日本と比較されるように、1860年代に近代国家として統一され、その後、ファシズムや敗戦を経ながらも、第二次世界大戦以降、民主主義国家として発展した国である。

ヴェルディは10代後半、ミラノに移り住んだ。ミラノにはスカラ座という世界的に有名な劇場がある。そこで認められた彼は、音楽で生計をたてることにした。処女作ともなるオペラ『オベルト』を作曲する。これが絶賛され音楽人生が始まる。やがて、出世作『ナブッコ』、中期代表作『リゴレット』『椿姫』などを発表する。これらはロマン派を代表する名作となる。

当時のイタリアに目を転ずると、1815～1871年はイタリア統一運動の時代だった。イタリアは北部のサルデーニャ王国（首相**カヴール**）を中心に、オーストリア帝国・構成国の独立戦争を始める。サルデーニャ王国は、同じ北部のロンバルディア王国を併合。しだいに中部イタリアに向かい、一方で軍事家**ガリバルディ**が1860年、赤シャツ隊で南部のシチリア島に上陸。獲得した国を**ヴィットリオ・エマヌエーレ2世**に献上。こうして1861年、国王**ヴィットリオ・エマヌエーレ2世**のもとイタリア王国が成立する（それ以外の多くの地域も1860年代に統一）。

この時代の1869年、**ヴェルディ**は『アイーダ』を完成させる。力強く明瞭な旋律は、さながらイタリア統一の勢いを表すようでもあり、観客を魅了した。その後、イタリアのオペラ王と評価された彼は『ドンカルロ』『オテロ』などの傑作を残し病気で世を去った。彼のデスマスクはミラノのスカラ座博物館に今でも残る。まさにイタリア統一の時代を生きた音楽家であった。

映画では、**ベルトリッチ**の名作『1900年』がある。ここでは「ヴェルディが死んだ」という男の叫びと、『リゴレット』の前奏曲で作品が始まる。このイタリアの名監督が示したとおり、20世紀は**ヴェルディ**の死によって始まったのだ。

もっと深く知りたい人のための推薦図書

- **『ヴェルディ』**加藤浩子／平凡社

173 音楽

チャイコフスキー（1840年〜1893年）

バレエ音楽を中心に、ロシア民族音楽とロマン派を融合させる

ピョートル・チャイコフスキーは、1840年ロシア・ウラル地方で鉱山技師の子として生まれた。まずは彼が活躍した時代に至るまでのロシア史をおさらいしておく。

1613年に**ミハイル・ロマノフ**によって開かれたロマノフ朝のもと、ロシアは発展を遂げた。特に**ピョートル1世**（大帝）時代には、スウェーデンとの大北方戦争を行い、勝利。フィンランドやバルト海の制海権を握った。**ピョートル1世**は、近代化・西欧化政策も行い、名実ともにヨーロッパの列強に仲間入りした。彼は1721年に皇帝の称号をもらい、ロシア帝国（帝政ロシア）が成立した。

その後、啓蒙専制君主**エカチェリーナ2世**のもと、さらに帝国は栄えた。彼女の没後、1812年、**ナポレオン**の（フランスを中心とした）大陸軍と、ロシア・**アレクサンドル1世**軍の戦争が開始（第一次祖国戦争）。ロシアを追い詰めた**ナポレオン**だが、モスクワを前に退却をする。このときの「冬将軍」で、大陸軍は壊滅的な敗北を喫する。

やがて**アレクサンドル1世**の没後、**ニコライ1世**を経て、**アレクサンドル2世**が即位（1855年）。彼のもとで1861年、農奴解放令が出され、いっそうの近代化が進む。

チャイコフスキーが生まれ活躍したのはこんな時代であった。**チャイコフスキー**は、当初ロシア法務省の平凡な文官の道を歩んでいたが、1861年にロシア音楽協会にたまたま入会。ここから彼の音楽人生が始まった。その後、彼はたくさんの曲を作曲するが、1877年彼の代表作ともいわれるバレエ『白鳥の湖』が完成する。この後、1888年バレエ『眠れる森の美女』、1891年バレエ『くるみ割り人形』を作曲する。1893年『交響曲第6番 悲愴』初演。しかしその9日後に彼は病死、国葬が営まれた。

なお、彼の時代、ロシア国民楽派5人組（**ムソルグスキー**ら）も活躍したが、彼らに比べて**チャイコフスキー**の作風は、ドイツ・ロマン派音楽の系譜を継いでロマン主義的であった。情熱や感傷、時に憂鬱なスラブ的特性をも示しており、実際、抒情的でメランコリックな旋律を持っていた。また曲想がメルヘンティックである一方、絢爛豪華なオーケストレーションも奏でる。現在でも、ロシア（スラブ）民族独特の音楽と、ロマン派を融合させた音楽家としての評価が高い。

もっと深く知りたい人のための推薦図書

・**『新チャイコフスキー考』**森田稔／日本放送出版協会

174 音楽

ドヴォジャーク（1841年～1904年）

チェコ国民音楽派を代表する音楽家

ドヴォジャークはチェコを代表する作曲家である。日本人が知るチェコ出身の有名人といえば、彼のほかに**スメタナ**、作家の**カフカ**、**チャペック**、経済学者の**シュンペーター**、アニメ作家の**トルンカ**などがいる。後者4人はともかく、**ドヴォジャーク**と**スメタナ**はほぼ同時代を生きた芸術家であり、彼らを生んだ背景を説明しなくてはならない。

チェコは、中世にさまざまな王朝が成立。だがそれらは世界史上ではほとんど無名の国だった。やがて、この地を1437年以降ハプスブルク家が支配した。同家国王は神聖ローマ帝国の皇帝も兼ねていたため、その後プラハは神聖ローマ皇帝の支配下になる。ちなみに16世紀後半から17世紀初頭の同国皇帝**ルドルフ2世**は芸術を好み、彼のもとから**アルチンボルド**のような奇才画家が生み出されている（**アルチンボルド**はイタリア人）。

1806年には神聖ローマ帝国が滅びる。この後、ドイツ統一の気運が高まるなか、1867年にオーストリアとハンガリーによる二重帝国が生まれ支配される。ドイツは1871年に統一されるが、チェコもまた自らの出自たるスラブ人の民族主義を主張する流れに傾く。この時代に芸術家が多く生まれる。前述した**スメタナ**、**ドヴォジャーク**である。

ベドルジハ・スメタナ（1824年～1884年）は、チェコ国民音楽派の先駆者。交響詩『わが祖国』は、第2曲の『モルダウ』が極めて有名である。

そして**アントニン・ドヴォジャーク**である。**スメタナ**を受けて国民音楽派を発展させたのが彼である。彼は、『スラブ舞曲集』で、人気音楽家の仲間入りをする。彼はスラブ民族舞曲をもとに、美しいメロディーを作り上げた。その名声はアメリカでも評判になり、1892年～1895年には彼自身アメリカでも活躍している。この間、ネイティブ・アメリカンの音楽や黒人霊歌を吸収するなど、アメリカの風土にインスパイアされた音楽作りを行う。このような音楽人生を送った**ドヴォジャーク**の代表作は、『交響曲第9番 新世界より』を筆頭に、『弦楽セレナード』、『管楽セレナード』、『交響曲第7番』、『交響曲第8番』、『チェロ協奏曲』、『弦楽四重奏曲第12番 アメリカ』などが挙げられる。

もっと深く知りたい人のための推薦図書

- **『ドヴォルザーク』**／音楽之友社

175 美術・建築

マネ（1832年～1883年）

19世紀ブルジョワ社会の表と裏を描いた、印象派の先駆者

19世紀西欧絵画は写実主義の流れを受け、印象派が興る。印象派は、**モネ**の『印象、日の出』からその名を取ったものだが、その先駆けとなったのは**エドゥアール・マネ**である。

パリのブルジョワの家庭に生まれた**マネ**は、はじめアカデミズムの画家に学ぶが、**ベラスケス**や**ゴヤ**、**ティツィアーノ**らを見て、自由な発想を持ち、自らの画風を作り上げた。

マネが注目を浴びたのは、1863年の落選展（官展で落選させられた作品を集めたフランスの展覧会）に出品した『草上の昼食』である。同作では森の中、同時代の着衣の男性と裸婦が談笑している。裸婦は神話上の人物を描くのが基本であったこの時代に、娼婦に見える裸婦が描かれるのは極めてスキャンダラスであった。

1865年、**マネ**はまたもスキャンダルを巻き起こす。**ティツィアーノ**の『裸のヴィーナス』の影響を受けた『オランピア』がサロンに入選する。同作では裸の高級娼婦とそれに花束を渡す黒人メイドが描かれる。あからさまな性的イメージを持つ同作は、多くの批判を受けた。しかし現代では、19世紀パリのブルジョワ社会の影の部分を描き出すとともに、古典的な伝統を近代につなげた作品として高い評価を受けている。

1870年代になると本格的に印象派の画家が活躍するが、**マネ**は彼らを認めるものの、印象派展には参加しなかった。だが**マネ**による外界事物の明るい色調での表現が印象派へ与えた影響は大きい。

1880年代になると**マネ**は、若いときに感染した梅毒の影響で左足の壊疽が進む。1883年、左足の切断手術を行うが、この手術の失敗で没する。しかし、**マネ**は死の一年前にも問題作を残していた。『フォーリー・ベルジェールのバー』である。

同作では、劇場内のバーの売り子が前（客）を向いて立っている。背後正面には鏡があり、劇場が映る。さらに右背後にも鏡があり、ここでは売り子の背中と客の姿が映る。このアングルから彼女の背中が映るはずはない。この構図は、我々鑑賞者を非現実的な空間に取り込み、古典的表象から解放する。映画的（演劇的）な書き割りや、売り子に似た女性をもう1人用いれば作れるこの構造は、映画的だという意見もある。実際、映画監督の**ゴダール**は、**マネとともに近代絵画と映画が生まれた**と論じている（映画の実際の誕生は**マネ**の没後）。

もっと深く知りたい人のための推薦図書

- **『増補版ゴダール　マネ　フーコー』**蓮實重彦／青土社
- **『マネの絵画』**ミシェル・フーコー／筑摩書房

176 美術・建築

ゴヤ（1746年〜1828年）

人間の暗い内面を観察し、鋭く描写したスペイン人画家

フランシスコ・デ・ゴヤの生きた18世紀後半から19世紀前半、ヨーロッパではロココが終わり、新古典主義からロマン主義が栄えた。**ゴヤ**はロマン主義に分類されることもあるが、ロマン主義の代表者であるフランスの**ドラクロワ**などとは、一線を画す独特の絵画を展開した、スペインの美の巨人である。

サラゴサ近郊で生まれた**ゴヤ**はイタリア留学の後、タペストリーの原画などを描く。この若い頃の画風は、ロココ調の明るいものだった。この時期の代表作に『日傘』がある。

だが、彼が認められるのは、40代前半、1789年に**カルロス4世**のもとで宮廷画家になって以降である。当初、肖像画を多く描いた**ゴヤ**は、46歳のとき高熱で聴覚を完全に失う。このことと、**ナポレオン**軍によるスペイン蹂躙がきっかけとなって彼の画風は大きく変わり、同時に彼にしか描けない数多い代表作を残す。

1797〜1800年頃に描いた『裸のマハ』『着衣のマハ』は、1人の女性を描いた2作品である。『裸のマハ』は初めて陰毛を描いた作品といわれ、当時、問題となった。

1800〜1801年に描いた『**カルロス4世**の家族』は、国王家族を描いた集団肖像画である。しかしここでは、人々の視線はばらばらで、彼らの関係が必ずしも近しいものではないことを感じさせる。国王にも威厳が感じられず（実際、愚鈍な王と呼ばれた）、中央に描かれた王妃には冷淡ささえ覗かせている。このように**美化することなく、彼らの内面までも写実的に描いた**同作からは、おそらく耳が不自由だからこそ可能となった**ゴヤ**の鋭い観察眼が見られる。

1814年には『マドリード、1808年5月3日』が描かれる。**ナポレオン**軍によってマドリード市民が虐殺された事件を描いた同作では、中央に立って両手を上げる市民の右手に聖痕があり、**イエス**の受難をイメージさせるとともに、暴力への**ゴヤ**の憤りがわかる。

1819年にマドリード近郊にあった「聾者の家」という別荘に移り住む。ここで彼は1820〜1823年に「黒い絵」と呼ばれる14枚の絵画を残す。これらは黒をモチーフにした暗いイメージの絵である。ここでは**ゴヤ**の持つ個人的・人類的厭世観をもとに幻想的に描いている。このシリーズの代表作は『我が子を食らうサトゥルヌス』『魔女の夜宴』である。**ゴヤ**はこれらを描き終えた翌年、フランスに亡命して、人生を終える。

もっと深く知りたい人のための推薦図書

- **『ゴヤ I スペイン・光と影』**堀田善衛／集英社

177 美術・建築

ミレー（1814年〜1875年）

貧しい農民の労働を写実的に描いたバルビゾン派画家

18世紀末頃からフランス美術の世界で、盛んになったのは新古典主義である。ここでは歴史画（物語画）などが多く描かれ、静的な構図のもと劇的な一場面が再現された。新古典主義の画家の代表は**アングル**で、『グランド・オダリスク』（1814年）のような理想的人物像も描いた。この後1819年、**ジェリコー**による『メデュース号の筏』によってロマン主義の幕が開かれる。ロマン主義の代表者は**ドラクロワ**である。彼は『7月28日―民衆を導く自由の女神』などで、大胆な動感表現を行った。

ロマン主義の後に生まれたのが写実主義である。新古典主義もロマン主義も、ともに歴史や文学など物語性の強い作品が多かったのに対し、写実主義はパリ近郊フォンテンブローの森などのありふれた風景を描いた。この地はバルビゾンという村だったため、バルビゾン派ともいう。彼らの最初の代表者は**テオドール・ルソー**や**コロー**である。彼らは古典主義的構図のもと、自然の風景を精緻に描いた。この写実主義は、さらに1850年頃**ミレー**を輩出する。

肖像画から始めた**ミレー**は、やがてバルビゾンに移り住み、田園風景とともに農民をモチーフにした農民画を残した。彼の代表作『落穂拾い』では、刈り入れの終わった後の麦の穂を拾う農婦が描かれる。また『晩鐘』では晩鐘が鳴るなか、畑の上で祈りを捧げる農民夫婦が描かれる。さらに『種まく人』では、片手で種をまく力強い農民の姿が描かれる。

これらには農民の貧しさと、また貧しいながらも堂々と生きる人間の姿が描かれている。しかし当時のアカデミズムでは、高貴で理想的な人物を描くことが常識とされていたため反発を受けた。これに対し、当時の左派の論客が評価を与えた。現代の評価が高いのは言うまでもない。いずれにしても**ミレーら写実主義の画家は、高い階層の人物だけに美があるのではないことを証明した**。

ミレーの農民画の多くでは、聖書の物語のイメージ化もしている。そこには神への崇高な信仰とともに、労働の持つ根源的意味の追求もある。

もっと深く知りたい人のための推薦図書

- 『**「農民画家」ミレーの真実**』井出洋一郎／ＮＨＫ出版
- 『**ミレー**』ロマン・ロラン／岩波書店

178 美術・建築

セザンヌ（1839年～1906年）

自然を立体的に捉え、20世紀芸術を切り開いた画家

印象派は、グループとしての活動は1886年の展覧会が最後になる。むろんその後も印象派の画家たちは個人個人で作品を残したが、同時期、一方で新しい美術の胎動も見られた。後期印象派（ポスト印象派）である。

一般に後期印象派は1886年から、**フォーヴィズム**が登場する1905年までの間をいう。狭義の後期印象派は、1880年代以降に活躍した**ゴッホ**、**ゴーギャン**、**セザンヌ**の３人を指すが、３人に厳密に共通する画風はない。３人とも若い頃に印象派の影響を受けながらも、印象派とは異なる独特の画風を築き上げた。ただし鮮やかな色彩を好み、20世紀の前衛芸術へ大きな影響を与えたという点では共通する。

ポール・セザンヌは、南仏エクス＝アン＝プロヴァンスに生まれる。1861年にパリに出て印象派の画家**ピサロ**に出会い、印象派の影響のもと、戸外での制作によって明るい色彩の作品を残した。1879年に故郷に戻り、代表作を多く残し、1906年に肺炎で死ぬ。**セザンヌ**は生前すでに認められていたが、死後その評価が絶大になった。

1880年代以降のセザンヌの画風には、印象派に欠如した形態への追求が見られる。彼は複数の色面が形態となって構成される空間を描き、**「自然を円筒、球、円錐によって扱う」**という名言を残した。

彼の代表作『サント・ヴィクトワール山』は故郷にある山を描いた、数点の作品である。見る場所によって異なる形状を見せるこの山を、彼は鮮やかな色彩とともに高い造形性をもって描いた。また、彼は風景画だけでなく、静物画でも特筆される。事実、「リンゴ一つでパリを驚かせてみせる」とも言った。『リンゴとオレンジのある静物』では、複数の視点、複数の角度から捉える「多視点」によって描かれている。これによって人が見る自然とは異なるずれ、ゆがみを持った多面的な世界が描き出された。この手法は20世紀キュービズムに大きな影響を与えた。

このほか彼の代表作には『カード遊びをする人々』や『男性水浴画』などの水浴画がある。

もっと深く知りたい人のための推薦図書

- **『セザンヌ―近代絵画の父、とは何か』**永井隆則／三元社
- **『セザンヌ―孤高の先駆者』**ミシェル・オーグ／創元社

179 美術・建築

ロダン（1840年〜1917年）

豊かな造形表現力で人間の激しい内面を表した、近代彫刻の父

西欧彫刻は16世紀の**ミケランジェロ**によって、ルネサンス彫刻が完成される。しかしその後、ひさしく優れた彫刻家は生まれず、対象を忠実に表現する写実主義的なものが主流になっていた。

だが19世紀になって、**オーギュスト・ロダン**が新しい彫刻像を生み出した。彼は、彫刻は生命を生き生きと宿らせるべきものとした。彼によって人間の生命や情念といった激しい内面が力強く造形され、近代彫刻が生まれた。彼は**「近代彫刻の父」**ともいわれる。

ロダンはパリに生まれ、修業時代を経て、イタリアを旅行し**ミケランジェロ**を鑑賞、自分の作風を固めた。最初の代表作は『青銅時代』。写実性の高い同作は、実際の人間を直接型取りしたのではないかという中傷を受けた。憤慨した**ロダン**は同作の２倍の大きさの作品を発表して、批判者を納得させた。

『カレーの市民』は、14世紀イギリス軍に包囲されたフランス北部カレーにあって、市を救うため自らの命を投げ出す市民たちの姿を造形化した作品である。同作では、苦悶を浮かべた市民たちの、激しい心の内面が高い写実性のもとに表現されている。

『地獄の門』は、**ダンテ**の長編叙事詩『神曲』をモチーフにした未完の作品。同作の扉上部には、腰をかけて地獄を覗き込む男の小さな像がある。**ロダン**は、やがてこれを単体の作品として発表する。『考える人』である。世界で最も有名な彫刻ともいえる同作でも、地獄を前に苦悩する人間の深い内面を見ることができる。このほか、彼の代表作には『接吻』『バルザック記念像』などがある。

ロダンは妻を持ちながら、教え子の彫刻家**カミーユ・クローデル**との恋に落ちるなどの波乱な人生を送る。生前から高い評価を受けながら、77歳で本妻を追うように没する。近代彫刻は**ロダン**の後、**ブールデル**、**マイヨール**らを生む。一方、**ロダン**の作品は、日本の白樺派の**高村光太郎**や**荻原守衛**、**中原悌二朗**などの彫刻家にも影響を与えた。

なお一般にブロンズ彫刻は、原型を制作し、石膏で型取りした上で、これにブロンズを流し込み作る。つまり原型が存在していれば、何点も同じ作品を作り出すことができる。したがって**ロダン**の作品には、何点も世界中に存在するものが多い。日本のいくつかの美術館に『考える人』や『地獄の門』などがあるのは、この理由による。

もっと深く知りたい人のための推薦図書

- **『ロダン』**リルケ／岩波書店
- **『ロダン：神の手を持つ男』**エレーヌ・ピネ／創元社

180 美術・建築

モネ（1840年〜1926年）

筆触分割によって風景画を描いた、印象派の代表的画家

「印象派」という言葉は、1874年に**クロード・モネ**、**ルノワール**、**ドガ**、**ピサロ**、**シスレー**、**セザンヌ**らが開いた展覧会がきっかけとなって生まれた。**モネ**の出展した『印象、日の出』を見たジャーナリストが、彼らの作品をスケッチ的な作品だと揶揄して名づけたのである。

印象派は、バルビゾン派らの影響を受けて、積極的に戸外で制作した点が特徴である。だがバルビゾン派と違い、見た印象・感覚のままに素早く画面に描き留め、明るい色彩で描いた。主題も自然の風景だけでなく、近代の街並みや鉄道、余暇を楽しむ市民なども描いた。

また印象派では、筆触分割の手法を導入した。これは、当時生まれたチューブ絵の具を、混ぜ合わせることなく、異なる色を小さなタッチで並べるように描くもので、離れて見るとそれらの色が混ざり合って、鮮やかな色彩が浮かび上がるものである。**モネ**はこの技法の代表的な使い手である。**モネ**は特に素早い筆使いで、移ろいゆく光の微妙な変化まで捉えた。

印象派は前述の5人ら（**セザンヌ**は後期印象派）が代表であるが、特に**モネ**は**ルノワール**と並び、日本でも世界でも人気が高い。**モネ**は、19歳でパリに出て、前述のとおり1874年『印象、日の出』を発表する。翌年には『日傘をさす女性』を発表。その後の『サン・ラザール駅』では鉄道の駅という近代的主題を扱い、湧き上がる蒸気と光とを見事に表現している。この後、パリを離れた**モネ**は、北フランスの断崖の風景『エトルタ』の連作を発表。1883年にパリ近郊ジヴェルニーに移る。やがて『積みわら』や『ルーアン大聖堂』などの連作を描く。1900年代にはロンドンで『国会議事堂』『ウォータールー橋』などを描く。

モネの作品にはジャポニズムの影響もある。『ラ・ジャポネーズ』という和服を着たフランス人女性の作品もあるほか、浮世絵に見られるような大胆な構図で描いた作品もある。

モネは、ジヴェルニーに睡蓮の池と日本の太鼓橋を造った。晩年、ここで一連の『睡蓮』の作品を描く。数多い『睡蓮』の絵だが、特にパリのオランジュリー美術館の二つの部屋の壁一面を覆う大装飾画は有名である。

もっと深く知りたい人のための推薦図書

- **『モネ：印象派の誕生』**シルヴィ・パタン／創元社
- **『モネのあしあと』**原田マハ／幻冬舎

181 美術・建築

ルノワール（1841年～1919年）

温かい色彩に満ちた人物像で、印象派を世界に知らしめた巨匠

日本で印象派は高い人気を誇っている。印象派以前の作品には、聖書や神話、西洋史をテーマにした作品も多く、日本人になじみが薄い。また印象派以降の20世紀前衛芸術には難解なイメージもある。これらに対し、明るい色彩で対象を感覚のままにわかりやすく描いた印象派は、日本の美術館に所蔵する作品も多く、なじみ深いものになっている。このような印象派の最重要人物として**モネ**と、**ピエール＝オーギュスト・ルノワール**が挙げられる。

ルノワールはフランス中南部リモージュで生まれ、陶器の絵付け工として働く。1862年にパリに出た彼は、**モネ**らの仲間になる。**モネ**が風景画を中心にしたのに対し、**ルノワール**は人物を描くことが多く、特に豊満な女性や子供が対象となった。

1874年、第1回印象派展が開かれ、**ルノワール**も出展するが、展覧会自体、酷評された。当初は印象派の画家自体が認められなかったが、しだいに彼らは支持され始め、**ルノワール**自身も1890年頃には高い評価をされるようになった。その後も、彼は多くの作品を発表。晩年はリウマチに苦しんだが、創作意欲は落ちず、名作を残しつつ78歳で没した。

ルノワールの代表作は、1876年の『ムーラン・ド・ラ・ギャレット』である。パリのモンマルトルのダンスホールで、鮮やかな陽光を浴び、余暇を楽しむ多くの男女を描いた同作は、近代市民の新しい生活様式を描き出した。これは印象派の金字塔ともいえる。

ルノワールの絵画の特色は、こうした日差しの輝きを鮮やかな色彩で捉えるとともに、暖色を多く用いて、温かく幸福な人間の姿を描いた。そこには自分の絵画を見ることで幸福を感じてほしいという思いがあった。

彼の代表作はほかに『アルジェリア風のパリの女たち』『桟敷席』『ガブリエルとジャン』『田舎のダンス』『都会のダンス』『ピアノに寄る少女たち』『パリスの審判』など多数。

ルノワール自身も温かい家庭を築いた。3人の子をもうけたが、次男の**ジャン**は後に映画監督として名を残した。

もっと深く知りたい人のための推薦図書

- **『ルノワールへの招待』**朝日新聞出版
- **『もっと知りたいルノワール』**島田紀夫／東京美術

182 美術・建築

ゴーギャン（1848年～1903年）

総合主義を生み出し、タヒチに希望を求めた後期印象派画家

狭義の後期印象派（ポスト印象派）は、**セザンヌ**と**ゴッホ**、そして**ポール・ゴーギャン**である。この3人に共通する絵画的な特徴はないが、印象派の影響を受けながら、それを乗り越える独特の画風を確立したことで一致する（**セザンヌ**参照）。

ゴーギャンは、印象派から出発するものの、やがて印象派の感覚に基づいた描写に反対する。彼は1888年に仲間とともに「総合主義」を標榜する。この様式では、芸術に三つの要素があるとする。一つは自然形態の外観、一つは主題に対する画家の感覚、一つは線や色彩、形態への美学的考察。総合主義はこの三つを総合するもので、具体的には、鮮やかな色彩を単純化した太い輪郭のなかに平塗りし、遠近法を捨て2次元性を強調する技法である。また象徴主義的な主題も選択した。つまり写実よりも、**抽象的な観念を絵画のなかに表現しようとした**のである。これは明らかに、筆触分割による自然描写を中心にした印象派と異なる世界だった。

ゴーギャンのこの様式は、ブルターニュの村ポン・タヴェン派との関係から生まれ、これはパリで**ボナール**、**ヴュイヤール**、**ドニ**らに影響を与え、彼らはナビ派として活躍する。

ゴーギャン自身は、もともと株式仲買人として職業生活をスタートした。結婚して子供もいた彼は、最初は余暇として絵を描くだけだった。初期は前述のとおり印象派の影響が強かったが、ポン・タヴェンへの移住以降、画風が変わる。総合主義の画風から、『ブルターニュの羊飼い』『黄色いキリスト』などの代表作が生まれた。

1888年**ゴーギャン**は南仏アルルの「黄色い部屋」で、**ゴッホ**と共同生活を始める。手紙で親交を深めていた2人だが、生活してみると2人の芸術観はかみ合わず、関係は悪化する。やがて**ゴッホ**が自らの耳たぶを切り落とし、病院に送られ、**ゴーギャン**もアルルを去った。

その後、**ゴーギャン**は西洋文明を虚偽と退廃に満ちていると考え、原始的な自由な生活に憧れ、1891年以降タヒチなどの南太平洋の島々を移り住んだ。ここで彼は『タヒチの女たち』『我々はどこから来たのか、我々は何者か、我々はどこへ行くのか』などの代表作を残した。しかし、こうした島々での生活は彼の予想に反して、豊かなものではなかった。彼は54歳で、ドミニック島で没する。

もっと深く知りたい人のための推薦図書

- **『月と六ペンス』**モーム／岩波書店
- **『ゴーギャン』**湯原かの子／講談社

183 美術・建築

ガウディ（1852年〜1926年）

曲線と細部装飾の美を追求し、世界遺産の建造物を建築

建築家**アントニ・ガウディ**が活躍したのは、19世紀末から20世紀初頭。この時代、フランスでは、アールヌーヴォーの芸術運動が盛んであった。この運動は、日用品などを対象に、ガラスなどの素材を用い、しばしば曲線美を追求しながら創造したもので、スペインの建築家**ガウディ**も広義でこの一派に含まれる。

ガウディは、カタルーニャ地方に生まれた。カタルーニャ地方はバルセロナを中心とするスペイン東部にあり、スペインからの独立を求める意見も根強い独自の文化を持つ地域である。**ガウディ**はバルセロナを中心にさまざまな建築物を残し、彼の作品は、サッカークラブFCバルセロナとともに、カタルーニャの誇りともなっている。

ガウディの代表作は、『サグラダ・ファミリア（聖家族教会）』である。彼の設計により1882年に着工されたこの教会は、いまだに未完成で建築が続いている。21世紀中頃完成と予想されたこの建造物は、その後スピードアップし、2026年に完成するとされている。同教会は世界遺産にも指定され、世界中の観光客が集まっている。

ガウディの作品の特徴は、曲線を多用したところにある。『サグラダ・ファミリア』も細長い円錐状の複数の塔に囲まれ、それらの上には円型の装飾物がのせられている。壁面にも曲線が多用される。**ガウディ**のほかの多くの作品も、ゆがみを持った曲線美を見せる。

また、彼は「美しい形は構造的に安定している。構造は自然から学ばなくてはならない」と言い、**自然の中に最高の美があるとした**。彼は自然の事物を観察し、それらを自らの建築物細部の装飾に取り入れた。これらは例えば動物であり、『サグラダ・ファミリア』のガーゴイル（雨樋）などに見られるほか、同じ代表作の『グエル公園』でのトカゲなど、よりはっきりとした形の創作物もある。こうした特徴は、アールヌーヴォーと共通するものである。

彼の代表作はこれらのほかに、『カサ・ビセンス』『コロニア・グエル教会』『カサ・バトリョ』『カサ・ミラ』など。「カサ」はスペイン語で「家」の意味。彼の作品の多くが世界遺産になっている。

もっと深く知りたい人のための推薦図書

・**『ガウディの伝言』** 外尾悦郎／光文社
・**『アントニオ・ガウディ』** 鳥居徳敏／鹿島出版会

184 美術・建築

ゴッホ（1853年〜1890年）

激しく鮮やかな色彩で、内面世界をも描き出した狂気の天才画家

オランダで、牧師の家に生まれた**ゴッホ**は、当初父と同じ聖職者の道を歩もうと考えていたが、1878年頃から画業に専念した。この時期、**ゴッホ**は暗い色調を使って、貧しい農民などの質朴な生活を描いた。この時期の代表作は『ジャガイモを食べる人々』である。画商となる弟の**テオ**（**テオドルス**）の経済的援助はこの頃にすでに始まっていた。

1886年、**テオ**を頼ってパリに移ることで画風も変わる。印象主義と、日本の浮世絵（ジャポニズム）を知った彼は、鮮やかな色彩と、**浮世絵に影響を受けた大胆な構図によって、新しい絵画世界を生み出した**。特に、この印象派をも超越した強烈な色彩は、ポスト印象派（後期印象派）とも後に呼ばれ、その後の20世紀の表現主義などへの強い影響を与えることになる（ちなみに**ゴッホ**の日本への憧憬は極めて深く、浮世絵の模写も行っていた）。

ゴッホの人生は波瀾万丈である。1888年に南仏アルルに移住した。**ゴッホ**は画家の協同組合を夢見て、画家**ゴーギャン**と同じ部屋（黄色い部屋）で共同生活を始める。この時期に『ひまわり』『夜のカフェテラス』などの名作を描き上げた。

だが、**ゴーギャン**との芸術観はかみ合わず、その生活はすぐに破綻した。精神障害の発作を起こした**ゴッホ**は自分の耳を切り、翌日すぐに精神科病院に入院した。その後、アルルの近郊にあるサン＝レミの療養所に通所。こうした治療の効果もあって、創作活動を早くに再開。『星月夜』『二本の糸杉』などの名作を治療の過程で生み出している。しかし、**ゴッホ**の精神は治癒したわけではなく、絶えず発作を繰り返していた。

1890年5月、**ゴッホ**は、パリ近郊オーヴェル＝シュル＝オワーズに移り住んだ。ここでも決して精神状態が改善されることもなく、また経済的にも豊かでなかった。しかし彼の創作意欲は衰えることなく『オーヴェルの教会』『カラスのいる麦畑』などの作品を残す。こうした後期の作品には、彼の持つ狂気が美へと昇華された一面を持つ。

だが**ゴッホ**の生涯はこの地で終わりを迎える。1890年7月、再び発作を起こした彼はピストル自殺をする。即死でなかった彼は最後に**テオ**に伝言を残した。「このまま死ねればいい」。

生前、1作しか作品が売れなかったとされる偉大な画家のあまりに哀しい最期である。なお、**テオ**も翌年、後を追うように亡くなっている。

もっと深く知りたい人のための推薦図書

- **『もっと知りたいゴッホ』** 圀府寺司／東京美術

185 写真・映像

ルイ・ジャック・マンデ・ダゲール（1787年〜1851年）

ダゲレオタイプを発明し、写真技術を完成させる

写真の歴史は、16世紀のカメラ・オブスクラにその始まりが見出される。小さな穴（ピンホール）を開けた箱の中の黒面に結ばれる像を、画家が描くことによって実物そっくりの光景が再現できるものである。

写真はやがて19世紀に入ってから真の誕生を遂げる。フランス人発明家**ニエプス**が1825年に撮った写真は、現存する最古の写真とされる。これは磨いたシロメ（白ろう）の板に瀝《れき》青《せい》を塗り、太陽光を受けた結果できた溝を印刷原版にするものでヘリオグラフという。

この**ニエプス**と共同研究を行い、さらに写真技術を発展させたのが**ダゲール**である。彼らは1829年にパリで、光で化学反応を起こす銀化合物の研究を始めた。だが1833年に**ニエプス**が脳卒中で急死したため、**ダゲール**一人がその後の研究を進めることとなる。

もともと**ダゲール**は舞台背景画を描くとともに、パノラマ画を制作した画家でもある。パノラマ画とは回転画ともいわれ、円環状の壁に風景などを描き、中央にいる観客を楽しませるものである。彼はこの後、ジオラマの発明に向かう。当時のジオラマは、巨大な半透明キャンバスに描かれた絵である。これはさまざまな角度から照明を当てることによって絵柄が変わるもので、見世物として広まり、専用の劇場もできた。そこには絵を、より現実のものに見せ、絵画以上の効果を楽しもうという考え方があった。この考え方が、写真のジャンルでのダゲレオタイプの発明へとつながる。

ニエプスが発明したヘリオグラフは露光時間として8時間程度を必要とした。この露光時間を大幅に短縮させたのが、1839年に発明された**ダゲール**のダゲレオタイプという銀板写真法である。これは銀メッキをした銅板を露光した後、水銀蒸気を当てて食塩水で固定するという画期的な方法で、これによって露光時間は数分程度まで短縮され、実用性の高いものになった。

彼のダゲレオタイプは、フランス政府に認められ、一般にその技術が公開された。**彼の写真技術は広く世界的に発展**することになった。実際、1840年代にはダゲレオタイプを用いた肖像写真が多く撮られた。

もっと深く知りたい人のための推薦図書

- **『図解カメラの歴史　ダゲールからデジカメの登場まで』**神立尚紀／講談社
- **『世界写真史』**飯沢耕太郎監修／美術出版社

186 写真・映像

リュミエール兄弟（兄オーギュスト1862年〜1954年、弟ルイ1864年〜1948年）

シネマトグラフを開発した、世界映画の創造者

写真が発明されたのは1825年のフランス人**ニエプス**による。この写真という静止画像を複数枚使用することによって、動画（映画）ができ上がることに、人々が気づくのはさほど時間がかからなかった。

映画は1秒間に約24コマの静止画像を連続で映し出し、人間の持つ目の残像効果によって、動いているように見えるものである。パラパラマンガを本の端に描いて動いて見えるようにしたことのある人もいるだろう。これと原理は同じ。少しずつ動く静止画像を連続して映すことにより、目の錯覚により動いて見えるものである。

こうした原理は、19世紀の時点で多くの写真家たちがわかっていて、誰もが自分たちの動く映像を作ることを夢見た。この意味でそれを最初にかなえたのはアメリカの天才**エジソン**である。彼は1891年にキネトスコープを完成させた。この装置は、1人の人間が機械（箱）の前に立ち、自ら手動で写真画像を動かしながら、箱の中の動画を楽しむものである。しかし、1人でしか見ることができない装置ということから、これを映画の誕生と認めない意見が主流である。

暗闇のなか多数の人に対し、スクリーンに映し出される映像。そしてその興行。1895年12月にパリで初めて、機器シネマトグラフによって、それは行われた。行ったのは**リュミエール兄弟**。この偉業をもって人々は映画の誕生とした。現実を忠実に再現した、この動画こそが新しい時代、新しい世界の幕開けとなったのだ。

リュミエール兄弟が作った作品は、『工場の出口』『ラ・シオタ駅への列車の到着』など。これらはカメラを固定させ、ただ動く被写体を撮っただけで、編集もストーリーも何もない短編にすぎない。だが、これらは**最初の映画であるとともに、最初のドキュメンタリー**でもある。動いてくる列車を観て、当時の多くの人が驚いたのは言うまでもない。一方で映画がフィクションとしての創造物となるのは、19世紀末〜20世紀初頭の**メリエス**以降まで待たなければならなかった。

もっと深く知りたい人のための推薦図書

- **『映画の考古学』**C・W・ツェーラム／フィルムアート社
- **『リュミエール元年』**蓮實重彦／筑摩書房

187 その他

クック（1728年～1779年）

世界航海でさまざまな発見をした英国海軍士官

イギリスの海軍士官で、3回の世界航海で有名な**ジェームズ・クック**（通称、**キャプテン・クック**）は、ヨーロッパ人で初めてニュージーランド、ハワイ諸島などに足を踏み入れた海洋探検家である。彼は、また、多くの精密な海図を作ったことでも知られている。

クックはノースヨークシャー州マートンで貧しい家庭の子供として生まれた。1746年に英国沿岸の石炭運搬船団の見習い船員として雇われたことが船員としての彼のキャリアの初めであった。それに続き貿易船で働いた後に、イギリス海軍の水兵として志願する。七年戦争ではセントローレンス川河口やニューファンドランド島周辺の正確な海図を作製し、作戦の成功に貢献する。

1768年の第1回航海では金星観測のため、南米大陸最南端のホーン岬から太平洋に入り、ニュージーランド、オーストラリア、ニューギニア、ジャワなどの海域を調査した。さらに、インド洋を横断し、喜望峰を北上して、1771年にイギリスに帰国。世界一周の航海を達成した。1772年の第2回航海では南極大陸発見が目的であったが、大陸は発見されなかった。しかし、ヨーロッパ人で初めて南極圏に達した船の船長となった。1775年からの第3回航海では北太平洋調査を目的としてハワイ諸島から北米大陸西岸沿いに北上し、ベーリング海峡を越え北極海を目指したが、目的を達することができず、1779年にハワイ島に戻った。そこで島民と争い事が起き、**クック**は島民に殺される。

クックは**史上初めて壊血病による死者を出さずに世界一周を成し遂げた**ことだけでなく、ヨーロッパ人としてさまざまな発見も行っている。**ハワイ諸島、クック諸島、クック海峡、ニュージーランドなどを発見**している。だが、**クック**が精密な海図制作者であったことも忘れずに記しておかなければならないであろう。また、イギリス海軍において一水兵からイギリス国王から直接に任命される艦長である勅任艦長にまでなったことも注記しておく必要がある。

クックは3回の航海によってさまざまな発見や、海洋調査を行ったが、その功績を称える地名が数多く存在していることからもわかるように、彼は確かに歴史に残る海洋探検家であったのである。

もっと深く知りたい人のための推薦図書

- **『クック　太平洋探検（1）～（6）』**ジェームズ・クック／岩波書店
- **『キャプテン・クック　世紀の大航海者』**フランク・マクリン／東洋書林
- **『最後の航海―キャプテン・クックハワイに死す』**多木浩二／新書館

188 その他

メアリ・ウルストンクラフト（1759年～1797年）

フェミニズムを史上初めて理論化した女性

メアリ・ウルストンクラフトはイギリスの社会思想家でフェミニズム運動の先駆者として知られている。『女性の権利の擁護』をはじめとする多くの著作で女性の権利について訴えた。

ウルストンクラフトは1759年にブルジョワ階級の娘としてロンドンで生まれた。だが、一家は没落する。独学で学問を学び、1783年に学校を設立する。1787年、『少女の教育についての論考』を、1790年に『人権の擁護』を、1792年に『女性の権利の擁護』を刊行する。1795年、ロンドンで、失恋のため自殺未遂。1797年、無政府主義者の**ウィリアム・ゴドウィン**と結婚。同年、ロンドンで娘の**メアリ**（母と同じ名前）を出産するが（娘の**メアリ**は後に小説家となり『フランケンシュタイン』を書く）、産褥熱《さんじょくねつ》のため死去する。38歳であった。

ウルストンクラフトの最大の功績は**フェミニズム思想のパイオニア**であるという点である。**リチャード・プライス**や**トマス・ペイン**などの影響を受け、人権思想を吸収する。そして、女性問題に注目し、女性の地位向上の必要性に関する論述を展開した。特に、『女性の権利の擁護』において、女性の経済的、精神的自立が実現されるべきであるという点が強調され、さらに、男女平等の観点から女性にも参政権が与えられるべきであると強く訴えた。こうした**ウルストンクラフト**の考え方はフェミニズムという思想がまだ確固とした形になっていなかった当時としては画期的なものであった。

また、**ウルストンクラフト**は1790年に『人権の擁護』の中で、イギリスの保守主義思想家の**エドマンド・バーク**を批判している。彼は『フランス革命の省察』の中でフランス革命を激しく否定する論説を展開しているが、その論説に対し、**ウルストンクラフト**は強く反論し、人権の重要性とそれを守るための行動の必要性を擁護している。この点から見ても、彼女がフェミニズム思想だけを重視したのではなく、人権全体を尊重した思想家であることが理解できる。

18世紀、まださまざまな社会問題が近代化の途上にあった時代。その時代の中で**ウルストンクラフト**は人権という問題と真摯に向き合い、フェミニズム思想の明確な形を作っていった。彼女のその業績は歴史の中で今も変わらず輝き続けている。

もっと深く知りたい人のための推薦図書

- **『女性の権利の擁護—政治および道徳問題の批判をこめて』**メアリ・ウルストンクラーフト／未来社
- **『フェミニズムの古典と現代—蘇るウルストンクラフト』**アイリーン・J・ヨー／現代思潮新社
- **『紳士たちに挑んだ女—メアリー・ウルストンクラフトの生涯』**フランシス・シャーウッド／新潮社

189 その他

フレデリック・ダグラス（1818年～1895年）

奴隷制廃止のために半生を捧げた運動家

フレデリック・ダグラスはアメリカの奴隷制度廃止運動家で、新聞社を作り、政治家となった。彼はアフリカ系の元奴隷で、**奴隷制度撤廃のために尽力した**ことで、アメリカ史に名前を残している。

ダグラスはメリーランド州のコルドヴァで奴隷として生まれる。父親は誰か判明せず、母親は彼が7歳のときに死去する。12歳のときに別の奴隷所有者に所有され、そこの女主人に読み書きを習う。1838年、奴隷の身分からの脱出するためにニューヨークに向かう。23歳のとき、マサチューセッツの反奴隷制協会で奴隷制反対に関する初めての演説を行う。その後、**ダグラス**は「肌の色、性別を問わず、人間は皆平等の権利を与えられるべきである」というモットーのもとで、いくつかの新聞を発行する。1845年、『**フレデリック・ダグラス**自叙伝:アメリカの奴隷』を発刊し、ベストセラーとなる。南北戦争後は解放奴隷救済銀行総裁となる。晩年にはコロンビア特別地区連邦保安官、駐アメリカ占領下ハイチ共和国合衆国総領事などを務めたが、1895年、心臓発作によってワシントンで死去した。

ダグラスの前半生は奴隷制との戦いであった。「奴隷を満足させるためには自らの考えがまったくない人間にする必要がある。道徳や心の見地を判断不能にし、可能な限り判断力を完全に破壊する必要がある」や「闘争のないところに前進はない」といった彼の言葉が示すように、彼が生きた時代のアメリカの奴隷制がいかに過酷なものであり、その制度との戦いがいかに苦しく長いものであったかが理解できる。

この不条理な制度を打破するために**ダグラス**は立ち上がり、暴力によってではなく、ペンの力によってこの非道な制度を廃止しようとした。彼の行動姿勢は**「一度読むことを学べば、永遠に自由となるであろう」**という言葉に端的に現れている。

アメリカの奴隷制は人間の平等性を犯す悪しき制度であったが、この悪しき制度を廃絶するためには長い年月の闘争が必要であった。**ダグラス**は運動の中心として、ペンと演説という言葉の力を武器として戦い続けた。彼のこうした努力が奴隷制を廃するための大きな力となったことはアメリカ史における間違いのない事実であるのだ。

もっと深く知りたい人のための推薦図書

- **『アメリカの奴隷制を生きる』**フレデリック・ダグラス／彩流社
- **『アメリカ黒人の歴史』**ジェームス・M・バーダマン／NHK出版
- **『アメリカ黒人の歴史 新版』**本田創造／岩波書店

190 その他

スーザン・B・アンソニー（1820年〜1906年）

フェミニズム運動を育て上げたアメリカ女性

アメリカの公民権運動、特に、女性の参政権問題などを求めるフェミニズム運動に尽力したことで有名な**スーザン・B・アンソニー**。彼女はまた奴隷制反対のための運動も積極的に行った。

アンソニーはマサチューセッツ州のアダムズで綿繰機工場の経営者の娘として生まれる。父がクエーカー教徒で著名な奴隷廃止論者であったことが**アンソニー**に大きな影響を与える。長じて1868年には**エリザベス・C・スタント**とともに女性解放運動のための新聞『革命』を発刊。翌年、**スタント**とともに全国女性参政権協会を設立。この組織は1890年から全米女性参政権協会となり、**アンソニー**は1892年から1900年まで会長を務める。また、1888年には国際女性協会を設立している。だが、1906年に心不全と肺炎のためニューヨークで死亡した。86歳であった。

アンソニーの歴史的貢献は何と言っても**アメリカにおける婦人参政権獲得**のために大きく寄与したことである。アメリカで女性の参政権が認められるのは1920年のアメリカ合衆国憲法修正第19条の成立以降であるが、この修正への道を開いたのは**アンソニー**である。彼女はまた南北戦争以前から奴隷廃止論を展開し、その実現にも寄与した。そのほかにも堕胎禁止のために尽力もし、フェミニズム運動の国際化にも多大な貢献をした。こうした彼女の功績を記念し、アメリカは1979年に女性で初めてその肖像を硬貨に描いたコインを製造した。

アンソニーは生前「女性運動の**ナポレオン**」や「女**モーセ**」といわれたが、こうした形容は彼女がフェミニズム運動のリーダーとして、積極的に運動を展開していったことを明確に示している。彼女の運動がなければ、アメリカの女性解放運動の高まりはなかったといえるであろう。

スーザン・B・アンソニー、彼女は公民権運動における闘いで多くの人を惹きつけ、多くの支持を得た。それゆえ、女性の権利のために活動した彼女の名はアメリカの市民運動史の中に今もしっかりと刻まれているのである。

もっと深く知りたい人のための推薦図書

- **『フェミニズムの母たち―アメリカのクエーカー女性の物語』**マーガレット・H・ベイコン／未来社
- **『女たちのアメリカ―フェミニズムは何を変えたか』**シャーウィン裕子／講談社
- **『アメリカのフェミニズム運動史：女性参政権から平等憲法修正条項へ』**栗原涼子／彩流社

191 その他

ナイチンゲール（1820年～1910年）

献身と科学精神：看護学の母のヒストリア

フローレンス・ナイチンゲールは「近代看護教育の母」や「看護師の祖」として有名であるが、彼女の名を高めたものはクリミア戦争中の彼女の献身的な行為であった。そうした献身的姿勢は、「天使とは、美しい花をまき散らす者でなく、苦悩する者のために戦う者である」という彼女の言葉が的確に表している。

ナイチンゲールはイギリスの富裕な家に生まれ、幼いときからフランス語、ギリシャ語、イタリア語などの語学教育だけでなく、哲学、心理学、経済学などのさまざまな教育を受けたが、慈善事業を通して貧しい人と接し、人々に奉仕する仕事に就きたいと考えるようになった。

当時メイドのようなものとして考えられていた看護師を重要な職業として認知させたのは、クリミア戦争への従軍によってである。負傷兵の死亡率が42%であった戦場での状況が衛生面での問題であることに彼女は気づき、徹底的な衛生管理を行い、感染症を防ぎ、死亡率を5%にまで減少させたのだ。

ナイチンゲールは戦争中の**病院の実体を調査するためにレーダーチャートを考案**し、死亡原因の実体を一目でわかるようにした。こうした功績によって彼女は**統計学の先駆者**として、イギリス王立統計学会の初の女性メンバーとして選ばれている。

ナイチンゲールの献身的な看護精神に、スイスの実業家である**アンリ・デュナン**は強い感銘を受け、国際赤十字社を創設した。この機関は献身的な看護行為を行った者に対して贈られる賞の名前を**ナイチンゲール**賞として、彼女の功績を称えている。また、**ナイチンゲール**が、専門的な看護教育の必要性を説き、ロンドンに**ナイチンゲール**看護学校を設立し、看護教育の普及に努めた点も重要である。

このように**ナイチンゲール**は近代の看護学の礎を築いたことによって、その名を歴史に刻んだ。だが、人生の後半生は病気によって、約50年間ほとんどベッドの上で過ごし、原稿書きや事務的な手紙を書くことが主な活動であった点も注記しておこう。

もっと深く知りたい人のための推薦図書

・**『ナイチンゲール―現在の看護のあり方を確立した、イギリスの不屈の運動家』**パム・ブラウン／偕成社

Column 2

ヨーロッパ名家の歴史

ヨーロッパに名家は数多くあるが、長い間繁栄を遂げたのは、**ハプスブルク家**と**ブルボン家**である。特に**ハプスブルク家**の歴史は長い。スイスの一豪族だった同家は、1273年にルドルフ1世が神聖ローマ皇帝の座に即くことから始まる。その後、16世紀初頭には防腐処理を施した夫フェリペ1世（**ハプスブルク家**）の遺体とともに、長期間スペイン国内を彷徨した「狂女」ファナがいた。そんなファナが生んだのがカルロス1世（カール5世）。ここからオーストリアを拠点にしていた**ハプスブルク家**の、正式なスペイン王家としての歴史が始まる。16世紀を生きた彼の時代、**ハプスブルク家**はヨーロッパの3分の2を支配し、最大の領土を誇る。その後、フェリペ2世が跡を継ぎ、17世紀にはフェリペ4世（ベラスケスを宮廷画家に命じた）が玉座に即くが、濃い血族結婚によって生まれたその子のカルロス2世は、障害を持っていて、結婚しても子供ができず、**スペイン・ハプスブルク家**の歴史はここで断絶する（オーストリアはまだ健在である）。

これに対し、フランスではヴァロワ王朝を引き継いで、1589年にアンリ4世がブルボン王朝を開いた。この時代、スペイン国王はフェリペ2世だった。アンリ4世は当初プロテスタントで、カトリックのフェリペ2世がこの即位を阻もうとしたが、イングランドの協力によって撃退した。これがなければブルボン王朝は成立せず、フランスが**ハプスブルク家**の領土になっていた。**ブルボン家**はやがてルイ14世を輩出し、17世紀半ばから18世紀初頭まで絶対王政を築いた。このルイ14世の妻が、**スペイン・ハプスブルク家**のフェリペ4世の娘マリア・テレサ。スペインは1700年に前述のカルロス2世が死去。1701年にスペイン継承戦争が起き、これによりスペインは**ブルボン家**に代わり、同家は21世紀の現在でも続いている。

一方、戦争よりも政略結婚で勢力を維持していた**オーストリア・ハプスブルク家**は、18世紀にマリア・テレジアの娘マリー・アントワネットをルイ16世のもとに嫁がせる。これにより**オーストリア・ハプスブルク家**と**ブルボン家**が手を握った。だが結果は災いしてフランス革命により王政は廃止になり、国王夫妻は処刑される。19世紀にいったん王政復古するが、間もなくフランスの**ブルボン家**は途絶えた。オーストリアの**ハプスブルク家**は19世紀以降、フランツ・ヨーゼフやその美しい妻エリザベートといった人材を輩出し、オーストリア=ハンガリー二重帝国を築く。だが、第一次世界大戦の敗戦により帝国は崩壊。オーストリア共和国となり、650年続いた**ハプスブルク家**も終焉となった。このほかイギリスには、ヘンリー8世やエリザベス1世を生んだ**テューダー家**、清教徒革命や名誉革命に翻弄された**ステュアート家**、現代にまで続く**ハノーヴァー家**（1917年に**ウィンザー家**に改名）という歴史がある。さらにロシアでは、17世紀にミハイル・ロマノフがロマノフ王朝を創始したが、第一次世界大戦中のロシア革命でその血統は途絶えている。

第4章

現代 ～2度の世界大戦と冷戦、そして新しい時代

192 政治

ヴィルヘルム2世（1859年～1941年）

ドイツ植民地政策を進め、第一次世界大戦を誘発した皇帝

1871年プロイセンがドイツ統一（ドイツ帝国）。プロイセン王**ヴィルヘルム1世**（1797年～1888年）は、**ビスマルク**を首相に起用し、本人は皇帝になった（**ビスマルク**参照）。

ヴィルヘルム1世が病死した後に、息子**フリードリヒ3世**が継ぐがすぐに病死。その後皇帝の座に即いたのが、**ヴィルヘルム1世**の孫に当たる**ヴィルヘルム2世**である（1888年）。

彼は祖父と異なり、**ビスマルク**とはそりが合わなかった。実際、彼の主張する植民地政策に対して、**ビスマルク**は消極的だった。一方で、**ビスマルク**は社会主義者鎮圧法の延長を目指し、労働運動の弾圧、思想統制強化など非民主主義的政策を推進した。ここでも**ヴィルヘルム2世**とは対立した。

結局、1890年の選挙で負けた**ビスマルク**は引退。1898年に病死する。彼亡き後、**ヴィルヘルム2世**は、内政では社会主義者鎮圧法を廃止。国民の融和を図る政治に転換。**ビスマルク**の強権政治を一掃した。外交では**ビスマルク**時代のヨーロッパの勢力均衡姿勢から転換し、植民地支配へと舵を切った。しかし、これはパンドラの箱を開けることになる。

彼は、**ビスマルク**時代に築かれたイギリス、ロシアとの友好関係を改めた。まず海軍を拡張し、イギリスと建艦競争を展開し帝国主義戦略の準備をした。ベルリン、イスタンブール（ビザンティウム）、バグダードを基点とした3B政策である。これはケープタウン、カイロ、カルカッタを基点としたイギリスの3C政策と対立するものになった。

やがてオーストリア皇太子がセルビア人に暗殺されるサラエボ事件が起きる。**ヴィルヘルム2世**はセルビアへの圧力をかける。これにロシアが反発し、1914年第一次世界大戦が勃発する。戦局は次第にドイツ軍が不利になり、1918年11月ドイツの敗戦が決まる。同年同月、キール軍港の水兵や労働者が反乱・蜂起し、ドイツ革命が起きる。**ヴィルヘルム2世**は退位。ドイツ帝国は滅亡し、ドイツ共和国臨時政府が成立した。その後、社会主義革命を求めた蜂起があったが鎮圧され、1919年2月、資本主義経済のもと穏健な議会政治を掲げるヴァイマール共和国が誕生する。

もっと深く知りたい人のための推薦図書

- **『ヴィルヘルム2世』**竹中亨／中央公論新社

193 政治

孫文（1866年～1925年）

三民主義を主張し、民主主義政治を指導した「国父」

19世紀、若き**孫文**はハワイ留学を経て、香港で医学を学び医師になっていたが、当時の清朝の没落にたまりかねて立ち上がった。清朝打倒を目指して蜂起したが失敗して、日本に亡命した（1895年）。1905年、東京で中国同盟会を結成。民族独立、民権確立、民主安定の三民主義を発表する。これは現代でも有効な理念である。

1911年、中国で辛亥革命（第1革命）が起きる。帰国して革命を指導した彼は、1912年に成立した中華民国の臨時大総統に就任する。しかし、清朝の実力者で軍閥を率いる**袁世凱**がその地位を奪う。

袁世凱は狡猾な男だった。**孫文**から奪った地位に立つと独裁政治を始めた。これに対して**孫文**は1912年に国民党を結成する。選挙では国民党が第一党になったにもかかわらず、**袁世凱**は議会を解散し、国民党指導者を暗殺する。ここで**袁世凱**を打倒するための第2革命が起きるが失敗。**孫文**は、再び日本に亡命する（1913年）。一方、**袁世凱**は1916年に病死する。

この後、**孫文**は中国国民党の総理となった。**孫文**は国民革命に邁進する。このなかで1917年のロシア革命後成立したソ連政府に近寄った。中国でも中国共産党（1921年）が結成されていた。この両党も関係を深める。

こうして国民党と共産党による「第一次国共合作」は1924年に成立した。これは、海外の帝国主義から民族を解放するものであり、軍閥支配を倒し、平等な民衆による安定した生活を求めるものだった。しかし、1925年**孫文**は志半ばにして病死する。反帝国主義、反封建主義に生きた彼の遺書には「革命なおいまだ成功せず、同志によってすべからく努力すべし」とあった。このエピソードからも彼が「国父」と呼ばれている理由がわかるだろう。

もっと深く知りたい人のための推薦図書

- **『孫文―近代化の岐路』**深町英夫／岩波書店

194 政治

ガンディー（1869年～1948年）

「非暴力・不服従」を貫いたインド独立の父

インドの政治家であり、弁護士でも、宗教家でもあった**マハトマ・ガンディー**。彼は**「非暴力、不服従」**をスローガンとしたインド独立運動を行い、1947年に独立を勝ち取ったが、翌年暗殺された。

ガンディーは1869年、イギリス植民地下のインド帝国西部のグジャラート州ポールバンダルで、ポールバンダル藩王国宰相の息子として生まれる。12歳のときにアルフレッドハイスクールに入学し、13歳で結婚。18歳のとき、イギリスに渡り、インナー・テンプル法曹院に入学する。同校を卒業後、1893年に南アフリカで弁護士事務所を開業。1907年に『ヒンドゥー＝スワラージ』を書く。1913年、インド人移民に対する差別に反対してトランバール行進を企画し、投獄される。

1915年にインドに帰国し、積極的に民族運動を展開する。第一次世界大戦中は宗主国イギリスの政策に協力する。だが、1919年パンジャーブ州で非武装市民に政府軍が発砲し、多数の死傷者が出るアムリットサル事件が発生。独立を目指すインド国民会議に参加し、イギリス製品不買運動を展開する。1930年、イギリスの課した塩税に反対する塩の行進を行う。第二次世界大戦勃発後は日本の援助で独立を目指す一派とは距離を置く。1945年第二次世界大戦の終了後に独立運動がインド全体に広まり、**ガンディー**はその中心的指導者として行動した。1947年にインドが独立。だが、1948年にニューデリーでヒンドゥー教原理主義者によって銃で撃たれ、暗殺された。78歳であった。

ガンディーはインドの独立のために尽力したが、彼は武力による独立を目指したのではなく、「非暴力、不服従」というスローガンのもとでインドの平和的独立を目指した。それだけではなく、彼は人種差別や武力によって他国を征服することを強く非難し続けた。

このスローガンは**ガンディー**のサティヤーグラハ（真理の把持）という思想に基づくものである。それは、ジャイナ教やヒンドゥー教の不殺生の考えをもとにして作られたものであり、暴力による抵抗を行わずに、デモなどの行為によって支配者の悪政に立ち向かうものである。また、不服従という問題は不当な権力に対して、命令に従わず、納税を拒否し、公職を辞するといった方法で抵抗するというものである。こうした抵抗の形態は即効性のあるものではなく、長い時間をかけ、徐々に広がっていく特質を持つものであったが、**ガンディー**のこの方法は少しずつインド各地に浸透していき、ついには祖国独立を勝ち取るのである。

ガンディーがインドの独立だけではなく、さまざまな人種的偏見や強国による弱小国の支配という問題に対して激しく反対したことも忘れてはならない。例えば、第二次世界大戦中に、日本軍の力を借りて独立を目指そうとはせずに、「もしあなた方の国に行くことが許されるなら、私はあなた方の国へ行き、中国に対し、世界に対し、つまりはあなた方自身に対して行っている暴行をやめるように懇願しましょう」というように述べている。**ガンディー**は単に自国の独立を目指しただけでなく、アジア全体が支配されることなく、平等で、偏見のない国になっていくことを望んでいたのである。

ガンディーは独立のため、植民地主義的権力者に対する抵抗運動の中で、さまざまな言葉を語り、自らの考えを明確に示している。例えば、「私は私の命を捧げる覚悟がある。だが、誰かの命を奪う大義はどこにもない」や「私は失望したとき、歴史全体を通して、いつも真理と愛が勝利したことを思い出す。暴君や殺戮者は無敵に見えるが、最後には滅びてしまう。どんなときにも、私はそれを思うのである」といった言葉には、**ガンディー**の思想のヒューマニズム的性格と宗教的な性格が端的に現れている。

ここで社会運動家としての**ガンディー**ではなく、宗教者としての**ガンディー**という側面も一言述べておく必要性があるように思われる。彼はヒンドゥー教やジャイナ教の影響を強く受けたために、菜食主義者であった。イギリス留学当時までは肉も食べていたが、その後食事は穀物、豆類、ヤギの乳、蜂蜜に限られていた。**ガンディー**は「殺されるのを嫌がっているものは食べない」と語っている。そして、彼はしばしば断食を行った。また、資本主義的な個人所有というものを否定し、私有としての金融資産も不動産もまったく持たなかった。

マハトマ・ガンディーはインド独立の父と称せられている。彼はその半生を祖国の独立のために捧げたからである。だがそれだけではなく、彼の思想、特に、「非暴力、不服従」という考えに基づく抵抗運動の姿勢は、今も世界中の多くの人々の共感を呼んでいる。2007年、国連は**ガンディー**の誕生日である10月2日を国際非暴力デーに定めた。彼は、疑いなく世界の歴史に残る偉大な思想家であり、運動家だったのである。

佐藤優の言葉

ガンディーが展開した死をも恐れない徹底的な非暴力主義に基づく抵抗運動にイギリス人は戦慄した。非暴力主義には人間の琴線に触れる力がある。

もっと深く知りたい人のための推薦図書

- **『わたしの非暴力（全2巻）』**マハトマ・ガンディー／みすず書房
- **『ガンジー自伝』**マハトマ・ガンジー／中央公論新社
- **『ガンディーと使徒たち―「偉大なる魂（マハトマ）」の神話と真実』**ヴェド・メータ／新評論
- **『ガンジーの実像』**ロベール・ドリエージュ／白水社
- **『ガンディー―平和を紡ぐ人』**竹中千春／岩波書店

195 政治

ウィンストン・チャーチル（1874年〜1965年）

戦前ナチスと戦い、戦後は冷戦を煽ったイギリス首相

チャーチルの政治家生命は長い。イギリスの海軍大臣として第一次世界大戦を迎えた**チャーチル**だったが、トルコ軍に負けた責任を負って辞任。しかしその後、蔵相となる。このとき保守党だった**チャーチル**だが、彼自身は特に強いイデオロギーがあったわけではない。したがって彼は時局に及んで、保守党と自由党という当時の二大政党間を自由に行き来した（なお、現在では自由党は力を落とし、保守党と労働党の二大政党となっている）。

チャーチルはその後、1937〜1940年の首相である**ネヴィル・チェンバレン**のナチス宥和政策に反対した。

チェンバレンの**ヒトラー**への認識は甘すぎた。チェコスロバキアのズデーテン割譲を要求した**ヒトラー**を容認し、大陸が**ヒトラー**の思うままに支配されていくのを黙認するだけだった。対独宥和政策も認めた。これは**ヒトラー**にもある程度、侵略させればいずれ気もおさまるだろうという誤った考えであり、結局、第二次世界大戦を激化させる原因の一つになった。

これに比べれば**チャーチル**は慧眼だったといえる。ナチスの脅威と狂気を見定めた彼の言うとおり、ナチスは1939年第二次世界大戦を勃発させた。**チャーチル**は、これを阻止できなかった**チェンバレン**内閣を強く糾弾した。そして1940年、**チャーチル**がイギリス首相になる。同時に彼は戦時内閣を組織し、戦争指導に当たる。

この内閣は挙国一致内閣であった。彼のいる保守党に加え、自由党、労働党が加わった。ここに彼の覚悟と、ある種のカリスマ的指導力が見られる。ナチスを明らかな民主主義の敵であると認識し、イギリス国内が一致してこの野蛮な国を叩かなければならないという強い意志である。

一方でイギリス自体、この大戦は対岸の火事ではなかった。迫りくるナチスとの戦いから身を守らなくてはならなかった。1940年、ベルギーにあるダンケルクから英仏軍は撤退した。撤退も戦略の一つである。攻め込んだ**ヒトラー**は、誰もいなくなった浜辺を見て、悔しがったという。

ドイツはその後、ロンドンなどに空爆を行った。これにイギリス空軍が耐え、最低限の被害で済ませた。

この時期（1940年）、ドイツ、イタリア、日本は日独伊三国同盟を結んだ。

ちなみにこの頃、イタリアでは生まれた男子に「ロベルト」という名前をつけるのが流行ったという。「ロベルト」は欧米では一般的な名前で、英語なら「ロバート」、フラ

ンス語なら「ロベール」である。なぜこの時期だけその名が増えたのか。

それは日独伊三国同盟にある。Roは「ローマ」の「ロ」。Berは「ベルリン」の「ベル」。Toは「東京」の「ト」である。これはイタリアでは常識になっている。日本人にとって、外国人と仲良くなるのは嬉しいことだが、それが軍事同盟となると手放しには喜べないのも事実だ。話を戻そう。**チャーチル**のイギリスは、ナチスに対抗するため、彼には不本意ではあったが、ソ連とも手を結んだ。

第一次世界大戦で中立を保っていたアメリカは、1941年**フランクリン・ルーズベルト**大統領が対ドイツに参戦。ソ連も同年、対ドイツ参戦。一方、日本は同年12月、ハワイの真珠湾を攻撃。これによって太平洋戦争が勃発した。こうして日本もアメリカも第二次世界大戦の中に入り込んでいった。

しかし**チャーチル**も**ルーズベルト**もしたたかだった。世界各国の軍事力や国力を判断し、この戦争がどういう結末になるかを、少なからず予期していた。実際、ドイツもイタリアも日本も、戦局は厳しいものになり、連合国は戦後処理の問題を考え始めていた。

1943年11月カイロ会談、同年12月テヘラン会談、1945年2月ヤルタ会談。これらの会談は、戦争にいかに勝つかではない。すでに戦争勝利は当然のこととして、その後、どのように敗戦国の領土を管理するかが議題だった。にもかかわらず、その頃日本では、竹やりを持って「鬼畜米英」を倒す教育をしていた。そんな時代に、世界ではこうした会談が行われ、アメリカでは原爆が完成していた。

ヨーロッパの戦争は、1944年英米軍によるノルマンディー上陸作戦が成功。ドイツ爆撃も始まった。前述した1945年ヤルタ会談では、戦後に国際連合設立が決まっていた。同年4月、**ヒトラー**は自殺し、翌月ドイツの無条件降伏が決まった。こうしてヨーロッパの戦争は終わった。また、日本も同年8月にポツダム宣言を受諾した。

チャーチルに戻ろう。彼は戦後、労働党に負けて首相の座を降りる。その間、インドが独立し（1947年）、かつての「大英帝国」は凋落していく。彼には不満だっただろう。だが、それ以上に戦後の彼の仮想敵国はソ連だった。1946年の訪米中に彼はソ連に対し**「ヨーロッパ大陸を横切る鉄のカーテンが降ろされた」**という鉄のカーテン演説を行う。これによって冷戦時代が幕を開ける。**チャーチル**はその後、再び首相に返り咲く。そこでも共産圏への強硬姿勢は変わらず、核実験を行いイギリスは核保有国となる。一方、文筆家としても優れていた彼は『第二次世界大戦回顧録』を書いて、ノーベル文学賞を受賞した。

もっと深く知りたい人のための推薦図書

- **『チャーチル』**河合秀和／中央公論新社

196 政治

レーニン（1870〜1924年）

世界で初の社会主義国家をロシアに創設した政治家

レーニン（この名前はペンネームで「レナ川の人」の意味で、本名は**ウラジミル・イリイチ・ウリヤノフ**）はロシアの革命家であり、ソビエト連邦初代最高指導者である。彼はロシア革命による世界初の社会主義国を建国したことで、歴史に名前を残している。彼が実現した国家は**マルクス**が強く主張していたプロレタリアートのための国家であった。

レーニンの父は物理学者で、貴族でもあったが、階級間の格差などの社会問題についても子供たちに教育し、**レーニン**の兄弟５人すべてが革命家となり、兄は**アレクサンドル３世**暗殺計画参加者として処刑されている。大学時代、マルクス主義に強く傾倒した**レーニン**は革命理論を練り上げていった。その後、『なにをなすべきか？』、『帝国主義論』、『国家と革命』といった革命に関係する著作を次々に発表していった。

だが何と言っても、**レーニン**の名を歴史の一ページに刻んだものは1917年のロシア革命である。この革命は２段階革命であった。第１段階では、第一次世界大戦参戦によって、市民生活は逼迫し、大規模なストライキと兵士の反乱が起き、ロマノフ朝が倒れ、臨時政府が作られた。これが二月革命であるが、その中心はメンシェヴィキであり、**レーニン**を中心とするボルシェヴィキ（ソ連共産党の前身）は大きな影響力は持たなかった。だが革命はそこでは終わらず、臨時政府の方針に多くの市民や兵士が反発した。その声をまとめ上げたのが**レーニン**であった。彼は臨時政府を打倒し、ボルシェヴィキを中心とするソビエト政府を樹立する。それが十月革命である。

革命後のソビエトは他国の干渉や多くの内乱を経験するが、**レーニン**はしっかりと国をまとめ上げていき、**ソビエト社会主義共和国連邦を大国へと導いていった**。だが、ソ連時代に絶対的であったマルクス・レーニン主義もやがて力を失っていった。ソ連解体後は政敵や農民に対するさまざまな弾圧政策などによって、**レーニン**を強く批判する声も起きている。しかしながら、彼が歴史に名をとどめる革命家であり、政治家であったことは確かなことである。

佐藤優の言葉

レーニンは犬や猫などの小動物が好きだった。動物に触れることで、常識を超えた着想が浮かぶのだ。物質の中に生命の源泉があるという発想がレーニンの唯物論には潜んでいる。

もっと深く知りたい人のための推薦図書

- **『国家と革命』**レーニン／講談社
- **『帝国主義』**レーニン／岩波書店

197 政治

トロツキー（1879年〜1940年）

永続革命論を主張し、スターリンに粛清された革命家

1917年10月（ロシア暦。グレゴリオ暦11月）に**レーニン**はメンシェヴィキの臨時政府を打倒し、ボルシェヴィキの政権を樹立するために革命を起こす。この十月革命をもって、「ロシア革命」が成立する。これによってボルシェヴィキ主導のもと、ソビエト（労働者や農民の評議会）に権力が集中される、史上初の共産主義革命が成立した。この後、内戦を経て、1922年初の共産主義国家であるソ連が生まれる。内戦で**トロツキー**は赤軍（ボルシェヴィキ）として戦い、反革命軍である白軍を圧倒した。なおボルシェヴィキは共産党に改名した。

トロツキーは、永続革命論・世界革命論を主張した。これは**レーニン**が、ブルジョワ（市民）革命を起こし、その上で初めてプロレタリア革命を起こすもの（2段階革命論）としたものと対立する。**トロツキー**はブルジョワ革命を経ずに、プロレタリア革命を成し遂げることを主張したが（永続革命論）、**レーニン**は農民を無視するものとして批判した。だが、最終的に**レーニン**は**トロツキー**を受け入れ、1924年の自らの死まで親しい関係を結んだ。なお**トロツキー**の思想は「トロツキズム」、その信奉者を「トロツキスト」ともいう。

しかし**マルクス**の思想をひもとけば、共産主義革命は、成熟した資本主義社会後に起きるとしている。この意味から、ソ連型共産主義社会はそもそもの誤りだとする意見もある。

トロッキーと同じボルシェヴィキだった**スターリン**は2段階革命論と一国社会主義論を主張し、**トロツキー**と対立した。**レーニン**は遺書で、**スターリン**を「粗暴で独善的」と批判し、自らの後継者にすることを拒んだ。だが、**スターリン**はその紙を握りつぶし、権力者になるとともに、政敵となる**トロツキー**への粛清を誓った。1929年国外追放された**トロツキー**だが、**スターリン**の猜疑心は異常で、メキシコに亡命した**トロツキー**を暗殺している。

佐藤優の言葉

トロツキーの影響は、アメリカの新左翼に現在も残っている。トロツキー主義者が保守派に転向し、アメリカ型の自由と民主主義を力によって全世界に実現するというネオコン（新保守主義）になった。

もっと深く知りたい人のための推薦図書

・『**トロツキー（上下巻）**』ロバート・サーヴィス／白水社

198 政治

スターリン（1879年～1953年）

大粛清を行い、共産主義国家ソ連を完成させた独裁者

1914年勃発の第一次世界大戦後、勝利した連合国側にいたロシアだが、得るものは多くなく、国民の不満は大きくなっていた。やがて**レーニン**らの指導のもと、1917年2月（ロシア暦。グレゴリオ歴3月）に国民による革命が起き、ここにおいて**ニコライ2世**のロマノフ王朝は倒れ、ロシア帝国も滅んだ。ここに築かれたのはメンシェヴィキ（右派）の臨時政府であった。プロレタリアート（無産階級）による独裁政治を主張したボルシェヴィキ（左派）の**レーニン**らは、同年10月（ロシア暦。グレゴリオ暦11月）にさらなる革命を起こす。この革命は成功した。これによって**世界最初の社会主義革命が成立**するとともに、世界最初の共産主義国家が生まれた。ここに最高指導者**レーニン**も誕生した。

第一次世界大戦後、ロシア内戦が起きる。赤軍として、**レーニン**、**トロツキー**らとともに参戦した**スターリン**は、白軍（反革命派）を一掃する。こうして1922年には正式にソ連が誕生する。

レーニンの後継者の一人**トロツキー**は「世界革命」として、ヨーロッパ全土での革命を目標としたのに対し、同じ後継者であった**スターリン**は一国での共産主義体制国家の重要性を説き、永続革命や世界革命を批判した。

スターリンの人間性について、**レーニン**は危険な存在だと気づいていたが、1924年、**レーニン**は病死する。

トロツキーのページで解説したとおり、**レーニン**の遺言には、**スターリン**を不安視する言葉が残された。しかし**スターリン**はその言葉を握りつぶし、思うがままの権力を握った。独裁政治を敢行し、自らに反対する勢力を粛清する方向に向かったのだ。

最大の政敵であった**トロツキー**を追放したあげく、1940年にメキシコ（**トロッキー**の亡命先）に暗殺者を派遣し暗殺。さらに自らに反対するのではないかという勢力には、おびただしい粛清を行った。一説に、処刑者だけで100万人、収容所に拘禁された者だけで1000万人ともいう。こうした非道な独裁者として、彼は**ヒトラー**や**ポルポト**とも並び称されている。

ただ、彼は東西冷戦のなか、政治家として行った業績もある。

スターリンは19世紀に現在のジョージア（グルジア）で生まれた。本名は**シュガシビリ**である。1912年にボルシェヴィキに加わり、機関誌『プラウダ』を発行する。1922年にロシア書記長になる。前述したとおり、1924年に**レーニン**が死に、**トロツキー**を粛清した**スターリン**は、独裁政治を始めた。

スターリンは1924年に政権を握り、第1次五カ年計画、第2次五カ年計画という工業・農業政策を発表。これらは一定の成功を収め、共産主義国家を軌道に乗せた。また、1929年の世界恐慌後のファシズムの勃興に対しては、コミンテルン（国際共産主義組織）として結集し、反ファシズムを主張した。なお、共産主義国のソ連は1930年代の世界恐慌の影響を受けなかった。

第二次世界大戦では、ナチスドイツを牽制し、1939年独ソ不可侵条約を結ぶ。これはファシズム国家と共産主義国家との条約で世界を驚かせたが、思想よりも国家間の利益を重んじた**スターリン**らしい行動ともいえる。彼はその後、ドイツとの密約からポーランドの東半分を獲得。さらにバルト三国など領土を拡張した。

だが水と油の関係がいつまでも続くわけがない。1941年独ソ不可侵条約を破ったドイツが進軍。独ソ戦が始まるが、英米と合意したソ連はドイツを破り、一方で、1945年日ソ不可侵条約も破棄、日本に宣戦布告する。原爆を落とされた日本に耐える道はなかった。こうして第二次世界大戦は終わりに向かう。

戦後はアメリカとの二大勢力になり、資本（自由）主義圏と共産圏との冷戦が始まる。軍事機構としてはNATOとワルシャワ条約機構がそれぞれ成立する。ここでも**スターリン**は強い指導力で資本主義圏と渡り合う。

だが1953年の**スターリン**死後、新たに党第一書記に就いた**フルシチョフ**は、1956年**スターリン**批判を行う。これによって、**スターリン**の隠れていた（非道な）素顔が明らかになる。

現代では**スターリン**を支持する人は、右翼はもちろん左翼にもいない。非情な独裁者への評価は厳しい。だが、彼のキャラクターは、映画などのモチーフにもなっている。決して**スターリン**の人生を描いたわけではないが、**ゲルマン**監督の『フルスタリョフ、車を！』は傑作として名高い。このタイトルは、**スターリン**最期の言葉とされる。

佐藤優の言葉

スターリンはジョージア（グルジア）正教会の神学校を中退している。神学が基礎教育なので、スターリンはキリスト教の強さを皮膚感覚でよく理解している。1941年6月に独ソ戦が勃発したときに、スターリンは「同志諸君！」という呼びかけを「兄弟、姉妹のみなさん」に切り替えた。これは教会で神父が呼びかけに使う言葉だ。キリスト教徒もスターリンの呼びかけに応えて、最前線で戦った。

もっと深く知りたい人のための推薦図書

- **『大審問官スターリン』**亀山郁夫／岩波書店
- **『スターリン─赤い皇帝と廷臣たち』**サイモン・セバーグ・モンテフィオーリ／白水社

199 政治

ムッソリーニ（1883年～1945年）

三国同盟の一つを担ったイタリアの独裁者

ベニート・ムッソリーニはイタリアのファシスト党による一党独裁を実現した政治家である。独裁者**ムッソリーニ**はファシズム政権下でドイツと同盟し、さらには日本を含む三国同盟を1940年に締結し、第二次世界大戦で連合国と戦った。しかし、1945年にイタリア民衆に捕らえられ処刑された。

ムッソリーニはイタリア中部の町プレダッピオで鍛冶師の父と教師の母のもとに生まれた。父は社会主義者であり、第2インターナショナルのメンバーだった。幼少年期、**ムッソリーニ**は父から大きな影響を受けた。青年期には師範学校に入り教師を目指し、一時教師となるが、それに満足せずにスイスに移住する。**ムッソリーニ**はそこで**レーニン**と知り合い、大きな影響を受ける。さらにフランス語やドイツ語を学び、フランスの急進組合主義者**ジョルジュ・ソレル**の本を読み、彼の思想に傾倒した。こうした中、**ムッソリーニ**は政治の道を歩むことを決意する。

1905年にイタリアに戻り、社会党に属し、頭角を現すが、1914年第一次世界大戦が始まると主戦論を主張し、社会党執行部と対立し、除名処分を受ける。第一次世界大戦に兵士として参戦し、負傷を負う。終戦後すぐに社会主義に失望した**ムッソリーニ**は後にファシスト党となるイタリア戦闘者ファッシを結成し、**本格的なファシズム運動を展開**するようになる。

ムッソリーニが政権を獲得したのは1922年のローマ行進によってである。民兵組織黒シャツ隊を先頭にローマに向けて進軍した**ムッソリーニ**は力によって政権を奪取。1929年にはファシスト党以外の議員は存在しなくなり、独裁者としての地位を確固たるものとした。

その後、**ムッソリーニ**は**ヒトラー**と同盟し、スペイン内乱に派兵、さらに日本も含む三国同盟を締結し、第二次世界大戦で連合国と戦うことになる。しかし大戦中はナチスドイツの主導のもとで作戦を展開し、軍事的な主導権はなかった。そして、1945年、イタリアが分裂し内戦状態になっていた中、**ムッソリーニ**はパルチザンに捕らえられ、処刑された。

もっと深く知りたい人のための推薦図書

- **『ムッソリーニ:―イタリア人の物語』**ロマノ・ヴルピッタ／中央公論新社
- **『ムッソリーニ―ファシズム序説』**木村裕主／清水書院
- **『ムッソリーニ（上下巻）』**ニコラス・ファレル／白水社

佐藤優の言葉

ムッソリーニは、スイス・ローザンヌ学派のヴィルフレド・パレート（イタリアとスイスの二重国籍保持者）の影響を強く受けた。パレートの唱えた厚生経済学（社会福祉）の論理がムッソリーニの政策に反映されている。（2020年現在）コロナ禍の危機を克服する過程でムッソリーニ型のファシズムがよみがえる可能性がある。

200 政治

蔣介石（1887年～1975年）

抗日戦争勝利後、毛沢東に敗れ台湾に逃亡した総統

1924年に中国では**孫文**のもと第一次国共合作が成立した。しかし翌25年、**孫文**は死去。この後継者となったのが**蔣介石**だった。彼は国民革命軍第一軍司令官になる。しかし、彼は**孫文**と違い共産党を嫌った。この時代の中国は、国民党と共産党と日本軍の三つ巴、さらに初期は軍閥も入れた四つ巴の状況下にあった。

蔣介石は1926年に、北京を支配する軍閥政府を排除するために北伐（第三次）を始めた。一方で、1927年、上海クーデターを起こし共産党関係者を粛清。第一次国共合作を崩壊させ、南京国民政府を樹立する。さらに1928年軍閥政府の地・北京を占領、軍閥の**張作霖**を追放する。

なお、この**張作霖**は、同年、北京から奉天に戻る途中に列車ごと爆破されて死ぬ。これは、満州での権力を強めようとした日本の関東軍が、協力的でない**張作霖**を殺したものだった。彼の息子の**張学良**は、一時期、**蔣介石**と協力する。

一方で**毛沢東**率いる共産党は、**蔣介石**の国民党に反発。国共内戦（第一次）が始まる。**蔣介石**は、1931年の満州事変以降も、日本よりも共産党勢力との戦いを優先した。だが、1936年自らが**張学良**らによって拉致監禁される西安事件が起きる。これを機に、**蔣介石**はその敵を日本に定める。1937年、日中戦争が始まると、再び国共合作（第二次国共合作）を行い、抗日戦線に臨む。**蔣介石**の国民政府は、重慶から英米の支援を受け応戦。また**毛沢東**の共産党は、八路軍などのゲリラ戦で対応した。

1941年、第二次世界大戦が始まると、中国は連合国の一員となる。**蔣介石**はすでに1943年にはカイロ会談を開き、戦後処理について話し合う。やがて1945年7月のポツダム会談には英米首脳と会談し、日本への無条件降伏を勧告したポツダム宣言に署名。同年8月日本はこれを受諾。事実上、戦争は終結する。

だが**蔣介石**の戦いは終わっていなかった。次の敵は共産党だった。すぐに国共内戦（第二次）が起きる。これに勝った**毛沢東**によって1949年、中華人民共和国が生まれる。敗れた**蔣介石**は台湾に逃げ、中華民国の初代総統となった。

もっと深く知りたい人のための推薦図書

- **『蔣介石の外交戦略と日中戦争』**家近亮子／岩波書店
- **『蔣介石』**保阪正康／文藝春秋

201 政治

フランクリン・ルーズベルト（1882年〜1945年）

ニューディール政策によって世界恐慌に対峙した大統領

フランクリン・ルーズベルトについて論じる前に、それまでの主なアメリカ大統領を振り返ってみよう。

初代大統領は**ジョージ・ワシントン**、1789年に就任した。第3代大統領は**トマス・ジェファーソン**。1776年、アメリカは独立宣言を行うが、この文書の起草者の一人である。

第5代大統領は**ジェームズ・モンロー**である。1817年に就任した彼は、ヨーロッパ諸国の植民地戦争に中立を維持する一方で、アメリカ大陸への干渉を許さないという**モンロー**主義を主張した。第16代の大統領は、1861年に就任した**リンカーン**（**リンカーン**参照）。第25代の大統領は、1897年に就任した**ウィリアム・マッキンリー**。米西戦争を行い、フィリピンやプエルトリコを併合。キューバも占領下に置くなど、帝国主義を推進した。第26代大統領は1901年に就任した**セオドア・ルーズベルト**。日露戦争の講和としてポーツマス条約を斡旋する。

ウッドロウ・ウィルソンは、1913年に就任した第28代大統領である。進歩主義者として知られる彼は、女性参政権などを制定した。また第一次世界大戦の後、新世界秩序を掲げてパリ講和会議で、国際連盟の創設を進めた。だが、肝心のアメリカ本国は議会の反対にあい、国際連盟に参加できなかった。

1929年3月に就任した第31代大統領は**ハーバート・フーヴァー**である。「黄金の20年代」といわれたアメリカの成長期を経て就任した彼は、意気揚々に就任演説をしたが、同年10月に世界恐慌が起きる。これに対して、自由放任主義という要するに何もしない政策で対処したが、うまくいくはずはなかった（その後、保護貿易などの政策もするが失敗）。彼は1932年の大統領選挙で**フランクリン・ルーズベルト**に歴史的大差で敗北する。

こうして1933年に生まれた第32代大統領が**フランクリン・ルーズベルト**である。彼の仕事は、いまだ糸口の見えない世界恐慌による大不況の解決だった。

彼がとった政策は、ニューディール政策だった。これは、銀行への金融緩和が挙げられる（金融政策）。さらに、**ルーズベルト**は、財政政策に注力した。テネシー川流域開発公社を設立し、ダム工事などの公共事業を推進。これによって失業者たちに職業機会を与えた。同様に民間資源保存局も設立し、ここでも雇用機会を増大させた。このほか全国産業復興法や、農業調整法、ワグナー法（全国労働関係法）などを成立させ、労働者や農民の賃金や権限を保障した。同時に、社会保障政策も活発に行った。

こうしたニューディール政策は功を奏し、アメリカは不況・デフレを脱した。しかし、本当の好景気は第二次世界大戦まで待たなければならなかった。

むろんこの政策は国の税金による。国民に金が回ることは、国の財政負担（財政支出）が増えると同時に、社会的にはインフレが進み、お金の価値が低くなる。しかも税金を増やさないと国は財政赤字になる。これらの面で、ニューディール政策のような「大きな政府」の政策に批判的な意見もある。実際、そのラディカルな改革政策に対して、彼を共産主義者扱いする人もいるが（「大きな政府」を進めると、最終的に国家が経済を統制する共産主義に至る）、むろん**ルーズベルト**本人は否定している。

こうした政府によるお金のばらまきは、イギリスの経済学者**ケインズ**の「有効需要の原理」の影響にあるとする（**ケインズ**参照）。自由放任主義に対し、公共投資などの国による財政政策を主張する**ケインズ**の経済理論と**ルーズベルト**の政策との親和性は高い。しかし、**ルーズベルト**は、**ケインズ**にさほど興味を示さなかったという説もある。

いずれにせよ**ルーズベルト**の政策には賛否両論があるが、**彼の政策によって、アメリカが世界恐慌を乗り越えた**のは間違いない。ただ、これはアメリカだからできたという面もある。

世界恐慌はその名のとおり、アメリカだけのものではなくすべての資本主義国に広まった。これに対し、イギリスやフランスなどの植民地を持つ国はブロック経済から対応した。だが、日本やドイツ、イタリアなどの、ブロック経済としての十分な植民地を持たない国は対応策がない。これらの国は、景気回復のために他国に侵略するしかなかった。こうした理由もあって世界は大戦へと向かう。

1939年、ヨーロッパで第二次世界大戦勃発。当初、表面上は中立の立場を変えなかったアメリカだが、日本の中国侵略を批判するなど、徐々にその姿勢を明らかにしていく。こうして日米の緊張が高まるなか、1941年12月7日（日本時間8日）、日本軍は真珠湾を攻撃。太平洋戦争が始まった。これは**ルーズベルト**の目論見どおりだったという説もある。

太平洋戦争の戦局はしだいに悪化し、日本は太平洋上の拠点を失っていった。その一方、**ルーズベルト**は戦後を見据えて、連合国首脳との会談を繰り返し、1945年2月には、ソ連で**ルーズベルト**、**チャーチル**、**スターリン**によるヤルタ会談を開いた。ここでは国際連合の設立と、日本の領土分割などが話し合われた。だが、**ルーズベルト**自身は同年4月に脳卒中で死去。その直後の5月にドイツが降伏、8月に日本も降伏した。

もっと深く知りたい人のための推薦図書

- **『フランクリン・ルーズベルト伝』**中島百合子、ラッセル・フリードマン／ＮＴＴ出版
- **『ルーズベルトの責任』**チャールズ・Ａ・ビーアド／藤原書店

202 政治

ヒトラー（1889年〜1945年）

世界を大戦争に導いていったドイツの独裁者

アドルフ・ヒトラーはドイツ第3帝国の総統。第二次世界大戦を起こし、戦争により多くの人命を奪っただけでなく、ユダヤ人を強制収容所に送り、大量虐殺を行った独裁者である。

ヒトラーは1889年、オーストリアのブラウナウで生まれた。父は税関職員であった。1901年にリンツ実科中学校に入るが成績不良で退学し、シュタイアーの実科中学校に編入するも、1905年にそこも退学。1907年にウィーン美術アカデミーを受験するが失敗。1908年にも同校の入学試験に失敗する。1913年にミュンヘンに移り住む。翌年、兵役忌避罪で逮捕され、兵役検査を受けるが不合格となる。だが、この年、1914年に第一次世界大戦が始まると、**ヒトラー**はバイエルン陸軍の志願兵となる。この大戦の間、彼は6度受勲するなどの活躍をしている。

1919年、バイエルンで組合組織レーテに加入。さらに、同年、ドイツ労働者党（後のナチス）に入党。1921年に党首となり、1923年にミュンヘン一揆に失敗し、入獄する。1925年、『わが闘争』第1巻を、翌年に同書第2巻を刊行。世界恐慌後にナチ党の政治勢力が拡大し、1933年にワイマール共和国首相に就任。翌年、レームなどのナチ突撃隊の急進的幹部を粛清。同年、**ヒンデンブルク**大統領の死去に伴い大統領となるが、すぐに総統（フューラー）を名乗り、第3帝国設立を宣言し、独裁国家を築く。1938年オーストリア併合、さらにチェコスロバキアを併合。1939年、ポーランドに侵攻し、第二次世界大戦を開始する。1945年、ドイツの敗北が決定的となり、ベルリンで自殺。56歳であった。

ヒトラーは第二次世界大戦を起こしただけでなく、ユダヤ人を強制収容所に送り大量虐殺（ホロコースト）を行ったことによって人類の負の歴史を築いた者として歴史にその名をとどめているが、ここではその負の歴史を作った彼のファシズム思想についてまず考えてみる。

ヒトラーのファシズムの第一の特徴は国家主義的な独裁政権と軍国主義である。そして、対外侵略を繰り返し、自国の力を拡大、強化することによって、自国民から支持を受けるという政治手法がとられている。戦争の連続によって反対派の意見は封じ込められ、外交交渉や戦争による領土獲得を繰り返すことで、彼は国民の支持を受け続けた。また、**ヒトラー**自身を神格化することによって国民を洗脳していった。

敵対者の創造という点もファシズムを考える場合に重要な問題である。連合国の押しつけによるワイマール体制、戦線の後方での裏切り者であるユダヤ人といった対象を選び、国民の憎悪をそうした対象に向けさせることによって、**ヒトラー**は自らの政策を正当化し、国民をコントロールしていった。特に、ユダヤ人問題に対しては、彼らをスケープゴートとすることで、国民感情を扇動し、敵対心によってユダヤ人へのホロコーストを正当化する方向に国家を導いていった。

第二次世界大戦の犠牲者の数は5000万人から8000万人といわれている。また、ユダヤ人に対するホロコーストによる犠牲者数は600万人であったといわれている。こうした膨大な数の命を奪った中心点に**ヒトラー**が存在したのだ。人類史上最悪な戦争や、特定の民族に対する大殺戮という愚行が高度な文明を築いた人類の歴史の中でなぜ起きたのか。この問題を考えるために、ドイツ国民が**ヒトラー**政権を支持した理由というものを見てみようと思う。

ヒトラー政権支持の理由は大まかにいって以下の三つの点にあったといってよいであろう。第一点目として、雇用拡大政策が挙げられる。アウトバーンの建築、軍事産業の生産増強によって多くの雇用を生んだ点は高く評価された。第二点目として軍備の拡張によって強いドイツを確立したことが挙げられる。敗戦国としての不満が軍備増強によって強国の復活という印象を与え、それを国民が支持した。第三点目として外交的成功が挙げられる。オーストリアやチェコスロバキアの併合は**ヒトラー**外交の成功として捉えられた。こうした点に加えて、第二次世界大戦の初戦でのドイツの大勝利は**ヒトラー**人気を高めた。

ヒトラー自身を考えた場合に彼は演説の名手といわれている。**ヒトラー**は「平和は剣によってのみ守られるものだ」、「強さは防衛にあるのではなく攻撃にこそある」、「必要不可欠なものは一人の指導者の意志である。一人が命じ、ほかの人間はそれを実行するだけでよい」といった言葉を語ったとされるが、こうした言葉は**ヒトラー**思想の独裁的で軍国主義的な特質を明白に表したものである。しかしながら、大げさなポーズと激しい口調によって語られたこうした言葉は国民を扇動するのに十分な効果があった。それゆえ、彼のプロパガンダはドイツ全体に深く浸透していったのである。

佐藤優の言葉

ヒトラーには、アメリカやイギリスの反ユダヤ主義が無視できない影響を与えている。反ユダヤ主義は、ナチズムだけでなく欧米に潜む深刻な病理だ。

もっと深く知りたい人のための推薦図書

- **『わが闘争（上下巻）』**アドルフ・ヒトラー／角川書店
- **『ヒトラー語録』**アイバンホー・ブレダウ／原書房
- **『ヒトラーとは何か』**セバスチャン・ハフナー／草思社

203 政治

ド・ゴール（1890年～1970年）

ナチスと戦い、戦後は保守政治を敢行。若者との断絶を生む

1939年のドイツのポーランド侵攻によって第二次世界大戦が始まった。ナチスは1940年に西部方面の侵攻を始めた。オランダ、ベルギーを苦もなく占領。ドイツにとって、目標はその西にあるフランスだった。1870年の普仏戦争で領土を拡張したものの、1914年の第一次世界大戦で敗戦。得た領土をすべて取り返された上に、返済不能ともいえるほどの賠償金を請求された。このフランスからの苛酷な賠償責任が彼らを開き直らせた。

たががはずれたドイツはフランスに進軍。1940年**ヒトラー**はパリを占拠。当時のフランス首相の**ペタン**は無条件降伏を選択した。このため、フランスの3分の2をドイツに支配された。ただ、ドイツと戦争をしなかったことで、パリなどの美しい街が爆撃されずに残った。だが**ペタン**に対するフランス人の評価は厳しい。彼はナチスとの協力内閣を組んだことで第二次世界大戦後に軍事裁判にかけられた。

一方フランスも、このままナチスの支配下でよいはずはない。軍人の**ド・ゴール**はロンドンに亡命していた。彼は自由フランス政府を樹立し、BBC放送で対独レジスタンスを主張し、対独戦の指導者になる。その後、1944年ノルマンディー上陸作戦が成功。パリが解放される。ここで**ド・ゴール**はフランス臨時政府首相に選ばれる。この後、アメリカやソ連の協力もあり、ドイツ軍をフランスから閉め出す。やがてドイツでは1945年4月30日に**ヒトラー**が自殺、同年5月8日に無条件降伏をしてヨーロッパの大戦は終わる。戦後、**ド・ゴール**は、第4共和政のもとで首相を務める。しかし、共産勢力との対立などもあり辞任する。この時期、フランス植民地のアルジェリアの独立運動がフランスを揺さぶった。その後、**ド・ゴール**は、第5共和政憲法を発布し大統領になった。懸案のアルジェリアに関して1962年、その独立を認めた。彼は「フランスの栄光」を求めた政治家だったが、一方で軍事力を高めることに躊躇はなく、核武装を推進した。ただ、NATO軍事部門から脱退するなど、**アメリカによらない欧州の一体化を目指した**。晩年には、長く戦った西ドイツとも友好条約を結んだ。

こうした**ド・ゴール**政治を評価する人もいたが、当時の若者は多くが反対した。1968年に五月革命が起きる。**ド・ゴール**はかろうじて選挙に勝利するが、若者のパワーに反発する力は残ってなかった。政権は弱体し、**ド・ゴール**は退陣。1970年に死去する。

もっと深く知りたい人のための推薦図書

- **『ドゥ・ゴール』**佐藤賢一／KADOKAWA
- **『ド・ゴール』**エリック・ルーセル／祥伝社

204 政治

フランコ（1892年〜1975年）

ナチスを支持し戦後も独裁政権を掌握した、裁かれざりしファシスト

フランシスコ・フランコはスペインの軍人であり、独裁政治家である。同時期のヨーロッパに**ヒトラー**や**ムッソリーニ**という独裁者がいた。しかし途中で彼らから離れた**フランコ**は、戦後も長きにわたってスペインを治める。

第二次世界大戦前のスペイン情勢は複雑だった。ナチズムの台頭に対して、スペインはその防御策を思案した。1931年、スペイン革命が起き、王政が倒れる。1936年、スペイン人民戦線が成立する。これはファシズムに対抗して作られたもので、民主主義を守るものであった。この戦線の中で、当然のごとく**フランコ**は左遷される。しかし、ただでさえ左翼政権に敵意のあった**フランコ**に、この現実は許せなかった。彼は武力をもとにスペイン内戦を起こす。

この内戦は、当時のヨーロッパ諸国の本音を見せるものだった。**フランコ**のファシズムと、人民戦線（社会主義・民主主義）との内戦。ドイツやイタリアは**フランコ**を支援したが、イギリスやフランスは中立。かろうじてソ連が人民戦線側についたが、結局、**フランコ**が圧倒、人民戦線は敗れた。

こうして**フランコ**はドイツ、イタリアというファシスト政権の軍事援助を受けながら国家主席（首相）の地位に就いた。**ヒトラー**や**ムッソリーニ**と親しかった**フランコ**だが、彼の政局を見る目は早く鋭かった。ドイツやイタリアが第二次世界大戦で不利になると、中立を宣言、自分の保身に回った。実際、それが成功し、戦後も彼は戦争責任を追及されることがなかった。調子に乗った**フランコ**は、スペインで終身大統領という立場に立つ。**フランコ**のもとで軍事独裁政権が成立した。彼は自らを総統とした。

戦後スペインは経済発展も遂げた。その意味で**フランコ**を擁護する意見もある。しかし、**ヒトラー**や**ムッソリーニ**に支持された政治家とはいかなるものだろう。20世紀にスペインが輩出した、最高の芸術家**ピカソ**はわかっていた。彼は周りの進言に耳を貸さず、**フランコ**の支配するスペインに戻ることを拒み続け、その長い人生を全うした（1973年）。**フランコ**が没するのが1975年である。その後、**ピカソ**の代表作『ゲルニカ』はスペインに戻った（**ピカソ**参照）。

もっと深く知りたい人のための推薦図書

- **『フランコと大日本帝国』**フロレンティーノ・ロダオ／晶文社
- **『スペイン内戦』**アントニー・ビーヴァー／みすず書房

205 政治

ティトー（1892年〜1980年）

バルカンの火薬庫を治め、自主管理路線を歩んだ指導者

ヨーロッパの南東に位置するバルカン半島。この島のオスマン帝国（第一次世界大戦まで存続する）の支配が終わったのは19世紀。その後、バルカン半島は「バルカンの火薬庫」といわれ続け、さまざまな支配体系を重ね続けていた。この地域にはオスマンのほか、ハプスブルク家のオーストリア＝ハンガリー二重帝国があった。

こうしたなか第一次バルカン戦争が勃発（1912年）。第二次バルカン戦争勃発（1913年）。バルカン半島は揺れ動いた。1914年にサラエボ事件が起き、オーストリア皇太子が暗殺される。これに抗議したオーストリアの背景には同じゲルマン人のドイツがあり、サラエボの背景には同じスラブ人のロシアがあった。こうして第一次世界大戦は始まる。ドイツの惨敗で終わったこの戦争後、バルカンにセルビア人、クロアチア人、スロベニア人による王国が築かれる。こうしてユーゴスラビアの基礎ができた時代に、**ティトー**は同国の共産党員となり、革命運動に身を投じた。

第二次世界大戦でユーゴスラビアは、ナチスに支配される。これに対し、**ティトー**はパルチザンによるゲリラ闘争を行い、ナチスを退ける。終戦を待たずに1943年、ユーゴスラビア社会主義連邦共和国が成立。多くの民族、宗教、言語を持っていた国々がマルクス主義のもと統一された。このヨーロッパの南東に位置する半島は、七つの国境、六つの共和国、五つの民族、四つの言語、三つの宗教、二つの文字、一つの国家を持つ、とされた。

しかし**ティトー**は、ソ連の**スターリン**とは距離を置き、独自の社会主義政策（非同盟政策）を主張した。彼は1948年にコミンフォルム（共産党・労働者党情報局）除名を受けつつも、自主管理社会主義政策を追求した。一方、**スターリン**死後の**フルシチョフ**政権時には、ソ連にも近づくという柔軟な姿勢を見せた。**彼のもとで、ユーゴスラビアはほぼ独自路線を貫き、西側諸国とも良好な関係を結んでいた**。しかし、人間には寿命がある。87歳で彼は死去した。**ティトー**亡き後のユーゴスラビアは、壊滅状態に陥った。特にベルリンの壁が崩壊した1989年以降、セルビアからの独立を求め各地で独立運動が高まり、すぐに内戦になった。その後も内戦は続きクロアチア、スロベニア、ボスニア＝ヘルツェゴビナ、マケドニアなどが独立した。

もっと深く知りたい人のための推薦図書

- 『**悪者見参**』木村元彦／集英社
- 『**ユーゴ紛争**』千田善／講談社

206 政治

溥儀（1906年～1967年）

清朝最後の皇帝にして、傀儡国家の皇帝

清朝の始まりは1616年にまでさかのぼる。ツングース系の民族・女真が中国東北部（満州）を征服し、1636年に改称したのが清である。清朝は約300年間も続く。この間、**康熙帝**（17世紀）や**雍正帝**や**乾隆帝**（ともに18世紀）などの優れた皇帝を輩出し、安定した時代が続いた。しかし19世紀に入ると、イギリスを中心とした外国の圧力の前に、国が揺らぎ始める。

1840年イギリスとのアヘン戦争、1856年イギリス・フランスとのアロー戦争、1884年の清仏戦争、そして1894年日清戦争。いずれも清が敗れ、領土を割譲し、賠償金を請求された。20世紀に入って、さらに列強の中国分割の勢いは止まらなかった。一方、国内では清朝打倒を叫ぶ革命運動が盛んになっていた。そんな時代に生まれた清朝最後の皇帝が**宣統帝溥儀**である。

1900年代初頭に叔父の**光緒帝**と、**西太后**が相次いで死んだ。特に**西太后**は約50年間、清で実権を握っていた皇太后だった。彼らの死を受けて、**溥儀**は2歳で皇帝に即位する。

前述した19世紀の戦争での賠償金による財政危機は深刻だった。摂政となった**溥儀**の父は、欧米4カ国の借款による鉄道国有化令を出す。これに反発した国民が、あちこちで暴動や武装蜂起を行う。これが辛亥革命につながる（1911年）。

孫文指導によるこの革命下、**袁世凱**が**溥儀**を退位させる。こうして清王朝は滅亡し、中華民国が成立した。

1931年、日本の関東軍が満州事変を起こす。日本が中国軍と戦闘し、満州を支配したのである。1932年、日本は満州国を建設。この国の執政に**溥儀**が祭り上げられる。ついで1934年に**満州国皇帝**になる。しかしこれらには実権がなく、満州国は日本軍が権力を握る傀儡国家だった。

1945年8月、日本の敗戦とともに満州国も解体される。**溥儀**はソ連に捕らえられる。その後、東京裁判で戦犯とされ、中国政府に引き渡された。やがて特赦で出所し、一市民として、歴史に翻弄された人生を終える。彼を描いた作品としては、**ベルトリッチ**監督の『ラストエンペラー』が有名である。

もっと深く知りたい人のための推薦図書

- **『溥儀―清朝最後の皇帝』**入江曜子／岩波書店

207 政治

毛沢東（1893年～1976年）

日本と戦い社会主義国を築いたものの、晩節を汚す

毛沢東は中国の湖南省に生まれる。1911年、辛亥革命が起きる。まだ彼は10代だった。1918年夏には、師範学校を卒業し、北京に上京。北京大学の図書館で、館長の**李大釗**と出会い、共産主義について学んだ。1920年代になると、小学校の校長になり、**陳独秀**らと出会い、一方で結婚、子供ももうけた。**毛沢東**は1921年、第1回中国共産党全国代表大会（党大会）に出席する（中国共産党成立）。1923年、中央執行委員会（中央委員）のメンバー入り。このとき国民党との国共合作（国民党と共産党の協力体制）が話し合われる。

第一次国共合作は1924年に成立した。国民党の総理は**孫文**（**孫文**参照）。**毛沢東**は彼の影響を受けつつ、軍閥や日本軍（大日本帝国軍）との戦いを意識する。しかし1925年、**孫文**は死去する。「革命なおいまだ成功せず、同志によってすべからく努力すべし」という**孫文**の遺言を若き**毛沢東**は心に刻んだという。

しかし**孫文**なき国民党では、**蒋介石**が権力を握る。彼は1927年に上海クーデターを起こす（**蒋介石**参照）。これによって共産党が粛清され、国共合作は崩壊する。しかし**毛沢東**は共産党（紅軍）らと1931年に瑞金を首都とする中華ソビエト共和国臨時政府を設立する。ところが、この共産党（紅軍）は、国民党軍による度重なる攻撃を受けて敗走。1万2500kmを徒歩で移動する（長征）。この途上で、**毛沢東**は軍事上の最高権利者になった。

日本の侵略が強まるなか、国民党の**蒋介石**は、敵を共産党と考えていたのを改める。これには、共産党からの1935年の八・一宣言や、抗日民族統一戦線の結成の呼びかけもあった。やがて1936年の西安事件もあり、両者は再び和解・接近する。

1937年には北京郊外の盧溝橋で日本と中国が衝突（盧溝橋事件）。これによって、日中戦争が始まった。このとき中国では第二次国共合作が行われ、抗日戦争へと進む。共産党は、八路軍と改称し、国内でゲリラ戦的に戦った。このとき、土地改革を進めたことで共産党は、農民たちにも評価されるようになっていた。なお、**毛沢東**はこの時期1940年に『新民主主義論』を発表。ブルジョワ革命でも、ソ連型革命でもない革命の在り方を論じた。

一方、世界では1939年に第二次世界大戦が勃発。日中戦争では、国民党の**蒋介石**が長江上流の重慶の地に退いていた。これに連合国側から援助が届いていた。このルートを断ち切るため日本はフランス領インドシナに進駐。戦線は拡大する。

日本は1941年、真珠湾を攻撃し、アメリカにも宣戦布告。太平洋戦争が始まる。だ

が、アメリカとの軍事力は違いすぎた。日本は太平洋の拠点を次々に奪われ、そして本土空襲、2度の原爆投下という悲劇を経て、ようやく1945年8月15日ポツダム宣言受諾。無条件降伏をする。ポツダム宣言には中国も署名していたため、日中戦争も事実上、これで終戦となった。

しかし戦後、中国は、共産党と国民党との内戦が勃発。この戦いに勝利した**毛沢東**は中華人民共和国を1949年10月に設立させ、国家主席となる。一方、敗れた**蔣介石**は台湾に逃げ、中華民国の初代総統となった。

1950年、**毛沢東**はソ連と接近し、**スターリン**と中ソ友好同盟相互援助条約を締結する。また朝鮮戦争では北朝鮮を支持した。一方、内政では社会主義国建設に尽力した。1953年に第一次五カ年計画を遂行。さらに1958年には「大躍進政策」を提唱、第二次五カ年計画も立ち上げた。

しかしこの時期、ソ連は**フルシチョフ**による**スターリン**批判が起き、西側とも歩み寄る雪どけ路線を展開。だが、これを**毛沢東**は許さなかった。1959年には中ソ同盟が廃止され、両国間に緊張が走った。一方でソ連の技術援助のなかった第二次五カ年計画は失敗する。重工業化が進まない上に、自然災害もあり農業もうまくいかず、農民の生産意欲を高めることもできなかった。この時期の餓死者は1500万人ともいわれる。にもかかわらず、**毛沢東**は軍事大国を目指し、核開発を行った。

しかしこうした失政を追及され、1959年**劉少奇**に国家主席を譲る。だが**毛沢東**は1966年に**「文化大革命（文革）」を指令**。**林彪**や夫人の**江青**ら「四人組」とともに、社会主義イデオロギーを前面に押し出し権力回復を行う。**劉少奇、鄧小平**を「資本主義に走る実権派」として追放。彼らのみならず多くの反対派を粛清する。文化大革命は資本主義的なものをすべて否定し、中国社会は大混乱に陥った。

毛沢東は1976年に病死し、文化大革命も終息した（1977年終了）。現在、中国国内でも、文化大革命などの政策は批判されるが、建国の父としての**毛沢東**の評価は揺るがない。

佐藤優の言葉

マルクスやエンゲルスの思想の延長上に毛沢東を位置づけることは難しい。「農村が都市を包囲する」「銃口から政権が生まれる」といった毛沢東の思想は、中国農民の無政府主義思想の系譜で捉えたほうがわかりやすい。

もっと深く知りたい人のための推薦図書

- **『劇画　毛沢東伝』**藤子不二雄Ａ／実業之日本社
- **『真説　毛沢東 上下巻合同版』**ユン・チアン、ジョン・ハリディ／講談社

208 政治

フルシチョフ（1894年〜1971年）

スターリン批判を行い、緊張緩和を目指した最高指導者

第二次世界大戦後、世界はすぐに冷戦へと向かった。1949年中華人民共和国が成立すると、ソ連の**スターリン**は、中ソ友好同盟相互援助条約を結んだ。ドイツも朝鮮半島も分割され、東西冷戦の形が明確になった。

1953年の**スターリン**死後、筆頭書記（後にソ連共産党第一書記）として、**ニキータ・フルシチョフ**がソ連の最高指導者になる。

彼が時代を変えたといえるのは1956年のソ連共産党第20回大会のことである。ここで彼は**スターリン**批判を行う。**スターリン**のもとでいかに粛清が行われたか、また**スターリン**への個人崇拝がなされているか。これらを批判したのである。この批判は世界を驚かせるとともに、西側とソ連の平和共存路線が開かれた。

1959年、**フルシチョフ**はソ連の最高指導者として初めてアメリカを訪問した。アメリカの**アイゼンハワー**大統領と会談し、全面軍縮路線が定められた。こうして世界は「雪どけ」の時代を迎える。このまま両国の友好が進むかと思われたが、1960年にソ連がアメリカのU2型偵察機を撃墜することで、再び緊張時代に向かう。

1961年アメリカ大統領は**ケネディ**に代わった。ウィーンでの、ベルリンを話題にした米ソ首脳会談は決裂。東ドイツ政府はベルリンの壁を築いた。

翌1962年、キューバ革命（1959年）を成功させた**カストロ**は、キューバにミサイル基地を設置。これに対しアメリカが同国を封鎖したことで「キューバ危機」が起きる。核戦争による第三次世界大戦が近づいた。結局、**フルシチョフ**が妥協してキューバのミサイル基地を撤去。危機は去った。1963年、部分的核実験停止条約を締結した。

フルシチョフの今日の評価は多様である。だが、**スターリン**政治を批判し、危機もあったものの、西側との平和共存路線を展開したことなど、評価に足る部分も多い。

彼は、1964年経済政策の失敗などの理由により解任される。第一書記に**ブレジネフ**、首相に**コスイギン**が就任し、再び暗い冷戦の時代が始まった。

佐藤優の言葉

フルシチョフは、米ソの偶発的核戦争の危機を本気で心配した。資本主義体制と社会主義体制の平和的共存に舵を切ったのはフルシチョフの英断だった。

もっと深く知りたい人のための推薦図書

- **『父フルシチョフ（上下巻）』**セルゲイ・フルシチョフほか／草思社

209 政治

周恩来（1898年～1976年）

「第三世界」と連携した、優れた外交戦術家

中華人民共和国を築いた**毛沢東**には、よきパートナーがいた。**周恩来**である。

周恩来は東京やフランスに留学し、ロシア革命や**マルクス**主義を知る。やがて1921年に中国共産党に入党する。1936年、**張学良**が国民党の**蔣介石**を監禁する西安事件が起きる（**蔣介石**参照）。このとき、**周恩来**は**蔣介石**を解放させた。これによって、それまで共産党を最大の敵としていた**蔣介石**の考えを改めさせ、抗日戦線を築く国共合作（第二次）を成し遂げる。その後の日中戦争に関しては、**毛沢東**などのページで述べており割愛する。

1949年に中華人民共和国が成立すると、彼は首相や外相ポストに就き、優れた外交手腕を発揮する。特に彼の名を世界に知らしめたのは、1954年のインドの**ネルー**首相との協議である。ここで平和五原則が提唱される。領土保全および主権の相互不干渉、相互不侵略、内政不干渉、平等互恵、平和的共存の5項目である。

さらに翌1955年には、インドネシアのバンドンでアジア・アフリカ会議を開催する。この西側でもなければ東側でもない「第三世界」と連帯する外交政策は画期的なものとなった。

インドとは1962年にヒマラヤを巡り、中印国境紛争が起きる。それでも**周恩来**は外交面での交渉役をあきらめなかった。米中国交回復に尽力し、1971年にいわゆる「ピンポン外交」を行い、1972年には当時の**ニクソン**大統領の訪中を実現する（彼の死後、1979年に国交回復は実現する）。

ただ、このアメリカ接近には、さまざまな策略があった。当時、中国はソ連と対立しており、その上でソ連に牽制する意図があった。さらにアメリカはベトナム戦争のさなかで、アジア拠点の模索もあった。これらの政策のなか、台湾（中華民国）が国際連合から脱退を強いられた。

いずれにせよ**周恩来**の外交政策は緻密だった。日本との国交正常化にも彼は力を果たす。1972年、**田中**内閣時に日中国交正常化がなされ、日中共同声明が締結される。

1966年以降の文化大革命に、**周恩来**は同調はしたものの積極的ではなかった。このため四人組（**毛沢東**参照）らから厳しい批判を受けた。だが国民からの支持は厚く、失脚することもなく実り多い人生の最期を終えた。

もっと深く知りたい人のための推薦図書

・**『日本人の中の周恩来』**周恩来記念出版委員会／里文出版

210 政治

クワメ・エンクルマ（1909年〜1972年）

ガーナの独立を果たした、パン・アフリカ主義の指導者

クワメ・エンクルマは第二次世界大戦後のアフリカ独立運動を指導した代表的人物である。1957年、ガーナ共和国として独立を達成し、首相に就任、さらに大統領となっている。

ヨーロッパの列強による帝国主義は、19世紀後半には激しいアフリカの領地の奪い合いとなっていた。1900年頃のアフリカ大陸で、植民地支配を逃れていた国は、アメリカの黒人奴隷が1847年に建国したリベリア共和国と、イタリアと戦って勝利したエチオピアの２カ国しかなかった。

この２カ国以外でも、宗主国への抵抗運動は頻繁に行われていたが、独立運動として本格化するのは第二次世界大戦終結まで待たなければならなかった。

1945年、イギリスのマンチェスターで、第5回パン・アフリカ会議が開催される。ここで、アフリカ系住民の解放と連帯を訴えるパン・アフリカ主義が主張された。この流れは1950年代に入って本格化する。

1951年にイタリアからリビアが独立。1956年にはフランスからモロッコ、チュニジアが独立した。一方でアルジェリアの独立を阻止するフランスとの間で1954年にアルジェリア戦争が勃発した（1962年に独立）。

この頃、すでにヨーロッパ諸国は、植民地帝国を維持する経費などの問題が明らかになってきていた。一方でアフリカの民族独立の強い意志が新しい胎動へと変わっていく。

こうした流れを受け、1957年、英領ゴールドコーストが、**エンクルマ**によって独立し、ガーナ共和国となった。イギリスやアメリカに留学経験のある**エンクルマ**は、前述のパン・アフリカ主義の影響を受けた人物だった。彼は自ら初代大統領に就任すると、社会主義を推進した。しかし1964年北京訪問中に軍事クーデターが起き、彼はギニアに亡命する。その後、療養に訪れたルーマニアで病死する。

サハラ以南に最初の黒人独立国家を誕生させた政治家として彼の評価は高く、彼の切り拓いた道は、やがて1960年の「アフリカの年」につながる。この1960年は、17カ国が独立した年であり、その3年後にはアフリカ統一機構（OAU）が発足した（現在はアフリカ連合）。

もっと深く知りたい人のための推薦図書

- **『解放運動と武力闘争』** クワメ・エンクルマ／理論社
- **『自由のための自由』** クワメ・エンクルマ／理論社

211 政治

ジョン・F・ケネディ（1917年～1963年）

謎の多い暗殺によって倒れたアメリカ大統領

テキサス州ダラスで暗殺された**ジョン・F・ケネディ**。アメリカ合衆国第35代大統領であり、アメリカ史上選挙で選ばれた最も若い大統領である。**ケネディ**は大統領在職中に起きたキューバ危機、ベトナム戦争の拡大、暗殺事件によってだけでなく、**マリリン・モンロー**などとの不倫問題によってもアメリカ史に残る大統領であった。

ケネディの父**ジョセフ**は外交官でもあったが、民主党の有力議員の一人であった。幼少年期**ケネディ**は病弱な子供であった。思春期、彼は成績優秀でスポーツ万能の兄の**ジョセフ・ジュニア**に対するコンプレックスを持って育った。それでもハーバード大学に何とか入学し、後に彼の卒業論文を手直しした『英国は何故眠ったか』が出版され、評判となった。1941年に海軍に入隊し、1943年魚雷艇の艦長としてソロモン諸島に派遣される。戦後、1946年に、**ケネディ**は下院議員となり政界入りを果たした。

ケネディは1952年から上院議員となり、1956年に『勇気ある人々』を執筆し、ピュリッツァー賞を受賞した。そして、1960年に民主党大統領候補となり、共和党の候補である**ニクソン**と大統領の座を争い、勝利し、1961年第35代アメリカ大統領となる。**ケネディ**が**ニューフロンティア政策を掲げ、黒人差別問題に取り組んだ**ことは評価されているが、軍事費を増大させ、アポロ計画によって宇宙開発費を膨大なものにもさせた。また、1962年キューバ危機が起き、ベトナム戦争を拡大したのもケネディ政権下である。

しかし、**ケネディ**の名前を歴史に刻み込んだものは、やはりダラスでの狙撃暗殺事件であろう。1963年11月23日、翌年の大統領選挙のためにテキサス州のダラスを訪れた**ケネディ**が**ジャックリーン**婦人とともにオープンカーでパレード中に銃弾に倒れたのである。犯人は**リーハーベイ・オズワルド**であるといわれているが、謎が多く、真相はいまだに解明されていない。

ケネディはその死後も**マリリン・モンロー**をはじめとする不倫問題があったことが明らかにされただけでなく、マフィアとの関係も取り沙汰された。よいことばかりが話題に上ったわけではないが、こうしたスキャンダルによっても、**ケネディ**が死後も人々の強い関心の的となっている大統領であったことがわかるであろう。

もっと深く知りたい人のための推薦図書

- **『勇気ある人々』**ジョン・F・ケネディ／英治出版
- **『ケネディ暗殺 50 年目の真実 KILLING KENNEDY』**ビル・オライリー、マーティン・デュガード／講談社
- **『ケネディ―「神話と実像」』**土田宏／中央公論新社

212 政治

ネルソン・マンデラ（1918年〜2013年）

アパルトヘイトを廃止させた偉大な政治家

南アフリカの弁護士であり、政治家で長年、反アパルトヘイト運動を行い、ついにアパルトヘイトを撤廃させた**ネルソン・マンデラ**。1993年に、その偉大な功績に対してノーベル平和賞が**マンデラ**に贈られた。また、彼は南アフリカ共和国第8代大統領として国家運営にも当たった。

マンデラは1918年に東ケープ州クヌ村でコーサ人の首長の息子として生まれた。ミッションスクール卒業後に1939年に黒人のための大学であるフォートヘア大学に入学。1940年に学生ストライキを指導したという理由で退学させられる。その後、南アフリカ大学、ウィトワーテルスランド大学で学士号を取得。1944年にアフリカ民族会議（ANC）に入党し、反アパルトヘイト運動に取り組む。1950年、ANC青年同盟議長に就任。1952年、弁護士事務所を開業し、ANC副議長に就任。1956年、国家転覆罪で逮捕されるが無罪となる。

1961年に軍事組織を設立するも、翌年逮捕される。1964年、国家反逆罪で終身刑となり、ロベン島に収監され、その後約27年間の獄中生活を送った。1990年に釈放されると、反アパルトヘイト運動を再開し、1991年にANC議長に就任。1993年にはノーベル平和賞を受賞した。そして、1994年に南アフリカで初めて全人種参加の選挙が実施され、その結果を受け、**マンデラ**は大統領に就任することとなった。その後、全人種と民族の融和を中心課題とした政治を行うが、1999年に政界を引退。2013年、肺への感染症のためヨハネスブルグで95歳で死去した。

マンデラは人生のほとんどの日々を、南アフリカ政府が実施していたアパルトヘイトに反対し、自由と平等を勝ち得るために戦った。27年にも及ぶ獄中生活があったにもかかわらず、彼の反対運動への意志は変わらず、悪法を廃止させるためのリーダーとして積極的に行動した。さらに彼の運動における基本方針は非暴力であり（一時武力による改革も目指したことがあるが）、平和主義的な話し合いによって、**アパルトヘイトを廃止させた**のである。こうした彼の姿勢は世界中で称賛された。

マンデラはその強い信念と行動力によって、南アフリカの歴史を大きく書き変えた。彼の活動がなければ、アパルトヘイトはなくならなかったかもしれない。

もっと深く知りたい人のための推薦図書

- **『自由への長い道　ネルソン・マンデラ自伝（上下巻）』**ネルソン・マンデラ／NHK出版
- **『ネルソン・マンデラ―こぶしは希望より高く―』**ファティマ・ミーア／明石書店
- **『ネルソン・マンデラ』**メアリー・ベンソン／新日本出版社

213 政治

マルコムX（1925年～1965年）

銃弾に倒れた攻撃的黒人公民権運動の旗手

マルコムXは**キング牧師**と同様に、有名なアメリカの黒人公民権運動の指導者である。だが、**キング牧師**が非暴力主義によって運動を進めていったのに対して、**マルコムX**は攻撃的な運動を強く推し進めていった。両者の行動方針は大きく違っていたが、両者ともに凶弾に倒れたという歴史的一致点が存在する。

マルコムXこと**マルコム・リトル**（**マルコムX**はイスラム教改宗後の名前）は、黒人で牧師の父と白人と黒人の混血人の母との間に生まれた子供である。6歳のときに父が惨殺され、母は精神を病み、里子に出されて育つ。成長するに従い、犯罪に手を染め、20歳のときに投獄された。獄中でイスラム教徒に改宗し、猛勉強をする。入獄中にネーション・オブ・イスラム（NOI）に入会する。1962年にNOIを脱退し、1964年にアフリカ系アメリカ人統一機構を設立。黒人公民権運動に積極的に参加するようになり、**マルコムX**の名前はアメリカ中に知れ渡るようになる。しかしながら、1965年マンハッタンで演説中にNOIの信者の放った散弾銃の弾によって暗殺された。

マルコムXはさまざまな著書を発表し、その中で名言を残した。「黒は美しい（Black is beautiful）」もその一つである。だが、「白人が我々に対して『なぜ白人を憎むのか』と言うのは、強姦した人間が相手に対して『オレが憎いか』と発言するのと同じことだ」という言葉のように、多くの場合、**彼の言葉はキング牧師の言葉とは異なり、強烈な批判精神が宿ったものであるとともに激しい暴力性を含んだものであった**。それゆえ、**マルコムX**を批判する人間が多かっただけではなく、彼を敵対視したり、憎む者も多かったのである。

マルコムXはその過激な発言とは対照的に、極めて勤勉で、知的で、スマートな物腰を持った人間であったといわれている。こうした外面的な様相と内面的なパッションとの乖離は大きく、黒人解放を望む多くの支持者を得た反面、多くの敵も生んだのである。しかしながら、**キング牧師**と同様に、もしも**マルコムX**がいなければ、アメリカの黒人の公民権運動の進展はなかったであろう。そう断言できるほどに、彼の生前の活動は大きなものだったのである。

もっと深く知りたい人のための推薦図書

- **『完訳　マルコムX自伝（上下巻）』**マルコムX／中央公論新社
- **『マルコムX』**荒このみ／岩波書店
- **『キング牧師とマルコムX』**上坂昇／講談社

214 その他

キング牧師（1929年～1968年）

凶弾に倒れたアメリカ黒人公民権運動の父

キング牧師こと**マーチン・ルーサー・キング・ジュニア**は20世紀半ばのアメリカ南部公民権運動の指導者である。彼の非暴力・直接行動による黒人公民権運動精神は、彼がワシントンで行った「私には夢がある（I have a dream）」と題された演説の中に端的に表され、この演説はアメリカの歴史に深く刻まれるものとなった。

ジョージア州アトランタで生まれた**キング牧師**はモアハウス大学を卒業し、1947年に牧師となる。1954年にアラバマ州モンゴメリーにある黒人教会のデックスター通りバップティスト教会で牧師としてのキャリアを開始するが、翌年モンゴメリーで市営バスの人種分離制度反対運動が広がる。そして、**キング牧師**がその運動のリーダーとなり、それによって黒人公民権運動の闘士となっていく。インド独立運動の父である**マハトマ・ガンディー**の非暴力抵抗運動に大きな影響を受け、黒人差別撤廃を目指す非暴力・直接運動を唱えた**キング牧師**は、1959年に南部キリスト教指導者会議を結成した。この組織はアメリカの公民権運動展開を支える大きな機関となっていく。

1964年、こうした運動を指導していった功績によって、彼はノーベル平和賞を受賞する。また、社会的不平等の大きな要因となっていた黒人の貧困問題、さらには世界平和を目指すという理念に基づいたベトナム戦争反対運動にも積極的に参加をしていった。このように彼は当時の**アメリカが抱えていた重大な社会問題を改善するために絶えず尽力**し、多くの人々に多大な影響を与えていった。そうした姿は彼の運動の反対派から強い反発を生み、1968年、**キング牧師**は暗殺者の銃弾に倒れ、39歳の短い人生を終えるのである。

キング牧師はアメリカの公民権運動の歴史に名を刻んだだけではない。世界の平和と人類が皆平等の立場にならなければならないという尊い思想を彼ははっきりと宣言した。それはアメリカ人にとっての理想であるだけではなく、人類全体の理想でもある。「私には夢がある」という言葉に表された思いは彼だけのものではなく、我々一人一人のものであることも忘れてはならない。

佐藤優の言葉

マーティン・ルーサー・キングが中心となって展開した公民権運動によって、米国で黒人差別は解消されたということになった。しかし、これが建前にすぎず、依然としてアメリカにおいて黒人差別が深刻であることがトランプ政権下で可視化された。

もっと深く知りたい人のための推薦図書

- 『**マーティン・ルーサー・キング――非暴力の闘士**』黒崎真／岩波書店

215 政治

ワレサ（1943年〜）

連帯を導きポーランドの民主化を実現した男

レフ・ワレサはポーランドの電気技師であったが、連帯（自主独立した労働組合）の指導者として自由化運動を展開し、ポーランド共和国第2代大統領となる。1983年にはノーベル平和賞を受賞している。

ワレサはナチス・ドイツ占領時代のポーランド中部にあるポポヴォという村で大工の息子として生まれた。職業学校を卒業後、1967年、グダニスクの工場で電気工となり、1970年に食糧暴動が起きたときにストライキ委員会に参加した。1980年、独立自主管理労働組合「連帯」の委員長となるが、1982年に政府によって身柄を拘束される。その後、1988年から翌年までの**ヤルゼルスキ**政権と連帯との円卓会議実現に尽力し、1989年にポーランド史上初の自由選挙で連帯を勝利に導いた。1990年には非共産党系政権となったポーランド共和国第2代大統領に就任した。

ワレサは知識階級出身の政治活動家ではなく、完全な労働者階級出身の活動家であった。その彼が連帯の委員長として、ポーランドの民主化を推し進めるリーダーとして活躍したことは特筆に値する事柄である。労働者の仲間が彼を支え、ポーランドの共産党政権の圧政を打破し、**武力によらずに話し合いによって自由で民主主義的な国を作り上げた**のである。これは世界史上でも稀な出来事であった。さらに、ポーランドの民主化はほかの東ヨーロッパ諸国に波及し、脱共産主義国を目指す東欧革命として展開していった。

ワレサは民主化を実現した革命家として高く評価されるが、政治家としての評価は高くはない。大統領就任後の政策はあまりうまくいかず、政治権力を使い私欲を肥やしたという評価や、発言に一貫性がないという評価が一般的である。

しかしながら、**ワレサ**が強靭な体力と精神力をもってポーランドの民主化を推し進めていったことは歴史的事実である。さらに彼のポーランドでの活躍は東西冷戦時代を終局させ、世界史に新たな一ページを加えたことは紛れもない真実である。

もっと深く知りたい人のための推薦図書

- **『ワレサ自伝―希望への道』**レフ・ワレサ／社会思想社
- **『ポーランド自主労働組合連帯―体制への挑戦』**デニス・マクシェーン／日本工業新聞社
- **『鉄の男ワレサ―連帯の精神は死なず』**保岡孝顕／中央出版社

216 政治

キッシンジャー（1923年～）

1970年代のアメリカ外交の中心人物

アメリカの国際政治学者**ヘンリー・アルフレッド・キッシンジャー**。彼は**ニクソン**、**フォード**政権下で国家安全保障問題担当大統領補佐官や国務長官としてアメリカにおける外交問題の中心人物として活躍した。また、1973年にノーベル平和賞を受賞している。

キッシンジャーは1923年にドイツ・バイエルン州にあるフュルトで、ユダヤ系高校教師の息子として生まれた。1933年ドイツにナチ党政権が誕生し、1938年に一家はアメリカに移住する。**キッシンジャー**は第二次世界大戦中の1943年にアメリカに帰化し、アメリカ陸軍に入隊し、諜報部隊に所属した。1946年復員後にハーバード大学に入学すると、1954年に同校博士号を取得した。その後、1962年にハーバード大学教授に就任すると、1969年に**ニクソン**政権下で国家安全保障問題担当大統領補佐官となった。また、1973年に**ニクソン**政権の国務長官となり（**フォード**政権でも同ポストを続け、1977年まで国務長官を務める）、同年、ノーベル平和賞も受賞している。

キッシンジャーの歴史的貢献としてまず挙げられるものは、1970年代のアメリカの外交政策をリードしていったという点である。**ニクソン**政権、**フォード**政権下で、特に、国務長官になって以降、**キッシンジャー**は積極的に他国の首脳と会談し、重要な外交政策を進めていった。現実主義的外交政策といわれたように、ベトナム戦争終結の努力、戦略兵器制限交渉（SALT）の推進をはじめとするデタントへの貢献、中東和平工作の基盤作り、沖縄の日本返還など**1970年代のアメリカの重要外交すべてに彼は関係した。**

特に、ベトナム戦争の和平協定樹立は国際的に高く評価され、ノーベル平和賞も受賞した。それ以上に、国際社会全体の変化という側面で重要だったのが、東西両陣営の対立に基づく冷戦を終結させるための尽力で、後の世界史の発展を考えれば、極めて大きな意味があったものであった。また、中東和平の実現はカーター政権になってからであるが、その道筋をつけるためのガイドラインは**キッシンジャー**外交が作り上げたともいわれている。さらに、日本にとって大きな問題であったものが沖縄返還である。この返還によって沖縄は再び日本の領土となり、沖縄県が誕生した。このように、**キッシンジャー**は1970年代のアメリカの外交政策全体を動かしたと言っても過言ではないキーパーソンだったのである。

しかし、**キッシンジャー**外交はプラスの面だけがあったわけではない。後に大きな批判を呼んだマイナスの側面も存在している。例えば、ベトナム戦争中のアメリカ軍のカンボジア侵攻の実質的な指揮者は彼であり、この作戦によってカンボジア内戦が勃発し、以後カンボジアは混乱の時代を迎えることとなる。また、彼はチリの**アジェンデ**政権に対するクーデターを画策し、**ピノチェト**軍事政権を誕生させた。この政権は国民を弾圧する恐怖政治を行った。さらに、インドネシアの**スハルト**による東ティモール侵攻を容認していたという問題も存在している。こうした事実を根拠として、ジャーナリストの**クリストファー・ヒッチンス**や**シーモア・ハーシュ**らは**キッシンジャー**を「人道に対する罪」を犯した人間として、また、「戦争犯罪人」として激しく非難している。

キッシンジャーの個人的性格についても触れる必要があるだろう。そのために彼のいくつかの逸話を紹介しよう。ドイツ語なまりのひどい英語をしばしば揶揄されていた**キッシンジャー**は「私は外国語を流暢に話す人間を信用しない」と言ったという。移民であることにコンプレックスを持つことなく、それを自負している彼の信念の一端がうかがえる発言である。また、「自分のすべてを受け入れるのだ。何もかも。自分は自分。そこから始まりそこで終わる。自分を責めたり、悔いたりする必要などどこにもないのだ」という発言も行っているが、この言葉も彼の強さが明確に示されているものである。

キッシンジャーの日本観に対しても一言述べておくべきであろう。彼は日米安保条約が日本の再軍国主義化を抑制していると主張し続けている。また、アメリカの広島と長崎への原爆投下についても、「本土決戦で、何百万、何千万人の日本人が死ぬはずだった。原爆投下でその数を減らしたのだから、むしろ日本はアメリカに感謝すべきだ」と述べている。彼のアメリカ中心主義的なものの見方がはっきりと見える発言である。

キッシンジャーは1970年代のアメリカ外交にとって欠くことのできない存在であったが、彼の外交的政策はいい意味でも悪い意味でも現実主義であり、理想的な社会を目指すものではなかった。彼は優秀な政治家であった。しかし、彼が多くの間違いを起こしたことも事実である。

もっと深く知りたい人のための推薦図書

- **『外交（上下巻）』**ヘンリー・A・キッシンジャー／日本経済新聞社
- **『キッシンジャー回想録―中国（上下巻）』**ヘンリー・A・キッシンジャー／岩波書店
- **『キッシンジャー―世界をデザインした男（上下巻）』**ウォルター・アイザックソン／日本放送出版協会
- **『アメリカの陰謀とヘンリー・キッシンジャー』**クリストファー・ヒッチンス／集英社
- **『ニクソンとキッシンジャー―現実主義外交とは何か』**大嶽秀夫／中央公論新社

217 政治

カストロ（1926年〜2016年）

キューバ革命を成功させた第三世界の英雄

キューバの革命家にして、革命後の最高指導者であった**フィデル・カストロ**。彼はゲバラなどとともにキューバに乗り込み、不可能と思われた**キューバ革命を成功させ、その後は死ぬまでキューバという国の舵を取り続けた**。

カストロはキューバ東部のビランという町で、スペインからの移民で裕福な農場経営者の息子として誕生した。幼少年期はイエズス会系の学校で学び、1945年にハバナ大学に入学し、法律を学んだ。大学では政治運動に参加するが、1950年に卒業している。その後、弁護士となり、議員に立候補するが、**バティスタ将軍**によるクーデターが起き、選挙結果は無効となる。1953年、**カストロ**は武装組織を組織し、モンカダ兵舎を攻撃するが失敗し、逮捕される。1955年に恩赦により釈放後、メキシコに亡命する。

1959年、メキシコからグランマ号に乗りキューバに上陸し、ゲリラ戦を展開する。民衆の支持を得た**カストロ**たちは、1959年、首都ハバナを陥落させ、キューバ革命に成功する。彼が首相となって以降、アメリカとの関係が悪化するが、ソ連との友好関係を樹立する。1961年、CIAによるキューバ侵攻軍の派遣（ピックス湾事件）を契機として、キューバは社会主義国を宣言した。

1962年、キューバに配備されたソ連の核ミサイルを巡ってのキューバ危機が起き、アメリカがカリブ海でキューバの海上封鎖を実施し、米ソ間の緊張が高まり、世界は核戦争の脅威に恐怖した。しかし、最終的には両国首脳の直接交渉でソ連がミサイルを撤去、危機は回避された。

その後、**カストロ**は1976年からは最高指導者として初代国家評議会議長兼閣僚評議会議長となる。1991年のソ連崩壊後、キューバとロシアとの関係は疎遠となった。2008年、国家評議会議長兼閣僚評議会議長を退任し、その職責は弟のラウルが継ぐ。2016年、ハバナで死去する。90歳であった。

世界史の展開の中で**カストロ**の功績を考えた場合、最初に挙げられるものはキューバ革命の成功であろう。この革命の成功は一般的な予想を大きく裏切ったものであるだけではない。わずか82人でキューバに乗り込んだ**カストロ**たち革命軍は、上陸の際、政府軍の攻撃で、18人まで減り、山中に潜伏し、ゲリラ戦を行った。だが、そうした彼らをキューバの民衆は力強く支援し、多くの民衆が革命軍の兵士となったのである。この背景には期待を裏切り、私利私欲に走っていたバティスタ軍事政権への民衆の強い反発があったが、そうした力を見事に結集させたのは**カストロ**の指導力であった。

次の功績は反米主義を貫き、革命後のキューバを導いたことが挙げられるであろう。アメリカの経済封鎖にも屈服することなく、キューバの自主と独立を守り通したカストロを誇りとするキューバ人は多い。また、南アメリカや第三世界の人々の間でもこうした**カストロ**の政治姿勢に対して高い評価を与える人も多い。特に、ベネズエラの大統領だった**チャベス**は生前、**カストロ**を敬愛してやまなかったことがよく知られている。

しかしながら、キューバ革命以後にアメリカに亡命したキューバ人の間では**カストロ**はキューバを貧困に追いやった独裁者と見なされている。アメリカの経済封鎖によってキューバ経済が発展しなかったことは事実であり、隣国でありながらもアメリカとの関係は今も良好なものとはいえない。この原因を作った**カストロ**に対して、親米的亡命キューバ人は現在も激しく批判しているのである。

カストロと**ゲバラ**という２人の指導者の対比という問題も世界史の流れの中で重要なものである。**カストロ**がキューバ革命後に、祖国の政治運営に専念したのに対して、**ゲバラ**は世界革命を目指し世界中で革命のためのゲリラ戦に参加し、革命のために死んでいった。２人の協力関係がなければ、キューバ革命は成功しなかったが、**カストロ**は祖国をよりよくしようとし、政治家として国家運営していくことを選んだ。それがなければ現在のキューバは存在しなかったかもしれない。だが、**ゲバラ**は政治家であるよりも革命家であることを望んだ。この２人の同志は20世紀の革命史に残る戦士であったが、二人の世界に対するビジョンは食い違った。それでも彼ら２人の友情は変わらないものであったことは事実であるが、この２人の違いも注目すべき事柄である。

カストロの人物像は政治家というよりも革命の闘士というものに近く、アメリカで開かれる国連総会に出席する彼に対するアメリカ人記者のインタビューでの逸話がある。記者の「あなたはいつも防弾チョッキを着ているそうですが」という質問に、シャツのボタンを外して素肌を見せて、「着ちゃあいないさ。モラルっていうチョッキは着ているが。これがあれば強いんだ」と言ったそうである。**カストロ**の勇敢さと政治的信条がよく表れたエピソードである。

いかなる批判があろうとも、**フィデル・カストロ**はキューバの歴史にとって欠くことができない人物であった。キューバのみならず南アメリカの多くの民衆にとっても偉人であった。そして、世界全体の中においても、間違いなく、その名前が長く残り続けるに違いない現代史の偉人の一人なのである。

もっと深く知りたい人のための推薦図書

- **『キューバ革命勝利への道─フィデル・カストロ自伝』**フィデル・カストロ・ルス／明石書店
- **『同志諸君！─フィデル・カストロ反グローバリズム演説集』**フィデル・カストロ／こぶし書房
- **『カストロ』**レイセスター・コルトマン／大月書店

218 政治

ゴルバチョフ（1931年〜）

自由化、民主化を目指したソ連最後の指導者

ソ連の最後の最高指導者である**ミハイル・ゴルバチョフ**。彼はペレストロイカ（改革）とグラスノスチ（情報公開）を行うことで、ソ連の体制を大きく変えようとし、1990年にノーベル平和賞を受賞した。

ゴルバチョフは1931年、北カフカスのプリヴォリノエ村で農民の子供として生まれる。1950年にモスクワ大学法学部に入学し、1952年にソ連共産党に入党した。その後、1970年にスラブロポリ地区第一書記長に就任すると、翌年中央委員に選出され、1978年には党中央委員農業担当書記に抜擢された。

1985年、共産党書記長に就任すると、ペレストロイカとグラスノスチを提唱し、1987年には中距離核戦力全廃条約をアメリカと締結した。1988年に最高会議幹部会議長に就任。1990年、大統領制を導入し、**ゴルバチョフ**が初代大統領となる。しかし、1991年にクーデターが起き、**ゴルバチョフ**はクリミア半島フォスロの別荘に軟禁される。クーデターは失敗するが、**ゴルバチョフ**は大統領を辞任し、ソ連が崩壊する。同年の末、国際政治・経済基金である**ゴルバチョフ**基金を設立。その後、海外のマスメディアに多数登場している。

ソ連の指導者としての**ゴルバチョフ**の政策で最も重要であったものが、**ペレストロイカとグラスノスチの実施**である。ペレストロイカは民主化を意味し、この政策によって多くの国営企業が民営化され、自由主義経済が導入されていった。グラスノスチは国家のコントロール下にあった言論、思想、集会、出版、報道などの自由化、民主化を推し進める政策であり、この一環として幽閉されていた**サハロフ博士**が自由の身となった。こうした政策はソ連の民主化に貢献したが、保守派の反発を招き、クーデターが起き、ソ連は崩壊していった。**ゴルバチョフ**に対する評価は肯定的なものと否定的なものに二分されている。前者はソ連の民主化を推し進めた指導者として高く評価するものであり、後者はソ連を分裂させ、混乱を招いたと批判するものである。しかしいずれにせよ、**ゴルバチョフ**の名前が20世紀の歴史に刻まれるのは確かなことである。

もっと深く知りたい人のための推薦図書

- **『ゴルバチョフ回想録（上下巻）』**ミハイル・ゴルバチョフ／新潮社
- **『ゴルバチョフ：その人生と時代（上下巻）』**ウィリアム・トーブマン／白水社
- **『ゴルバチョフファクター』**アーチー・ブラウン／藤原書店

佐藤優の言葉

ゴルバチョフは、情報の自由化（グラスノスチ）と民主化（デモクラツィザツィヤ）を推進すれば、ソ連を活性化できると本気で信じていた。共産主義イデオロギーは全一的世界観なので、そこに異質の要素を持ち込むという発想に無理があった。

219 政治 軍事

アイゼンハワー（1890年～1969年）

後に米大統領となる史上最大の作戦総司令官

アメリカの軍人、政治家であった**ドワイト・デビット・アイゼンハワー**。彼は第二次世界大戦中のノルマンディー上陸作戦の総司令官として有名であるが、後に、NATO軍総司令官や第34代アメリカ合衆国大統領にもなった。

アイゼンハワーは1890年に農民の子としてテキサス州デニソンデで生まれる。1911年にウェストポイント陸軍士官学校に入学。1915年に同校を卒業すると、1925年から翌年まで参謀学校に勤務した。1935年にはフィリピンで**マッカーサー**の副官を務めた。

1944年に史上最大の作戦といわれたノルマンディー上陸作戦を指揮し、同年暮れに陸軍元帥となる。戦後、1948年にコロンビア大学学長、1950年にNATO軍総司令官となる。1953年に「**アイク**」と呼ばれ親しまれた彼はアメリカ合衆国大統領に就任し、大統領を2期（1961年まで）務めた。1969年にワシントンで、鬱血性心不全で死去した。78歳であった。

アイゼンハワーの歴史的貢献は軍人としてのものと、政治家としてのものに大きく二分される。軍人としては1944年6月6日に行われたノルマンディー上陸作戦を指揮した総司令官である点が最も有名である。**パットン**などの個性的な部下の将軍との関係だけでなく、**チャーチル**や**スターリン**といった首脳とも良好な関係を築き、ドイツ軍との戦いを勝利に導いていった功績は大きい。戦後もNATOの中核として西側諸国の軍事的リーダーの役割を担った。

政治的には第34代アメリカ大統領として冷戦下のアメリカを導いていった。外交的にも、内政的にも大きな仕事は行っていないという歴史家の評価があるが、8年間の大統領期間中に、大きな失政を行っていないのも確かなことである。また、産軍複合体が深く浸透しているアメリカの軍事経済体制を強く批判したことも注記すべき事柄である。

ナチスとの戦いを勝利に導いたアイゼンハワー。彼は大統領にもなり、世界の政治、軍事的な前面に立って行動した。彼のその足取りは間違いなく歴史に刻まれるものである。

もっと深く知りたい人のための推薦図書

- **『アイゼンハワー回顧録（全2巻）』**D・D・アイゼンハワー／みすず書房
- **『アイゼンハワー—彼は世界を動かしている』**ジョン・ガンサー／文藝春秋新社
- **『将軍アイク』**加藤元／叢文社

220 政治 軍事

マッカーサー（1880年～1964年）

アメリカ占領下の日本での最高責任者

アメリカの軍人**ダグラス・マッカーサー**。彼は、第二次世界大戦中は南西太平洋方面最高司令官として日本軍と戦い、戦後はGHQ（連合国軍最高司令官総司令部）の最高指導者となり、占領政策を担い、日本の戦後民主化に大きな影響を与えた。

マッカーサーはアーカンソー州リトルロックで軍人の子供として生まれる。ウェストポイント士官学校を卒業後、フィリピンに配属される。その後、参謀本部に配属され、第一次世界大戦時にはヨーロッパ戦線に従軍。1919年に陸軍師範学校長に就任。1930年に陸軍参謀長になり、1937年に退役。だが、第二次世界大戦が勃発し、陸軍に復帰し、フィリピン駐留アメリカ極東軍司令官となる。1942年に日本軍の攻勢でフィリピン脱出。このときに述べた「私は戻ってくる（I shall return）」という言葉は有名である。南西太平洋軍最高司令官に任命され、対日作戦を指揮し、1944年に元帥となり、1945年7月にフィリピンの奪還に成功する。

戦後は連合国軍最高司令官として日本に進駐し、日本占領の最高権力者として多くの占領政策を実施した。1950年に朝鮮戦争が勃発すると**トルーマン**大統領と意見が対立し翌年更迭され、帰国し、退役した。退役後は共和党員として大統領を目指すが、その夢は果たせず、1964年に老衰による内臓機能低下により死亡した。

戦術家としての**マッカーサー**に対する評価は分かれるが、連合国軍最高司令官として行った政策は日本の戦後民主主義の礎を築いたものとして評価する歴史家は多い。彼が最高司令官時に日本で行われた重要民主化事項は以下のようなものである。

民主主義的な日本国憲法の制定（主権者が国民となり、戦争放棄と議会制民主主義が明文化されている）。

財閥解体（一部の資本家による経済的独占を廃止した）。

農地改革（地主による搾取を禁止し、小作人が土地を所有できるようにした）。

教育改革（6・3・3・4制に基づく民主的な教育制度の制定）、政教分離と信仰の自由の確立。

加えて、東京裁判によって戦犯を裁いたことが挙げられる。

上記した制度改革は日本が民主主義国として再生するために極めて根本的な政策であり、こうした政策実現のために**マッカーサー**は占領軍の最高責任者として尽力した。そうした意味では**マッカーサー**の存在は戦後の日本の復興にとって大きなものであったと述べることができる。

だが、**マッカーサー**個人については評価する人間よりも批判する人間のほうが多い。特に、**トルーマン**、**アイゼンハワー**、**ケネディ**といった歴代のアメリカ大統領は**マッカーサー**に対して好意的な評価をまったく与えず、強く嫌悪さえしている。特に、**トルーマン**は朝鮮戦争初期の**マッカーサー**の戦略ミスや中国に対する原爆攻撃計画といった強硬姿勢に対して怒り、**マッカーサー**を更迭するに至っている。政治家を目指した**マッカーサー**に対して、**トルーマン**が「**ダグラス**、君は我が国最高の将軍だが、我が国最悪の政治家になると思う」と言ったという逸話もある。

さらに、**マッカーサー**は自信家であり、野心家でもあり、人種偏見主義者でもあったといわれている。「日本人は12歳の少年のようだ」という発言が示すように、東洋人に対する偏見を持っていた。さらには大統領選挙に立候補したように野心家であり、力によって相手をねじ伏せようとする性格でもあった。また、**マッカーサー**の父**アーサー**は南北戦争の英雄であり、**マッカーサー**自身も陸軍師範学校を首席で卒業した秀才であった。そのため、自信過剰ともいえる性格が形成されていたのかもしれない。

日本人にとって**マッカーサー**を印象づけているものとして、戦後すぐに**昭和天皇**がGHQを訪れたときに、新聞の一面に載った**マッカーサー**と2人で撮った写真の存在というものがある。天皇が正装しているのに対して、**マッカーサー**は執務用の軍服であり、**マッカーサー**の長身に対して天皇は小男であるという対照性が当時の日本人に強烈な印象を与えたのだ。戦中現人神だった天皇がアメリカの巨人と並び、その力に屈しているとさえ思えるこの写真は戦後の始まりを象徴する貴重なものとなったのである。

アメリカにおいても、戦後すぐには**マッカーサー**を英雄視する世論の声が大きかった。その声の大きさゆえに彼は大統領選に出馬を決めたのであろうが、政治家としての彼の実力は未知数であった。確かに日本の占領を成功させた実績はあったが、日本とアメリカでは国家体制も国民の意識もまったく同じものではなかったからだ。

しかしいずれにせよ、**マッカーサー**は確かに日本の戦後史にとって大きな人物であった。彼の存在がなければ日本の戦後民主主義の基盤がこれほどしっかりとは根づかなかったかもしれない。

佐藤優の言葉

マッカーサーは、連合国最高司令官としてGHQ（連合国軍総司令部）を通じて、敗戦後の日本を1951年4月まで統治した。マッカーサーによって戦後日本の基本構造が作られた。マッカーサーはキリスト教の影響を拡大することで、日本人の精神を変化させようとしたが、その目論見は成功しなかった。

もっと深く知りたい人のための推薦図書

- **『マッカーサー大戦回顧録』**
  ダグラス・マッカーサー／中央公論新社
- **『マッカーサーと吉田茂（上下巻）』**
  リチャード・B・フィン／角川書店
- **『老兵は死なず：ダグラス・マッカーサーの生涯。』**
  ジェフリー・ペレット／鳥影社

221 政治 軍事

チェ・ゲバラ（1928年～1967年）

革命とともに生き、革命とともに死んだ男

チェ・ゲバラ（チェはあだ名で、本名は**エルンスト・ゲバラ**である）は、**カストロ**とともにキューバ革命を成功させたアルゼンチン出身の革命家である。

彼はもともとアルゼンチンの富裕な家庭に生まれ、ブエノスアイレス大学で医学を学ぶが、社会主義思想に目覚め、その後、各国の革命運動へ積極的に関わっていく。彼の人生はまさに革命のためのものであった。

革命家としての**ゲバラ**の評価を歴史的なものとしたのはキューバ革命である。**カストロ**たちのバティスタ独裁政権打倒の情熱に感銘を受けた**ゲバラ**はキューバ革命実行部隊に参加。メキシコで軍事訓練を受け、1956年に**カストロ**らとともに、メキシコからグランマ号に乗り、キューバに上陸。革命のためのゲリラ戦を開始する。数的には劣勢であったが、キューバ市民の支援もあり、激戦の末、1959年についにバティスタ独裁政権を打倒し、**キューバ革命が実現する**のである。

キューバ共和国樹立後は、政治家として、外交問題を担当するだけでなく（キューバ代表として日本も訪問し、国連でも演説をしている）、キューバ経済の改善にも努めた。しかし、1965年にソ連からの政治的干渉が大きな要因となり、キューバを離れ、コンゴに向かい、再び革命家としての道を歩む。その後、ボリビアに渡り、革命武装闘争を指揮するが、1967年アンデス山脈の渓谷でボリビア政府軍に捕らえられ、**ゲバラ**殺害命令を受けた兵士たちによって射殺された。

ゲバラは死後も革命の英雄として南米だけでなく、世界各国で称えられている。アメリカやソ連といった強国の論理に決して従うことなく、世界の人々全体の自由と平等を願って革命闘争に身を投じた**ゲバラ**。彼はまさに抑圧された民衆のために戦った戦士であった。革命に生き、革命のために死んだ**ゲバラ**の姿を端的に伝える言葉がある。広島にある原爆資料館を訪れた**ゲバラ**が語った「アメリカにこんな目に遭わされてもなおあなた方はアメリカの言いなりになるのか」という言葉である。**ゲバラ**の不屈の精神が表されたものである。

もっと深く知りたい人のための推薦図書

- **『チェ・ゲバラ革命日記』** チェ・ゲバラ／原書房

222 軍事

ロンメル（1891年〜1944年）

「砂漠の狐」の異名をとった軍事の天才

ロンメルは第二次世界大戦において、世界で最も知られた名将の一人である。ドイツ帝国領邦ヴュルテンベルク王国のハイデンハイム・アン・デア・ブレンツに生まれた**ロンメル**は、1910年、王国陸軍第6歩兵連隊（ドイツ帝国陸軍第124歩兵連隊）に下級士官候補生として入隊し、軍人の道を歩き始める。1933年、国家社会主義ドイツ労働者党の党首**アドルフ・ヒトラー**がドイツ国首相に任命されると、**ロンメル**はその反共主義と軍拡のイデオロギーに傾倒。**ヒトラー**警護の責任者を務める。第二次世界大戦が勃発すると、**ロンメル**は**ヒトラー**の仲介で第7装甲師団の師団長に就任、フランス侵攻作戦を展開した。

その後、北アフリカ戦線では連合国を相手に勝利を重ねる。相手を攪乱して降伏に追い込む戦術を好み、捕虜に対しては国際法を遵守して丁重に扱うなど、騎士道精神に溢れた行動がイギリス軍からも尊敬を集めた。

ある戦闘でユダヤ人部隊を捕虜にした際、司令部から処刑せよとの命令が下ったが、その命令書を焼き捨てたとのエピソードは有名だ。そうした数々の逸話は、英首相**チャーチル**をして「**ナポレオン**以来の戦術家」と言わしめ、**「砂漠の狐」の異名を**とった。

しかし、北アフリカでは連合国側を追い詰めたが、ドイツ軍の補給計画の破綻、独ソ戦開始で状況は逆転。チュニジアでのドイツ・アフリカ軍団の壊滅へとつながった。

本国に呼び戻された**ロンメル**は北フランス防衛を担当。自分の部隊が展開していたノルマンデー地方では、海岸防衛線「大西洋の壁」の完成度が20％にすぎないと知り、上陸作戦が展開された場合、「1日目がロンゲスト・デイ（長い1日）」になると否定的に語った。そして連合国軍が上陸すると、戦略を巡り**ヒトラー**と対立するのだった。

その後、前線近くを乗用車で走行中、敵戦闘機の機銃掃射を受け、重傷を負って入院してしまう。その療養中、**ヒトラー**暗殺未遂事件が発生すると、ナチス上層部は**ロンメル**が関与していたと決めつけ、「自決か裁判か」の選択を強要。**ロンメル**は家族の安全の保障と引き換えに、自宅の裏の林で服毒自殺するのだった。**ロンメル**は最後までナチス党に入党することはなく、あくまで国防軍の軍人として散ったのである。

その死因は隠蔽され、葬儀は国葬となった。

もっと深く知りたい人のための推薦図書

- **『「砂漠の狐」回想録――アフリカ戦線 1941 〜 43』**エルヴィン・ロンメル／作品社
- **『歩兵は攻撃する』**エルヴィン・ロンメル／作品社
- **『ロンメル語録―諦めなかった将軍』**ジョン・ピムロット／中央公論新社
- **『「砂漠の狐」ロンメル　ヒトラーの将軍の栄光と悲惨』**大木 毅／KADOKAWA

223 経済・経営

ヘンリー・フォード（1863年〜1947年）

大量生産で世界を変えた自動車王

アメリカの自動車会社フォード・モーターの創設者**ヘンリー・フォード**は、1863年、ミシガン州の農家に生まれた。子供時代から機械いじりが得意だった**フォード**は、16歳で機械工となり、1891年、発明家**トーマス・エジソン**の会社で主任技術者として働きながら、自宅の庭で内燃機関4輪自動車の製作に成功する。**フォード**と16歳年上の**エジソン**は、その後、生涯にわたって親交を続け、**フォード**の研究所が火事で焼けた際には、無利子で資金援助を行っている。

やがてモータリゼーション社会となるだろう、アメリカの未来を予測した**フォード**は、1899年にデトロイト・オートモービル社を創立。以降、何度かの起業を経て、1903年、フォード・モーター・カンパニーを創立する。

フォードが卓越しているのは、車を作ったエンジニアとしてだけではなく、ビジネスのやり方、その維持の方法も発明したこと。彼は20世紀の産業史、経営史に大きな足跡を残した人物なのだ。

現在でもビジネスシーンのマーケティング調査で使われる「もし人々に何がほしいかと聞いていたら〜」の言葉は、**フォード**が残したといわれる。

フォードが自動車製造に目を付けた時代の移動手段は、まだ馬が主流。そうした市場で「何がほしいか」と聞けば、「速い馬がほしい」と言われるのは当然だろう。しかし、**フォード**は、消費者の欲望の本質が表面的な「馬車」ではなく、「速く移動したい」ことだと見抜いたのである。これは**現在でもマーケティングの基本となる考え方で、顧客に「本人もまだ気づいていないような、新しい価値を提供する」ことが非常に重要**だとしているのだ。

フォードは、自動車がまだ一部の富裕層に向けた高額商品であった時代に、大衆・労働者が購入できる「普段着のような」車を作りたいと考え、フォード・システムと呼ばれる**現代の大量生産体制の原型になる方式を考案**した。

システムには、三つのポイントがある。一つは産業社会において極めて重要な「標準化」だ。これは部品のサイズや材質、作業方式などに、同一となるルールや規格を設定すること。誰がいつ生産作業を始めても、同じクオリティの製品の大量生産を効率的に行うためには標準化が不可欠なのだ。

もう一つは「ライン生産方式」で、作業員の間をベルトコンベヤーに乗った部品や製品が移動し、その流れのスピードに合わせて担当の作業をこなしていくというもの。この方式によって作業は効率化、仕事も単純化するので、作業員の養成も短期間で済むとの利点もあるのだ。ライン生産方式は、部品の標準化によって組み立て精度が上げられているから実現できた手法である。

最後は「フランチャイズシステム」による、北米のみならず、世界的な販売店網の確立である。

その結果、1905年に製造販売された「A型フォード」を皮切りに、1908年の「T型フォード」は、他メーカーの自動車が1000ドルほどの価格であったのに対し、825ドルという低価格に設定。一般所得層が所有できる自動車を普及させて、その大衆化を促進したのである。1924年には市場占有率が50%となったT型は、1927年まで生産され続け、最終的な総販売台数は累計1500万台に到達するベストセラーとなり、世界の産業と交通に革命をもたらした。

また、消費者の心をつかみ、安価な製品を大量生産しながら、労働者の高賃金と福利厚生の制度を維持する、大規模マネジメントの経営思想は「フォーディズム」と呼ばれるようになった。そのコンセプトは、消費者には安い製品を提供する「奉仕の精神」、労働者には高い賃金を支払う「賃金動機」で経営に当たることだった。

こうした経営哲学は、海外貿易に依存することのないアメリカ合衆国の経済的自立を目指したもので、その独立性が基盤になれば、国際貿易と国際協力が戦争の進展を阻み、世界平和をもたらすと主張した。**フォード**は、戦争は「強欲な資本家が人類を殺戮することで利益を得ようとする行為」だと主張し、その資本家こそユダヤ人だと考えていた。こうした主張は、1915年末、**フォード**が世界的な戦争を中止させるため「平和巡航船」を巡航させたことに起因する。この船は、ユダヤ人らによって企画・運営されていたが、**フォード**は船内で、ユダヤ人が掌握する金と権力、報道の支配の実態を聞き、ユダヤ人だけが世界大戦をやめさせられるとの意見に反発。そもそもの戦争と革命の原因はユダヤ人にあるのだと敵視することになった。**フォード**は1920年から全4巻の論考『国際ユダヤ人』を出版して反ユダヤ主義を喧伝、世界中に大きな影響を与えている。ただ独善的ではあるが、平和主義者には変わりなく、アメリカの第二次世界大戦参戦には反対を表明している。

天才的ではあるが、19世紀型の独裁的企業家の最後の一人といわれた**フォード**は、1947年、83歳で脳内出血によって死去する。通夜には、1時間に5000人の弔問客が訪れたという。

もっと深く知りたい人のための推薦図書

- **『国際ユダヤ人―現代によみがえる自動車王ヘンリー・フォードの警告 キーワードは「分裂」と「混沌」- 諸国民を陥れよ！』**
  ヘンリー・フォード／徳間書店
- **『藁のハンドル』**ヘンリー・フォード／中央公論新社

224 経済・経営

ケインズ（1883年～1946年）

財政政策を主張し、自由放任主義の矛盾を指摘したエリート経済学者

ジョン・メイナード・ケインズはイギリスの経済学者である。20世紀最大の経済学者ともいわれる彼は、ケンブリッジ大学卒業後も大蔵省に勤めるなどのエリートコースを歩む。大蔵省時代、首席代表として、第一次世界大戦後のパリ講和会議に参加。ドイツへの苛酷な賠償金に反対して辞職する。

その後、数々の著作を発表するが、特に1936年に発表した『雇用・利子および貨幣の一般理論』は、彼の代表作となる。これをもとに個別の経済活動を集計した一国経済全体を扱う経済学であるマクロ経済学が生まれた。同書などをもとに彼の思想を述べる。

ケインズ以前の資本主義経済学の主流は、古典派（または新古典派）だった。古典派の理論の中枢にあるのは、自由放任主義である。彼らのよりどころに「セー法則」がある。これは市場の総需要と総供給は必ず一致するというものである。市場には自動調整機能があり、政府が介入しなくても機能し、不況や非自発的失業などが起きないとしたものである。

ケインズはこのセー法則を批判した。有効需要は、供給側の価格決定において決まるわけではない。需要不足（市場の需要量が生産量に比べ足りない状態）が起きて、市場の自動調整は機能しなくなるとした。つまり、需要不足によって生産能力が余り、余剰人員、失業が増える。雇用者が減れば、企業の生産にかかるコストが減り、商品の価格（物価）は下がる。まさに不況とデフレのスパイラルが起きるとしたのだ。

古典派は、生産が過剰であるとき、需要を消費と投資だけで埋められるとした。特に利子率を調整することで投資を増やすことができるとしている。しかし、これも**ケインズ**は、利子率は「時間選好」ではなく「流動性選好」、さらに将来不安の景況感によっても影響を受けるとして否定した。このように**ケインズ**は**需要（消費）と価格（物価）とが無関係な面を持つという視点から、古典派の市場調整機能を否定**した。

ここで金融政策について改めて説明する。中央銀行はマネーサプライ（貨幣供給）によって、景気対策を行う。好況時には市場に通貨が溢れ、物価が上がっている（インフレ）。ここで通貨供給を減らすため、中央銀行が金利を上げれば（金融引き締め）、銀行に借りる側は借りにくくなり、貯蓄には好都合になる。よって市場の貨幣供給量は減り、個人に回る金も減り消費が減り、物価の下落へつながる。

逆に不況時には市場に貨幣供給を増やすため、中央銀行が金利を下げれば（金融緩和）、銀行から借りやすくなり、企業は設備投資が増え、個人にも回る金が増えるため消費が

増え、物価は上がる。理論上は、こうした古典派の金融政策で、好不況を調整できるはずである。

しかしこれでも解決できない長期の不況には、金利をゼロ、またはゼロ近くまで下げる政策がとられる（ゼロ金利政策）。こうなると利子がないため、企業や人は手持ち資産を債券より貨幣で保有しようとする。将来の不安を感じて設備投資や消費も増えない。よって景気対策にならない。これを「流動性の罠」という。

すると市場調整の金融経済だけでは、需要不足は解消できず、不況は回復しない。残ったのは財政政策である。これが**ケインズ**の経済理論の本質である。つまり、需要不足に、政府が公共投資（公共事業の創出）を行うことで、失業者に雇用を与えるのだ。これにより所得が拡大し消費も増えていく。その消費はさらに新たな国全体の所得となって、国民所得がいっそう増加する。これは、いわば有効需要を消費と投資以外に、政府の財政支出によってまかなうということである（これ以外に純輸出もあるが、ここでは無視する）。

こうした一連の考え方を、**ケインズ**革命という。**ケインズ**のこの政策は、政府が大きな権利を持つため、「大きな政府」になる（**ケインズ**自身は「大きな政府」を望まなかったという意見もある）。だが実際に、1929年の世界恐慌後に就任した**フランクリン・ルーズベルト**大統領はニューディール政策で対処した。彼はダム工事などの公共事業を創出し、失業者を減らし恐慌を乗り越えた。これは**ケインズ**経済学の影響が大きいとされる。このように当時のケインズ理論は成功を収める。**ケインズ**自身、第二次世界大戦後、国際通貨基金（IMF）の設立に協力し、没する。彼の死後も、その理論は高く評価され、ケインジアン（**ケインズ**主義者）という言葉を生む。

佐藤優の言葉

ケインズ政策の特徴の一つが、通貨を金《きん》地金《じがね》から切り離した管理通貨政策だ。マルクス経済学者の宇野弘蔵は、管理できない通貨を管理できると擬制しているところにケインズ主義の特徴があると指摘した。事柄の本質を突いた指摘だ。

もっと深く知りたい人のための推薦図書

- **『ケインズ『一般理論』を読む』** 宇沢弘文／岩波書店
- **『ケインズ』** 西部邁／イプシロン出版企画

225 経済・経営

ジョン・ロックフェラー（1839年～1937年）

先見の明を持ち、財閥を築いた「石油王」

ロックフェラーはニューヨーク州の貧しい家庭の子供だった。時代はまだ19世紀半ば。石炭が中心エネルギーであり、繁栄の中心にいたのもイギリスだった。だが、1859年、アメリカで初めて機械的な石油の掘削がなされた。

ロックフェラーは今後、石油鉱脈が発見され、そこから採掘した**原油を精製することで石油が新しいエネルギーになることを予感**した。

彼は1863年頃石油精製事業に進出。1870年にはスタンダード石油会社を起業した。彼の目論見どおり、1880年代にはアメリカは石炭から石油へとエネルギー源を移行し（エネルギー革命）、20世紀のさらなる経済発展の道を進む。

ロックフェラーは、競争相手を次々に買収しトラスト（企業合同）を実現した。この結果、アメリカ精油業の9割を制し、巨万の富を手に入れた。**ロックフェラー**は「石油王」とも呼ばれる。

彼は政財界でも重要な地位を占め、特に共和党に大きな影響力を与えている。

一方、ヨーロッパ（イギリス）には**ロスチャイルド**家があった。ユダヤ系の彼らは金融業で栄え、19世紀にはヨーロッパ中に金融ネットワークを築くとともに、莫大な富を得た。**ナポレオン**戦争時にはワーテルローの戦いで、**ナポレオン**が敗れたことをいち早く知り、多額の利益を得た。その後ユダヤ人のシオニズム運動にも協力している。

ロスチャイルド家は19世紀にはアメリカに進出した。同家は、鉄鋼や電機など多様な業界と提携し、アメリカでも巨大な地位を築いた。政財界にも興味を示し、こちらは民主党に影響を与えているともされる。

この**ロックフェラー**財閥と、**ロスチャイルド**財閥は、ライバル的関係といわれ続けている。

もっと深く知りたい人のための推薦図書

- **『知られざる世界権力の仕組み』**ユースタス・マリンズ／成甲書房
- **『ロスチャイルド家』**横山三四郎／講談社
- **『ロックフェラー回顧録』**デイヴィッド・ロックフェラー／新潮社

226 経済・経営

ビル・ゲイツ（1955年～）

世界で主流となったOSを作った天才

アメリカの実業家の**ビル・ゲイツ**は、Microsoftの創業者である。

1955年、アメリカの裕福で敬虔なキリスト教徒の家庭に生まれた**ゲイツ**は、小学校を優秀な成績で卒業しているが、この時点でIQ160を持っていたという。

1967年、中学・高校に進学したとき、学校で電信に用いられる電動機械式タイプライターに接続されたGE社の大型コンピューターに出合い、興味を持つようになった。同時期、ワシントン大学の近くにコンピューター・センター・コーポレーションという会社が設立され、負荷耐性テストのため、**ゲイツ**は夜間と週末にコンピューターを無料で使用することができ、ここで実用的な知識を得ていったという。

この頃、高校の先輩でワシントン州立大学の学生だった**ポール・アレン**とともに行動するようになり、ハーバード大学に進むものの中退して、すでにMicro Instrumentation and Telemetry Systemsの社員となっていた**アレン**と**Microsoftを設立**する。

ゲイツが大学時代に執筆した唯一の学術論文は「パンケーキ問題」という離散応用数学問題の解法に関するものであった。これは20枚のパンケーキを、最大何回ひっくり返せば小さい順から整列させられるかという問題。**ゲイツ**は、30年間、解決されなかったこの問題の解を導き出したのだ。しかし、担当教授が**ゲイツ**に「論文が学術誌に掲載される」と伝えたのは、彼がMicrosoft設立のために大学を中退した後だった。

1980年、Apple IIの成功を見たMicrosoftは、パソコン市場への本格参入を図ったIBM向けのOSを開発。このOS をMS-DOSの名称で、ほかのメーカーにもライセンス供給することで、市場の大部分のシェアを占めるようになった。

続いてWindowsの名称のOSが1985年に発売された。しかし**ゲイツ**は、このOSのシステムに不安定な箇所があり、他社との競争には勝てないと判断。今度は独自の新OSの開発を企画していたIBMと提携してWindows 3.0を発売したのである。Microsoftは、この成功によって、わずか10年で資産価値5000億ドルを超える世界的なグローバルテクノロジー企業に成長したのである。

現在、**ゲイツ**は取締役を退任、妻**メリンダ**とともに創設した慈善基金団体ビル・アンド・メリンダ・ゲイツ財団で公衆衛生や気候変動問題などの慈善活動に専念している。

もっと深く知りたい人のための推薦図書

- **『ビル・ゲイツ未来を語る 』**ビル・ゲイツ／アスキー
- **『思考スピードの経営―デジタル経営教本』**ビル・ゲイツ ／日本経済新聞社
- **『ビル・ゲイツ（全2巻）』**脇英世／東京電機大学出版局

227 経済・経営

スティーブ・ジョブズ（1955年〜2011年）

世界のコンピューター時代を作った男

スティーブ・ジョブズは、アメリカのIT企業**アップルの創業者の一人**として知られている。

1955年、シリア人留学生の父とアメリカ人大学院生の母との間に生まれた**ジョブズ**は、母方の祖父母がムスリム（イスラム教徒）の男性と交際することを好ましく思っていなかったために養子に出され、**ポール・ジョブズ**、**クララ・ジョブズ**夫妻の子供となった。

少年時代の**ジョブズ**は、何でも試してみなければ気が済まない性格だったようで、通電を確認するためヘアピンをコンセントに差し込んで感電したり、授業中に花火に点火してみるなど人騒がせな一面もあった。小学校時代は4年生の終わりの知能検査で、知能指数が高いことがわかり、飛び級で中学に入学。しかし、周囲のいじめにあったりもして転校なども経験している。

高校生時代に、5歳年上の友人**スティーブ・ウォズニアック**と意気投合し、不正に長距離電話を無料でかける機械を作り、売りさばいて小遣い稼ぎをしていたという。この経験が、後のアップル設立のきっかけにもなる。

その後、大学に進学するが、好きでもない科目を履修することを嫌って中退。傾倒していた東洋思想の導師を求めてインド行きを決意した**ジョブズ**は、旅費を捻出するため、ゲーム会社のアタリに就職する。

変わり者で無礼者扱いだった**ジョブズ**は、ミュンヘンでのゲームの修理を命じられ、直後に退職して、ドイツ経由でインドへ渡る算段を立てたが、想像していたものと違うインドの姿に幻滅。帰国して、今度は日本の曹洞宗において禅を学んでいる。

ジョブズは、1975年初頭にアタリに復職。このとき、課せられた「ブレイクアウト」（ブロックくずし）の回路のシンプル化作業を、こっそり**ウォズニアック**に外注。報酬を半分支払うとの約束だったが、実際は7倍以上の金額をピンハネしており、確執が生まれたこともあった。

この1975年当時、コンピューターの自作キットが人気を博していたが、これを見逃さなかった**ジョブズ**と**ウォズニアック**も、自己資金で製造した自作のマイクロコンピュータ「Apple I」を666.66ドルで販売。翌年、投資家**マイク・マークラ**を加えた3人で、アップルコンピューターを法人化して発売した「Apple II」は商業的な大成功を収め、パーソナルコンピューターという概念を世界に浸透させた。続いて1984年、簡単なグラフィカルユーザインタフェースやマウスを備え、誰にでも扱える「マッキントッシュ」を発売したが、人間関係で揉めた**ジョブズ**は役職を解任され、1985年に離脱して新会社NeXTを立ち上げることになる。ちなみに同時期、**ジョブズ**は映画制作会社ルーカスフィルムのコンピューター・アニメーション部門を買収し（**ルーカス**はCG映像の将来に懐疑的だったらしい）、ピクサー・アニメーション・スタジオを設立したのは有名な話だ。

ところが約10年後、OS開発で暗礁に乗り上げたアップルは、NeXT開発のOSに目を付けて企業買収に乗り出したため、**ジョブズ**も復帰して経営の実権を奪取。2000年にそれまで拒否していたCEO就任を受諾するのである。

その翌年にはiTunesとiPodで音楽事業に参入、世界を驚かせた。だが、すべてが順風満帆とはいかず、2003年、**ジョブズ**は膵臓がんと診断され、傾倒していた東洋思想の民間療法にこだわったことで病状は悪化していくのである。

2007年、展示会Macworld初日のプレゼンテーションで、**ジョブズ**はiPhoneを発表。基調講演で**ジョブズ**は、携帯電話とパソコンが一体になったiPhoneを「数年に一度現れる、すべてを変えてしまう新しい製品」と呼び、**グラハム・ベル**が発明し、世界を変えた「電話」を、アップルが再発明したとした。

アメリカには「車輪の再発明」という、否定的なニュアンスで使われる慣用句がある。すでに確立されている技術を、再度、作ってしまう非効率さを嗤《わら》った言葉だ。iPhoneをあえて「再発明」（reinventing）と呼んだのは、「車輪の再発明」の常識をひっくり返すほどの、歴史上の大発明だと自負する**ジョブズ**の自信の表れであろう。

2010年には、iPhoneの機能をベースにした雑誌サイズのタブレット端末iPadを発表する。この大判化によって、iPadはビジネス用途としても利用が拡大されただけでなく、電子書籍ビジネスも活性化してKindleなどの競合も生み出した。

まさにアップルは、ネットワークビジネスの新時代を作り上げていくのだが、**ジョブズ**のがんは、治療が遅れたことで取り返しのつかないことになっていた。

ジョブズがCEOを退任する2011年までに、iPhone事業は、総売上高の5割を占めるまでに成長し、アップルの株は時価総額で石油メジャーの最大手・エクソンモービルを抜いて、世界最大の企業となっていた。

しかし、すでに**ジョブズ**は自力では歩くことができなくなっており、2011年10月5日、膵臓腫瘍の転移による呼吸停止で永眠してしまう。前日に行われたiPhone 4Sの発表を見届ける形であった。享年56歳である。

もっと深く知りたい人のための推薦図書

- **『ペーパーバック版 スティーブ・ジョブズ（全2巻）』**ウォルター・アイザックソン／講談社
- **『スティーブ・ジョブズ 伝説のスピーチ＆プレゼン』**CNN English Express 編／朝日出版社
- **『スティーブ・ジョブズ全発言』**桑原晃弥／PHP研究所
- **『禅マインド ビギナーズ・マインド』**鈴木俊隆／サンガ

228 経済・経営

ラリー・ペイジ（1973年〜）

技術を広めるビジネスセンスを持つ経営者

1973年、アメリカのミシガン州に生まれた**ラリー・ペイジ**は**Google創者業の一人**で、前最高経営責任者である。ミシガン州立大学で計算機科学・人工知能技術の教授をしていた父と、同大学でコンピュータープログラミングの講師をしていた母を両親に持つ。

幼少期からコンピューターに親しんで育ってきたペイジは、12歳のとき、発明家**ニコラ・テスラ**の伝記を読んで感銘を受けた。このとき、現在、世界中で使われている交流電流を発明しながらも不遇な晩年を送らざるを得なかった天才がいたことを知り、技術を生むだけではなく、それを広めるビジネスセンスを身につけるのが大事だと思い立ったという。

その後、進学したミシガン大学では計算機工学を学びながら、交通機関の未来像に興味を持ち、各キャンパスをつなぐ個人高速交通システムの構築を大学に提案している。

卒業後、スタンフォード大学計算機科学の博士課程に進学。人間とコンピューターをつなぐ、情報アクセス・インタフェースの拡張性を研究して修士号を取得し、1995年、同大学で**セルゲイ・ブリン**と出会い、休学してGoogleを共同設立した。社名は数字の単位「Googol」に由来。1グーゴルは10の100乗のことで、検索エンジンが莫大な量の情報を提供すると示し、「世界中の情報を体系化し、誰でもアクセスして使えるようにする」というコンセプトを表現している。

Googleの成長は世界中のコンピューターユーザーの知るところだが、この成功を促したのは**ペイジ**の失敗論によるところが大きい。**ペイジ**は失敗した社員に対して「失敗してくれて嬉しい。『慎重で何もしない』のではなく『迅速に動き、たくさんのことをする』会社を私は経営したい」と語る。そして「失敗しても構わないが、失敗するなら早くしろ」とも。

ペイジは2001年までGoogleの共同社長兼最高経営責任者を務め、一度は、その地位を他人に譲ったが、2011年に復帰。2015年の組織再編に伴い、新設された持ち株会社のAlphabet社の最高経営責任者に就任したが、2019年12月、**ペイジ**は**ブリン**同社社長とともに退任している。2005年から理事を務めているXプライズ財団で、月着陸船開発を目指した「Lunar Lander Challenge」（賞金総額200万ドル）、軌道エレベーター技術を競う「Space Elevator Games」といったコンテストを主宰している。

もっと深く知りたい人のための推薦図書

- **『How Google Works（ハウ・グーグル・ワークス）—私たちの働き方とマネジメント』**
  エリック・シュミット、ジョナサン・ローゼンバーグ、アラン・イーグル、ラリー・ペイジ／日経BP社
- **『Google Boys グーグルをつくった男たちが「10年後」を教えてくれる：ラリー・ペイジ & セルゲイ・ブリンの言葉から私たちは何を活かせるか』**ジョージ・ビーム編／三笠書房
- **『Google 誕生 —ガレージで生まれたサーチ・モンスター』**デビッド・ヴァイス／イースト・プレス

229 哲学・思想

フッサール（1859年～1938年）

現代哲学の基盤を作った現象学の創始者

ドイツの哲学者**エトムント・フッサール**。彼は「事象そのものへ（Zu den Sachen selbst）」をスローガンとする哲学である現象学の提唱者として知られている。晩年はナチスによって多くの迫害を受け、研究論文も発表できなかった。

フッサールは1859年に現在のチェコ共和国（当時のオーストリア帝国）のプロスニッツで生まれる。父は織物商を営むユダヤ人であった。1876年、オルミッツのギムナジウムを卒業後に、ライプツィヒ大学で数学や哲学を学ぶ。その後、ウィーン大学に移り、同大学で数学の博士号を取得。1884年からブレンターノのもとで哲学を学び、1906年にゲッティンゲン大学の教授に就任した。1911年、『厳密な学としての哲学』、1913年に『イデーン』、1929年に『形式論理学と超越論的論理学』、1931年に『デカルト的省察』を刊行。1938年、フライブルクで肺炎のため死去。79歳であった。

フッサールの思想史における最大の功績は**現象学の確立**である。現象学は「事象そのものへ」という探究姿勢によって、対象の本質を見極めようとする学問である。その学的アプローチ方法はあらゆる臆見（根拠のない考え）を廃し、エポケー（判断中止）によって事象に関する先入観をストップして、あるがままの姿に探究対象を還元していくというものである。それは我々の意識のノエシス（思考作用）とノエマ（思考対象）の探究でもある。このように前期の**フッサール**思想においては厳密学を求める学的な探究が行われた。だが、我々の存在そのものは還元主義によって完全に理解できるようなものではなく、後期**フッサール**思想においては我々が実際に生きている生活世界における他者との関係性、つまりは、間主観性が大きな問題となる。

フッサールの現象学的なアプローチは**マックス・シェーラー**や**ハイデッガー**といったドイツの哲学者だけでなく、**モーリス・メルロ＝ポンティ**、**ポール・リクール**など世界の多くの哲学者に大きな影響を与えた。**フッサール**の現象学的研究がなければ、現代哲学がこれほど発展することはできなかったであろう。それゆえ、彼の思想は現代哲学の基盤として今も研究され続けているのである。

もっと深く知りたい人のための推薦図書

- **『イデーン―純粋現象学と現象学的哲学のための諸構想（全5巻）』**E.フッサール／みすず書房
- **『認識論のメタクリティーク―フッサールと現象学的アンチノミーにかんする諸研究』**
  テオドーア・W・アドルノ／法政大学出版局
- **『フッサール　起源への哲学』**斎藤慶典／講談社

230 哲学・思想

フロイト（1856年〜1939年）

無意識の世界を解明した精神分析学の先駆者

19世紀後半から20世紀前半を生きたオーストリアの医師**ジグムント・フロイト**は無意識というものの重要性を初めて指摘し、精神分析学という新たな分野を確立したこの学問のパイオニアである。

フロイトはオーストリア帝国のフライブルクで毛織物商人の息子として誕生する。1873年にウィーン大学に入学し、医学を学ぶ。1885年にパリに留学し、フランスの医師**シャルコー**のヒステリー患者への催眠術療法を学び、帰国後に開業医となり、自由連想法を中心とした精神分析を考案する。その後、精神科医の**ブロイラー**と共同研究を行い、精神分析学の基礎理論を確立する。1900年に『夢判断』を発刊し、1908年にはウィーン精神分析学会を設立した。1917年に『精神分析学入門』を発刊。1930年にはゲーテ賞を受賞するが、ナチスがドイツで政権を取り、オーストリアも併合され、1938年にイギリスに亡命する。1939年がんのためにロンドンで83歳で死去する。

彼は多数の論文を書き、その理論も移り変わっており、その全体をここで網羅することは不可能であるが、彼の理論を大まかに可能な限りわかりやすく説明していく。

フロイトは我々の精神は意識のみによって成り立っているものではなく、無意識も大きな役割を担っていると主張している。我々はこの無意識の存在を気づかず日常生活を送っているが、言い間違いや、精神分析のセッションの中で、その様相が明らかとなる。人間の精神は自我、エス、超自我という異なる構成体から成り立っており、自らの欲望を隠すために無意識が意識に働きかけ、真の欲望の対象を抑圧し、変形することをフロイトは突き止めた。そして、こうした変形の大きな原因としてリビドーがあると彼は分析した。リビドーとは性衝動を発現させるエネルギーを示す。

フロイトは自らが確立した精神医学の方法を用いて神経症の患者の治療（セッション）を行った。彼のセッションはヒステリー患者が無意識によって封印した内容を身体的に表出するのではなく、言語化して表出させることによって症状を消失あるいは軽減させる治療法であった。この治療法はカウチに座った患者が自由連想によって語った言葉に医師が耳を傾け、質問していくというものであるゆえに、この方法にとって言語の果たす役割は大変大きなものであった。

また、**フロイト**は何らかの負の記憶が心的な傷として長期間保存されることを**トラウマ（心的外傷）**と呼んだ。彼はトラウマを「強い衝撃的な出来事が精神的にショックを与え、後遺症のように心の傷を残す」ことと『精神分析学入門』の中で定義づけている。

この心理学的概念は、彼がある女性のヒステリー患者が幼児期に性的虐待を受けたことがヒステリーを起こす原因となっていることを突き止めた後に提示されたものである。

フロイトはトラウマを性的な問題としてのみ考察したが、この問題は現在においてはより広範囲な出来事に関係したものとして考えられている。そして、それは現在、大事故の経験や大量殺人の目撃後に起きるPTSD（心的外傷後ストレス障害）として研究され、PTSD患者への治療が精神分析をベースとした心理療法によって行われている。

さらに**フロイト**はリビドーの発達を五つの時期に区分した。口唇期、肛門期、男根期、潜伏期、性器期である。それぞれの段階で中心となる器官は順番に口、肛門、男性器、性的活動以外の活動に向かうためのさまざまな対象、大人としての性行動に適したもの全体である。こうした性的発達は人格形成とも深く関係していくと**フロイト**は述べている。

後期**フロイト**理論にとって重要となる概念がタナトス（死の本能）である。タナトスとエロス（生の本能）とは人間の二大本能であって、人間行動に相互に、あるいは、結合的に反応を起こすものであると**フロイト**は考えた。そして、人間の攻撃性の根本原因をエロスとタナトスとの関係によって引き起こされるものであると主張した。

フロイトの**精神医学は医学の分野にだけ影響を与えたものではない。文学や哲学といった分野にも大きな影響を与えた**。例えば、文学においてはシュールレアリストたちが自由連想によるオートマティズムという書記法を作り出したが、この書記方法（エクリチュール）はその基盤を全面的にフロイト理論に負っている。哲学の分野でも、例えば、**ジャック・ラカン**や**ポール・リクール**などが**フロイト**理論に対する哲学的アプローチを行い、主体内での無意識の重要性を強調している。

このように**フロイト**は精神分析学の確立によって、後世の人々に多大な影響を与えた医学者であるとともに思想史上の大転換をもたらした思想家であると述べることもできる。彼の理論がなければ、20世紀の科学の豊饒さは生まれなかったかもしれない。

佐藤優の言葉

フロイトは、人間の心理には性抑圧から生じたリビドーがあると主張した。この発想はユダヤ教の神秘主義の一派である「カバラー思想」を現代によみがえらせたものだ。

もっと深く知りたい人のための推薦図書

- **『精神分析学入門（上下巻）』**フロイト／新潮社
- **『フロイト』**ピーター・ゲイ／みすず書房
- **『フロイトの技術論（上下巻）』**ジャック・ラカン／岩波書店
- **『フロイトを読む―解釈学試論』**ポール・リクール／新曜社
- **『フロイト』**小此木啓吾／講談社

231 哲学・思想

ヴィトゲンシュタイン（1889年〜1951年）

論理学の基盤を大きく変えた天才的哲学者

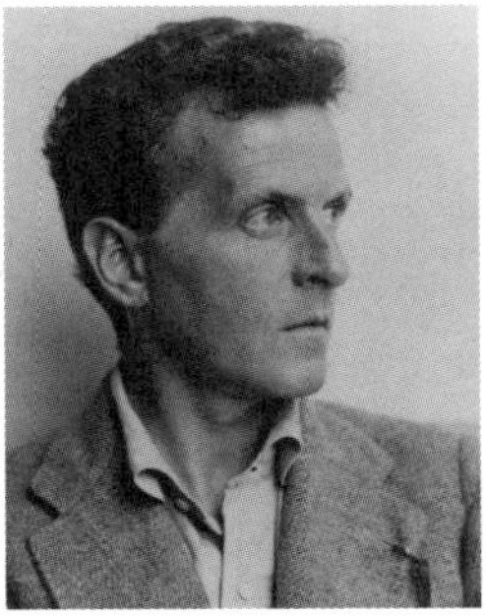

オーストリアの哲学者**ルードウィヒ・ヴィトゲンシュタイン**（「**ウィトゲンシュタイン**」は英語読み）は、19世紀の前半にオックスフォード学派の一人として**論理哲学問題で、特に日常言語の分析分野で、画期的な研究を行った。**

ヴィトゲンシュタインは1889年にオーストリア＝ハンガリー帝国の首都であったウィーンで生まれる。父は製鉄業で財を築いたブルジョワであった。彼は幼少年期に重度の吃音症であったため1903年まで自宅で教育を受け、その後リンツの高等実科学校に入学し、そこで3年間勉学に励む。この学校には同時期に**アドルフ・ヒトラー**が在学していた。1906年、ベルリンのシャルロッテンブルク工科学校（現在のベルリン工科大学）に入学し、機械工学を学ぶ。1908年からイギリスのマンチェスター大学工学部で航空機のプロペラの研究を行う。この時期、数学基礎理論に興味を持つようになる。1912年、ケンブリッジ大学で**ラッセル**や**ムーア**について論理学を学ぶ。

1920年に小学校教師資格証明書を取得した後、小中学校で教鞭を執る。1922年、『論理哲学論考』、1926年に『小学生のための正書法辞典』を発刊。1926年に教育上のトラブルによって小学校を退職し、修道院の庭師になった。その後ウィーン学派と交流し、1929年にケンブリッジ大学に行き、哲学の講師となり、1939年に同大学の哲学の教授となった。1951年、62歳のとき、前立腺癌のためケンブリッジで死去した。**ヴィトゲンシュタイン**の後期哲学主著『哲学探究』は1953年に出版されている。

前期**ヴィトゲンシュタイン**思想における最重要著作が『論理哲学論考』であり、後期思想の重要著作が『哲学探究』である。それゆえ、ここではこの二つの著作を中心に彼の思想について考えていきたい。

『論理哲学論考』において**ヴィトゲンシュタイン**は論理学の完全な体系を目指した。それゆえこの本の中で扱われている対象は論理を構築する言語であり、その真偽値についての考察が行われている。この本において**ヴィトゲンシュタイン**は、最初に世界は物の総体ではなく、事実の総体であると述べている。そして、事実の論理上のイメージは思考であるとした。また、思想は意義を持つ命題であるとした。さらに命題は真偽値を決定できるとし、最後に「語り得ぬものについては沈黙しなければならない」と述べた。「語り得るもの」とは科学の言説であるが、**ヴィトゲンシュタイン**は『論理哲学論考』において、ア・プリオリ（経験に依存しない・先天的）なものを明示しようとしたのである。だが、論理空間の限界を語るためには、論理空間に存在する対象について「これらは存在する」と語り、さらに、論理空間に存在しない対象について「あれは存在しない」と語らねばならない。だが、そう語ることは不可能なのである。なぜなら、存在するものと存在しないものとの境界線を我々は厳密に引くことができないからである。それゆえ、言語がどのようにして世界を表現するのかといったことは「語り得ないこと」とであり、この語り得ないことに対して我々が唯一とれる態度は沈黙することなのである。これが**ヴィトゲンシュタイン**の前期思想の重要なテーゼとなる。

彼の思想がこうした前期の理論から後期のものへと移ると、我々の言語活動は家族的類縁性に支えられた言語ゲームの集合として捉えられ、言語は使用されながら規則性が作られていくという方向に思想が展開していった。この理論が詳しく語られている著作が『哲学探究』である。

この本の重要概念は言語ゲームである。この概念は後期**ヴィトゲンシュタイン**の中心概念でもある。彼は、言語表現は共有された規則に基づいて行われるものとされるが、その規則はたまたま成立している慣習的なものにしかすぎず、絶対的ルールなど存在しないと述べている。例えば真偽を判断する際も、何らかの慣習的なルールに基づいて行われる以外のものではなく、絶対的な判断基準などは存在しないのである。こうした言語表現のあり方を**ヴィトゲンシュタイン**は言語ゲームと命名した。

そして、**ヴィトゲンシュタイン**は我々が用いる言葉の意味はある場合にはXという意味に、ほかの場合にはYという意味にというように異なる言語活動では異なる意味に用いられると主張した。それゆえ、言語ゲーム全体に対する共通の意味は存在せず、個々のゲームが類似しているにすぎない（これが家族的類縁性ということである）と**ヴィトゲンシュタイン**は考えたのである。

こうした**ヴィトゲンシュタイン**の考えは論理哲学の分野や、日常言語学派とも呼ばれるオックスフォード学派の言語分析に大きな影響を与えたのみならず、**バンヴェニスト**などの言語学者にも大きな影響を与えた。彼の言語理論はまさに画期的なものであり、その後の言語考察の視点に革命的な変更をもたらしたのである。

佐藤優の言葉

ヴィトゲンシュタインは、一時期、本気でソ連に移住することを考えていた。ロシア共和国のカザン大学教授のポストが内定していた。直前になって、移住を取りやめたが、もしヴィトゲンシュタインがソ連の哲学者になっていたら、哲学史はかなり変化したであろう。今日のようにヴィトゲンシュタイン学派が英米で強い影響を持つことにはならなかったであろう。

もっと深く知りたい人のための推薦図書

- **『論理哲学論考』**ウィトゲンシュタイン／岩波書店
- **『ウィトゲンシュタイン全集8　哲学探究』**ウィトゲンシュタイン／大修館書店
- **『ウィトゲンシュタイン』**ノーマン・マルコム／平凡社

232 哲学・思想

ハイデッガー（1889年～1976年）

現存在の存在様式を探究したドイツの哲学者

マルティン・ハイデッガーは20世紀を代表するドイツの哲学者である。彼は膨大な量の著作を残し、多くの哲学者に影響を与えたが、中でも主著『存在と時間』は20世紀最大の哲学書とも形容されている。

ハイデッガーはドイツ南部の小さな村メスキルヒで生まれた。父親はカトリック教会である聖マルティン教会の堂守であった。1909年にフライブルク大学に入学し神学を学ぶが、途中で専攻を哲学に変える。1915年にフライブルク大学の講師となり、**フッサール**に師事する。1923年にマールブルク大学教授となり、1927年には主著『存在と時間』を刊行する。1928年にフライブルク大学教授に、1933年に同大学学長に就任する。この頃、積極的にナチス政権に協力する。第二次世界大戦後は、教職から追放されたが、1951年に復職。戦後も数多くの書物を書いたが、1976年に故郷のメスキルヒで死去した。86歳であった。

ハイデッガーの哲学は広大な射程を持っており、ここでその全体を要約することは不可能である。だが、彼の哲学の大きなテーマは存在であり、存在は時間と関わりを持ち、死と関係しているということは述べることができる。この問題に対する思想的態度が明確に表されている著作が『存在と時間』であるゆえに、ここではまずは『存在と時間』という大著について簡潔に説明する。

この著書は人間存在の根源的探究に捧げられた本であるが、**ハイデッガー**は人間を現存在（Dsein）と呼んでいる。現存在は世界内存在（In-der-Welt-Sein）を行っている存在であり、世界内存在とは以下のような存在を示す。現存在は世界の中に理由もわからずに受動的に投げ込まれているが（**ハイデッガー**はこれを被投性と呼んでいる）、世界に対して自ら投げ出すことが可能な存在である（投企性と呼ばれる）。この両面を持つ現存在の存在様式が世界内存在であり、それが人間存在の基本的な存在様式である。

だが、人間は自らが死に向かって生きている存在であることを知る存在でもある。この自らが死に向かう存在であることの自覚は現存在のみが了解している存在様式である点は重要なことである。現存在が未来における己の死を理解しているからこそ、有限な自らの生をいかに生きるかという問いが大きなものとなる。**ハイデッガー**は『存在と時間』の中で、**「死は現存在が存在するや否や、現存在が引き受ける一つの存在様式である」**と述べているが、それはこの問題を的確に表現した言葉である。

現存在の前にあるこの世界は、自分の関心によってさまざまな様相が現出する場でもある。自分の目の前にある場の状況は現存在の関心に応じてさまざまな気分を生み出し、そうした様相を現存在は何らかの意味として了解する。それが世界内存在している現存在の基本的な存在様式である。そして、現存在はこれまで自らが何であったかという問いから、今後どうあるべきかという問いを立て、自らの存在方向を選択しようとするのである。また、普段、現存在は自分がいつかは必ず死ぬという事実を忘れ、将来訪れる死を考えず生きている。この本来の自己を忘れた頽落《たいらく》から脱するためには、死という事実を自覚することが必要だと**ハイデッガー**は主張している。

ところで、後期**ハイデッガー**思想の中で注目すべき問題は「故郷喪失」という概念である。**ハイデッガー**は科学技術の進歩によって現代世界に生きる我々が帰るべき故郷を失い、疎外された世界で絶望的に生きている存在の様相を故郷喪失という概念で表した。科学文明に支えられながら人間の社会は発展していったが、**ハイデッガー**はそうした**科学技術を優先した思想が人間の根本的な生を破壊する方向にも人間を向けさせている点を批判**し、もう一度帰るべき自らの存在の根源を見つめ直す必要がある点を強調した。

ハイデッガーのこうした存在論は多くの哲学者に影響を与えた。**ビンスワンガー**、**ハーバーマス**といったドイツ人思想家だけではなく、**サルトル**、**レヴィナス**、**九鬼周造**、**アガンペン**といった世界中の思想家に影響を与えた。

だが、こうした多大な影響があるにもかかわらず**ハイデッガー**とナチズムの関係は忘れてはならない重大な問題である。**ハイデッガー**はナチスへの協力が時代的な圧力により仕方なく行われたものと弁解しているが、彼の思想の根本にナチズム的要素が潜んでいるのではないかと考えられるからである。文明批判、故郷の森への回帰といったものが、実は西洋の一つの素晴らしい発明である民主主義的精神を破壊するものでもあったと**ファリアス**などが述べている見解には耳を傾けるべき点が数多く存在している。

そうであっても、**ハイデッガー**の思想史における位置はあまりにも大きく、否定できないものである。偉大さと愚劣さという二面性を持った**ハイデッガー**思想の深淵を我々はこれからもしっかりと探究し続ける必要性があるのである。

もっと深く知りたい人のための推薦図書

- **『存在と時間（全４巻）』**ハイデガー／岩波書店
- **『ハイデッガー―貧しき時代の思索者』**K・レヴィット／未来社
- **『マルティン・ハイデガー―伝記への途上で』**フーゴ・オット／未来社
- **『ハイデガーとナチズム』**ヴィクトル・ファリアス／名古屋大学出版会
- **『ハイデガー―ドイツの生んだ巨匠とその時代』**リュディガー・ザフランスキー／法政大学出版局

233 哲学・思想

ユング（1875年〜1961年）

集合的無意識を重視した精神分析医

スイスの精神分析医である**カール・グスタフ・ユング**はフロイト理論とは大きく異なった精神分析理論を数多く提示した。彼の主張した集合的無意識やタイプ論は心理学の分野の発展に大きく寄与した。

牧師の子として生まれた**ユング**はバーゼル大学で精神医学を学んだ。**フロイト**との交流は1907年頃から始まるが、後に関係は決裂する。1911年国際精神分析学会初代会長となる。その後も数多くの書物を書き、1961年に死去した。

ユングは**フロイト**のように個人の持つリビドーを重視せず、個人的な無意識だけではなく集合的無意識の存在を強調する精神分析理論を展開した。彼は**無意識が個人的な領域に限定される問題なのではなく、民族などの集団的な問題も孕んでいると考えた**。なぜなら、個人の夢や空想に登場する典型的なイメージは、さまざまな時代や民族の神話にも共通して登場するからである。そこには民族や人類に共通する古くから存在する無意識が存在していると考えられる。**ユング**はこの無意識領域を「集合的無意識」と名づけ、我々が「自分」を認識できるのもこの集合的無意識があるからだと主張した。そして、この共通の基盤があるからこそ、我々は他者と共感したり、同じ価値観を共有できると述べた。

こうした**ユング**理論の中で、特にタイプ論は注目すべき問題である。彼は人間の活動様式を内向型と外向型という二つの態度に分け、さらに、思考、感情、感覚、直観の四つの機能に分け、二つの態度と四つの機能を組み合わせた八つの型に人間を分類できると考えた。この類型化は人間の大まかな属性を把握するために有効な一つの方法を提示し、個々の人間が自らの特質をわかりやすく理解できるという利点がある。現在行われている心理分析テストの分類も**ユング**のタイプ論が大きな影響を及ぼしている。

また、**ユング**はオカルト的な問題も熱心に研究した。錬金術や占星術だけでなく仏教の曼荼羅やUFOなどの研究も積極的に行った。こうした研究を行ったことで、**ユング**理論を非科学的なものとして批判する声も少なからず存在している。

佐藤優の言葉

ユングの集合的無意識という発想は、仏教の唯識思想に近い。ユング派の心理学が日本で強い影響を与えているのは、仏教思想との親和性が高いからだと思う。

もっと深く知りたい人のための推薦図書

- **『タイプ論』** C・G・ユング／みすず書房
- **『ユング』** A・ストー／岩波書店
- **『ユング心理学入門』** 河合隼雄／培風館

234 科学

カール・ベンツ（1844年〜1929年）

自動車の発明と自動車産業発展を支えた人生

カール・フリードリッヒ・ベンツは世界で初となるガソリンエンジンの自動車を実用化したことで知られている。彼はまた、ダイムラー・ベンツ（現在のダイムラー社）の創業者でもあり、ドイツだけでなく世界の自動車産業の歴史に大きな影響を与えた。

ベンツはドイツ南西部の現在のカールスルーエで機関車運転手の子供として生まれた。貧乏であったが、苦学してカールスルーエ大学工学部に入学した。1871年に最初の工場を設立して、1886年にガソリンを燃料とする自動車の特許を取得。1880年代後半から大量生産型で安価な自動車の開発を行うようになる。

その後の以下のメルセデス・ベンツ社の歴史に**ベンツ**は大きく関わった。1895年に史上初の貨物自動車を設計し、その改良型は後に史上初のバスとなる。1896年史上初の水平対向エンジンを作り、特許を得る。1909年、レーシングカー用のブリッツェン・ベンツが当時の世界最速の226.91km/hを記録。その記録は飛行機よりも列車よりも速いものだった。それから、**ベンツ**は1912年に、彼の持つ会社の株をすべて売却するが、経営陣の一人としては残る。1926年に、会社はダイムラー社と合併し、ダイムラー・ベンツ社が誕生するが、1929年に**ベンツ**は気管支炎をこじらせ死去する。

ベンツの生涯はダイムラー・ベンツの発展の歴史でもあるが、彼自身は企業の経営者というよりも、発明家としての特質が強かった。彼が発明し、特許を取ったものは数多い。**電池式発火装置、点火プラグ、キャブレター、クラッチ、ギアシフトなど多くの自動車装置は彼の発明によって実用化されている**。彼の生涯を考える場合には、この点も注記する必要があるだろう。それは、「発明することのほうが、発明したことよりもずっと面白いことだ」という**ベンツ**の語った言葉の中に端的に表されている。

ドイツの発明好きの一人の青年がいなければ、我々が今、日常的に使用している自動車という乗り物を手にすることができず、我々の便利な生活はなかったかもしれない。それゆえ、自動車というものの歴史の中で、**カール・ベンツ**の名前は燦然と輝いているのである。

もっと深く知りたい人のための推薦図書

- **『自動車と私　カール・ベンツ自伝』**カール・ベンツ／草思社
- **『ベンツと自動車』**ダグ・ナイ／玉川大学出版部
- **『メルセデス - ベンツ栄光の歴史』**ジョン・ハイリッグ／阪急コミュニケーションズ

235 科学

レントゲン（1845年～1923年）

絶えまない実験研究が偉大な発見を生む

第1回ノーベル物理学賞を受賞したドイツの物理学者（戸籍上はオランダ国籍だが一般的にドイツの物理学者とされている）**ヴィルヘルム・レントゲン**は1895年にX線を発見したことで科学史にその名を残している。

レントゲンはドイツのライムライトで、ドイツ人の父とオランダ人の母の間に生まれた。長じてスイスのチューリッヒ工科大学に進み、機械工学を学び、ここで博士号を得ている。その後、ヴェルツブルク大学、ストラスブール大学で教鞭をとりながら、研究を続け、気体や液体の圧縮度や旋光度に関する多くの論文を書いた。また、ギーセン大学に移ってからは、光学や電磁気学の研究を行う。さらにベルリン大学に移り、**レントゲン**電流と呼ばれる電荷の移動で発生する変異電流を発見する。

こうした絶えまない研究と数々の業績に支えられながら、**レントゲン**は**X線を発見**するのである。しかし、X線とはどのようなものであるか。それは、彼が発見した以下の特質によって説明できる。(1)熱を発生しない。(2)分厚い本やガラスを透過する。(3)薄い金属箔を透過し、透過の厚さは金属の種類によって変わる。(4) 鉛には遮蔽される。(5) 蛍光物質を発光させる。

こうした特質を持つX線を用いて、透過値の違いによって物質を写真に写すことが可能となったのである。病院などで写される**レントゲン**写真はX線を用いるものである。

X線の発見は科学の進歩に大きく寄与したため、上記したように**レントゲン**は1901年に第1回ノーベル物理学賞を受賞するが、後にレントゲンとも呼ばれるようになるX線の発見は科学技術の進歩にとって重要であっただけでなく、医学的な病気の検査方法としても重要なものとなった。

レントゲンは講演が嫌いで、生涯に1度しか講演を行わなかった。彼が研究室にひたすら籠り、実験を重ね、貴重な科学的発見を行っていったことが理解できる逸話である。また、原子番号111の原子が彼の名前にちなみレントゲニウムと名づけられていることも追記しておこう。

もっと深く知りたい人のための推薦図書

- **『レントゲン』**フカキ ショウコ漫画・岡田晴恵監修／ポプラ社

236 科学

アレクサンダー・グラハム・ベル（1847年～1922年）

聾教育にも貢献した電話機の最初の発明者

スコットランドに生まれ、後にアメリカに渡った科学者**アレクサンダー・グラハム・ベル**を有名にしたものは電話機の発明であるが、それだけではなく、彼はそのほかにも多くの発明をしている。

ベルはエジンバラで生まれたが、彼の父**アレクサンダー・メルヴィル・ベル**は大学教授で、弁論術の専門家であった。母に聴覚障害があったために、早くから音響学と手話、さらには現在の音声学や音韻論の基礎となる発音記号の一種である視話法を父から学んだ。その後、弟と兄が次々に結核で世を去り、**ベル**も病弱だったためにカナダに移住し、アメリカ大陸での生活が開始される。**ベル**はアメリカのボストン聾学校に職を得て、1876年には自らが経営する聾学校をボストンに設立。そこで**ヘレン・ケラー**とも知り合う。彼女の家庭教師に**サリバン女史**を紹介したのは**ベル**である。こうした中でも、**ベル**の音響学の研究は進められた。

1876年に**ベル**はアメリカの特許庁に電磁式の電話機の発明の特許申請を行い、許可されている。これによって電話機の最初の発明者は**ベル**となっているが、**エジソン**なども同時期に電話機の開発を行っている。この年、**ベル**は電話線による会話が可能であることも証明し、電話機が本格的に実用化されるようになった。

ベルは**電話機のほかにも蓄音機、金属探知機、水中翼船などの発明も行い**、多くの特許を得ている。ところで、**ベル**の妻も母親同様に聾者であったが、**ベル**は手話教育に徹底的に反対した。それによって現在の聾唖者からは批判されることが多い。だが、それは音響関係の研究によって聾唖者が話せたり、聞けたりすることを目指したという点があったからである。それに反して、**ベル**は優生学にも関わっており、その思想に基づく「不完全な人種」という考えは強く非難されるべきものである。

聾唖教育問題や優生学問題に対する**ベル**の考えには批判すべきものが多いことは事実である。しかしながら、彼が後世の人々のために多くの発明を残し、人類の生活の進歩に大きく貢献したことも事実である。この二つの側面をどちらも正しく、しっかりと見ていく必要性が現在を生きる我々の務めであることは確かである。

もっと深く知りたい人のための推薦図書

- 『**孤独の克服―グラハム・ベルの生涯**』ロバート・V・ブルース/NTT出版
- 『**発明戦争―エジソン vs. ベル**』木村哲人／筑摩書房
- 『**グラハム・ベル―声をつなぐ世界を結ぶ**』ナオミ・パサコフ/大月書店

237 科学

エジソン（1847年〜1931年）

世界にその名を轟かせた偉大なる発明王

アメリカの発明家**トーマス・エジソン**。彼は生涯に1300余りの発明および技術改良を行った。特に、蓄音機、白熱電球の発明・改良は有名であり、「発明王」と称された。また、彼は起業家でもあり、ゼネラル・エレクトリック社創立に関わり、映画スタジオも経営し、晩年には鉱山経営も行った。

エジソンはオハイオ州マイランで製材所の経営者の末っ子として生まれる。正規の高等教育はまったく受けておらず、独学でさまざまな技術を学ぶ。新聞売りをしながら、実験室を作ったというエピソードもある。1868年に投票記録機で初めて特許を得るが、まったく需要はなかった。1877年に蓄音機を発明し、一躍有名になる。1879年に白熱電球を改良実用化し、1880年には発電機を、1889年には覗き眼鏡式映写機であるキネトスコープを発明する。1909年にはアルカリ電池の一種である**エジソン**電池を発明している。1910年にはトースターも発明している。

エジソンといえば発明であるが、その中で特に有名なものは蓄音機の発明と白熱電球の改良であろう。それゆえ、ここではまずこの二つの発明と改良について語っていく。蓄音機に関しては、音の記録装置はフランス人の**エドゥアール＝レオン・ド・マルタンヴィル**がすでにフォノトグラフを発明していたが、実際にレコードから音を出す機械を作ったのは**エジソン**である。**エジソン**の蓄音機は音を出すためにレコードの溝を針でなぞってそのまま機械的に振動板へ振動を伝える構造のものであった。

白熱電球の最初の発明者はイギリスの物理学者の**ジョセフ・スワン**であるが、白熱電球内のフィラメント（抵抗体）は数時間で焼き切れてしまっていた。フィラメントを竹で作り約1000時間使用可能にしたのは**エジソン**である。この竹は日本の京都府で取れたものが使われたことも注記しておこう。その後、フィラメントはセルロースで作られるようになったが、それまでは日本の竹が使われていたのだ。

エジソンに関してはさまざまな伝記が書かれており、彼のエピソードも多数ある。彼の1日の睡眠時間は3時間余りで、常に働いていたという逸話がある。仕事に没頭しすぎるとほかのことを完全に忘れてしまうことが多々あったようである。妻のことも忘れてしまうほどであったという逸話さえある。しかし、柔軟な思考力があり、常識に囚われないという発明家として最も重要な特質を**エジソン**が持っていたのは確かなことである。

彼の「天才とは1%のひらめきと99%の努力のことである（Genius is one percent inspiration, 99 percent perspiration.）」という言葉もよく知られたものである。**エジソ**

ンがいかに努力家であり、人間には才能だけでなく、努力が必要であることを明確に表した名言として、しばしば引用される言葉である。苦労人でもあり、努力家でもあった**エジソン**を象徴する言葉であるともいえる。

しかしながら、**エジソン**は**「発明王」と呼ばれただけではなく、「訴訟王」とも呼ばれた**側面があることも述べておく必要がある。上記したように彼は1300余りの発明と改良とを行ったが、発明の特許競争に関してしばしば訴訟になることが多かったのも事実である。**エジソン**の訴訟としてよく知られたものとしては、**グラハム・ベル**と電話機を巡る対立がある。また、訴訟沙汰には至ってはいないが、自分の発明を守るために優れた他者の発明をしばしば妨害してもいた。**エジソン**は**ニコラ・テスラ**が作った交流性の送電線などの電力システムの普及を妨害し、自らの作った直流性の電力システムを普及させようとした（こうした妨害工作があったにもかかわらず、現在では交流式の電力システムが世界中で用いられている）。

エジソンは生涯に約3500冊の発明ノートを残したといわれているが、彼の発明方法は理論中心のものではなく、実際に数多くの実験を重ねて、実験が成功したものを実用化していくというやり方であった。それはイギリス経験主義の伝統を受け継いだアメリカ的なプラグマティズムの実践であり、大陸ヨーロッパの演繹的な学問方法とは異なるものであった。それゆえ、演繹的な手法を用いる学者肌の発明家とはそりが合わず、しばしば対立した。こうした対立者としては、対立関係にあった**グラハム・ベル**や**ニコラ・テスラ**といった学者肌の人間を挙げることができる。

エジソンは学歴がなくとも成功した人間の代表として世界中で今も人気がある発明家である。彼には上記したような人間的な欠点があったが、それでも彼の発明に対する情熱と努力は消え去るものではない。彼の発明した、あるいは、改良した多くのものが実用化され、我々の生活をよりよくしていることは事実である。**トーマス・エジソン**は、やはり偉大な発明王であったと我々は間違いなく断言することができるのである。

もっと深く知りたい人のための推薦図書

- **『エジソン―20世紀を発明した男』**ニール・ボールドウィン／三田出版会
- **『エジソン―電気の時代の幕を開ける』**ジーン・アデア／大月書店
- **『エジソンと映画の時代』**チャールズ・マッサー／森話社
- **『快人エジソン―鬼才は21世紀に甦る』**浜田和幸／日本経済新聞出版
- **『発明戦争―エジソン vs. ベル』**木村哲人／筑摩書房

238 科学

ニコラ・テスラ（1856年～1943年）

エジソンのライバルであった偉大な発明家

セルビア出身でアメリカに移住した科学者である**ニコラ・テスラ**。彼はさまざまな発明を行ったが、同時代の発明家**エジソン**と対立関係にあり、その功績が正当に評価されなかった側面が強い、悲劇の発明家でもある。

ニコラ・テスラはセルビア正教会の司祭の子供として、現在のクロアチア西部にあるスミリャンで生まれた。オーストリアのグラーツ工科大学に入学するが、中退し、その後プラハ大学に入るが卒業はしていない。1881年にブダペスト国営電信局に就職し、1882年には誘導電動機の開発に成功している。

その後、1884年に渡米し、**エジソン**の会社に入社するも**エジソン**と意見が対立して退社。しかし、1888年に**テスラ**の開発した交流式の発電装置が普及し始める。さらに1893年には無線送信機を発明している。

テスラは優れた科学者であったが、**エジソン**との対立によって彼の功績が過小評価されてしまった歴史的事実がある。特に、**電力システムの採用システムの違いによって2人の間で起きた「電流戦争」と呼ばれる対立**はよく知られている。**エジソン**が直流式のシステムを推し進めようとしたのに対して、**テスラ**は交流式のシステムの導入を強く主張したのである。直流式を採用すればかなり太い電線が必要となり、非効率であり、結局は**テスラ**のシステムが採用された。

この対立の中で**エジソン**が行ったさまざまな嫌がらせは2人の関係を完全に壊すものであった。**テラス**は**エジソン**に対して、「私がちょっとだけ理論を利用するか計算するだけで90%削減できたであろう彼の労力を、多くの場合残念に思いながら見ていた」と述べたといわれているが、この言葉は2人の研究スタイルの違いを的確に言い表している。**エジソン**は実験中心主義者で、テスラは理論中心主義者であったのだ。

ニコラ・テスラは**エジソン**と同じ時代に生まれたために不幸であった側面も多い。しかしながら、**エジソン**というライバルがいたからこそ、さまざまな発明を完成させることができたという側面も確かに存在していた。この歴史の皮肉は彼にとってよいものであったのか悪いものであったのかは不明である。だが、彼は確かに歴史に残る発明家であった。

もっと深く知りたい人のための推薦図書

- **『テスラ自伝―わが発明と生涯―』**ニコラ・テスラ／テスラ研究所
- **『テスラ―発明王エジソンを超えた偉才』**マーガレット・チェニー／工作舎
- **『知られざる天才　ニコラ・テスラ―エジソンが恐れた発明家』**新戸雅章／平凡社

239 科学

ルドルフ・ディーゼル（1858年～1913年）

ディーゼルエンジンを発明したドイツの技師

ドイツの機械技師で発明家であった**ルドルフ・ディーゼル**。彼は機械工学を専門とし、**圧縮着火型の往復ピストンエンジンであるディーゼルエンジンを発明**したことで有名である。

ディーゼルはパリで生まれる。父は革製品の製造業を営んでいたが、1870年に普仏戦争が勃発し、ドイツ人に対するフランスからの退去命令によって、**ディーゼル**の一家はロンドンに移住した。だが、両親は**ディーゼル**のドイツ語教育を望み、彼はアウグスブルクの叔母のもとで勉学に勤しむことになる。1875年にミュンヘン工科大学に入学。大学卒業後は化学工業会社のリンデで働く。

その後、**ディーゼル**は内燃機関の研究を開始し、1893年に**ディーゼル**エンジンの特許を取得する。安価な石油や重油を燃料にした効率のよい**ディーゼル**エンジンは瞬く間に世界に広がっていった。1913年、ロンドンの会議に出席するために汽船に乗り込むが、行方不明となり、翌朝海上に浮かぶ**ディーゼル**の死体を別の船の船員が発見する。自殺か、他殺か、事故かは今も不明のままである。

ディーゼルの名前を歴史にとどめているものは先程も書いたように**ディーゼル**エンジンの開発であるが、このエンジンについて彼は、1893年に「既知の蒸気機関と内燃機関を置換する合理的熱機関の理論と構築」という論文を書き、その中でこのエンジンの基礎部分を説明している。**ディーゼル**エンジンの点火方法は圧縮着火であり、ピストンによって圧縮加熱した空気に軽油などの液体燃料を噴射することで着火させるものである。

ディーゼルエンジンはガソリンエンジンよりもエネルギー効率が高いという長所がある。また、ガソリンエンジンには点火時の火炎の伝播速度によりシリンダ直径に限界があるが、**ディーゼル**エンジンには限界がないために大型化に適しているという長所もある。こうした長所のために**ディーゼル**エンジンは現在も多くの車両に使用されている。

ディーゼルの作った**ディーゼル**エンジンは自動車の開発、発展のために重要な装置であった。それゆえ、このエンジンの設計によって**ディーゼル**の名前は自動車の歴史の中に大きく刻まれるものとなったのである。

もっと深く知りたい人のための推薦図書

- **『ディーゼルエンジンはいかにして生み出されたか』**ルドルフ・ディーゼル／山海堂
- **『ディーゼルエンジンの徹底研究』**鈴木孝幸／グランプリ出版
- **『ディーゼル自動車がよくわかる本―ディーゼルの歴史から次世代パワートレインの展望まで』**杉本和俊／山海堂

240 科学

ライト兄弟（兄ウィルバー1867年～1912年、弟オーヴィル1871年～1948年）

有人動力飛行機を初めて空に飛ばせた兄弟

1903年12月17日に、**世界初の有人動力飛行機による飛行**を行ったことで歴史に名を残したアメリカの**ライト兄弟**。彼らはオハイオ州デイトンで自転車屋を経営して、生計を立てていた一般的な市民であった。このことは当時の発明熱が一般の市民の間にまで広がっていたことを物語るものである。

兄の**ウィルバー・ライト**と弟の**オーヴィル・ライト**は牧師の父を持つライト家の三男と四男であった。19世紀の終わりから20世紀の初め、世界は科学技術の進歩を信じ、数多くの科学による冒険の旅を行った。蒸気機関車や自動車、蒸気船が実用化され、機械化された乗り物が陸にも海にも現れた。人類の次の野望は空中を動く機械、つまりは飛行機の実現であった。

フランスの**モンゴルフィエ兄弟**の発明した熱気球によって、このときすでに人類は飛行船を使って空を飛ぶことはできていた。だが、飛行機はまだ大空を飛べる段階ではなかった。**ライト兄弟**はイギリスの工学者**ジョージ・ケイリー**の考案したグライダーとドイツの**オットー・リリエタール**が初期の航空工学の研究をした研究業績をもととして、有人動力飛行機の完成を目指した。

そしてついに、1903年ノースカロライナ州のキルデビルヒルズで、12馬力のエンジンを搭載した有人動力飛行機の飛行に成功した。このときは4度飛行に成功しているが、最初の成功での飛行時間はわずか12秒で、飛行距離は36.5mであった。だが、このわずかな飛行から人類が飛行機を用いた空の時代に突入したことは紛れもない事実である。

その後、**ライト兄弟**が民間人であったため、偉業に対するさまざまな嫉妬と嫌がらせを受ける。例えば、初飛行に成功した飛行機であるライトフライヤー号は、アメリカを代表する科学博物館であるスミソニアン博物館に展示されることが許されなかった。しかしながら、**ライト兄弟**が成し遂げた偉業を人類は忘れることはなかった。**ライト兄弟**が1999年にアメリカの『LIFE』誌が特集した「この1000年で最も重要な功績を残した世界の人物100人」に選ばれていることがそれを証明している。

もっと深く知りたい人のための推薦図書

- **『ライト兄弟：イノベーション・マインドの力』**デヴィッド・マカルー／草思社

241 科学

マリ・キュリー（1867年〜1934年）

女性初のノーベル賞を受賞した科学者

ポーランド出身の**マリ・キュリー**（ポーランド語名**マリア・スクウォドフスカ＝キュリー**）は放射能の研究によって、夫の**ピエール**などとともにノーベル物理学賞を受賞し、1903年に世界初の女性のノーベル賞受賞者となった。さらに、1911年、ノーベル化学賞も受賞した。

マリ・キュリーはポーランド立憲王国のワルシャワで、ペテルスブルク大学で教壇に立っていた科学者（帝政ロシアのポーランド人への制限によって教壇を追われた）の末娘として生まれる。彼女は優秀な成績でギムナジウムを卒業するが、この当時のポーランドでは女子の進学は不可能であったので、非合法のワルシャワ移動大学で学ぶ。1891年、パリに留学。

1894年、**ピエール・キュリー**と知り合う。翌年、2人は結婚し、共同研究が始まる。2人は放射能を発見。1898年には新元素ポロニウムとラジウムを発見。そして、1903年に**アンリ・ベクレル**、**キュリー夫妻**の3人にノーベル物理学賞が授与される。ちなみに放射能の単位である**ベクレル**はこの**アンリ・ベクレル**にちなんでつけられた。1906年、夫**ピエール**が事故で死亡。同年、**マリ**はパリ大学初めての女性教授となる。1911年にはラジウムとポロニウムの発見と、ラジウムの性質およびその化合物の研究で**ノーベル化学賞を受賞**した。第一次世界大戦中はX線撮影設備搭載の自動車を考案し、負傷者の治療に大きく貢献した。**マリ・キュリー**は1934年死去するが、長年に亘る放射能被曝が原因であったと考えられている。

マリ・キュリーは夫の**ピエール**とともに放射能研究に打ち込み、科学の歴史にとって欠くことのできない重要な数々の発見を行い、人類の進歩に大きく貢献した。また、**キュリー**一家は**ピエール**、**マリ**だけでなく娘の**イレーヌ**もノーベル化学賞を受賞しており、義理の息子の**フレデリック**、さらには、娘の**エーヴ**が結婚した**ヘンリー・ライブス**が事務総長をしていたユニセフも1965年にノーベル平和賞を受賞している。**キュリー**一家はノーベル賞と深い関係にあることも特筆に値することである。

マリ・キュリーはポーランドにとっての苦難の時代を生きながらも、科学によって世界に大きな貢献をした。しかしながら、放射能の危険性について**マリ・キュリー**がほとんど何も知らなかった点も注記しておかなければならない。

もっと深く知りたい人のための推薦図書

- **『キュリー夫人伝』**エーヴ・キュリー／白水社
- **『マリー・キュリー（全2巻）』**スーザン・クイン／みすず書房
- **『マリー・キュリー―フラスコの中の闇と光』**バーバラ・ゴールドスミス／WAVE出版

242 科学

グリエルモ・マルコーニ（1874年〜1937年）

無線通信を実用化したイタリアの発明家

イタリアの物理学者、発明家、政治家である**グリエルモ・マルコーニ**。彼は無線電信に関する研究で有名であり、1909年にノーベル物理学賞を受賞している。また、実業家としても知られている。

マルコーニは1874年にボローニャの資産家の子供として生まれる。彼は家庭教師による教育を受けて育つ。1895年に**ヘルツ**の電磁波の発見を通信装置に応用することに成功し、翌年イギリスで無線電信特許を取得する。また、1901年には大西洋を隔てた通信に成功している。さらに1902年磁針検波器を発明し、1907年円板放電器を発明した。そうした功績により、1909年にノーベル物理学賞を受賞している。1919年、第一次世界大戦終結のためのベルサイユ講和条約におけるイタリア全権大使となり、その後ファシズムの熱心な信奉者として**ムッソリーニ**政権下で上院議員を務めた。

マルコーニの名前を歴史の中にとどめているものはやはり無線機の発明である。この発明に基づく**無線局の設置によって、遠く離れた国々の情報がいち早くキャッチ可能**となった。また、彼は大型船舶に船舶無線局を設置した。1912年の豪華客船タイタニック号の事故においても**マルコーニ**社の社員であった通信員がSOS信号を発し、それによって救助されることができた人々も多数いた。また、**マルコーニ**は世界初のラジオの国際放送も行っている。

発明家としての側面が強調されることが多い**マルコーニ**であるが、彼は実業家としての才能も持っていた。イギリスに**マルコーニ**無線電信会社を設立しただけでなく、イタリアやアメリカにも通信会社を設立している。こうした実務家的な才能が評価され、彼は政治、外交の分野でも活躍することとなる。しかしながら、彼は1910年にイギリスで収賄事件を起こし、さらに晩年には**ムッソリーニ**を支援し、イタリアのエチオピア侵略を正当化している。彼にはこうした負の側面があったことも注記しておこう。

しかしながら、**マルコーニ**の発明した無線技術は情報伝達の近代化に大きく寄与し、人類の文明の発展に貢献したことは確かなことである。それゆえ、イタリアには彼の名前を取った広場が多数存在している。

もっと深く知りたい人のための推薦図書

- **『父マルコーニ』**デーニャ・マルコーニ・パレーシェ／東京電機大学出版局
- **『グリエルモ・マルコーニ』**キース・ゲッデス／開発社
- **『マルコーニ』**O・E.・ダンラップ／誠文堂新光社

243 科学

アインシュタイン（1879年～1955年）

相対性理論を考案した20世紀最大の科学者

ドイツに生まれアメリカに渡った理論物理学者**アルベルト・アインシュタイン**は、相対性理論を作り上げたことによって、20世紀最大の科学者といわれている。彼は、また、ノーベル物理学賞を受賞している。

アインシュタインは1879年にドイツ南西部のウルムで商人の子供として生まれた。1900年にチューリッヒ連邦工科大学を卒業した後、スイス特許庁に就職する。1905年に特殊相対性理論、光量子仮説、ブラウン運動の理論についての論文を発表。1915年に一般相対性理論を完成させた。こうした功績により1921年にノーベル物理学賞を受賞している。1933年にナチスに追放され、アメリカに渡り、プリンストン高等研究所員となる。1939年に**ルーズベルト**大統領にアインシュタイン＝シラードの手紙を送り、これが原爆開発計画の発端となったと言われている。1955年にラッセル＝アインシュタイン宣言を発表するも、同年プリンストンで腹部大動脈がんのため76歳の生涯を終える。

アインシュタインの功績で最も知られているものは**相対性理論の確立**である。それゆえ、この理論についてまず述べる必要があるだろう。この理論は特殊相対性理論と一般相対性理論から成り立つ。前者は「物理法則は慣性系によらない」というものである。動いている物体の時計は遅れる現象などを示す。その公式は$E=mc^2$（E=エネルギー、m=質量、c=高速度）によって表される。後者は「物理法則は互いに加速度運動する系の間でも同様に働く」というものである。それは物質の周りの重力場と時空のゆがみを関係づける理論であり、ブラックホールの存在を予想するものであった。

アインシュタインは20世紀最大の科学的発見をした大科学者であるが、それだけではなく、自らの手紙によって原発開発計画であるマンハッタン計画が開始されたことに衝撃を受け、世界平和を目指す運動にも積極的に参加した。ラッセル＝アインシュタイン宣言はその一つの明確な表れである。**アインシュタイン**はこうした側面でも世界史に残る大きな功績を残した偉大な科学者だったのである。

佐藤優の言葉

アインシュタインは、核戦争による人類の滅亡を防ぐためには、世界連邦政府の創設が不可欠と考えた。ユートピアのように思えるが、大国のエゴイズムが強まっている21世紀にこのようなユートピアについて考えることが、平和を維持するために重要と思う。

もっと深く知りたい人のための推薦図書

- **『相対性理論』**A・アインシュタイン／岩波書店
- **『アインシュタインの世界』**フランソワーズ・バリバール／創元社
- **『$E=mc^2$―世界一有名な方程式の「伝記」』**
  デイヴィッド・ボダニス／早川書房

244 科学

ヴェゲナー（1880年～1930年）

大陸移動説を唱えたドイツの気象学者

ドイツの気象学者である**アルフレート・ヴェゲナー**は**大陸移動説を唱えた**ことで有名である。だが、彼はこのほかにも大気に関する運動力学、熱力学、光学、音響学的な数多くの研究を行っている。

ヴェゲナーは現在のドイツであるプロイセン王国の首都ベルリンで、牧師の子供として生まれる。ベルリン大学とハイデルベルク大学で天文学と気象学を学び、1912年に大陸移動説を発表する。1915年には主著『大陸と大洋の起源』を書いている。1919年にハンブルク大学の教授に、1924年にグラーツ大学教授となる。生涯に何度もグリーンランドの調査を行っているが、最後はこの島を調査中に遭難し、死亡している。

ヴェゲナーのもともとの専門は気象学であり、気球による大気の研究を何度も行っており、1906年には観測のために気球に乗ってドイツとデンマークを往復し、当時の自由気球滞在世界記録を樹立している。だが、彼の名前を歴史にとどめているものはやはり大陸移動説であろう。

ヴェゲナーのこの説は、かつて現存するすべての大陸がパンゲアと呼ばれる巨大な一つの大陸であったが、約2億年前に分離し、漂流し、現在の大陸になっていったとするものである。この**ヴェゲナー**の提唱に対して、当時の地質学者たちは「大陸は沈むことはあっても移動することはない」という陸橋説を唱え反論した。しかし現在は**ヴェゲナー**の説が正しく、当時の地質学者たちの説が誤りであることが証明されている。また、彼は大陸の移動の原因としてマントル対流（地球内部のマントル中の温度差によって引き起こされる、マントル物質のゆるやかな対流）に言及したが、大陸移動の原動力となる根拠として証明することはできなかった。だが、このマントル対流によって大陸移動が起きるという説は**ヴェゲナー**の死から30年後に証明された。

ヴェゲナーはグリーンランドにも何度も赴き、多くの観察を重ね、自然科学の発展に大きく寄与した。**ヴェゲナー**のこうした努力がなければ、現在では常識となっている、今ある大陸は一つの大陸が分離してできたものであるという考え方も我々は獲得することはできなかったかもしれない。

もっと深く知りたい人のための推薦図書

- **『大陸と海洋の起源（上下巻）』**アルフレート・ヴェーゲナー／岩波書店
- **『大陸は移動する―移動説からの新しい科学へ』**アーサー・クライン／講談社
- **『ウェゲナーの大陸移動説は仮説実験の勝利』**西村寿雄／文芸社

245 科学

ニールス・ボーア（1885年～1962年）

デンマークが誇る量子力学の生みの親

デンマークの理論物理学者で、量子力学の確立に多大な貢献をした**ニールス・ボーア**。**ボーア**の原子模型などを発表し、1922年にはノーベル物理学賞を受賞している。また、彼は原子爆弾問題に関して原子力国際管理協定の必要性も強く主張した。

ボーアはコペンハーゲンで生まれるが、父はコペンハーゲン大学の生理学の教授であった。長じて1912年にコペンハーゲンに理論物理学研究所を設立する。1913年に**ボーア**の原子模型を確立。その後、1922年に原子物理学への貢献によりノーベル物理学賞を受賞した。さらに1939年に**ボーア**の原子核分裂予想を発表。この予想が原爆開発促進につながった。

ボーアは物理学にさまざまな貢献をしたが、ここでは代表的なものとして、**ボーア**の原子模型と**ボーア**の原子核分裂予想について述べることとする。前者はイギリスの物理学者**ラザフォード**の提唱した**ラザフォード**の原子模型を修正したもので、**ボーア**の量子条件によって原子は成り立つというモデルである。この条件とは、「電子は原子核の周囲を回るとき、特定の軌道しかとることができず、最も内側の原子軌道を回る電子はそれ以上原子核に近づくことはできない」というものである。後者は、端的にいえば、「ウラン235はほかのウランの同位体に比べて分裂を起こしやすい」というものである。

ボーアは**理論物理学の確立に多大な貢献**をし、彼以後の物理学を大きく発展させたが、彼の研究姿勢は、「自然がどのようなものであるかを見出すことが物理学の任務であると考えることは間違いである。物理学は我々が自然について何を言い得るかというものに関する学問である」という言葉に端的に示されている。**ボーア**は自然に対して人間がどれほど深いアプローチをすることが可能であるかという側面から研究を続けたのである。

また、「神はサイコロを振らない」と述べた**アインシュタイン**に対して、「神が何を成すかをあなたは語ることができない」と**ボーア**が反論したという逸話がある。**ボーア**は神という超越存在からではなく、現実を真正面から見つめた真の物理学者だったのである。

もっと深く知りたい人のための推薦図書

- **『ニールス・ボーア論文集（全2巻）』**ニールス・ボーア／岩波書店
- **『ニールス・ボーアの時代（全2巻）』**アブラハム・パイス／みすず書房
- **『ボーア革命　原子模型から量子力学へ』**江沢洋／日本評論社

246 科学

エドウィン・ハッブル（1889年〜1953年）

現代の宇宙理論の基盤を作った天文学者

エドウィン・ハッブルはアメリカの天文学者であり、我々の住む銀河系の外にも銀河が存在することを初めて発見するなど、現代の宇宙論の基礎を作ったことで有名である。

ハッブルは1889年にミズーリ州マーシュフィールドで保険会社役員の子供として生まれる。彼はシカゴ大学に入学し、数学と天文学を学び、1910年に卒業。その後、オックスフォード大学で修士号を取得した。1914年から1917年にヤーキズ天文台に勤務した。

第一次世界大戦に従軍の後、1919年にウィルソン山天文台に勤務地を移す。ここで、天文学にとって貴重なさまざまな発見をする。特に、1929年の**ハッブル**の法則の発見は有名である。1938年に天文学分野での功績者に贈られるブルース・メダルを授与される。

ハッブルの発見で大きなものは三つある。それは銀河系外銀河の存在の実証と、**ハッブル**の法則の発見と、**ハッブル**分類の提唱である。最初のものに関して、彼は100インチの望遠鏡を使い積極的に天体観測を行い、1923年に渦状星雲が銀河系の外にあることを発見し、**銀河系外にも銀河があることを初めて証明した**。**ハッブル**の法則は1929年に発表されたもので、二つの銀河の間の距離が大きくなればなるほど、お互いに離れる相対速度も距離に比例して大きくなるというものである。**ハッブル**分類は銀河の形態を楕円銀河、レンズ状銀河、渦巻銀河、棒渦巻銀河、不規則銀河という五つに分けたものである。

ハッブルの発見は現代天文学界に大きな影響を与えた。例えば、**ハッブル**の法則の発見がなければ、宇宙誕生に対する現在の有力な考え方であるビッグクバン理論も示されることはなかったかもしれない。それほど、彼の研究は現代の宇宙科学や天文学に多大な影響を及ぼすものであったのである。

こうした**ハッブル**の偉大なる功績に対して、1990年に打ち上げられた宇宙望遠鏡は彼の名前を取って**ハッブル**望遠鏡と名づけられた。彼の名前を持つこの望遠鏡は今も宇宙観測を休まず行っている。

もっと深く知りたい人のための推薦図書

- **『銀河の世界』**ハッブル／岩波書店
- **『膨張宇宙の発見：ハッブルの陰に消えた天文学者たち』**マーシャ・バトゥーシャク／地人書館
- **『ハッブル　宇宙を広げた男』**家正則／岩波書店

247 科学

ハイゼンベルク（1901年～1976年）

量子力学の礎を築いたドイツの物理学者

ドイツの理論物理学者である**ヴェルナー・ハイゼンベルク**。彼は不確定性原理の考案によって量子力学に多大な貢献をし、1932年にノーベル物理学賞を受賞した。また、第二次世界大戦後はマックス・プランク物理学研究所の所長として物理学にさまざまな貢献をした。

ハイゼンベルクはバイエルン州ヴェルツブルクで生まれるが、父がミュンヘン大学の中・近世ギリシャ語学教授となったため、9歳からミュンヘンで生活する。少年期から数学に秀で、ミュンヘン大学でも数学を学ぼうとするが、研究対象を理論物理学に変える。1924年にコペンハーゲン大学に留学。1927年に不確定性原理を提唱し、量子力学への道を開く。1932年、量子力学の創設への貢献によってノーベル物理学賞を受賞。第二次世界大戦中はナチス・ドイツの原子爆弾開発研究の中心人物となった。戦後は1946年から1970年までゲッティンゲンのマックス・プランク物理学研究所所長を務め、1953年から死去するまで、フンボルト財団総裁を務める。1976年、肝臓がんによりミュンヘンの自宅で亡くなる。

ハイゼンベルクの名前を科学史の中で輝かせているものは何と言っても**不確定性原理の提唱**であろう。それは原子や電子の世界では一つの粒子について、位置と運動量、時間とエネルギーのように互いに関係ある物理量を同時に正確に決めることは不可能である、とする原理である。この原理が量子力学への道を開いた意義は極めて大きい。

ハイゼンベルクが現在の物理学に与えた影響は多大なものである。彼の研究成果がなければ、現在の物理学の発展はなかったと言っても過言ではない。だが、彼は第二次世界大戦のナチスへの協力を深く後悔し、1957年にドイツ国防軍の核武装に反対する「ゲッティンゲン宣言」の主導者となるなど、核兵器使用に対して強く反対していたことも忘れてはならない事実である。

佐藤優の言葉

ハイゼンベルクは量子力学を確立する過程で大きな影響を与えた。量子力学によって自然科学の法則観が抜本的に見直されることになった。このことは哲学や神学にも大きな影響を与えた。

もっと深く知りたい人のための推薦図書

- **『部分と全体―私の生涯の偉大な出会いと対話』** W・ハイゼンベルク／みすず書房
- **『不確定性―ハイゼンベルクの科学と生涯』** デヴィッド・C・キャシディ／白揚社
- **『ハイゼンベルク―二十世紀の物理革命』** 村上陽一郎／講談社

248 科学

ジョン・フォン・ノイマン（1903年〜1957年）

ハンガリー生まれのアメリカの天才数学者

ハンガリー出身のアメリカの数学者**ジョン・フォン・ノイマン**。彼は数学基礎理論、量子力学などを研究。彼の研究はコンピュータ理論分野、数理経済学、ゲーム理論分野などに大きな影響を与えた。

ノイマンは1903年にブダペストで、弁護士の息子として誕生。幼い頃から英才教育を受けたが、数学の才能が特に秀でていることが判り、ギムナジウムに通ってブダペスト大学教員の家庭教師を受けながら高等数学を学ぶ。

1920年、17歳のときに共著であるが数学論文「ある種の最小多項式の零点と超越直径について」を書く。1926年にブダペスト大学で数学・物理・化学の博士号を取得するが、1930年にナチスの台頭によりアメリカに移住し、同年プリンストン高等研究所所員となる。その後原子爆弾開発プロジェクトであるマンハッタン計画に参加し、1950年代には米国国防省、CIA、IBMなどさまざまな国家機関や企業の顧問を務めた。

ノイマンの功績は数多く、数学だけでなく、物理学、気象学、経済学、計算機科学などに及んでいる。ゲーム理論においては、彼は、想定される最大の損害が最小になるように決断を行う戦略であるミニマックス法を考案した。また、**ノイマン**型コンピューターは**プログラムとデータを区別せずにメモリーに記憶するシステムで、彼はこの開発に貢献した**。

マンハッタン計画においても、「大きな爆弾による被害は、爆弾が地上に落ちる前に爆発したときのほうが大きくなる」という彼の理論は広島と長崎への原爆投下の際に実際に行われ、甚大な被害をもたらした。政治的にはタカ派であり、日本への原爆投下の目標を選定するときに、「京都が日本人にとって深い文化的意義を持っているからこそ、そこを殲滅すべき」と強く主張したという逸話が残されている。

ノイマンは偏屈で、極端な性格で、下品なジョークを好んだといわれている。しかしながら、彼は圧倒的な計算能力を持った優れた数学者であり、彼の研究はさまざまな学問に大きな影響を与えたことは否定できない事実である。

もっと深く知りたい人のための推薦図書

- **『計算機と脳』** J・フォン・ノイマン／筑摩書房
- **『フォン・ノイマンの生涯』** ノーマン・マクレイ／朝日新聞社
- **『数学の天才と悪魔たち―ノイマン・ゲーデル・ヴェイユ』** 倉田令二朗／河合文化教育研究所

249 科学

オッペンハイマー（1904年～1967年）

原爆使用に大きな罪意識を感じた原爆の父

ジュリアス・ロバート・オッペンハイマーはアメリカの理論物理学者であり、アメリカの原爆開発プロジェクトであるマンハッタン計画の中心人物であり、「原爆の父」と呼ばれたが、水爆に対しては反対運動を行った。

オッペンハイマーはドイツ移民の子供としてニューヨークで生まれた。早熟な子供であったといわれている。青年期、ハーバード大学に入学し、化学を専攻した。その後、ケンブリッジ大学に留学し、そこで理論物理学の研究を開始する。ゲッティンゲン大学に移り、そこで博士号を取得する。帰国後、カリフォルニア大学バークリー校やカリフォルニア工科大学で教鞭を執りながら研究を続ける。1930年代に宇宙空間のブラックホールに関する先駆的研究を行うが、第二次世界大戦が勃発し、1942年に核兵器開発プロジェクトであるマンハッタン計画に参加。**世界で初めての原子爆弾を製造**し、その爆弾は1945年8月6日に広島に、8月9日に長崎に投下され、甚大な人的被害をもたらした。

戦後は1947年にプリンストン高等研究所所長になる。核兵器の国際的な管理を呼びかけ、アメリカ原子力委員会のアドバイザーとなってロビー活動を行い、さらにソ連との核兵器競争に歯止めをかけるために尽力した。レッド・パージの嵐が吹き荒れる中、共産主義思想への接近が問題となり、事実上の公職追放を受け、**オッペンハイマー**はFBIの監視下に置かれた。1963年、アメリカの物理学賞であるエンリコ・フェルミ賞を受賞したが、1965年に喉頭がんにかかり、1967年それが原因で死去した。

オッペンハイマーの業績として最もよく知られたものは原爆の開発であるが、彼は物理学の進歩にそのほかにもさまざまな貢献を行っている。電子と原子核の運動を分離してそれぞれの運動を示すボルン・オッペンハイマー近似、中性子の持ち得る質量の限界を示すルマン・オッペンハイマー・ヴォルコフ限界、電子の反粒子である陽電子の予知などである。こうした研究は現在の物理学にとって極めて重要な発見であった。

オッペンハイマーは誠実な科学者であったが、原爆開発によって科学が誠実さだけではどうしようもないことを示した。また、原子爆弾の使用は物理学の問題だけでは解決することができないことであることを証明した。彼はその罪の大きさをしっかりと受け止めた科学者であった。

もっと深く知りたい人のための推薦図書

- **『原子力は誰のものか』**ロバート・オッペンハイマー／中央公論新社
- **『オッペンハイマー　「原爆の父」と呼ばれた男の栄光と悲劇（上下巻）』**
  カイ・バード、マーティン・シャーウィン／PHP研究所

250 科学

ジャック＝イヴ・クストー（1910年～1997年）

海に生き、海を愛し、海を守ろうとした男

フランスの海洋探検家である**ジャック＝イヴ・クストー**。彼はフランス海軍の将校であったが、海洋学研究者に転身し、長年さまざまな海で海洋生物などの観察を行った。

クストーはフランス中西部のボルドーに近いサン・アンドレ・ド・キュブザックで弁護士の父の子供として生まれる。1920年から1923年まで**クストー**の家族はアメリカ合衆国に住む。帰国後、1930年にブレストにある海軍兵学校に入学する。卒業後に**クストー**は空軍に移るが、1933年、乗っていた戦闘機の事故で右手に大怪我をし、リハビリのための水泳を開始する。第二次世界大戦勃発で潜水艦の乗務員となるが、フランスはすぐに降伏し、トゥーロンで軍の生物学研究を名目に潜水装置の開発を続け、1942年にアクアラングを開発する。そして、最初の水中撮影に成功する。

戦後も海軍に残るが、1956年に**ルイ・マル**と共同制作した深海についてのドキュメンタリー映画『沈黙の世界』はカンヌ国際映画祭のパルムドール賞とアカデミー長編ドキュメンタリー賞を受賞した。1957年に海軍を辞め、本格的に海洋探検家への道を歩む。1959年海の国連と呼ばれる世界水中連盟（CMAS）を創設。1973年に海洋環境保護を目的とする**クストー**財団を創設。1992年の地球サミットでは環境破壊や海洋汚染の深刻化を警告し、フランスの核実験も厳しく批判する。1997年にパリで87年の生涯を閉じる。

クストーの名前を有名にしたものは、何と言っても彼が何本も撮った水中フィルムである。彼は水中撮影のパイオニアであっただけでなく、多くのドキュメンタリー映画を制作した。『**ジャック・クストー**の海底世界』などのテレビシリーズも作られ、日本でも放映され、人気を博した。

クストーは海を愛し、「海の恋人」と呼ばれたが、彼の海洋探検に対する情熱がなければ、**我々は海中の世界をこれほどよく知ることはできなかったであろう**。それだけでも彼は我々の世界認識を大きく前進させた功績がある。だがそれに加え、日々悪化していく海洋環境を保護するために、晩年の**クストー**はさまざまな活動を行った。彼のその意志を継ぐ**クストー**財団は今も活動を続けている。この点でも彼は我々の世界に大きく貢献したと述べ得るであろう。

もっと深く知りたい人のための推薦図書

- **『クストー　海—神秘の世界』**ジャック・クストー／講談社
- **『海中探検家—J.Y. クストー物語』**ジェームズ・デューガン／築地書館
- **『未来世代の権利 —— 地球倫理の先覚者、J - Y・クストー』**服部英二編著／藤原書店

251 科学

ジェームズ・デューイ・ワトソン（1928年～）

DNAの二重らせん構造を提唱した分子生物学者

アメリカの分子生物学者**ジェームズ・デューイ・ワトソン**。彼は核酸の分子構造および生体における情報伝達に対する意義の発見を行い、1962年にノーベル生理学・医学賞を受賞したことで知られている。

ワトソンは1928年にシカゴでビジネスマンの子供として生まれる。1950年にインディアナ大学で生物学の博士号を取得した後、イギリスに渡り、DNAの研究を行い、1953年に**フランシス・クリック**とともに「ワトソン＝クリックのモデル」を提唱した。その功績により1962年に**クリック**、**ウィルキンス**とともにノーベル生理学・医学賞を受賞している。

ワトソンの分子生物学上の最大の功績は、**クリック**とともに行った**DNAの構造モデルの提唱**である。つまりは、デオキシリボースとリン酸からなる2本の鎖が、らせんを巻き、その内部に塩基のアデニン、グアニン、チミン、シトシンが水素結合による対を作り、いわゆる**二重らせん構造**を示すというものである。このモデルの発表以降も、彼は遺伝子研究をリードし、遺伝子学の発展に大きく寄与した。

しかしながら、**ワトソン**は人種偏見が強い学者でもある。2007年にイギリスの『サンデー・タイムズ』のインタビュー記事の中で、「黒人は人種的、遺伝的に劣等である」と発言し、多くの批判を受け、コールド・スプリング・ハーバー研究所を辞職に追い込まれている。その後も、こうした人種偏見的な考えを変えることはなく、2019年のPBS（アメリカのテレビ放送ネットワーク）のインタビュー番組でも同じような発言を行っている。

ワトソンは確かに極めて優秀な分子生物学者であり、遺伝学の発展に多くの貢献をした。だが、自らの人種偏見的な考えによって一挙に多くの名誉を失った科学者でもある。彼は今も存命中（2020年現在）であるが、こうした偏見的考えに変化はない。それは科学にとって一つの悲劇であるといい得る問題である。

もっと深く知りたい人のための推薦図書

- **『二重螺旋　完全版』**ジェームズ・D・ワトソン／新潮社
- **『ジェームズ・ワトソン―DNAのパイオニア』**ジョイス・ボールドウィン／ニュートンプレス
- **『著作から見たジェームズ・D・ワトソン―人間性と名著誕生秘話』**エロル・C・フリードバーグ／丸善

252 科学

ニール・アームストロング（1930年〜2012年）

月面に人類史上初めての一歩を印した男

アメリカの宇宙飛行士、**ニール・アームストロング**。彼はアポロ11号に船長として乗り組み、人類史上初めて月面に降り立った人物として歴史にその名を刻んでいる。

アームストロングはオハイオ州ワパコネタで生まれた。父はオハイオ州の会計検査官であった。インディアナ州にあるパデュー大学で航空工学を学び、1949年に海軍に入隊する。パイロットとなった**アームストロング**は朝鮮戦争に参戦した。海軍を除隊し、パデュー大学に復学し、1955年に卒業。同じ年、アメリカ航空諮問委員会（現在のNASA）にエンジニア兼テストパイロットとして就職。

1962年に宇宙飛行士に応募。1966年、宇宙船ジェミニ8号に乗り、軌道飛行中の宇宙船と史上初のドッキングに成功。1969年、3人乗り宇宙船アポロ11号の船長として、人類で初めて月面に一歩を印す（月面には**バズ・オリドリン**飛行士も降り立ち、2人で2時間半の月面調査を行った）。1971年にNASAを引退し、1979年まで大学に勤務。その後企業の経営陣に参加。2012年心臓の手術後の合併症のためシンシナティで死亡した。82歳だった。

アームストロングの功績で最も大きなものは**アポロ11号の月面着陸成功**と、人類として初めて月に降り立ったことである。「一人の人間にとっては小さな一歩だが、人類にとっては大きな飛躍である」という言葉を残しているが、確かに、彼が月面に残した一歩は人類の科学的進歩を印す象徴的なものであった。また、この偉業は世界中に同時放送された。それによって、人類全体が世紀の瞬間を同時に体験したのである。この側面から見ても、人類史に残る大きな瞬間であり、その中心に**アームストロング**はいたのである。

アメリカとソ連との宇宙開発競争の中で起きた月面着陸。この後、アメリカは膨大な予算をつぎ込みアポロ計画を推し進めるが、その重さによってアメリカの経済力は世界規模では弱まっていったという歴史的な事実も存在している。しかしながら、アポロ11号と**アームストロング**の名前は、月面着陸成功という偉業によって、人類の歴史にその名をとどめ続けるであろう。この出来事が宇宙開発時代という一つの新たな時代を切り開く大きなステップとなったゆえに。

もっと深く知りたい人のための推薦図書

- **『ファースト・マン：初めて月に降り立った男、ニール・アームストロングの人生（上下巻）』** ジェイムズ・R・ハンセン／河出書房新社
- **『人類、月に立つ（上下巻）』** アンドルー・チェイキン／日本放送出版協会

253 科学

ガガーリン（1934年〜1968年）

人類史上初めて宇宙飛行を行った男

ソ連の軍人であり、宇宙飛行士であった**ユーリイ・ガガーリン**は、1961年に人類史上初となる宇宙飛行を行ったことで歴史に名をとどめた。彼が述べた**「地球は青かった」**という言葉は今も語り継がれている。

ガガーリンはスモレンスク州クルシノ村で生まれた。幼少年期は第二次世界大戦中であり、苦難の時代を送ったが、勤勉で優秀な少年であったといわれている。1955年にオレンブルクの空軍士官学校に入学し、パイロットを目指す。1960年代に入るとソ連が本格的に宇宙開発を行い、最初の宇宙飛行士の選抜が行われ、**ガガーリン**が選ばれた。そして、1961年4月12日、宇宙船ボストーク1号に乗った**ガガーリン**は世界初の有人宇宙船飛行に成功する。大気圏外に出た**ガガーリン**は、1時間50分ほどで地球の周回軌道を一周し、地上に降り立ち、再び祖国の土を踏みしめた。

帰還後に**ガガーリン**は当時の最高指導者であった**フルシチョフ**第一書記と面談するなどソ連で英雄視されただけでなく、世界中の人々が彼を英雄視し、世界各国で講演を行い、世界中で熱狂的に迎え入れられた。その後、飛行指揮官になるための訓練を受ける。だが、1968年、訓練で搭乗していたMiG-15UTIが墜落事故を起こし、死亡する。34歳であった。

ガガーリンは宇宙飛行のときに数々の名言を残している。出発時に語った「さあ行こう（パイェーハリ）」という言葉は東ヨーロッパの流行語になった。また、地球周回軌道を回っているときに述べたとされる、「神はいなかった」という言葉も有名であるが、実際に**ガガーリン**が言ったかどうかは確かではない。また、日本では地球着陸時に言ったとされる「地球は青かった」は、正確には「地球は青みがかっていた」であったといわれている。

ガガーリンの一生は短い。だが、彼が人類史に残した足跡は大きく、長く語り継がれるものである。なぜなら、**ガガーリン**が宇宙に向けて飛び立ったことによって、人類は地球の外へ進出するための第一歩を歩み始めたからである。それは科学の力の偉大さを示すとともに人類の新しい冒険の始まりを告げるものでもあったのである。

もっと深く知りたい人のための推薦図書

- **『宇宙への道』**ガガーリン／新潮社
- **『地球の色は青かった—宇宙飛行士第一号の手記』**ユーリー・ガガーリン／朝日新聞社
- **『ガガーリン—世界初の宇宙飛行士、伝説の裏側で』**ジェイミー・ドーラン、ピアーズ・ビゾニー／河出書房新社

254 科学

ホーキング（1942年～2018年）

宇宙の謎に挑んだイギリスの理論物理学者

スティーヴン・ホーキングはイギリスの理論物理学者であり、ブラックホールの特異点定理を発表した。また、ビッグバンが宇宙の始まりであることを証明した。

ホーキングは1942年にオックスフォードで生まれた。1966年にケンブリッジ大学で博士号を取得した後、1967年に論文「特異点と時空の幾何学」でアダムズ賞を受賞。その後、1974年にブラックホールの消滅に関する**ホーキング**放射理論を発表する。1988年に『**ホーキング**、宇宙を語る』が出版され、ベストセラーとなる。2018年、76歳のときに持病の筋萎縮性側索硬化症が悪化し、ケンブリッジで死亡する。

ホーキングの科学的功績は大まかにいって二つある。特異点に関する発見とビッグバンに関する発見である。前者はブラックホールなど、一般相対性理論の破綻する空間を示すものである。このことに関係して、彼はブラックホール内では因果性が破綻したとしても外部にはまったく影響を与えないことを発見した。さらに、ブラックホールに入ったものは何も抜け出せないと信じられていたが、**ホーキング**はブラックホール内では熱が放射されていて、そのためブラックホールの蒸発もあることを発見した。後者に関しては、宇宙の始まりとされるビッグバンは、大きさがゼロで密度が無限大という特異点となってしまうことを証明した。**ホーキング**のこうした研究成果は量子宇宙論という分野を新たに築き、**宇宙の誕生の謎の解明に対する一つの大きなステップ**となった。

ホーキングは『**ホーキング**、宇宙を語る』といった著作で、難解な宇宙の問題を平易な言葉で一般の人々に説明した。それによって、多くの一般の人が宇宙の謎に対する興味を持つようになった。こうした学問に関する啓蒙運動を行った点も**ホーキング**の大きな功績と考えることができる。

ホーキングは20代から難病である筋萎縮性側索硬化症と闘いながら、数々の画期的な研究成果を発表し、科学を大きく進歩させた。彼は間違いなく21世紀前半の大科学者であった。

もっと深く知りたい人のための推薦図書

- **『ホーキング、宇宙を語る—ビッグバンからブラックホールまで』**スティーヴン・W・ホーキング／早川書房
- **『ホーキング—宇宙論のスーパー・ヒーロー』**キティ・ファーガスン／偕成社
- **『ホーキング博士—人類と宇宙の未来地図』**竹内薫／宝島社

255 文学・演劇

プルースト（1871年〜1922年）

『失われた時を求めて』を著した偉大な作家

ジェイムズ・ジョイスや**フランツ・カフカ**と並ぶ20世紀最大の文豪の一人と称せられる**マルセル・プルースト**。彼は、『失われた時を求めて』という長編小説によって世界中の人々に知られるようになったフランスが誇る偉大な作家である。

プルーストはパリで生まれた。彼の父は衛生局総監であり、母はユダヤ系フランス人であった。彼は幼少の頃から病弱であったため、屋外で遊ぶよりも家の中で読書をすることが多かった。1889年にオルレアンで兵役に就く。1890年にパリ大学に入学し、文学、哲学、法学を学ぶ。1895年に同大学を卒業。同年からマザリーヌ図書館で司書助手を務めるが1899年に退職。

1896年に彼の最初の小説『楽しみと日々』を出版。1908年から『失われた時を求めて』を書き始め、1913年に同書の第1篇『スワン家の方に』がグラッセ社から出版された（第2篇以降はガリマール社から発刊された）。1919年に第2篇『花咲く乙女たちのかげに』が発行され、この年、ゴンクール賞を受賞する。だが、1922年に、喘息に肺炎を併発しパリで死去した。51歳であった。

プルーストの世界文学史上の最大の功績は、何と言っても**『失われた時を求めて』**の著述である。この長大な小説の最大のテーマは時間の問題であり、それも過去の出来事が想起によって再び今によみがえるという時間の持つ不思議な力が問題となっている。**ヴァルター・ベンヤミン**はそこに過去、現在、未来という物理的な時間法則を超える弁証法的なアウラがあることを強調している。それゆえ、この時間の物語は文学のみならず、哲学者や歴史学者などにも大きな影響を与える書物となった。

プルースト自身は文学、美術、音楽といった多くの芸術の膨大な知識の持ち主であり、20世紀のまさにブルジョワ教養人であった。また、裕福なブルジョワ家庭に育ったために浪費癖がひどかった。さらには男色家であり、『失われた時を求めて』の美しい娘たちのモデルは実際には美しい青年であったといわれている。しかしいずれにせよ、**プルースト**が20世紀最大の文豪であったことは確かなことである。彼の描いたあの時間の物語を語る声は、今も変わらずに世界中の人々の耳に響いているからである。

もっと深く知りたい人のための推薦図書

- **『失われた時を求めて（全10巻）』**マルセル・プルースト／筑摩書房
- **『評伝プルースト（上下巻）』**ジャン＝イブ・タディエ／筑摩書房
- **『プルーストを求めて』**アンドレ・モーロワ／筑摩書房

256 文学・演劇

魯迅（1881年～1936年）

中国社会の近代化失敗に絶望した文豪

魯迅は現代中国を代表する作家であるが、**魯迅**はペンネームであり、本名は**周樹人**という。彼は中国だけでなく、日本などの周辺諸国でも著名であり、彼の文学作品は高く評価されている。

魯迅は裕福な家の子として浙江省紹興に生まれたが、家が没落し、経済的にも精神的にも苦しい少年時代を過ごす。18歳のときに南京の江南水師学堂（海軍養成学校）に入学。1902年に日本に留学し、7年間日本で過ごす。帰国後、中学校の生物の教師となるが、そのすぐ後に辛亥革命が起きる。だが、革命後も旧態依然とした中国社会に対して失望する。1918年に『狂人日記』を発表し、翌年には『孔乙己』と『薬』を発表する。執筆活動とともに反体制運動を行い、1927年には福建省の中山大学で文学系の主任兼教務に就くが、すぐに辞め、上海に向かう。その後も、多くの小説を書き、多くの外国文学作品の翻訳を行いながら、国民党政府を批判し続けたが、1936年、上海で、持病の喘息の発作によって他界する。

中国の現代文学の歴史の中で魯迅の名前は燦然と輝いているが、彼自身は栄光に包まれた文学者であるとは言うことはできない。当時の中国の現状を憂い、絶望的になりながらも、彼は**『狂人日記』や『阿Q正伝』**などの中国文学史に残る作品を書き続けた。植民地主義と、国民党の独裁。当時の中国民衆は教育もなく、経済力もなく、道徳心も廃れ、惨めな生活を送っていた。その重く暗い現実を変革しようとしても、その悲惨さは容易に克服できるようなものではなく、中国の民衆は日々をやっと生きるだけの生活で、中国のよりよい未来の建設を考える余裕などなかったのである。**魯迅**は彼の小説の中で、この現実を徹底的に鋭利な刃物で切り込むように記述した。

魯迅文学の現実性と長文が入り組んだ形で組み合わされた屈折した文体は、当時の中国そのものを反映したものであると言っても過言ではないであろう。新たな未来の中国を求めつつも、その理想とはあまりにもかけ離れた現実の中国と対峙し続け、その現実を文学作品の中に書き続けた**魯迅**。彼の絶望に満ちた作品群は中国文学史上の傑作であるとともに、中国の苦悩の歴史の証言ともなっている。我々は**魯迅**の作品を通して、中国の現代史と日本と中国の関係とをもう一度真剣に考えるべきなのではないだろうか。

もっと深く知りたい人のための推薦図書

- **『阿Q正伝・狂人日記　他十二編（吶喊）』**魯迅／岩波書店
- **『魯迅―自覚なき実存』**山田敬三／大修館書店
- **『魯迅―東アジアを生きる文学』**藤井省三／岩波書店

257 文学・演劇

フランツ・カフカ（1883年～1924年）

個人を襲う不条理さを描いた、20世紀最大の文学者の一人

カフカは、**マルセル・プルースト**、**ジェイムズ・ジョイス**（前衛的実験小説『ユリシーズ』などを残したアイルランド人作家）と並ぶ20世紀最大の作家ともいわれる。

カフカ最大の**代表作は『変身』**である。主人公グレゴール・ザムザが、ある朝起きると、巨大な毒虫になっていたという不条理な小説である。不条理文学の代表者として**アルベール・カミュ**もいて、彼は『異邦人』で、主人公が不条理な理由で殺人を犯す姿を描くが、**カフカ**も『変身』で、突然毒虫になったザムザの救済がないまま終わるという作品を描く。20世紀に入り、科学や経済という合理主義が発展する一方で、不条理さというひずみも生まれた。人々が無意識に感じていた、こうした思いをすくい上げるとともに、人間の現実存在まで問うという実存主義的問題にまで踏み込んだ点で同作の意味は非常に大きい。

カフカの代表作は、ほかに『審判』『城』など。『審判』ではある日、主人公が逮捕される。逮捕の理由はわからない。結局、主人公は何もわからぬまま「犬のように」処刑される。未完の長編『城』では、測量師の主人公がいつまでたっても城にたどりつけない。茫漠とした待機と迂回。内容を知らされない法と制度。これらもすべて不条理な物語であるとともに、権力を内包する社会に必然的に生じる問題でもある。

カフカは、オーストリア・ハンガリー帝国（現チェコ）のプラハで生まれたユダヤ人。兄妹も両親もいたが、必ずしも仲がよくはなく孤独な幼少期を過ごした。特に父は高圧的で、**カフカ**としばしば衝突した。こうした体験が『変身』の主人公ザムザに対する、冷淡な父親像を描かせたともする。**カフカ**は23歳で大学を卒業後、保険協会に就職。仕事を続けながら小説を書き始める。29歳のときに出会った女性と交際するものの、2度の婚約破棄の末、独身を通す。婚約破棄の理由の一つは、彼が患った結核であった。30代で発症した**カフカ**はその後、長期療養と職場復帰を繰り返すが、39歳に退職し年金生活者となる。翌年、ウィーン近郊のサナトリウムに移るが、40歳で没し、プラハのユダヤ人墓地に埋葬される。

佐藤優の言葉

カフカの長編小説『城』は、未完であるが、現代人の不安心理を見事に表現した傑作だ。城から測量士として呼ばれたにもかかわらず、どうやっても城にたどりつくことができないKの状況は、現代人が直面する不条理を象徴している。

もっと深く知りたい人のための推薦図書

- **『カフカとの対話』**グスタフ・ヤノーホ／みすず書房
- **『カフカのかなたへ』**池内紀／青土社

258 文学・演劇

ジャン・コクトー（1889年〜1963年）

詩、小説、映画……幅広い分野で美を表現した、多才な作家

コクトーは20世紀フランスを代表する詩人である。だが彼は、詩人として以外にも、小説家や映画監督、劇作家、画家、評論家など多方面で活躍した、多彩な才能の持ち主である。

コクトーは、パリ近郊で生まれる。裕福な家庭であったが、1898年に父が自殺する。彼は文学に傾倒するが大学に落ち、進学を断念する。しかし高校時代に**プルースト**に出会い、その後も**ニジンスキー**や**ストラヴィンスキー**、モンパルナスの画家**モディリアーニ**らに出会うなど、さまざまな世界の人々と出会うことで感性を高め、詩やバレエなどの創作に向かった。だが、1923年、友人の作家**ラディゲ**が早逝したことにショックを受け、アヘンに溺れる。この後、しばらくアヘンを続けた彼だが創作意欲は落ちず、詩だけでなく小説や映画など広い分野で優れた作品を残した。1963年、友人で歌手の**エディット・ピアフ**が死去。この報を受けた**コクトー**は、ショックで心臓発作を起こして74歳で急死する。

彼の詩は、日本では『**コクトー**詩集』として、**堀口大學**の訳で読むことができる。

彼の小説の一番の**代表作は『恐るべき子供たち』**である。雪玉を投げる少年、雪玉を受けて赤い血に染まる少年。この白と赤の鮮烈なイメージは詩的な美しさを持つ。姉と弟、そして美しい少年の愛憎関係を描いた同作は、世界文学の名作の一つとして高い評価を受ける。同作は**ジャン＝ピエール・メルヴィル**によって映画化もされた。

一方、彼自身が監督をした映画作品には、1930年の『詩人の血』がある。前衛的な作風の同作は、第一次世界大戦中頃に興ったダダイスムや、そこから生まれたシュールレアリスムに通じるものがあった。だが、シュールレアリスムの代表者・指導者である**アンドレ・ブルトン**の**フロイト**と**マルクス**を通底する思想や、**ブルトン**自身の性格になじめずこの運動から距離を置いた者もいる。**コクトー**もその一人であった。

コクトーは1945年に『美女と野獣』を発表。後にディズニーによってリメイクされ有名になった本作のオリジナルは、この**コクトー**作品であり、彼の映画上の代表作でもある。

コクトーは1936年に日本を訪れている。このとき、相撲や歌舞伎を観戦・鑑賞。特に相撲に感心した彼は、相撲に関するいくつかの批評も残した。

もっと深く知りたい人のための推薦図書

・**『コクトーが愛した美女たち』**ドミニク・マルニィ／講談社

259 文学・演劇

ニジンスキー（1890年～1950年）

「空中の皇帝」と称された、天才バレエダンサー

ヴァーツラフ・ニジンスキーは、ウクライナのキエフでポーランド系ロシア人として生まれた。時はロシア帝政末期。8歳年上に音楽家の**ストラヴィンスキー**がいるが、彼は新しい音楽としてオペラよりもバレエを選び、バレエ音楽の名作を多く残す（**ニジンスキー**は後に彼の作品に出る）。確かに時代は20世紀を迎え、クラシック・バレエから、新しいバレエ芸術へと向かっていた。そしてここに優れた男性舞踊家が登場した。

ニジンスキーは10歳でサンクトペテルブルクにある、マリインスキー劇場の舞踏学校に入学し、バレエを本格的に始める。すぐにマリインスキー劇場の主役に抜擢される。

ついで**ニジンスキー**は、芸術プロデューサーである**ディアギレフ**に見出され、1909年に彼らとともにバレエ・リュス（ロシア・バレエ団）を旗揚げする。彼らの公演は大成功となり、**ニジンスキー**も絶賛される。

彼の特徴は、人並はずれた跳躍力にあり、ジャンプは10回転を超えたとされる。空を飛んでいるようなジャンプをもって、彼は「空飛ぶ**ニジンスキー**」さらには「空中の皇帝」とまで呼ばれた。また、彼の舞踏は官能性が高く、特に『牧神の午後』（**ドビュッシー**音楽）のエロティシズムは物議を醸すほどであった。

ニジンスキーの代表作はこれ以外に『ばらの精』、『シェエラザード』、『ペトルーシカ』（**ストラヴィンスキー**音楽）、『春の祭典』（**ストラヴィンスキー**音楽）。これらは1913年までに発表された作品である。

ニジンスキーは前述の**ディアギレフ**と同性愛で結ばれていた。彼の官能性には同性愛的な要素があるともされる。しかし1913年、彼は女性と結婚し、バレエ・リュスを脱退。1916年、一次復帰して『ティル・オイレンシュピーゲル』を残すが、彼のバレエダンサー（また振付師）の生涯は事実上、これで終わることになる。精神の重い病に冒されたのである。彼の精神障害の原因は、遺伝によるものとされる。だが、それ以外に、**ディアギレフ**との破局とバレエ・リュス脱退などが影響したともされる。いずれにしても発症した精神障害は回復することがなかった。彼は精神科病院の入退院を繰り返し、戦後ロンドンでその波乱な生涯を終えた。

もっと深く知りたい人のための推薦図書

- **『その後のニジンスキー』**R・ニジンスキー／現代思潮新社
- **『牧神の午後』**山岸涼子／KADOKAWA

260 文学・演劇

サルトル（1905年〜1980年）

フランス実存主義を代表する作家・哲学者

現代フランスを代表する哲学者・作家である**ジャン＝ポール・サルトル**は20世紀中盤の哲学界だけではなく、政治、文化、社会などさまざまな分野に影響を与えた。彼の哲学書および文学作品の基盤となっているもののキーワードは実存主義である。それゆえ、ここでは実存主義という問題を中心にサルトルについて述べていく。

パリ16区で、海軍将校の息子として生まれた**サルトル**。だが、父親は彼が生後15カ月のときに死去し、彼は高い教養を身につけていた祖父**シャルル・シュバイツァー**のもとで育てられた。その後、**サルトル**は哲学の道を歩むことを決意する。1938年には小説『嘔吐』で一躍有名になり、1943年には『存在と無』を発刊し、フランス思想界のリーダーとなる。その後、『ル・タン・モデルヌ』の発刊や、さまざまな政治的発言、さらには**シモンヌ・ボーボワール**との契約結婚などによって世界的に注目を集める作家・思想家となる。1952年には後にノーベル文学賞を受賞する**アルベール・カミュ**と論争後に、決別する。1964年にはノーベル文学賞受賞拒否も行っている。1973年には左派系新聞『リベラシオン』の創刊にも関わるが、1980年に肺水腫で死去した。

サルトルは『存在と無』や『実存主義とは何か』の中で「人間は自由の刑に処せられている」という言葉を語っている。人間は世界の中に理由もわからずに投げ込まれている存在であるが、我々は主体性を有しており、自らでどう生きるかを選択できる。それゆえ我々は自由である。だが、自由であることは素晴らしい側面を持つだけのものではなく、過酷な選択を引き受けることでもある。そう**サルトル**は語っているが、こうした人間存在のあり方を問題にした思想が実存主義である。

サルトルは『実存主義とは何か』の中でこの言葉と関係する第二次世界大戦中の一人の青年の逸話を語っている。彼は母一人子一人であったが、フランス解放のためにアフリカに行き自由フランス軍とともに戦うか、それとも、フランスにとどまり母の生活を支え続けるかという問題に悩んでいた。この問題の答えを出すことは過酷なことであるように思われるが、彼はどちらの道を選ぶ自由も持っているとともに、どちらかの答えを選択しなければならないのである。自由は主体性を持つ存在者である我々にとって最も重要な事柄であるが、自由であるからこそ選ばなければならない過酷さも存在するのだ。それはまさに我々人間が自由の刑に処せられているからである。

この、主体性を持つことによって自由を手に入れ、世界と対峙する我々の生存が実存であるが、実存は本質と呼ばれる原理にも先行する人間の存在基盤である。なぜなら、我々はまずこの世界に存在し、自由という権利を持ち、それゆえに、自らの決定によって何かを選択することによって生きているからである。本質はそうした我々の実存を通して獲得できるものであり、本質があってそれに従って生きているからではないのである。

このように**サルトル**にとって主体における最重要問題は自由の概念である。さらに自由な人間が世界の中でいかにして自らと同様に自由を持つ他者と世界を構築していくかということが探究されていく。そして、**サルトル**は複数の主体が対立を超えて**アンガージュマン（社会参加）**していく様相の中に、実存の進むべき方向性を見たと考えられる。

サルトルのアンガージュマンの問題設定を考えるためには即自、対自という問題が重要となる。自己充足的なモノとしての存在形式である即自存在とは異なり、人間は自己について思考できる対自存在である。だが、我が我を見つめるのではなく、他者が我を見つめたとき、その眼差しによって我は一個の即自存在として疎外させられる。こうした自己の存在のモノ化を克服するためには、社会という世界基盤の中で対自存在であるそれぞれの主体が、自己の存在を賭けて世界に投企することで、その疎外関係を乗り越えなければならない。そこに**サルトル**はアンガージュマンの意味を求めたと考えられる。

サルトルは、また、自らの思想を多くの文学作品の中にも表現した。『嘔吐』の中の自己の即自化の問題、未完の大作『自由への道』における存在理由の探究、戯曲『アルトナの幽閉者』における限界状況の探究など、**サルトル**の文学作品は哲学論文とは別な形で示された彼の思想を明確に示していると述べ得る。

サルトルの実存主義思想はその後に登場した構造主義の思想家から多くの批判を受け、その影響力も次第に弱まっていった。だがいずれにせよ、**サルトル**は20世紀中盤の知的世界のオピニオンリーダーとして歴史に名前が刻まれ続けるであろうこと、彼の姿に20世紀中盤の闘う知識人の像を見出すことが可能であることは疑いのない事実である。

もっと深く知りたい人のための推薦図書

- **『存在と無（全3巻）』**ジャン＝ポール・サルトル／筑摩書房
- **『実存主義とは何か』**J-P・サルトル／人文書院
- **『嘔吐 新訳』**ジャン＝ポール・サルトル／人文書院
- **『サルトル伝（上下巻）』**アニー・コーエン＝ソラル／藤原書店
- **『サルトル—「人間」の思想の可能性」』**海老坂武／岩波書店

261 文学・演劇

ヘミングウェイ（1899年～1961年）

反戦小説や、『老人と海』などで人の尊厳を追求したノーベル賞作家

アーネスト・ヘミングウェイは、20世紀アメリカを代表する作家である。

彼はイリノイ州オーパーク（現在のシカゴ）で生まれた。赤十字の一員として、自ら第一次世界大戦に従軍。この際に重傷を負ったことが彼の反戦思想に大きな影響を与える。戦後、小説を書き始めた彼は、「ロストジェネレーション（失われた世代）」の作家として、名を広める。これは、戦後の厭世的気分を表した作家たちを評したものである。彼は1920年代に『**日はまた昇る**』『**武器よさらば**』を残す。『武器よさらば』は映画化も評価が高い。

ヘミングウェイは当初、文学と政治とを結びつけることに消極的であった。しかし、1936年に起きたスペイン内戦に対して深い憤りを持ち、ナチスの支持を受けた**フランコ**の反乱軍に反対し、人民戦線政府側に立って関わった。この経験をもとに『誰がために鐘は鳴る』という作品を残した。これも反戦小説として高い評価を受け、映画化もされた。

彼は、1939年から約20年、キューバの首都バハマでも暮らし、現在でもバハマには彼の博物館がある。1954年『老人と海』を発表。同作はいっそう高い評価を受け、ノーベル文学賞を受賞した。この短編小説は、巨大なカジキを追う年老いた漁師を描いた作品で、夢を求めて懸命に生きる人間の美しさ、屈強な男の美しさ、これらを現実の厳しさを表しながら描き切った傑作である。

実際、『老人と海』では、人間の尊厳を肯定的に評価し、時に読者に生きる勇気も与える。これは20世紀最大の作家と呼ばれたヨーロッパの、**カフカ**や**プルースト**、**ジョイス**らの作品には見られない傾向である。

こうして世界的な巨匠となった**ヘミングウェイ**であったが、2度の航空事故に遭い重傷を負うなど不運も続いた。晩年はこうした事故での後遺症もあり、創作も滞り、そううつ病にも悩まされた末、61歳に散弾銃により自殺をした。

彼の文体は簡潔で、修飾語を極力減らした主語述語の繰り返しが多い。これは内省と叙景を同じ価値として扱うもので、前述の**プルースト**などとは対照的である。この文体はアメリカのハードボイルド小説に大きな影響を与えた。

もっと深く知りたい人のための推薦図書

- 『**アーネスト・ヘミングウェイ研究**』石一郎／南雲堂
- 『**ヘミングウェイの源流を求めて**』高見浩／飛鳥新社

262 音楽

ストラヴィンスキー（1882年～1971年）

三つの作風を用いた、20世紀の大音楽家

イーゴリ・ストラヴィンスキーは、20世紀を代表する音楽家の一人として知られる。

ストラヴィンスキーが生まれたのは、ロシア帝国時代のサンクトペテルブルク郊外である。大学の法学部に入学した彼であるが、運よく「ロシア5人組」の一人でもある作曲家**リムスキー＝コルサコフ**の個人指導を受けられるようになった。

1908年交響的幻想曲『花火』がロシア・バレエ団によって演じられる。これを機に彼は、『火の鳥』『ペトルーシカ』『春の祭典』などの**バレエ音楽の代表作を次々に発表**。これらの作品のなかには、**ニジンスキー**が踊り、いっそう評価を高めたものもある（**ニジンスキー**参照）。主にロシア革命前の、まだロシアに在住していたときに見られた作風は原始主義とも呼ばれる。

1917年のロシア革命の影響を受け、故郷の土地が没収された彼はスイスを経て、フランスのパリへ移り住んだ。この時期の代表作は1920年に発表した『プルチネルラ』。これもバレエ音楽だが、この時期の作風は伝統を重んじる新古典主義に変わっていた。

パリでも活躍した彼だが、1939年台頭するナチスを嫌い、アメリカに移り住む。この時期、『3楽章の交響曲』などを発表する。

一方、オーストリアの作曲家**シェーンベルク**が創始した作曲技法に「十二音技法」がある。かつてはこれに対して否定的だった**ストラヴィンスキー**だが、第二次世界大戦後これを採用し始める。『ピアノとオーケストラのためのムーブメンツ』がその代表である。この時期には、ほかに『七重奏曲』『アブラハムとイサク』などを残している。この時期の作風をセリー主義ともいう。

その後、1959年に来日。1962年には祖国ソ連を訪れる。亡命同然でソ連を去った彼と政府との和解ともされるが、彼には最初で最後の帰郷になった。

ストラヴィンスキーは、このように時代によって作風を変化させ、長い作曲家人生を送った。交響曲、協奏曲、管弦楽曲、ピアノ曲……などなど、代表作は多彩であるが、バレエ音楽は特に代表的といってよいだろう。

もっと深く知りたい人のための推薦図書

- **『ストラヴィンスキー』**船山隆／音楽之友社

263 音楽

ルイ・アームストロング（1901年〜1971年）

サッチモの愛称で呼ばれたジャズの神様

禁酒法時代のアメリカで活躍を始め、ジャズの歴史とともに歩んできたトランペット奏者、歌手、指揮者が**ルイ・アームストロング**だ。

ルイはニューオーリンズの、アフリカ系アメリカ人が多く住む居住区の貧しい一家に生まれた。住んでいた地区全体が、あまり環境や治安のよくない場所であったため、**ルイ**も少年時代、祭りに浮かれてピストルを発砲してしまい少年院に送られている。その院内で矯正の一環で組まれていたブラスバンドで、コルネットを演奏することになったのが楽器との出合いであった。退院後は町のパレードなどでも演奏するようになり、またジャズ・コーラスのルーツともいえる「バーバー・ショップ・カルテット」で歌うようになった。バーバー・ショップ音楽は、黒人の若者がグループで披露するコーラス文化である。このときの街角でハーモニーを歌った経験が、後年の独特で味わい深い歌声へつながっていったのだ。この頃についた愛称のサッチモは「satchel mouth」（がま口のような口）に由来するという説がある。やがて**ルイ**はジャズメンのアイドルであった**キング・オリヴァー**に魅せられ、1923年、シカゴに移り住んで**オリヴァー**の楽団に加入。1924年にはニューヨークで**フレッチャー・ヘンダーソン**楽団に入団。**ルイ**は名をあげ、翌年、グループ「ホット・ファイヴ」でメジャーデビューを果たす。

1930年代になるとヨーロッパ・ツアーも行うようになるが、**ルイ**の音楽活動は人種差別との闘いでもあった。それでも**ルイ**の音楽は白人たちをも魅了し、1932年にはビクター専属のミュージシャンとなっている。

戦後も数々のヒットを飛ばし、63歳だった1964年には、当時のヒットチャートで3カ月間全米1位を独占していた**ザ・ビートルズ**の記録を『ハロー・ドーリー！』でストップさせ、世界を驚かせている。**ルイ**は、高い演奏技術とエンターテイナー性でカリスマ的な存在となっていたが、1967年、**激化するベトナム戦争の最中、メッセージ性の高い『この素晴らしき世界』を発表し、世界中でヒットさせている。**

1971年、**ルイ**はニューヨークのホテルショーに出演した直後に心臓発作を起こし、自宅で静養中、心筋梗塞で死去。ニューオーリンズではジャズ葬が執り行われ、真夏の日差しの中、霊柩車を中心にブラスバンドの列が組まれ『聖者の行進』が演奏された。

もっと深く知りたい人のための推薦図書

- **『サッチモ—ニュー・オルリーンズの青春』**ルイ・アームストロング／音楽之友社
- **『おはなし音楽会（5）ルイ・アームストロング』**西村和子／博雅堂出版
- **『ルイ・アームストロング—少年院のラッパ吹き』**川又一英／メディアファクトリー

264 音楽

マイルス・デイヴィス（1926年～1991年）

斬新な手法を取り入れたモダン・ジャズの帝王

日本では「モダン・ジャズの帝王」とも呼ばれるジャズトランペット奏者、作曲家が**マイルス・デイヴィス**である。クール・ジャズ、ハード・バップ、モード・ジャズ、エレクトリック・ジャズ、ヒップホップ・ジャズなど、時代に応じていろいろな音楽を取り込みジャズ界を牽引した。

アメリカのイリノイ州アルトンの歯科医の父と音楽教師の母のもとに生まれた**マイルス・デューイ・デイヴィス3世**は、生後、移住したセントルイスで育った。12歳でトランペットを始めた**マイルス**は、17歳で「エディ・ランブルズ・ブルーデビルズ」に参加し、実質的なプロ活動を開始。高校卒業後、名門バンド「ビリー・エクスタインズ・ビッグバンド」のトランペッターの代役を務め、**チャーリー・パーカー**、**ディジー・ガレスピー**らと共演。その後、ニューヨークのジュリアード音楽院で学び、1945年に**チャーリー・パーカー**のバンドで、メジャーデビューを果たす。

パーカーのもとでは、モダン・ジャズの原型「ビバップスタイル」の創成に立ち会い、その後、新たな可能性を探し編曲家の**ギル・エヴァンス**の協力を得て、後のウェスト・コースト・ジャズに大きな影響を与えたアルバム『クールの誕生』を1949年に制作する。

1950年代は麻薬問題で一時、演奏活動から遠ざかるが、復活して発表した1959年の『カインド・オブ・ブルー』では、コード進行にとらわれない自由なアドリブを展開するモード手法の方法論を示し、1969年の『ビッチェズ・ブリュー』ではエレキ楽器やロックを取り入れるなど、以降も斬新な手法を取り入れ続けた。またクラシックなどのアレンジも研究し、後にその成果が発揮されている。

1990年代には、ヒップホップのミュージシャンである**イージー・モー・ビー**をゲストに新アルバムの制作を開始したが、1991年、肺炎のためカリフォルニア州のサンタモニカで、満65歳で死去している。

マイルスはアメリカの人種差別問題には常に批判的であったが、**「いいプレイをする奴なら、緑色の肌の奴でも雇う」**と、音楽の追求のためには人種は関係ないとのスタンスも貫き通した人生であった。

もっと深く知りたい人のための推薦図書

- **『マイルス・デイヴィスの真実』** 小川隆夫／講談社
- **『マイルス・デイヴィス自伝』** マイルス・デイヴィス、クインシー・トゥループ／シンコーミュージック
- **『M／D（上下巻）』** 菊地成孔、大谷能生／河出書房新社

265 音楽

エルヴィス・プレスリー（1935年〜1977年）

アメリカンドリームを体現したロックンロールの神様

「キング・オブ・ロックンロール」と呼ばれ“世界史上最も売れたソロアーティスト”といわれるのが**エルヴィス・プレスリー**だ。

エルヴィス・アーロン・プレスリーは、アメリカのミシシッピ州テュペロで生まれた。両親は熱心なプロテスタントの信者で、非常に貧しかったが、**エルヴィス**は大事に育てられている。11歳の誕生日、**エルヴィス**はライフルを欲しがったが、母親に代わりに与えられたのがギターであった。

13歳のとき、テネシー州メンフィスへと転居。生活した地域は貧しい黒人労働者階級が多く、**エルヴィス**も黒人の音楽を聴いて育った。エリス公会堂のゴスペルのショーにも毎回通っていたが、ある日、入場料が払えずに会場に入ることができなかった。このとき、熱心に音楽を聴きに来る名も知らぬ少年を気にかけたのが、出演者ブラックウッド・ブラザーズのバス・シンガーの**J・D・サムナー**だった。**サムナー**は**エルヴィス**に「次回からは楽屋口から入るといい」と告げ、以来、ショーを無料で見ることができたという。この出来事が、後の音楽性にも大きな影響を与えたようだ。

その後、17歳のとき、デモ用レコードを吹き込み、それを聴いたレコード会社にスカウトされ、「The Hillbilly Cat（田舎者の猫）」の芸名で歌手活動を始めることになる。**エルヴィス**の初期の音楽はアメリカでは画期的なものだった。それは黒人音楽のブルースやリズム＆ブルースと、白人音楽のカントリー＆ウェスタンの融合であり、1950年代には**チャック・ベリー**や**リトル・リチャード**らとともに、ロックンロールの創始者の一人と呼ばれるようになる。**エルヴィス**は、こうしてスターダムにのし上がるが「ロックンロールは青少年の非行の原因」とする保守層の批判の的になった。特に問題視されたのが、**エルヴィス**独特の下半身を動かしながら歌うスタイルで、テレビ出演の際には意図的に上半身だけを放送したとのエピソードも残る。

エルヴィスによって**ロックンロールは一気にメジャーなものとなり、ファッションや髪型などの流行を生んで、その後、永らく若者文化を牽引することになった**。しかし、ストレスによる「過食症」で体重が激増し、1975年頃からは主治医から処方された睡眠薬などを過剰に摂取。それが原因で不整脈を起こし、1977年に死去している。

もっと深く知りたい人のための推薦図書

- **『エルヴィスの真実 ゴスペルを愛したプレスリー』**ジョー・モスケイオ／いのちのことば社
- **『エルヴィス・プレスリー―世界を変えた男』**東理夫／文藝春秋
- **『ロックの歴史』**中山康樹／講談社

266 音楽

ジョン・レノン（1940年～1980年）

平和運動家でもある世界を席巻したミュージシャン

イギリスのシンガー・ソングライターで、そして世界を席巻したバンド「**ザ・ビートルズ**」ではボーカルやギターなどを担当したミュージシャンが、**ジョン・レノン**である。

第二次世界大戦中の空襲下のリヴァプールで生まれた**ジョン・ウィンストン・レノン**は、船乗りの父は航海中で、母はほかの男性と同棲していたため伯母夫婦に育てられる。

反抗的だった少年時代の**ジョン**だったが、1950年代中盤に**ロニー・ドネガン**の『ロック・アイランド・ライン』や**エルヴィス・プレスリー**の『ハートブレイク・ホテル』でロックンロールに目覚め、通信販売でギターを購入。関心は音楽に向いていった。

高校ではスキッフル・バンド「クオリーメン」を結成。この時代に**ポール・マッカートニー**、**ジョージ・ハリスン**が加わった。続いて美術専門学校に進学すると、西ドイツでも演奏活動を始め、**スチュアート・サトクリフ**や**ピート・ベスト**が加入（その後、**スチュアート**は脱退。21歳で脳出血のため死去）。バンド名も「**ザ・ビートルズ**」となった。

1961年、レコード店経営者の**ブライアン・エプスタイン**とマネージメント契約を結びレコード・デビューし、同時に**ピート**に代わり**リンゴ・スター**が加入した。以降、バンドの世界的快進撃は続くが、**ジョン**が新聞紙上で「僕らは今や**イエス**よりも人気がある」と発言したことで、キリスト教右派によるアンチ・ビートルズ活動を呼んだりもしている。

1966年、**ザ・ビートルズ**がライヴ・ツアーを休止した後、ロンドンで2人目の妻となる**小野洋子**に出会い1969年に結婚。以降、**ジョン**はベトナム戦争に対する反対と平和を求める活動に参加するが、左翼団体の国際**マルクス**主義グループと関わっていたため、FBIの監視対象にもなっていた。

1970年、**ポール**が脱退を発表し、**ザ・ビートルズ**は事実上の解散に。翌年、**ジョン**は最大のヒット作となったアルバム『イマジン』を発表し、米英日で1位を記録。アルバムには、ほかに『兵隊にはなりたくない』など、政治色の強い楽曲が収録されていた。この後、**ジョン**は、活動の拠点をニューヨークに移して暮らし始める。1975年からは約5年間、音楽活動を休止していたが、1980年に活動を再開した矢先、自宅アパート前でファンを名乗る男性の銃撃を受け、失血性ショックにより死去した。

もっと深く知りたい人のための推薦図書

- **『イマジン～ジョン＆ヨーコ～』**ジョン・レノン、オノ・ヨーコ／ヤマハミュージックメディア
- **『ジョン・レノン　ラスト・インタビュー』**ジョン・レノン、オノ・ヨーコ、アンディー・ピーブルズ／中央公論新社
- **『ビートルズ』**マーク・ハーツガード／角川春樹事務所

267 美術・建築

藤田嗣治（1886年〜1968年）

明るい乳白色でパリを席巻、エコール・ド・パリを代表した日本人画家

20世紀前半、多くの画家がパリに移り住んだ。彼らのなかにはセーヌ右岸のモンマルトルや、左岸のモンパルナスを中心に、1920年頃から活躍する画家たちがいた。彼らをエコール・ド・パリ（パリ派）と呼ぶ。

エコール・ド・パリは、特定の芸術的傾向を持つものではなく（当時流行のキュービズムとは一線を画した）、また一つのグループとして展覧会などの活動をするものでもなかった。彼らは出身国もばらばらであった。代表画家の**モディリアーニ**はイタリア出身。**シャガール**はロシア。**ユトリロ**はフランス。そのほか、**ジュール・パスキン**、**アーキペンコ**、**ファン・グリス**、**キスリング**、**マリー・ローランサン**……など多士済々のメンツの出身は多様である。そして、彼らのなかの重要人物として日本人画家もいた。**藤田嗣治**である。

東京で生まれた**藤田**は、東京美術学校（現・東京藝術大学）を卒業後、1912年に渡仏。モンマルトルに居を構える。ここで彼は**モディリアーニ**らに出会う。すぐに**藤田**はパリで人気画家になる。白く塗られた下地の上に、細い輪郭線を引いた繊細な陰影のついた裸婦などを描く。その人物の肌は明るい乳白色であり、それまでの油彩画に見られない人物像であった。絶賛された彼は、フランス政府から勲章を受章する。代表作は『カフェにて』『秋田の行事』など。彼は少女や猫も多く描いた。

その後、1933年に日本に帰国する。1937年日中戦争が勃発。**藤田**は従軍画家として中国に渡る。帰国後、太平洋戦争が勃発。すると彼は陸軍美術協会理事長に就任。南方などの戦地を訪問し、**『アッツ島玉砕』などの戦争画を描いた**。同作は、大画面におびただしい兵士と死者が描かれる臨場感溢れる作品で、従来のものとはまったく異なる画風を持つ。だが、戦争画を描いた彼の姿勢は、戦後、戦争協力者として批判され、GHQからも聴取を受けた。**藤田**はこうした情勢を嫌い、フランスに逃れる。彼の責任を問う声は今でもある。

藤田は1955年にフランス国籍を取得。1959年、ランスの大聖堂でカトリックの洗礼を受け**レオナール・フジタ**となる。やがてランスに、自らの作品で飾った小さな礼拝堂を建て、現在もここに眠る。

佐藤優の言葉

藤田嗣治の戦争絵画『アッツ島玉砕』は、無謀な戦闘による死を美学に吸収した典型例だ。日本人の美意識が政治に結びついた場合の危険性を示している。

もっと深く知りたい人のための推薦図書

- **『猫と藤田嗣治』**浦島茂世／エクスナレッジ

268 美術・建築

ムンク（1863年〜1944年）

人間が持つ内面の不安や恐怖を表した、表現主義の先駆者

19世紀半ばの印象派の誕生以降、後期印象派、新印象派、また一方で象徴主義が生まれる。象徴主義は**ルドン**や**モロー**を代表とし、夢や無意識、神秘（神話や聖書）などを表現した。これは自然を感覚のまま表現しようとした印象派の反動から生まれた芸術であった。

一方、20世紀に入ると、フォーヴィズム（野獣派）と表現主義が生まれる。フォーヴィズムは、フランスで興った運動で**マティス**が代表である。一方で、表現主義は主にドイツで興ったもので、その原色を叩きつけるような大胆な色使いは、フォーヴィズムからの影響も大きい。フォーヴィズムは、**ゴッホ**などの影響を受けたものだが、表現主義に影響を与えた一番の画家は、ノルウェーの国民的画家である**エドヴァルド・ムンク**といえる。彼は世紀末芸術が栄えた19世紀末頃から、画家として活躍した。

ムンクの**最も有名な作品は『叫び』**である。美術に興味のない人でも、この作品を知らない人は少ないだろう。**ムンク**自身、同作を4点描いた。だが『叫び』といっても、描かれている男が叫んでいるのではない。男に叫び声が聞こえ、耳を押さえているのだ。これほどの恐怖はないだろう。こうした人間が持つ不安や憂うつを、大胆な色彩で表現したのが彼の画風である。これは近代になって科学や経済が発展する一方で、人間の内面にいまだ正確に把握できない心の闇があり、印象派のように自然や都市、女性の美しさを愛でるだけでは世界を捉えられないことを明示したものでもある。

ムンクのほかの代表作も、同じ傾向を示す。『病める子』『メランコリー』『不安』『吸血鬼』『思春期』『マドンナ』など。『マドンナ』は聖母マリアを裸婦像で描いた作品。同作の版画バージョンでは裸婦の周りを精子が回っている。また、『不安』は血のような赤い空のもと、葬列のように生気のない人々が描かれる。これらの作品からは生への厭世的な見方が窺える。彼は油彩のほか、版画、さらに挿絵の仕事も行った。詩人**ボードレール**の『悪の華』の挿絵は有名である。

もっと深く知りたい人のための推薦図書

- **『ムンク伝』**スー・プリドー／みすず書房
- **『ムンクの時代』**三木宮彦／東海大学出版会

269 美術・建築

ピカソ（1881年〜1973年）

20世紀芸術の新たな出発点となったキュービズムを生み出した天才画家

ピカソの芸術家としての寿命は極めて長い。10代前半にして天才画家として評価された彼は、91歳で死ぬまでの80年近くを画業に費やした（彫刻等もあり）。豊富なアイデアを持ち、筆自体も速く、短時間で次々と作品を生み出した。したがって作品数も極めて多く、油絵・素描だけで約1万3500点。だが、そのスタイルは常に同じものではない。

20世紀の初頭、生まれ故郷のスペインからパリに移り住んだ彼は、貧しい人々や母子などを青色を基調にして描いた。これを「青の時代」と呼ぶ。その後、明るい色彩を用いた「バラ色の時代」を経て、1907年『アヴィニヨンの娘たち』を発表した。この記念碑的な作品により、世界は「キュービズム（立体派）」を受け入れる。

キュービズムは、画布という2次元の世界に、多様な角度によって捉えられた立体的世界を描いた芸術思潮である。この発表によって、**芸術世界は調和のとれた平面世界から、3次元的世界を内包するものへと移り変わる**。**ピカソ**のこの発表は、その後、20世紀の多様な美を生む端緒となる。

しかしながら**ピカソ**は前衛画家の枠にはとどまらない、さまざまな絵画技法を自家薬籠中の物とした天才であり、一方で多くの女性と交際した愛に溢れた画家だった。

しばしば彼は、「交際する女性が変わるたびにスタイルが変わった」とも揶揄される。実際、1917年頃、当時の妻**オルガ**に「もっとわかりやすく描いて」と言われ、19世紀以前の絵画様式に回帰したことがある。「新古典主義」の時代である。その後も恋多き**ピカソ**は、相手が変わるたびに絵画スタイルを変え、晩年はそれらを包含した多彩な作品を世に出した。

彼の代表作は無数にあるが、前述『アヴィニヨンの娘たち』と並ぶ傑作に、『ゲルニカ』（1937年）がある。これはナチスによる、スペインのゲルニカへの無差別爆撃を批判して描いた、キュービズムの手法による作品である。横幅だけで770cmもあるこの大作は、美術史上の極めて重要な作品である。次の逸話は有名である。ナチス関係者が**ピカソ**の家に来て「これを描いたのはおまえか？」と尋ねた。**ピカソ**はこう答えた。「いや、描かせたのはおまえたちだ」。このように反戦主義者としての彼の評価も忘れてはならない。

もっと深く知りたい人のための推薦図書

- **『ピカソ―天才とその世紀』**マリ・ロール・ベルナダック／創元社
- **『ピカソ―巨匠の作品と生涯』**岡村多佳夫／KADOKAWA

270 美術・建築

ル・コルビュジエ（1887年～1965年）

鉄筋コンクリートを用い、高い機能性を持った近代建築を創造

建築の世界は、19世紀中頃に鉄とガラスの建築が生まれ、それまでの石とレンガを中心にした西欧建築に変化が訪れた。やがて20世紀に入ると、鉄筋コンクリートの技法が発明された。これは建築の世界にいっそう劇的な変化をもたらす。構造体として極めて強い抵抗力を持ちながら、自由に造形ができるこの鉄筋コンクリートを用いた、優れた建築が相次いで生まれるのである。

建築は、他の芸術と異なり、美だけを追求すればよいものではなく、住居ならば住みやすさなどの機能性も必要となる。19世紀から20世紀の建築は二つに分けることも可能である。理知的な合理主義を重んじた機能主義建築。感覚的な一種の表現主義を重んじた有機的建築。前者の代表が**ル・コルビュジエ**。後者の代表は**ガウディ**ともいえる。ただ、**ガウディ**は教会や公園、住宅などを設計したが、その機能性をまったく無視したということではない。

ル・コルビュジエは「家は住むための機械である」と述べた。この言葉からも彼が形態より機能を優先したことがわかる。彼は、鉄筋コンクリートによる余計な装飾のない壁面や、地階部分を柱だけ残して吹き抜け空間を作るピロティ、内部空間を変えられる可動間仕切りなどを用いた。また、人体の大きさなどから建物や部屋、家具の寸法を決めるモデュロールを開発。これらは高い合理性を持ち、彼をモダニズム建築の巨匠と呼ぶ声もある。

ル・コルビュジエは、スイスで生まれた。本名は**シャルル＝エドゥアール・ジャンヌレ**。時計の文字盤職人の父を持ち、家業を継ぐはずだったが弱視のため断念。美術学校で画家を目指す（彼は絵画作品も残している）。1908年、パリに行き、鉄筋コンクリート建築の先駆者**オーギュスト・ペレ**のもとで建築技法を学ぶ。1922年に建築事務所を設立した。

彼の代表作は、1928年に設計した『サヴォア邸』。パリ近郊、ポワシーにあるこの邸宅は、ピロティ（地上部分を残した2階以上の建築）、屋上庭園、自由な平面、水平連続窓、自由なファサード（正面から見た建物の外観）という、彼の主張する**「近代建築の五原則」**を満たし、20世紀近代建築の最高傑作とされる。住宅以外にも、『ロンシャン礼拝堂』『ラ・トゥーレット修道院』『サン・ディエ工場』などの代表作を残す。

もっと深く知りたい人のための推薦図書

・**『ル・コルビュジエ―建築家の仕事』**フランシーヌ・ブッシェほか／現代企画室

271 美術・建築

ダリ（1904年〜1989年）

奇抜な言動で自らを誇示した、シュールレアリスムの奇才

サルバドール・ダリは、シュールレアリスムを代表する芸術家である。しかし、必ずしもシュールレアリスムの本流に位置したのではない。まずは同運動の歴史から振り返ってみる。

第一次世界大戦中・戦後、欧米の各都市で前衛芸術運動ダダイスムが興った。この中で1919年にパリで興った「パリダダ」から、新しい芸術運動として発展したのが、狭義のシュールレアリスムである。この中心人物がフランスの詩人・作家の**アンドレ・ブルトン**である。彼は1924年に『シュールレアリスム宣言』を発表する。これは、**フロイト**の精神分析に基づく深層心理の表現と、**マルクス**の革命的思想を基盤とした。こうして発展したシュールレアリスムは、多くの文学者に加え、写真家**マン・レイ**、画家**マグリット**、**エルンスト**、**タンギー**や、映画監督**ブニュエル**（**ダリ**と共同監督として『アンダルシアの犬』を発表）なども参加して大きな文芸運動となった。**ダリ**自身も1920年代末頃から参加した。

しかしシュールレアリスムは、共産主義革命を優先するか文芸運動を優先するかの対立もあり、1930年代には内部対立が深まる。一方、**ダリ**は商業主義的な上に、スペイン首相の**フランコ**らファシストを支持する傾向が強いとして、**ブルトン**の批判を受け1938年に除名された。

ダリはスペインのカタルーニャで生まれる。前述のシュールレアリスムとの関わりを経る中、**ガラ**と結婚。第二次世界大戦後、カトリックに帰依。その幻想的な作品が高い評価を受ける一方、奇抜な言動と異常なまでの自己顕示欲で、世界を翻弄しながら84歳で没する。

彼の画風の一つは、「偏執狂的批判方法」と名づけたダブルイメージの手法である。**代表作『記憶の固執』では、時計ととろけるカマンベールチーズが重ね合わされている。**『水面に象を映す白鳥』では3羽の白鳥が描かれるが、水面に映るその姿が象に見える。

ほかに代表作として『茹でた隠元豆のある柔らかい構造』『聖アントワーヌの誘惑』『レダ・アトミカ』『記憶の固執の崩壊』、彫刻『ニュートンへの敬意』など。これらにはキリスト教や妻**ガラ**をモチーフにしたものも見られる。加えて**ダリ**の作品には、地平線や蟻、時計などが多く描かれ、これらが世界の幻想性をいっそう高めている。

もっと深く知りたい人のための推薦図書

- **『もっと知りたいサルバドール・ダリ』**村松和明／東京美術
- **『ダリ：シュルレアリスムを超えて』**ジャン=ルイ・ガイユマン／創元社

272 美術・建築

アンディ・ウォーホル（1928年〜1987年）

複製、大量生産・消費……20世紀文化を具現化したポップアートの旗手

ウォーホルはアメリカのピッツバーグで生まれる。本格的にアートに専念するようになったのは1950年代。1961年に『キャンベルスープ』を発表し、ポップアートの誕生となる。1962年にシルクスクリーンを用いた一連の作品を発表。彼は時代の寵児となり、映画監督としても名を残す。

ポップアートの特色には、写真、ポスター、マンガなどの20世紀大衆文化の作品を断片化したり、部分拡大したり、変色着色したりして、新しい作品として提示したことがある。**ウォーホル**は、シルクスクリーンという比較的容易にできる版画（印刷）技法を駆使し、代表作『**マリリン・モンロー**』などを発表した。同作では、変色や着色をして実物のモンロー写真とは異なる多様な色合いをした、数点の**モンロー**の印刷写真による一作品を創り上げた。

この試みでは実物の再現ではなく、「**モンロー**」という我々の持つイメージを、少しずつ色合いを変え実体化がなされている。これにより我々が普段いかにイメージによって操作されているかという現実を暴き出している。つまり、ここでシニフィアン（意味するもの：タイトル「**モンロー**」）とシニフィエ（意味されるもの：加工された「**モンロー**」のイメージ）との関係に齟齬が生じ、この関係が恣意的で危ういものであることを証明している。言葉と、具象化されたイメージとの関係にコードはなく、結果として居心地の悪いものにもなることを示したのである。事実、「**モンロー**」のタイトルに従い、この作品を鑑賞した者は、イメージどおりの「美しい**モンロー**」にたどりつけず、創作者の複製手法による不可思議なイメージの世界に迷い込む。この方法によって、**ウォーホル**はほかに『**プレスリー**』『**毛沢東**』『**ケネディ**』『**坂本龍一**』『**チェ・ゲバラ**』など多くの作品を残した。同時に**ウォーホル**は、『キャンベルスープ』などで、大量生産・大量消費という20世紀以降の高度資本主義社会の現実を呈示しながら、複製の持つ創造的意義までを追求・表現した。

もっと深く知りたい人のための推薦図書

- **『ウォーホルの芸術〜20世紀を映した鏡〜』**宮下規久朗／光文社

273 写真・映像

ジョルジュ・メリエス（1861年〜1938年）

特殊映像（SFX）を発明した、映画の奇術師

リュミエール兄弟によって映画が生み出されたのが1895年。映画は瞬く間に世界中に広がり、日本でも1898年に映画制作が開始。1899年に現存する最古の映画（『紅葉狩』）が作り出されている。しかし、これらは固定したカメラで、一つの出来事を撮って映すだけの単純なものであった。こうした映像でも当時の多くの観客は感嘆したが、新しい映画の可能性を模索した映画人もいた。その代表者がフランスの**メリエス**である。

もともと舞台で奇術を行っていた**メリエス**は、映画によってもっと大胆かつ容易に奇術ができることに気づいた。**メリエス**が行ったのは、現代では誰でも簡単にできるフィルムのつなぎ合わせである。

例えば、たちまちに人が消えてしまう映像。これを単に行うだけならば、舞台より映画のほうが容易である。人物がいるショットを撮った後、その人物のいない同じ場面のショットを撮り、つなぐだけである。

しかしこうした幼稚なSFXでも、当時の人を驚かせるには十分であった。1896年以降、彼はこうした奇術のネタをいくつも用意し、数多くの短編映画を制作。舞台のようなステージで、人が消えたり、切られて体が真っ二つになったりするだけの映画を披露。観客に見世物的に呈示するスタイルの映画を確立した。

やがて舞台奇術の映画化だけでは不十分と思った彼は、19世紀末には物語性のある映画を模索。1902年、**ジュール・ベルヌ**の小説などを参考にした『月世界旅行』を発表。世界初のSF映画とされる本作でも、ふんだんにトリック撮影が行われた。月にロケットが突き刺さり、月が涙するなどのシーンは有名で、本作は古典中の古典として現在でも高く評価されている。

こうして映画は、**メリエス**によってフィルムの編集技術を駆使した見世物となり、同時にストーリーを持った作品に変わっていった。『月世界旅行』の成功は、1903年の**エドウィン・S・ポーター**による『大列車強盗』、さらに**D・W・グリフィス**へとつながる。これによって映画は自由自在なモンタージュ（編集）が可能となり、奇術的効果だけでなく、複数の人物の行動や、人間の複雑な心理描写など多面的な有り様を描けるようになっていく。

もっと深く知りたい人のための推薦図書

- **『魔術師メリエス』**マドレーヌ・マルテット＝メリエス／フィルムアート社
- **『映画の考古学』**C・W・ツェーラム／フィルムアート社

274 写真・映像

アルフレッド・ヒッチコック（1899年～1980年）

優れた映画技法を駆使した、サスペンスの神様

ヒッチコックはロンドンで生まれる。内気で友達の少ない少年だった。彼は20歳で映画会社に就職。監督3作目の『下宿人』以降ほとんどサスペンス映画ばかりを生み出していく。

1939年、イギリスでの名声を受けて渡米。これ以降、活躍の舞台をアメリカに移す。ハリウッドでの第1作『レベッカ』はアカデミー作品賞を受賞。1948年に『ロープ』を発表。ほぼワンシーンでつなげられた同作は、優れた者は劣った者を殺してもよいか？（よいはずがない）という現代犯罪にも通じる問題提起がなされた作品である。この後、1950年代に**『裏窓』『知りすぎていた男』『めまい』『北北西に進路を取れ』といった映画史に残る名作を続々と発表**。作品も大ヒットし、**ヒッチコック**の名は世界中に知られることになった。

1960年代、『サイコ』や『鳥』を残すが、これ以降の作品の評価はあまり高くない。一説には好みのブロンド女優**ティッピ・ヘドレン**に執着しすぎたためともされる。彼は晩年、イギリスに戻る。1972年に撮られた『フレンジー』の評価は高く、**ヒッチコック**復活を印象づけた。その後も創作意欲を失わなかったが、腎不全のため80歳で没する。なお**ヒッチコック**は、映画の中で必ず自らカメオ出演したことで有名である。

ヒッチコックは『カイエ・デュ・シネマ』の作家に絶賛された。「ヒッチコック＝ホークス主義」である。ここで娯楽映画作家が、その職人的技術により高度な芸術作家のレベルまで達することを示された（**ジャン＝リュック・ゴダール**参照）。実際、その高い映画技法は現在でも映画人に影響を与えている。

『断崖』では、毒薬が入っているのではと疑う主人公の前に、ミルクが運び込まれる。この中には電球が入っており、鑑賞者にその白を印象づける。昇華と失墜からなる『めまい』では、被写体の大きさは変わらないのに背景だけが遠ざかるドリー・ズーム・ショットを用いる。『サイコ』では、女性のシャワー中の45秒間の刺殺シーンを、カメラの位置を70回変え、刺すショットを描かずに迫力あるシーンを生み出した。彼は観客の視線を考え、いかに観客が登場人物と同一化できるかを追求し、カメラワークを自在に行った。『裏窓』では、足を骨折して動けない主人公が望遠カメラで覗き見る近隣住人の殺人疑惑を、観客が見ているかのように提示した。

もっと深く知りたい人のための推薦図書

- **『ヒッチコックによるラカン』**スラヴォイ・ジジェク／トレヴィル
- **『映画の構造分析』**内田樹／文藝春秋

275 写真・映像

ロベルト・ロッセリーニ（1906年〜1977年）

戦争3部作などを発表し、イタリアネオレアリズモを生み出す

第二次世界大戦は、特に敗戦国に大きな損害をもたらした。爆撃によって破壊された街の中、貧困のもとに生きる多くの人々を生み出した。一方、戦時中、ファシズムに対して懸命に戦った人々もいた。こうした世界の現状を、ありのままに描こうとした映画の傾向があった。イタリアネオレアリズモである。**ロッセリーニ**はその代表的映画作家である。

ロッセリーニはローマで上流階級の家に生まれた。1930年代に映画業界に入り、1936年に映画監督としてデビュー。1940年代前半、彼は国策映画に加担して、イタリア軍を賛美する映画を多く撮った。

ロッセリーニの名を轟かせるのは、1945年の『無防備都市』である。ナチス占領下のイタリアのレジスタンスの人間ドラマを描いた同作は、当初評価が芳しくなかったが、しだいに評価され、現代ではネオレアリズモの記念碑的作品という評価をなされている。彼はこの作品の後に『戦火のかなた』（1946年）を発表する。同作は、『無防備都市』と異なり、俳優を本業としない素人をメインに起用。よりいっそうリアリズムを目指し、ドキュメンタリー性を高めた。このオムニバスからなる同作もまた、ネオレアリズモの傑作として名高い。彼は1948年に『ドイツ零年』を発表。前述の2作と並び、戦争3部作と呼ばれる。

ロッセリーニのネオレアリズモの時代は1940年代に終わる。一方、この時代、イタリアでは**デ・シーカ**監督などによってネオレアリズモの傑作が生まれる。**デ・シーカ**の『自転車泥棒』『靴みがき』など、貧困に生きる庶民の悲惨な姿をありのままに描いた作品である。これらは、**社会問題をリアルに表現**したという意味で意義を持つ。ただしイタリア映画界は、やがて経済復興とともに、「バラ色のネオレアリズモ」に移行する。**ロッセリーニ**もカトリックの見地からの『神の道化師フランチェスコ』など、新たな視点から作品を発表する。

1950年代に入ると**ロッセリーニ**は、名女優**イングリッド・バーグマン**を主演にした映画を撮り始める。**ロッセリーニ**作品に感銘を受けた**バーグマン**からのアプローチのもと、彼は妻と離婚し、**バーグマン**と再婚する。**バーグマン**を主演にした作品では、夫婦間の人間関係を描いた『イタリア旅行』が代表作である。こうした作品群はフランスのヌーヴェルヴァーグの作家に支持された。

もっと深く知りたい人のための推薦図書

- **『映画とは何か（上下巻）』**アンドレ・バザン／岩波書店

276 写真・映像

スタンリー・キューブリック（1928年〜1999年）

映画史上の傑作『2001年宇宙の旅』など、多彩な傑作を創出した奇才

アメリカでは1940年代から1950年代にかけて、フィルムノワールといった犯罪映画が多く作られた。これらの多くは低予算で制作された白黒映画だが、優れた映画技術と確かな脚本によって、多くの傑作が生み出された。フィルムノワールはフランス語だが、これはフランスの批評家がアメリカ映画を評して名づけたものである。**キューブリック**の映画作家としての出発点は、このフィルムノワールといってよい。このことと、この作品群の映画史上の重要性を込めて、改めてここに記した。ただ後述するように彼は多彩な作家である。

ニューヨークで生まれたユダヤ人作家**キューブリック**は、1950年代から映画業界で活躍を始める。1953年に長編処女作『恐怖と欲望』を発表。彼が評価を高めるのは1955年の犯罪映画『現金に体を張れ』である。フィルムノワールの傑作とも称される同作の後、反戦映画の『突撃』（1957年）、歴史映画『スパルタカス』（1960年）といった映画を生み出す。**キューブリック**の偉大さは、前述したとおりその作品の多彩さである。**犯罪・歴史・戦争・SF・文学・喜劇・ホラー。多様なジャンルでその才能を見せつけた**。これだけでも映画史上、稀に見る存在といえる。

キューブリックは1961年にイギリスに移住する。1962年『ロリータ』を発表。**ナボコフ**原作の同作は、「ロリコン」の語源ともなった。1964年『博士の異常な愛情』は、米ソ冷戦による核戦争の脅威をブラックコメディとして、警鐘を鳴らした代表作。米ソ冷戦は終わっても核兵器は消えない現代にあって、いまだにこの映画の持つ暗い笑いは突き刺さる。

そして**キューブリック**は1968年、最大の代表作を発表する。『2001年宇宙の旅』である。この作品は2012年にイギリス映画協会が全世界の映画人にアンケートした、映画史上のオールタイムベストの第2位にランクインした傑作中の傑作である（1位は**小津安二郎**の『東京物語』）。SF作家**アーサー・クラーク**とともに作られた同作は、台詞やナレーションを極力省略し、視覚と音楽を中心に表現した、難解ともいえる作品。しかしここでは人類進化という壮大なSFテーマを、さまざまな科学技術の表現によって高いリアリティをもって構築している。2001年が簡単に過ぎ去ってしまった現代でも、この映画の斬新性は消えない。

もっと深く知りたい人のための推薦図書

- **『映画監督　スタンリー・キューブリック』**ヴィンセント・ロブロット／晶文社
- **『キューブリック全書』**ディヴィッド・ヒューズ／フィルムアート社

277 写真・映像

D・W・グリフィス（1875年～1948年）

現代につながる映画文法を生み出した、映画の父

フランスで興行として生まれた映画が、アメリカで発展するのにさほどの年月を必要としなかった。1903年に**エドウィン・S・ポーター**の『大列車強盗』が生み出され、モンタージュ（編集）を活かした活劇が展開された。これを洗練した作品にまで高めたのが**D・W・グリフィス（デヴィッド・ウォーク・グリフィス）**である。

それまでの映画は固定したカメラで、**リュミエール兄弟**のように出来事をワンシーン・ワンショットのもと、ありのままに撮るだけであったり、**メリエス**のように奇術の演劇を見世物的に呈示させたりするだけのものだった。しかし**グリフィス**作品によって、よりはっきりとした物語性が表現され、さまざまな映画技術が駆使されることとなる。これをもって**映画の文法と、撮影の基本が生み出された**とされ、**グリフィス**は映画の父ともされる。

グリフィスは、複数のショットをつないでシーンを作るという、現在では当たり前の方法―つまりモンタージュを高いレベルで実践した。彼は、ただショットとショットをつなぐ以上の効果を生み出すモンタージュをいくつか考案した。代表的なものが並行モンタージュ（クロスカッティング）である。同じ時間に、異なる場所で起きている事象を交互につなぐ手法である。これによって作品に、高い臨場感や緊張感が生み出された。

このほか**グリフィス**は、クローズアップからミドルショット、ロングショットを使い分けたり、移動撮影を行ったり、フラッシュバックやフェードイン、フェードアウトなどの現代でも用いられる多様な映画技法を生み出した。

短編映画から始まった**グリフィス**であるが、初の長編映画が1915年に発表される。『国民の創生』である。上述の映画技法の多くが使用されているこの作品は、興行的にも大ヒットした。しかし白人の視線によるアメリカの歴史が描かれた本作は、黒人差別的な作品として批判されている。1916年の『イントレランス』は、四つの別の時代の物語が同時進行で描かれる壮大な作品で、映画史的にも極めて重要な作品になっている。また、彼のもとから多くの俳優が輩出され、映画産業を発展させたという意味でもその存在は大きい。

もっと深く知りたい人のための推薦図書

- **『映画の文法』**ダニエル・アリホン／紀伊国屋書店
- **『世界映画史 1』**G・サドゥール／みすず書房

278 写真・映像

チャップリン（1889年〜1977年）

ヒューマニズムと平和を希求した、世界最高の喜劇王

映画は喜劇表現に優れている。20世紀に入って多くの国々で喜劇と喜劇俳優が生まれた。

このなかで特に人気を浴びたのが**チャールズ・チャップリン**である。彼はロンドンで生まれた。両親ともに舞台役者だった。1910年代、アメリカに移住し、山高帽に窮屈な上着、ちょび髭、デカ靴、ステッキなどの姿をした「**チャップリン**」像を築き上げた。彼は俳優とともに監督も行った。

1921年、中編の『キッド』を発表。この後、こうしたドラマ性のある長編喜劇を連発するようになる。『黄金狂時代』や『街の灯』といったロマンティックな悲喜劇である。

一方、時代はサイレント映画からトーキー映画へ移行していた。パントマイムの芸を得意とする**チャップリン**は、このトーキーへの流れに当初否定的だった。だが、彼はこれを有効に用い、『モダンタイムス』や『独裁者』という映画史上の傑作を残す。学校の教科書にも載った『モダンタイムス』は、機械によって人間が疎外されるという**21世紀になっても残る問題を提起**した作品である。また『独裁者』は、独裁政治と軍国主義に対して、**チャップリン**がラストで発する平和と民主主義を求める台詞が感動を生む作品である。

彼には**高野虎市**という、有能な日本人秘書がいた影響もあり、親日派として知られる。だが**チャップリン**最初の来日の1932年、彼は日本の右翼軍人の標的にされた。アメリカの人気者**チャップリン**を暗殺すれば、アメリカと戦争できるという稚拙な思考である。**チャップリン**は気が変わり予定を変えたため襲撃を逃れた。なお日本軍がその後アメリカと戦争し、莫大な死者を生んだことは言うまでもない。**チャップリン**はそんな時代を見据えて戦後、さらに問題作を発表する。『殺人狂時代』である。ここでは「1人殺せば殺人者、100万人殺す軍人は英雄」という先人の言葉を、映画で改めて伝えた。この後の『ライムライト』では政治から離れて、人が必ずたどる老いと若さの問題を、自らが作曲した美しい音楽とともに呈示し、大ヒットした。彼は人間社会を希望をもって見つめ、平和を希求した。

もっと深く知りたい人のための推薦図書

- 『**チャップリン**』大野裕之／中央公論新社
- 『**チャップリン**』パム・ブラウン／偕成社

279 写真・映像

ジョン・フォード（1894年〜1973年）

西部劇を中心に、娯楽映画を創り続けたアメリカ映画の巨匠

外国映画は、現代のハリウッド映画しか見ないという人も多いだろう。確かにSFX技術や若い俳優の演技は魅力に映るかもしれない。しかし本当に心に残るドラマがどれだけあるだろうか。映画は古今東西で数知れぬ名作を残していて、現代アメリカ映画しか見ないという偏見は人生をつまらなくしているかもしれない。少なくともアメリカ映画史だけ振り返っても、最大の巨匠として**ジョン・フォード**の業績を考えなくてはならないだろう。

ジョン・フォードはアイルランド移民の子として生まれる。高校卒業後、映画界に入った彼は1924年監督の『アイアンホース』でその名を知らしめる。1925年の『香も高きケンタッキー』は世界映画史上の最高傑作とされるが、日本で見る機会は極めて少ない。

1935年の『男の敵』は、アイルランド独立運動をテーマにしたもので、アカデミー監督賞を受賞した。1939年、西部劇史上最高作ともいわれる『駅馬車』を発表する。スピーディなアクションシーンは、後の映画作家に多くの影響を与えた。また馬車に乗り合わせた登場人物たちの群像劇も見事で、同作からは名優**ジョン・ウェイン**も輩出している。この後、『怒りの葡萄』『我が谷は緑なりき』を発表。貧困に生きる農民家族をテーマにした前者や、炭鉱地帯の労働者の生活を抒情的に描いた後者は、彼の才能の広さを見せつけた。

戦後、彼はほぼ西部劇に専念する。1946年の『荒野の決闘』も西部映画史上に名高い傑作である。その後も彼は『黄色いリボン』『リオグランデの砦』『長い灰色の線』『捜索者』『シャイアン』『リバティ・バランスを撃った男』などの西部劇の傑作を発表する。

彼は、フランスの映画雑誌『カイエ・デュ・シネマ』の批評家たちに評価される。彼らは「作家主義」を標榜し、**ジョン・フォード**を**ヒッチコック**や**ハワード・ホークス**らと同等に優れた芸術家として尊敬した。壮大な文芸作品を描いたわけではなく、**娯楽作品を高い技術のもと職人のように作り続けた**彼らの作品にこそ、真の映画作家の姿があるとしたのだ。

もっと深く知りたい人のための推薦図書

- **『インタビュー　ジョン・フォード』**ピーター・ボグダノヴィッチ／文遊社
- **『ジョン・フォード伝』**ダン・フォード／文藝春秋

280 写真・映像

ウォルト・ディズニー（1901年～1966年）

アイドル・ミッキーマウスを創造し、現代の大量消費文化の象徴となる

「**ディズニー**」とパソコンやスマホで検索すると、ディズニーキャラや、ディズニーリゾート関連のサイトが並び、その創業者の名にはなかなかたどりつかない。これほど大衆に親しまれているブランドは少ないだろう。ディズニーランドはほとんどの国で、夢の国として女性や子供を中心に圧倒的な人気を誇る。その創造主を探ってみる。

ディズニーはシカゴに生まれる。もともと愛国主義・軍国主義的傾向の強かった彼は、第一次世界大戦の兵に志願した。戦後の1920年、彼はアニメーターとして活躍し始める。

アニメーションは、1920年代にダダイスムなどの影響を受けた抽象的図形による前衛芸術として発展する。一方で、大衆の娯楽のアニメーションを追求したのが**ディズニー**である。

彼は1930年代に**ミッキーマウスを創出**。ミッキーは大衆のアイドルとなった。現代ではふつうにアニメのキャラが大衆に支持されるが、ミッキーはそのほぼ最初期のキャラだった。同時に誰もが手軽な値段で映画館で楽しむことができる大量消費社会のアイコンともなった。

1937年に彼は製作者として『白雪姫』を発表。世界最初の長編アニメーション映画となった同作は現在でも高い評価を残す。この後も『ダンボ』『ファンタジア』『101匹わんちゃん』『ふしぎの国のアリス』などを発表した。

1955年、アメリカにディズニーランドが開園する。これは「誰もが楽しめる場所」という彼の理念のもと、日本でもディズニーリゾートが開園し、人気を博している。

ディズニーは65歳で没する。だが彼の後継者たちによって、その名は現代にまで残った。なお第二次世界大戦に協力した**ディズニー**は自らの意志で、ミッキーマウスが零戦を撃墜するアニメ作品を描いたり、敵国の代表として**東条英機**や**昭和天皇**を風刺したりした。同時に彼は白人至上主義者で、黒人に差別的であったとされる。

ディズニーの世界は、難しく考えず明るく楽しもうとするアメリカ的なものだ。ここに人生の厳しい現実を見つめていないと批判をするのはたやすい。しかし時に童心に帰って楽しむ存在も必要なのだろう。**ディズニー**の普遍的人気はきっとそこにある。

もっと深く知りたい人のための推薦図書

- **『ウォルト・ディズニー』**ボブ・トマス／講談社
- **『創造の狂気　ウォルト・ディズニー』**ニール・ガブラー／ダイヤモンド社

281 写真・映像

エイゼンシュテイン（1898年～1948年）

モンタージュ理論を追究した、旧ソ連の巨匠

映画は、発明されたときは、ワンシーン・ワンショットの作品しかなかった。つまり止めることなく撮りっぱなしだった。しかし、映画人は複数のショット（カット）をつなぐことによって、映画ならではの効果が生まれることに気づいた。19世紀末から20世紀初頭**メリエス**は、自らの奇術映画にショットのつなぎを応用した（**メリエス**参照）。

だが、それ以上の効果があることはすぐに発見された。クローズアップやロングショットを駆使し、これらをつなぐことで、自由に時空を超える表現ができ、三一致を主張する演劇など、ほかの芸術にできない劇的効果を生み出せると、多くの映画人が知ったのである。このショットとショットをつなぐことを「編集」といい、同時に「モンタージュ」ともいう。旧ソ連の映画監督**セルゲイ・エイゼンシュテイン**は、ほぼ同時代のアメリカの**グリフィス**と並び、モンタージュ理論を追究し、自らの映像作品で実践した意味で東の代表的映画作家である。

エイゼンシュテインは、現在ラトビアの首都リガ出身。ロシア革命後の1920年、モスクワに移住。1921年、20世紀を代表する演出家**メイエルホリド**の演劇工房で演劇を学ぶ。1924年映画に移行し、1925年『ストライキ』を発表。このときすでに**エイゼンシュテイン**は、モンタージュ理論を自家薬籠中の物にしていた。

同年、『戦艦ポチョムキン』を発表。同作はモンタージュ理論を究めた作品として、映画史上に残る代表作となった。彼のモンタージュ理論には、「アトラクションモンタージュ」などがある。互いに衝突するように、強度の高い異なる映像同士がつながることによって、作者の伝えたい意味が強烈に表現されるというものである。

こうしたモンタージュ理論の背景には、弁証法がある。弁証法は、周知のとおりヘーゲル哲学の理論であり、二つの異なるものである「正」と「反」が「止揚」されることで高い次元のものとなる考え方である。**マルクス**主義は弁証法的唯物論を基礎とする。旧ソ連で、共産主義の影響にあった**エイゼンシュテイン**は、**異なるショットとショットとのつなぎから生まれる効果に、弁証法の理論を見出**していた。

一方で**エイゼンシュテイン**は、大の親日家で日本の文化を学んでいた。彼のモンタージュ理論には、日本文化の影響も見られる。彼は言う。「日本人はおそらく無数の象形文字（漢字）をものにしている。それと同時に、カタカナ、平仮名などアルファベット系の文字も存在している。彼らは少しもためらわずに、象形文字の絵画と、いくつかのまったく違うアルファベット系の文字とをモンタージュするのである」

つまり、偏《へん》と旁《つくり》からなる漢字自体がモンタージュである上に、その漢字と平仮名などがつながれて文が生み出されることにも高いモンタージュの創造性を見ている。例えば漢字は「日」と「月」を組み合わせて「明」という字（異なる意味）が生まれる。これ

は絵画であり象形文字のモンタージュであり、弁証法でもある。一方で平仮名やカタカナはアルファベットに近く、文字としての記号に近い。画像（絵画）と字幕（文字）の組み合わせ。確かにこれはサイレント映画でもある。

さらに**エイゼンシュテイン**は、歌舞伎や絵巻物といったものにも、モンタージュ理論や映画との親和性を論じた。実際、字幕と視覚的映像だけからなる当時のサイレント映画と絵巻物とはよく似ている。また、歌舞伎の「見得」を切る場面に、映画のクローズアップと同じものを見出したように、歌舞伎との類似性も彼は指摘した。

エイゼンシュテインはこのような見地から、自らのモンタージュ理論と映画理論を高めていった。だが、こうした理論に対し、戦後の記号学者の**メッツ**などは新たな意見を論じた。モンタージュを多用することは、シニフィアン（意味するもの）とシニフィエ（意味されるもの）の間に強固なコードが作られ、作者の主張する意味以外の多義的意味を観客が読み取れないとした。これに対し、ショットの少ない作品にはシニフィアンとシニフィエの間のコードが弱くなり、結果として観客が自由な解釈ができるものとした。確かに**エイゼンシュテイン**の映像には、観客を一方向に扇動するような力を持つ。『戦艦ポチョムキン』の「オデッサの階段」は、こうしたモンタージュの特性を駆使した、映画史でも名高い名シーンである。ロシア帝国の軍隊によって、市民たちが銃撃を受けるこのシーンでは、階段を逃げ惑う群衆、力尽きる市民、銃撃の歩を進める軍隊、撃たれ踏みつけられる子供、嘆く母親のアップ、階段を落ちる乳母車……。これらが短いショットでつながれ、戦闘行為の無慈悲さを鑑賞者に示している。これは「映画史上最も有名な6分間」ともいわれ、実際、この映像の迫力は時代を超えて、見る者を圧倒する。

この後、**エイゼンシュテイン**は『全線』『十月』『アレクサンドルネフスキー』を公開する。『全線』『十月』はロシア革命を描いた作品であり、『アレクサンドルネフスキー』はロシアの13世紀の英雄を描いた作品。これらはスターリン政権下にも支持され、**エイゼンシュテイン**はソ連の巨匠としての地位を固めた。

しかし、晩年の**エイゼンシュテイン**は1946年に発表した『イワン雷帝（2部）』がスターリン批判と判断されて公開中止となり、最後は独裁政権に翻弄されながら50歳で病死した。

もっと深く知りたい人のための推薦図書

- **『映画理論集成』**岩本憲児、波多野哲朗編／フィルムアート社

282 写真・映像

ロバート・キャパ（1913年〜1954年）

命がけで戦争の現実を撮り続けた、報道写真家

20世紀に入って写真技術が向上するとともに、従来の肖像写真とは異なる多様な写真が撮られ始めた。その中に報道写真がある。20世紀は戦争の時代であった。

この**戦争の現実をリアルに表現するものとして報道写真は高い評価を受けた**。**ロバート・キャパ**はその代表的写真家である。

キャパは本名が**アンドレ・フリードマン**で、ハンガリーのブダペストに生まれたユダヤ人である。左翼運動で逮捕・釈放後、ドイツに移り写真の撮影を始める。ユダヤ人迫害が強まるとアメリカ、さらにパリへと転々とする。1936年に撮影された、スペイン内戦中のフランコ反乱軍によって、狙撃された兵士の写真『崩れ落ちる兵士』は、1937年アメリカの写真雑誌『LIFE』にも載り、**キャパ**の名を一躍有名にするとともに、反ファシズムの象徴ともなった。だが、現在ではこの写真は「やらせ」で、撮影者も仲間の写真家**ゲルダ**のものとされている。

しかしこれで**キャパ**の名が貶《おとし》められることはない。彼は、第二次世界大戦に従軍し、多くの戦場で写真を撮った。日中戦争や、イタリア戦線などの現場に足を運んだ。特に1944年のノルマンディー上陸作戦を撮影したことは有名である。彼は戦場写真において、最前線の兵士より先を走り、振り返り、その突撃する兵士たちの姿を撮るなど、命がけで迫力溢れる写真を残した。彼は平和を願い、生死を賭ける戦争という忌まわしい現実をありのままに人々に呈示しようとした。

戦後、アメリカ国籍を取得した彼は、名女優**イングリッド・バーグマン**と恋に落ちたり、フランス人写真家**アンリ・カルティエ＝ブレッソン**らと国際写真集団を結成するなど精力的に活動した。交友関係も広く、**ピカソ**や**ヘミングウェイ**、**スタインベック**らと親しかった。冷戦下のソ連を訪れたり、中東戦争を取材したり、1954年には訪日して日本の姿も撮影した。その後、インドシナ戦争に撮影に向かうが、戦地で地雷に触れ爆死した。

もっと深く知りたい人のための推薦図書

- **『キャパの十字架』**沢木耕太郎／文藝春秋

283 写真・映像

マリリン・モンロー（1926年〜1962年）

20世紀で最もセクシーと称された女優

ハリウッド映画によるアメリカンドリームの実現。それを本当に実現させた**アメリカ最大のセックスシンボル**。数々の恋で浮き名を流し、最期はシャネルの５番だけを身につけて死んでいった悲劇の大女優。それが**マリリン・モンロー**である。

マリリン・モンロー（ノーマ・ジーン・ベイカー）は、1926年にロサンゼルスで私生児として生まれた。母親の**グラディス**は女手一つで娘を育てようとするが精神を病む。そのため幼い頃**モンロー**は何人かの里親の間を転々とした。16歳、第二次世界大戦の最中に、最初の結婚をするが、夫が海軍に徴兵され、海外に赴いた。そのため彼女はロサンゼルスの軍需工場で働いたが、そのとき、陸軍の報道カメラマンの目に留まり、モデルとなったことがスターへの第一歩となった。

1946年、**モンロー**は最初の夫と離婚、本格的にハリウッドで女優を目指す。彼女が最初に出演した映画は『嵐の園』だが、端役での出演。鳴かず飛ばずの女優生活が続く。生活のためにヌードモデルにもなる。彼女が注目されるようになったのは1951年の『アスファルト・ジャングル』の準主役を演じてからである。その後、『ナイアガラ』、『紳士は金髪がお好き』、『帰らざる河』などで主役を演じ、**モンロー**はアメリカ中を沸かせる女優となる。

私生活は有名野球選手の**ジョー・ディマジオ**と結婚するも９カ月で破局後、その後、劇作家の**アーサー・ミラー**と結婚するも５年の結婚生活で離婚。その離婚前から**ジョン・F・ケネディ**と不倫関係にあった。1962年の**ケネディ**の誕生パーティーで**モンロー**が「ハッピーバースデー・ミスタープレジデント」と歌ったことは有名であるが、その２カ月半後に彼女はこの世を去る。

マリリン・モンローは確かにハリウッドが作り上げた最大のセクシー女優であった。多くのファンと人気を勝ち得たが、多くの男たちが彼女を通り過ぎていった。明るいスポットライトが当たった彼女の人生は決してハッピーなものではなかった。愛を求めたが、真の愛を摑めなかった女優。それが**モンロー**の生涯だった。

もっと深く知りたい人のための推薦図書

- **『マリリン・モンローという生き方　劣等感を持つ女は美しい』**山口路子／KADOKAWA

284 写真・映像

ジャン＝リュック・ゴダール（1930年〜）

古典的映画撮影法を一新した、ヌーヴェルヴァーグの旗手

フランス映画界は、戦後『カイエ・デュ・シネマ』という映画雑誌を発刊した。ここでは若手批評家たちが、「作家主義」を標榜し、それに値する映画作家として**ヒッチコック**や**ホークス**らを尊敬した。やがて彼ら自身が映画作家となり、新しい映画の流れを巻き起こす。これが「ヌーヴェルヴァーグ（新しい波）」であり、その代表が**ゴダール**や**トリュフォー**だった。

ゴダールはパリで生まれ、幼少時をスイスのニヨンで過ごす。やがてパリに戻った彼は1950年代、映画評論を始める。1954年、監督処女作の『コンクリート作戦』を発表。1959年には『勝手にしやがれ』を発表する。同作はヌーヴェルヴァーグの金字塔となった傑作であり、**ゴダール**最大の代表作である。

同作は、**即興演出や同時録音、街中などロケーション中心の撮影、大胆な編集など、当時の映画撮影の常識を打ち破った**作品であった。これはある意味、素人でも撮れる方法であり、実際、この作品以降、世界中で似た試みで無数の作品が作られたが、同作に匹敵するほどの作品はない。同作では、無軌道に生きる若い男女の悲劇（喜劇?）が描かれ、若者たちの生き方に大きな影響を与えた。こうした自由な気運は、1968年に**ゴダール**らがカンヌ国際映画祭を中止に追い込んだ事件を端緒として起きた、学生や労働者の五月革命に帰結する。

ゴダール自身は、1963年に『軽蔑』、1964年『はなればなれに』、1965年『気狂いピエロ』『アルファヴィル』、1966年『メイド・イン・USA』、1967年『中国女』、1968年には**ローリング・ストーンズ**を主演にした『ワン・プラス・ワン』などの傑作を次々と発表した。しかしこの後、**ゴダール**は商業映画と決別する。ソ連の映画作家**ジガ・ヴェルトフ**の名を取った、「ジガ・ヴェルトフ集団」による左翼映画集団を結成する。こうして彼の作品からは通俗的な娯楽要素は減り、視覚と音楽とが時にシンクロしない彼独特の映像美を楽しむとともに、時に政治思想などについて考える形の映画へと進む。

1980年代に入り**ゴダール**は商業主義に戻る。しかし彼の作風は大きく変わることはなかった。短めのショットと字幕、ナレーション、音楽、これらをつなぐモンタージュ。難解とする意見がある一方、シネフィルらの絶賛もあり、モードとして日本の「渋谷系」などへも影響を与えた。無数の映画のコラージュやモンタージュからなる1998年の『映画史』は総決算ともなる。いみじくも**ゴダール**は言う。「正しい映像はない。ただ複数の映像があるのみだ」

もっと深く知りたい人のための推薦図書

- **『ゴダール的方法』** 平倉圭／インスクリプト
- **『ゴダール』** 松浦寿輝／筑摩書房

285 その他

ヘレン・ケラー（1880年～1968年）

三重苦を克服し、高い教養を身につけた偉人

見えず、聞けず、話せないという三重苦を克服したアメリカの教育家である**ヘレン・ケラー**。彼女と家庭教師の**サリバン女史**との言語獲得の物語は日本でもよく知られているが、言語を獲得した後も、**ヘレン・ケラー**はさまざまな教育活動を行い、社会に貢献した。

ヘレン・ケラーはアラバマ州タスカンビラでアメリカ南部の名家の娘として誕生したが、1歳のときに高熱により視覚と聴覚を失ってしまう。そのため躾《しつけ》ができず、7歳まで本能のみで生きているような生活が続いた。この生活が一変するのは**アン・サリバン**との出会いである。**サリバン**は**ヘレン**に根気強く指文字を教え、言語コミュニケーションへの道が開かれたのである。だが､戯曲『奇跡の人』の中にある、**ヘレン**が「水（water）」という単語を理解することによって言語習得を始めたという有名な物語は創作である。その後**ヘレン**は現在のハーバード大学であるラドクリフ・カレッジに入学し、卒業後はさまざまな社会運動に参加し、世界各国を訪れ、日本にも2度来ている。1902年には自伝『わが生涯』を新聞に連載し、翌年出版されている。

ヘレン・ケラーは三重苦を克服したことによって有名であるが、彼女は障害者としてだけでなく、社会運動家としても知られている。男女同権論者であり婦人参政権運動に参加し、人種差別反対論者であった。さらに、死刑制度反対論者でもあり、第一次世界大戦の大量殺戮にも反対した。また、産児制限運動にも参加した。

障害児教育での**ヘレン・ケラー**の考えは日本にも大きな影響を与えた。後に日本で初めての障害者教育施設である滝乃川学園を創設した**石井亮一**は**ヘレン**と会い、障害児教育に目覚めた。また、社会実業家の**岩橋武夫**は**ヘレン**に日本政府への障害者支援体制整備の呼びかけを要請し、日本の障害者支援体制の基盤を作った。

ヘレン・ケラーは単に障害を克服しただけではなく、積極的に社会参加をし、社会変革を目指したのである。しかし忘れてはならないのは、彼女が奇跡の人（The miracle worker）と呼ばれた**サリバン女史**に支えられ、前進していったということである。それは一人の力ではできないことでも、誰かの助けがあれば偉大な行為が可能になるという一つの確かな証明であるのだ。

もっと深く知りたい人のための推薦図書

- **『わが生涯』**ヘレン・ケラー／内外出版協会
- **『ヘレン・ケラーはどう教育されたか―サリバン先生の記録―』**アン・サリバン／明治図書出版
- **『ヘレン・ケラーの急進的な生活』**キム・E・ニールセン／明石書店

286 その他

ココ・シャネル（1883年～1971年）

20世紀のファッション界を一新した美女

マリリン・モンローをはじめとする多くの女性の心を捉えた香水。魅惑的なデザインの宝石。シンプルであるが、エレガントなデザインの衣服。20世紀初頭からのファッション界をリードしていったフランスのファッションデザイナーが**ココ・シャネル**である。

ココ・シャネルは、ロワール川の沿岸都市ソミュールで、行商人の父と洗濯婦の母との間に生まれた子供である。貧しい幼少年期を過ごし、母の死後、彼女は孤児院に預けられる。その後洋裁を学び、仕立て職人のもとで働くようになり、副業としてムーランにある舞台で歌を歌うようになる。繊維業者の息子の愛人となったが、その友人として知り合ったイギリスの上流階級出身の**ボーイ・カペル**が彼女に教養を身につけさせる。こうした中、彼女は婦人用帽子のデザインを手掛ける。女優の**ガブリエル・ドルジア**が映画で**シャネル**の帽子を被ったことで**シャネル**のデザインは一躍有名になる。

1913年**カペル**が出資し、ドーヴィルにブティックを開業し、帽子だけでなく、セーター、ジャケットなど婦人服全般も扱うようになり、大成功を収める。そして、1919年にパリのカボン通りにクチュリエールを開業する。**シャネル**のデザインした婦人服は若々しく、身体的解放感があり、運動性に優れていた。そのデザインは**フランスのファッション界に新風を吹き込んだだけでなく、世界中に広まっていった**。**シャネル**は高級香水の販売にも手を広げ、パルファン・シャネルを創設する。また、バッグやジュエリーのデザインも行う。私生活ではさまざまな恋の噂を振りまき、第二次世界大戦中のドイツ軍将校との恋はスパイ説も生んだ。**シャネル**は戦後もファッション界に大きな影響を及ぼしたが、1971年、長年住んでいたリッツホテルの一室で息を引き取った。

シャネルの一生は成り上がりと、恋と、ファッション的創造の連続であった。彼女の革新的な発想と野心がなければ、20世紀のファッション界はつまらないものとなっていたであろう。そして、「シャネルの5番」という香水の魅力は女性たちの肌の上で、放たれる美しさを増す魔法の香りとして今も輝いている。**シャネル**はまさに20世紀のファッション界の女王だったのである。

もっと深く知りたい人のための推薦図書

- **『シャネル―人生を語る』**ポール・モラン／中央公論新社
- **『ココ・シャネル　時代に挑戦した炎の女』**エリザベート・ヴァイスマン／阪急コミュニケーションズ
- **『ココ・シャネルの秘密』**マルセル・ヘードリッヒ／早川書房

287 その他

ベーブ・ルース（1895年～1948年）

アメリカの野球人気を不動のものにした、野球の神様

ベーブ・ルースは、子供向け伝記本の定番だった。なぜ彼はそれほど偉大なのだろうか。一つはその劇的人生にある。

彼はアメリカのメリーランド州に生まれた。幼少時は手に負えない悪童だった。両親はカトリックの孤児院に預ける。そこで神父の**マシアス**と出会い、更生するとともに野球を知る。すぐに素質を開花させた彼は、1914年にプロ野球選手として契約する。

ボストン・レッドソックスに入団した彼は投手として出発する。やがて打撃の才能も見込まれ、投打の二刀流で活躍する。1915年には投手として18勝8敗、打者として打率.315という成績を残した。だが、しだいに打撃に専念するようになる。1919年のシーズン、彼は打者として29本の本塁打を放つ。飛ばないボールを用いていた当時にあって、これはメジャーリーグ記録となった。やがて1920年にはニューヨーク・ヤンキースに移籍する。この年、彼は打率.376。54本塁打をマーク。さらに1921年には打率.378。59本塁打の驚異的数字を残し、チームもリーグ史上初優勝を達成する。そして1927年には60本塁打を記録する。

ベーブ・ルースはその後も圧倒的な結果を残し続ける。1932年には予告ホームランを打つ。1934年には700号ホームランを達成。この年、選抜チームで日本に遠征。これをきっかけに1936年、日本にはプロ野球リーグが発足する。**ベーブ・ルース**自身は、1936年のシーズンに引退する。通算本塁打714本は、1974年に**ハンク・アーロン**に抜かれるまでメジャーリーグ最多記録だった。なお、日本では**王貞治**が1977年に**アーロン**の通算記録755本を超える756本の記録を残した。1948年、**ベーブ・ルース**はがんで死去する。

彼は子供好きで、多くの少年ファンを増やした。彼が子供向け伝記に登場する理由の一つである。同時に**彼の偉大な活躍はアメリカの野球人気を不動のものにし、「野球の神様」ともいわれる**。

なお、メジャーリーグでは2018年に**大谷翔平**が、15本以上の本塁打（22本）と50イニング以上の登板（4勝）を記録。これは**ベーブ・ルース**以来99年ぶりの快挙である。

もっと深く知りたい人のための推薦図書

- **『ベーブ・ルース』**鈴木惣太郎、氏田秀男／弘文出版
- **『大戦前夜のベーブ・ルース』**ロバート・K・フィッツ／原書房

288 その他

リンドバーグ（1902年～1974年）

史上初単独大西洋横断無着陸飛行に成功

アメリカの飛行機パイロットの**チャールズ・リンドバーグ**。彼はニューヨークからパリまで大西洋を横断して、**プロペラ機での単独無着陸飛行を初めて成功したパイロット**として歴史にその名を残している。

リンドバーグが有名なニューヨーク―パリ間の無着陸大西洋横断飛行を行うのは1927年のことであるが、彼の乗るスピリット・オブ・セントルイス号は5810kmを33時間29分30秒で飛行し、パリに到着した。また、第二次世界大戦前はナチスドイツに好意的で、対独戦争反対を主張していたが、戦争中は民間パイロットとしてアメリカ政府に対して戦争協力を行った。晩年はハワイ州のマウイ島に移り住み、自然環境保護運動に積極的に参加したが、リンパ腫瘍が原因で、72歳で死去した。

リンドバーグはパイロットとして知られているが工学的な知識も豊富に持ち、生理学者の**アレクシス・カレル**とともに人工心臓としての**カレル・リンドバーグ**ポンプを1935年に開発した。この人工心臓は、当時、重い心臓病患者の治療法として画期的なものとなった。また、1953年に、『翼よ、あれがパリの灯だ（The Spirit of St. Louis）』を出版し、翌年、この本でピュリッツアー賞を受賞している。この本は1957年に**ビリー・ワイルダー**監督によって映画化され、大変な評判となった。

リンドバーグの人生において最も大きな出来事は25歳のときの大西洋横断飛行である。この飛行の成功によって、**リンドバーグ**は世界中の人々から注目を集めた。彼の冒険心と勇気とが多くの人々の称賛の的となったからである。「翼よ、あれがパリの灯だ」という日本では有名な言葉を、実は**リンドバーグ**は述べていない可能性が高いが、こうした逸話ができるほど彼の行為は人々の記憶に深く残った。そして、それはこれからも語り継がれていくものとなるであろう。

佐藤優の言葉

リンドバーグは、ナチス・ドイツに共感を抱いていた。孤立主義と親独感情から、アメリカが第二次世界大戦に参加することに反対する論陣を張った。フィリプ・ロスの『プロット・アゲインスト・アメリカ』（集英社）は、1940年の大統領選挙に共和党からリンドバーグが立候補し、当選するという仮想小説だ。アメリカはナチス・ドイツや日本と連携するというストーリーだ。歴史の可能性について想像力を刺激する優れた作品だ。

もっと深く知りたい人のための推薦図書

- **『翼よ、あれがパリの灯だ（上下巻）』**チャールズ・リンドバーグ／旺文社
- **『リンドバーグ第二次大戦日記（上下巻）』**
  チャールズ・A・リンドバーグ／角川学芸出版
- **『リンドバーグ―空から来た男（上下巻）』**A・スコット・バーグ／角川書店

289 その他

マザー・テレサ（1910年～1997年）

貧しき人々の救済に生涯を捧げた修道女

マザー・テレサはカトリックの聖人であり、修道会である「神の愛の宣教者会」の創立者である。彼女の貧しい人々を救済しようとする活動は世界中の人々から高く評価され、彼女は数々の賞を受賞した。

マザー・テレサは現在の北マケドニアのスコピエで、**アグネス・ゴンジャ・ボヤジュ**として生まれ、裕福な家庭に育った。父はアルバニア独立運動の勇士だったが45歳で亡くなっている。18歳のときにアイルランドのロレト修道女会に入会、修道女としての教育を受ける。

1931年にインドに赴き、修道女としての初誓願を行い、修道名**テレサ**を名乗った。1937年に生涯修道女として過ごすことを誓った終生誓願を行い、**シスター・テレサ**となる。1946年に列車の中で「貧しい人々のためにもっと働きなさい」という神の言葉を聞くと、1948年にカルカッタのスラム街に移り住み、貧しい子供たちのための教室を開いた。その後、1950年に修道会「神の愛の宣教者会」を設立。この頃から**マザー・テレサ**と呼ばれるようになる。1971年、ヨハネ23世教皇平和賞、ケネディー賞を受賞。1979年には**ノーベル平和賞を受賞**した。

マザー・テレサの生涯を見ていくと、彼女の人生が貧しい人々の救済に捧げられたものであることが理解できる。**マザー・テレサ**のそうした思いは多くの人の賛同を得た。一例を挙げれば、彼女の設立した神の愛の宣教者会は、1997年には会員数4000人を超え、123カ国、610カ所で、ホスピス、HIV感染者のための家、児童養護施設、学校などを運営する組織となっていた。

マザー・テレサに対しては、彼女の崇高なイメージは脆弱化したカトリック教会による印象操作であるとする批判や裏金問題などが存在していることは事実である。しかしながら、我々は**マザー・テレサ**が実際に多くの貧しい人のために働き、彼らの生きる支えとなった事実があったことを無視してはならない。彼女は聖女ではなかったという意見がある。それは正しい意見かもしれない。だが、そうであったとしても、彼女は歴史に残る偉業を行ったのだ。

もっと深く知りたい人のための推薦図書

- **『生命あるすべてのものに』**マザー・テレサ／講談社
- **『マザー・テレサ　愛の軌跡』**ナヴィン・チャウラ／日本教文社
- **『マザー・テレサ―世界のもっとも貧しい人々をたすけた、“神の愛の宣教者会”の修道女』**シャーロット・グレイ／偕成社

290 その他

ヨハン・クライフ（1947年〜2016年）

トータルフットボールを実践した、近代サッカーの申し子

世界的に最も人気のあるスポーツはサッカーである。サッカーは多くの英雄を生み出してきた。王様**ペレ**（ブラジル）と神の子**マラドーナ**（アルゼンチン）の両雄。欧州では皇帝**ベッケンバウアー**（ドイツ）、将軍**プラティニ**（フランス）。このほか枚挙にいとまがない。忘れてならないのは、フライングダッチマン（空飛ぶオランダ人）と呼ばれた**ヨハン・クライフ**である。彼は前述の選手にも引けを取らない技術を持っていたが、**サッカーの戦術を根本から変え、監督としても実績を残した**という意味で特筆すべき存在である。

クライフはオランダの名門アヤックスと16歳で契約。すぐに攻撃の選手として頭角を現し活躍する。1973年世界屈指のビッグクラブ・スペインのFCバルセロナに移籍。1973〜1974年シーズンでリーグ優勝。自身2度目のバロンドール（欧州最優秀選手に贈られる賞）を受賞するとともに、当時の**フランコ**独裁政権に反対するバルセロナの希望の光となった。一方、オランダ代表としては1974年ワールドカップに出場。中心選手として活躍し、チームを決勝進出に導いた。この決勝の相手は西ドイツ。DF（ディフェンダー、守備）**ベッケンバウアー**を擁するチームとの死闘の末、1－2で惜敗するものの彼は絶賛された。

彼が選手として評価されるのは、**クライフ**ターンというフェイント技術のおかげだ。クロスを上げると見せかけて、体を反転しDFをかわす。現在では定番のフェイントとなっている。さらに世界を驚かせたのは、1974年オランダ代表時の戦術である。トータルフットボールといわれた**ミケルス**監督によるこの戦術は、それまでの固定したポジションにこだわるものではなく、全員攻撃・全員守備として全選手が流動的にポジションを変えながら走り、ボールを追う。前線の選手も相手DFにチェックにいく。最終ラインを高く敷き、オフサイドも取る。**クライフ**はFW（フォワード、前衛）を主なポジションにしながら時に守備にも回り、この組織的な戦術を体現した。彼なしにはトータルフットボールは実現できなかったとされる。今日、これを発展させたハイプレス、前線から最終ラインを狭めての全員攻撃・全員守備は、常識的な戦術になっている。

なお、彼はFCバルセロナの監督としても優れた戦術を行い、クラブを強化した。

もっと深く知りたい人のための推薦図書

- **『ヨハン・クライフ「美しく勝利せよ」』** フリーツ・バーラントほか／二見書房
- **『ゲームの支配者ヨハン・クライフ』** ディートリッヒ・シュルツェ＝マルメリンク／洋泉社

第5章

中東と南・東南アジア

291 政治

アショーカ王（？～紀元前232年？）

戦争をきっかけに仏教を深く信心するように

アショーカ王は、古代インドのマウリヤ朝第３代の王で、紀元前268年から前232年頃に在位していたと考えられている。在位中に仏教に帰依し、政治理念は仏法による平和を理想としたとされるが、考古学的には治世初期のことはほとんどわかっていない。

祖父は、マガタ国マウリヤ王朝の建国者**チャンドラグプタ**であった。古代ギリシャの著述家**プルタルコス**によれば、**チャンドラグプタ**は若い頃に**アレクサンダー大王**と出会い、マケドニア軍のインド横断を助勢したともいう。

アショーカ王もまた、さまざまな伝説に彩られている。前王**ビンドゥサーラ**の治世時代にタキシラという街で反乱が発生した。しかし父親である**ビンドゥサーラ**は、**アショーカ**と不和であったために、軍隊も武器も与えぬままに反乱鎮圧の命令を出した。

この状況に家臣が狼狽していると**アショーカ王**は落ち着き、「私が王にふさわしいほどの善根を持つのなら、軍と武器が現れる」と答えたという。すると神々は、大地から軍と武器を出現させて与えた。これを聞いたタキシラの住民たちは、**アショーカ**の通る道を清め、歓迎し「我々は王にも王子にも叛《そむ》いているわけではない。ただ悪しき大臣が、我々に害を与えたため、これを討ったのみ」と進言し、**アショーカ**は同地の人々の尊敬を得て反乱を鎮圧したとされる。

ビンドゥサーラが病に倒れると、**アショーカ**は99人の兄弟を殺して王座を手に入れたとされる。さらに自分を軽視した大臣たちを500人も誅殺した。即位した直後は恐ろしい暴君だったが、それが治世9年目（紀元前260年頃）に行われた戦争で大きく転換。インド東岸で勢力を振るったカリンガ国に対し、捕虜を10万人処刑したが、戦禍で数倍の民衆が亡くなったため、これを後悔した**アショーカ**は、以後、仏教を深く信心して、仏教を根本に置く**「法（ダルマ）の政治」を目指すようになった**とされる。

もちろんこうした記録は、後世の仏教者が王の仏教改宗を劇的なものとするために演出した部分も多い。しかし、晩年には仏教政策重視のために政治混乱が起こったと考えられ、**アショーカ**も地位を追われ幽閉されたとも考えられている。チベットに伝わる伝説では、**アショーカ**はタキシラで没したという。その後、マウリヤ朝は紀元前180年頃滅亡し、王統や歴史をたどることは困難となった。

もっと深く知りたい人のための推薦図書

- **『アショーカ王とその時代―インド古代史の展開とアショーカ王』**山崎元一／春秋社
- **『アショーカ王碑文』**塚本啓祥／第三文明社
- **『アショーカ王とインド思想』**木村日紀／教育出版センター

292 政治

カニシカ王（生没年不明）

敵を9億人殺したとされる「王の中の大王」

古代インドのクシャーナ朝最盛期の**カニシカ王**は、統治の年代には諸説あるが、130年から155年頃とする説が有力とされている。クシャーナ朝初期を支配した**カドフィセス王**の跡を受け、北西インドのガンダーラ地方のプルシャプラ（現ペシャワル）に都を置き、中央アジアから中部インドに至る広大な領土を支配した。

カニシカは東部領支配のため、現在のデリー近くの都市マトゥラーを副都とした。また、ガンジス川を下ってインド東部地方にまで勢力を拡張することを目指した。ネパールのカトマンズやガンジス川中流のサールナートを支配下に入れ、古代インド世界の中心都市の一つで、現在のビハール州の州都パトナに当たる、パータリプトラ近辺にまで迫る大帝国となっていった。

また、夏になると一族郎党を引き連れアフガニスタンの草原へ、冬はインドの平原へ移動。地方の有力者を従属させて「王の中の大王」として君臨した。

仏典の記録では、**カニシカ**は領土を侵略してきたパルティア国と戦争し、迎え撃って勝利したとの記録がある。このとき、パルティア人を9億人殺したとされるが、もちろん、この数字は伝説であろう。

仏典によれば、**カニシカ**は戴冠当初、仏法を軽視していたという。しかし、その頃、カシミール地方の王に、仏教に帰依して出家したシンハという人物がおり、**カニシカ**は彼の説法を聞きに行き、仏教に深く帰依するようになったという。

カニシカは首都プルシャプラの郊外に仏塔や寺院を建て、またカシミールにおける仏典結集事業を援助。また仏教僧侶である**アシュバゴーシャ**を招き、厚遇したという。東西文化が交流していたガンダーラ地方では、この時代に大乗仏教が発達し、仏教美術が栄えたことから、日本や中国では**カニシカ**は大乗仏教を支持していたと伝えられる。しかし、**アシュバゴーシャ**の残した作品などから、伝統的保守仏教を支持していたとの説もあり、また当時の貨幣に刻まれたデザインには、シヴァ神、太陽神、月神など、伝統的なインド等の神の図像が表されており、実際には他の宗教との関係も濃密であったと推測されている。

もっと深く知りたい人のための推薦図書

- **『カニシカ王と菩薩たち』**定方晟／大東出版社
- **『カニシカ王』**木戸秀夫／第三文明社

293 政治

ハールーン・アッ＝ラシード（763年～809年）

アラビアンナイトにも登場する君主

ハールーン・アッ＝ラシードは、8世紀のイスラム帝国アッバース朝全盛期のカリフ（最高権威者）である。贅沢と快楽を好む典型的な君主とされているが、同時に宮廷に多くの学者や文人を集め、**学術を奨励してイスラム文化の花を咲かせた**保護者でもあった。バグダードに建設した「知恵の宝庫」は、アレクサンドリアに伝えられていたギリシャ語文献を、アラビア語に翻訳する学術センターであった。

第3代カリフの**マフディー**の第3子であり、皇太子時代に2回、対ビザンティン遠征軍の総指揮官に任ぜられた。コンスタンティノープル遠征ではボスポラス海峡にまで迫る功績をたて、第2代カリフの**マンスール**から**アッ＝ラシード**（正道を踏む者）の名をもらった。だが、その功績をもってしても、世継ぎでは兄**ハーディー**が次代のカリフに即き、**ハールーン**は冷遇されたが、その兄の突然の死で、786年、第5代のカリフに即位している。

ハールーンは、内政的には細心の注意を怠らなかった人物で、アッバース朝支配に不満を持つ、さまざまな勢力の反乱の鎮定に苦しんだ。当時の内政は王朝初代から重用されていたバルマク家一門にゆだね、文化的にも経済的にも極盛期を迎えていたが、その権勢を恐れ、803年にこれを処刑して自ら国政に臨んでいる。

外交的には対ビザンティン政策を積極的に進め、国境付近の諸都市を要塞化して侵攻の基地としている。また**ハールーン**の時代はヨーロッパのフランク王国の**カール大帝**と同時期であったので、ヨーロッパ側の史料では**カール大帝**がアッバース朝に使節を送り、贈り物の交換をしたという（アラブ側の史料にはない）。現在の研究では、フランク王国とアッバース朝はビザンティン帝国や後ウマイヤ朝という共通の敵を持っていたので、友好関係にあったと考えられている。

また**ハールーン**の名を現代にも知らしめているのは、物語『千一夜物語』（アラビアンナイト）の主人公の一人であるためだろう。**ハールーン**は夜な夜なバグダードに繰り出す君主として登場する。また有名な船乗りシンドバッドもバグダードの商人であった。『千一夜物語』は9～10世紀のバグダードで原型が作られたと考えられている。

ハールーンは、809年、サマルカンドの反乱鎮圧に向かう途中に病没。トゥースに葬られた。

もっと深く知りたい人のための推薦図書

- **『回教史―サラセン権力の興亡並にアラビア民族の経済的社会的知性的発展の概述』**
  塚本五郎、黒柳恒男、アミール・アリ／原書房
- **『30の「王」からよむ世界史』**本村 凌二監修／日本経済新聞出版社
- **『完訳　千一夜物語（1～13巻）』**（翻訳）豊島与志雄、渡辺一夫、佐藤正彰、岡部正孝／岩波書店

294 政治

サラディン（1138年～1193年）

聖地エルサレムをイスラム教徒の手に奪回

クルド族出身の、エジプトのアイユーブ朝の創建者で、在位期間は1169年から1193年。ヨーロッパでは、ラテン語読みの**サラディン**の名で知られているが、正しくはアラビア語の**サラーフ・ウッディーン**である。

シリアのザンギー朝の君主**ヌール・ウッディーン**に仕える軍人を父として現在のイラクに生まれた**サラディン**は、1164年、王の命を受け、ファーティマ朝の支配領域エジプトにスンナ派の拠点を構築。叔父の**シルクーフ**とともに、エルサレム王**アマルリック**の軍勢を撃破した。

1169年、大食が原因で叔父が死ぬと軍権を引き継ぎ、ファーティマ朝の宰相に就任。1171年にはファーティマ朝の**カリフ・アーディド**が世継ぎをもうけぬまま病没したことで、名実ともにエジプトの支配者となった。しかし**ヌール・ウッディーン**から領土的野心を疑われ、両者の関係は悪化するが、その君主自身も1174年5月にダマスカスで病没した。**サラディン**は、ファーティマ朝を廃絶してアイユーブ朝を創設。国家の宗派をシーア派からスンナ派に戻し、軍事的封建制を施行、土地制度と軍隊制度の改革を推進。同年ダマスカスに入城してエジプトと内陸部シリアを合併、ムスリム勢力を統一したことで、アイユーブ朝は軍事力を高め、勢いづいていく。

1187年には、エルサレム王国を攻撃し、**十字軍に対するジハード（聖戦）を遂行**。テンプル騎士団、聖ヨハネ両騎士団といった十字軍の主力部隊を壊滅させ、1188年ぶりに聖地エルサレムをイスラム教徒の手に奪回するのである。このとき、**サラディン**は身代金を払えない捕虜まで放免するという寛大な処置を示している。

この**サラディン**軍に対し、第3回十字軍が組織されて激しい攻防に突入したが、エルサレムを守りきった後、1192年、獅子心王**リチャード1世**が提案した和平工作に応じて、3年間の平和条約を結ぶこととなった。

この結果、レバノン、パレスチナの海岸沿いに十字軍勢力を残す結果になったが、以降、ヨーロッパ勢力とムスリム勢力のパワーバランスは逆転。エルサレムへのキリスト教徒の巡礼者を認めることに合意した**サラディン**は、英明寛容な君主としてヨーロッパでも称えられ文学の題材にもなっている。しかし**サラディン**は、翌年、マラリアに罹患し、没したのだった。

もっと深く知りたい人のための推薦図書

- **『イスラームの「英雄」サラディン――十字軍と戦った男』**佐藤次高／講談社
- **『アラブが見た十字軍』**アミン・マアルーフ／筑摩書房
- **『サラディンの生涯（翻訳版）Kindle版』**ベハ エッディーン／キンドル

295 政治

ガザン・ハン（1271年〜1304年）

モンゴル史書『集史』を編纂した帝王

ガザン・ハンは、モンゴル帝国のイルハン朝の第7代君主だ。**ガザン**は第4代君主**アルグン**の長子。モンゴルと、その属国である高麗による日本に対する侵攻「元寇《げんこう》」は、**ガザン**が3歳、10歳のときに行われている。1291年に父が没した後、父の弟**ガイハトゥ**が後を継いだが失政を続け、1295年に従兄弟の**バイドゥ**に殺害されてしまう。その半年後、**ガザン**は反乱を起こして**バイドゥ**を滅ぼし、君主として即位。まさに骨肉相争うモンゴル史を表したような人物なのである。

ガザンは父の影響で仏教を信仰し、チベット仏教などに多大な寄進を行っていた。しかし、肉親であり、副官であったフレグ家の**ノウルーズ**がイスラムに改宗し、**バイドゥ**との王位継承戦で苦境に陥っていた**ガザン**にも、宗旨替えすることで全イスラム教徒の支持を受けられると説得。その後、**ノウルーズ**から1290年代に「イスラムの帝王が出現し、宗教と民衆を復興する」との予言を聞き、1294年にイスラムに改宗した。

バイドゥを討ち破った**ガザン**は、公に「イスラムの帝王」を自称し、ムスリム名として「**マフムード・ガザン**」を名乗っている。これにともない、即位初年、仏教寺院やゾロアスター教寺院の破壊命令が発せられ、続いて、キリスト教会堂やユダヤ教会堂も攻撃の対象となったという。この**ガザン**の治世によって、**イルハン朝は既存の国家体制や慣習などを受け継ぎながらも、国家規模でイスラム化を推進**していく。

1298年、イスラムに改宗したユダヤ教徒であった**ラシードゥッディーン**を宰相に任じ、財政改革やイルハン朝の支配体制強化を推進。また1300年、**ラシードゥッディーン**に、**ガザン**の治世に至るまでの**チンギス・ハン**家の諸王家と、イルハン朝領内のテュルク・モンゴル系諸部族の歴史をまとめた歴史書の編纂を命じた。これらの施政で政治的、文化的にイルハン朝は大いに発展していくのだった。

このモンゴル史書は、**ガザン**没後の1310年に次代君主の弟**オルジェイトゥ**の命で再編集がなされ、完成して『集史』となった。『集史』は14世紀以降、イラン・中央アジアで最大規模の歴史書であった。

もっと深く知りたい人のための推薦図書

- **『集史：部族篇 1 ラノベのようにすらすら読める集史 Kindle版』**
  ラシードゥッディーン／Amazon Services International, Inc.（販売）
- **『興亡の世界史 モンゴル帝国と長いその後』**杉山正明／講談社
- **『世界史のなかの蒙古襲来 モンゴルから見た高麗と日本　Kindle版』**宮脇淳子／扶桑社

296 政治

ティムール（1336年〜1405年）

世界的モンゴル大帝国を建設した王

14世紀モンゴル帝国のティムール朝を創始したのが**ティムール**である。在位期間は1369年から1405年。ウズベキスタンの都市シャフリ・サブズ近郊の村の、トルコ化、イスラム化したモンゴル族の一つ、バルラース部の貴族の家に生まれる。青年時代は盗賊団の首領であったが、西チャガタイ・ハン国の有力者**カザガン**に見出され、20歳にならないうちに側近に登用される。このとき、**カザガン**の孫**アミール・フサイン**と懇意となる。しかし、1358年頃に**カザガン**が暗殺されると、1360年、統制を失ったマー・ワラー・アンナフル各地に、モグーリスタン・ハン国の**トゥグルク・ティムール・ハン**の軍隊が侵入した。**トゥグルク・ティムール**は**ティムール**の才能を認め、統治者に任命した息子の後見人としたが逐電。その後、**ティムール**はモグーリスタン・ハン国と戦い、**トゥグルク・ティムール**を討ち取った。ここに**ティムール**と**フサイン**２人の共同統治体制が成立する。1363年になると**ティムール**はスィースターンの領主との戦闘で負傷し、右手と右足に戦傷を負った。敵からは**ティムーリ・ラング**（足の不自由な**ティムール**）と呼ばれ、ヨーロッパではタメルランと揶揄される。

やがて**ティムール**と**フサイン**の間に確執が生まれる。そして闘争の末、ついに**ティムール**は**フサイン**を捕らえ処刑。**フサイン**の２人の息子は火刑に処され、妻のうち４人を自分の妻とし、残りを配下の部族長たちに分け与えた

ティムールは、征服した都市で大規模な破壊行為や幼児を含めた捕虜を虐殺する一方、首都サマルカンドで大型の建設事業を行い中央アジアの文化の中心にするなど、二面性を持ち合わせていた。

こうして**チンギス・ハン**の事業の継承とイスラム世界帝国の建設を理想とした**ティムール**は、インド遠征の後、1402年、オスマン帝国軍を破って、**チンギス・ハン**時代の**モンゴル帝国の半分に匹敵する大帝国を建設**した。しかし、1405年、明への遠征の途中、病死している。

ティムールの話は、遠く15世紀のヨーロッパにも伝わり、急速な勢力拡大を恐れた人間と、キリスト教徒の敵であるオスマン帝国と戦ったヨーロッパの同盟者として歓迎する人間が混在。16世紀末には**ティムール**の生涯を題材とした戯曲も発表されている。

もっと深く知りたい人のための推薦図書

- **『ティムール―草原とオアシスの覇者』**久保一之／山川出版社
- **『ティムール帝国』**川口琢司／講談社
- **『ムガル皇帝歴代誌』**フランシス・ロビンソン／創元社

297 政治

バーブル（1483年～1530年）

ティムールの子孫であるムガール帝国創始者

バーブルは、中央アジアのフェルガナ地方アンディジャーンにティムール朝の王子として生まれた**インドのムガール帝国の創始者**である。優れた指導者、文人として評価され、トルコ散文の最高傑作とされる回想録『バーブル・ナーマ』を著したことでも有名だ。父方は**ティムール**、母方は**モグーリスターン・ハン**家の出身で、**チンギス・ハン**の血を引くといわれる。在位期間は1526～1530年。

1494年、父の死去により、12歳でティムール朝フェルガナ地方の太守となった。その後、サマルカンドに入城して、ティムール朝サマルカンド政権の君主の位に即き、ティムール帝国の復活を夢みた。ところがフェルガナ地方におけるウズベク人の内乱のため、わずか100日でサマルカンドを放棄。中央アジアを追われて、アフガニスタンに転進してヒンドゥークシュ山脈を越え、領主**ミールザー・ムキーム**が領有するカブールを包囲した。1504年、**バーブル**はカブールに建国、サファビー朝と結託して故国の奪回を図ったが失敗してしまう。そこで、おりからロディー朝の内紛で混乱していたインドへの遠征を決行した。中央アジアで鍛えられた軍事的才能と優秀な火砲を使い、1526年、**イブラーヒーム・ロディー**の大軍を撃破して首都デリーを奪取。さらにパンジャーブに侵攻して北インド主要部を征服した。出自が**ティムール**と**チンギス・ハン**の子孫であった**バーブル**の創始した新王朝はムガール（モンゴル）朝と呼ばれるようになった。

しかし、各地の領主は侵略者**バーブル**を敵視し、同盟者だった**ラーナー・サンガー**が敵対勢力の中心人物となる。その敵の中には、**イブラーヒーム**の弟**マフムード・ローディー**も含まれていた。**ラーナー・サンガー**に勝利した後、**バーブル**は、1529年秋、息子**フマーユーン**に東方への遠征を命令。1530年春頃、**フマーユーン**が重病にかかり、遠征先から都市アーグラに帰還すると、**バーブル**は回復を祈禱して自らの命を捧げる儀式を行ったという。**フマーユーン**が回復すると間もなく、1530年末に**バーブル**はアーグラで没した。

フマーユーンは父の死を秘匿。**バーブル**は自分の身体をカブールに葬るよう遺言したが、遺体はヤムナー河岸のラーム・バーグ庭園に埋葬された。後にスール朝の**シェール・シャー**によって、遺体はカブールに移されている。

もっと深く知りたい人のための推薦図書

- **『バーブル・ナーマ：ムガル帝国創設者の回想録（全3巻）』** バーブル／平凡社
- **『バーブル―ムガル帝国の創設者』** 間野英二／山川出版社
- **『中央アジア歴史群像』** 加藤九祚／岩波書店

298 政治

スレイマン1世（1494年〜1566年）

大帝国を建設した新たな「ソロモン王」

スレイマン1世は、16世紀中頃のオスマン帝国の全盛期のスルタン（君主）で、1520年から1566年の在位中、13回もの対外遠征を行い、大帝国を建設した人物である。スレイマンの名は、古代イスラエルの王「ソロモン」のアラビア語形である「スライマーン」のトルコ語発音だ。

シリア、エジプトのアラブ地域を征服した父が、在位わずか8年で没すると、アナトリア半島北東のトラブゾンに1494年に生まれた**スレイマン**は首都イスタンブールで即位。ヨーロッパ方面に向けた遠征を行い、ハンガリー王国からベオグラードを、聖ヨハネ騎士団からロドス島を奪回することに成功した。

1526年にはハンガリー中央部を平定し、ハプスブルク家のオーストリア大公国に肉薄。ハプスブルク家出身の神聖ローマ皇帝・スペイン王**カール5世**の弟**フェルディナンド**と対立すると、第一次ウィーン包囲を敢行し、攻略には失敗するが、ヨーロッパの人々に強い衝撃を与えている。その後、再びオーストリア遠征を敢行したが、**フェルディナンド**の使者との和睦が成立し「コンスタンティノープル条約」が結ばれた。そして次なる標的として東方遠征を計画し、南イラクと、一時的にはアゼルバイジャンの大半を支配下に置いた。こうして軍事的成功のうちに大規模な領土拡張政策は終わり、以後は周辺国との交戦を重視。1538年にはスペイン・ヴェネチア・ローマ教皇の連合艦隊を破って地中海の制海権を確保。クリミア・ハン国との通路も握り、黒海も事実上の支配下に収めた。**スレイマン**は、**ヨーロッパ諸国やイスラム諸国を圧倒**し、「帝国の最盛期」を築いたのだ。

内政面では立法、行政の整備に努め、イスタンブールのスレイマン＝モスクの建設など、トルコイスラム文化の全盛期を出現させた「立法帝」と呼ばれている。また、学問や芸術を好み、「ムヒッビー（恋する者）」の筆名で詩作を行う詩人でもあった。

ただし治世の後半には政争が相次ぎ、反乱の首謀者だった息子たちを処刑、または病気で亡くすことになる。1565年、マルタ島への遠征軍を派遣したが失敗し、翌年、神聖ローマ皇帝が和睦を破って、ハンガリー攻撃をしたことに報復するため遠征を敢行。その戦火の中、陣中で没している。しかし巨大化した帝国の勢いは簡単には衰えず、衰退はその1世紀後のことだった。

もっと深く知りたい人のための推薦図書

- **『スレイマン大帝とその時代』**アンドレ・クロー／法政大学出版局
- **『新・人と歴史 拡大版 25 オスマン帝国の栄光とスレイマン大帝』**三橋冨治男／清水書院
- **『興亡の世界史 オスマン帝国 500 年の平和』**林佳世子／講談社

299 政治

アクバル（1542年～1605年）

ムガール帝国全盛期を作り出した皇帝

16世紀後半に、インドのムガール帝国全盛期を作り出した皇帝が、第3代君主の**アクバル**だ。在位は1556年 から1605年。その名はアラビア語で「偉大」を意味し、現在も人気が高い王である。

アクバルは父の第2代君主**フマーユーン**がスール朝の創始者**シェール・シャー**に北インドの帝位を追われ、流浪していた1542年に西インドで誕生した。父は帝国を再統一するために弟たちと争い、イランを支配していたサファヴィー朝の庇護を受けることになる。**アクバル**は、カンダハールを統治していた叔父**アスカリー**のもとに人質に出され、この後、何度も繰り返される人質外交の中で多難な幼少期を送っている。

1551年、**アクバル**は父によりガズニー知事に任命され、翌年、父がデリーを奪還するとパンジャーブ太守となった。だが父は1556年に事故死。**アクバル**はデリーで、わずか13歳で即位し、4年後に親政を開始する。1562年、自らヒンドゥー教徒の女性と結婚し、非ムスリムへの人頭税「ジズヤ」を廃止するなど、ヒンドゥー教徒との融和を図りながら**インドの統一的統治権を実現**しようとした。また当時、インドへの進出を始めていたポルトガルのキリスト教にも寛容で、交易活動を妨害することはなかった。加えて**アクバル**は宗教融和策だけではなく、自ら諸宗教を融合した新しい宗教ディーネ・イラーヒーを創始している。

1565年には新都アグラを建設。1571年にはその西方37㎞に、副都であり城塞都市のファテープル＝シークリーを造営した。この新都城はヒンドゥー文化の伝統を取り入れたインド＝イスラム文化の代表例とされているが、給水に難があったため、わずか16年で放棄されている。

また軍事制度や官僚制度を整備し、基盤である土地制度や税制、貨幣制度などを統一して､敵対勢力を次々に征服して北インドの大半を支配下に治めた。一連の改革に対し、1579年より大規模な反乱も発生したが数年で鎮圧され、帝国の支配は安定に向かっていった。しかし、1605年に罹患した赤痢が回復せず逝去。**アクバル**の死後、**サリーム**が第4代皇帝として即位している。

もっと深く知りたい人のための推薦図書

- **『新・人と歴史　拡大版　36　ムガル帝国とアクバル大帝』**石田 保昭／清水書院
- **『ムガル皇帝歴代誌』**フランシス・ロビンソン／創元社
- **『接続された歴史―インドとヨーロッパ―』**S・スブラフマニヤム／名古屋大学出版会

300 政治

シャー・ジャハーン（1592年～1666年）

妻のため霊廟タージマハルを完成させた皇帝

ムガール帝国第5代の皇帝が**シャー・ジャハーン**だ。在位は1628年から1658年になる 。

1592年に誕生した**シャー・ジャハーン**、本名**フッラム**は、6歳のとき、祖父**アクバル**の命で、**アクバル**の妃**ルカイヤ・スルターン・ベーグム**によって養育されている。これは英才教育だったと考えられ、このとき、**フッラム**は君主の責務などを教え込まれている。

1605年、父**サリーム**が**ジャハーンギール**として皇帝となるが、1610年以降は、病気の発作を起こしたため、政治は**フッラム**が担当する形となった。

1612年、**フッラム**は**アルジュマンド・バーヌー・ベーグム**と結婚。彼女には「宮廷の光」を意味する「**ムムターズ・マハル**」の称号が与えられ、彼女は末の子を出産後に亡くなってしまった。**フッラム**は愛情を注いだ妻のため霊廟を建設。22年の歳月と**1日に2万人もの労働力をかけ、「タージマハル」を完成させた**。タージマハルはフランスから金細工師、イタリアからは宝石工、ほかにもペルシャやアラブなどから選りすぐりの職人を結集させ、壁面や内部は世界中から取り寄せられた数十種類もの宝石をちりばめて作られている。

1621年、サファヴィー朝がカンダハールを占領。**フッラム**の弟**シャフリヤール**に奪還遠征の命が下されると、**フッラム**の領地の地代の一部が彼に与えられた。**フッラム**はこれに反発して、反乱を起こすが武将**マハーバト・ハーン**の軍に敗れ、降伏している。

その後、帝位継承を巡る肉親同士の争いが起こるが、**フッラム**は戦いに勝利し、1628年、「世界の皇帝」を意味する「**シャー・ジャハーン**」を名乗り、即位式を挙げて帝位を宣した。**シャー・ジャハーン**は、内政面では帝国の最安定期を築き、インド・イスラム文化を盛り上げた。対外的には1636年、デカン・スルターン朝の一つアフマドナガル王国を併合して領土を拡大。アフガニスタンではサファヴィー朝と衝突したが、戦争は概して少なかった。ただ**ムムターズ・マハル**の死後、20年以上にわたり好色にふけり催淫剤の服用によって体を壊し、病状に回復の見込みがなくなると息子の帝位争いが起こり、以降、城に幽閉される。タージマハルの見える部屋から愛妃の霊廟を見続ける生活を送り、1666年、病が再発し、逝去している。

もっと深く知りたい人のための推薦図書

- **『中世インドの歴史』**サティーシュ・チャンドラ／山川出版社
- **『世界の歴史（14）ムガル帝国から英領インドへ』**佐藤正哲、中里成章、水島司／中央公論新社
- **『タージ・マハル物語』**渡辺建夫／朝日新聞社

301 政治

ラーマ1世（1737年〜1809年）

タイの現王朝であるチャクリー朝を築いた王

後の**ラーマ1世**となる**トーン・ドゥアン**はアユタヤ王家の血を引く貴族の子供として、1737年にアユタヤで生まれた。アユタヤ朝は1767年にビルマのコンバウン王朝によって滅ぼされるが、**タークシン**がタイ人の王朝を復活させる。**トーン・ドゥアン**はその部下であった。彼は数々の武勲を立て、猛将と呼ばれ、軍の最高司令官に昇りつめる。1782年、カンボジア遠征中に**タークシン王**が精神に異常をきたしたため、遠征を中断し、王を処刑し、チャクリー王朝を開き、初代国王**ラーマ1世**となった。この年、首都をトランブリーからバンコクに移した。1805年から1808年にかけて『三印法典』の編纂を行った。1809年、バンコクで死去する。72歳であった。

ラーマ1世は武人として評価が高い。国王となってからも、しばしば国外遠征を行い、数々の戦勝をもたらした。だが、国内政策においてもさまざまな善政を行っている。それは大まかに言って、以下の三つの政策である。第一点目は行政組織の整備、第二点目は宗教の尊重、第三点目はインフラの整備である。

第一点目として、彼はアユタヤ朝の制度を理想化し、中央集権化を目指した（だが、実際には王権が地方にまでは及ばなかった）ことが挙げられる。第二点目として、**ラーマ1世**は『三印法典』の編纂や、ワット・マハータートという僧のための学校の建立といった仏教の国内の進展に寄与しただけでなく、ワット・スタッというバラモン教寺院も建立し、宗教を尊んだ。第三点目として、**ラーマ1世**はバンコクという新首都整備のためにサパーン・プラプッタヨートファーと呼ばれる大橋などを建設しただけでなく、多くの寺院の再建、建設も行った。

ラーマ1世の築いた**チャクリー朝は現在まで続いている**。この王朝は19世紀後半から20世紀の前半まで、アジア諸国の植民地化が進む中でタイの独立を維持し続ける支えとなった。**ラーマ1世**は強力な中央集権国家実現にまでは至らなかったが、独立国家を維持するための礎を築いた。それゆえ、彼は現在もタイの人々から名君として慕われ続けているのである。

もっと深く知りたい人のための推薦図書

- **『タイの歴史』**ロン・サヤマナン／近藤出版社
- **『タイの歴史』**中央大学政策文化総合研究所／明石書店
- **『タイ王国―民族の伝統と外交の歴史』**上東輝夫／原書房

302 政治

阮福暎（1762年〜1820年）

ベトナム最初の統一国家を作った皇帝

ベトナム阮王朝の初代皇帝。ベトナム最初の統一国家を作り上げた人物として知られている。彼は統一後、清に使いを送り、清の皇帝から南越国国王と認められた。

阮福暎（グェン・フック・アイン）は1762年、広南朝最後の王である定王の甥として生まれる。しかし、1777年の西山党の乱で広南朝を作った阮一族は阮福暎を除いて全員が西山朝によって滅ぼされる。1785年、シャムの支援のもとで、ラックガム＝ソアイムットの戦いで西山朝軍と戦うが敗北する。1789年にフランス人宣教師**ピニョー・ド・ベーヌ**の組織した傭兵軍団の協力のもと、主要都市を次々に攻略していく。1802年にベトナム全土を攻略し、越南阮朝を誕生させる。1804年に清の**嘉慶帝**から南越国国王に封じられる。1806年に**阮福暎**は皇帝を名乗り、**嘉《か》隆《りゅう》帝《てい》**となる。だが、1820年に首都フエで没する。57歳であった。

阮福暎はベトナム史上初めてとなる統一王朝を築いたことによって歴史にその名をとどめている。彼の政策は外交的には、清に定期的な朝貢を繰り返し、一方ラオスとカンボジアを自国への朝貢国とした。また、しばしばインドシナの派遣を巡りシャムと対立し、小競り合いを繰り返した。内政的には、中央集権化を強化するために六部を設け、地方の行政機構として全国を23鎮4営に分け、中央から役人を派遣し統治した。このように彼は強力な統一国家建設のために尽力した。

しかしながら、西山朝を倒すためにフランスの支援を受けたことによって、**後のフランスによるベトナムの植民地化**への道を開いてしまったことも事実である。**阮福暎**の死後、阮朝は排外政策に転じ、キリスト教徒を迫害したためフランスは1858年に、スペイン人宣教師殺害事件を口実にスペインと共同で出兵し、それを起因としてベトナムのフランスによる植民地化が進むこととなるのである。

阮福暎は幼少年期に滅ぼされた一族の仇を討ち、ベトナム史上初となる強力な統一王朝を築き、ベトナム史に残る皇帝となる。だが、彼が後のベトナムが味わう植民地としての屈辱の種をまいたことも事実である。それゆえ、彼は偉大な統一者としてのプラスの側面を持つとともに、後世のベトナムの民衆にとっての苦しみの原因を作ったというマイナスの側面を持つ皇帝なのである。

もっと深く知りたい人のための推薦図書

- **『ヴェトナム史』**アンドレ・マソン／白水社
- **『ベトナムの歴史と東アジア〈前近代篇〉』**片倉穰／杉山書店
- **『ベトナムの歴史』**ファン・ゴク・リエン／明石書店

303 政治

ムハンマド・アリー(エジプト) (1769年?〜1849年)

エジプトを独立に導き、国力を拡大した君主

ムハンマド・アリーはオスマントルコ帝国が派遣したエジプト総督であったが、エジプトを独立国家へと導き、**ムハンマド・アリー**朝の始祖となった。

ムハンマド・アリーは1769年にオスマン帝国領のカッヴァラ（現ギリシャ領テッサロニキ近郊）で誕生した。父は非正規警備部隊隊長であったといわれている。18歳のとき、父の仕事を受け継ぎ、1801年にアルバニア人非正規部隊副司令官としてエジプトに派遣される。1805年にエジプト総督になると、エジプトのオスマントルコ帝国からの事実上の独立を達成し、その後のエジプト発展の基礎を築いた。

ムハンマド・アリーは**エジプトをオスマントルコの支配から解放しただけでなく、この国の近代化に貢献した**君主である。日本の明治維新の政策のように、彼は富国強兵と殖産興業を二大政策スローガンとした。まず、農業の安定化、大規模な灌漑工事の実施などで、食の安定化を図った。そして、西欧諸国に積極的に留学生を送り、西欧の先進的技術を吸収させ、さらに官営工場を多数作った。

また、軍事訓練、指導はナポレオン戦争で失職したフランスの軍人を顧問として招へいし、近代戦術を吸収していった点も日本の明治維新の政策と類似している。

ムハンマド・アリーがこうした近代化とともに行ったものが外征である。強化された軍事力によって、スーダン、シリアなどを占領し、領土を拡大し、エジプトはかつての宗主国だったオスマントルコ帝国とも戦うほどの国力をつけるのである。

ムハンマド・アリーなくしてエジプトの独立も、近代化もあり得なかった。その意味で、彼は近代エジプト国家の堅固なベースを築いた君主であったと述べ得る。彼の開いた**ムハンマド・アリー**朝は彼の死後も100年余り続くこととなるのである。

もっと深く知りたい人のための推薦図書

- **『ムハンマド=アリー―近代エジプトの苦悩と曙光と』** 岩永博／清水書院
- **『ムハンマド・アリー―近代エジプトを築いた開明的君主』** 加藤博／山川出版社
- **『エジプト近現代史』** 山口直彦／明石書店

304 政治

ホセ・リサール（1861年～1896年）

独立のために尽くしたフィリピン建国の父

フィリピンの医師、小説家、革命家であった**ホセ・リサール**。彼はフィリピンの独立のために積極的に運動し、スペイン官憲によって銃殺された。だが、彼は国民的英雄として今もフィリピンで多大な尊敬を集めている。

ホセ・リサールは1861年、スペイン領インドルソン島カランバで、富裕なサトウキビ栽培業者の息子として生まれる。8歳でタガログ語とスペイン語を習得。1877年に現在のアテネオ・デ・マニラ大学であるアテネオ学院に入学し、農学を学ぶ。その後、サント・トマス大学で医学を学び、1882年にスペインのマドリッド中央大学に留学し、医学と古典文学を学ぶ。1887年、処女小説『ノリ・メ・タンヘレ』を書き、フィリピンに帰国。反植民地運動を展開するようになるが、身に危険を感じ、再びヨーロッパに渡る（日本、アメリカ経由でイギリスに向かう）。1891年、二作目の小説『エル・フィリブステリスモ』を書く。

1892年に帰国し、独立運動の基盤となるフィリピン同盟を結成するが、スペイン当局に逮捕され、ミンダナオ島ダピタンに流刑にされる。1896年、スペイン海軍の軍医となり任地のキューバへ向かう途中にバルセロナで憲兵に逮捕され、マニラに移送される。軍法会議により銃殺刑を言い渡され、この年の暮れ12月30日にマニラで処刑された。35歳であった。

ホセ・リサールは**フィリピン独立運動への道を開いた革命家**として尊敬を集めているが、彼は武力による独立を目指したわけではない。ミンダナオ島に流刑にされたときの罪状としてのフィリピン同盟結成にしても、この組織はフィリピンの人々の相互扶助と平和的統一を目指すものであって武装闘争などを目的するものではなかった。この平和的抵抗姿勢は生涯変わらなかった。

彼の思想はフィリピンだけではなく、インドネシア共和国の初代大統領の**スカルノ**にも大きな影響を与えた。さらに、記者で著述家の**末広鐵腸**《すえひろてっちょう》は**ホセ・リサール**を主人公とした政治小説『南洋之大波瀾』を書いている。このように、アジア諸国でも**ホセ・リサール**の名前は広く知られていた。また、日比谷公園には彼の来日を記念した像が建てられている。

もっと深く知りたい人のための推薦図書

- **『見果てぬ祖国』**ホセ・リサール／潮出版社

305 政治

ムハンマド・アリー・ジンナー（1876年〜1948年）

建国の父と称される初代パキスタン総督

インド・ムスリム連盟の指導者であった**ムハンマド・アリー・ジンナー**。彼はパキスタン独立後に初代総督となる。彼は「カーイデ・アーザム（最も偉大な指導者）」と呼ばれ、今もパキスタン建国の父として尊敬されている。

ムハンマド・アリー・ジンナーは1876年にイギリス領インド帝国のカラチ（現在はパキスタン領）で、商人の子供として生まれた。グジャラート語を母語として育ったが、英語やカッチ語、シンド語も習得した。カラチのミッションスクールを卒業後にボンベイ大学に入学。1892年にイギリスに渡り、1896年に弁護士資格を得る。**ジンナー**はインド国民会議派に属していたが、1913年にインド・ムスリム連盟に加盟し、1916年には連盟の代表に選出される。1915年に**ガンディー**がインドに帰国し独立運動を展開し始めるが、**ジンナー**はヒンドゥー教徒中心主義的な**ガンディー**の独立運動を批判し、国民議会を脱会。その後もイスラム教徒とヒンドゥー教徒の対立は続き、**ジンナー**は1940年のムスリム連盟ラホール大会で二民族論を展開する。1947年、独立君主制国家パキスタンが成立し、彼は初代総督となる。しかし、1948年、長年患っていた結核によってカラチで死去する。71歳であった。

ジンナーの歴史的な功績は何と言っても**パキスタン独立に尽力**したことにある。彼はイスラム教徒とヒンドゥー教徒の共存する統一インドとしての独立を目指していた。しかし両教徒の対立は激しく、壮絶な殺戮を展開することとなり、結局はインドとパキスタンは分離独立することとなる。この分離独立によってヒンドゥー教国インドとイスラム教国パキスタンは別の国家となった。当初、この問題の原因が**ジンナー**にあると批判する意見もあったが、現在では彼が一つのインドを目指したが、それが不可能であったため分離独立を行ったことが証明されている。

ムハンマド・アリー・ジンナー、彼なしには現在あるパキスタンという国は存在していなかったであろう。彼はパキスタンのために尽くし、パキスタンのために死んだと言っても過言ではない。イスラム教徒もヒンドゥー教徒も一つとなったインドという彼の願いは実現しなかったが、パキスタンの人々は彼の功績を決して忘れないであろう。

もっと深く知りたい人のための推薦図書

- **『パキスタン独立（南アジア・現代への軌跡）』** アーイシャ・ジャラール／勁草書房
- **『パキスタン政治史―民主国家への苦難の道』** 中野勝一／明石書店
- **『インド・パキスタン現代史』** 蝋山芳郎／岩波書店

306 政治

ムスタファ・ケマル（1881年〜1938年）

トルコの近代化を推し進めた建国の父

ムスタファ・ケマル・アタチュルクはトルコ帝国の軍人であったが、スルタン制を廃止させ、トルコ共和国初代大統領となったことで知られている。彼はトルコ建国の父とも称せられている。

ムスタファ・ケマルは1881年にオスマン帝国領セラーニク（現在のギリシャ領テッサロニキ）で税官吏の息子として誕生する。1905年にイスタンブール陸軍大学を卒業した後、1911年に伊土戦争に参戦。1912年の第一次バルカン戦争、翌年の第二次バルカン戦争にも参戦している。さらに1914年に第一次世界大戦が勃発し、これにも参戦。その後、1920年にアンカラでトルコ大国民議会を開設し、同年8月オスマン朝スルタン政府に対して反乱を起こす。1922年にスルタン制を廃止すると、翌年トルコ共和国初代大統領に就任し、以後3期（1923〜1938年）にわたって大統領を務めた。

ムスタファ・ケマルの歴史的功績は何と言っても**トルコ共和国の建設**である。スルタン制を廃止し、世俗主義、民族主義、共和主義を柱とする共和国を作り上げたのである。この共和国は欧化政策をとり、イスラム教を国教とすることを憲法から排除し、ターバンやフェズの着用が禁じられた。また、彼はアラビア文字を廃止し、ラテン文字を導入した。こうしたトルコの近代化はトルコ国民に強く支持された。

しかしながら、**ムスタファ・ケマル**の近代化は民主主義化とイコールではなかった。彼が率いた共和人民党による一党独裁は、強力な独裁政権を作り上げ、反対者は厳しく弾圧された。彼の政治にはこうした負の側面があるが、彼の指導のもとで、政治的、経済的に安定した国家運営がなされ、トルコが少しずつ近代化されていったことは疑いのない事実である。

ムスタファ・ケマル・アタチュルク。彼なしには現在のトルコは存在してはいなかった。生前彼は「我々はトルコ人以外の何ものでもない」と何度も語っていたという。**ムスタファ・ケマル**はトルコを愛し、トルコのために行動した。それゆえ、トルコ国民は今でも彼を「建国の父」として称え、尊敬しているのである。

もっと深く知りたい人のための推薦図書

- **『トルコ狂乱―オスマン帝国の崩壊とアタテュルクの戦争』**トゥルグット・オザクマン／三一書房
- **『灰色の狼ムスタファ・ケマル―新生トルコの誕生』**J・ブノアメシャン／筑摩書房
- **『ケマル・パシャ伝』**大島直政／新潮社

307 政治

ホー・チ・ミン（1890年〜1969年）

不屈の闘志を持ったベトナム建国の父

ホー・チ・ミン（出生名、**グエン・シン・クン**）はベトナム建国の父と称せられているベトナムの革命家であり、政治家である。北ベトナムのリーダーとして、フランスとアメリカとの戦争に勝利し、**現在のベトナム社会主義共和国の礎を築いた**ベトナムの偉人である。

ホー・チ・ミンは貧しい儒学者の息子として、ベトナム中部のグアン省で生まれる。官吏養成校であるクォック・ホックで学んでいたが、抗税運動に参加したため放校処分となる。その後、船のコックとなり、世界各地を巡る。1919年にフランス社会党に入党。1920年に、フランス共産党機関紙『リュマニテ』に掲載されたレーニンの「民族問題と植民地問題に関するテーゼ原案」に感銘し、フランス共産党結成に参加した。1923年、ソ連に渡り、コミンテルン第5回大会でアジア担当常任委員となる。1941年、ベトナム独立同盟会（ベトミン）を結成し、当時ベトナムを支配していた日本に対する武装闘争を開始した。1945年の武装蜂起で、ベトナム民主共和国臨時政府が成立し、**ホー・チ・ミン**は首相兼外相に就任した。

しかし、旧宗主国のフランスはベトナム民主共和国の独立を認めず、1946年第一次インドシナ戦争が起きる、国家主席となった**ホー・チ・ミン**主導のもとでフランスとの戦闘が始まる。1954年にジュネーブ協定でフランス軍が撤退するが、共産主義の拡張にアメリカが反発。1955年、**ジエム**を大統領とするベトナム共和国（南ベトナム）成立。1961年、**ケネディ**大統領の命令でアメリカ軍と南ベトナム軍が南ベトナム解放戦線と戦闘状態に入る。1969年心臓発作で死去する。

ベトナムの現代史と**ホー・チ・ミン**の人生をこのように見ていくと、彼の人生がベトナム人の民族自立と自由のための戦いとともに歩んだと言えるのではないだろうか。それは、1966年のラジオ演説の中の「独立と自由ほど尊いものはない」という言葉に端的に表されている。**ホー・チ・ミン**に対しては独立戦争のために多くのベトナム人を犠牲にしたという批判が存在する。しかしながら、**ホー・チ・ミン**なしには今のベトナムという国はあり得なかったであろう。それゆえ、彼は確かにベトナム人にとって建国の父なのである。

もっと深く知りたい人のための推薦図書

- **『ホー・チ・ミン回想録』** ホー・チ・ミン／青年出版社
- **『ホー・チ・ミン伝』** チェールズ・フェン／岩波書店
- **『この眼で見たインドシナ—ホー・チ・ミンはいかに戦ったか』** ジョセフ・R・スタロビン／岩波書店

308 政治

スカルノ（1901年～1970年）

独立を成し遂げたインドネシア建国の父

スカルノはオランダとの独立戦争を戦い、インドネシアの独立に大きく寄与し、**インドネシア共和国初代大統領**となったことで歴史にその名をとどめている。それだけではなく、独立後のインドネシアの基盤を作るためのさまざまな努力を重ねた。

スカルノはジャワ島東部のスラバヤで生まれた。父は小学校教師であったが、両親ともに貴族階級の人間であった。幼い頃からオランダ語を習い、1926年にはバンドンにある高等工業学校（現在のバンドン工科大学）を卒業している。同校卒業後、**スカルノ**はオランダの植民地政策に反発し、1927年に同志とともにインドネシア国民党を結成する。1945年日本軍の敗戦後すぐに**スカルノ**は独立宣言を発し、オランダとの独立戦争に突入する。そして、1949年ハーグ協定締結によって独立を果たす。

独立後、**スカルノ**はインドネシア共和国初代大統領となり経済的安定を図るがうまくいかず、国民からは不満の声が上がった。その反面、1955年、ジャワ島のバンドンで第1回アジア＝アフリカ会議を開催するなど、**スカルノ**は第三世界の中心人物の一人と評価された。しかし、1965年にクーデターが起き、それでも政権維持の努力をするも、1967年大統領を辞職し、**スハルト**を中心とした軍事政権が誕生する。1970年、**スカルノ**は失意の中、死去する。

スカルノの人生にとって最も大きな問題はインドネシア独立であり、彼の前半生はそのために費やされたと言っても過言ではない。独立後は国家の安定に努力し、さまざまな宗教、民族、イデオロギーを超えた統一を目指したナサコム政策を行い、日本を除く西側諸国とは距離を置いたために（このことは第3夫人に日本人である**デヴィ**を娶ったことからも理解できる）、軍部が反発し、クーデターが起きた。それゆえ、**スカルノ**は建国の父でありながらも、インドネシアの真の統一半ばにして失意のうちに死去したと述べ得るのではないだろうか。

もっと深く知りたい人のための推薦図書

- **『スカルノ自伝』**スカルノ／角川書店
- **『スカルノ―インドネシアの民族形成と国家建設』**鈴木恒之／山川出版社
- **『スカルノとスハルト―偉大なるインドネシアをめざして』**白石隆／岩波書店

309 政治

ホメイニ（1902年〜1989年）

イラン革命を指導したイスラム教の法学者

ルッホラー・ホメイニはイスラム教シーア派の高名な法学者である。彼は**パーレヴィ国王**の独裁体制を打破したイラン革命の指導者として歴史に名を刻んだ。

ホメイニはイラン中部の小さな町であるホメインで預言者**ムハンマド**の直系子孫の家系の子として生まれる。彼が生後5カ月のときに、法学者の父が殺害されたため母と叔母の教育を受けて育つ。イランのシーア派の聖地ゴムでイスラム法学を修め、シーア派の上級法学者（アーヤトッラー）の称号を得る。第二次世界大戦中からイラン国王の政治に対し批判を強めるが、1964年、**ホメイニ**は国外追放となる。トルコにしばらく滞在後、フランスに亡命する。1979年反体制運動はピークに達し、ついに**パーレヴィ**はエジプトに亡命する。**ホメイニ**は15年ぶりにイランに戻り、イスラム評議会を組織。共和国移行に対する国民投票の98％支持の結果を受け、彼は**イランイスラム共和国を樹立し、新国家の最高指導者**となる。しかし、イランアメリカ大使館人質事件やイラン・イラク戦争などの外交危機に直面する。イランはそうした危機を乗り越えるが**ホメイニ**は1989年、テヘランで死去する。86歳であった。

ホメイニはイランの王制を倒すための精神的指導者であり、イラン革命成功後は最高指導者としてイスラム教国家建築のために尽力した。しかし、彼はもともと政治家ではなくイスラム法学者であったため国民にも厳格なイスラム教の実践的生活を強要した。また、パーレヴィ体制とは反対に西側諸国と敵対関係となった。さらに、反体制運動に対しては容赦ない弾圧を行い、多くのイラン人が秘密警察の拷問や処刑に苦しめられたことも事実である。

ホメイニ自身は厳格なイスラム教徒であり、最高指導者となっても、以前同様に質素な生活を続け、決して私利私欲に走ることはなかった。だが、自らのイスラム教に対する厳格さを国民すべてに求めすぎたために、経済的にも、外交的にもイランを孤立させたと述べることができる。

パーレヴィの独裁体制を打破したことは**ホメイニ**の最も大きな功績であるが、その後のイランが**ホメイニ**の理想とする国家には向かったかどうかは疑問が残る問題である。**ホメイニ**のイスラム革命の成果はイランにおいて今もまだ問われ続けている。

もっと深く知りたい人のための推薦図書

- **『ホメイニわが闘争宣言』**ルーホッラー・ホメイニ／ダイヤモンド社
- **『ホメイニ—おいたちとイラン革命』**H・ヌスパイマー／社会思想社
- **『ホメイニ—イラン革命の祖』**富田健次／山川出版社

310 政治

サダト（1918年～1981年）

中東和平のために尽くし、暗殺された大統領

サダトはエジプト・アラブ共和国初代大統領であるが、彼は長年敵対関係にあったイスラエルとの歴史的な和平条約を成立させたことで、イスラエルの**ベギン**とともにノーベル平和賞を受賞した。このことは中東和平問題にとっての大きな一歩であった。

サダトは貧しいスーダン系エジプト人の子供として生まれたが、1937年にカイロ王立士官学校を卒業し、軍務に就く。だが、祖国のイギリスからの独立を目指すという思いを抱き、第二次世界大戦中はドイツ軍に呼応しようとしたが、発覚し、捕らえられたが、脱獄する。1948年の第一次中東戦争後に結成された自由将校団に参加し、1952年クーデターを行う。翌年、エジプトは共和制となりナセル政権が誕生する。

1954年、**サダト**は国務大臣となる。1958年、エジプトとシリアを合わせたアラブ連合共和国が成立し、1960年に**サダト**は第2代人民議会議長となり、1964年から副大統領となる。1970年からは第2代大統領に就任し、翌年、シリアが連合国離脱のため、エジプト・アラブ共和国の初代大統領となる。1973年の第四次中東戦争を主導する。

1974年から政策を反米から親米に転換。1977年、イスラエル首相**ベギン**をカイロに招き、自らもエルサレムに赴く。そして、翌年、アメリカ大統領**カーター**の仲介でキャンプ・デービッド合意を行い、中東和平への道を切り開いた。この功績により、同年、ノーベル平和賞を受賞した。だが、多くのアラブ諸国やエジプト国民が和平に反発した。さらに、1981年の知識人や反政府を唱える国民の弾圧を行い、こうした一連の国民の不満が、同年の**サダト**暗殺につながったと述べられるだろう。

サダトは大統領就任後アラブ世界の指導者として、反イスラエル、反米主義の中心的な役割を果たしていたが、一転して、親米、イスラエルとの和平への道に進路を切り替えた。この一大転換は賛否両論のあるものであり、単純に評価することはできないものである（**この和平がパレスチナ問題を棚上げしたという問題点もある**）が、「イスラエルとの間に平和を成立させた。これで人生は終わり。あとはただ昇天を待つのみ」と手記には書かれていたという。暗殺を覚悟した中東和平への思いがはっきりと示された言葉である。**サダト**という名前、それは平和への大きなステップとして確かに歴史に刻まれている。

もっと深く知りたい人のための推薦図書

- **『サダト・最後の回想録』**アンワル・エル・サダト／読売新聞社
- **『中東和平交渉―キャンプ・デービッドへの道』**モシェ・ダヤン／時事通信社
- **『サダトとベギン』**林茂雄／教育社

311 政治

アラファト（1929年〜2004年）

パレスチナ独立と自治のために前進した男

第3代パレスチナ解放機構（PLO）の執行委員会議長の**ヤセル・アラファト**は、敵対するイスラエルとの和平交渉を締結し、1993年に**パレスチナ暫定自治政府を樹立した**ときの指導者である。彼はこの功績によって翌年イスラエルの**ラビン**首相と一緒にノーベル平和賞を受賞した。

アラファトはエルサレムの名家に生まれたとする説が有力である（ほかにカイロ生まれという説もある）。その後、カイロ大学に行き工学を学ぶ。1956年にエジプト軍に入隊し、同年の第二次中東戦争では工兵中尉として参戦している。その戦争後はクウェートで技師として働く一方で、後にPLOの中心となる政党ファタハを結成。イスラエルとの武装闘争のリーダーとしての道を歩み始める。1969年にPLOの議長に就任し、イスラエルとの武装闘争を本格化する。1988年パレスチナ国家独立宣言を行い、アラブ世界の承認を得る。

1989年にパレスチナ自治政府の初代大統領となり、1993年にイスラエルとの武装闘争方針を転換し、イスラエルとの和平交渉を行い、二国家共存を打ち出したオスロ合意に至った。しかし、1995年に交渉相手だった**ラビン**首相暗殺後はイスラエルと再び対立した。特に強硬派の**シャロン**首相誕生後、**アラファト**は敵視され、2001年から大統領府はイスラエル軍に包囲状態となる。2004年、パリ郊外の病院に搬送され、緊急入院したが、死亡した。

パレスチナ国家建設における**アラファト**の功績は大きい。イスラエルとの武力闘争を忍耐強く戦い、独立国家建設のために尽力したからである。また、武力闘争だけではなくオスロ合意という和平政策をとったことも歴史的に大きなものであった。しかしながら、**ラビン**首相暗殺後にその和平工作が失敗し、イスラエル軍が進行し、パレスチナ国家内の指導的地位も揺らいだ。その失敗を**アラファト**の責任とする者も数多く存在している。また、自治政府成立後は権力を私物化したという批判も存在している。

アラファトの評価は革命家としては優れていたが統治者としては二流であったという意見が多い。だが、彼なくしては現在のパレスチナ自治政府は存在していないことは歴史的な事実であることを忘れてはならない。

もっと深く知りたい人のための推薦図書

- **『パレスチナ五十年の悲願―PLO アラファト議長会見記』** マリオ・カパーナ／日本テレビ放送網
- **『パレスチナ』** 芝生瑞和／文藝春秋
- **『中東和平構想の現実 パレスチナに「二国家共存」は可能か』** 森戸幸次／平凡社

312 政治

トーマス・エドワード・ロレンス（1888年～1935年）

「アラビアのロレンス」として有名な軍人

イギリスの軍人で考古学者であった**トーマス・エドワード・ロレンス**。彼は**第一次世界大戦中のオスマントルコ帝国に対するアラブの反乱を支援**した。また、映画『アラビアのロレンス』のモデルとして知られている。

ロレンスは第7代**チャップマン**準男爵の息子としてウェールズのトレマドッグで生まれる。両親が正式に結婚していなかったために**ロレンス**は母親の姓を名乗る。1907年にオックスフォード大学ジーザス・カレッジに入学。卒業後は大英博物館の調査隊員としてトルコとシリアの国境線上にあるカルケミシュで考古学調査の仕事をする。

1914年に第一次世界大戦が勃発し、**ロレンス**は陸軍に召集される。1916年にアラブ局に転属、情報将校としてアラビア半島に渡り、オスマントルコからの独立を目指す指導者たちと会う。後にシリア国王やイラク国王となる**ファイサル**と共闘し、ゲリラ戦を展開する。1917年アカバを占領し、1918年にはダマスカスを占領した。第一次大戦後、1921年のパリ講和会議では**ファイサル**の通訳兼顧問として参加したが、結局中近東地域はイギリスとフランスの委任統治となり、アラブの独立は果たせなかった。その後、イギリス陸軍および空軍に勤務するが、1935年に除隊。除隊の二カ月後、イギリス南部のボービントンでオートバイを運転中に転倒事故を起こし意識不明となり、そのまま意識が戻らず死亡した。

ロレンスはアラブの独立のために尽くしたという説が通説となっているが、実際には情報将校としてイギリス軍の戦略的優位を確保するために行動したともいわれている。だがそのどちらが正しかったにせよ、**ロレンス**のゲリラ戦術はトルコ軍を攪乱し、連合国軍のために大きく貢献したことは歴史的事実である。さらに、彼が一人アラビアに向かい、アラビアの人々とともに戦ったことも紛れもない事実である。

ロレンスのアラビアでの活躍とさまざまなエピソードは『アラビアのロレンス』として映画化された。この作品には多くの脚色があるにせよ、この名画は世界中の人に見られ、多くの話題を呼んだ。それゆえ、彼の名前は「アラビアのロレンス」として今も生き続けているのである。

もっと深く知りたい人のための推薦図書

- **『砂漠の反乱』**T・E・ロレンス／中央公論新社
- **『ロレンスがいたアラビア（上下巻）』**スコット・アンダーソン／白水社
- **『アラビアのロレンス』**中野好夫／岩波書店

313 哲学・思想

イブン・ハルドゥーン（1332年～1406年）

中世イスラム世界最大の天才的歴史学者

イスラム世界を代表する歴史学者、思想家である**イブン・ハルドゥーン**。彼の『イバルの書』は**イスラム世界の歴史を体系化**したもので有名な著作である。

イブン・ハルドゥーンはチュニス（チェニジア）で生まれる。ハルドゥーン家は名門貴族であり、彼はチュニスのイスラム学者からさまざまな学問を習ったとされるが、詳細はわかってはいない。その後、モロッコ、イベリア半島、エジプトの諸スルタンに仕えた。シリア遠征した**ティムール**にも謁見したといわれている。

だが、隠遁し、歴史書『イバルの書』（この書は大著であるため、序論と第1部のみの『歴史序説』が独立した書として広く読まれている）を記した。その後、現在のカイロで死去した。73歳であった。

イブン・ハルドゥーンの歴史哲学は『歴史序説』の中に書かれているように、文明とは何か、歴史を知ることの意味とは何かということを探究することである。

彼は、歴史とは外面的には報告としての意味以上のことを示すものではないが、内面的に見れば、歴史は思索であり、真理の探求であり、詳細な説明であり、深い知識であると主張した。

こうした彼の歴史哲学の基礎にある概念がアサビーヤ論である。アサビーヤとは「集団における連帯」または「部族主義」を意味するもので、これこそが歴史を動かす原動力であると彼は考えた。例えば、砂漠に住む人間の集団はたくましさと団結力も持っており、都市に住む人間の集団を力によって服従させ、王朝を建てる。だが、世代が変わっていくと、こうした質実剛健さと団結力は弱まり、砂漠から来た別な民族に征服されていく。それが**イブン・ハルドゥーン**の唱えた歴史の流れの根本性である。

イブン・ハルドゥーンのこうした歴史分析はそれまでに存在しなかった歴史的動きの動力というものを深く考察しているという点で重要なものである。イギリスの歴史家、**アーノルド・トインビー**は**イブン・ハルドゥーン**を中世最大の歴史家と形容し、**マキャベリ**、**ヴィーコ**、**コント**などの先駆者であるとして非常に高く評価している。

中世イスラム世界内で、**イブン・ハルドゥーン**は確かに大きな学的探究を行い、歴史とは何かという問題に対して深遠な考察を行った。それゆえ、彼の名前はアラブ世界の天才としてだけではなく、世界史上の大学者として今も語られ続けているのである。

もっと深く知りたい人のための推薦図書

・**『歴史序説（全4巻）』**イブン＝ハルドゥーン／岩波書店
・**『イブン・ハルドゥーン』**森本公誠／講談社
・**『中世の哲学』**山田晶訳／白水社

314 哲学・思想 科学

イブン・シーナー（980年？〜1037年）

中世イスラム世界の偉大なる医学者・哲学者

イスラム世界を代表する哲学者、科学者、医師である**イブン・シーナー**。彼はイスラム世界だけではなく、西洋世界の哲学、医学の分野にも多大な影響を与えた。そのため、彼は「第二の**アリストテレス**」とも称せられている。

イブン・シーナーは現在のウズベキスタンにあるブハラで徴税官の息子として生まれた。当時、ブハラはイラン系イスラム王朝サーマーン朝の首都であった。彼は10歳のときにすでにコーランを暗唱していたという。その後、哲学、天文学、医学などを学び、16歳で患者を診ていたという。サーマーン朝の君主の病を治したことによって王室付属図書館を自由に使うことが許されたが、18歳で蔵書すべてを読破したという逸話が残されている。18歳のとき時に最初の著作、『種々の学問の集成』を書き、21歳のときに全20巻の百科事典『公正な判断の書』を完成させる。22歳頃から放浪の旅に出て、さまざまな流転の後、ハマダーンの君主**シャムス・ウッダウラ**の侍医となり、その後、宰相に登用された。1020年頃、**ギリシャ・ローマの医学を体系化した『医学典範』を書き上げた**。哲学書『治療の書』もこの頃に書き上げられた。しかし、1037年、現在のイランにあるハマダーンで死去した。死因は胃がんもしくは赤痢であったとされる。

イブン・シーナーの功績は大きく分けて、哲学と医学の二つの分野のものがある。前者の功績としては、**アリストテレス**の哲学を発展させ、存在は本質に対する偶有であり、存在の諸相を、第一原因、必然存在者である神を頂点とした流出によって説明しようとした点が挙げられる。こうした考えは、イタリアの神学者**トマス・アクィナス**に思想的な大きな影響を与えた。

後者の功績としては『医学典範』を書き、病気の原因を質料因、形相因、起動因、目的因と四つに区分し、それらを器官、体液、性質、構造、能力という側面から体系化した点が挙げられる。また、苦痛を15種に区別し、生命力こそが最も重要で、それは生命活動の源泉で、神からの流出であるという主張を行った。彼のこの医学理論はその後6世紀にわたってイスラム世界だけでなく西欧世界でも重要なものであった。

もっと深く知りたい人のための推薦図書

- **『魂について―治療の書　自然学第六篇』**イブン・シーナー／知泉書館
- **『アラビア科学の歴史』**ダニエル・ジャカール／創元社
- **『東方の医と知―イブン・スィーナー研究』**五十嵐一／講談社

315 宗教

ヴァルダマーナ（紀元前549年？〜紀元前477年？）

徹底した不殺生を説いたジャイナ教の始祖

古代インドの思想家で、ジャイナ教の始祖である**ヴァルダマーナ**。彼はバラモン教を強く批判し、新たな宗教としてのジャイナ教を作り、**マハーヴィラ**（偉大な勇者）と呼ばれた。

ヴァルダマーナは現在の、インドビハール州（当時のマガタ国）のジャムイでクシャトリア階級の父の子として生まれる。結婚し娘を1人もうけるが、30歳のときに出家する。魂の救済を求め、13カ月間瞑想する。すべての衣服を捨て裸になり、あらゆる所有を捨てた。12年の激しい苦行の後、ジュリンビカ村の沙羅双樹の下で悟りを開き、**マハーヴィラ**と称されるようになる。それから30年、インド各地で布教活動を行った。だが、紀元前477年頃にマガタ国のパーヴァー村で食を断ち、72歳で餓死したといわれている。

ヴァルダマーナは上記したようにジャイナ教の教祖であるが、まずは彼の始めたジャイナ教とはどのような宗教であるかを説明する必要がある。この宗教は、万物は精神的なものと物質的なものとから成り立っているという二元論の視点に立っている。また、宇宙は生命を持つものと生命を持たないものから構成され、前者は上昇的な方向性があり、幸福へと浄化されていくと考える。後者は下降的な方向性があり、輪廻の原因を作ると考える。これがジャイナ教の根本原理である。そして、人間が輪廻から脱するためには、正しい生活を送ることと苦行によって業（カルマ）を消去することが必要であると**ヴァルダマーナ**は主張した。さらに彼は生き物を殺すことを厳しく戒めた。これを不殺生戒という。

こうした**ヴァルダマーナ**の教えはインド全体に広まり、多くの信者を得たが、それだけではなく、後に開かれた仏教やヒンドゥー教にも多大な影響を与えた。また、不殺生の思想は**ガンディー**の非暴力思想にも大きく反映されているともいわれている。

ヴァルダマーナは**当時としては画期的である不殺生の思想**を説き、さらには、罪多き人間が解脱するための道を明確に示した。彼の思想は宗教的な意味を持つだけでなく、社会的、文化的な側面でも重要性を持つものであった。この重要性ゆえに、**ヴァルダマーナ**の教えは今もインドの地で多くの人々に信じられているのである。

もっと深く知りたい人のための推薦図書

- **『アジア宗教の救済原理：ヒンドゥー教・ジャイナ教・仏教』** マックス・ウェーバー／勁草書房
- **『思想の自由とジャイナ教』** 中村元／春秋社
- **『ジャイナ教―非所有・非暴力・非殺生　その教義と実生活』** 渡辺研二／論創社

316 宗教

ムハンマド・イブン＝アブドゥッラーフ（570年?～632年）

イスラム教の最後にして最高の預言者

ムハンマド・イブン＝アブドゥッラーフは我が国で長年**マホメット**と呼ばれていたイスラム教の開祖である。彼はアッラーの神の啓示を受け、イスラム教を広げた。

ムハンマドは570年頃、アラビア半島のメッカで、商人の子供として誕生した。**ムハンマド**も父の仕事を継ぎ、25歳で結婚し、ごくふつうの生活を送っていた。しかし、610年（40歳頃だといわれている）に、アッラーの啓示を受け、自分こそが預言者であると自覚する。

613年、メッカで布教活動を始めるが、ムスリム（イスラム教徒）は迫害された。622年に迫害を逃れ、メジナに逃れた。これをヘジラと呼び、この年をイスラム暦元年とした。630年、**ムハンマド**率いる軍隊はメッカを占領。その後も確実に勢力を伸ばし、アラビア半島全体を政治的、宗教的に勢力下に置いた。だが、632年、62歳頃メジナで病没した。

ムハンマドはイスラム教を開いたことによって歴史にその中を残しているが、ここでは彼が説いたイスラム教の大まかな特徴を、まず述べる必要があるだろう。

イスラム教は一神教であり、偶像崇拝を禁止し、唯一の神アッラーへの奉仕を重んじ、信徒同士の相互扶助関係を重んじる宗教である。こうした教えは**ムハンマド**の言葉を記した『クルアーン（コーラン）』に書かれている。また、ムスリムのとる信仰行為は、信仰告白（シャハーダ）、礼拝（サラー）、喜捨（ザカート）、断食（サウム）、巡礼（ハッジ）の五つである。これに聖戦（ジハード）を入れる場合もあるが、一般的にはこの五つである。また、西欧近代主義の基本である**政教分離はムスリム世界では成立しない**点も注記しなければならない。イスラム教世界では政治と宗教は分離できないものなのである。

こうした**ムハンマド**が説いたイスラム教の教えはアラビア半島を中心として、世界中に広まっていき、世界三大宗教の一つとなっていった。イスラム教が相互扶助の精神と、宗教的寛容性といったものを特質とする宗教であったからであろう。

世界宗教となるイスラム教の教祖にして、偉大なる預言者**ムハンマド**。彼の言葉に今も多くのムスリムは耳を傾けている。その言葉がよき世界を築き上げるものであると信じて。彼は今もなおイスラム世界において大きな精神的支柱であり続けているのである。

もっと深く知りたい人のための推薦図書

- **『コーラン（全3巻）』**井筒俊彦訳／岩波書店
- **『ムハンマド―世界を変えた預言者の生涯』**カレン・アームストロング／国書刊行会
- **『ムハンマド―預言者と政治家』**モンゴメリー・ワット／みすず書房

317 宗教

ナーナク（1469年〜1538年？）没年1539年説もあり。

カースト制を批判し、シク教を開いたグル

インドの**グル・ナーナク**はシク教の教祖であり、初代グル（「師」の意味）である。彼はヒンドゥー教の改革を訴え、シク教を作ったが、彼の考えは宗教的な影響力だけでなく、**カースト制の否定というインド社会の根底を改革**しようとするものであり、その後のインド社会に大きな影響を与えた。

ナーナクは現在のパキスタンのラーホール近郊のタールワンディーという農村で、ヒンドゥー教徒の両親のもとに生まれた。家は上位カーストに属し、父はイスラム教地主の会計官であった。**ナーナク**は幼少の頃からヒンドゥー教の聖典である『ヴェーダ』に通じていたといわれるが、10歳で学校をやめ、瞑想的な生活に入った。彼はこの時期からすでにさまざまな奇跡を行ったといわれている。真理を悟った**ナーナク**はパンジャーブ地方で布教活動を開始するが、インド各地を遍歴し、布教に努めた。そして、パンジャーブ州カルタールプルで死去した。

ナーナクが唱えた宗教的な考えは、一神教的であるが、神は定まった形も名前も持たないものであるとした。また、偶像崇拝を禁止し、カースト制度を否定する。そして、「平等・友愛・謙遜」が重視され、労働も価値あるものとされた。シク教には僧院はなく、シク教徒の共同体は日常的に職業に従事しながら互いに助け合うものとされている。

ナーナクの思想は彼以前にカースト批判を行った宗教家の**カービル**の考えやイスラム神秘主義の影響を受けているといわれているが、インド社会への影響で最も大きなものは、平等と自立の重視という点である。特に、平等の精神はインド社会全体の大きな問題となっているカースト制を批判し、人間には生まれながらの階級は存在しない点を強調している。また、自立の精神は労働することを尊ぶものであり、各人が積極的に社会を支えるために努力することを重視した考え方である。

このように、**ナーナク**は一宗教家としてだけでなく、宗教改革的側面によっても、さらには実践的活動と教えによってもインド社会に多大な影響を与えた。そして、こうした**ナーナク**の教えを信じる多くのシク教徒は、その後のインド史においてイギリスによって植民地化されたインドの独立のために前面に立って戦うことになるのである。

もっと深く知りたい人のための推薦図書

- **『インドのシク教』**クシュワント・シング／国書刊行会
- **『シク教』**N・G・コウル・シング／青土社
- **『シク教の教えと文化』**保坂俊司／平河出版

318 宗教

イブン・アブドゥル・ワッハーブ（1703年〜1792年）

タウヒードを唱えたイスラム教の宗教改革者

イスラム教スンナ派の宗教家**イブン・アブドゥル・ワッハーブ**。彼は『コーラン』と預言者**ムハンマド**の言葉だけに従うべきであるという主張を行い、イスラム教の宗教改革を行ったことで知られている。

イブン・アブドゥル・ワッハーブはアラビア半島のアウル・ウヤイナ村で、イスラム法学者の息子として生まれ、幼い頃から父に学問を習い、イスラム諸学を学んだ。そして、メッカとメディナに巡礼し、学問に励んだといわれている。その後、**ムハンマド**以前の古い習慣が根強く残っていた当時のアラビア半島の問題を改革しようとし、そうした悪習を徹底して取り除く運動を開始する。1744年頃、同郷の豪族**ムハンマド・イブン・サウード**の保護を受け、オスマントルコから独立した第一次サウード王国の成立後、自らの思想を大いに広めた。彼の考えはアラビア半島一帯に広まったが、1792年にこの王国の首都ディルイーヤで死去した。

イブン・アブドゥル・ワッハーブは自らの宗教運動を、イスラムを純化するための努力と捉えていた。その運動の方法論はムスリムたちを、彼の信じる信仰の基本原則に立ち返らせるというものであった。彼は多神教や、偶像崇拝を徹底的に排し、アッラーの神のみを信じるタウヒード（神の一化性の原理）を強く主張した。こうした考えはアラビア半島全体で強い影響力を持つものとなった。

また、政治と宗教との結びつきによって、サウード王国の統治に従わない者は**ワッハーブ**から背教者、異教者と見なされ、ジハードの対象とされた。そして、**ワッハーブ**主義者はユダヤ教やキリスト教といった他の宗教にも不寛容であった点も事実である。さらには、徹底したイスラム教の純化の考えは**イスラム原理主義の一つの大きな基盤となった**ことも事実である。

イブン・アブドゥル・ワッハーブはイスラム教の宗教改革者としてムスリムの間では今も高い評価を得ている思想家である。彼の宗教改革は、惰性化し、規律が緩んだイスラム教を正し、『コーラン』の教えとタウヒードへの回帰を強く主張することで、信仰の原点を示したという点でイスラム教史の中で非常に重要なものであった。

もっと深く知りたい人のための推薦図書

- **『イスラムの法―法源と理論』**アブドル＝ワッハーブ・ハッラーフ／東京大学出版会
- **『サウディアラビアとワッハーブ派』**
  中田考、ムハンマド・ブン・イブラーヒーム・アール・アッシャイフ／現代政治経済研究社
- **『イスラーム学』**中田考／作品社

319 宗教

ブッダ（紀元前463年？～紀元前383年？）

人生の苦しみのなかから悟りを開いた、仏教の創始者

キリスト教、イスラム教と並ぶ世界三大宗教の一つである仏教の創始者にはさまざまな呼び名がある。「**ブッダ**（仏陀）」は悟りの最高の位・仏の悟りを開いた人を指す。だが、現在ではこの境地に達した人は1人しかないとされ、事実上、この仏教の創始者を指す。

ブッダより一般的な呼び名は「**釈迦**」だろう。これも本来は、古代インドの一部族の名を指す。彼はこの部族から出たためそう呼ばれる。彼の正式な名称は「**釈迦牟尼**《しゃかむに》」である。また、「**釈尊**」は**釈迦**の尊称である。「**ガウタマ・シッダールタ**」は幼名といってもいい。ここでは「**ブッダ**」という表記を中心に、文脈や彼の生涯に合わせて呼び名をそのつど変えて説明する。

紀元前5世紀頃、インドには多くの都市国家が成立していた。その中で小国のカピラ国に生まれたのが**ガウタマ・シッダールタ**だった。彼は母**マーヤー**（摩耶夫人）の右脇から生まれるなり、右手を上に、左手を下にして「天上天下唯我独尊」と言ったという説がある。

なお、この**ガウタマ**の生誕年は曖昧で、紀元前563年（没年紀元前483年）という説もある。**ガウタマ**は王子として生まれ、何不自由ない環境で育った。16歳（19歳という説もあり）で結婚し子供ももうけた。**ガウタマ**は王族として安逸な生活をしていたが、あるとき人間としての苦しみ（四苦：生・死・老・病）を知り、すべてを捨て29歳で出家した。

彼は悟りを得るために、さまざまな難行苦行をした。これは当時、インドにあったバラモン教の影響もあるとされる。断食などの肉体酷使をしたが、過度の快楽が不適切であるのと同じに、過度の苦行も意味を持たないと知った。

35歳の**ガウタマ**は、ブッダガヤーの菩提樹の下で瞑想に入る。やがて悟りに達して、**ブッダ**となった。彼は、衆生《しゅじょう》に自らの法（教え）を説くことを決め、開教を決意した。

彼は北インド、特にガンジス川中流域で布教を行った。当時大きな力を持っていた国にマガダ国があったが、この国の群臣や村長やバラモン教信者までもが、**ブッダ**の教説を聞き、彼に帰依していった。バラモンにある差別的なカースト制度に対し、**ブッダ**は人間の平等を唱えたことも大きい。こうして彼の伝道生活がその晩年まで続いた。

ブッダ80歳の年、クシナガラにあるサーラの林に横たわり、安らかに死んだ。最期の言葉は「もろもろの事象は過ぎ去るものである。怠ることなく修行を完成しなさい」だとされる。なお、仏教では死を「入滅」という。この彼の入滅を描いた画を「涅槃《ねはん》

図《ず》」という。

彼の死後、その教えが「仏教」となり、弟子たちが「経典」として編纂して伝えた。

ブッダは、人生を苦しみと捉え、修行による苦からの解放を説いた（悟りと解脱）。

解脱するには、世の無常を自覚し、苦の原因である四つの真理（四諦）を明らかにする必要がある。諸行は滅びゆくものである。こうしたなか、物や人に執着することなく、正しい心の持ち方をすることで、苦を滅するということである。また、このための正しい生活の実践を八正道とした。

当初の仏教は、他の宗教と異なり、神と人とが関係するものではなく、人が人との生活の中、人間自身のよりよい生き方を探ることを目的とした。

当時の仏教は出家主義で、それぞれの生活を捨て、サンガ（僧伽）と呼ばれる出家集団を形成していた。当初は統率の取れていたサンガも、**ブッダ**の死後100年以上過ぎると、さまざまな部派仏教に分裂した。

やがて紀元前後になると、こうした部派仏教とは異なる大きな流れが起きる。**ブッダ**の遺骨を納めたというストゥーパを信仰する在家集団が、「大乗仏教」を始めた。「大乗」とは「大きな乗り物」の意であり、広く衆生の救済を優先するものである。これに対し、部派仏教は出家者の解脱のみを目指す宗教であり、「小乗仏教」とも呼ばれる。しかし、これは蔑称で、「上座部仏教」が正しい呼び名である。

上座部仏教がスリランカやタイなど東南アジアで盛んになった一方で、大乗仏教はアジアの広い範囲に広まり、日本にも伝わった。日本に仏教が伝来したのは538年である。その後の日本での仏教の繁栄については割愛する。一方、釈迦を生んだインドは、7世紀以降ヒンドゥー教とイスラム教などの圧迫があって衰退した。

仏教彫刻は紀元前1世紀頃から作られ始めた。上座部仏教では、個人個人が修行して自己を高めていくのが目標だったため、当初仏像という偶像は必要なかった。これに対し、大乗仏教では広く衆生を信じさせ、救いをもたらせるために、仏像は大きな意味を持った（上座部仏教で仏像が作られないということではない）。**釈迦**をモチーフにした仏像は多く作られた。現在の仏像は如来、菩薩、明王、天部の四つに分けられる。このうち如来が最も高い地位にある。修行を完成して悟りを開いた人を指す。如来像は多くの種類があるが、現世で悟りを開いた実在の人物は**釈迦**しかない。これを表す「釈迦如来像」、また左右に脇侍がついた「釈迦三尊像」が数多く彫られている。

もっと深く知りたい人のための推薦図書

- 『**ブッダ**』手塚治虫／潮出版社
- 『**ブッダのことば**』スッタニパータ／岩波書店

320 文学・演劇

ウマル・ハイヤーム（1048年？～1131年？）

『ルバイヤート』を著した万能型の知識人

ウマル・ハイヤームは天文学、数学、哲学などさまざまな学問に精通していたセルジューク朝トルコの学者であったが、彼は『ルバイヤート』の作者として有名な詩人でもある。

ウマル・ハイヤームの生涯は謎に包まれた部分が多いが、ペルシア北西部のニーシャープールで生まれたことがわかっている。父の職業は天幕作り職人であったと考えられている。26歳のとき、セルジューク朝の王**マリク・シャー**に仕え、太陽暦の一つジャラーリー暦を考案した。多くのアラビア語の科学書を書く一方で、『ルバイヤート』を著述する。さまざまな活躍をしたが、故郷のニーシャープールで死去した。

ウマル・ハイヤームの歴史的な功績は二つある。一つは『ルバイヤート』の執筆である。もう一つはジャラーリー暦を考案したことである。最初のものはルバーイーつまりは四行詩が複数集まった詩集であるが、**ウマル・ハイヤーム**の書いた『ルバイヤート』は平易な言葉で表現されていながら、哲学的な深遠さを持ち、情緒的なさまざまな色彩も描かれたアラビア文学史上最高とも称せられている優れた詩集である。この詩集は**ゲーテ**も称賛しており、19世紀の中頃にはイギリス人の詩人**エドワード・フィッツジェラルド**によって英語に翻訳され、近代英語詩に大きな影響を与えた。このように『ルバイヤート』はアラビア世界だけでなく、世界文学の傑作として高く評価されている。

ジャラーリー暦は、現在のイラン暦のもとになった暦であるが、1年の長さを365.24219858156日と計算したものである。現在世界各地で用いられているグレゴリオ暦が1年の長さを365.2425日にしているよりも精度が高い。だが、セルジューク朝の衰退とともにイスラム世界においてもヒジュラ暦（イスラム暦）が用いられるようになった。

ウマル・ハイヤームにはイスラム世界の**レオナルド・ダ・ヴィンチ**という評価もある。**多分野に才能を示す万能型の知識人**であったからである。それゆえ、彼の後世への貢献は大きなものであったが、惜しむべきは彼の学問の全体像が現在では摑み切ることができないという点である。しかしながら、彼の名前がアラビア世界のみでなく世界中に知れ渡っていることは確かな事実である。

もっと深く知りたい人のための推薦図書

- **『ルバイヤート』**オマル・ハイヤーム／岩波書店
- **『オマール・ハイヤームと四行詩（ルバイヤート）を求めて』**アリ・ダシュティ／コスモスライブラリー
- **『ルバイヤートの謎　ペルシア詩が誘う考古の世界』**金子民雄／集英社

321 文学・演劇

ジャラール・ウッディーン・ルーミー（1207年〜1273年？）

ペルシア文学史上最高の神秘主義詩人

ペルシア文学史上最高の神秘主義詩人と呼ばれる**ジャラール・ウッディーン・ルーミー**。彼はトルコの神秘主義教団であるメウレウィー教団の創始者としても知られている。

ルーミーは1207年、高名な神学者の子供として現在のアフガニスタン北部のバルフで生まれた。1217年頃、現在のトルコ中部にあるマラティヤに移り住む。その後、トルコ中部のコンヤに住む。イスラム神学やイスラム教スンナ派の法学の一つハナフィー派法学を修めた。1229年頃、この地にメウレウィー教団を設立する。1244年、神秘主義托鉢僧**シャムス・ウッディーン**に会って以降作詩を始め、1261年まで多数の抒情詩を創作した。1261年から死に至るまで、神秘主義叙事詩の傑作と称せられている全6巻約2万6000句からなる『精神的マスナビー』を書き続けた。だが、1273年、コンヤで重い病にかかり死去した。66歳であったといわれる。

ルーミーの名を歴史に刻んでいる功績としては、イスラム派神秘主義詩人として創作した多くの詩と、メウレウィー教団の創立という二つのものがある。一つ目の詩作については、抒情詩時代の前期と『精神的マスナビー』を創作していった後期に分かれる。前期の作風は簡素であるが、リリシズムに富み、読み手の心を打つ詩が書かれた。この時期の作品としては『シャムセ・タブリーズ詩集』や『四行詩集』などがある。後期の大著『精神的マスナビー』は寓話、比喩、物語が平易な文体で語られているが、そこには深い哲学的思想が内包されており、「神秘主義の聖典」と評されている。この詩集は、また、神秘思想的の根本性が体系化されている書であるとも述べ得るものである。

二つ目のメウレウィー教団創立については以下のように述べられる。この教団は舞踏教団と呼ばれ、スカートを穿いた信者が音楽に合わせて踊ること（この行為は「セマー」と呼ばれる）で、神と一体になれると信じられている。情熱的で、行動的な**ルーミー**の思想が具現化されたものの一つであると見なされている。

ジャラール・ウッディーン・ルーミー、彼は**スーフィー・イブン・アル＝アラビー**と並ぶ**イスラム神秘思想の巨匠**といわれている。だが、彼は自らの思想を、理論によってではなく、詩と踊りによって表した偉大なる思想家だったのである。

もっと深く知りたい人のための推薦図書

- **『ルーミー語録』**ルーミー／岩波書店
- **『スーフィー：イスラームの神秘主義者たち』**ティエリー・ザルコンヌ／創元社
- **『イスラムの神秘主義—スーフィズム入門』**レナルド・A・ニコルソン／平凡社

322 文学・演劇

イブン・バットゥータ（1304年〜1368年）

『三大陸周遊記』を残した、14世紀の旅人

ヨーロッパの大航海時代は15〜16世紀である。**コロンブス**や**マゼラン**、**エンリケ航海王子**のページで紹介したように、この時期は航海技術が発展し、大型船で大西洋を渡るなどして新しい航路を行った冒険者たちが相次いだ。

こうした時代の前にも冒険者はいた。一人は有名な**マルコ・ポーロ**である（**マルコ・ポーロ**参照）。一方、彼と同じように陸路を使って東に向かった人物は、アラブ世界にもいた。**イブン・バットゥータ**である。

バットゥータは、**マルコ・ポーロ**より数十年後の人物である。モロッコ人の彼は、冒険家・探検家というよりは旅行家である。したがって、新しい領土を見つけようという意識はなく、自らの見聞を高めるとともに、知られざる世界を多くの国民に広めようとしたということでも特筆される人物である。

彼は1325年、21歳でエジプト経由でメッカ巡礼の旅に出た。そこから彼はイラン、シリア、黒海、（当時の）キプチャク・ハン国、中央アジア、インド、スマトラ、ジャワを経て、中国（当時は元朝）、しかも現在の北京にまで到達した。さらに1349年にいったん帰国した後も、イベリア半島や、サハラ砂漠、そして西アフリカのマリ王国をも旅した。

1354年に再び、自宅に戻ると、周囲の勧めもあり、旅の記録を書き取らせた。この口述を著したものこそ、**アラビア語旅行文学の傑作と呼ばれる『三大陸周遊記』**である。彼の行程は10万kmともいわれ、文字どおり、ヨーロッパ、アフリカ、アジアを結ぶ画期的なものだった。

もっと深く知りたい人のための推薦図書

- **『イブン・バットゥータと境域への旅―『大旅行記』をめぐる新研究―』**家島彦一／名古屋大学出版会
- **『イブン・バットゥータの世界大旅行―14世紀イスラームの時空を生きる』**家島彦一・平凡社

323 文学・演劇

タゴール（1861年〜1941年）

アジア人初のノーベル賞を受賞した、ベンガル詩人

ラビンドラナート・タゴールは、インドのベンガル州カルカッタ（現コルカタ）で生まれた。彼の家は、大商人の祖父を持つ裕福な家庭だった。幼い頃から詩作に親しんだ彼は、イギリス留学などを経て育つ。

1890年に**タゴール**家の持つ領地管理の一環で、農民の生活に接する。ここでベンガル地方の神秘的吟遊詩人たち「バウル」と出会い、自らの詩作において強い影響を受けることになる。

タゴールは、1909年詩集『ギタンジャリ』を発表する。これは100編にも及ぶベンガル語の詩を自ら英訳した作品である。1913年、彼はこの『ギタンジャリ』などによって、アジア人初のノーベル賞（文学賞）を受賞する。彼の詩には東洋の神秘主義と、ヒューマニズムと愛に満ちた人生観が溢れている。

また、彼の人生や作風にはベンガル地方の影響が大きい。ベンガルはインドとバングラデシュにまたがる地域である。したがってバングラデシュ人の**タゴール**への思いも強い。実際、**タゴール**が作詞した『我が黄金のベンガルよ』は、バングラデシュの国歌に採用されている。

一方、**タゴール**は日本に関心を持ち、美術思想家の**岡倉天心**などと交際し、**タゴール**自身も数回来日したとされる。しかし日中戦争に向かった日本の軍国主義に対して、西欧文明に毒されたものとして批判をした。

こうした彼の姿勢は、ほぼ同時代を生きた**マハトマ・ガンディー**と通じるものがある。**ガンディー**は非暴力、不服従の姿勢でインド独立を成功させる（**ガンディー**参照）。また**タゴール**は、文学者**ロマン・ロラン**や物理学者**アインシュタイン**らとも親交があった。彼らも平和を希求し、ファシズムを批判した偉人である。

なお、**タゴール**と同じベンガル地方出身の映画監督に**サタジット・レイ**がいる。彼は『大地のうた』などで知られる世界的映画作家である。彼は、**タゴール**を撮ったドキュメンタリー『詩聖タゴール』も残した。

詩人である**タゴール**には名言が多い。とりわけ**「人々は残酷だが、人は優しい」**という言葉は、帝国主義に走った欧米人や日本人にも突き刺さる。

もっと深く知りたい人のための推薦図書

- **『タゴール』**丹羽京子／清水書院
- **『原典でよむ タゴール』**森本達雄編・訳／岩波書店

Column 3

世界史上の名言クロニクル

世界史上、現代にも残っている名言は数多い。例えば紀元前100年に生まれたガイウス・ユリウス・カエサル（英語読みシーザー）は名言の宝庫。これは後のシェークスピアが『ジュリアス・シーザー』で描いたせいもある。カエサルはガリア遠征後、元老院に反旗を翻し、ローマの内戦に身を投じる。イタリア北部を流れるルビコン川を越えてローマに向かうとき「**賽は投げられた**」と名言を残した。この後、エジプトを平定し、クレオパトラと懇意になったカエサルは、紀元前47年に現トルコのゼラの戦いに勝利。このときに「**来た、見た、勝った**」と名言を残す。紀元前44年に暗殺されるが、腹心の一人ブルトゥスの裏切りを知り「**ブルートゥス、お前もか**」という名言も残したという。

時代は中世に移る。12世紀末にローマ教皇に就任したイノケンティウス3世は「**教皇は太陽、皇帝は月**」と言い、教皇の絶対的権力を主張した。そんな中世の時代「**アダムが耕し、イヴが紡いだとき、誰が貴族であったか**」とイギリスのジョン・ボールは言い、人間の平等を説き1381年のワット・タイラーの乱となった。乱は鎮圧され、ボールは処刑された。「**羊が人間を喰い殺している**」としてイギリスの囲い込み運動を批判したのがトマス・モア。時の王はヘンリー8世。彼の離婚を批判したーマス・モアは残虐な処刑によって1535年に死んでいる。ヘンリー8世の娘メアリ1世は、イングランド王としてプロテスタントを虐殺して「ブラッディメアリ」と呼ばれたが、「**私の胸を裂けば、心臓にはカレーがある**」と言った。フランスにあったイギリス領のカレーの地をフランスに奪われたことがよほど悔しかったのだ。

「**国王は君臨すれども統治せず**」という名言を説いたのはヤン・ザモイスキ。ポーランドの貴族で16世紀末の人物である。これは後のイギリス立憲君主制の理念となった。「**朕は国家なり**」は1661年にルイ14世が言った言葉。まさに時代は絶対王政だった。これに対し、ロシアではエカチェリーナ2世が1767年に「**君主政治の真の目的は、人民の自由を奪うことではなく、彼らを正すことである**」と述べる。啓蒙専制君主だけのことがある。現代ならさしずめ民主政治の目的は政治家を正すことにあるとでも言えるだろうか。同じ啓蒙専制君主のプロイセンのフリードリヒ2世も、「**君主は国家第一の下僕なり**」と言ったとされる。

1789年にヨーロッパではフランス革命が起きる。「**革命前夜を生きなかった者は、人生がいかに甘美であるかを知らない**」はフランスの外相タレーランの名言。革命後、ナポレオンが現れ、「**予の辞書に不可能という言葉はない**」と言う。そのナポレオンを破ったのがネルソン。1805年のトラファルガー海戦にて、「**神に感謝する。私は義務を果たした**」が最期の言葉となる。ナポレオン後のヨーロッパの秩序回復を巡って開かれたウィーン会議では「**会議は踊る、されど進まず**」とリーニュ侯爵が言ったとされる。

第6章

東アジア

324 政治

始皇帝（紀元前259年〜紀元前210年）

中国全土に及ぶ大帝国を初めて作った皇帝

紀元前221年、秦王政として中国統一を達成し、後に二千余年も存続した皇帝政治の基礎を築いたのが**始皇帝**だ。在位期間は、秦国の王が紀元前247年から前221年、ついで秦帝国の初代皇帝としては前221年から前210年である。

秦の公子である父の**子楚**（即位した後、**荘襄王**）が、休戦協定で人質として趙国にいた頃、その国都の邯鄲《かんたん》（現河北省邯鄲市付近）の秦亭で**始皇帝**は生まれた。秦朝の「秦」はここに通じている。歴史書『史記』では、始皇帝の本名は「**趙政**」と記されているが、睡虎地秦代墓から出土した『趙正書』では「**趙正**」となっている。

子楚は20人以上もいた公子の一人で、秦王を継ぐ可能性がほとんどなく、人質としての価値が低かった。そこに目を付けたのが、**子楚**のパトロンで韓の大商人である**呂不韋**。将来の厚遇を約束させると、自分の妾である**趙姫**をあてがう形で男児を授からせた。これが**趙政**である。『史記』には**趙政**の実父が**呂不韋**であるとしているが、現在の研究では否定されている。

父である**子楚**（**荘襄王**）の死により、跡目を継いで13歳で秦王となり、丞相となっていた**呂不韋**が相国として執政した。戦国時代の秦は、渭水盆地を支配する諸侯にすぎなかったが、鄭国渠《ていこくきょ》などの灌漑水路の建設を推し進めて国力を蓄えていった。

母太后に取り入った男が起こした乱や、**呂不韋**の失脚、さらに暗殺未遂事件などの危機を乗り越えながら軍備を増強。また法家の思想家である**李斯**を登用し、経済活動や政治の改革を実行し、前237年頃から独裁権力を打ち立て、皇帝政治の基礎を築いた。

まず周以来の封建制を廃止し、中央官制の整備や、全国を36の郡に分け、その中に県を置く郡県制を実施し、中央集権体制の確立を図った。

国土の支配に必要だったのが、さまざまな分野での統一事業である。貨幣制度では、各国がそれぞれに発行していた青銅貨幣を廃し、半両銭という統一通貨を発行した。通貨統一は重要な経済政策で、全国で交換価値の基準が安定している通貨制度の採用は、遠隔地や僻地での物流を促進させる作用もあった。

度量衡では、度（長さ）の単位の一歩を6尺と定め、秦量（量）と衡（重さ）を測る「秦権」（計量器）の標準器を作って全国に分配している。これも重要な政策で、やはり遠隔地や僻地での物流、経済を活性化させたはずだ。

また文字は、秦で使われていた大篆《だいてん》をもとに簡略体を作り、小篆として全国共通の統一字体と定めた。

面白いところでは馬車の「車軌」を統一し、馬車が同じ轍《わだち》で走れるようにしている。これは馬車の工業的な生産性、効率性を高め、同時に車体の耐久性も高めたはずだ。

前230年頃から他の6国の攻略に乗り出し、紀元前221年に**中国史上初めてすべての国を統一**。現在の中国の国土に匹敵する地域に秦王朝を樹立し、歴史上最初となる新たな称号「皇帝」に即位し「**始皇帝**」と名乗ったのである。

統一後、**始皇帝**は、盛んに大規模な地方巡行を行っている。国の隅々にまで威光を知らしめるためと、三皇五帝などに関わる各地の著名な遺跡で顕彰し、神々に祈る儀礼的な意味もあった。前219年には、泰山で天地を祀る封禅の儀式を行っている。この全国巡幸は、前210年に死去するまで5回にわたって行われている。

帝国統一支配のため、新たな外敵が想定された。北方の遊牧民族である匈奴《きょうど》と南方の南越（ベトナム）である。前215年、匈奴討伐のために軍勢50万を派遣した。動きを活発化していた匈奴を後退させた将軍の蒙恬は、南下に備えて万里の長城を建設し（戦国時代各国が築いた長城を連結させた）、オルドス地方を南北に縦断する直道を整備した。

前213年には焚書坑儒《ふんしょこうじゅ》による思想統一が行われ、実用書を除く儒学などの書物を禁書として焼却する焚書を行い、さらに翌年、政治に批判的な儒者や方士を、生き埋めにする坑儒を実行した。これは、匈奴や南越との戦争を推進するための、戦時思想統制の意味合いも強かった。

翌年には、30万の軍を南越に派遣。中国南部に南海郡、桂林郡、象郡（ベトナム北部）の3郡を置き、領土を拡大。南越出兵のために運河を建設した。

また首都咸陽に、全国の富豪12万戸を移住させ、ここを中心に全国に通じる道路を建設した。さらに渭水の南岸には咸陽城を拡張して、宮殿や霊廟を建造。栄華を極めた国力を国内外に見せつけている。

そして、すでに秦王として即位した前247年には、自分の墳墓となる、等身大の兵《へい》馬俑《ばよう》で知られる驪山《りざん》陵の建造を、囚人70万人が動員され開始していた。しかし、こうした大規模な大土木事業や外征のため、国民に大きな負担を与えてしまったのが現実であり、農民反乱の原因も作っている。

紀元前210年、**始皇帝**は第五次の巡幸の帰路、病気となった。伝説によると**始皇帝**は、学者や医師らが処方した、不死の効果をもたらす水銀入りの薬を服用していたという。

もっと深く知りたい人のための推薦図書

- **『秦始皇帝』**A・コットレル／河出書房新社
- **『秦・始皇帝陵の謎』**岳南／講談社
- **『人間・始皇帝』**鶴間和幸／岩波書店

325 政治

武帝（紀元前156年〜紀元前87年）

匈奴を撃破し、前漢の最盛期を築いた皇帝

前漢第7代皇帝である**武帝**。彼はその統治時代に中央集権化を強化し、さらに匈奴勢力を打ち破り、西域を影響下に置くなど前漢の最盛期を実現した皇帝として中国史にその名を残している。

武帝は紀元前156年に生まれた。姓名は**劉徹**である。4歳のときに膠東王《こうとうおう》となり、紀元前141年に前漢の皇帝に即位した。

武帝の治世は54年に及び、清の**康熙帝**（在位期間61年）、**乾隆帝**（在位期間60年）に次ぐ中国歴代皇帝の中で3番目の長さである。そのため、さまざまな功績がある一方で悪政も行った。

功績としては、大まかに言って、帝国領土の拡大、中央集権の確立、財政の安定化の三つが挙げられるであろう。第一の点については、**武帝**は武断政治によって匈奴の力を抑え、**西域、南越、朝鮮半島にまで領土を拡大**した。

第二点として、郡県制によって中央政府が派遣した官僚が地方も統治するようにした。また、儒学の国教化も中央集権化にとってプラスに働いた。

第三点目としては、塩・鉄・酒の専売制によって国の財政を強化したこと、五銖銭の発行により貨幣制度を統一したことなどが挙げられる。

悪政としては、長期政権にありがちなことであるが、晩年には、**武帝**は色欲に溺れ、統治が疎かになり、財政悪化や重税によって各地で農民反乱が多発し、巫蠱《ふこ》の乱などのクーデター未遂事件も起きた。そのため、**武帝**の治世の後半の国の乱れを批判する歴史家も多い。

しかしながら、**武帝**が54年に及ぶ長期政権を維持し続けた能力は高く評価すべきであり、彼が外敵を圧倒する大帝国を築いたことも事実である。前漢の**武帝**、彼は中国史にその名を残すさまざまな政策を行い、強大な漢帝国を築いた皇帝であったのである。

もっと深く知りたい人のための推薦図書

- **『漢の武帝』**吉川幸次郎／岩波書店
- **『漢の武帝』**永田英正／清水書院
- **『武帝―始皇帝をこえた皇帝』**冨田健之／山川出版社

326 政治

司馬炎（236年〜290年）

三国時代を終わらせた統一王朝西晋の皇帝

司馬炎は魏の晋王であり、現在の首相に当たる相国でもあった**司馬昭**の長男として236年に生まれた。265年に父が死ぬと、**司馬炎**が晋王と相国を継ぎ、同年、魏の皇帝であった**元帝**に禅譲を迫り、帝位を得る。新王朝名を晋とした。268年に法制度を整え、秦始律令を完成させる。280年に呉を滅ぼして三国時代を終わらせ、統一王朝を築く。

中国統一までの**司馬炎**は若い頃から「寛恵で仁厚、沈深で度量がある」と評されたような偉人であり、統一のために精力的に行動した。政治体制にも大きな変化をもたらし、法を整備し、また、禁止されていた後漢、魏時代の皇族の任官も行い、**曹志**や**諸葛亮**の子孫など優れた人材を任官した。

呉を倒した後も、**司馬炎**は、しばらくの間、積極的に国政を行った。占田《せんでん》法・課田《かでん》法、戸調《こちょう》式という税制を実施した。占田は土地所有の最高限度を定めたもので、男子70畝《ほ》、女子30畝を上限とし、官人には官品にしたがって上限を定めるものであった。課田は農民に国有地を割りつけ、耕作させたものと考えられている。戸調式は人頭税として徴収されていた税を戸（家）ごとに徴収するようにした制度である。また、軍制においても、州や郡の常備兵を大胆に削減する改革を行った。

しかし、こうした国政への関与は女色に溺れるようになってからは影を潜めた。後宮に1万人の宮女を入れ、毎晩、牛車に乗り宮女の家の前を通り、牛が止まった家の宮女とその晩を過ごす日々を送った。そのため、国政は乱れた。また、**司馬炎**は皇族を各地の王に封じ、軍権をも与えたため、そのことで**司馬炎**の死後、皇族間の争いを起こした。特に、291年に起きた八王の乱は国内の秩序を大きく混乱させた。

司馬炎はその治世の後期の堕落によって、後世の評価はいいものではない。しかしながら、彼が分断されていた国土をまとめ上げ、三国時代を終わらせたことは歴史的事実である。また、多くの斬新的な制度を導入したことも事実である。もしも、彼が女色に溺れることなくしっかりと国政を行っていれば、名君になれたかもしれない。

もっと深く知りたい人のための推薦図書

- **『西晋の武帝─司馬炎』**福原啓郎／白帝社
- **『西晋時代の都城と政治』**田中一輝／朋友書店
- **『西晋「儒教國家」と貴族性』**渡邉義浩／汲古書院

327 政治

煬帝（569年～618年）

中国史上稀に見る暴君とされる隋の皇帝

隋朝第2代皇帝である**煬帝《ようだい》**。彼は中国史上稀に見る暴君として知られている。豪奢を好んだだけではなく、残酷な処刑を行い、大運河建設のために人民を酷使した。その悪政ゆえに最後は近衛兵に暗殺された。

煬帝は隋の初代皇帝である**文帝**の次男として569年に生まれる。604年の**文帝**の死後、**煬帝**が皇帝となった（**煬帝**が父を殺し、帝位を奪ったという説もある）。

煬帝の悪名を高めた要因は大きく分けて、三つあると思われる。第一の点は豪奢を好む性格と残忍性。第二の点は大運河建設などのために人民を酷使したこと。第三の点は対外戦争を繰り返したことである。第一の問題点は、皇太子時代の**煬帝**は質素な生活を送っていたが、皇帝になるとすぐに贅沢を好む生活に急変した。さらに女色に溺れ、朝廷に歯向かう人間は次々に残忍な方法で処刑した。

第二の問題点は大運河の建設である。**煬帝**は605年に通済渠を、608年に永済渠を開通させる。その長さは2500kmにも及ぶものだった。この大運河を短期間で建設するために女性も含む100万人といわれる人々が動員された。そのため、人々は重労働を強いられ、日々の暮らしも逼迫した。

第三の問題点として、**煬帝**は帝国拡張のために何度も遠征を行い、兵たちが疲弊した点が挙げられる。特に、高句麗遠征は3度行われるが、大きな成果は挙げられず、いずれも失敗に終わっている。この不満が近衛兵による**煬帝**暗殺につながったという説もある。

また、**煬帝**の時代に第2回遣隋使として日本から**小野妹子**が派遣されて、「日出ずる処の天子、書を日没する処の天子に致す」と書かれていた手紙を読んだ**煬帝**が激怒したというエピソードも有名である。

しかし、暴君**煬帝**という評価は事実に反するという説もある。**大運河建設はその後の中国経済の発展に大きく貢献**したものであり、繰り返された遠征も**煬帝**だけではなく中国の多くの皇帝が行っているからである。**煬帝**が暴君であったかどうかとは別にしても、彼が中国史に残る皇帝であったことは確かである。

もっと深く知りたい人のための推薦図書

- **『中国史書入門　現代語訳　隋書』**中林史朗監修／勉誠出版
- **『隋の煬帝』**宮崎市定／人物往来社
- **『遣隋使が見た風景：東アジアからの新視点』**氣賀澤保規／八木書店

328 政治

太宗（李世民）（598年～649年）

貞観の治を行った名君といわれた唐の皇帝

後に唐の**太宗**となった**李世民**は高祖とともに唐朝創設に尽力したことで知られている。帝位を継承し、**太宗**となった後は貞観の治と呼ばれる善政を行った。

李世民は598年に高祖となる**李淵**の息子として咸陽で生まれた。16歳のとき、隋の**煬帝**が突厥《とっけつ》（トルコ系遊牧民族）軍に包囲されたのを救助。617年に**李淵**が兵を挙げると、それを助け、618年に唐朝が開かれたときに宰相に匹敵する尚書令となる。626年に高祖の後継者争いである玄武門の変が起き、**李世民**は兄の**李健成**などを殺害し、皇帝となり、**太宗**を名乗った。627年、元号を貞観《じょうがん》と改め本格的な治世を開始する（649年まで続く**太宗**の治世は貞観の治と呼ばれ、称賛された）。630年、東突厥を滅亡させ、640年には高昌国を滅ぼす。641年、吐蕃《とばん》（チベットにあった国）に対し、王ソンツェン＝ガンポに娘を嫁がせ、親和政策をとる。しかし、649年に、51歳のとき、赤痢のため長安（現在の西安）で死去したといわれている。

太宗は武将として優れており、数々の戦いに勝利し、東突厥を滅亡にまで追い込んでいるが、彼の歴史的な功績は何と言っても**貞観の治を行った**ことにある。貞観の時代、**太宗**は賦役や刑罰を軽減し、治安はよく帝国の人々が安心して生活したということが歴史書である『資治通鑑』や『旧唐書』には書かれている。また、行政的には三省六部制を整備した。この制度は、皇帝の下に、勅令の立案と起草を行う中書省、詔勅文案などの審議を行う門下省、上訴文の取り扱いを審議する尚書省という三つの省を置き、さらに、それぞれの省の下に二つずつ部を置く制度である。この制度によって行政職務の効率的な階層化がなされた。

貞観の時代は内政問題だけでなく外交的にもさまざまな事柄が行われた時代であった。強力な外敵である突厥の力を抑えただけでなく、西域にあった高昌国を滅ぼすことで唐の勢力圏を西域にまで広げた意味は大きかった。さらに、**太宗**は上述したように吐蕃と友好関係を築き、外交面でも積極外交を展開した。文化的にも、彼は多くの歴史書を編纂させ、『西遊記』の三蔵法師のモデルとなった**玄奘**《げんじょう》がインドから持ち帰った仏典も漢訳させた。

太宗の統治時代は中国の王朝史上最も安定し、平和な時代であったといわれている。

もっと深く知りたい人のための推薦図書

- 『**貞観政要**』呉兢／筑摩書房
- 『**隋の煬帝と唐の太宗：暴君と明君、その虚実を探る**』布目潮渢／清水書院
- 『**大唐帝国―中国の中世**』宮崎市定／中央公論社

329 政治

玄宗（685年〜762年）

楊貴妃を溺愛し、国を乱した唐帝国の皇帝

中国の唐帝国の第6代皇帝である**玄宗**。彼の治世の前期は開元の治と呼ばれる善政を行ったことで称えられたが、後期は国政を混乱させ、安史の乱の原因を作った。

玄宗は唐の第5代皇帝である**睿宗**《えいそう》の第3子**隆基**として、長安で誕生する。684年に父の**睿宗**が即位するが、690年に**則天武后**により廃位させられる。その後、705年に**則天武后**は**中宗**に帝位を譲る。710年に**中宗**が死に、**殤帝**《しょうてい》が帝位に即くが廃位させられ、**隆基**の父の**睿宗**が再び皇帝となり、**隆基**は皇太子となる。712年に父の死に伴って、**隆基**が27歳で帝位を継ぎ、**玄宗**となる。以後、善政を行う。だが、740年、**玄宗**の息子**寿王**の后《きさき》になっていた**楊玉環**（後の**楊貴妃**）を見初め、**玄宗**は政治を宰相の**李林甫**に任せ、**楊貴妃**に溺れて、国政は乱れた。755年に**安禄山**が反乱を起こす。さらに、その部下**史思明**も反乱を起こし、この2人の反乱は安史の乱として歴史に刻まれることとなる。756年に、皇太子の**李亨**が**玄宗**の同意のないままに皇帝となり、**粛宗**《しゅくそう》となる。**玄宗**は太上皇となるが、ほぼ軟禁状態で、762年、失意のうちに長安で死去した。

玄宗の治世は前期と後期でまったく評価が分かれる。前期は、開元の治と呼ばれる善政によって国家の安定をもたらし、平和で穏やかな時代を築いた名君として称せられた。**太宗**の貞観の治をモデルとして政治を行った**玄宗**は優れた臣下にも恵まれ、官紀の粛正と財政緊縮に努め、人民の負担軽減を図った。また、辺境警備のための総司令官である節度使を派遣し、国境線の警備を固めた。こうした政策は国土の安定と繁栄をもたらし、首都長安の人口は100万人を超え、西方の商人も数多く暮らす国際都市となっていった。さらには、この時代、中国文学を代表する**李白**や**杜甫**といった詩人も活躍し、文化的にも繁栄した時代であった。

楊貴妃と知り合った後の**玄宗**の後期治世は、前期とはまったく逆のものとなった（2人が初めて会ったとき、**玄宗**は56歳、**楊貴妃**は22歳であったといわれている）。**楊貴妃**の美貌の虜となった**玄宗**は国政をまったく行わなくなっただけではなく、**楊貴妃**の一族と称する**楊国忠**を重用するようになる。宮廷は乱れ、また、節度使の力が増し、ついに節度使の一人**安禄山**が反乱を起こすに至った。756年、都長安は**安禄山**に奪われ、**玄宗**、**楊貴妃**、**楊国忠**は蜀に逃げようとするが、その途中、兵士たちの不満が爆発し、**楊国忠**を殺害。**楊貴妃**の処刑も望み、彼女は縊死《いし》させられた（このとき、**楊貴妃**は37歳であった）。**楊貴妃**を失った**玄宗**は権力の座から滑り落ちた。この後も、反乱が起き、唐の国土は乱れていった。それゆえ、**玄宗**の後期の統治を厳しく批判する歴史家は多い。

皇帝としての**玄宗**ではなく、**玄宗**個人についても触れておく必要があるだろう。彼はスポーツと音楽に秀でていたといわれている。スポーツでは吐蕃から伝わったポロを好み、その才能も高かった。音楽としては管弦楽器の演奏に優れ、皇帝梨園弟子《りえんのていし》という楽団を作り、しばしば音楽会を楽しんだ。また、現在の芸能養成所に当たる梨園を作り、文化面での政策も積極的に行った。

こうした**政治的にも文化的にも優れた皇帝であった玄宗が楊貴妃という女性のために完全に愛欲の虜にされ、尋常ではない生活に浸っていった**のは、まさに唐王朝の悲劇であったと述べなければならないだろう。しかしながら、**玄宗**の政治的な失敗を単に**楊貴妃**が原因とする考え方は短絡的なものであろう。なぜなら、時代的な問題も存在するからである。例えば、軍事的な側面で、この時代、徴兵制維持が無理となって募兵制に軍事制度が変化した。さらに辺境を守る節度使は軍事的に強大な力を持つようになる。そうした背景のもとに**安禄山**は反乱が可能であったのである。

玄宗と**楊貴妃**との物語は文学においても何度も取り上げられているが、特に、**白楽天**の作った『長恨歌』は有名である。この詩の中で**白楽天**は２人のその永遠の別れを「天長地久有時盡、此恨綿綿無盡期（天地は悠久といえども、いつかは尽きることもある。だが、この悲しみは綿々と続いて尽きることはないであろう）」と歌い、２人の恋物語を悲劇的に美しいロマンスとして見事に歌い上げている。

歴史に「もし」はないとよく言われるが、**玄宗**が**楊貴妃**にもしも会わなかったならば、中国史の流れは完全に異なるものとなっていたことは確かである。しかし、偉大なる皇帝が愚帝に成り下がった例として、**玄宗**ほどの例を中国史の中に探そうとしてもほかに例を挙げることはできない。それほど、**玄宗**の統治の前期と後期との差異は大きなものだったのである。

玄宗、開元の治によって国民に安息と幸福をもたらした皇帝。だが、彼は**楊貴妃**との愛欲によって国を乱し、最後には幽閉され、失意のうちに死んでいった皇帝でもある。彼の一生はまさに大きな変化によって動いていった。だが、彼自身が時代を大きく変化させていったのも歴史的事実であることを我々は忘れてはならないだろう。

もっと深く知りたい人のための推薦図書

- **『玄宗皇帝』**今枝二郎／高文堂出版社
- **『大唐帝国―中国の中世』**宮崎市定／中央公論社
- **『杜甫と玄宗皇帝の時代』**松原朗／勉誠出版
- **『楊貴妃　大唐帝国の栄華と滅亡』**村山吉廣／講談社
- **『サマルカンドの金の桃―唐代の異国文物の研究』**エドワード・H・シェーファー／勉誠出版

330 政治

則天武后（624年～705年）

大悪女として知られる中国史上唯一の女帝

中国史上、唯一の女性の皇帝となったのが**則天武后**である。

利州都督武氏と**楊氏**の次女として生まれた**則天武后**は、本名を**武照**という。**武氏**は代々財産家であったため高い教養を与えられ育ったが、12歳のときに父が死去。637年、**太宗**の後宮に入った。

武照は文芸・歌舞をもって後宮に仕えた女官「才人」となったが、「**武照**の聡明さが唐朝に災禍をもたらす」との流言が流布し、恐れた**太宗**に遠ざけられるようになってしまう。そんな**武照**を見出したのは**太宗**の子である**李治**（**高宗**）であった。

太宗の崩御にともない**李治**は、**高宗**として帝位を継いだが、皇后の**王氏**と寵愛していた**蕭淑妃**《しょうしゅくひ》が対立。皇后は**高宗**の関心を**蕭淑妃**からそらすため、出家していた**武照**の入宮を推薦。しかし**武照**が、**高宗**の寵愛を一人集める結果になってしまう。

高宗と**武照**は、仏教宗派の華厳宗に大仏造営を発願している。この時期に、唐に留学していた日本の僧・**玄昉**は、大仏を見たと思われる。そして帰国後、**聖武天皇**によって僧正に任じられた**玄昉**が、**光明皇后**に東大寺大仏の造営を進言したと考える向きがある。日本に伝えられた華厳宗の総本山が東大寺なのだ。

武照はやがて**高宗**の子を産む。ある日、皇后は出産祝いのため**武照**の部屋を訪れたが、彼女が留守だったため、赤ん坊をあやして帰った。**武照**はそれを逃さず、我が子を絞め殺して罪を皇后になすりつけたのである。655年、**高宗**は**武照**を皇后に立て、皇后と**蕭淑妃**を、赤ん坊を毒殺した「陰謀下毒」の罪によって投獄。**武照**は皇后・**武則天**となり、皇后と**蕭淑妃**を百叩きにし、両手足を切断して酒がめに放り込んで処刑したという。

武則天は、**高宗**が病弱であったので664年から政治の実権を握り、**「垂簾《すいれん》の政《まつりごと》」（背後の簾の中から皇后が皇帝を操る政治）を行った**。その政策には科挙官僚の登用などの強化など、有能な人材を新興階層から抜擢し、政治、社会、文化の各方面に新機運をもたらすなど見るべき施策も多いが、一方で醜聞も多かった。反抗する重臣たちは謀反の罪を着せて自害に追い込んだり、処刑したりし、**高宗**の死後は実子を相次いで廃帝。690年、自ら皇帝に即位し、国号を周に改めて、都を洛陽として神都と改称した。

705年、老齢となったため子の**中宗**に譲位、国号も唐に復し、その年のうちに死去している。

もっと深く知りたい人のための推薦図書

- **『則天武后』**氣賀澤保規／講談社
- **『則天武后―女性と権力』**外山軍治／中央公論新社
- **『追跡・則天武后』**今泉恂之介／新潮社

331 政治

楊貴妃（719年〜756年）

美しさゆえに唐王朝を滅亡へと導いた美女

中国史の中で四大美女といわれているのは、春秋時代の**西施**、前漢時代の**王昭君**、三国時代の**貂蟬**（**貂蟬**は『三国志演義』に登場する架空の人物）と、**楊貴妃**である。この中でも、**楊貴妃**は**中国史上最大の美女**であると称せられているだけでなく、世界史的に見ても**クレオパトラ**に匹敵する美女といわれている。

楊貴妃は蜀州の出身であるが、幼いときに両親に死に別れ、叔父に育てられた。その美貌によって735年に唐の皇帝である**玄宗**の第十八子である**寿王**の后となるが、740年に**玄宗**に見初められ、第2夫人となる。**玄宗**の**楊貴妃**への偏愛は強く、開元の治によって名君といわれた面影がないほどに国政は乱れ、755年、ついに**安禄山**の乱が起きる。**楊貴妃**は**玄宗**とともに都の長安を逃れ、蜀地方に向かう。だがその途中、**玄宗**に従っていた兵士たちが**楊貴妃**の処刑を要求し、縊死させられた。

楊貴妃は琵琶をはじめとした音楽、さらには舞踏に優れていたことが知られている。このことは彼女が美しいだけではなく、芸術的な才能も高かったからこそ**玄宗**に見初められたということを示している。だが、**玄宗**の**楊貴妃**への偏愛は**楊貴妃**だけにとどまらず、**楊**一族全体に及んだ。そのため国政の実権は**楊**一族が握り、この一族が私腹を肥やす結果となり、国政は乱れた。さらにそれが**安禄山**の乱の原因にもなったのである。

楊貴妃を巡る逸話は多い。ライチを好み嶺南から長安まで早馬で運ばせたことや、彼女が持っていた磬《けい》という楽器は藍田の緑玉を磨いたものから作られていて、飾りの華やかさは比べられるものがなかったといわれる。また、彼女は夏になるとよく汗をかき、それによって肌が赤くなり、汗を拭うと布が赤くなったという逸話も残っている。

楊貴妃は絶世の美女といわれる。だが、芸術の才にも恵まれ、唐代きっての音楽家であり、舞踏家であった。だが、そうした才能は国政をよくする方向には向かわせることはなく、悪くするほうに働いてしまった。国の民の苦しみをまったく考えることがなく、贅沢を尽くした生活はこうした彼女の芸術家気質が原因であったかもしれない。この非現実主義性が彼女の悲劇と唐の悲劇を招いた可能性もある。

もっと深く知りたい人のための推薦図書

- **『長恨歌　楊貴妃の魅力と魔力』**下定雅弘／勉誠出版
- **『楊貴妃 大唐帝国の栄華と滅亡』**村山吉廣／講談社
- **『安禄山と楊貴妃 安史の乱始末記』**藤善真澄／清水書院

332 政治

フビライ・ハン（1215年～1294年）

歴史上稀に見る大帝国を築いた元の皇帝

元帝国初代皇帝である**フビライ・ハン**はモンゴルの英雄**チンギス・ハン**の孫である。**フビライ・ハン**は**チンギス・ハン**のモンゴル帝国の勢力をさらに拡大し、大都（現在の北京）を都とする元帝国を作り上げた。

フビライ・ハンは**チンギス・ハン**の四男**トルイ**の子供として生まれる。1251年に兄の**モンケ**がモンゴル帝国の皇帝の地位に即き、**フビライ**は南モンゴル高原・華北における諸軍の指揮官となり、大理国を降伏させた。その後、南宋作戦の指揮を執っていたが更迭される。だが、**モンケ**が急死したことにより、帝位継承争いが起き、1264年にモンゴル帝国全体の皇帝となる。1267年から大都を建設し、1271年に国号を元とした。1276年には事実上南宋を滅ぼし、1279年には**世界の4分の1を占める人類史上稀に見る大帝国を築いた**。だが、1294年に生涯を閉じる。

フビライは多くの軍事的侵略を行ったが、日本にも1274年の文永の役、1281年の弘安の役と2度の侵略を行った。しかし、台風によって侵攻軍がほぼ壊滅し、その野望は実現されなかった。また、樺太、ベトナム、ジャワなどにも遠征したが失敗し、度重なる遠征は国家財政逼迫の大きな原因となった。さらには肥大化した帝国内では、1276年に起きたシリギの乱、1286年に起きたナヤンの乱、同年に起きたカダアンの乱など、大きな反乱が何度も起き、それも帝国の体力を削っていった。

フビライは政治的には多くの色目人（西域出身者）を登用し、彼らは政治、軍事、経済などさまざまな分野で活躍した。こうした色目人の政治的活躍は経済的にも影響を及ぼし、色目人の商人は元の国際貿易の中心的存在をなした。また確証はされていないが、**マルコ・ポーロ**などの多くのヨーロッパ人も**フビライ**に謁見したといわれている。

フビライは**チンギス・ハン**の作ったモンゴル帝国をさらに強大にし、元という歴史上稀に見る大帝国を築き上げた。彼は軍事的に優れていただけでなく、政治的にも優れた官僚を登用し、さらには経済活動を活発化し、元の最盛期を到来させた。こうした功績によって、歴史に残る皇帝であったということができる。

もっと深く知りたい人のための推薦図書

- **『モンゴル帝国史（全6巻）』**ドーソン／平凡社
- **『クビライの挑戦　モンゴルによる世界史の大転回』**杉山正明／講談社
- **『モンゴル帝国の興亡』**岡田英弘／筑摩書房

333 政治

朱元璋（1328年〜1398年）

史上最強の独裁体制を作り上げた明の初代皇帝

朱元璋は貧農から身を起こし、明の初代皇帝となった人物だ。1328年、濠州の鍾離の貧農の末子に生まれた**朱元璋**は、8番目の子であったため**重八**と名づけられた

当時は飢饉や凶作が頻発し、17歳のとき、家族が餓死した**重八**は皇覚寺に身を寄せ、托鉢僧となってかろうじて生き延びたという。**重八**が教養を身につけたのは僧侶時代だった。

1351年、白蓮教徒の集団が各地で反乱を起こし、紅巾の乱が起こると皇覚寺は焼け落ちた。**重八**は**朱元璋**と改名し、**郭子興**という首領が率いる反乱軍に参画。その中で頭角を現し、独立した部隊を率いて長江下流の旧都建康を占領、応天府（現南京）と改称した。**朱元璋**は**郭子興**の養女の**馬氏**を妻に娶り、これが後の**馬皇后**となる。

この時期に、**朱元璋**は後に謀臣となる**李善長**から「乱れた天下を治めるのは貴方だ」と言われ、自分の行動を意識し始めたようだ。1364年には呉王を称して紅巾軍と袂を分かち、地農民反乱の鎮圧側に回り、白蓮教の指導者・**韓林児**の殺害に成功する。

1367年、元を討つための北伐を開始し、翌年に応天府で即位。**洪武帝**（太祖）となり、国号を明とした。在位期間は1368年から1398年。中国の歴史上、**農民から皇帝になった**のは、漢の**劉邦**と**朱元璋**の２人である。

洪武帝は、皇帝権力の強化に努め、中央集権体制の政治体制を確立。モンゴルの支配と元末の騒乱で荒廃した農村を回復させ、明律・明令を制定し、朱子学を理念とした道徳規範の六諭の『教民榜文』を頒布して体制の維持を図った。対外政策では1371年、宋・元の貿易推進策をやめ海禁政策をとって、貿易は朝貢貿易のみを認め、中華帝国の再現を図った。

権力者となった**洪武帝**には、儒教の理想とする帝王らしい威徳を備えた人物の肖像と、あばた面であごが発達した醜悪な人物の肖像の2種類がある。これは皇帝の権威を誇張するために描かれたとも、貧農に生まれた実像を隠したがっていたとも考えられている。

洪武帝は、こうして史上最強の独裁体制を作り上げたが、晩年は過激な体制に対して何度も造反計画が起きてしまい、数万人もの功臣や宿将を粛清しなければならなかった。そして猜疑心を強くしたまま、皇太子を失ったことで精神的に不安定となって病没した。

もっと深く知りたい人のための推薦図書

- **『明の太祖 朱元璋』** 檀上寛／筑摩書房
- **『明史』** 川越泰博／明徳出版社
- **『超巨人 明の太祖 朱元璋』** 呉晗／講談社

334 政治

鄭和（1371年～1434年）

古代中国から世界の海に遠征した指揮官

古代中国の明朝（1368～1644年）の武将で、7度の南海遠征の指揮を委ねられた人物が**鄭和**である。

鄭和は、雲南出身で**馬和**を名乗るイスラム教徒であった。生まれた1371年には中国本土は明が治めていたが、雲南は元王朝系の梁王国の支配下に置かれていた。**鄭和**が10歳のとき、明が雲南を征服したときに捕虜となり、宦官にされて当時の**燕王**（後の**永楽帝**）に献上された。その後、1399年から始まった内乱「靖難の変」で功績を挙げ、宦官の最高位「太監」に任じられ、1404年には鄭の姓を下賜されて**鄭和**と名乗るようになった。1405年、**永楽帝**は明の統治の域外に宦官を派遣して、国威発揚と朝貢貿易の拡大を促し、中華帝国を再現しようと**鄭和**を南海に派遣した。2万数千人の乗組員をもつ大艦隊には多くの兵士が同乗し、現地勢力と交戦することもあった。この大航海を可能にしたのは、中国商人の外洋進出で培われた造船技術と羅針盤の導入、天体観測といった航海術、そしてムスリム商人の情報網であった。**鄭和**が航海の長に任じられたのも、ムスリム商人たちに関与できるからだと考えられている。

鄭和艦隊は東南アジア、インド、セイロン島からアラビア半島を越え、最も遠い地点ではアフリカ東海岸のマリンディ（現ケニアのマリンディ）まで到達している。

第4回南海遠征では、艦隊の分遣隊をモルジブ島経由でアフリカ大陸に向かわせた。分遣隊は象牙や金を求めるムスリム商人が居住するモガディシュ、ブラワ、マリンディなどの港に寄港した。マリンディの商人は艦隊に追従して中国へ使節を派遣。このとき、土産として生きたキリンを連れていった。キリンは現地のソマリ語で「首の長い草食動物」を意味する「ゲリ」と呼ばれていたが、この音が、伝説上の「麒麟」に似ていたことから、中国ではキリンと呼ぶようになったのである。

永楽帝の晩年には、巨額の財政負担を伴う大艦隊の派遣に反対する意見も強くなり、**永楽帝**死後の1430年の第7回を最後に遠征は終わった。最後の航海から帰国後ほどなくして**鄭和**は死去し、南京の牛首山に葬られた。その後、明は元のような海禁政策の強化へと転じ、また1449年にモンゴルに敗れて以降、万里の長城を修築し国土防衛の態勢に入るのだった。

もっと深く知りたい人のための推薦図書

- **『世界航海史上の先駆者 鄭和』**寺田隆信／清水書院
- **『鄭和の南海大遠征―永楽帝の世界秩序再編』**宮崎 正勝／中央公論社
- **『中国が海を支配したとき―鄭和とその時代』**ルイーズ・リヴァシーズ／新書館

335 政治

世宗（朝鮮王）（1397年〜1450年）

史上、最も安定して繁栄した時期を作った朝鮮王

朝鮮の李王朝の第4代国王が**世宗**だ。本名は**李**《り》**祹**《とう》といい、在位期間は1418年から1450年である。

第3代国王**太宗**の第3王子として生まれた**世宗**は、1406年に成人すると忠寧大君（王の嫡出子の職官）に封じられ、**沈氏**（後の正妃・**昭憲王后**）と結婚した。**太宗**は健康問題を抱え、何度か譲位を画策していたが、外戚との確執や譲寧大君である長男の性格が問題で行われなかった。1418年、**太宗**は長男から**世子**（王太子）の資格を剥奪し、**世宗**に譲位した。即位当初の4年間は上王の**太宗**が政治の実権を握っていたが、1422年に**太宗**が亡くなると**世宗**の親政が始まる。

世宗は全国から儒学者や官奴、外国人らを集め、宮中に学問研究所として集賢殿という役所を作り、さまざまな技術の開発を行っている。そこで天文観測器や日時計、水時計が作られ、また気象台も設けられた。また**世宗**の政策諮問機関としての機能もあった。

世宗は集賢殿で、農書『農事直説』から儒学書、歴史書『高麗史』、医学書『医方類聚』まで、広い分野におよぶ編纂事業を主導。儒教経典で民衆を教化しようとしたが、庶民は漢字が読めなかったため、朝鮮語をそのまま文字に表すことができるようハングルを創成。銅活字も改良され、多くの書物が出版された。

対外的には、北方では建州女真に対する侵略戦争を仕掛け、豆満江方面を朝鮮の領地に加えている。また東北部（咸鏡道）の開拓事業も行った。日本に対しては、朝鮮の海岸を荒らしていた倭寇壊滅のため、1419年に対馬を攻撃。その後、通信使が派遣され室町幕府との修好、倭寇禁圧要請を行っている。

また仏教に対しては宗派を禅教の2宗派に統合し、18カ寺を除いてすべて破却する廃仏政策を行い、仏教勢力はこの時期に著しく衰退。多くの仏像などが破壊を避け、日本などに持ち出されている。ただ、晩年の**世宗**は病気がちとなり、弾圧していた仏教にすがるようになった。

1437年には健康問題もあり、政治体制を議会制のような「議政府署事制」に変更し、直接的な王の国事の負担を軽くして権力を分散させた。

1450年、53歳で崩御し、**太宗**の陵墓である献陵に合葬された。**世宗**の統治した15世紀前半は、**朝鮮が最も安定して繁栄した時期**である。

もっと深く知りたい人のための推薦図書

- **『ビジュアル版　朝鮮王朝の歴史』**金両基／キネマ旬報社
- **『世宗大王のコリア史：ハングル創製と李朝文化』**片野次雄／彩流社
- **『朝鮮王朝実録【改訂版】』**朴永圭／キネマ旬報社

336 政治

康熙帝（1654年〜1722年）

清王朝の全盛期の基礎を築いた第4代皇帝

康熙帝は清の第4代皇帝で、在位期間は1661年から1722年である。

順治帝の第3子として生まれた本名・**玄燁**《げんよう》は、幼少期に天然痘にかかったことを口実に、城外のつましい地区で乳母の手で育てられた。その母は漢軍八旗の出身、祖母・**孝荘文皇后**はモンゴル人で、**玄燁**は祖母により厳格にしつけられ、満州語、漢語、モンゴル語をあやつるトリリンガルとして育っている。

1661年、天然痘に罹患し病状が悪化した父・**順治帝**は、幼い**玄燁**が疱瘡を克服して生還したことと、厳格な教育を受けたことを理由として皇太子に指名。24歳で崩御した。**玄燁**は8歳で皇帝に即位し、**康熙帝**となった。**順治帝**の遺命で、即位後は重臣4人による合議で政権が運営されたが、その中で、最も専横な権力を振るった大臣の**鰲拝**《オボイ》を終身軟禁とし、16歳のときに親政を開始している。

清の最大の障害は、独立王国的な存在となっていた藩王の存在であった。**康熙帝**が特に勢力を振るっていた三藩を平定する準備に入ると、雲南の**呉三桂**は他の二藩と結託し、1673年に三藩の乱を起こして、一時は揚子江以南を支配下に収めた。しかし1678年に長年にわたる内戦を戦った**康熙帝**の巧みな用兵で、民衆の支持を受けられなかった三藩をつぶして反乱を鎮圧。並行して1683年には、**鄭氏**一族が支配して独立していた台湾を制圧して、全土の強固な支配体制を確立したのである。ついでモンゴルのジュンガル部を制圧、チベットの**ダライ・ラマ**政権も制圧して領土を拡大している。

また同時期にはロシアのシベリア進出が活発になり、**ピョートル大帝**のロシア軍が黒竜江を越えて満州に侵入を開始したので、**康熙帝**は迎撃のために大軍を派遣して3年にわたって戦闘を展開。1689年にネルチンスク条約を締結して国境を確定し、相互の通商を取り決めた。

内政では黄河の治水に努め、自ら中国南部を視察して工事を督励したとの記録も残っている。また、宮廷の出費を抑えて減税を実現し、社会の安定と産業の発展を図った。加えて海外との貿易を奨励したことで国内に大量の銀貨が流入し、通貨として流通した。こうした内外の政策の成功の結果、18世紀の清は、人口が急増。**王朝の全盛期の基礎を築いた。**

もっと深く知りたい人のための推薦図書

- **『康熙帝伝』** ブーヴェ／平凡社
- **『大清帝国隆盛期の実像〔第四代康熙帝の手紙から 1661-1722〕』** 岡田英弘／藤原書店
- **『紫禁城の月 大清相国 清の宰相 陳廷敬』上下** 王躍文／メディア総合研究所

337 政治

西太后（1835年～1908年）

清朝末期を支配し、改革派を弾圧した中国三大悪女の一人

清朝末期の皇后として実権を振るったのが**西太后**だ。その名は、もともと**咸豊帝**《かんぽうてい》の第2夫人「**東太后**」と対になるものである。皇帝の子、**愛新覚羅載淳**を産んだ**西太后**に対し、**東太后**は皇帝の正室となったが、世継ぎを産むことができなかった。それでも儒教の論理やしきたりにより、**懿貴妃**《いきひ》に昇進した**西太后**は、皇后になることはかなわなかったのである。

西太后の出生地は不明だが、近年の研究では北京出生説が有力とされる。父の**恵徴**は清朝の中堅官僚で、1853年に安徽省の赴任先で太平天国の乱に巻き込まれ、その心労により鎮江で病死したという。その前年、**西太后**17歳のとき、紫禁城で行われる后妃選定面接試験である「選秀女」を受けて合格し、翌年、**咸豊帝**の後宮に入って「**蘭貴人**」となった。1861年、結核によって**咸豊帝**崩御にともない息子の**同治帝**が即位すると、生母も皇太后となり「**西太后**」と呼ばれるようになった。

西太后の支配は、亡くなる1908年までの約50年に及んだ。当初は幼少の皇帝に代わり御簾の裏で政治を執る「垂簾聴政」を行い、**同治帝**が親政を開始した1873年には、いったん政治運営から離れるが、翌年、病気で急死したため、甥である4歳の**光緒帝**を擁立し、再び国政の実権を握った。1881年、**東太后**が死去すると、**西太后**は清朝において絶対的な地位を確立した。

1887年、**光緒帝**が親政を開始し、**西太后**は引退することになったが、**光緒帝**が改革を進めようと「帝派」を形成すると、「后派」といわれる勢力を率いて皇帝を牽制。日清戦争の敗北後には、日本の明治維新に倣った体制的な改革を推進する変法運動「戊戌《ぼじゅつ》の変法」が起きるが、クーデターでこれを妨害して帝を幽閉。弾圧されたリーダー格は日本へ亡命したが、6人が処刑されている。

1900年、義和団事件では、「扶清滅洋」を掲げる排外主義の義和団を支持して諸外国に宣戦布告したが、8カ国連合軍に北京を攻撃されると、宮廷ごと西安に逃亡。講和成立後、北京に戻り、一転して西洋文明の導入に努め、立憲制度の導入による清朝の延命を策した。だが衰退は急速に進み、日露戦争では戦場となるのを避けることはできなかった。

西太后は、1908年、幽閉されていた**光緒帝**を殺害した翌日、立憲運動の高揚の中で息を引き取った。その死から3年余りで、清朝は辛亥革命によって倒されてしまう。

もっと深く知りたい人のための推薦図書

- 『**西太后**』加藤徹／中央公論新社

338 政治

ネルー（1889年～1964年）

インド独立を推進した、戦後の第三世界のリーダー

ジャワハルラール・ネルーは、インドのガンジス川中流の都市、アラハーバードの弁護士の子として1889年に生まれた。ちなみに**ヒトラー**や**チャップリン**と同い年に当たる。

父は国民会議派の運動家で、**ガンディー**の協力者だった。こうした家庭に育った彼は、イギリスに留学し、ケンブリッジ大学で西洋文化を学びながら、弁護士の資格も獲得する。

1912年に帰国。当時イギリスの植民地であったインドの中で、**ガンディー**がサティヤーグラハ運動（非暴力・不服従）を行っていた。**ネルー**は**ガンディー**に感銘し、この運動に加わる。ただ、**ネルー**はイギリス留学によって西洋思想──特に社会主義思想の影響を受け、**ガンディー**の東洋思想（インド思想）を中心とした考え方とは距離もあった。

1929年の国民会議派大会で議長となった彼は、インドの完全独立を運動方針として掲げた。彼は**ガンディー**とともに独立運動を展開。イギリス当局に捕まり、何度も獄中生活を送った。

第二次世界大戦後の1947年、インドはパキスタンとの分離独立を果たし、**ネルー**は**インド連邦（現インド共和国）の初代首相**となった。1949年にインド憲法成立。彼は民主主義、政教分離、社会主義経済（計画経済）を推進した。

1952年の総選挙で国民会議派は圧勝。**ネルー**は非同盟主義を提唱。米ソによる東西冷戦が続く時代の中、第三世界の存在をアピールした。1954年、**ネルー**は中国の**周恩来**と平和五原則を発表。1955年にはインドネシアで、アジア・アフリカ会議（バンドン会議）を開き、第三世界の立場から反帝国主義・反植民地主義を説き、平和十原則を定めた。この会議には**周恩来**、インドネシアの**スカルノ**、エジプトの**ナセル**らが出席した。

こうして平和路線を主導した**ネルー**だったが、独立時から隣国パキスタンとはカシミールの帰属問題で対立し、1947年にはインド＝パキスタン戦争を行った。また中国とも当初は友好的だったが、1959年の中国へのチベット反乱などで中国批判を高めていく。やがて1962年には中印国境紛争が生じる。この衝突で、劣勢だったインドはアメリカに援助を求め、非同盟主義を事実上放棄した。やがて**ネルー**は1964年、心臓発作で死去した。

もっと深く知りたい人のための推薦図書

- **『人と思想32　ネルー』**中村平治／清水書院

339 政治

杉原千畝（1900年～1986年）

6000人といわれるユダヤ人を救った外交官

第二次世界大戦中、リトアニアにいた外交官・**杉原《すぎはら》千畝《ちうね》**は、ドイツの迫害により欧州各地から逃れてきたユダヤ人難民たちに、日本通過の査証（ビザ）を独断で発給し、亡命を援助したことで知られる。同時期、自らの工場で働く多くのユダヤ人を救ったドイツ人実業家オスカー・シンドラーになぞらえ、**「日本のシンドラー」とも呼ばれている**。

1900年、岐阜県に生まれた**杉原**は、大学中退後、官費留学生として満州（現中国東北部）でロシア語を学んだ後、外務省に採用される。満州、フィンランドなどでの勤務を経て、1939年にリトアニアの首都カウナスの日本領事館に領事代理として赴任した。

「命のビザ」が発給されたのは1940年夏。大勢のユダヤ人難民が、ポーランドを追われ第三国に出国しようとしたが、トルコ政府がビザ発給を拒否したため、パレスチナに向かう道が閉ざされ、シベリア鉄道で極東を経由する脱出路しか残されていなかった。当時、ソ連軍占領下のリトアニアでは、ソ連が各国に領事館や大使館の閉鎖を要請。そのため、まだ業務を続けていた日本領事館に、日本通過ビザを求めた難民が殺到したのだ。

杉原は要件を満たさない避難民にも、人道上、ビザの発給を認めるよう外務省に願い出たが認められなかった。実は日独伊三国軍事同盟の締結が間近な時期だったため、避難民が日本に来るのを断念させるよう指示をした機密命令が、政府から下っていたのだ。

杉原は、悩んだ末に独断でビザ発給を決断。領事館閉鎖までの約1カ月間、記録が残っているものだけでも2139枚が発給された。当時は1家族に1枚のビザであり、途中から枚数の記録をやめてしまったので、果たして何人が救われたかはわからないが、一説には6000人といわれている。

ベルリンに出発する列車の中でもビザを書き続けた**杉原**は、汽車が走り出すと、避難民たちに「許してください、私にはもう書けない。ご無事を祈っています」と頭を下げたという。避難民は1940年7月から日本に入国し、1941年9月には全員が出国した。その後、**杉原**はチェコ、ルーマニアなどで勤務し、終戦後1946年に帰国。翌年、訓令違反のビザ発給を理由に退職に追い込まれた。このエピソードが知られるようになったのは、1969年にイスラエル政府が**杉原**に勲章を授けてからである。

もっと深く知りたい人のための推薦図書

- **『杉原千畝：情報に賭けた外交官』**白石仁章／新潮社
- **『命のビザ、遥かなる旅路 - 杉原千畝を陰で支えた日本人たち』**北出明／交通新聞社
- **『日本に来たユダヤ難民―ヒトラーの魔手を逃れて 約束の地への長い旅』**ゾラフ・バルハフティク／原書房

340 政治

昭和天皇（1901年～1989年）

「神」から「人間」となった人物

日本国の第124代天皇で、今上天皇にとっては祖父に当たる人物。なお、「昭和」は彼の御世を示す元号であると同時に死後に用いられる諡号《しごう》で、諱《いみな》（本名）は**迪宮裕仁**《みちのみやひろひと》という。また、父の第123代**大正天皇**が病弱だったため、1921年に20歳で摂政に就任してからは「摂政宮」とも呼ばれている。

大正天皇の崩御を受けて、1926年に**迪宮**は**昭和天皇**として即位するが、第一次世界大戦の大戦景気の反動による不況、1923年に発生した関東大震災を遠因とする昭和金融恐慌、そして東北地方の大凶作によって、当時の国内景気は最低最悪の状態だった。このため、軍部は大陸進出を加速させ、1931年には満州事変が起きている。

そもそも天皇家は**天照大御神**《あまてらすおおみかみ》の末裔とされており、天皇は明治時代に制定された大日本帝国憲法によって「神聖ニシテ侵スヘカラス」存在と定義され、現人神《あらひとがみ》として神聖視されるようになった。さらに天皇は陸海軍の統帥権を有する大元帥でもあったが、君主としての権力は絶対的なものではなく、国務大臣の輔弼《ほひつ》がなければ国策を決定できないように、憲法によって権力を制限されていた。つまり**昭和天皇**は、英国王とおなじく「君臨すれども統治せず」という教育を幼少期から受け、身につけていたのである。

政治の腐敗を憂い、天皇親政を希望する「皇道派」の青年将校たちが1936年に「君《くん》側《そく》の奸《かん》」である政府首脳陣を襲撃する2・26事件を起こしたとき、**昭和天皇**が青年将校たちを反乱軍として拒絶したのも、こうした教育が影響している。

昭和天皇自身は争いごとを好まない性格であったが、2・26事件によって皇道派が一掃された軍部が政治への介入を深め、1937年には日中戦争が、そして1941年には太平洋戦争が始まった。そして、**昭和天皇**がポツダム宣言を受諾することを決断し、1945年8月15日に玉音放送で終戦の詔書を音読したことで戦争が終結したのである。

戦後の**昭和天皇**の発言から、敗戦国の元首として戦争責任を受け入れていたことが判明している。しかし、戦後の日本を占領統治したGHQは天皇の処刑や天皇制度の廃止は日本国民の反発を招くことを理解し、東京裁判でも昭和天皇は訴追を免れている。

1946年1月1日、**昭和天皇**は自身の神性を否定する詔書、通称「人間宣言」を発した。これにより**戦前は神とされた天皇は国民と同じく人間となり、日本の民主化に大きな影響を与えた**。また、同年12月に公布された日本国憲法では、天皇は「日本国の象徴であり日本国民統合の象徴」と定義されたことで、**昭和天皇**は日本国最後の立憲君主にして、最初の象徴天皇となったのである。

もっと深く知りたい人のための推薦図書

- **『昭和天皇　最後の侍従日記』**小林忍、共同通信取材班／文藝春秋
- **『昭和天皇と立憲君主制の崩壊―睦仁・嘉仁から裕仁へ―』**伊藤之雄／名古屋大学出版会

341 政治

金日成 （1912年～1994年）

抗日パルチザンとして戦い、北朝鮮の国家首席となるが独裁政治を進めた

金日成は、朝鮮民主主義人民共和国（北朝鮮）の建国時からの指導者で、満州・朝鮮の国境地帯で朝鮮人民革命軍を率いて抗日武装闘争を戦ったとされる。

金日成は、平壌西方の万景台に生まれた。父親が抗日派、あるいはそのシンパであったとされ、1919年の「三・一独立運動」の翌年、**金日成**を連れ、中国東北部の南満洲に移住した。平城の小学校で学んだ後、軍事学校の華成義塾に入学したが短期間で退学。吉林省の中国人中学校で**マルクス・レーニン**主義に触れ、青年学生運動に参加した。1931年、共産党に入党し、中国共産党が指導する抗日パルチザン組織の東北人民革命軍に参加。東北抗日聯《れん》軍の隊員となるに至ったといわれている。

翌年、**金日成**部隊が朝鮮咸鏡南道の普天堡の町に夜襲をかけた事件を契機に、**金日成**は名をあげるようになった。もっとも現在の北朝鮮の記録では、日本側が金日成に多額の懸賞金をかけたとされるが、実際は、複数いた懸賞金首の一人であり、また戦闘はもっと小規模で、東北抗日聯軍も中国抗日軍との連合軍であったという。

しかし、日本側の帰順工作や討伐作戦で、東北抗日聯軍は壊滅状態に陥り、**金日成**は独自の判断で十数名ほどの部下とともにソビエト連邦領へと逃亡。1945年、ソ連軍が朝鮮半島北部を占領すると帰国。朝鮮労働党に加わり、1948年に成立した朝鮮民主主義人民共和国の初代首相となる。1950年には南北統一を目指して南に侵攻し、アメリカ軍主体の国連軍と朝鮮戦争を戦ったが、停戦後は、北朝鮮は半島の北半分を支配するだけとなった。

その後、**金日成**は政治的ライバルを排除しながら労働党内の独裁的な地位を固め、1960年代末までに個人崇拝と軍事国家化を進め、独裁体制と権力世襲の基盤を完成させた。そして**マルクス・レーニン**主義を創造的に発展させたと称する**「主体思想」を国家の公式理念とした。**

金日成治世下では、1970年代から80年代にかけ、北朝鮮の工作員などにより、17人の日本人が北朝鮮に拉致される事件を起こしたり、1987年には工作員により飛行中の大韓航空の旅客機が爆破されるテロ事件を起こした。

金日成はその後、1994年、平安北道香山郡香山官邸で病死した。

もっと深く知りたい人のための推薦図書

- **『スターリンから金日成へ』**アンドレイ・ランコフ／法政大学出版局
- **『朝鮮戦争　金日成とマッカーサーの陰謀』**荻原遼／文藝春秋

342 政治

朴正熙（1917年〜1979年）

軍事クーデターによって権力掌握、自由を弾圧し独裁政権を築く

朴正熙《パクチョンヒ》は大韓民国の軍人で、第5代から9代にわたる大統領。在任期間は1963年から79年である。

朝鮮半島は、日清戦争で勝利した日本によって帝国主義支配が強まった。

第二次世界大戦後、朝鮮半島から日本軍が撤退。南朝鮮にはアメリカ軍が進駐し、北朝鮮にはソ連軍が進駐した。南朝鮮では**李承晩**《イスンマン》が初代大統領となった。1948年北朝鮮（朝鮮民主主義人民共和国）と韓国（大韓民国）がそれぞれ新しい国家を建国した。1950年、北朝鮮と韓国との間で朝鮮戦争が勃発。戦争は一時期、北朝鮮が圧倒し釜山に迫ったが、国連軍（事実上のアメリカ軍）によって挽回。1953年に停戦し、北朝鮮との軍事国境線（38度線）が確定した。

李承晩政権は独裁政治だった。これに反対する学生を中心とする民主化運動（四月革命）によって、1960年**李承晩**政権は崩壊。しかし1961年、軍人・**朴正熙**が軍部クーデターによって権力を掌握した。1963年から大統領になった**朴**は反共姿勢を強め、憲法を改正。大統領独裁政治を強めた。**朴**は、アメリカのベトナム戦争に協力する一方、1965年には日韓基本条約を締結した。実は**朴**は、戦前日本軍に所属していた。「昭和維新」の思想を支持し、満州の関東軍で軍務を行っていた**朴**を、戦後の日本の**池田**内閣は国交回復に好都合と見なした。こうして冷戦構造のなか、日本と韓国は結びつき、共産圏との対立は強まった。

朴は、一方で**北朝鮮とも極秘で交渉し、1972年に南北共同宣言を発表**した。内政では、新憲法を制定するなどしていっそう自らの権力を高め、中央情報部による諜報活動を行い、反対派を厳しく取り締まった。1973年に、野党指導者の**金大中**を東京で拉致した「金大中事件」はその代表である。これは主権侵害として、日本国内からも批判された。**朴**は自由主義国家としては異例なほどの言論弾圧を行い、徹底的な検閲も行った。だが**朴**は「漢江の奇跡」という経済成長を実現させた。これは「開発独裁」といわれる政策で、これらから韓国の近代化を進めたとして評価をする声もある。

1979年10月、**朴**は中央情報部部長によって、61歳で暗殺された。韓国はこの後、「ソウルの春」とされる民主化の時代が訪れたが、1980年5月**全斗煥**《チョンドゥファン》によるクーデターが起きる。全は光州事件を鎮圧し、韓国の民主化はなかなか進まなかった。なお、2013年、朴正熙の長女・**朴槿恵**《パククネ》が大統領になったが、セウォル号沈没事件や不祥事などにより2017年に大統領を罷免されている。

もっと深く知りたい人のための推薦図書

・**『韓国・独裁のための時代』** 韓洪九、李泳采／彩流社

343 政治 軍事

チンギス・ハン (1162年〜1227年)

大モンゴル帝国を築いた草原の蒼き狼

モンゴルの英雄としてだけでなく、中央アジア全体の国々で、現在も多くの尊敬を集めている**チンギス・ハン**。彼は、中国、中央アジア、東ヨーロッパにわたる世界史上稀に見る大国家の基盤を築いた**モンゴル帝国の初代皇帝**である。

チンギス・ハンは幼い頃**テムジン**と名乗っていた。彼の登場以前のモンゴル民族は武勇に優れた騎馬民族ではあったが、部族間の対立が激しく、民族としての統一が取れていない状況であった。

しかし、**テムジン**は数々の戦いによって部族を統一し、**チンギス・ハン**と名乗った。**チンギス・ハン**は当時の中国を支配していた金にも征服の手をのばし、金の勢力を衰退させた（金は息子のモンゴル帝国第２代皇帝である**オゴティ**によって1234年に滅ぼされる）。彼は中国だけではなく中央アジアにも進出し、ホラズム王国と敵対する。このように**チンギス・ハン**はモンゴル世界帝国実現のための大きな一歩を踏み出したモンゴルの英雄であった。

チンギス・ハンの戦いを支えたものは何であろうか。

まず、モンゴル人が遊牧民族であり、当時の軍隊の主力であった騎兵の数も質も素晴らしいものだった点が挙げられる。モンゴル帝国が軍国主義国家であったため帝国の構成員全員が厳格に統制されていた点も挙げられる。また、彼は情報収集に基づく心理戦も得意であり、さらに騎馬隊と火薬や投石器などを組み合わせ活用した点も挙げられる。このように**チンギス・ハン**は勇猛果敢な武人であっただけでなく、天才的な戦術家でもあったのである。

『元朝秘史』の中で、**チンギス・ハン**は「蒼き狼」と呼ばれた。この名前はモンゴル民族の祖先とされる伝説上の狼を表すものであったが、その名で彼を呼ぶことで、モンゴル人だけでなく他の民族の人々も、彼を恐れ、崇めたことがはっきりと理解できる。この名はまさに**チンギス・ハン**の武人としての残虐さを表すとともに、偉大さも明確に表すものであるからである。

もっと深く知りたい人のための推薦図書

・**『チンギス・カン―“蒼き狼”の実像』**白石典之／中央公論新社

344 軍事

項羽（紀元前232年〜紀元前202年）

ライバル劉邦と争った西楚の覇王

秦に対する造反軍の中核となって秦を滅ぼし「西楚の覇王」と号したのが**項羽**である。在位期間は、紀元前206年 から前202年である。

項羽は、楚の将軍であった**項燕**の孫で、**項氏**は代々、将軍を務めた家柄であったが、『史記』によれば、**項羽**は文字を覚えられず、剣術もあまり上達しなかったとされる。

叔父の**項梁**に教育を受けていた**項羽**は、文字は名前が書ければ十分で、剣術は万人を相手にするものがやりたいとうそぶくと、**項梁**は喜んで、集団戦の兵法を教えたという。

項梁に従って呉に移住し、成人すると身長が2mもの大男となったとされる。

秦朝末期の前209年、**陳勝・呉広**の反乱に対し、楚国復興を掲げて江南で挙兵。卓越した指導力で、各地の反乱軍の中心として頭角を現し、武将の**劉邦**と、どちらが先に秦を倒すか、という競走となった。前206年、**劉邦**は秦王の降伏を受け入れたが、その処分は**項羽**の入城を待っていた。**項羽**は、秦の最後の王である**子嬰**とその一族、臣下をすべて殺害し、首都の咸陽などの破壊と略奪を命じた。これで秦王朝は滅亡してしまう。

しかし**項羽**は、楚国を再興して義帝を立て、自らは西楚の覇王と称して長江下流の彭城を都とし、**劉邦**を奥地の漢水の上流域の漢王に封じたのである。ある論客は、地の利が効く咸陽を都とするよう進言したが、**項羽**はこれを聞き入れずに、あえて故郷に帰ろうとした。そして論客が、楚人とは猿が冠をつけているのと同じというが、そのとおりだとつぶやいたのを聞き逃さず、捕らえて釜茹でに処したという。まさに暴君である。

ところが**項羽**は、ほどなく楚の義帝を殺害してしまう。こうして**項羽**討伐の口実を得た**劉邦**は、諸侯へ**項羽**討伐を呼びかけ、楚漢戦争が開始された。**項羽**は、当初は圧倒的に優勢であったが、両者の攻防が繰り返されると、次第に**劉邦**が民衆の人心を掌握。追いつめられた**項羽**は、前202年に垓下の戦いで敗れる。諸侯連合軍30万に対し、**項羽**軍は10万ばかりであった。このときに城の四方から**項羽**の故郷である楚の国の歌が聞こえてきた。これが「四面楚歌」の言葉の由来である。そして江南に敗走する途中、長江北岸の烏江で漢軍との戦闘の中、自死する。そのとき**項羽**はまだ31歳であった。

もっと深く知りたい人のための推薦図書

- **『項羽と劉邦』（上中下巻）** 司馬遼太郎／新潮社
- **『項羽と劉邦の時代　秦漢帝国興亡史』** 藤田勝久／講談社
- **『世界史とつなげて学ぶ 中国全史』** 岡本隆司／東洋経済新報社

345 軍事

東郷平八郎（1848年～1934年）

日本の地位を引き上げた連合艦隊司令長官

明治、大正、昭和期をまたいで活躍した旧日本海軍の軍人が**東郷平八郎**だ。日本海軍の指揮官として日清、および日露戦争の勝利に大きく貢献し、日本の国際的地位を「五大国」の一員とするまでに引き上げた一人で、国内外で圧倒的名声を誇る。

東郷は、薩摩国鹿児島城下の加治屋町で、薩摩藩士の四男として江戸時代に生まれる。幼名は**仲五郎**で、14歳のとき、元服して**平八郎実良**となった。

1862年、薩摩藩士として薩英戦争に従軍。戊辰戦争では薩摩藩がイギリスから購入した軍艦の春日丸に乗り、新潟・箱館（現在の函館）まで転戦して、阿波沖海戦や箱館戦争、宮古湾海戦で戦っている。

明治になると海軍士官として1871年からイギリスに官費留学。ゴスポートにある海軍予備校バーニーズ・アカデミー、その後に商船学校のウースター協会で学んだ。

1894年の日清戦争では、緒戦より「浪速《なにわ》」艦長を務め、豊島沖海戦、黄海海戦、威海衛海戦で活躍。少将に進級して、常備艦隊司令官となる。豊島沖海戦では、留学時に学んだ国際法が大いに役立っており、イギリスの商船「高陞号《こうしょうごう》」船内で清国兵士の反乱が起きる気配があり、浪速への随航の警告に応じなくなったのを、法に準じて撃沈する判断ができたといわれている。

日露開戦前の1903年、海軍大臣・**山本権兵衛**に呼び戻され、常備艦隊司令長官に任命、同年12月には、第一艦隊兼連合艦隊司令長官に任命された。この人事の理由を**明治天皇**に聞かれた**山本**は「運のいい男だから」と答えたという。

1904年、日露戦争が開戦すると、旗艦「三笠」に座乗してロシア海軍太平洋艦隊基地の旅順港閉塞作戦や黄海海戦などの作戦全般を指揮する。翌年、ヨーロッパから極東へ向けて回航してきた、当時世界屈指の戦力を誇った**ロジェストヴェンスキー**提督率いるロシア帝国海軍のバルチック艦隊を、大胆な敵前回頭戦法（丁字戦法。海外ではトーゴー・ターンといわれる）により一方的に破り、世界でも「アドミラル・トーゴー」としてその名を広く知られることとなった。

その後、軍令部長、軍事参議官を経て、第一線から退くと、1934年、喉頭がん、膀胱結石などの悪化で、満86歳で死去している。

もっと深く知りたい人のための推薦図書

- **『東郷平八郎伝─日本海海戦の勝者』**星亮一／光人社
- **『東郷平八郎』**下村寅太郎／講談社
- **『日露戦争史　20世紀最初の大国間戦争』**横手慎二／中央公論新社

346 経済・経営 哲学・思想

福沢諭吉 (1835年〜1901年)

儒教的思想を批判し、西洋近代主義を普及させた思想家

福沢諭吉が生まれたのは豊前国中津藩（現在の大分県中津市）。下級藩士・**福沢百助**の五男だった。

彼は大坂（現在の大阪）に出て、蘭学者であり医学者であった**緒方洪庵**の適塾で蘭学を学んだ。当時は江戸時代初期の鎖国からの影響で、西洋の学問は蘭学のみが発展していた。1859年、横浜の外国人居留地を訪れた彼は英語の必要性を痛感し、独学で英語を勉強する。1860年、咸臨丸に乗って**福沢**は渡米する。さらに1862年、ヨーロッパを視察。パリやロンドンなどの都市を訪問した彼は、優れた近代資本主義文明を目の当たりにした。彼は洋学の必要性を実感するとともに、後進的アジアからの脱却を目指す脱亜入欧論を志向する。

福沢は帰国後、『西洋事情』を発表し、近代化への啓蒙活動を行った。しかしこの時代は、尊王攘夷論が強まり、西洋人やそれへの同調者へのテロ行為が頻繁に行われた。尊王攘夷論は、日本を神国として天皇を敬い、外国人を排撃・襲撃しようとする独善的思想であった。だが1863年に長州藩が列強4国相手に行った下関戦争は長州藩の惨敗に終わり、これ以後、攘夷運動は下火に向かう。**福沢**は尊王攘夷を「虚誕の妄説」、長州藩を「長賊」と呼び、1867年には再び渡米した。帰国後、朝廷が王政復古を宣言。**福沢**は新政府からの招きを辞退し、官職に就かなかった。倒幕により明治政府の要職に就く者も多かったが、**福沢**は彼らと一線を画し、学問に専念した。

1868年、彼が開いていた蘭学塾を慶應義塾と改称する。一方で廃藩置県を認めながらも地方分権を『分権論』などで主張。西南戦争で**西郷隆盛**を擁護する『丁丑公論』も発表した。

彼は1872年『学問のすゝめ』を発表。アメリカ独立宣言を翻案した「天は人の上に人を造らず、人の下に人を造らず」は名言として残る。ここには**個人の自由・平等が天賦のものであるという民主主義思想**があり、儒教的精神を否定する。ただこの言葉には続きがある。「されど」と続ける**福沢**は、**人間には学問のあるなしによって貴賤がある**と論じた。

もっと深く知りたい人のための推薦図書

- **『福沢諭吉の哲学』** 丸山眞男／岩波書店
- **『思想放談』** 西部邁、佐高信／朝日新聞出版

347 哲学・思想

孔子（紀元前551年～紀元前479年）

釈迦、キリスト、ムハンマドと並ぶ四聖人の一人

孔子は、現在の山東省の魯国で、身分の低い士（支配階級の最下位）の家に生まれた。時代は春秋戦国時代であった。彼は幼少時に父を失い、母子家庭で育つ。彼は15歳のときに学問で生きようと決意した。30歳頃学匠となり、私立学園を開設した。当時、学園はあったが多くは貴族による閉鎖的なものだった。これに対し、**孔子**の学園は開放的であり、「去る者は追わず、来る者は拒まず」という言葉は、これを指したものである。

孔子は弟子たちに士として必要な四科を課した。人間として立派な行為ができること（徳行）、相手に理解できる表現で優雅な言葉を話すこと（言語）、官吏として政務の執れること（政事）、学識経験で裏づけできること（文学）の四つである。彼は諸子百家の先駆となった。

孔子の思想の中心にあるのは「仁」である。これはすべての人を自分と同じ存在と見なし、他者を重んじる思想であり、壮大な人間愛である。一方で、人間にその真心（忠）と言行一致（信）を期待した。このために人間を知り、倫理的決断を持つことで「仁」が完成されるとした。このように**孔子**の「仁」の思想は、人間を信じる人間を至上とするものだった。これは多くの古代思想が神などの超越した存在に依存する傾向とは大きく異なる。

一方、**孔子**は人が生きる上での指針として倫理を強く主張した。家の倫理として「孝悌」を提唱。これは父母への尊敬である。**孔子**の思想は、弟子や後継者たちによってパターナリズム（家父長制）の思想につながった。だが、**孔子**は必ずしも父への屈従を勧めたものともいえない。一方で社会倫理として「礼」を主張した。礼の精神を重んじ、これを経て「仁」に到達できるとした。これらはその後も儒家により軍国主義の思想につながったが、**孔子**は為政者が有徳者でなければならず、その上で民は為政者に従うべきとしたのであり、盲目的に上の意見に従う必要があるという考え方とはいくぶん異なる。いずれにせよ上の人間が絶対で、それに疑問を持つなという考え方は、現代でも大きな危険性を持つ。

孔子のもとから生まれた一派を「儒家」といい、彼の言葉をまとめたものが『論語』である。彼の思想は、彼の死後「儒教」として宗教化した。

もっと深く知りたい人のための推薦図書

- **『孔子』**和辻哲郎／岩波書店
- **『孔子伝』**白川静／中央公論新社

348 哲学・思想

老子（生没年不明）

道教を生み出し「道」を追究。20世紀ユング心理学に影響を与える

老子は道教の始祖であり、中国の春秋戦国時代に活躍した思想家（哲学者）である。彼の思想は諸子百家の一つの道家として、その後宗教化された。

老子は楚の県、現代の河南省周口市に生まれた。正確な生没年が不明なばかりか、実在を疑う意見さえもある。彼は周で書庫の記録官を務めていた。長く周で過ごしたが、やがてこの地を去る。その際、関所の役人に『老子道教経路』を残したが、その後の行方は誰も知らないという。実際、**老子**の人生は謎に包まれており、不老長寿で紀元前4世紀まで生きていたという説もある。紀元前1世紀頃に生きた歴史家・**司馬遷**による記録も曖昧である。

老子の代表的書物は『老子』である。**孔子**ら儒家が国と社会をいかに治めるかを論じたのに対し、**老子**は「無為自然」として人間の作為を否定し、太古からの「道（タオ）」に触れ合うことを重視した。道教は「道」を明らかにするものである。
「道」とは、「天地の本体にして根源」のことであり、物質であると同時に神である。この「道」は固定しているものではなく、絶えずうごめき、変化し、巡り続け、森羅万象を生成するとする。こうした宗教思想は、世界の宗教のなかで珍しい。キリスト教など「神」がすべてを創造したとするものが多いのに対し、**半分神で半分物質の「道」を始まりとするこの考え方は20世紀の心理学者ユングに影響を与えた**。**ユング**は、人間には集合的無意識があるとする。つまり誰の心の中にも、自身が知らぬまに太古から持つ潜在意識との触れ合いがあり、それらは「アニマ／アニムス」など無意識の多様な元型として共通して現れるとした。前述の「無為自然」も、集合的無意識と調和的に生きるものと考えることができる。

また、**老子**は「小国寡民」として、大国を否定して牧歌的な農村共同体社会を理想とした。これは現代のコミュニタリズム（共同体主義）にも一部通じるものである。当時、儒家や墨家（学派の一つ）は大国を志向した。これに対し、事実上国の拡大を拒んだ**老子**は、現代の反グローバリズムの思想に似た傾向も見える。なお、後世になって道教は仏教と対立し、1255年の論争では道教が破れ、多くの書が焚書された。

老子の名言は現代にも残るものが多い。「大器は晩成する」「柔は剛を制する」「天網恢恢疎にして漏らさず」などである。

一方で、**老子**と同じ道教の始祖の一人とされる**荘子**（紀元前369年頃～紀元前286年頃）は『荘子』を残した。**老子**と**荘子**による道教の思想は「老荘思想」ともいう。

もっと深く知りたい人のための推薦図書

- **『老子の思想』**張鐘元／講談社
- **『老荘と仏教』**森三樹三郎／講談社

349 哲学・思想

孟子（生没年不明）

性善説を主張し、儒家の思想を発展させた諸子百家の一人

中国の春秋戦国時代には諸子百家として、多くの優れた思想家（哲学者）が生まれた。その最も代表的人物は**孔子**であり、彼の弟子たちによって儒家が生まれた。そうした儒家の流れを汲みながら、新しい思想を生み出した人物として**孟子**を挙げることができる。

孟子は山東の出身で、**孔子**の孫に学んだ。斉の都に移住した**孟子**は、この街を訪れる学者たちと議論をして、自らの学問の質を高めていった。当時、中国では儒家と墨家の間で、国家の治世について激しい議論がなされた。墨家の思想は**墨子**によるもので、博愛主義を基本とした。**孟子**は、**儒家と墨家との論争の克服を目指し、性善説に基づく政治統治論を主張**した。

彼の代表作は『孟子』である。彼の性善説では、人は仁・義・礼・智の徳を誰もが持っているものとした。また**孔子**が「仁」を説いたのに対し、**孟子**は「仁義」を説いた。「仁義」も現在に残る言葉であるが、もともとは**孟子**の言葉である。

性善説も現在でも用いられる言葉である。人間の本質を善とするもので、その根拠に、入水して死のうとする人を見れば、たいがいの人がそれを止めることなどを挙げる。性善説は現代の改憲論争などにも、時に都合よく用いられる。武装解除の平和憲法を維持する根拠に、世界の人々を信じる性善説があるというものだ。その一方、平和憲法を捨て軍備拡張を目指す改憲論の根拠に、世界の人々を信じないとする性悪説もある。この性悪説を主張したのは**荀子**（紀元前313年頃～紀元前238年頃）。彼の思想には、人は放っておいては仁・義・礼・智の徳を身につけることはできないとし、法治主義によって国を治めるべきとした法家の思想につながった。しかし**孟子**の言う性善説は、人は放っておけばよいことしかしないという単純なものではない。

孟子の思想では、君主が徳を持つ者とした（徳治主義）。だが、人心から離れた君主は「易姓革命」によって倒されるとした。また政道を、徳による「王道」と武力による「覇道」に分け、前者が優れていることを論じた。

なお、「孟母三遷の教え」という言葉が現代でも残る。**孟子**の母（孟母）は、子である**孟子**にとって教育的によい場所を考えて、3回も引っ越ししたということである。

もっと深く知りたい人のための推薦図書

- **『孟子（上下巻）』**孟子／岩波書店

350 哲学・思想

司馬遷（紀元前135年～紀元前86年頃）

武帝におもねることなく、『史記』を書き残した歴史家

中国の歴史家・**司馬遷**が生まれたのは、前漢・**武帝**の時代。**司馬遷**の父（**司馬談**）は太史令という宮廷内の書物を管理し、記録を整理する役だった。父は息子に古文書の読み方を教え、国内旅行を勧めた。このため、**司馬遷**は若い頃から広く見聞を深めていた。

この時期、**武帝**による徴兵や重い税金などの、中央による厳しい抑圧政治が地方を圧迫していた。このことは、後に**司馬遷**が著す『史記』での**武帝**政策への批判へとつながる。

司馬遷が28歳のとき、3年前に亡くなった父の後を継いで、太史令となった。彼は暦法の改正作業を行い、それが一段落した後、『史記』をまとめる作業を始める。これは名家である一族の歴史を記したいという父の願望を引き継いだものだった。つまり皇帝や政府の命令でする仕事ではなく、権力者に都合のよい歴史の記述ではない。また王朝の年代記ではない個人の伝記の傾向も強かった。このことの価値は大きい。むろんテクストである以上、完全に客観・中立の歴史の記述はあり得ず、そればかりか**司馬遷**の主観で評価する人物と、酷評する人物の差が大きいという事実もある。しかし、知性ある一役人の調べた歴史という意味での価値は、現在でも大きな意味を持つ。

司馬遷は志の高い人物を顕揚する傾向があった。逆に、権力者の**武帝**にすり寄る官僚や武将には厳しい評価をしている。特に戦乱の絶えない時代に、飢えている従軍兵士を顧みることなく、贅沢をする上官には辛辣な批判をしている。こうした**司馬遷**の姿勢は、やがて**武帝**と対立する。敵に降伏した前漢の将軍・**李陵**を擁護した**司馬遷**に対し、**武帝**は憤慨し宮刑に処した。つまり生殖器を切除され、宦官とされたのである。これを「李陵の禍」と呼ぶ。

宦官とされた**司馬遷**は、強い屈辱を感じ苦悩したとされるが、**『史記』を仕上げることに生きがいを見つけ、書き終えて生涯を終えた**。『史記』は、黄帝から始まり、夏、殷、周の各王朝から漢の**武帝**までの歴代の帝王の記録からなる「本紀」を中心に、「表」や「書」「世家」「列伝」などからなる。このうち、「列伝」は官僚や庶民の伝記を扱ったものである。遊侠や商人などまで肯定的に書き上げたことは、後世の儒家的官僚から非難されたが、ここにこそ**司馬遷**ならではの人間観があったとされる。

もっと深く知りたい人のための推薦図書

- **『司馬遷―史記の世界』**武田泰淳／講談社
- **『『坂の上の雲』と司馬史観』**中村政則／岩波書店

351 哲学・思想

朱熹（1130年〜1200年）

封建的思想の礎となった朱子学を生み出した学者

朱熹《しゅき》（朱子）は、**儒教の正統な後継者となる朱子学を興した学者**である。**朱熹**が生まれたのは南宋。彼は福建省の書記に任じられる。彼は北宋の哲学者・**李侗**に師事し、自らの学問を見出す。しかし生前は認められず、生涯のほとんどを地方の下級官僚として過ごした。

朱熹は、まず存在論として、「理（本質・イデア）」と「気」の二つの要素を用いて万事万物を説いた。**朱熹**はこの二元論によって物・宇宙が構成されるとした。

また、倫理学も追究した。性善説をとり、「性即理」として、人の「性」をそのまま「理」=「法」と見なし「善」とした。こうして人間の本性と宇宙の根源を一致させた生き方を目指すことで聖人になることを論じた。**朱熹**はさらに「性」をア・プリオリ（先天的）のものと、気質の影響によってア・ポステリオリ（後天的）に現れるものとに分けた。したがって影響を与える気質（清澄な気や、その逆の汚濁の気）をうまく受け入れる修養を必要とし、その上で物に格《いた》り、そして知に到るという「格物致知」の理論を展開した。

朱熹は、古典の注釈学も行った。彼は『四書集注』を著し、過去の『大学』『中庸』『論語』『孟子』の四書を、儒教（朱子学）を学ぶにあたっての必修の書とした。

朱熹の学問は実学として、学問が日常のうちに活かされることを目指した。特に為政者が正しい心を持って支配することを主張した。彼は大義名分論に徹して、外交では強硬論を展開した。この大義名分論は、**孔子**が家庭に対して論じたものだが、**朱熹**は主に為政者の立場からいかに秩序を維持できるかを強調し、被支配者の立場にはほとんど目を向けなかった。彼の学問は当時、偽学として否定されたが、数少ない門人に講義を続け70歳で没した。

朱子学は、元代に入り盛んになった。朝鮮にも14世紀に伝わり、それまで仏教が強かった国内の儒教化のきっかけとなった。日本にも13世紀の半ばに伝わり、足利時代を経て徳川時代になって盛んになり、封建思想を固めるイデオロギーとなった。皮肉にも幕末には大義名分論が尊王攘夷論につながり倒幕思想になった。このように朱子学には、（陽明学などと異なり）秩序志向が強く、権力者が都合よくこれを利用する傾向が数多く見られた。同時に朱子学は、その存在論において西欧形而上学に似た性質を持つ。西欧で、形而上学がポストモダンなどの思想において批判されたように、江戸時代にも朱子学のロゴス中心主義的思想に反発する学者が見られた。**伊藤仁斎**や**荻生徂徠**、**本居宣長**らである。

もっと深く知りたい人のための推薦図書

- **『朱熹』**衣川強／白帝社
- **『言葉と悲劇』**柄谷行人／講談社

352 哲学・思想

新渡戸稲造（1862年～1933年）

国際連盟事務次長も務めた日本の教育者

日本の教育者であり思想家の**新渡戸稲造**は、国際連盟事務次長も務め、著書『武士道』は現在も読み続けられている。

新渡戸は、陸奥国岩手郡盛岡城下（現盛岡市）に盛岡藩士の三男として生まれた。幼名の**稲之助**は、父や祖父が行っていた三本木原開拓で収穫した稲にちなむという。

稲之助が5歳のときに父が亡くなり、母の教育のもとに育ち、やがて作人館（現盛岡市立仁王小学校）に入学。同時に新渡戸家の掛かりつけの医者から英語を習う。新渡戸家は西洋で作られた品物を多く所蔵していて、**稲之助**は幼い頃から外国への憧れを持っていた。同時に**稲之助**は、この地方を巡幸中の**明治天皇**が三本木原をご嘉賞され、「父祖伝来の生業を継ぎ農業に勤しむべし」との言葉をかけられたことで農学も志すようになったという。

9歳のとき、祖父の勧めもあり、東京で学ぶため叔父である**太田時敏**の養子となって上京。このとき名を**稲造**と改め、**太田稲造**となる。元盛岡藩主の**南部利恭**が開いた「共慣義塾」に入学し、寄宿舎に入るが、あまり熱心な生徒ではなかったようだ。

13歳のとき、できたばかりの東京英語学校（東大の前身の一つ）に入学する。生涯の親友となるキリスト教思想家の**内村鑑三**、植物学者の**宮部金吾**とは、この頃に知り合っている。

その後、農学を修めるため、1877年に**内村**、**宮部**とともに札幌農学校（後の北海道大学）に入学。札幌農学校は、当時、国内で唯一学士号を授与する高等教育機関であった。翌年には洗礼を受けてクリスチャンとなり信仰と勉学の日々を送った。これは**稲造**と入れ代わりで離任した初代教頭の**ウィリアム・スミス・クラーク**が学内に残したキリスト教精神の影響である。

在学中の1878年、人間によって冬眠から目を覚まされたヒグマが開拓民を襲い、死者3名、重傷者2名という、日本史上4番目に大きな被害を出した有名な「札幌丘珠事件」が発生。この加害獣であるヒグマの解剖をした一人が**稲造**であった。

18歳のとき、10年ぶりに札幌から帰省。しかしその帰郷は、「ハハキトク」の電報と入れ違いで、**稲造**は亡骸と対面することとなる悲劇もあった。

農学校卒業後は、上級官吏として北海道庁に採用されたが、創立間もない東京帝国大学（現東京大学）に進学。しかし帝大の研究レベルが低かったため退学した。1884年にアメリカに私費留学したが、札幌農学校助教授に任命されたことで、ジョンズ・ホプキンス大学を中途退学して官費でドイツへ留学。最終的にハレ大学（現マルティン・ルター大学ハレ・ヴィッテンベルク）で博士号を得た。

この前年、長兄が亡くなり、**稲造**が家を継ぐこととなり、太田姓から新渡戸姓に戻っている。この頃、アメリカ人**メリー・エルキントン**と結婚する。

帰国後、札幌農学校教授に就任。多忙な日々を送るが、生まれたばかりの一子・**遠益**が亡くなり、またエルキントン家で引き取っていた孤児の女性が亡くなるなど不幸が続いた。**万里**と日本名に改名していた夫人は、孤児の遺産1000ドルを受け取るが、それを資金に勤労青少年のための夜学「遠友夜学校」を設立する。完全なボランティアで運営された。夜学校は、50年間運営され、中退者なども含めると6000人もの生徒が学んだが、後に軍事教練を拒んだことから廃校に追いやられることになる。

1901年、民政長官を務めていた**後藤新平**と農商務大臣からの強い要請で、台湾総督府技師に任ぜられ殖産事業に参画。**稲造**が提出した『糖業改良意見書』をもとに台湾糖業の振興が進み、財政独立に大きく貢献している。

1906年には、第一高等学校校長として7年間在職。1909年からは兼任で東京帝国大学教授として植民政策を講じる。**稲造**は、欧米的で革新的な教育方針で、多くの人材を送り出したが、学校内外の保守層から批判を受け、結局、退官することとなった。

1918年には東京女子大学学長となり、一方、第一次世界大戦の終結を受けて、1920年に国際連盟が結成されると、**稲造**は「太平洋の橋たらん」との信念のもと、1920年から1926年まで国際連盟事務次長としてジュネーブに滞在。1922年には教育、文化の交流、著作権問題などを審議する、ノーベル賞受賞者を主な委員とする知的協力委員会を発足させた。この委員会は現在のユネスコの前身である。

1929年から1933年までは太平洋問題調査会理事長として活躍した。しかし、満州事変で日米関係が悪化していき、**フーヴァー**大統領、**スチムソン**国務長官とも会談するが関係改善できぬまま、日本は国際連盟を脱退する。その後、和平への望みをつなぎ、カナダで開かれた太平洋会議に出席したが、病に倒れ同地にて死去。その後、第二次世界大戦が起こっている。**稲造**は日本の農政学の先駆者であり、理想主義、人格主義の思想家として名を残しただけでなく、教育者としても、一貫して「人格教育」を重視し、教え子たちに大きな人格的な感化を与えた。**『武士道』『修養』といった著述を通し、コモンセンス（常識）の重要性**を説き多くの青少年に大きな影響を与えた。

もっと深く知りたい人のための推薦図書

- **『逆境を越えてゆく者へ』**新渡戸稲造／実業之日本社
- **『武士道と修養』**新渡戸稲造／実業之日本社
- **『現代語訳　武士道』**新渡戸稲造／筑摩書房
- **『新渡戸稲造 人格論と社会観』**谷口稔／鳥影社

353 宗教

達磨（？〜528年）

日本人にも馴染みの深い禅宗の開祖

日本では縁起物のダルマでも有名な**達磨**は、中国禅宗の開祖とされているインド人仏教僧である。「**達磨**」とはサンスクリット語で「法」を表す言葉だ。

詳しい出生は不明でさまざまな説があるが、弟子の**曇林**が伝えるところによると、**達磨**は南インドの西域南天竺国の国王の三男として生まれた。もとの名を**菩提多羅**《ぼだいだら》という。ある伝説では**菩提多羅**が7歳のとき、**般若多羅**《はんにゃだら》という僧侶が国を訪れた。僧侶は尊い仏教の教えを説き、礼に宝珠を贈った。このとき、王子2人は宝珠を最高のものだと言ったが、**菩提多羅**だけは「智慧の光こそが最も素晴らしい」と答えた。この答えに感心した**般若多羅**は、**菩提多羅**に出家を勧め国王も承諾したのだった。

6世紀初め、**達磨**は中国南方へ渡海して各地で禅を教えた。当時、中国は南北朝に分かれており、南朝を治めていた梁の**武帝**は天竺からの高僧を歓迎。しかし、仏教を保護するとどれほどの功徳があるのかとの**武帝**の問いに、**達磨**は煩悩でやったことに功徳は無いと答えた。**武帝**はその答えを喜ばず、**達磨**も北魏に向かったとされる。

北魏の都の洛陽では嵩山少林寺に滞在。壁に向かい9年にわたって座禅の修行をする。この座禅で手足が腐ってしまったとの伝説が生まれ、玩具のダルマができた。あるとき、嵩山少林寺に、僧侶が教えを乞いにやってきたが**達磨**は追い返す。僧侶は左腕を切り落とし、**達磨**に差し出したことで入門を許され「**慧可**《えか》」の名前をもらい弟子となった。

528年、**達磨**は150歳で遷化（高僧が死ぬこと）した。一説には、**達磨**の高名を羨んだ**菩提流支**と**光統律師**に毒殺されたとも伝えられる。

達磨は、さまざまな伝説に彩られた人物だが、日本にも渡ってきたとの言い伝えがある。史書『日本書紀』によると、613年、**聖徳太子**が奈良県の片岡山で、ぼろをまとい生き倒れになっていた老人に出会った。**聖徳太子**が食べ物と衣類を与え、「しなてる　方岡山の飯を飢て　臥せる　その旅人あわれ　親なし」と歌を詠むと、老人は「いかるがや　富の小川の絶えねばこそ　わが大君の御名をわすれめ」と返歌をした。翌日、老人は亡くなり埋葬された。その後、**聖徳太子**が墓を見に行くと遺体はなく、与えた衣類だけがたたんで置いてあったという。その老人が**達磨**だとされる。

こうした言い伝えが広まるほど、日本人にも馴染みの深い高僧だということである。

もっと深く知りたい人のための推薦図書

- **『禅の語録１達摩の語録』**柳田聖山／筑摩書房
- **『龍樹と龍猛と菩提達磨の源流　サータヴァーハナ王朝・パーンドゥ王朝・ボーディ王朝』**佐々井秀嶺著　中村龍海編／東方出版
- **『ダルマ』**柳田聖山／講談社

354 科学

野口英世（1876年～1928年）

ノーベル賞候補にもなった日本の細菌学者

野口清作は、福島県耶麻郡三ッ和村（現耶麻郡猪苗代町）の貧しい農家に生まれた。1歳のときに囲炉裏に落ちた**清作**は、左手に大火傷を負い、指が癒着するハンディキャップを負ってしまう。三ッ和小学校に入学してからは、手が使えず「てんぼう」と馬鹿にされるが、学問で身を立てるよう母に諭され一念発起。優秀な成績を修めたことで、猪苗代高等小学校に入学する。

このとき、教師や同級生らの間で募金が行われ、集められた費用で左手の手術を受ける。手術に感激した**清作**は医師を目指すが、このとき、執刀したのがサンフランシスコで開業した経験を持つ**渡部鼎**《わたなべかなえ》であった。

学校卒業後、**渡部**の経営する会陽医院で書生として働きながら、医学の基礎を学んだ**清作**は、**渡部**の友人で歯科医の**血脇守之助**から援助を受け、21歳で医師免許を取得した（22歳で**英世**と改名）。

この頃の**英世**の遊び癖は大変なもので、人に借金をして放蕩を尽くすといったことを繰り返していた。しかし、さまざまなトラブルを生みながらも、1900年、アメリカに留学（この渡航費用も、日本で婚約した女性の持参金だった）。その後、ヨーロッパを経て、再びアメリカのロックフェラー医学研究所に入所。膨大な実験を繰り返してデータを得ていく研究スタイルで、梅毒スピロヘータや小児麻痺、狂犬病を研究している。同時期、アメリカ人女性の**メアリー**と結婚する。

1914年には研究所正員に昇進、この年から**3年連続してノーベル医学賞候補**となった。その後、ロックフェラー財団の意向を受け、まだワクチンのなかった黄熱病研究のため各国へ渡航。アフリカの英領ゴールド・コースト（現ガーナ）へ出張するが、翌年、**英世**自身も黄熱病を発症してしまい51歳で死去するのだった。

実は、**英世**の研究は当時の顕微鏡の性能ではわからないことも多かったため、遺した研究成果の多くは、後年の追試で否定されることも少なくない。しかし、多くの発展途上国で行った献身的な診療は、現地の人々に感銘を与え、**英世**の名を冠した研究機関や教育機関が現在でも残されている。**英世**と**メアリー**夫人は、マンハッタン島の北の端ブロンクスにあるウッドローン墓地に埋葬され、その偉業を称える碑も置かれている。

もっと深く知りたい人のための推薦図書

- **『落日（上下巻）』**渡辺淳一／講談社
- **『野口英世―21世紀に生きる』**木暮葉満子、田崎公司編／日本経済評論社
- **『野口英世』**イザベル・R・プレセット／星和書店

355 文学・演劇

李白（701年〜762年）

唐代に生きた酒をこよなく愛した詩仙

杜甫とともに唐代のみならず中国文学史上最高の詩人であると評価されている**李白**。そのバリエーションに富んだ豊かな詩風によって「詩仙」とも称せられた。現在でも、彼の詩は中国だけでなく、日本でも愛されている。

李白は701年に西域で生まれた。父は大商人であったといわれている。その後、四川省の綿州に移り住み、そこで幼少年期を過ごす。道教などの影響を受け、25歳頃から放浪生活を続けるが、742年、唐帝国の首都の長安に出て官吏となる。しかし、**玄宗**の側近の**高力士**に疎まれ、宮廷を追われ、再び放浪生活を送る。この放浪の期間に**杜甫**と出会い、1年半ほどともに旅をしている。757年、永王の軍に参加したため、貴州省夜郎に追放されるが、途中で大赦を受け、各地を転々とし、762年、現在の安徽省馬鞍山市で病死したといわれている。

李白には**『蜀道難』、『将進酒』、『玉階怨』『静夜思』、『月下独酌』といった有名な詩があるが**、彼は生涯に1000以上の優れた詩を創作したといわれている。彼の詩の特徴は豪快でありながらも繊細さも内包した変化に富んだものであったが、**李白**は特に四句からなる絶句を得意とした。例えば、『峨眉山月歌』は、「峨眉山月半輪秋／影入平羌江水流／夜發清渓向三峡／思君不見下渝州（峨眉山に半月がかかる秋／月の光が平羌江の水面に映りながら流れている／私は夜に清渓を発ち、三峡に向かう／君に会いたいと思ったが叶わず、渝州に下っている）」と詠っているが、五つの地名が長い旅路を思わせ、まさに**李白**のダイナミックでありながらも抒情的な詩情が溢れている代表的な作品である。

李白の詩の影響は後世の中国文学史の中に深く刻まれているが、最も影響を受けた詩人は何と言っても同時代の**杜甫**であろう。**杜甫**は**李白**と旅をしながら直接的に多くの詩的創作技術を学んだからである。日本に目を向ければ、この2人を敬愛し、優れた俳句を創作した者として**松尾芭蕉**を挙げることができる。このように**李白**は中国文学の枠を超えて世界の文学に大きな影響を与え続けているのである。また、**李白**は酒をこよなく愛したため、酒に酔い川に落ちて死んだという逸話があるほどである。

李白、唐時代の大詩人にして、自由と酒を愛した詩仙。彼は中国文学史に残る多くの偉大な詩を作り上げた。

もっと深く知りたい人のための推薦図書

- **『李白詩選』**李白／岩波書店
- **『李白―巨大なる野放図』**宇野直人、江原正士／平凡社
- **『李白と杜甫』**高島俊男／講談社

356 文学・演劇

杜甫（712年～770年）

中国文学史に燦然と輝く偉業を残した詩聖

唐を代表する詩人、**杜甫**。「詩聖」と称せられ、同時代の**李白**とともに、唐代のみならず、中国史上最高の詩人と見なされ、その詩は後世においても極めて高く評価されている。

杜甫は712年に現在の河南省鄭州市鞏義市で地方官吏の子供として生まれた。725年に洛陽で文人の仲間入りを果たす。その後、科挙試験を受けるが合格しなかった。それでも、低い身分の官吏となる。安禄山の乱では賊軍に捕らえられたが、そのときの状況を詩にした**『春望』は中国文学史上最高ともいわれる詩**である。760年、官職を辞し、成都の近くの浣花渓の草堂に住むようになる。768年以降2年間、湖南、湖北を放浪し、770年に船中で客死した。

詩聖である**杜甫**は詩仙である**李白**が絶句を得意としたのに対し、八句からなる律詩を得意とした。そして、その作風も対句の多用を特徴とし、描写対象を対照的に位置づける構成的な作品が多い。また、詩のテーマも自然や日常的なものよりも、時代的な社会問題をクローズアップした作品が多い。その中でも、『春望』は白眉である。

「國破山河在／城春草木深／感時花濺涙／恨別鳥驚心／烽火連三月／家書抵萬金／白頭搔更短／渾欲不勝簪（唐帝国は破れてしまったが山河はそのままである／長安の城の中では春が訪れ草木が生い茂っている／世の乱れを感じては花を見ても涙が零れ落ちる／家族との別れを恨んでは鳥の声にすら心が痛む／三カ月が経っても戦火は消えることはなく／家族からの手紙は何よりの宝となる／白髪の頭を搔けば搔くほど髪は抜け落ち／簪をさすこともできそうにない）」という『春望』は、悲劇的な出来事を象徴的に描写した、ドラマツルギー豊かな作品である。まさに中国文学史上第一ともいえる傑作であり、その素晴らしさは、日本の詩人にも強く影響を及ぼし、**松尾芭蕉**が**杜甫**のこの詩を思い浮かべながら、「夏草や兵どもが夢の跡」と詠んだことはあまりにも有名である。

杜甫は中国の長い歴史の中でも稀有な才能を持った詩人であった。その巧みな詩は後世の多くの詩人が称賛し、多くの影響を受けた。それゆえ、**杜甫**は中国文学史における韻文の最高巨匠の名を**李白**と二分しているのである。

もっと深く知りたい人のための推薦図書

- **『杜甫詩選』**杜甫／岩波書店
- **『杜甫—詩と生涯』**秦泥／徳間書店
- **『杜甫の旅』**田川純三／新潮社

357 文学・演劇

紫式部（生没年不明）

世界最古の恋愛小説の作者

平安時代中期（10～11世紀）の中流貴族・**藤原為時**の娘で、世界最古の恋愛小説とされている『源氏物語』の作者。幼少期から頭脳明晰で、当時の男性にとって不可欠な教養であった漢文の才能が優れていたことから、彼女が男であればと**為時**が嘆いたという逸話が残されている。

紫式部は998年頃に親子ほど年の離れた**藤原宣孝**と結婚し、娘の**賢子**（後の**大弐三位**）をもうけた。しかし、1001年頃に**宣孝**と死別したため、実家に戻り『源氏物語』の執筆を開始したと考えられている。天皇の子でありながら、母親の身分が低いために臣籍降下した光源氏を主人公とする『源氏物語』は、貴族女性たちの心を摑み瞬く間に大人気となった。そして、その評判を聞きつけた当時の有力者の**藤原道長**の要請を受けて、彼女は1006年頃から**道長**の娘・**彰子**に女房（侍女）兼家庭教師として仕えるようになったのである。なお、**紫式部**は女房としての呼び名で、『源氏物語』のヒロインである「紫の上」と、**為時**のかつての官職名「式部丞」に由来しており、本名は不明である。

紫式部が仕えた**彰子**は、999年に11歳という幼い年齢で第66代**一条天皇**に嫁いでおり、必然的に**紫式部**の職場も天皇の住まいである内裏（宮中）となる。**紫式部**が才女とはいえ、初めての職場が内裏というのは考えづらいため、近年では**道長**やその正室である**源倫子**にもともと仕えていた可能性も提唱されている。

当時の大貴族は天皇に娘を嫁がせ、誕生した孫が天皇として即位した際に外戚として権力を握るのが一般的であった。そのため、**道長**が**紫式部**を娘に仕えさせた最大の理由は、8歳年上の**一条天皇**から寵愛されているとは言い難く、子供を授かっていなかった**彰子**の立場を守るためである。

天皇の関心を**彰子**に向けさせるために、**道長**が参考にしたのが**一条天皇**の最愛の女性・**藤原定子**だった。**定子**は**道長**の兄・**藤原道隆**の娘で、高い教養を持ち、『枕草子』を執筆した**清少納言**を女房として召しかかえて華やかなサロンを運営していた。才女を集めて**定子**よりきらびやかなサロンを運営させることで、**道長**は内裏における**彰子**の存在価値を高めようとしたのである。

その結果、**彰子**には**紫式部**だけではなく、**和泉式部**、**赤染衛門**、**伊勢大輔**など平安文学に名前を残した才女たちが女房として仕え、彼女たちによって大輪の「女房文学」が花開いた。

紫式部の存在がどれほどの影響を与えたのかは不明だが、**彰子**は1008年に**敦成親王**

（後の第68代**後一条天皇**）、1009年に**敦良親王**（後の第69代**後朱雀天皇**）を出産し、**道長**が権力を掌握する土台を築いている。なお、**紫式部**は**敦成親王**の誕生の様子を詳細に『紫式部日記』に記録したため、彼女の日記は当時の文化風俗を後世に伝える第一級の史料となっている。

また、『紫式部日記』には**道長**からの誘いを拒絶したという記述も残されていることから、**紫式部**は**道長**の妾であったという説もある。『源氏物語』はフィクションとはいえ皇族や大貴族が登場する恋愛物語で、当時の人が読めば登場人物のモデルが推測できるきわどい内容であった。こうした背景を考えると、**紫式部**が**道長**の妾であったという説は荒唐無稽なものではない。

日記文学の傑作の一つである『更級日記』の作者・**菅原孝標女**《すがわらのたかすえのむすめ》をはじめ、当時の貴族たちを夢中にさせた**『源氏物語』が後世に与えた影響は非常に大きく、能や歌舞伎などの伝統芸能の題材に取り上げられるだけでなく、絵画をはじめとするさまざまな芸術のモチーフとなった**。特筆すべきは現代の二次創作同人誌のように、『源氏物語』本編で描かれなかったエピソードが後世の人々によって多数創作されている点で、他の古典文学にはあまり見られないこの傾向は、日本の文化における『源氏物語』の存在の大きさを示している。

また、国外に目を向けても、11世紀に成立した長編の恋愛小説は発見されておらず、世界の文学史においても『源氏物語』は稀有な存在といえる。

ただし、存命中の**紫式部**は『源氏物語』の作者である点を差し引くと、中流貴族出身の平凡な女性にすぎず、人生の大半は謎に包まれており没年についても諸説ある。彼女の娘である**藤原賢子**が1017年頃に国母となっていた**彰子**に女房として仕えているため、母子二代にわたって**彰子**の信頼を得ていたことは確かである。

なお、**賢子**は**後朱雀天皇**の第一皇子である**親仁親王**（後の第70代**後冷泉天皇**）の乳母となり、**親仁親王**が即位した際にはその功績により従三位の位階を授かっている。これは当時の中流貴族女性にとって理想的なキャリアで、**孝標女**も天皇の乳母になることを夢見て**後朱雀天皇**の第三皇女・**祐子内親王**に仕えていた。しかし、『源氏物語』に憧れた『更級日記』の作者の夢が、『源氏物語』の作者の娘が育てた**親仁親王**の即位によって破れたことは、歴史の皮肉といえるだろう。

もっと深く知りたい人のための推薦図書

- **『紫式部日記を読み解く 源氏物語の作者が見た宮廷社会』**池田節子／臨川書店
- **『源氏物語の時代―一条天皇と后たちのものがたり』**山本淳子／朝日新聞社

358 文学・演劇

蘇軾（1036年？～1101年）

唐宋八大家の一人で、宋代第一の士大夫

蘇軾《そしょく》（号を東坡居士と称したので、**蘇東坡**とも呼ばれる）は北宋の政治家であるが、この時代を代表する士大夫（文人官僚）でもある。彼は詩歌、書家、絵画のそれぞれの分野すべてで素晴らしい作品を残し、後世の芸術家に大きな影響を与えた。

蘇軾は1036年頃、四川省の眉山で地主の子供として生まれた。学問に励み、21歳のとき、科挙試験に合格し、地方官を歴任し、官僚の道を歩む。その後中央政界に進出するが、文人画家としても有名だった新法党の**王安石**の改革に反対し、旧法党の代表と誤解され、しばしば左遷させられる。晩年にも海南島に流刑となるが、66歳のときに**徽宗**が皇帝となり、許され、都に向かう途中、常州で死去した。

彼の政治家としての一生は政権闘争に巻き込まれ、たびたび左遷や流刑になるという起伏の多いものであった。だが、彼の名を歴史にとどめたものは政治家としての業績ではなく、文人としての業績であった。上記したように、**蘇軾**は詩歌だけでなく、絵画にも、書にも優れ、当時の超一流の腕前を誇っていた。詩の**代表作には『題西林壁』や『赤壁賦』があり、書としては『黄州寒食詩巻』**があり、文人画も多数描いた。

蘇軾の詩、書、絵画に共通する特徴は、勇壮さがあり、ユーモラスな側面を宿しながらも、悲しみを湛えた表現であり、その微妙なニュアンスに満ちた作品は、まさに当時の文人芸術の最高峰のものであったといえる。また、彼は唐宋八大家と称されるほどの文豪として今も多くの尊敬を集めているが、この八人には父の**蘇洵**と弟の**蘇轍**も挙げられている。つまり、蘇家は芸術に極めて優れた家系だったのである。

ところで北宋の宰相を務めた、**王安石**とは政敵の関係にあったが、文人同士としての交流はあり、詩文のやり取りをしている。一般的に、**蘇軾**の文体は柔らかいが豪胆であるといわれ、**王安石**の文体は硬質で明快だといわれている。2人の性質の違いが文体にも表現されているといえるであろう。

政治家としての**蘇軾**は決して恵まれてはいなかったが、文人としての彼はその才能を遺憾なく発揮し、その素晴らしい芸術作品によって今もなお人々の記憶に残る文人であることは疑いようのない事実だ。

もっと深く知りたい人のための推薦図書

- **『蘇東坡詩選』**蘇東坡／岩波書店
- **『蘇軾―その人と文学』**王水照／日中出版
- **『蘇東坡（上下巻）』**林語堂／講談社

359 文学・演劇

王義之（307年？～365年？）

東晋の時代の政治家にして、書の聖人

王義之《おうぎし》は東晋時代の中国の政治家であるが、書家としてのほうがはるかに有名である。彼は**書道における楷書、行書、草書という三つの書体を完成**させ、後世において書聖と称せられた。彼は中国のみならず、日本でも今も深く尊敬されている。

王義之は307年頃、山東省臨沂で門閥貴族の家に生まれるが、早くに父を失い、叔父によって育てられる。7歳のときから**衛夫人**に書を習っただけでなく、その書の技を磨き続けた。彼は政治能力にも優れ、征西将軍府参軍となり、さらに、右軍将軍、首都近郊の地方長官である会稽内史となる。だが355年から官職を辞し、隠遁生活を送り、365年頃、現在の浙江省の紹興市で死去したといわれている。

王義之は公的には官吏であったが、彼が後世にその名を残したのは書によってであった。彼の真跡は現存していないが、輪郭を写し、墨を流し込んだ写本である双鉤填墨本《そうこうてんぼくぼん》として『喪乱帖』、『孔侍中帖』が、刻本としては『十七帖』、『聖教序』が残されている。書道の完成者として、三つの書体を作り上げ、後世の書家すべてが**王義之**の書を手本として学んだことからも、彼の書の絶大な影響力が理解できる。

彼の書は書家だけではなく、時の権力者をも魅了した。宋の**太宗**や唐の**太宗**、清の**乾隆帝**といった皇帝が**王義之**の書を尊び、情熱的に収集したことはよく知られている。彼のダイナミックで勇壮な書体は多くの皇帝の心も魅了したのである。また、**王義之**の子の**王献之**も書によって歴史に名を刻み、この親子2人は書道界の二王と称せられている。

王義之の書は中国だけでなく、日本でも多くの尊敬を勝ち得ているが、**王義之**の書を日本に初めてもたらしたのは、僧の**鑑真**であるといわれている。平安時代の三筆と呼ばれた**空海**、**嵯峨天皇**、**橘逸勢**や、三蹟と呼ばれた**小野道風**、**藤原佐里**、**藤原行成**によって完成された和様書道にも、**王義之**の書は大きな影響を与えた。その後も、**王義之**の名声は高まり、多くの書家が書聖として敬っている。

王義之は書というものの芸術性を高め、その芸術の素晴らしさを究極にまで押し上げた。それゆえに彼は中国史上最大の書家であり、彼の書はこれからも多くの人々に敬愛されていくといえるのだ。

もっと深く知りたい人のための推薦図書

- **『書聖　王義之の書』**吉川蕉仙編／二玄社
- **『王義之―六朝貴族の世界』**吉川忠夫／岩波書店
- **『王義之伝論』**森野繁夫／白帝社

360 美術・建築

葛飾北斎（1760年〜1849年）

世界で最も有名な日本人画家

江戸時代後期の江戸で花開いた、化政文化を代表する浮世絵師。**葛飾北斎**は絵師としての号で、本名は**鉄蔵**という。ただし、**北斎**は頻繁に改号しており、「画狂人」や「卍」など、現代人から見ると少々「痛い」号を用いていたこともある。

武蔵国葛飾郡本所（現在の東京都墨田区亀沢付近）の生まれで、生誕の地とされる場所にある「北斎通り」沿いには「すみだ北斎美術館」が開館している。

細密な描写の美人画で有名な**勝川春章**のもとで絵を学ぶが、さまざまな画風を学ぶことに貪欲で、**春章**に黙って狩野派の画法を学んだために、後に勝川派を破門されたといわれている。また、人体を正確に描くために接骨医に弟子入りし、骨格や筋肉のつき方を学んだこともあった。そのほかにも、**北斎**は中国絵画や西洋絵画の技法も吸収し確かな画力を培った。例えば、オランダ商館医・**シーボルト**が日本から持ち帰った作者不詳の6点の西洋絵画は、出来栄えの見事さから西洋人が描いたものだと考えられていたが、近年、**北斎**の作品であったことが判明している。

また、**北斎**の画力を語るうえで忘れてはならないのが、代表作『富嶽三十六景』のひとつ『神奈川沖浪裏』であろう。荒れ狂う波濤の描写は、ハイスピードカメラでとらえた実際の波の動きとほぼ一致していることから、**北斎**がアスペルガー症候群で映像記憶（直感像記憶）の持ち主であった可能性が高いとされている。これを裏づけるのが、**北斎**は絵のための努力はまったく惜しまない一方で、片づけが苦手で自宅はゴミまみれ、さらに対人関係のトラブルを起こすことが珍しくない偏屈な性格だったことだ。さらに第11代将軍・**徳川家斉**の御前に召し出された際に、**北斎**は刷毛で長く藍を引いた唐紙の上に、足に赤い顔料を塗った鶏を放って足跡を付けさせ、「これはこれ竜田川（紅葉の名所）の景色なり」と言い切ったというエピソードが残されている。

北斎の作品には鮮やかな紺青が使われているため、その色は「**北斎**ブルー」と呼ばれているが、その正体は18世紀初頭にプロイセンで発明された化学顔料のプルシアンブルー（ベルリンブルー）である。やがて中国でも製造されるようになったプルシアンブルーは日本に大量に輸入されるようになり、**北斎**が活躍した時期には手頃な値段となり、発色のよさもあって「ベロ藍」という名前で一気に普及した。そのため、同じく欧米で人気の浮世絵師・**歌川広重**もプルシアンブルーをよく用いていたという。

19世紀後半、ヨーロッパに渡った浮世絵は現地の人々に衝撃を与え、芸術の都・パリを中心にジャポニスム（日本趣味）が大流行した。特に**北斎**の代表作である『富嶽三十六景』や絵手本の『北斎漫画』は、**クロード・モネ**、**エドガー・ドガ**、**ポール・セザンヌ**といったフランス印象派の画家たちにインスピレーションを与えた。このため**北斎**の作品は国際的な人気を誇り、アメリカの『LIFE』誌が実施した「この1000年で最も重要な功績を残した世界の人物100人」という企画では、日本人で唯一ランクインを果たしている。

なお、人気浮世絵師は春画も手掛けるのが一般的で、**北斎**はこの分野でも傑作『蛸と海女』を残している。美しい海女が2匹の蛸に襲われている様子を描いたこの作品は、蛸の足が海女の肢体になまめかしく絡みつき愛撫していることから、ポルノグラフィにおける「触手物」というジャンルの先駆けと見なされている。

また、戯作（通俗的な読み物の総称）の挿絵も多数手掛けており、**曲亭馬琴**が執筆した人気作品に華を添えた。しかし、**北斎**は絵師としての我が強く、**馬琴**の下絵で右側に描かれているものを左側に描くなど、指示どおりに描かないことが多かったという。そこで**馬琴**は、あえて希望とは逆の指示を出すことで、本当に希望していた構図の挿絵を**北斎**に描かせたという。

浮世絵は基本的に版画だが、**北斎**は一点物の肉筆画も多数残している。掛け軸や屛風などに仕立てられたものだけでなく、信州小布施（現在の長野県小布施町）の岩松院の『八方睨み鳳凰図』のように、天井画として残されている作品もある。

北斎には弟子が多数存在し、葛飾派と呼ばれる浮世絵の流派を形成した。なかでも有名なのが娘の**お栄**で、**葛飾応為**という号で絵師として活躍し、特に美人画を得意とした。代表作『吉原格子先之図』の光と影の描写が絶妙なため、彼女は「江戸のレンブラント」と評され、近年人気と評価が高まっている。また、門人ではないが妖怪や猫を題材にした浮世絵で有名な**歌川国芳**、**ゴッホ**の『タンギー爺さん』の背景に描かれた花魁の浮世絵の作者である**渓斎英泉**など、後進の絵師にも多大な影響を与えた。

89歳という当時としては驚異的な長寿を全うした**北斎**だが、「天があと5年自分の命を保ってくれたら、本物の画工になれるのに」と嘆き、最期の瞬間まで自分の才能に満足しなかったという。

もっと深く知りたい人のための推薦図書

・**『もっと知りたい葛飾北斎 改訂版 生涯と作品』**生田生慈監修／東京美術
・**『葛飾北斎伝』**飯島虚心著・鈴木重三校注／岩波書店

361 写真・映像

小津安二郎（1903年〜1963年）

独自の映像美と普遍的主題の追求により、世界映画史の最高傑作を生む

現在、世界で最も尊敬されている映画作家は**小津安二郎**と言っても過言ではない。2012年にイギリス映画協会が、全世界の映画人にアンケートした映画史上のオールタイムベストを発表。1位が**小津**の『東京物語』となった。ちなみに2位は**キューブリック**の『2001年宇宙の旅』、3位が**オーソン・ウェルズ**の『市民ケーン』。**ヴェンダース**、**侯孝賢**、**カリウスマキ**、**ペドロ・コスタ**、**ジム・ジャームシュ**……**小津**を尊敬する世界の映画作家は枚挙にいとまがない。なぜ彼が世界中の人々を、しかも時代を超えて魅了するのだろうか。

小津は江東区深川に生まれた。旧制中学卒業後、いくつかの高校（現在の大学）を受験したものの不合格となり小学校の教員となった。1年の教員生活の後、1923年に松竹鎌田撮影所に入社した。1927年初監督作品の『懺悔の刃』を撮る（現存せず）。これは唯一の時代劇となった。1928年以降、現代劇を次々と量産する。だが、現存する最初のフィルムは1929年の『若き日』。同作は、春休みにスキーに行った大学生たちが、女子と交際しようと張り合う、現代でも通じるようなラブコメであり、昭和4年という古さを感じさせない。

この後も**小津**はサイレント作品を次々に発表する。そのほとんどが小市民を主人公としたため、「小市民映画」とも呼ばれた。1932年の『生れてはみたけれど』は、このテーマの代表作である。上役に媚びるサラリーマンの父と、それを知って幻滅する子供たちの世界を描いたサイレント喜劇の傑作である。こうした作品を発表する一方で、1933年には『非常線の女』といった、モダンなギャング映画も発表している。しかし第二次世界大戦は、彼の自由な創作を中断させる。**小津**は戦争映画撮影のため、シンガポールに行き、同地で敗戦を迎える。

戦後すぐに**小津**の時代が訪れた。1948年代表作となる『晩春』を発表する。同作は**笠智衆**と**原節子**という**小津**映画の二大スターが親子として共演し、その後の**小津**の監督作品を数多く手掛けた脚本家である**野田高悟**が**小津**と共同で脚本を書くなど、「小津調」の嚆矢となった記念碑的作品でもある。テーマも、嫁に行く娘・紀子とそれを送る父という、その後も**小津**自身何度も繰り返した主題である。また後述する**小津**独特の映画技法を用いた映像美は、すでに完成の域に達していた。

小津はその後も傑作を撮り続ける。1951年に『麦秋』を発表。同作も日本映画史に名を残す。これも**原節子**が扮する紀子が嫁に行く話であるが、父と娘の近親相姦にも似た2人の人間関係に重点を置いた『晩春』とは異なり、より広い複数の人間による家族

関係を、北鎌倉の美しい風景とともに描いた。これを象徴するかのように、**小津**作品では唯一の、クレーンによる砂浜の女性２人の俯瞰のショットも見られる。そして1953年、**小津**は最大の代表作『東京物語』を撮る。1958年、**小津**は初のカラー映画『彼岸花』を発表。赤いやかんなど、特徴的な色の小道具が配置され、カラーリストとしても一流の技を見せる。1962年『秋刀魚の味』を発表。晩年の代表作といわれる同作が遺作となった。**小津**は還暦の誕生日になる1963年12月12日にがんで命を終えた。生涯独身だった。

『東京物語』には、彼の魅力の多くを含むが、やはり一番は主題だろう。家族の離合集散は、古今東西を問わない現実の問題である。これに真摯に向き合い、貧困などの余計なテーマを盛り込まず（それは一つの立派なテーマにはなるが）、あくまで家族のあり方を描いた。『東京物語』では名台詞が並ぶ。夫が戦死したと考えられる紀子と義妹（**香川京子**）との会話シーン。紀子は言う。「お父様たちにはお父様たちの世界があるのよ。だんだんそうなっていくのよ」「じゃあお姉様も？」「ええ、なりたかないけど」「いやあね。世の中って」「そう。……いやなことばっかり」。さらに別シーンで紀子は、義父（**笠智衆**）にも語る。「このまま一人でいたら、いったいどうなるだろうなんて夜中にふと考えたりしたことがあるんです。一日一日が何事もなく過ぎてゆくのがとっても寂しいんです。どこか心の隅で何かを待ってるんです」。これは結婚せずに働く多くの現代女性（男性）にも通じることだろう。

　さらに**小津**は独自の映像美を作り上げた。**厚田雄春**によるカメラはローアングルから日本の家屋を映した。ここでは決してあおることなく、カメラを若干上に向けながら登場人物を描いた。この結果、人物たちは高圧的な人間ではなく、共感できる生身の人間として描かれた。**小津**の演出の特徴はこれだけではない。向き合う２人の会話場面では、従来の映画文法をあえて無視した。ショットの切り返しの際、ふつう対称的に描き、視線が交わる（ように見せる）のに対し、**小津**はしばしば交わらないように、ほぼ正面から撮った。これに異化の効果を説く意見もある。さらに誰もいない風景のショット（空のショット）を頻繁に挟み、余白のような味わいを見せた。**小津**の映像にはこうした特殊な演出方法から、独特の緊張と弛緩がもたらされ、心を打つ物語が彼のリズムで展開される。　普遍的に通じるテーマと、独特の映像技法。これらは**小津**にしか作ることができず模倣を許すものではない。彼の模倣でパロディ以上の効果を上げた作品はない。

もっと深く知りたい人のための推薦図書

- **『小津安二郎の芸術』**佐藤忠男／朝日新聞社
- **『監督　小津安二郎』**蓮實重彦／筑摩書房

362 写真・映像

溝口健二 （1898年〜1956年）

冷徹なリアリズムで、女性たちの生きざまを描いた巨匠

日本映画の巨匠は、**黒澤明**、**小津安二郎**、**溝口健二**の３人である。４人目は**成瀬巳喜男**だろう。日本映画の黄金時代を最初に築いた巨匠として**溝口**は評価される。現代劇も撮ったが戦国時代や江戸時代を舞台にした作品も多く、エキゾチシズムの要素もあり海外でも早くに評価された。

溝口の作風は、封建制・家父長制を残した日本社会に生きる人々を描いたリアリズムである。多くが悲劇であり、笑いは一切ない。これは彼の生真面目で尊大な性格に基づいており、**小津**とは対照的である。**溝口**は女性が主人公の作品を多く撮り、女性映画の巨匠ともいわれる。作品で女性はしばしば社会に翻弄され「殉教」する。そこには**溝口**の女性崇拝や女性の神聖化がある。一方、同じ女性映画の巨匠といわれる成瀬作品では、女性が愚痴をこぼすなど、しばしば俗っぽい人間性を露わにする。この対照的な姿は興味深い。なお**溝口**は**成瀬**の映画史上の傑作『浮雲』を見て、「成瀬に金玉はついているのか」と批判したという。

溝口は東京に生まれる。小学校を出た後、絵を学んだ彼は1920年に日活へ入社、1923年に映画監督としてデビューする（後にいくつもの会社で作品を残す）。表現主義映画や傾向映画（商業映画の中のプロレタリア映画）などを残した後、1933年には最初の代表作『瀧の白糸』を撮る。1936年には『浪華悲歌』『祇園の姉妹』という傑作を発表。1941年は『元禄忠臣蔵』を発表。これは松の廊下を再現するなどの完璧主義によって撮影される。1952年には、**田中絹代**主演で代表作『西鶴一代女』を撮る。そして1953年ついに『雨月物語』を発表する。これはベネチア国際映画祭銀獅子賞（準グランプリ）を受賞し、世界映画史に残る傑作となる。その後も『山椒大夫』『近松物語』などの作品を残すが、58歳で白血病により永眠する。**溝口**は世界の映画作家に絶賛されたが、特に**ゴダール**は彼を最も好きな作家としている。**溝口**の映画技法で特徴的なのは、長回しである。彼はしばしばワンシーン・ワンショットを駆使した。このカットを割らない手法で、緊張感みなぎる映像を可能にした。『雨月物語』のラストでは、帰ってきた夫を迎えた妻（の幽霊・幻覚）が、ワンショットでカメラがパンするうちに消えてしまう映画史に残るシーンを見せる。また**溝口**はクローズアップも否定し、観客がより客観的にドラマを鑑賞できる、演劇と親和性の高い映像を作り上げた。

もっと深く知りたい人のための推薦図書

- **『溝口健二の人と芸術』**依田義賢／社会思想社
- **『映画監督 溝口健二』**四方田犬彦編／新曜社

363 写真・映像

黒澤明（1910年〜1998年）

『七人の侍』や『羅生門』などの傑作を生み出した「世界のクロサワ」

黒澤明は現在の品川区で生まれる。旧制中学卒業後、画家を目指したが画業を断念し1936年にPCLに入社。映画人生をスタートさせる。**黒澤**は助監督を経て、1943年『姿三四郎』で監督デビューする。戦後、『わが青春に悔いなし』『素晴らしき日曜日』を発表し、戦後民主主義社会で、自由に自らの幸福を追求して生きられることの喜びを説いた。

1950年『羅生門』を発表。同作はベネチア国際映画祭で金獅子賞を受賞。世界で日本映画が公式に認められた初めての出来事となり、敗戦後の沈んだ日本に自信を与えた。同作では平安時代を舞台に、一つの事件について多くの人間が異なる証言をし、真実が常に一つとは限らないという現実が描かれた。**宮川一夫**のカメラによる木漏れ日の描写（当時の常識に抗い、太陽に向かいカメラを向けた）もあり、美しいモノクロの映像美を作り上げた。こうして彼の黄金時代が始まる。1952年の『生きる』はがんに冒された初老の小役人の主人公が、残された時間を懸命に生きるヒューマニズムの傑作として、これも高い評価を得た。

1954年『七人の侍』を発表。リアルな雨中の戦闘シーンなどを描いた同作は、群像時代劇の最高傑作として、現在まで世界中でその名を轟かせている。この作品は2018年にBBCが発表した「史上最高の外国語映画」ベスト1にも選出された。**黒澤**は、その後も『蜘蛛巣城』などの傑作を発表。1960年代には時代劇『用心棒』やサスペンス映画『天国と地獄』などの傑作を作る。この後、制作ペースは落ち、1971年には自殺未遂を起こすなどの不遇な時期もあったが、『デルス・ウザーラ』や『影武者』などを残す。1990年代まで創作活動を続け、88歳で「世界のクロサワ」として、その偉大な人生を全うした。彼は複数のカメラを同時に使用するマルチカム手法を取り入れ、『七人の侍』などで臨場感溢れる戦闘シーンを可能にした。一方で人間の造形は比較的単純で、複雑な人間の心理描写を意図して描いたものは少ない。

黒澤は多くの映画人に影響を与えた。**ルーカス、スピルバーグ、コッポラ、イーストウッド、スコセッシ**などである。彼らはハリウッドの娯楽大作を撮る作家である。**小津**に影響を受けた作家に、ヨーロッパの映画人が多いのとは対照的で興味深い。

もっと深く知りたい人のための推薦図書

- 『**黒澤明作品解題**』佐藤忠男／岩波書店
- 『**複眼の映像　私と黒澤明**』橋本忍／文藝春秋

364 写真・映像

宮崎駿（1941年〜）

世界中で愛される作品を生み出し続ける天才アニメ監督

宮崎駿は日本が生んだ天才アニメーターであり、アニメーション監督である。彼が生み出した作品は日本のみならず、世界中で愛されている。

彼は「宮崎航空興学」の役員を務める一家の4人兄弟の次男として、東京で生まれた。戦時中にもかかわらず、宮崎家は戦争特需で裕福であったという。このことが後年彼の負い目となり、やがてそれは左翼的な思想と結びついて、厳格な理想主義者という一面を見せることになる。

もともと**手塚治虫**の影響で漫画家志望であったが、高校生の頃に東映動画制作の『白蛇伝』に感動し、アニメーションにも関心を持つようになる。大学卒業後は東映動画に入社。**高畑勲**が監督を務めた『ホルスの大冒険（1968年）』に参加し、場面設定・レイアウト・原画などで獅子奮迅の活躍を見せた。その後、**高畑**とともにズイヨー映像（後の「日本アニメーション」）に移籍し、1974年にテレビアニメ『アルプスの少女ハイジ』を制作。**宮崎**は、全話全カットのレイアウトという超人的な仕事をこなした。続いて『母をたずねて三千里』、『赤毛のアン』で**高畑**を支えた**宮崎**であったが、それは同時に**宮崎駿**のアニメーション作家としての才能を殺す結果となった。リアリズムを旨とする高畑演出に対して、**宮崎**は漫画映画特有の血湧き肉躍る物語にこそその真価が発揮されるからだ。**宮崎**は後に「青春をすべて**高畑**に捧げた」と述べているように、**高畑**という巨大な才能のために世に出るのが遅れたのは事実であろう。

その後、1978年**宮崎駿**は実質上の初監督作品となるテレビアニメ『未来少年コナン』を発表。その卓越した演出力は一部の人間に注目されるところとなる。翌年、初の長編映画『ルパン三世カリオストロの城』を発表。興行成績はよくなかったが、テレビで放映されると徐々に人気が高まっていくことになる。その後、思うように作品を作れない不遇な時代を過ごすが、アニメ雑誌『アニメージュ』に連載した『風の谷のナウシカ』を1984年に映画化。高い評価を得る。それ以降、スタジオジブリを活動の拠点にして、『天空の城ラピュタ』『となりのトトロ』『もののけ姫』『千と千尋の神隠し』など多くのヒットを飛ばし、日本を代表するアニメーター・アニメーション監督となった。

宮崎アニメの魅力は何と言っても縦横無尽にキャラクターやメカが動き回る疾走感にある。そして、その中には宮崎アニメでは定番の飛行シーンにおける圧倒的な飛翔感も含まれる。世界が認めたアニメーションの巨匠、**宮崎駿**。生命を吹き込むという「アニメーション」の原義どおり、宮崎アニメは生き生きとした動きに溢れている。

もっと深く知りたい人のための推薦図書

- **『出発点—1979〜1996』** 宮崎駿／スタジオジブリ

365 その他

手塚治虫（1928年～1989年）

世界に誇る日本のマンガとアニメを生み出した「マンガの神様」

世界に誇る日本文化としてマンガやアニメが、その地位を築いてひさしい。現在、世界の多くの国々で日本のマンガ本や関連商品が販売され、高い人気を得ている。この大衆文化の生みの親は「マンガの神様」**手塚治虫**である。**手塚**は宝塚市に生まれる。昆虫が大好きで、そのペンネームに「虫」を当てた。

子供の頃からマンガを描いた彼だったが、やがて第二次世界大戦が勃発する。旧制中学に入学するが、軍国主義の時代、マンガを描いては教官に殴られる日々を送る。1944年には軍需工場で働くが、空襲を受け九死に一生を得る。こうした悲惨な戦争体験は、後の生命を尊重する姿勢や反戦思想につながった。

1946年、彼は漫画家としてデビュー。1947年には書き下ろしの長編『新寶島』が発刊される。映画的な構成による同作はストーリーマンガの原点ともされ、**藤子不二雄**ら多くの漫画家に強い影響を与えた。その後、『メトロポリス』などの初期代表作を次々に発表する。1950年代に入ると漫画雑誌の時代が訪れる。**手塚**はそれらに『ジャングル大帝』や『リボンの騎士』といった代表作の連載を行う。1952年には『鉄腕アトム』の連載を開始。1954年には『火の鳥』を発表。ライフワークとなる同作は、晩年まで不定期に発表を続けることになる。

一方で**手塚**は**ディズニー**を尊敬し、アニメーション制作も始める。虫プロを作り、1963年からテレビアニメの『鉄腕アトム』の放送を始め、大ヒットする。アニメにおいても**手塚**はその偉大な歴史を作り上げた。そんな**手塚**だったが、常に最前線にいたわけでもない。マンガが発展するにしたがい、**手塚**の作風と異なる劇画がブームになり、1970年前後には低迷の時代が来る。1973年初連載の『ブラック・ジャック』も、当初まったく期待をされず、編集者は「**手塚**の死を看取れ」とまで言われた。だが医学という当時として極めて斬新なテーマと、優れたヒューマンドラマが支持され、同作は代表作となり、彼自身も復活した。やがて**手塚**は胃がんで入院するが、病床でも創作に挑みながら60歳で早すぎる死を迎える。彼の作品に通じるテーマはヒューマニズムである。生命を尊重し、人間の暗部を批判しながらもその本質において希望は捨てない。彼の物語は没後30年以上経っても普遍性を持ち、我々に多くのメッセージを伝える。

もっと深く知りたい人のための推薦図書

- **『手塚治虫の宇宙』**竹内オサム、村上知彦編／平凡社
- **『手塚治虫はどこにいる』**夏目房之介／筑摩書房

人名索引 INDEX

あ

主要執筆者紹介 WRITERS

水野春彦（みずの・はるひこ）

1967年、山形県生まれ。早稲田大学大学院文学研究科修士課程中退。学習研究社（現・学研プラス）で、辞書や学習参考書、サッカー本などの編集・執筆に関わる。現在フリーランスで執筆を行う。編集・執筆に『そのまま使える　小論文キーワード2500』『ことば選び実用辞典』『クリエーターのためのネーミング辞典』『小学生のまんが　カタカナ語辞典』『超釈　日本文学の言葉　名言名句辞典』『心のゴールネットをゆらした　日本代表監督８人の言葉』（以上、学研プラス）、共著に『教養としての世界の名言365』『考え方の基本がゼロからわかる！ ロジカルシンキング見るだけノート』（以上、宝島社）など。本書では、美術、映画、経済、文学、スポーツ、コラムなどを担当。

髭郁彦（ひげ・いくひこ）

1961年、北海道生まれ。パリ第5大学人間社会学部言語学科卒業。パリ第5大学言語学博士。宇波彰現代哲学研究所員。中央大学、東洋大学など非常勤講師。専門分野は言語学、記号学、対話理論。主要著書：Dialogue, interprétation et mouvement discursif (Presses Universitaires du Septentrion)、『多言語多文化学習のすすめ』(共著・朝日出版社)、『フランス語学概論』『フランス語学小事典』(以上、共著・駿河台出版社)など。論文：「アドルフ・ヴェルフリの絵画とアール・ブリュットの地平」、「一枚の肖像画を巡る眼差しの歴史」、「ムンクの生きた時代」、「戦争画とプロパガンダ」など多数。本書では、政治、軍事、哲学、文学などを担当。

※その他の執筆者
　幕田けいた、山下孝子、佐藤裕二

●STAFF

編集協力 … 佐藤裕二、林賢吾、山下孝子（株式会社ファミリーマガジン）

本文デザイン・DTP … 山下真理子、内藤千鶴（株式会社ファミリーマガジン）

佐藤優写真撮影 … 森清

監修／佐藤 優（さとう・まさる）

1960年、東京都生まれ。作家、元外務省主任分析官。1985年に同志社大学大学院神学研究科修了後、外務省に入省。在英国日本国大使館、在ロシア連邦日本国大使館に勤務。その後、本省国際情報局分析第一課で、主任分析官として対ロシア外交の最前線で活躍。2002年、背任と偽計業務妨害容疑で逮捕、起訴され、2009年6月に執行猶予付き有罪確定。2013年6月、執行猶予期間を満了し、刑の言い渡しが効力を失った。『国家の罠 外務省のラスプーチンと呼ばれて』（新潮社）で第59回毎日出版文化賞特別賞受賞。『自壊する帝国』（新潮社）で新潮ドキュメント賞、大宅壮一ノンフィクション賞受賞。『読書の技法』（東洋経済新報社）、『勉強法 教養講座「情報分析とは何か」』（KADOKAWA）、『危機の正体　コロナ時代を生き抜く技法』（朝日新聞出版）など、多数の著書がある。

人物で読み解く世界史365人

2020年11月25日　初版発行

監修者　佐藤　優
発行者　富永靖弘
印刷所　誠宏印刷株式会社

発行所　東京都台東区台東2丁目24　株式会社 新星出版社
〒110－0016　☎03（3831）0743

ISBN978-4-405-10811-0